대해전, 최강국의 탄생

VICTORY

대해전, 최강국의 탄생

제2차 세계대전의 운명을 가른 해양패권 흥망사

폴 케네디

이언 마셜 그림 | 강주헌 옮김

AT SEA

한국경제신문

폴과 이언이
신시아와 진에게

서문

이 책은 무엇보다 해군의 역사를 다룬 책이다. 제2차 세계대전 동안 벌어진 해전들과 바다에서 펼쳐진 군사작전, 수송 선단을 호위하며 유보트와 벌인 격전들, 야심 찬 상륙작전 및 해상에서의 포격에 대한 이야기다. 또한 제2차 세계대전 전후에 각국의 해군이 처한 상황에 대한 이야기이기도 하다. 그러나 이 책은 단 10년(1936~1946년) 동안 바다에서 벌어진 사건들에 대한 연구인 동시에 더 큰 안목에서 근대에 들어 강대국의 흥망성쇠를 다룬 연구이기도 하다. 물론 해군 이야기를 중심에 뒀지만 역사상 가장 치열했던 패권 전쟁의 시기에 국제 체제 내에서 힘이 어떻게 이동했는지도 덧붙였다. 10년이란 압축된 기간에 일어난 역사적 변화의 원인을 연구한 결과물이지만, 그 짧은 기간은 역사상 해군력의 균형추가 그때처럼 변한 때가 없었다는 점에서 무척 특별한 시간이었다.

이 책에 담긴 깊은 의도까지 더 구체적으로 말하자면, 전쟁이 끝나갈 무렵에 미국이 바다를 신속히 장악하게 된 과정을 알아내고 싶었다. 따라서 이 책은 미국이 1945년쯤 세계 최강국으로 급부상한 성장 과

대해전, 최강국의 탄생

정을 추적하고 평가해보려는 새로운 시도다. 여기에서 수송 선단 호위함들의 격전과 전함들의 교전은 세계 패권을 차지하려는 더 큰 전쟁의 표면적 사건들에 불과했다. 치열한 해전의 뒤편에서는 세계를 선도하는 국가들의 국제 서열이 크게 교체되고 있었다. 어쩌면 그 시대의 몇몇 통찰력 있는 관찰자만이 그런 변화를 감지했을지 모르지만, 세계 질서에 지각변동이 일어나고 있던 것은 분명했다. 《대해전, 최강국의 탄생》은 처음부터 끝까지 전함과 해군에 대한 것이지만, 강대국의 역사에서 그 특정한 부분의 교체에 대한 이야기이기도 하다.

수년 전만 해도 나는 제2차 세계대전에 대해 또 한 권의 책, 더구나 해군에 관한 책을 쓰게 되리라고는 생각조차 하지 않았었다. 당시 나는 그전에 발표한 《강대국의 흥망》의 25주년 판을 위해 새로운 서문과 결론을 쓰며, 러디어드 키플링(Rudyard Kipling, 1865~1936년)의 제국주의적 사고를 분석한 연구서를 써보려고 자료를 수집하고 있었다. 그것만으로도 시간이 부족한 지경이었다. 그러나 이런저런 수술을 비롯해 여러 불미스러운 상황이 겹치며 나는 집에서 꼼짝 못 하게 됐다. 따라서 내 바람대로 영국 도서관들을 돌아다니며 자료를 수집할 수 없었다. 그렇게 두문불출할 수밖에 없던 수개월 동안, 나는 친구 이언 마셜(Ian Marshall)이 계획하던 새로운 화집 《제2차 세계대전의 전함들》의 서문을 써주겠다고 제안했고, 나중에는 관련된 글까지 쓰기로 했다. 덕분에 나는 키플링만이 아니라 《강대국의 흥망》 초판이 발행된 이후로 강대국들에 일어난 변화들에 대한 생각에서 잠시나마 벗어날 수 있었다. 1939~1945년이란 짧은 기간 동안 바다에서 일어난 사건들을 단선적으로 서술하는 것은 그다지 어렵지 않을 듯싶었다. 저명한 해양 화가와 함께 작업하는 것도 재밌을 듯했다(이언 마셜은 미국 해양화가협회 회장을 역임했다). 그리고 이언의 그림들을 이 책에서 관련된 장과 글에 삽입할 필요성을 인정한 출판사 예일대학교 출판부의 지원을 받아 나는 이 책의 원고를 쓰기 시작했다.

다시 1년 남짓이 지난 뒤 나는 예일대학교로 돌아가 강의를 시작했고, 또 다른 변화들이 일어났다. 첫째는 이언의 뜻하지 않은 안타까운 죽음이었다. 이언은 2016년 크리스마스를 앞두고 집에서 세상을 떠났다. 이언의 아름다운 화집《장갑함(Armored Ships)》,《비행정(Flying Boats)》,《순양함과 통상 파괴(Cruisers and La Guerre de Course)》및 삽화가로 참가한《패시지 이스트(Passage East)》를 갖고 있는 사람이라면 잘 알겠지만, 이언은 독창적인 재능을 지닌 비범한 화가였다.[1] 그는 삶의 마지막 순간까지 붓을 손에서 놓지 않고 작업실에서 새롭게 그린 해군의 초상만이 아니라, 그림 자체로 이미 완벽한데도 철저히 조사해서 자세히 설명한 글까지 보내주었다. 따라서 우리가 함께 시작한 프로젝트를 마무리 짓고 책으로 출간해야 마땅한 듯했고, 나는 개인적으로 의무감까지 느꼈다. 그의 온화한 태도와 철저한 직업 정신, 해양사와 전함의 구조에 대한 박식한 지식이 그립다. 그림 하나하나가 뛰어난 예술 작품일 뿐만 아니라, 지형과 역사에 대한 이언의 깊은 지식이 압축된 작품이기도 하다.

본래 계획에서 달라진 또 하나의 주된 변화는, 내가 이 책을 중간쯤 쓰던 과정에서 서서히 구체적인 형태를 갖춘 지적인 면에서의 변화였다. 추축국이 초기에 영미 측 해군들(노르웨이, 프랑스 함락, 크레타, 진주만, 마닐라, 싱가포르)에 연속적으로 타격을 가하기 시작한 때부터 그 거대한 갈등의 방향이 극적으로 반전된 중간쯤까지 글을 써 내려가자, 나는 그런 반전이 일어난 이유를 더 깊이 분석하고 싶어졌다. 내가 이언의 삽화

대해전, 최강국의 탄생

를 넣을 곳을 고르는 동안에도, 그 삽화는 우리에게 뭔가를 말해주고 있었다. 예컨대 1940년의 그림에서는 됭케르크 참사 이후에 전투에 지친 구축함이 영국군을 고향 땅에 쏟아내는 모습이 그려졌다(〈그림 17〉 참조). 1941년 말의 모습을 담은 그림에서는 일본 해군 항공 부대의 공격을 받기 며칠 전, 싱가포르항에 정박한 영국 군함 프린스 오브 웨일스호와 리펄스호가 그려졌다(〈그림 26〉 참조). 하지만 1944년의 장면을 묘사한 그림들은 상당히 달라진다. 예컨대 울리시환초에 닻을 내리고 쭉 늘어선 미국 플리트 항공모함(fleet carrier) 선단들은 막강한 해군력을 상징적으로 보여준다(〈그림 41〉 참조). 단 2년 만에 세계가 뒤바뀐 셈이었다.

이렇게 해군력의 균형추가 크게 달라진 데는 어떤 원인이 있었던 게 분명했다. 그때쯤 미국 해군이 태평양으로 새로운 항공모함을 점점 더 많이 파견한 덕분에 전진할 수 있었던 것이라고 말하기에는 조금도 만족스럽지 않았다. 그 세계대전에서 해전이 한창이던 때, 정확히 말하면 전황을 결정한 1943년이 전개되던 때 어딘가에서 세력의 세계적인 균형에 큰 변화가 생겼고, 그 변화는 해군력의 균형이 무너진 현상으로도 나타났으며, 그로 인해 더욱 가속화됐다. 물론 인류의 역사에서 상호 대치에 따른 그런 장대한 변화가 그때 처음 일어난 것은 아니었다. 세기마다, 강대국들이 크게 충돌하면 국가 자체가 바뀌듯이, 국가들의 상대적 서열도 바뀌었다. 저명한 사회학자 찰스 틸리(Charles Tilly, 1929~2008년)는 근대 초기에 유럽에서 국가들이 형성되는 과정을 다룬 책에서 "전쟁은 국가를 만들고 국가는 전쟁을 만든다"라고 역설적으로 말하지 않았던가?[2] 우리 경우에도 "해전의 승리가 연합군의 승리로 이어졌고, 국제 관계에서 세력 분포의 변화로도 이어졌다. 하지만 해전의 결과를 결정한 것은 내재된 세력 분포의 변화였다"라고 말할 수 있을 것이다.

나는 사건을 중심으로 역사를 서술하는 동시에 시간의 흐름에 따라 패권의 구조적 변화가 일어난 이유를 추적한 이 책을 쓰는 과정에서, 프랑스의 위대한 학자 페르낭 브로델(Fernand Braudel, 1902~1985년)의 초기 근대 유럽을 다룬 대작《지중해: 펠리페 2세 시대의 지중해 세계》에도 큰 영향을 받았다.[3] 펠리페 2세의 시대도 레판토 해전, 스페인의 무적함대, 네덜란드의 독립전쟁 같은 서사시적인 투쟁의 시대였다. 이 때문에 브로델은 이 시대의 역사를 '사건의 역사(histoire événementielle)'로 칭했지만, 해군과 육군의 이런 충돌 이면에는 역사적으로 더 깊은 구조가 있었다. 구체적으로 말하면 지리와 기후, 거리와 면적이라는 불변의 조건 및 경제력과 생산량과 과학기술의 역량에서 불가역적인 방향으로 끊임없이 옮겨가는 변화가 있었다. 브로델은 그런 16세기가 끝나갈 무렵, 사건의 향방을 결정하는 중심지가 지중해 세계에서 북서 유럽과 대서양으로 옮겨가고 있었다는 것을 독자에게 떠올리게 해준다. 비슷한 관점에서, 20세기 동안에는 유럽을 중심으로 주로 움직이던 국제 질서가 아메리카와 아시아의 신흥 세력으로 꾸준히 옮겨갔고, 이런 세계적 변화를 주도하며 수혜를 누린 국가는 미국이었다고 주장할 수 있을 것이다.

그렇다고 브로델이 평생을 바친 역작과 유사성을 지나칠 정도로 강조하며 이 책이《지중해》보다 훨씬 많은 비율을 해군 활동과 해전에 할애했다는 사실을 감추려는 것은 아니다. 이 책에서는 제2차 세계대전이 계속되던 6년 동안 세계 전역의 바다에서 각국의 함대가 벌인 해전에 대해 삽화를 더한 이야기가 압도적으로 많은 부분을 차지한다. 모든 비교가 그렇듯이, 브로델을 언급하는 이유는 본래 계획의 형태와 목적을 더 명확히 전달하기 위한 것일 뿐이고, 여기에서도 비교는 주효한 듯하다. 《대해전, 최강국의 탄생》에서 시도되는 두 방향의 분석은 별개의 것이 아니라 본질적으로는 관련된 것이다. 해양 쪽을 모르면 패권 전쟁이었던 제2차 세계대전에서 연합군이 승리한 이유를 완전히 이해할 수 없기 때문이고, 그 시대의 저변에서 일어난 지각변동을 알지 못하면 연합군의 해군이 이루어낸 엄청난 업적을 이해할 수 없기 때문이다.

———

이 책에 담긴 이야기는 쉽게 요약된다. 2장에서 다루겠지만, 1939년 이전에 상당한 해군력을 보유한 주요 국가는 6개국이었다(영국과 미국, 일본과 프랑스, 이탈리아와 독일). 영국 해군이 여전히 세계 최강이었지만 미국 해군을 약간 앞섰을 뿐이었고, 일본과 이탈리아와 독일, 이 세 추축국의 해군은 바다의 현상을 뒤바꾸려는 미래의 도전을 준비하고 있었다. 1939년 9월에 발발한 유럽 전쟁은 영국과 프랑스 해군이 독일 해군을 압도한 까닭에 분명히 제한적인 전쟁이었다(4장 참조). 그러나 히틀러가 노르웨이를 비롯해 북서 유럽 전역을 정복한 이후로 해군력의 균형은 크게 바뀌었다. 지루하고 극적인 1년 반 동안, 영국 해군은 고군분투하며 바다에서 이탈리아와 독일의 합동 공격을 막아냈다(5장 참조). 그 후에는 일본이 태평양에서 미국 기지와 영국 기지를 공격하면서 해군력의 균형에 훨씬 더 극적인 변화가 닥쳤고, 그로 말미암아 진정한 세계 전쟁이 시작됐다.

그 이후로 2년 이상 바다를 장악하려는 다툼이 세계 주요 대양과 해역에서, 육지와 하늘에서, 심지어 수면 아래에서도 치열하게 벌어졌다. 6장과 7장에서는 그 서사적인 전투로 다시 돌아간다. 그때에는 역사상 가장 큰 해전이 있었고, 특히 1942년은 해군의 역사에서 '전투가 가장 잦은 해'로 기록되기에 충분했다. 그러나 지중해에서 거둔 승리에도 불구하고, 해군의 전반적인 전황은 연합국 측에 유망하지는 않았다. 1943년 초에 미국 해군에는 태평양 전쟁에 투입한 한 척의 플리트 항공모함밖에 남지 않았고, 독일군은 연합군의 수송 함대를 공격할 유보트를 최대 규모로 발진시킬 태세를 갖추었다. 연합국이 승리하려면 변화가 필요했다.

그 변화가 1943년에 시작됐다. 제2차 세계대전을 요약하는 것은 쉽지 않지만, 연합국에 최종적인 승리를 안겨준 열쇠는 간단히 정리될 수 있다. 미국과 대영제국이 전투원과 군수품을 두 대양의 건너편으로 끝없이 실어 나른 덕분에 (러시아군의 도움을 받아) 연합군이 이탈리아와 독일과 일본을 분쇄할 수 있었다. 여기에는 두 요소, 해군력과 생산성 혁명이 전제돼야 했다. 해군력에 대한 이야기(7장 참조)에서는 그해 5월과 6월, 북대서양 지배권 다툼에서 연합국이 상당히 극적인 승리를 거두었고, 유보트는 중대한 손실을 입었다. 또 북아프리카에 교두보가 확보됐고, 몰타섬이 수복됐으며, 이탈리아가 항복했다. 태평양 전투에서는 상황의 변화가 한층 더뎠다. 그러나 길버트제도와 솔로몬제도 및 북뉴기니에서 승리하며, 미군은 조금도 속도를 늦추지 않고 전진을 계속했다.

하지만 1943년에는 수송 선단 호송 함대의 격전, 지중해와 태평양에서의 상륙전, 노르웨이 해안에서 독일 순양함의 침몰만이 있었던 것이 아니다. 그해는 그전까지 많은 부분에서 잠재된 형태로만 존재하던 미국의 순전한 생산력이 마침내 세계의 모든 전쟁 무대에서 '구체적으로 실현된 해'였다는 것을 8장에서 입증해보았다. 항공모함이 부족해질 경우를 대비해 새롭게 건조된 강력한 항공모함들이 6월부터 태평양을 건너오기 시작했다. 한편 대서양에서는 이제 안전하게 보호를 받는 군수품 보급선과 군인 수송선으로 이루어진 수송 선단 위로, 수천 대의 미국 항공기가 잉글랜드 남부에 새롭게 마련된 폭격기와 전투기 기지를 향해 날아갔다. 상륙정과 리버티함(Liberty ship: 제2차 세계대전 때 대량으로 건조한 표준형 화물선-옮긴이)이 미국 조선소들에서 쏟아져 나왔다. 초장거리 운항 역량을 지닌 B-24 초계기, 호위 항공모함, 소형 레이더, 자동 추적 어뢰의 제작을 뒷받침한 미국의 생산력이 없었다면, 또 캐나다와 영국이 호위선을 건조하도록 지원하는 '무기 대여법(Lend-Lease)'이 제정되지 않았다면, 영국 해군조차 1943년에 유보트를 물리치는 결과를 상상하지 못했을 것이다.

이듬해에는 군수품이 전선에 봇물처럼 흘러들며, 레이테만(灣)과 노르망디에서 승리를 거두는 데 일조했다(9장 참조). 이런 군사 장비의 생산 뒤에는 역사상 알려진 어떤 때보다 강력한 재정 지원과 세금 인상이 있었다. 모든 경쟁국을 위축시킬 정도로 활황을 맞은 미국 경제 덕분에 연합국의 해군력 우위는 보장된 것이었다. 이 책은 점점 더 많아지는 전함의 이야기만이 아니라 새롭게 개편되던 국제 질서에 대한 이야기이기도 하다. '바다에서의 승리'가 확정된 이후로 제2차 세계대전의 명백한 승전국은 미국이었다.

———

1945년 이후, 해군의 풍경은 10년 전의 것과 완전히 달랐다. 일본과 독일, 이탈리아와 프랑스의 해군은 완전히 궤멸되거나 규모가 크게 줄었다. 두 국가에만 대(大)함대가 있었지만, 그중 하나, 즉 영국 해군의 함대는 미국의 엄청난 해군력에 하루가 다르게 뒤처지고 있었다. 많은 학자가 말하듯이, 나폴레옹 전쟁 이후 1815년의 상황과 비슷했다. 1815년 영국의 해군력이 다른 국가를 앞서며 최강으로 부상했지만, 이번 경우에 미국의 우위는 그야말로 압도적이었다. 이 책에서 다루어지는 1939~1945년의 전쟁은 정치학자들이 지난 다섯 세기 동안 일어났다고 규정하는, 적어도 6번의 '패권 전쟁' 중 가장 최근에 벌어진 것이었다.[4] 이 경우에도 새로운 패권국의 수도는 유럽 대륙 밖에 위치한 데다, 서쪽으로 4,800킬로미터 떨어진 곳에 있었다. 그렇지만 윈스턴 처칠의 바람대로 신세계는 구세계를 구하는 데 그치지 않고, 구세계를 대체해버렸다.

나는 이 책의 얼개를 짤 때, 길이(전개되는 이야기)와 깊이(설명과 진단) 사이에 존재할 수밖에 없는 갈등의 타협점을 찾으려고 애썼다. 그런 노력의 결과를 대략 설명하면 다음과 같다. 처음 세 개의 장은 본론에 들어가기 전에 바닥을 명확히 다지는 부분이다. 2장 '1939년 이전의 군함과 해군'에 대한 자세한 이야기는 일반 독자를 염두에 두고 쓴 것이며, 전체 이야기의 관문 역할을 한다. 3장에서는 지리적 조건과 경제력이라는 요건을 다루며, 해군력을 이해하는 데 필요한 고전적인 이론들을 부분적으로 소개한다. 4~6장에서는 전환점에 이르기 직전까지의 대해전을 다룬다. 따라서 이 부분이 이 책에서 '사건의 역사'에 해당한다. 해전 이야기는 7장(1943년)에서 길게 언급되지만, 7장은 8장의 무척 중요한 심층적 분석과도 연결된다. 그 뒤에는 다시 1944년과 1945년에 벌어진 해전 이야기로 돌아가, 영미 해군력을 자세히 분석한다. 끝으로 11장에서는 최종적인 결산을 해본다.

방법론적으로 보면, 이 책은 기본적으로 상호 관계에 대한 연구다. 구체적으로 말하면, 해군력이 어떻게 제2차 세계대전에 영향을 끼쳤

대해전, 최강국의 탄생

고, 제2차 세계대전이 어떻게 해군력에 영향을 주었느냐에 대한 연구다. 내가 해군과 역사의 관계라는 상당히 방대한 문제를 해결해보려 노력한 것이 물론 이번이 처음은 아니다. 수십 년 전에 발표한 초기의 연구《영국 해군 지배력의 역사》(1976년)에서는 연대기적 형태를 띠었지만, 그래도 영국이 세계에서 차지하는 경제력에 비교해서 해군력을 분석해보려 했다. 역시 초기의 연구로 1980년에 발표한《영국과 독일의 대립, 1860~1914(The Rise of the Anglo-German Antagonism 1860~1914)》(1980년)에서는 제1차 세계대전 이전의 외교사에서 가장 중대한 쟁점 중 하나를 다루며 사건의 서술과 심층 분석을 번갈아 배치하는 방법을 처음으로 시도해보려 했다.[5] 해군의 역사를 연구하지 않을 때는 시간의 흐름에 따른 변화를 이해하고 설명하는 방법에 대한 개인적인 지적 관심사를 가다듬는 데 열중했다. 강대국과 전체적인 경향 및 유엔이란 덤불숲에서 이리저리 헤맨 끝에[6]《제국을 설계한 사람들》(2013년)에서는 역사의 인과관계라는 다른 분석 방법을 시도하며, 제2차 세계대전의 몇몇 핵심적인 문제가 해결된 방법을 살펴보았다. 위의 책은 '제2차 세계대전의 흐름을 바꾼 영웅들의 이야기'란 부제로써 다루려는 논점을 명확히 밝혔다.[7]

이 책도 인과관계를 다각도에서 분석하며, 연합국 전략가와 과학자와 공학자가 새로운 무기와 전쟁 방식을 개발함으로써 바다와 하늘과 육지에서 승리를 방해하는 전술과 작전의 장애물을 어떻게 극복했는지를 보여주었다. 또한 전쟁의 승패를 결정한 1943년이란 중추적인 해도 집중적으로 다루었다. 1943년에 마침내 해군 호위함에 레이더가 장착됐고, 초장거리 항공기의 개발로 대서양에서 이른바 '암흑 구역'이란 장애가 해결됐으며, 플리트 항공모함들이 진주만에 줄지어 들어갔고,

동시에 소형 호위 항공모함들이 리버풀에 집결하며 상륙정도 대거 운용할 수 있게 됐기 때문이다. 물론 이번 책《대해전, 최강국의 탄생》에서도 본래의 목적대로 1939~1945년에 바다에서 벌어진 대해전을 다루었지만, '어떻게'라는 의문에도 방점을 두었다. 1943년 이후로 연합군 해군과 공군에 장거리 초계기 '리버레이터', 호위 항공모함과 상륙정, 플리트 항공모함과 거기에 실린 함재기, 자동 추적 어뢰가 어떻게 대규모로 공급될 수 있었을까?

그 답은 이번에도, 전쟁의 중간 단계에 급작스레 성장한 미국의 산업 생산성과 과학 기술력에서 찾아진다. 1943년 말이 되자, 영국 해군과 미국 해군의 약세는 완전히 과거의 일이 됐다. 예컨대 유보트와 대적하기에는 역량이 부족하다는 것을 보여준 영국 해군의 코르벳함 핑크호(〈그림 8〉 참조), 추축국의 공중 공격과 잠수함 공격에 취약함을 드러낸 연합군 전함들, 윌리엄 홀시(William Halsey, 1882~1959년) 제독의 함대에 미군 항공모함 새러토가호와 영국 항공모함 빅토리어스호만 있었을 때 드러난 제한된 공격력(〈그림 39〉 참조), 몰타 수송 선단이 빈번하게 받은 중대한 손실 등은 모두 옛날이야기가 됐다. 9장과 10장에서 보듯이, 1943년 말 이후로 문제는 승리 여부가 아니라 '언제', 즉 "언제 바다에서 승리하느냐?"였다.

이 책에서 1936년부터 1946년까지 대략 10년의 시간을 연구한 이유도 두 시기의 특징으로 설명된다. 1936년은 전통적인 해군력이 보편적으로 운영되던 때였고, 전함을 중심에 둔 전통적인 함대가 최강으로 보이던 때였다. 또 외교 문제에서도 중대한 시기였다. 지중해에서는 아비시니아 위기가 닥쳤고, 동아시아에서는 일본이 세력 확장에 나섰다. 국제연맹은 실질적으로 붕괴됐고, 워싱턴과 런던에서 체결된 해군 군축을 위한 조약들의 시한이 종결되며 강대국들이 새로운 함대를 다시 구축하기 시작했다. 그리하여 이 책에 담긴 이야기가 시작되기에 좋은 환경이 조성됐다. 평화와 군축에 주력하던 15년이 지나자, 해군력이 다시 대두됐으며, 전함은 여전히 해군의 군사력과 영향력을 평가하는 최고의 지표로 여겨졌다. 이런 평가는 아비시니아 위기의 후반기에 몰타의 역사적인 자연항 그랜드 하버에 정박한 영국 해군의 주력함 후드호와 바럼호를 그린 이언 마셜의 그림에서도 여실히 확인된다(〈그림 1〉 참조).

그로부터 정확히 10년 뒤, 해군과 전략적으로 관련된 전체적인 풍경이 적어도 네 방향에서 크게 변했다. 첫째, 이탈리아와 독일과 일본의 해군이 소멸됐고, 그보다 일찍 프랑스의 함대가 힘을 상실함으로써 1930년대를 특징짓던 다극적 균형이 사라졌다. 둘째, 대포를 장착한 군함, 즉 전함과 중순양함의 시대가 끝나면서 그 대부분이 고철 처리장으로 옮겨졌다. 셋째, 원자폭탄이 도래하며 전통적인 육군과 해군 및 정규 공군의 효용성과 역할에 의문표가 던져졌다. 끝으로는 미국이 인류 역사상 어떤 제국보다 막강한 경제력과 군사력으로 세계의 바다를 지배하는 새로운 질서가 구축됐다. 그 유일한 초강대국은 전후에 문젯거리가 어떤 형태로 제기되더라도 그 문제를 해결할 수 있는 역량이 있다는 것을 입증하고 싶어 했다. 우리 이야기가 끝날 때쯤, 다시 말해 1945년 8월과 9월 내내 저녁마다 해가 후지산 뒤로 넘어갈 무렵이면 미국 태평양 함대가 도쿄만 맞은편에 닻을 내리고 정박한 모습은 하나의 상징적인 과시와 다를 것이 없었다(〈그림 49〉 참조). 그렇게 해군 전쟁은 막을 내렸고, 새로운 세계가 도래했다.

VICTORY AT SEA

대해전, 최강국의 탄생 | 차례 |

군함의 종류

- **경항공모함**(light carrier): 기본적인 항공모함보다 작은 항공모함을 가리킨다. 정확한 정의는 국가마다 다르다.
- **기뢰 부설함**(minelayer): 일정한 해역에 기뢰를 설치하는 군함.
- **리버티함**(Liberty ship): 제2차 세계대전 때 대량으로 건조한 표준형 화물선.
- **본국 함대**(Home Fleet): 영국의 영해 내에서 운용된 함대.
- **소해함**(minesweeper): 기뢰를 제거하는 역할을 맡은 소형 군함. 크기에 따라 소해정으로 불리기도 한다.
- **숙박함**(barracks ship): 전투 중에 침몰하거나 크게 손상된 군함의 승조원들에게 필요한 숙박 시설을 제공한 군함.
- **슬루프**(sloop): 돛대가 하나인 소형 범선.
- **어뢰정**(torpedo boat): 어뢰로 상대를 공격하도록 설계된, 상대적으로 비교적 작고 빠른 소형 군함.
- **에스보트**(S-boot): 독일어 Schnellboot('고속정'이라는 뜻)의 두문자 줄임말이다. 연합국 측에서는 이보트(E-boat)라고 불렸다.
- **연안 잠수함**(coastal submarine): 연안의 해협과 항만을 항해하는 데 적합하고, 흘수선이 얕은 소형 잠수함.
- **예인함**(tug): 바다에서 다른 군함을 예인할 수 있도록 설계한 군함.
- **융커스 Ju-87**(Junkers Ju-87): 제2차 세계대전에서 독일이 운용한 급강하 폭격기. 급강하 폭격기를 뜻하는 독일어 Sturz Kampf flugzeug에서 두문자를 따서 '슈투카(Stuka)'로도 불렸다.
- **전단**(戰團, flotilla): 동일한 함급의 군함으로 구성된 소함대.
- **전대**(戰隊, squadron): 함대의 일부로, 대략 3~10척의 군함으로 구성되는 단위 부대.

- **전투 순양함**(battle cruiser): 20세기 전반기의 주력함. 배수량과 함포와 비용에서 전함과 비슷했지만 형태가 달랐다.
- **초계함**(patrol ship): 적의 습격에 대비해 배치돼 경계하는 군함.
- **코르벳함**(corvette): 근해에서 수송 선단을 호위하거나 적의 습격에 대비해 경계하는 임무를 띤 소형 군함.
- **크릭스마리네**(Kriegsmarine): 1935년부터 1945년까지 존재한 나치 독일의 해군 이름.
- **통상 파괴함**(commerce raider): 공해에서 적국의 상선을 공격하거나 진로를 방해하는 데 사용된 군함.
- **포켓 전함**(pocket battleship): 독일 해군의 도이칠란트급 전함에 영국 해군이 붙인 명칭.
- **프리깃함**(frigate): 군함의 한 종류로, 시대에 따라 프리깃함으로 분류된 군함의 역할과 크기가 달랐다. 제2차 세계대전에는 코르벳함과 구축함 사이의 중간 크기로 호위함으로 사용되면서 호위함으로 번역되기도 한다.
- **플리트 항공모함**(fleet carrier): 한 국가의 해군 주력 함대와 함께 작전하도록 고안된 항공모함으로, 제2차 세계대전 당시 호위 항공모함 및 소형 항공모함과 구별하기 위해 개발된 개념이다. 대형 항공모함과 소형 항공모함의 중간에 위치해 중형 항공모함이라 할 수도 있고, 정규 항공모함으로도 불린다.
- **해상 기중기**(floating crane, crane vessel): 바다에서 침몰한 선박을 인양하는 데 사용한 기중기가 설치된 군함.
- **호위 구축함**(destroyer escort): 미국이 20세기 중반에 상선을 호위할 목적에서 개발한 소형 구축함.

VICTORY AT SEA

1부

점점 짙어가는
전운

〈그림 1〉 **영국 군함 후드호와 바럼호, 1938년, 몰타.** 지중해에서 영국 해군력을 상징하던 순양전함 후드호와 중형급 전함 바럼호가 그랜드 하버에 정박한 모습이다. 두 전함은 1941년의 치열한 해전 끝에 침몰했지만 몰타는 사수했다.

대해전, 최강국의 탄생

1장

프롤로그
해군력과 그 역사

1938년 여름, 지중해의 따뜻한 물이 몰타의 역사적인 자연항 그랜드 하버에 나란히 정박한 두 전함의 측면을 살짝살짝 때렸다. 두 전함 뒤로는 성 요한 기사단(Knights of St. John: '구호 기사단'의 다른 이름-옮긴이)이 15세기에 병원으로 사용하던 건물의 주랑 현관이 보였다. 해군 예인선 한 척이 가까이 다가왔고, 여러 척의 작은 배가 부지런히 부두를 오갔지만 다른 움직임은 눈에 띄지 않았다. 당시 세계는 조용했다. 정확히 말하면, 겉으로 그렇게 보였지만 완전히 평화롭지는 않았다. 뛰어난 관찰자였다면, 후드호와 바럼호의 거대한 포탑 위로 선명한 줄무늬 몇 줄이 가로지르고 있는 것을 보았을지도 모르겠다. 그 줄무늬는 두 전함 위쪽으로 비행하는 항공기에 무엇인가를 알려주려고 칠해진 것이었다.

당시 지중해 무대에 정박한 영국 군함들은 스페인 내전(1936~1939년)에서 모두 중립을 표방했지만 지중해라는 국제 무대는 전운이 완전히 걷히지 않은 상태였다. 스페인 내전은 전장이 육지와 하늘에 국한됐지만 여전히 진행 중이었다. 아비시니아, 즉 에티오피아와 이탈리아가 맞붙은 전쟁이 얼마 전에 끝났고, 1938년 3월에는 히틀러의 제3제국이 아무런 저항도 받지 않고 오스트리아에 진군해 오스트리아 합병(Anschluss)을 이루어냈다. 극동에서는 일본군이 중국 땅을 거침없이 휩쓸고 다녔다. 모든 강대국이 재무장에 열중했지만 속도에는 큰 차이가 있었다.

하지만 당시에는 소수의 국제 문제 전문가만이 1914~1918년의 전쟁보다 큰 전쟁이 임박했다고 생각했을 뿐이다. 게다가 그들 중 누구도 수년 뒤에는 국제 시스템이 거의 완전히 뒤바뀌는 분수령을 맞이하게 되리라고 상상조차 못 했다. 하기야 매주 벌어지는 사건들의 경계도 모호하다는 점을 고려한다면, 다음에 어떤 현상이 전개될지 예측하는 것은 정말 어렵다.

스페인과 멀리 떨어진 중국에서 벌어지던 전쟁과 상관없이, 또 불안감을 유발하던 히틀러의 연설에도 불구하고, 몰타의 그랜드 하버 등 평온한 항구들의 장면은 영국과 서구 세계에 안정감과 안도감을 크게 주었다. 가까운 시일 내에는 별다른 변화가 없을 것이라고 추정할 만한 근거가 넘치도록 많았지만, 오히려 그 근거들은 임박한 변화의 가능성을 강력히 보여주었을 뿐이었다. 이런 점에서 그 근거들을 간결하게 정리해보는 것도 흥미로울 듯하다.

- 서반구를 제외하면, 유럽 중심의 세계 질서가 여전히 지배적이었다.
- 대영제국은 1938년에도 여전히 세계 최대 강국인 듯했다.
- 몰타는 세계를 지배하는 대영제국의 네트워크에서 하나의 중요한 함대 기지에 불과했다.
- 해군력은 여전히 세계 전역에 가장 쉽게 영향을 끼칠 수 있는 주된

대해전, 최강국의 탄생

수단이었다.

- 전함과 전투 함대는 여전히 그 영향력을 측정하는 방법이었다.
- 영국 해군은 여전히 세계에서 가장 강력한 해군이었다.
- 항공기는 항속거리와 파괴력에서 아직 두려운 존재가 아니었다.
- 소련은 아득히 멀리 있었고, 베를린과 도쿄만이 소련을 진짜로 걱정했다.
- 미국의 관심사는 유럽에 있지 않았고 태평양을 향했다.
- 일본은 위협적 존재였지만 지역적 범위를 넘어서지 않았고, 서구 세계의 존재를 위협할 정도도 아니었다.
- 국제연맹은 실질적으로 붕괴됐지만, 유럽의 외교력이 문제를 해결했다.

달리 말하면, 당시는 영국 육군 장교와 학교 교사, 선교사와 고무 농장주 등이 영국령 인도로 향하는 여객선에 올라 사우샘프턴을 떠나 지브롤터, 몰타, 수에즈, 아덴을 거쳐 뭄바이까지 가는 길에 영국령 항구와 영국 선박 및 영국의 영향력만을 볼 수밖에 없던 세계였다. 벤저민 디즈레일리(Benjamin Disraeli, 1804~1881년)라면 일찌감치 예견했을지도 모를 세계였다. 그로부터 20년밖에 지나지 않은 1958년쯤에는 그런 세계가 완전히 증발해버렸고, 30년이 지난 1968년에는 깨끗이 사라져버렸다. 하지만 30년이란 시간은 기나긴 인류의 역사에서 아주 짧은 기간에 불과하다.

이런 장면이 그처럼 평안하게 보였고, 전반적인 상황이 조금도 위협적으로 보이지 않았던 주된 이유는 그랜드 하버에서는 여러 세대 선부터, 정확히 말하면, 빅토리아 시대 중반에 왕의 방문을 맞아 도열한 지중해 함대를 찍은 흑백사진을 넘어 더 멀리까지 거슬러 올라가, 외항에 머물던 허레이쇼 넬슨(Horatio Nelson, 1758~1805년) 제독의 소함대를 부식 동판화로 묘사했던 시대부터 유사한 모습이 눈에 띄었을 것이기 때문이다.

몰타 앞바다에서는 어떤 이유로든 항상 힘의 흐름이 읽혔다. 노르만족이 잉글랜드를 정복한 이후로 서유럽의 여러 왕국이 자기들끼리, 또 동쪽의 아랍제국과 오스만제국을 견제하며 지중해의 지배권을 두고 다투었다. 물론 브로델이 연구한 지중해 세계에서는 계절이 바뀌면 풍경도 어김없이 바뀌고, 지역별로 삶의 양상도 크게 다르지 않은 시간이 오랫동안 지속됐다.[1]

그러나 지중해에서도 사건의 역사는 중요했다. 근대에 들어 전쟁과 외교 및 왕국의 이야기에서 특히 눈에 띈 현상은 1800년 이후로 비(非) 유럽계 세계의 꾸준한 쇠락이었다. 주도권을 쥐려는 유럽 국가들 간의 끊임없는 각축전이 바깥으로 넘쳐흐르며 다른 세계에도 큼직한 얼룩을 남겼고, 급기야 북아프리카 해안 지역과 그 너머로도 확대됐다. 알제부터 자메이카를 거쳐 리우데자네이루까지, 다시 희망봉을 거쳐 자카르타까지 유럽인들이 앞다투어 몰려가며 지배권을 장악하려 했다. 지구, 적어도 해군력이 미칠 수 있는 곳은 대서양 연안에 늘어선 주된 해양 국가들의 지배하에 떨어졌고, 그 흐름은 도무지 중단될 것 같지가 않았다.

상인과 자본주의자, 선교사와 공학자, 심지어 학교 교사까지 고향 땅을 떠나 카이로와 콜카타로 이주했지만, 그들에 앞서 붉은 제복을 입은 영국 군인들이 먼저 그 땅에 들어갔고, 해군의 무시무시한 대포가 그들을 뒤따랐다. 이렇게 서구 세계가 승리한 뒤였던 까닭에 몰타의 그랜드

대해전, 최강국의 탄생

하버는 평온한 모습을 띠었다.[2]

물론 이런 생각은 미국 역사학자 앨프리드 세이어 머핸(Alfred Thayer Mahan, 1840~1914년)이 책을 발표할 때마다 독자들의 머릿속에 심어준 역사적 메시지였다. 머핸이 해군력의 편재성(遍在性)과 중요성을 지나치게 강조하며, 유럽 해군력이 특정한 시대와 공간에서 영향력을 발휘했지 보편적이지는 않았다는 점을 인식하지 못했던 것은 분명하다.[3] 하지만 그 특정한 시기와 공간에서, 구체적으로 말하면 16세기부터 20세기까지, 카리브해에서 아덴까지 이어지는 바다에서는 유럽의 해군 강국들이 점점 더 많은 땅을 차지하며, 어떤 학자가 '서구인의 충격(impact of Western Man)'이라 칭한 현상을 보여주고 있었던 것은 사실이다.[4] 유럽과 다른 지역의 경제적 격차는 역사학자들 사이에서 지금도 여전히 뜨거운 논쟁거리이지만, 19세기에 들어 산업화가 진행되자 해군력을 기준으로 세계의 균형추가 이동했고, 그런 추세가 지속된 것은 분명하다.[5]

이때 서구의 포함(砲艦)이 연기를 뿜으며 양쯔강과 나이저강을 거슬러 올라갔지만, 동양의 정크선(중국의 연안이나 하천에서 사람이나 짐을 실어 나르던 범선-옮긴이)과 다우선(삼각형의 큰 돛을 단 아랍 배-옮긴이)은 돛을 크게 펼치고 템스강과 허드슨강의 상류로 올라가지 않았다. 상업혁명(Commercial Revolution)과 과학혁명(Scientific Revolution) 등 유럽이 1600년 이후로 겪었다는 많은 혁명 중에는 해군력(Military Revolution at Sea)의 혁명도 분명히 있었다. 유럽인들이 세계 전역을 지배하게 된 이유가 해군력의 증강으로 설명되기 때문이다. 요컨대 유럽인들은 국가가 재정적으로 지원하고, 국가가 조직적으로 건조한 전함 함대를 동원해 국제무역과 국제시장을 장악했고, 인접한 해안 지역만이 아니라 궁극적

으로는 내륙 지역까지 정복해나갔다.[6]

1789년부터 1919년까지, 기나긴 19세기에는 경제와 과학기술과 바다에서의 유럽의 지배력이 더욱더 강화돼갔다. 나폴레옹 전쟁 기간에 영국에서 진행되기 시작한 산업혁명이 100년쯤 뒤에는 유럽 전역으로 널리 확산됐다. 철의 시대가 끝나고, 강철의 시대가 열렸다. 그리하여 제철소가 세워졌고, 거대한 강판이 제작되었으며, 강철로 군함과 기관차를 만들었다.[7] 생산력과 산업적 역량이 북서 유럽에서 지중해 연안까지 확대되자, 유럽의 정치적 영향력이 지중해를 건너 북아프리카에 이르렀고, 레반트를 지나 근동까지 뻗쳤다.

1920년대와 1930년대에 프랑스와 이탈리아와 영국의 식민지 건설이 조약을 통해 공식화되자, 그 식민국들은 각자의 생산 역량을 십분 활용해 유럽과 아프리카의 해안을 따라 새로운 상업 항구와 해군기지, 부두 시설을 건설하며 식민지 건설에 박차를 가했다. 프랑스는 메르스엘 케비르에 있던 옛 아랍인 정착지에 거대한 해군기지를 건설했다. 항구도시 베이루트는 레반트의 파리로, 상업적으로나 문화적으로 큰 호황을 누렸다. 이탈리아에서 항구들을 근대화하는 데 헌신적으로 열정을 바쳤던 파시스트당 기획가들은 낡은 벵가지 항구를 완전히 바꿔놓았다. 마르세유와 제노바는 서로 치열하게 경쟁하며 하루가 다르게 발전했다.

이 이야기에는 해군과 강대국의 역사를 연구하는 학자들이 고려하지 않는 인구 통계학적인 면도 다루었다. 제1차 세계대전과 1918년의 독감이라는 두 번의 타격으로 많은 유럽인이 사망했지만, 전체적인 인구수는 여전히 증가하는 추세였다. 따라서 세계 인구에서 유럽이 차지하는 몫이 1928년에야 최고점(22퍼센트)에 도달한 뒤로 수십 년 동안

대해전, 최강국의 탄생

급격히 떨어졌다는 사실은 흥미로울 따름이다.[8] 달리 말하면, 유럽 대륙을 호령하던 국가들이 자본과 상품, 기반 시설과 지배 구조만이 아니라 인구까지 식민지에 수출했다는 뜻이었다.

예컨대 두 세계대전 사이에 영국을 떠난 이민자가 주로 오스트레일리아와 남아프리카공화국과 미국으로 향했다면, 프랑스인과 이탈리아인은 대체로 알제와 오랑, 트리폴리와 벵가지 및 주변 지역으로 이주해서 여객선과 화물선이 정박할 수 있는 새로운 항구와 도로를 건설했고, 공공건물과 철도역을 지었다. 유럽이 주도하던 1920년대와 1930년대의 세계 질서는 이런 항구만이 아니라 함대 기지, 그곳에 정박한 군함들에 의해 상징되고 구체화됐다. 물리적 풍경마저 바뀌고 있던 1930년대 말의 '지중해 세계'에서는 세 강대국, 즉 프랑스와 이탈리아와 영국의 함정들이 곳곳의 항구를 방문하며 북쪽에서 남쪽으로, 또 서쪽에서 동쪽으로 돌아다니는 모습을 보는 게 그다지 어렵지 않았을 것이다. 그 모습은 지구 반대편에서 적어도 네 강대국(일본과 영국, 프랑스와 미국)의 함정들이 연기를 내뿜으며 중국 항구들과 그 남쪽의 항구들을 들락대는 모습과 크게 다르지 않았을 것이다.

그사이에 네덜란드 전함들은 작은 규모로 동인도제도(East Indies)를 헤집고 다녔고, 포함들은 아프리카의 강들을 오르내렸다. 거의 모든 세계가 여전히 유럽의 손아귀에 있는 듯했다. 나치의 불만은 거기에서 한몫을 차지하지 못한다는 것에 불과했다. 일본도 그런 불만이 있었지만, 그런 현상에 변화를 주기 위한 조치를 취하고 있었다. 이즈음 미국은 싱가포르의 자카르타를 거점으로 무역과 금융을 운영하고, 미국 전함들은 홍콩에서 연료와 보급품을 다시 보급받으며 어떤 희생도 치르지 않은 채 제국의 편익을 누릴 수 있었으므로 당시 현상을 굳이 뒤집을 필요가 없었다. 여하튼 당시 미국은 이미 필리핀, 괌과 사모아, 푸에르토리코에 제국에 버금가는 자산을 확보했고, 거의 모든 곳에 해외 해군기지까지 두었다.[9] 그러니 1938년쯤에는 더 많은 식민지를 차지하려고 안달할 필요가 없었다.

따라서 날렵하게 생긴 거대한 군함이 보호 장치를 갖춘 항구에 정박한 모습은 영국 해군에만 국한된 현상이 아니라 상당히 보편화된 현상이었다. 특히 민족주의에 심취한 사람들에게는 국내 항구에서나 해외를 여행할 때 자국의 전함을 보는 것보다 가슴을 설레게 하는 것은 없었을 것이다. 따라서 애국심에 불타는 영국인이 영국해협이나 아덴 앞바다에서 영국 해군의 전함을 보았다면 전율감을 느꼈을 것이고, 이탈리아인이 타란토와 나폴리, 트리에스테 등의 앞바다에 정박한 무솔리니 해군의 소함대를 보았다면 뿌듯한 자부심을 느꼈을 수 있다. 예컨대 나폴리를 향해 달려가는 기차의 창밖을 뚫어져라 쳐다보던 여행객은 빠르게 성장하던 그 항구의 세관과 출입국 관리소 및 기중기와 조선소 너머로 '레지아 마리나(Regia Marina: 이탈리아 왕국 해군-옮긴이)'의 웅장한 전함들을 어렵지 않게 알아볼 수 있었을 것이다.[10] 해군력의 중요성을 이보다 더 확실하게 웅변하는 게 있었을까?

서구 전함을 담은 그림들이 눈길을 끌고 멋지게 보이지만 전함의 전투력에는 조금의 꾸밈이 없었고, 필요할 때 무력을 사용하는 정치 지도자들의 결단력에도 거침이 없었다. 이탈리아 중순양함 자라호는 스페인 내전의 후반기에 개입한 적이 있었고, 무솔리니가 알바니아를 공격한 1939년 4월에도 투입됐다. 몰타에 정박한 영국 전함들에도 꾸밈은 없었고, 그 전함들이 배치된 데는 억제 목적이 있었다. 그 전함에 장착된 15인치 함포는 진짜였고 치명적이었으며 엄청난 파괴력을 자랑했

대해전, 최강국의 탄생

다. 게다가 그런 함포가 많았다.

수천 명의 영국인 선원들이 몰타의 발레타 항구와 슬리마 항구 주변에 산재한 영국식 선술집과 찻집에 모여들었고, 수십만 명의 몰타인이 선박 수리장에서 일했다. 영국 해군이 지배하는 세계가 한 세대 뒤에 끝날 거라는 불안은 그들에게 전혀 없었다. 그때까지 오랫동안 아무런 변화가 없었는데 어떻게 그런 사태가 닥칠 수 있겠는가? 유일하게 가능한 도전국이라면 전함과 항구의 역량에서 크게 뒤지지 않은, 유럽의 또 다른 해군 강국 이탈리아가 있었다. 그러나 설령 그런 도전이 있더라도 제한적이고 지역적인 도전에 그칠 것이 분명해서 해군의 전통적인 형태와 유럽 중심의 세계 질서가 뒤집힐 가능성은 없어 보였다.

그렇다면 1936년이나 1938년에, 앞에서 나열한 지정학적이고 군사적인 근거들 중 어느 하나라도 잘못될 수 있다고 추정할 만한 증거가 있었을까? 또 유럽이 여전히 세계에서 가장 중요한 지역이며, 멀리 떨어진 도쿄, 자가 격리한 모스크바, 세상에 알려진 게 없는 베이징, 여전히 지역성을 벗어나지 못한 듯한 워싱턴 DC와 비교하면 런던과 파리, 베를린과 제네바가 가장 중요한 수도들이라는 통념을 뒤집을 만한 현상이 있었을까? 월스트리트의 막강한 자금력과 상관없이, 많은 해상 기지를 둔 데다 세계 최고의 해군에 함대까지 두고 있는 대영제국이 세계 최강국이란 통념에 반론을 제기할 만한 증거가 있었을까? 어떤 해군에서나 가장 중요한 선박이었던 전함의 수가 곧 해군력을 올바로 평가하는 상대적 지표가 된다는 통념을 뒤집을 만한 흐름이 있었을까? 또 그랜드 하버를 묘사한 그림에서 추정되는 세계 질서가 적어도 가까운 미래에는 변하지 않을 거라는 통념을 반박할 만한 증거가 있었을까?

〈그림 2〉 **나폴리항에 정박한 이탈리아 중순양함 자라호와 두 자매함 피우메호와 폴라호, 1938
년.** 여기에 그려진 8인치 함포를 장착한 자라급 중순양함에서 보듯이, 이탈리아의 전함들은 우아
한 자태를 자랑했다. 3척 모두, 영국 전함과 맞선 마타판곶 해전에서 침몰했다(〈그림 25〉 참조).

대해전, 최강국의 탄생

인류의 역사에서 제국의 흥망성쇠가 시시때때로 반복된 것은 사실이지만, 가까운 시일 내에 그런 사태가 일어날 거라는 증거는 어디에도 없었다. 그럼 무엇 때문에 이런 정치적 풍경이 바뀌었을까? 그것도 대폭 바뀌었을까?

1920년대는 제1차 세계대전이라는 격변에 뒤이은 변화보다는 강대국의 복귀와 군사적 안정화로 특징지어지는 10년에 더 가까웠다. 제정주의자든 볼셰비키든 '러시아라는 위험 요인(Russia Danger)'은 구석으로 밀려났고,[11] 프랑스 제3공화국은 1917년경 붕괴 직전까지 내몰렸지만 다시 일어나 굳세게 버텼다. 대영제국은 계속된 전쟁의 부담에 비틀거렸지만 무너지지는 않았고, 평화가 정착됐을 때 지역적으로 기운을 되찾아 실제보다 더 강하게 보이는 미묘한 상태에 들어섰다.[12] 이탈리아는 이런 강대국들 틈에서 한정된 입지를 유지했지만, 무솔리니가 그보다 더 나은 지위를 원했다. 일본 해군은 1917년쯤에는 지중해에서도 대잠수함 초계 임무를 수행했으나 1938년에는 극동의 바다로 활동 범위를 좁혔다.

한편 미국은 1918년에는 '유럽의 지배권'을 차지하려는 다툼에서 유일한 중재자 역할을 기꺼이 떠맡을 듯했지만,[13] 심술 난 거인처럼 은둔에 빠져들며 국제연맹에 가입하지 않았고, 프랑스와 체결한 약속마저 등한시했다. 제1차 세계대전을 함께한 연합국들에게 전쟁 빚을 갚으라고 독촉할 뿐, 유럽 문제에 간섭하고 나서지 않았다. 1930년대가 시작됐을 때 강대국들은 주식시장과 통화 안정을 위해 전력을 다했다. 따라서 스탠리 볼드윈의 영국, 앙드레 타르디외의 프랑스, 허버트 후버의 미국에서는 보수적인 정치 분위기가 폭넓게 자리 잡은 데다 오히려 점점 확대된 까닭에, 신중한 고립주의자인 프랭클린 루스벨트 정부로 대체될 가능성이 거의 없어 보였다. 1930년 런던 군축 회의(London Naval Conference)에서 강대국들이 해군 군비를 동결하기로 합의하며 명확히 보여준 것처럼, 이때 역사의 포괄적인 새로운 전개는 없었던 듯하다. 제1차 세계대전으로 많은 정령이 램프에서 나왔다면, 그 이후로 수년 동안 취해진 조치들은 최대한 많은 정령을 램프로 되돌려놓는 게 목적이었다.

게다가 1930년대 말에 군사과학 기술 분야에서 예견되는 적잖은 변화의 조짐이 있었던 것은 분명하지만, 그 영향을 과장하지는 않아야 한다. 문제는 1919년 이후로 해군과 육군에서도 정치와 외교의 영역에 버금가는 보수주의로의 전반적인 환원이 있었다는 것이다. 이런 주장이 이상하게 들릴 수 있겠지만, 군사과학 기술과 군사 구조에서 진정한 혁신이 이루어질 만큼 제1차 세계대전이 충분히 길게 지속되지 않았거나, 전투가 치열하지 않았기 때문에 그런 환원이 일어났을 가능성을 배제할 수 없다. 한층 혁신적이고 파괴적인 무기, 예컨대 잠수함, 어뢰, 항공기가 20세기 초에 신속히 확산됐지만, 제1차 세계대전이 시작되기 전까지 그 무기들이 완전히 개발된 상태는 아니었다.

이상하게 들리겠지만, 제1차 세계대전에서 전투는 지나칠 정도로 '범위가 커서', 즉 대규모여서 느릿하게 전개되는 경향을 띠었다. 공군이 실제로 전쟁에 투입되기 전에는 육지와 바다 모두에서 군사적 충돌이 제자리를 벗어나지 못할 지경이었다. 서부전선은 지나치게 긴 데다 거의 곧바로 참호전으로 변했다. 따라서 그곳에 투입된 병력도 어마어마하게 많아서 '전격전(Blitzkrieg)'이 성공할 수 없었다. 고성능 포탄을 개발한 화력 혁명은 대대 부대를 쓸어버릴 정도로 대단했지만, 몇 십의 참호를 연결하고 복잡하게 뒤얽은 철조망으로 보호된 구덩이들에 타격을 주지는 못했다. 기관총도 방어전에 탁월한 무기였을 뿐이다. 탱크는 수적으로 너무 적었고, 약간 뒤늦게 발명됐다. 군용 트럭에 사용할 만한 내연기관은 거의 개발되지 않은 상황이었다. 장거리 중(重)폭격기는 폭넓은 사용을 앞두고 있었으나, 제1차 세계대전에서는 활용되지 못했다. 항공모함은 그야말로 신발명품이었지만 속도와 크기가 만족스럽지 않았고, 탑재하고 다닐 만큼 강력한 항공기도 없었다. 수륙 공동 작전은 항상 참담한 실패였고 유망해 보이지도 않았다.

비좁은 북해에는 영국 해군의 '대함대(Grand Fleet)'와 독일 해군의 '대양 함대(Hochseeflotte)'에 속한 무수히 많은 전함이 운집한 까닭에 보수적인 결과를 목표로 하는 신중한 전술이 사용될 수밖에 없었다. 진정으로 혁명적인 전쟁 수단이던 독일 해군의 유보트는 연합국이 호송대를 조직해 엄청난 수의 호위함을 동원함으로써 무용지물이 됐다. 잠수함은 수중 음파탐지기, 즉 잠수함 탐지기가 발명되며 미래 전쟁에서 대단한 위협거리로 생각되지 않았다. 영국과 독일의 제독들이 1919년 이후로 고향에 돌아가 회고록을 집필하는 전쟁을 벌일 때까지도 대형 전투 함대가 여전히 해전에서는 가장 중요하다는 확신을 감추지 않았고, 미국과 일본의 해군 제독들도 대체로 그 생각에 동의했다. 게다가 보수적인 사람들이 육군과 해군에서 고위직을 거의 차지하며, 허버트 리치먼드(Herbert Richmond, 1871~1946년)와 배질 리델 하트(Basil Liddell Hart, 1895~1970년), J. F. C. 풀러(John Frederick Charles Fuller, 1878~1966년), 빌리 미첼(Billy Mitchell, 1879~1936년) 같은 혁신적인 전쟁 이론가들에게 혐오감을 불러일으켰다.

하지만 몰타에 닻을 내린 후드호와 바럼호의 위풍당당한 모습이나, 1938년 모항(母港)에 정착한 이탈리아 중순양함의 우아하고 인상적인 모습으로 해군력을 평가하는 방법은 결코 시대착오적인 것이 아니었다. 예컨대 바럼호 한쪽 측면에 설치된 함포 전체의 무게는 7톤에 가까웠고, 고성능 포탄은 32킬로미터 떨어진 표적까지 날려 보낼 수 있었다. 다른 국가의 해군이 대포로 무장한 군함을 주력함으로 고수하는 한 똑같은 방향을 지향하는 게 당연했고, 1936년 이후에도 더 크고 더 빠른 군함들이 더 많이 건조되고 있는 것이 사실이었다. 구축함대는 적국의 잠수함이 자국의 전함에 접근하는 것을 견제할 수 있었고, 그 시대의 폭격기는 그다지 강하거나 파괴적으로 보이지 않았다. 그럼 강력한 함포를 장착한 군함에 대적할 만한 무기가 그 당시에 있었을까?

어쩌면 하나가 있었을지 모르겠다. 1930년대 말, 동쪽으로 1만 킬로미터쯤 떨어진 곳에서 무척 다른 형태의 주력함이 자국 깃발을 펄럭이며 영해와 가까운 공해를 항해하고 있었다. 일본 항공모함 가가(加賀)호는 겉모습이 이탈리아 중순양함만큼 우아하지도 않았고, 거기에 설치된 '펀치'는 후드호와 바럼호에 장착된 15인치 함포만큼 위압적으로 보이지도 않았다. 하지만 무척 치명적인 군함이었고, 그 자체로도 엄청난 파괴력을 지닌 전쟁 무기였다. 가가호는 1920년(따라서 후드호와 거의 동년배)에 본래 일본제국 해군의 전함으로 발주됐지만, 워싱턴 해군 군축 조약이 체결되고 수년 후에 3만 3,000톤의 배수량에 240미터가 넘는 비행갑판을 갖춘 일본제국 해군의 플리트 항공모함 중 하나로 완전히 재건조됐다. 하지만 1930년대에 개량된 추진 시스템으로 교체하며 한층 인상적인 군함으로 탈바꿈했다.

달리 말하면, 일본 해군은 약간 오래된 항공모함들을 완전히 개조함으로써 제2차 세계대전이 임박했을 즈음에 일본 항공모함은 영국과 미국의 항공모함만큼이나 빠르고 효율적이었고, 그들보다 많지는 않았더

대해전, 최강국의 탄생

〈그림 3〉 **구레(吳市) 해군 기지에 정박한 일본 항공모함 가가호.** 일본 항공모함 가가호와 아카기 호는 원래 초대형 전함으로 설계된 선체를 기반으로 건조되어, 30노트의 속도로 항해했다. 가가 호는 진주만 공격에 참전했지만, 가가호와 다른 3척의 항공모함은 미드웨이 해전에서 침몰했다 (6장 참조). 그 결과로, 일본 해군력의 핵심이 와해되었다.

라도 적어도 같은 숫자의 뇌격기와 급강하 폭격기를 싣고 다녔다는 뜻이다. 계산해보면, 플리트 항공모함에 실린 70여 대의 폭격기가 탑재하는 500파운드(약 227킬로그램)급과 1,000파운드(약 454킬로그램)급 폭탄, 1,200파운드(약 544킬로그램)급 어뢰 등의 총량은 엄청났다. 게다가 일본 항공모함은 외국인의 눈에 감춰지지도 않았다. 가가호는 두 번째로 개량되기 전에도 1932년의 상하이 사변 때 중국 영해에서 작전을 펼친 적이 있었고, 1937년의 상하이 사변에서는 일본이 중국을 상대로 예전보다 더 큰 규모로 작전을 전개하며 많은 표적을 공격하던 동안에는 실전에 투입돼 거의 5만 3,000킬로미터를 항해하고 다녔다.[14]

1938~1939년과 그 이후에 유럽 국가들의 해군은 해양 작전을 다소 줄였지만, 일본제국 해군의 명령에 총 6척의 플리트 항공모함이 멀리 떨어진 육지나 해상에 있는 표적을 향해 다수의 항공기를 동시에 완벽하게 출격시킬 수 있도록, 합동 기동 훈련을 반복해 실시하고 있었다. 멀리 떨어진 곳까지 달려가, 그곳의 앞바다에서 전개할 새로운 형태의 해전에 대비한 훈련이었다. 그때 지중해에서는 우뚝 솟은 구형 전함들이 항구의 계류장에서 흔들거리거나, 간혹 먼바다에 나가 포격 훈련을 하고 있었다. 하지만 인류의 역사에서 그 특별한 시기에, 각각 고유한 임무를 띤 군함들이 어떤 운명을 맞이하게 될지 누가 알았겠는가?[15]

1938년경 항공모함 기동부대들이 유럽에서는 존재할 수 없었고, 존재하지도 않았지만, 태평양 양쪽에서는 함께 모여 훈련하기 시작했다. 그때 모든 국가의 해군은 한층 강력한 잠수함을 개발하려고 애썼다. 하지만 제2차 세계대전 이전까지 모든 해군이 최신형 전함과 중순양함의 개발에 가장 많은 비용을 쏟던 때, 잠수함이라는 파괴적인 무기

대해전, 최강국의 탄생

체제가 미래의 해전에서 훨씬 큰 역할을 맡게 되리라고 추정하기는 힘들었다. 그럼에도 '전면전'이 다시 일어난다면 어떤 변화가 있을 게 분명했다.

이를테면 세 수정주의 국가가 서구의 지배를 타파하려는 목적에서 공군력과 해군력을 대거 투입한다면, 제3제국은 대형 전함만이 아니라 수백 대의 유보트까지 동원해 대서양 전투(Battle of the Atlantic)를 다시 시작한다면, 일본이 서태평양의 통제권을 장악하려고 미국 주력 함대를 공격한다면, 이탈리아와 독일은 영국의 지중해 파이프라인을 차단하려고 나선다면, 이 모든 가정이 실제로 일어난다면, 요컨대 세계 질서에 변화를 주려는 광적인 대규모 시도가 감행된다면, 틀림없이 제1차 세계대전 시기의 해전보다 훨씬 큰 해전이 벌어질 것이었고, 새로운 패권 다툼이 벌어지는 동안 기존의 전략적 풍경이 해체될 개연성도 무척 높았다.

따라서 군함을 양측 모두가 대거 상실하면, 요컨대 1914~1916년의 해전만큼은 아니어도 프랑스 혁명 전쟁(French Revolutionary Wars)과 나폴레옹 전쟁에서 겪었던 규모로만 군함을 잃어도 1930년대의 평화기에 강대국들의 군항에서 흔히 보던 이름들이 적잖게 살아남지 못할 게 분명했다. 그렇게 되면, 분명 위에서 언급한 그랜드 하버의 풍경에 함축된 평안한 해양 세계도 더불어 사라질 게 분명했다.

예리한 관찰자라면 당시 군함들의 모습에서 강대국들의 끔찍한 운명을 짐작할 수 있을 것이다. 군함의 모습에서 강대국이 해군에 우선순위를 두고 많은 비용을 투자한다는 증거가 읽히기 때문이고, 1930년대 말의 함대 배치에서 각국 정부가 그 시대에 힘과 영향력을 가상 상력하게 과시하는 방법으로 생각한 것이 드러나기 때문이다. 하지만 그 국가들이 상대적으로 감당해야 할 경제적 부담에 대해서는 거의 말해주지 않는다. 중대하고 오래 지속된 전쟁에 투입된 적이 있는지에 대해서도 별로 말해주지 않는다. 물론 세계대전이 다시 일어나 모든 국가가 국력을 집중적으로 동원한다면, 세계 전역에서 공군과 육군만이 아니라 해군도 크게 변할 수밖에 없을 것이다. 레닌의 표현을 빌리면, 현상을 타파하는 동력으로서 훨씬 큰 추진력을 지닌 '전쟁이라는 기관차'가 다시 도래할 것이다. 그때 역사의 도도한 흐름이 틀림없이 그 시대의 해군력에도 변화를 요구할 터였다.[16]

케임브리지의 저명한 외교사학자 자라 슈타이너(Zara Steiner, 1928~2020년)가 두 세계대전 사이의 기간을 연구한 결과를 두 권으로 펴낸 탁월한 저서에서 물었듯이, 한 시대가 끝나고 새로운 시대가 서서히 시작되고 있는 때를 누가 어떻게 알겠는가?[17] 또 상대적으로 평온한 시기에, 어떤 국가가 세계사의 분수령을 건너고 있거나, 적어도 분수령에 다가가고 있다는 것을 어떻게 짐작할 수 있겠는가? 자라가 이 질문에 내놓은 답은 "인간의 능력으로는 알 수 없다!"이다.

예컨대 1936년이나 1938년에 몰타의 그랜드 하버를 의례적으로 방문한 프랑스나 이탈리아 군함의 함장이었다면 영국 전함 후드호와 바럼호가 만 건너편에 정박해 있는 것을 보고, 10년 내에 그런 군함은 사라질 것이고 유럽 중심의 세계 질서도 끝날 것이라고 추측할 수 있었을까? 또 거대한 함포는 자취를 감추고, 멀리 떨어진 미국의 몇몇 항구에 정박한 예비 함선이나 박물관 전시물로나 남게 될 것이라고 짐작할 수 있었을까? 유럽 식민국들이 다카르, 알렉산드리아, 싱가포르, 사이공(호찌민의 전 이름-옮긴이), 몰타 등에 조직적으로 광범위하게 보유한 해군기지들이 블레이크와 나폴레옹의 시대 이후로 떠맡았던 소중한 전

대해전, 최강국의 탄생

략적 임무를 끝마치고, 10년 남짓의 시간 내에 사라질 것이라고 누가 예측할 수 있었겠는가?

그 함장은 이런 변화를 짐작조차 못 했을 것이다. 설령 우리가 그곳에 있었더라도 전혀 짐작하지 못했을 것이다.

〈그림 4〉 **잉글랜드의 포츠머스를 방문한 미국 해군 전함 텍사스호, 1938년.** 제2차 세계대전이 발발하기 전, 유럽을 방문한 근대화된 미국 전함의 옆모습이 무척 날렵해 보인다. 텍사스호는 북아프리카(횃불 작전), 노르망디, 이오시마, 오키나와 앞바다에서 싸웠고, 지금은 텍사스의 샌저신토에서 박물관선으로 사용되고 있다. 배경에 그려진 전함은 영국의 경순양함 에메랄드호다.

대해전, 최강국의 탄생

2장

1939년 이전의
군함과 해군

1930년대에 세계를 지배하던 강대국들의 해군 정책은 극소수에 의해 수립되고 시행됐고, 그들 모두가 자국의 수도나 수도 근처에 조성된 주요 함대 기지에 근무했다. 각국의 해군에는 해군부 장관, 해군성 대신, 해양부 장관 등 어떤 명칭으로든 정치적 책임자가 존재했다. 그 장관은 명목상 해군부의 수장으로, 내각이든 국가수반이든 중앙정부와 교류하는 연결 고리였다. 또 각국의 해군은 최고 해군 장교를 두었고, 그 명칭은 수석 해군 위원, 해군 참모총장, 해군 총참모장, 해군 최고사령관 등 역시 국가마다 달랐다. 또 어떤 형태로든 해군본부 위원회를 공식적으로 두었지만, 위원회에는 물자 조달, 해안 시설, 인력, 예산, 통신, 정보 등 해당 분야를 책임지는 고위 장교들이 참석했다. 물론 전반적인 해군 규모에 따라 달랐지만 어떤 고위 장교는 본국 함대나 해외 함대를 지휘했고, 어떤 고위 장교는 상대적으로 큰 해군항 자체를 지휘했다.

　해군은 무척 복잡한 조직망을 지닌 대기업과 유사했다. 따라서 샌디에이고, 다카르, 홍콩 등에 조성된 거대한 해군기지들은 본국의 해군본부에서 멀리 떨어져 있었더라도 세계적인 조직망의 일부였다. 해군 전략을 제안하고 수행하던 소수의 최고위 장교들은 소위에서 제독으로 진급하는 동안 해안과 바다에서 많은 해군 활동을 보았기 때문에 그모든 것을 알고 있었다. 영국과 미국의 해군처럼 초대형 해군에도 구성원 모두가 직접적으로나 간접적으로 서로 아는 하나의 고위 장교단밖에 없었다. 총리나 대통령이 후임 고위 사령관을 지명할 때가 되면 극소수의 후보만이 명단에 올랐지만, 그것마저도 실제로는 예정된 것이었다.

해군 수장과 그의 동료들은 자국의 해군 정책을 실행하려고 애썼지만, 그때마다 물리적으로나 정치적으로 제약을 받는 특정한 맥락 내에서 움직여야 한다는 것을 통절히 깨달았다. 따라서 자국의 군대에 가장 좋은 결과를 얻어내려 노력했으나, 원하는 결과를 완전히, 심지어 일부라도 얻어내기가 어렵다는 것을 경험적으로 알았다. 어떤 국가에서나 해군본부는 군부 내에서 진행되는 업무를 거의 완벽하게 통제했고, 전함의 유형을 선택하는 과정에도 주도적인 역할을 했다.

그러나 그 특정한 영역에서 점차 멀어지는 항목에 대해서는 통제력도 당연히 줄어들었다. 따라서 강대국들의 해군 정책과 위상을 일련의 동심원으로 생각하는 게 유익할 수 있었다. 예컨대 제독들과 그들의 전함 및 함대가 중심을 차지하고, 해군 전체와 지리적 위치 및 경제적이고 과학기술적인 기반 등으로 구성된 상관관계망에서 항상 서로 밀접히 연결되고, 그 관계망에서 벗어날 수 없는 상황을 생각하면 된다. 해군 최고사령관이나 대제독 중에서 앨프리드 세이어 머핸의 고전적 저서 《해양력이 역사에 미치는 영향: 1660~1783》을 축어적으로 인용할 수 있는 사람은 극소수에 불과하겠지만, 한 국가의 해양력은 단순히 전함과 함대로만 결정되지 않는 무척 복잡한 문제이며, 산업화 시대에 들어선 당시에도 여전히 중요했던 '해양력에 영향을 미치는 일반 조건'이 있다는 그의 주장을 이해하지 못한 장성은 없었을 것이다.[1]

하지만 두 세계대전 사이의 해군 규모와 군함들의 특징에만 주목하는 것은 지나치게 편협한 접근 방식이기 때문에, 이 장에서는 그런 조사로 만족하더라도 3장에서는 시야를 넓혀 지리적이고 경제적이며 전략적인 맥락까지 살펴보는 게 합당할 것이다.

해군 규제 시대의 해군

1930년대의 세계에는 6개의 대함대가 있었지만 그 규모가 크게 달랐다. 1921~1922년의 워싱턴 조약(워싱턴 해군 군축 조약)에서 합의된 결과에 따르면, 총톤수에서 상위를 차지한 두 해군은 미국과 영국이었지만, 일본 해군은 눈부시게 성장한 끝에 1920년대 말에 그 격차를 크게 좁혔다. 나머지 3개국, 즉 프랑스와 이탈리아 및 시기적으로 늦었지만 나치 독일도 1939년쯤에는 근대식 함대를 보유하게 됐다. 하지만 총톤수, 특히 주력함의 수에서는 크게 뒤졌다. 대략 말하면, '워싱턴 체제'는 영국 해군과 미국 해군에 각각 세계 전함 및 대형 함포의 약 30퍼센트를 할당했고, 일본 해군에는 약 20퍼센트, 프랑스 해군과 이탈리아 해군에는 각각 10퍼센트를 배정했다. 따라서 무척 '다극화된(multi-polar)' 해군 세계였고,[2] 그 결과는 1900년대, 실제로는 18세기 전체의 분포와 크게 다르지 않았다. 해군력의 이런 세계 분포는 '팍스 브리태니카(Pax Britannica)'가 황금기였을 때, 즉 1860년대에는 크게 달랐고, 미국만이 유일한 해군 강대국으로 우뚝 올라섰던 1945년 이후에도 무척 달라졌다. 그러나 1930년대

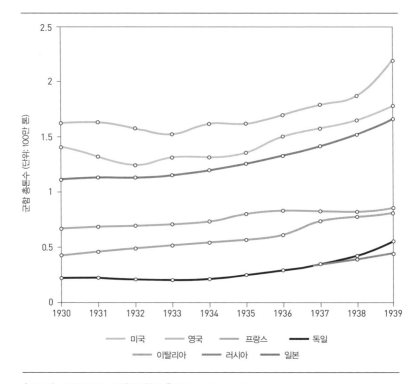

〈도표 1〉 강대국들이 보유한 군함의 총톤수, 1930~1939년

자료 출처: Crisher and Souva, Power at Sea: A Naval Dataset, 1865~2011, https://qualitativedatare
pository.github.io/dataverse-previewers/previewers/SpreadsheetPreview.html?fileid=2453823&siteU
rl=https://dataverse.harvard.edu&datasetid=66002&datasetversion=1.0,(2020년 2월 13일 접속)을 기초로
Arun Dawson이 정리한 것이다.

에는 6개국의 해군이 우위를 차지하려고 티격태격 경쟁을 벌였다. 따라
서 각국의 해군부가 장기적인 전략적 계획을 세우는 데 골몰했고, 군함
을 조달하기 위한 주문에 이런저런 조건을 까다롭게 붙인 것도 조금도
놀랍지 않았다.

함대와 군함을 기준으로 단순히 평가하면, 1939년 영국 해군의 위상
은 인상적이었다. 소형급 군함까지 모두 포함하면, 영국 해군의 총톤수
(총배수량)는 대략 218만 5,000톤이어서, 미국의 177만 8,000톤이나 빠

대해전, 최강국의 탄생

르게 증가하던 일본의 166만 1,000톤보다 약간 높았고, 각각 85만 톤에 불과하던 이탈리아와 프랑스보다는 훨씬 앞섰다.[3]

일본까지 포함해서 이 모든 강대국은 제1차 세계대전 동안 전쟁에 참전한 교전국이었던 까닭에, 그에 따른 충격파를 해결하느라 여전히 고전하고 있었다. 그러나 그 강대국들은 제1차 세계대전 훨씬 이전부터 자주적인 국민국가였다. 따라서 그들의 전략적인 기본 입장은 더 오랫동안 자주적인 국민국가를 유지하는 것이었다. 영국과 일본은 모두 섬 제국이어서 식량과 보급품을 해외에 절대적으로 의존한 까닭에 해군력을 중요하게 여겼고, 1919년 이후에는 더욱더 해군력의 필요성을 느꼈다. 미국은 대양으로 영향력을 확대하며, 타당성은 부족했지만 비슷한 이유로 해군의 필요성을 주장했다.

그러나 1930년대 동안에는 워싱턴 조약으로 허용된 총배수량을 완전히 채우지 않았다. 프랑스와 이탈리아와 독일은 이런 점에서 '잡종 강대국(hybrid power)'이었다. 자신에게 허용된 해군력의 몫을 확보하기를 바랐지만, 지리적인 이유로 육지와 하늘에서의 역량을 더 걱정해야 했기 때문이다. 더구나 독일은 1919년 베르사유 조약에 따른 전반적인 군비 축소로 해군력 강화가 추가로 제약을 받았다. 워싱턴 조약과 런던 조약(런던 해군 군축 조약)에서 결정된 함대 비율에는 지금까지 살펴본 대략적인 분포가 크게 반영됐다. 구체적으로 말하면, 상위 2개국의 해군력은 자국 중심적이고 서로 비슷한 수준이지만 다른 네 국가보다 크게 앞섰고, 세 번째 국가는 해군력의 증강에 힘써 크게 뒤처지지 않았다. 두 국가의 해군력은 중간 규모였고, 마지막 여섯 번째 국가의 해군력은 몹시 축소된 상태였다. (새롭게 세워진 소비에트연방은 내전에 휘말린 뒤에 내적 재건에 나섰지만 아직 해군에 관심을 두지 않아, 여기에서는 다루지 않는다.)

하지만 대여섯 강대국이 서로 시샘하며 각축을 벌이던 국제 체제가 1919년 이후로 세계사에서 또다시 경쟁적인 다극화 시대의 도래를 암시했지만, 이번에는 해군 군비경쟁이 무분별하게 일어나지는 않았다. 공교롭게도 해군력 제일주의자를 견제하는 하나의 새로운 정치적 변수가 어디에나 존재하기도 했다. '대규모 군축'을 요구하는 목소리였다. 제1차 세계대전 전에는 대중과 정치인 모두가 군함을 열광적으로 바랐지만, 전쟁을 치르는 동안 피와 군수품에 토해낸 끔찍한 비용에 그런 바람은 깨끗이 사라졌다. 게다가 온갖 형태의 군국주의, 국가적 자부심, 금융계와 군수산업체의 과도한 영향력, 특히 군비경쟁에 대한 반감도 강하게 존재했다. 실제로 폭넓게 주장됐듯이, 육지와 바다에서 많은 비용을 들여 경쟁적으로 시행된 건설 계획이 전쟁을 촉발하는 데 주된 역할을 했다면, 미래에 전쟁의 재발을 예방하는 최선의 방책은 방위비 지출을 엄격히 제한하는 것이었다. 그렇게 해서 절약한 자금은 시급한 사회보장 프로그램과 전상자 연금 등에 지출하거나, 엄청난 액수의 국채를 상환하는 데 사용할 수 있었다.

그러나 1920년대의 검약가(儉約家)들에게는 육군과 해군과 공군의 장성들에게서 방위비 감축에 동의한다는 의견을 받아내는 것으로 충분하지 않았다. 교활한 군비 설계자들이 재정 지원의 한계를 우회하는 방법을 어떻게든 찾아낼 게 분명했기 때문이다. 또 해군 군비 축소를 고려할 때도 1914년 이전에 영국과 독일이 새로운 전함의 건조를 금지하는 '해군 휴일(naval holiday)'을 두려는 회담이 실패로 끝났듯이, 주력함의 비율을 단순히 수치로 요구하는 것도 충분하지 않았다. 그렇지만 육군과 공군보다 해군 함대를 제한하고 감시하는 편이 더 쉽다고 생각됐기 때문에 해군 감축이 우선 목표가 됐다(여하튼 전함은 덩치가 커서 쉽게

대해전, 최강국의 탄생

눈에 띄었다). 따라서 군함의 유형을 양적으로나 질적으로나 가차 없이 삭감하는 게 최선이었다. 역사적으로도 이런 방식이 가장 목적에 부합한 군비 감축 합의가 됐고, 해군 감축을 옹호하는 사람들은 그 결과를 무척 자랑스럽게 생각했다.

1921~1922년 워싱턴에서 체결된 해군 군축 합의는 함대 기지 및 태평양·극동 지역의 현상 유지에 관련하여 제정된 다른 국제조약들과 더불어 여기에서 쉽게 요약된다. 5개국의 해군 제독들이 자국의 부정직한 정치 지도자들에게 배반을 당했다고 뼈저리게 느꼈다는 사실에서, 당시 합의에 진실한 희생이 있었고, 이때의 감축이 유례 없을 정도로 보편적이었다는 게 짐작된다. 처음에는 각국의 주력함에 대한 총배수량에 제한이 주어졌다. 영국과 미국의 경우에 전함은 52만 5,000톤, 항공모함은 13만 5,000톤까지 허용됐다. 일본은 각각 31만 5,000톤과 8만 1,000톤, 프랑스와 이탈리아는 17만 5,000톤과 6만 톤까지 허용됐다. 다음에는 질적인 제약이 뒤따랐다. 몇몇 확인된 예외적인 경우를 제외하고, 배수량이 3만 5,000톤을 넘는 전함을 건조할 수 없었고, 구경이 16인치(약 41센티미터)가 넘는 함포를 탑재할 수 없었다. 항공모함의 배수량은 전체적으로 2만 7,000톤을 넘을 수 없었다. 소형 군함에 대해서는 유형별로 구체적인 제한이 즉각적으로 규정되지는 않았지만, 1930년대에 들어서는 중순양함과 경순양함, 구축함, 심지어 잠수함에도 제한을 가하는 국제조약이 체결됐다.[4]

함대에 속한 군함의 수를 계산해내는 것은 그다지 어렵지 않았다. 주력함의 최대 배수량이 3만 5,000톤을 넘지 않아야 했다면, 총배수량이 52만 5,000톤이라는 제약은 영국과 미국이 각각 15척의 대형 전함만을 보유할 수 있다는 뜻이었다. 일본에 허락된 총배수량은 31만

5,000톤이어서 9척의 대형 전함만을 보유할 수 있었다. 따라서 영국 해군과 미국 해군은 오래된 드레드노트급 전함(1906년 영국이 건조한 드레드노트'호'와 같은 유형의 전함-옮긴이)을 대거 폐기하고, 준비 중이던 야심 찬 건조 계획을 취소했으며, 넬슨급 전함의 길이를 줄였고, 대형 군함을 항공모함(영국 해군의 케레이저스호, 미국 해군의 새러토가호)으로 개조하며 총배수량을 조절했다. 물론 항공모함의 경우에도 13만 5,000톤이 상한이라는 제약 때문에 영국 해군과 미국 해군은 실질적으로 각각 6척밖에 보유할 수 없었다. 일본에는 4척, 이탈리아와 프랑스에는 각각 3척이 허용된다는 뜻이었다.

워싱턴의 정치인들은 강대국의 전투 함대에 놀라운 제약을 추가로 가했다. 특정한 유형의 군함을 폐기하거나 크게 수정하는 조치 이외에, 기존의 중형급 군함을 교체하기 전에 10년간의 '해군 휴일'을 두려고도 했다. 그 뒤로 1930년에 열린 런던 해군 회담에서는 이 '동결'이 다시 5년이나 연장됐다. 정부의 주문에 크게 의존하는 군산복합체는 말할 것도 없겠지만, 요즘의 제독들도 전체적으로 15년 동안 주력함의 건조가 금지된다는 소식을 들었다면 경악했을 것이다. 그러나 군수 기업('죽음의 상인')이 정치적으로 인기가 없기도 했지만, 군대를 다시 전장으로 몰아넣어야 한다는 두려움에는 누구도 반박할 수 없었다. 여하튼 영국 육군과 미국 해병대는 식민지의 치안을 담당하는 경찰로 전락했다. 해군들은 상대적으로 운이 좋은 편이었다. 게다가 일본을 제외하고는 대다수 국가의 해군이 조약에서 할당된 총배수량까지 건조하지 못할 정도였다. 하지만 '해군 휴일'이란 조치의 종합적인 결과는 무척 긍정적이었고, 그 결과를 정리한 '전함 건조 산포도'(〈표 2〉 참조)에서 보듯이, 1914년 이전의 광적인 해군 군비경쟁과는 더할 나위 없이 뚜

대해전, 최강국의 탄생

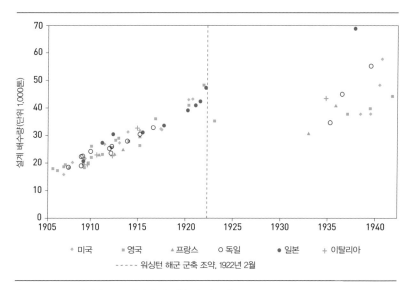

〈도표 2〉 1920년대와 1930년대 초의 전함 건조 '공백'.

자료 출처: Keating, "File: Battleship Building Scatter Graph 1905 Onwards.png," Wikimedia, https://commons.wikimedia.org/wiki/File:Battleship_building_scatter_graph_1905_onwards.png,(2011년 12월 29일 최종 수정)에서 인용.

렷이 대비된다.

이 모든 제약이 정확히 지켜진 것은 아니었지만, 상당한 기간 동안 노골적인 위반은 없었다. 일반적으로 말하면, 미국과 영국과 프랑스의 해군은 할당량을 채우면, 조약의 범위 내에서 또는 약간 위반하면서 군함을 개조하거나 대체하는 데 그쳤지만, 현상을 타파하려는 수정주의 국가들, 즉 독일과 이탈리아와 일본은 거의 언제나 총배수량 제한을 초과했다. 특히 일본 중순양함은 조약 자체를 무시했다. 따라서 추축국들의 군함이 영국 군함과의 일대일 전투에서 크게 우위를 차지할 것으로 보였지만, 그런 조약 위반이 1939~1945년의 군사작전에서는 생각만큼 그들에게 큰 이점을 안겨주지는 않았다. 적군의 어뢰와 기뢰, 잠수함과 항공기가 해상의 군함보다 훨씬 더 치명적이었고, 표적으로 삼은

구축함의 총배수량에 차이를 두지 않았기 때문이다.[5]

1930년의 런던 해군 회담은 부분적으로 느슨하던 매듭을 완전히 동여맸다. 일본에 유리하게 중(重)전함의 비율이 5 대 5 대 3으로 약간 조정됐고, 경순양함과 순양함 총량을 두고 지루하게 계속되던 영국과 미국의 다툼은 미국에 유리한 방향으로 타결됐다. 최대 배수량, 함포의 구경, 구축함과 잠수함의 총배수량에 대한 제약도 가해졌지만, 프랑스와 이탈리아의 반대로 예외 조건을 두었다. 프랑스와 이탈리아는 많은 잠수함과 구축함을 보유해서 주력함의 열세를 만회할 수 있으리라 생각한 까닭에 잠수함과 구축함의 총배수량에 제한을 두려는 조치에 반대했다. 대체로 프랑스와 이탈리아는 2,000톤 이상의 구축함을 선호했고, 나중에는 나치 독일도 이런 방향을 지향했다. 그 결과로, 전쟁터로 보내질 때 거친 파도에 사방팔방으로 뒤흔들린 중순양함을 제외하고 모든 군함이 다시 강력히 무장하게 됐다.

해군 참모들이 무시할 수 없었지만 다루기 힘겹다고 생각한 다른 중대한 문제들도 있었다. 앞에서 설명했듯이 해군 함대의 구성은 역사와 전통에 따라 결정됐지만, 당시의 상황에도 영향을 받았다. 누가 적이 될 가능성이 있는가? 그렇다면 그 갈등에 어떻게 대비해야 하는가? 적국이 거의 확실히 밝혀졌더라도 그 적을 타도하려면, 적어도 패하지 않으려면 어떤 종류의 전쟁을 계획해야 하는가? 방어적으로 싸울 생각인가, 공격적으로 싸울 작정인가? 동맹을 확보할 계획인가? 주적에게 동맹이 있고, 우리 쪽의 해군 자산을 약화하는가? 전쟁에 대비해 군함을 이미 건조해두었다면, 군함들을 어디에 어떻게 배치할 것인가?

뒤에서 살펴보겠지만, 제2차 세계대전에 참전한 국가들이 겪은 해군의 실패와 군함의 상실은 대체로 두 세계대전 사이에 범한 잘못된 판

대해전, 최강국의 탄생

단이 주된 원인이었다. 이탈리아 해군은 지중해에서 프랑스 함대만을 상대하고, 영국 해군과는 교전할 필요가 없기를 간절히 바랐다. 독일 해군의 대제독 에리히 레더(Erich Raeder, 1876~1960년)는 1939년에는 전쟁이 없을 것이라는 히틀러의 약속을 믿었고, 절반만 건조된 함대를 전해 받았다. 물론 프랑스의 급작스러운 몰락은 영국 해군의 계획에 전혀 없었다. 더구나 영국 해군은 독일군 유보트의 위협을 과소평가하는 큰 잘못을 저질렀으며, 일본 해군력까지도 과소평가했다. 미국 제독들과 일본 제독들은 이번에는 태평양에서 '제2의 유틀란트 해전(Battle of Jutland)'이 크게 벌어질 것이라 예상했지만, 어느 쪽도 항공모함에 적재된 항공기가 그런 예상을 무색하게 만드리라고는 예측하지 못했다.

이 모든 사항에, 전함 설계자들이 전함에 꼭 필요하다고 생각한 네 가지 속성, 즉 속도와 항속거리, 공격력, 방어력과 관련된 영원한 과제가 더해져야 했다는 것을 유념해야 한다. 모든 군함은 네 가지 특징을 모두 보유하는 방향으로 설계됐지만, 논리적으로는 네 가지 속성을 똑같은 정도로 만족할 수준까지 보유할 수 없었다. 그럼 역사가 가르쳤던 것과 달랐을까? 복층으로 구성된 스페인의 대형 범선 갤리언선은 강력한 화력을 자랑했지만, 대서양의 매서운 강풍에는 무력했다. 지중해의 갤리선은 빠르고 능숙한 조종이 가능했지만 빗발치는 포탄을 견뎌내지 못했다. 이런 설계상의 상충 관계는 1920년대에도 계속됐다.

조선공학 및 군함 설계와 관련된 이 모든 과제들이 이제는 워싱턴 조약과 런던 조약에서 엄격히 규정된 숫자와 크기라는 틀에도 강제로 맞춰져야 했다. 게다가 군함 설계자는 새로운 과학기술의 산물들, 특히 한층 출력이 높아져 속도가 빨라지고 작전 범위도 확대된 항공기에도 대응해야 했다. 1890~1918년에도 해상에서 활동하는 군함의 안전을 위협하는 많은 무기가 쏟아져 나왔다. 이때는 기뢰(다르다넬스해협)와 잠수함에서 발사하는 어뢰(대서양 전투)가 대표적인 예였고, 이번에 공중에 나타난 새로운 위협적인 무기는 보수적인 제독들로 구성된 해군본부도 묵살할 수 없는 것이었다.

5인치(약 13센티미터) 부포(副砲)를 보포스 다연장 대공포와 엘리콘 대공포로 교체해야만 할까? 항공모함이 주력 함대에 필적하는 파괴력과 작전 범위를 보유하고, 점점 더 빨라지는 항공기들이 착륙하기에 충분한 정도로 긴 갑판을 보유할 필요가 있을까? 그렇다면 항공모함을 처음부터 건조해야 할까, 아니면 기존의 전투 순양함을 개조하는 것이 나을까? 항공모함은 덩치가 커서, 적국의 항공모함이나 육지에 기지를 둔 항공기에 매력적인 표적이 됐다. 따라서 비용을 들여서라도 자체적으로 방어 장치를 갖추어야 하므로, 뇌격기와 폭격기만이 아니라 전투기 대대도 항공모함에 싣고 다녀야 할까? 끝으로, 호위함들의 보호막을 제외할 때 유보트의 공격으로부터 항공모함을 지키려면 어떻게 해야 할까? 이런 고민을 해결하기 위해 고안해낸 결과는 그야말로 역설적인 해결책이었다. 전함과 항공모함이 크고 무척 값비싼 해군 자산이었기 때문에 큰 비용을 들여 작은 군함과 항공기를 동원해 보호하는 조치를 취해야 했다.[6]

해군 전략가들은 두 조약의 조항들을 준수하는 동시에 해군의 규모를 키우는 시기를 선택하는 문제도 풀어야 했다. 6척의 군함을 폐기하는 데는 많은 시간이 걸리지 않을 수 있지만, 함대를 재건하는 것은 완전히 다른 문제였다. [제1차 세계대전이 발발하기 전에 존 피셔(John Fisher, 1841~1920년) 제독이 입버릇처럼 한탄했듯이, 하나의 추가 예산만 통과돼서는 새로운 전투 함대를 만들 수 없었다.] 대형 전함을 설계해서 건조하는 데는 상당한 시간이 걸렸다. 요컨대 정부로부터 대형 전함을 주문받고 완전히 취역하는 데는 꼬박 5~6년이 필요했다. 이 때문에 당시 평론가들과 훗날의 학자들은 런던 조약에서 추가로 더해진 5년간의 동결이 재앙이었다고 생각했다. 전략가들은 런던 조약의 효력이 끝나기를 학수고대하면서 함포의 크기와 배수량 및 엔진 형식을 두고 고심하고 또 고심했다. 모든 국가의 해군에 1930년대 말의 재무장 계획은 지난 공백기를 만회하기 위해 미친 듯이 질주한 시간이었다. 따라서 뒤에서 주로 다루어지는 다수의 전투용 군함들, 예컨대 에식스급 항공모함과 조지 5세급 전함은 전쟁에 참전할 때까지 함대 소속이 아니었지만, 1930년대 말의 예산에서 인가받아 건조된 것이었다.

이 시대의 군함들

어떤 함대에나 한두 척의 다목적함이 있었지만, 1920년대에 군함은 크게 다섯 종류, 즉 전함, 항공모함, 순양함, 구축함, 잠수함으로 나뉘었다. 따라서 한 국가의 상대적인 해군력은 쉽게 파악될 수 있었다(〈표 1〉 참조).

전함(battleship)은 산업 시대에 재탄생한 넬슨의 '전열함(line-of-battle ship)'이었고, 두 세계대전 사이에는 모든 해군의 주력함이었다. 워싱턴 조약과 런던 조약의 제한 조치에 크게 영향을 받은 까닭에 전함의 실질적인 형태는 한동안 똑같았고, 다른 유형의 군함보다 새로운 과학기술에도 영향을 덜 받았다. 제1차 세계대전이 발발했을 무렵, 드레드노트급 전함의 기본적인 특징들은 이미 완성된 뒤였다. 일정하게 방향을 제어할 수 있는 12~16인치(약 30~40센티미터) 동일 구경의 큰 함포에 근접 포격용 작은 함포들이 갖추어졌고, 탄약고를 비롯해 주요 부

유형	영국	미국	일본	프랑스	이탈리아	독일
주력함	15	15	9	7	4	5
항공모함	6	5	5	1	—	—
중순양함	15	18	12	7	7	2
순양함	49	17	27	12	14	6
구축함	179	215	112	59	61	22
잠수함	57	87	59	78	106	65

〈표 1〉 1939년 주요 해군국의 군함 목록

자료 출처: "Naval Strength of the Leading Powers, September 1939(Completed Ships Only)," in Jane's Fighting Ships 1939, xiii.

분을 특별히 보호하기 위한 수선 장갑대(belt armor)가 둘러쳐졌다. 추진 장치로는 엄청난 마력을 지닌 터빈엔진이 주로 사용됐고, 연료를 태워 동력원을 구했다. 이런 대략적인 특징을 기준으로 군함을 분류할 수 있었기 때문에 일관된 형태로 소함대를 구성하는 것이 가능했다.[7]

따라서 전함 설계자들은 전함에 필요한 화력과 보호 장치, 속도와 작전 범위를 제공하려는 목표를 추구했고, 다른 국가의 해군이 전함의 성능을 높이기 위해 취한 조치를 알게 되면 최후의 순간에 변화를 주기도 했다. 드레드노트호가 1906년에 진수되며 새로운 기준을 제시한 뒤에 제1차 세계대전 이전과 전쟁 동안에 전함의 성능이 기본적인 수준 이상으로 향상됐다. 함포의 구경이 커지고, 속도와 배수량도 증가함으로써 건조 비용도 크게 늘었다. 적잖은 전통적인 조선소는 전장이 210~240미터에 달하는 새로운 전함을 건조하기에 너무 협소해졌고, 어디에서나 해군과 관련된 노동인구가 크게 증가했다. 이 모든 현상이 강대국들 사이에서 정치와 영토에 관련된 경쟁심과 맞물리며, 1914년 이전의 유명한 '해군 군비경쟁'으로 이어졌다. 미국과 일본의 전투 함대가 1914년 이전에 비약적으로 확대됐지만, 해군력의 중심은 여전히

대해전, 최강국의 탄생

유럽에 있었다. 따라서 미래의 해전은 유럽 해안, 적어도 유럽의 해군 기지에서 수백 킬로미터 내에서 벌어질 것으로 예측됐다. 그 때문에 유럽의 모든 대형 군함은 항행 거리가 실질적으로 짧은 편이었고, 이런 특징은 제2차 세계대전까지 유지됐다. 이런 불편한 사실은 1941년 비스마르크호가 적군의 추적을 받아 스스로 가라앉는 참극에서, 또 영국과 프랑스의 전함이 먼 거리를 운항해야 하는 태평양에서 작전을 펼치는 데 겪은 어려움에서 여실히 드러났다.

함포가 커지자 전장과 폭이 길어졌고, 그 결과로 배수량이 증가했다. 앞에서 말했듯이, 이렇게 군함의 크기가 꾸준히 늘어나던 현상은 워싱턴 조약으로 일단 중단된 게 분명했다. 많은 전함 건조 계획이 포기됐고, 일부는 최종적으로 건조됐지만 애초에 설계된 크기와 속도에서 크게 달라진 형태였다. 워싱턴 조약으로 설계가 변경된 대형 군함 중 가장 널리 알려진 예는 넬슨호와 로드니호였다. 둘 모두 영국 해군 군함 중에서 워싱턴 조약에 따라 16인치(약 40센티미터) 함포를 장착한 유이(唯二)한 전함이었다.

〈그림 5〉를 보면, 넬슨호와 로드니호가 워싱턴 조약의 조항들을 준수하기 위해 어떻게 변형됐는지를 확인할 수 있다. 3문의 16인치 주력 포탑을 앞쪽에 배치해서 무게를 크게 줄였지만, 이런 설계 변경을 시행하는 데 오랜 시간이 걸렸기 때문에 로드니호는 1927년에야 취역했으며, 대형 군함이 '해군 휴일' 기간에 진수된 극히 드문 예였다. 오랫동안 로드니호는 본국 함대(Home Fleet: 영국의 영해 내에서 운용된 함대-옮긴이)의 중추였고, 전쟁이 시작된 뒤에는 다양한 작전(노르웨이, 비스마르크호 추적, 몰타 수송 함대, 시칠리아와 이탈리아, 디데이의 포격)에 참전해 성과를 올렸다. 로드니호는 제2차 세계대전 동안 16만 해리(약 29만 6,320킬로

대해전, 최강국의 탄생

〈그림 5〉 **포스만 다리 아래를 지나가는 영국 군함 로드니호, 1942년.**
로드니호와 넬슨호는 영국 해군에서 16인치 함포를 탑재한 유이한 전함
이었고, 워싱턴 조약의 총배수량 한계를 넘지 않으려고 포탑을 앞쪽에
배치했다. 로드니호의 경이로운 전투 경력은 노르웨이 앞바다에서 시작
되었고, 비스마르크를 추적해 침몰시킨 작전과 몰타 수송함대에 참가했
으며, 시칠리아와 노르망디 상륙 작전을 지원하기도 했다.

I. H. M.

미터)를 항행한 대형 군함이라는 기록을 세우며, 760만 파운드(약 124억 8,140만 원)에 달하던 건조 비용의 몇 배를 되갚았다. 하지만 1920년대를 기준으로 하면, 엄청난 비용이 투자된 군함이었다.

제1차 세계대전 시대와 1920년대 초에 건조된 전함들에서 뚜렷이 눈에 띄는 또 하나의 특징이라면, 대부분이 '느렸다'는 것이다. 최고 속도가 20~25노트(시속 약 37~46킬로미터)에 불과했다. 고속 터빈엔진은 무척 비쌌고, 묵직한 보호 장치 때문에 전함의 무게가 크게 늘어나기도 했다. 넬슨급의 경우, 영국 해군은 속도를 줄이고 화력과 보호 장치를 확대하는 쪽을 선택했다. 따라서 비스마르크호가 어뢰를 맞아 심각한 손상을 입지 않았다면, 넬슨호에 붙잡히지 않았을 것이다. 넬슨호는 더 빠른 이탈리아 전함에 항상 뒤처졌다. 영국 해군이 전쟁의 막바지에 일본을 상대하려고 빠른 전함과 항공모함으로 구성된 함대를 태평양에 파견할 때 넬슨호는 다른 오래된 주력함들과 마찬가지로 모항에 머물렀다.

대부분의 국가에서 워싱턴 조약에 따라 15년 동안 새로운 전함을 건조할 수 없었지만, 조약의 한계를 넘지 않는 수준에서 군함의 총배수량을 조절하며 제1차 세계대전에서 주력함으로 사용된 군함들을 최적으로 관리하면서 대대적으로 근대화했다. 미국 해군은 대부분의 전함을 그렇게 개조했고, 이탈리아 해군은 상대적으로 작은 4척의 카보우르급 전함을 개조했다. 프랑스 해군은 브르타뉴급 전함을, 일본 해군은 모든 전함을 근대화했다.[8] 이 장의 첫 부분에 소개된 미국 군함 텍사스호는 1925~1926년에 대대적으로 개량되며, 새로운 보일러와 돛대가 설치됐으며 더 위력적인 부포가 탑재됐다. 텍사스호도 제2차 세계대전 동안 눈부신 성과를 남겼다. 어쩌면 기존 군함을 개량한 가장 성공적인 사례는 영국 해군이 1913~1915년에 진수하고, 15인치(약 38센티미터) 함포를 장착한 퀸 엘리자베스급의 '빠른 전함' 다섯 척을 근대적인 모습의 전함으로 전환한 경우일 수 있다(〈그림 6〉 참조). 하지만 개량된 전함의 속도는 약 25노트(시속 약 46킬로미터)로 대단하지는 않았다.

많은 전함이 그랬듯이, 퀸 엘리자베스급 전함에는 네 곳의 중앙 포탑에 8문의 15인치 대형 함포가 배치됐고, 두 포탑이 포개진 모습이었다. 함포의 사정거리가 탁월했고, 부품을 최소화함으로써 조립에서 비롯되는 기계적인 문제를 줄였다. 독일 전함 비스마르크호와 티르피츠호의 배치도 비슷했고, 일본의 나가토급 전함과 미국의 고전적인 콜로라도급 전함(16인치 함포 8문)도 마찬가지였다. 이런 대안적 함포 배치를 이용하면, 세 포탑을 세 겹으로, 즉 앞쪽에 둘, 뒤쪽에 하나를 배치해 전함에 9문의 대형 함포를 설치할 수 있었다. 자유롭게 움직이는 위협적인 화력에서, 이런 드레드노트급 전함에 견줄 것은 실제로 없었다. 하나의 전함이 포병 부대보다 한 번에 더 많은 포탄을 발사했고, 그것도 15~20노트의 속도로 움직이며 포탄을 발사할 수 있었다!

예컨대 '로드니'의 일제사격으로, 움직이지 못하던 비스마르크호의 전면 포탑이 찢겨 나갔다. 3년 뒤에는 노르망디 해안의 앞바다에서 로드니호가 일제사격을 퍼부었고, 내륙으로 15킬로미터 안쪽에 있던 독일 탱크들이 그 공격에 공중분해됐다. 한 달 뒤에는 텍사스호가 디데이 포격에 참전해서 셰르부르에 있던 독일군 요새를 산산조각 냈고, 이듬해 봄에는 이오시마(硫黄島)와 오키나와의 일본 진지에 포격을 퍼부었다. 미국과 일본의 구형 전함들이 상륙작전을 지원하는 역할을 아무런 문제 없이 해냈고, 옛 전함들의 포격이 더 빠르고 근대적인 전함보다 훨씬 더 정확했던 것으로 여겨졌으며, 그 때문인지 근대화된 전함들이 간혹 포격에 합류했

〈그림 6〉 **영국 군함 퀸 엘리자베스호, 1936년, 몰타의 그랜드 하버.** 제1차 세계대전에 참전한 영국과 프랑스, 이탈리아와 일본 및 미국의 다른 전함들과 마찬가지로, 퀸 엘리자베스호도 제2차 세계대전을 앞두고 크게 근대화되었다. 퀸 엘리자베스호는 지중해 작전에 반복해 참전하던 중에 알렉산드리아항에서 침몰됐지만, 다시 끌어올려진 뒤 동남아시아에서 일본군 진지들을 포격하며 전쟁이 끝날 때까지 활약했다.

지만 서둘러 다른 임무로 돌려졌다는 사실은 흥미롭기만 하다.

워싱턴 조약과 런던 조약이 유효한 동안에 '개량' 작업은 모든 해군 강국에서 다양한 유형의 전투 순양함(battle cruiser)에도 적용됐다. 예컨대 일본에서는 4척의 곤고(金剛)급 고속 전투 순양함(얄궂게도 곤고호 자체는 1913년 영국에서 건조됐다)이 1930년대에 한 번이 아니라 두 번이나 개량된 덕분에 태평양 전쟁 내내 가공할 전투함으로 위력을 과시했다. 하지만 곤고급 전투 순양함은 14인치 함포를 갖추고, 배수량도 2만 3,000~2만 6,000톤에 불과해 대형 군함이 아니었다. 유사한 크기로 반복해 재설계된 프랑스 전투 순양함(13인치 함포를 장착한 됭케르크급), 11인치 함포를 탑재한 독일 해군의 전투 순양함(샤른호르스트호)과 포켓 전함(pocket battleship: 도이칠란트급), 이탈리아의 안드레아 도리아호(함포 12인치, 속도 21노트, 배수량 2만 6,000톤)는 일본 군함들만큼 위압적으로 보이지 않았다. 예외 없이, 유럽의 전투 순양함들은 화력과 보호 장치, 속도와 항속거리라는 필요조건 중 적어도 하나를 충족하지 못했다.[9]

1943년 12월 샤른호르스트호가 영국 전함 듀크 오브 요크호에 순식간에 파괴된 결과는 이런 '절반'의 전함이 치러야 할 대가를 보여준 좋은 예다. 11인치(약 28센티미터) 함포를 갖춘 독일 군함이 레이더로 제어되는 14인치(약 36센티미터) 함포에 맞서 승리할 가능성은 전혀 없었다. 한편 최대 구경, 즉 15인치(약 38센티미터) 함포를 갖춘 영국의 전투 순양함 후드호는 방어 장치가 부족한 까닭에 비스마르크호의 고각사격(plunging fire: 전함의 고각사격은 위에서부터 가파른 각도로 상대 군함의 약한 부분을 공격하는 방법이다. 주로 높은 장애물 뒤를 사격할 때에 사정거리를 줄이기 위해 가장 멀리 쏠 때의 포의 각도보다 더 큰 각도로 사격한다-옮긴이)을 견디지 못하고 침몰하고 말았다.

대해전, 최강국의 탄생

모든 국가의 해군부가 훨씬 더 강력한 군함을 건조하기 위해 조약의 제약이 종료되기를 학수고대한 것은 사실이다. 따라서 일본과 프랑스는 런던 조약이 만료된 1936년 이후로 제약 조건을 연장하는 것을 강력히 반대했다. 하지만 해군 지상주의자들이 꿈꾸는 강력한 전함을 건조할 수 있는 널찍한 조선소를 비롯해 충분한 자원을 보유한 국가는 극소수에 불과했다. 물론 전쟁이 시작된 뒤 해전에 참전한 빠르고 근대적인 새로운 전함들, 예컨대 5척의 조지 5세급 영국 군함(배수량 3만 5,000톤 이상), 독일 해군의 쌍둥이 전함 비스마르크호(배수량 4만 톤 이상)와 티르피츠호, 4척의 이탈리아 리토리오급 전함(배수량 4만 톤)은 조약 시대의 전함보다 해군 지휘부에 만족감을 주었던 것은 분명하다. 그러나 이렇게 무시무시해진 군함의 진면목을 보려면, 제2차 세계대전의 후반부에 등장한 일본과 미국의 고성능 전함을 기다려야 한다고 생각할 사람도 있을 것이다.[10] 8장에서 다시 살펴보겠지만, 야마토호와 무사시호는 그야말로 거대한 전함, 즉 피셔 제독의 '드레드노트 도박(dreadnought gamble)'으로 거의 40년 전에 시작됐던 군비경쟁의 극단적인 사례였다. 하지만 어떤 거대한 군함도 무지막지한 공중 공격을 견뎌내지 못했다.

함포를 탑재하고 방어 장치를 갖춘 군함으로 두 번째 강력한 범주에 속하는 순양함(cruiser)도 워싱턴 조약만이 아니라 (논쟁이 뜨거웠지만) 1930년의 런던 회담에 다시 제약을 받았다. 순양함은 설계에서 많은 변화가 있었지만 넬슨의 프리깃함(frigate)에 뿌리를 둔 군함이며, 전함 계열에 두기에는 화력이 강하지 않았다. 그러나 속도가 빨랐기 때문에 정찰과 포함외교(砲艦外交)에 안성맞춤이었고, 자국의 무역선을 보호하고, 반대로 적국의 상선을 급습하는 데도 적합했다. 순양함은 다양한 함급으로 구분됐고, 이 경우에도 지리와 역사가 해군의 선택에 영향을 끼쳤다. 영국은 모든 바다에 광범위한 무역로를 지닌 데다 세계 상선의 절반을 보유한 까닭에 많은 경순양함이 필요했고, 보호 장치보다 항속 거리에 중점을 두었다.

반면에 다른 국가들은 대체로 자국으로부터 가까운 곳에서 전투 함대와 협력해 싸우려 했기 때문에 항속거리보다 화력과 보호 장치를 더 중요하게 생각했다. 영국과 미국과 일본이 워싱턴 조약에서 순양함의 총배수량(결국 군함의 수)을 합의하는 데는 실패했지만, 최대 배수량을 1만 톤으로, 가장 무거운 순양함의 주 함포를 최대 8인치 구경으로 제한하는 합의를 이루어냈다. 또 협상가들은 '경순양함'으로 분류되는 함급에는 6.1인치 이상의 함포를 탑재하지 않기로 합의했지만, 많은 국가의 해군이 실제로는 그보다 작은 구경(5인치, 5.5인치, 6인치)의 함포를 선택했다. 그러나 함포의 수와 포탑의 배치는 제각각이었다.[11]

조약들이 유효한 기간 동안, 각국의 군함 설계자들은 이런 까다로운 조건을 준수하며 최적의 중순양함을 고안해내야 했기 때문에 그들이 어떤 심정이었을지 짐작하는 것은 그다지 어렵지 않다. 기본적인 무기로 8인치 함포를 갖추어야 했다. 여기에 그보다 작은 구경의 무기, 포격통제실, 승무원실과 창고, 기관실을 더하면, 순양함의 무게를 180미터의 전장과 16.5미터의 선폭에 골고루 분배할 때 1만 톤이라는 배수량의 한계가 채워졌다. 그러나 더 어려운 결정이 남아 있었다. 터빈엔진을 선택해 속력을 높일 것인가, 디젤엔진을 선택해 항속거리를 늘릴 것인가? 일정한 속도로 6,400킬로미터를 항행할 수 있도록 연료 탱크를 설계할 것인가, 아니면 1만 9,300킬로미터를 항행할 수 있도록 더 크게 설계할 것인가? 상부 구조의 총톤수가 증가함에 따라 북대서양 폭풍을 견디기에 순양함의 위쪽이 지나치게 무거워질 수 있지만, 수평사격으로 상부를 보호하고, 고각사격으로부터 갑판과 포탑 위쪽을 보호하는 시설을 갖추어야 하는가? 어떤 쪽을 선택하더라도 기대하는 이점만큼이나 다른 부분의 약점을 감수해야 했다.

따라서 항속거리와 경제성에 우선순위를 둔 영국 해군의 선택은 전통적인 카운티급 순양함의 설계에서 잘 드러났다. 카운티급 순양함은 4개의 쌍둥이 포탑에 8인치 함포를 설치하고, 엄청난 항속거리를 지닌 군함이었다. 길게 수평을 이룬 옆면에 나지막한 상부 구조를 지닌 도싯셔호 같은 순양함들은 이런 단순함의 극치를 보여주었다.

영국 전략가들의 주된 관심사는 대영제국의 해상운송로를 적군의 습격으로부터 미래에도 안전하게 지키는 것이었기 때문에 1920년대에도 15척의 대형 순양함을 건조할 계획이었다. 정찰기로서는 탑재한 수상비행기를 이용해 정찰 범위를 넓혔고, 전투함으로서는 8인치 함포를 주력 무기로 장착해 적군의 최대 순양함을 맞서기에 부족함이 없었다. 가장 중요한 고려 사항은 속도와 항속거리, 항해 중에 맞닥뜨리는 어떤 상태에도 대응할 수 있는 내항성과 바다에서 오랫동안 지낼 수 있는 거주성이었다. 게다가 높은 건현(乾舷: 홀수선에서 상갑판 위까지의 수직거리-옮긴이) 때문에 카운티급 순양함은 구조적으로 견고했고, 격랑에도 함포좌가 안정적이었다.

이런 이점들은 1941년 5월, 도싯셔호가 대서양 한가운데에서 수송함대를 떠나 먼 거리를 달려가, 자매 순양함인 노픽호와 함께 비스마르크호를 그림자처럼 추적했고, 그 독일 전함이 움직이지 못하게 됐을 때 함께 일제 포격을 한 뒤 어뢰를 발사해 끝장내버린 사건에서 여실히 드러났다. 하지만 카운티급 순양함이 탄약고를 단단한 철판으로 두른 정도에 그쳤을 만큼 보호 장치가 허술했다는 것은 공중 공격에 무척

〈그림 7〉 **영국 군함 도싯셔호, 남아프리카공화국의 사이먼즈타운만.** 8인치 함포를 탑재한 고전적인 카운티급 순양함들이 여기에 그려져 있다. 도싯셔호는 대서양에서 전개된 많은 작전에 참여했으며, 최후의 일격으로 비스마르크호에 어뢰 공격을 가한 게 대표적인 예다. 그러나 1년 뒤, 1942년 4월 일본 항공모함에서 출격한 폭격기들로부터 집중 공격을 받아 침몰했다. 사이먼즈타운은 남대양(Southern Ocean)을 관리한 영국 해군의 주된 기지로 무척 안전한 곳이었다.

취약했다는 뜻이다. 도싯셔호가 1942년 초에 사이먼즈타운을 떠나 동부 함대(Eastern Fleet)에 가담했을 때(〈그림 7〉 참조), 도싯셔호와 자매선 콘월호는 일본 항공모함에서 출격한 급강하 폭격기로부터 가혹한 공격을 반복해 받았다. 두 순양함은 일본의 공격 사정권에서 벗어나려 필사적으로 애썼지만, 결국 침몰해 실론섬 남쪽에서 많은 인명을 잃었다.

대해전, 최강국의 탄생

공중 공격을 방어할 적절한 수단이 없으면 군함은 불운한 결말을 맞을 수밖에 없다는 노르웨이와 크레타의 교훈이 여기에서도 재확인됐다.

낮고 날렵하게 생긴 영국의 카운티급 순양함들은 약 10년 뒤에 독일에서 건조된 프린츠 오이겐호처럼 장엄하고 강인한 형태를 띠었던 중순양함들이나 일본의 모가미(最上型)급 중순양함들과 뚜렷이 대비된다. 독일과 일본의 중순양함은 상부 구조가 묵직해서, 수면 위로 훨씬 높이 올라왔다. 따라서 조약이 순양함에 부과한 한계를 훌쩍 넘어 총배수량이 1만 5,000톤이었던 것도 전혀 놀랍지 않았다. 날씨가 좋으면 카운티급 순양함을 압도할 수 있었지만, 파도가 높은 경우에는 상부가 무거운 구조가 불리하게 작용했다. 무솔리니 해군의 중순양함들도 다를 바가 없었고, 피우메호처럼 우아한 자태를 자랑한 자라급 순양함들도 조약에서 규정한 총배수량 규정을 위반한 군함이었다.

지리적 조건은 이탈리아 설계자들에게 중대한 고려 사항이었다. '레지아 마리나', 즉 이탈리아 해군은 국토 양쪽의 긴 해안과 아프리카 식민지까지 연결되는 무역로를 지켜야 한다는 달갑지 않은 임무를 다해야 했다. 이탈리아 해군의 목표는 잘 훈련된 영국 해군과의 직접적인 교전을 피하고, 유리한 상황에서만 군사작전을 모색하는 것이었다. 여기에서 이탈리아 순양함이 영국 해군의 카운티급 순양함보다 속도가 더 빠르고, 8인치 함포의 사정거리를 높이는 방향으로 개량된 이유가 설명된다. 따라서 적에게 압박받으면 이탈리아 순양함은 빠른 속도로 도주할 수 있었다. 게다가 15센티미터 두께의 수선 장갑대, 7.5센티미터 두께의 갑판 등으로 보호 장치도 훨씬 더 강력했다. 따라서 멋진 상부 구조를 지닌 이런 순양함이 1930년대 초부터 이탈리아에 모습을 드러냈을 때 매우 호의적인 평가를 받았지만, 이탈리아에 상주하던 독일 해군 대표만은 "날씨가 좋을 때만 활동할 수 있는 군함"에 불과하다고 생각한다며 폄하했다.[12] 무솔리니 해군에서 다른 군함들과 마찬가지로 순양함도 포격 훈련을 거의 하지 않았고, 야간에는 전혀 훈련하지 않아 별다른 도움이 되지 않았다.

요컨대 지금까지 언급한 내용에서 짐작할 수 있듯이, 순양함들은 제 2차 세계대전 동안 다양한 용도로 쓰였다. 독일의 중순양함들은 다음 과 같은 방식으로 하나씩 사라졌다. 예컨대 블뤼허호는 1940년 4월 노르웨이를 침략할 때 지상군 상륙을 지원하던 과정에서 노르웨이 해안 포로부터 기뢰 공격을 받아 오슬로 앞바다에서 큰 피해를 입었다. 그 후에 잔해는 노르웨이 내항에 정박됐지만 영국 공군의 폭격에 조금씩 사라졌다. (달리 말하면, 적국의 순양함이나 군함에 의해 파산된 독일 순양함은 한 척도 없었다.) 앞에서 말했듯이, 이탈리아 순양함은 크기도 작은 데다 심리적으로도 위축된 상태여서, 많은 순양함이 영국 해군과의 야간전투에서 침몰됐다. 일본과 미국의 순양함들은 개별적으로 맞붙어 치열하게 싸웠고, 1944년 레이테만 해전(Battle of Leyte Gulf)으로 크게 맞붙을 때까지는 일본 해군이 거의 대부분 승리를 거두었다.

그러나 다른 면에서 태평양 전쟁은 순양함에 그다지 적합하지 않았다. 태평양에는 경쟁적으로 확보해야 할 수송 항로가 없었다. 미국은 구형 전함 말고도 순양함을 공격 전에 포격을 가하는 군함으로 꾸준히 사용했고, 항공모함을 적군의 폭격기에서 보호하는 역할로도 순양함을 활용했다. 영국의 중순양함과 경순양함만이 본래의 역할을 해내며 수상 해전을 지원했고(그라프 슈페호, 비스마르크호 추적, 샤른호르스트호, 마타판 곶 해전), 지브롤터 항로부터 북극해 수송 선단까지 무역로를 보호하는 역할에 계속 배치됐다. 따라서 엑서터호, 요크호, 캔버라호, 도싯셔호,

콘월호 등 중순양함을 잃은 손해도 컸지만, 경순양함을 잃은 손해는 훨씬 더 컸다.

워싱턴 조약이 체결되고 10년 뒤, 무기 협상가들은 무기와 배수량에서 경순양함보다 '작은' 군함을 파악하려고 애썼다. 물론 세계 전역에 무수히 많은 작은 군함, 어쩌면 수천 척의 작은 군함, 즉 슬루프(sloop), 코르벳함, 고속정, 상륙함, 모니터함, 기뢰 소해정, 어뢰정 등이 있어서 그에 대해 왈가왈부하는 게 불가능하다는 데는 모두가 동의했다. 한편 제1차 세계대전에서 이미 입증됐듯이, 구축함은 무척 중요하지만 수효와 크기와 화력에 제약을 가하지 않기에는 지나치게 치명적이었다. 구축함의 본래 목적은 적군의 어뢰정으로부터 전함을 보호하는 데 있었다. 그러나 그 후에 대형 구축함은 이물과 고물에 함포를 기본 무기로 갖추었고, 적군의 해상 군함을 공격하기 위한 어뢰만이 아니라 나중에는 유보트를 공격하기 위한 폭뢰까지 장착했다. 따라서 1919년쯤에 구축함은 이미 작은 다목적 군함이었다. 대형 구축함, 즉 함대 구축함(fleet destroyer)은 전함과 항공모함에 뒤지지 않을 정도까지 속도가 빨라졌다. 제2차 세계대전이 코앞에 닥쳤을 무렵에는 새롭게 건조되는 고속 전함과 항공모함에 대비해 구축함의 크기와 위력도 크게 증가했지만, 대부분의 국가는 전 세대의 구축함으로 구성된 소함대를 두고 고민에 빠졌다.

워싱턴 조약과 런던 조약이 구축함과 관련해 합의한 제약도 강대국들의 각각 다른 입장을 보여주었다. 구축함의 총배수량에 대한 한계는 영국과 미국과 일본의 해군에만 주어졌다(프랑스와 이탈리아 해군은 서명을 거부했다). 런던 해군 회담에서도 몇몇 예외가 있었지만, 구축함의 배수량은 1,850톤으로 제한됐고, 함포 구경은 5.1인치를 넘을 수 없었다. 하지만 이 결정도 세 해군 강국에만 적용됐다. 1930년대 들어 일본과 프랑스, 이탈리아와 독일 등 많은 국가의 해군이 거의 경순양함 크기로 구축함을 발주하며 이 제약이 유명무실해졌지만, 이때에도 몸집이 지나치게 비대해진 구축함이 적지 않았다는 게 다시 감지된다. 반면에 영국의 함대 구축함은 높이를 낮추고 배수량을 줄였다(유명한 트라이벌급 구축함의 배수량은 약 1,800톤이었지만, 미국의 플레처급 구축함은 배수량이 약 2,100톤이었다). 그렇게 줄인 이유는 영국과 미국 해군의 설계자들이 어떤 바다에서도 유연하게 항행하고, 지독한 격랑에서도 적의 전함을 추적할 수 있는 군함을 생산하는 데 목적을 두었기 때문이었다.[13] 독일 군함은 5.9인치 함포로 무장해 위압적으로 보였지만, 북대서양 바다에서는 뒤뚱거리고 한쪽으로 기울어지기 일쑤였다.[14]

〈표 1〉에서 보듯이, 모든 강대국은 1939년쯤에 상당한 수효의 구축함을 보유하게 됐다. 미국 해군이 215척, 영국 해군이 179척, 일본 해군이 112척, 프랑스는 59척, 이탈리아는 61척, 독일은 22척을 보유했다. 물론 독일 제독 에리히 레더의 관점에서 그 수효는 너무 적은 것이었다. 하지만 모든 강대국의 해군부가 충분한 구축함을 확보하지 못했다고 끊임없이 불만을 쏟아냈다. '함대의 운영자'들에게 제기되던 모든 요구 사항을 고려하면, 그들의 불만이 잘못된 것은 아니었다. 넬슨이 앞 세대에 말했듯이, 큰 해전을 벌일 때 군함이 충분했던 적은 한 번도 없었다.

전투 함대와 보조를 맞출 수 있을 정도로 충분히 빠르고, 적의 전함을 어뢰로 공격할 수 있는 대형 구축함을 보유하려는 강박에 상대적으로 작고 느리지만 상선을 호위하고 적 잠수함을 수색하는 데 활용할 구축함, 즉 훗날 미국 해군이 '호위 구축함(destroyer escort)'이라 칭하게 될 군함, 영국 해군의 프리깃함과 슬루프에 대한 고려가 빠졌다. 영국 해군은 소형 구축함을 보유 중이어서 이번에도 예외였다. 하지만 대형 군함에 우선순위를 두려는 조직적인 움직임이 적잖게 보였다. 워싱턴 조약과 런던 조약에 따른 제약이 종결되면 1936년 이후로는 군함 건조가 폭발적으로 증가할 것이 분명했다. 고속 전함을 새로 건조하려면 5~6년이 걸렸고, 중순양함을 건조하는 데는 대략 2년이 걸렸기 때문에 국가 자원(예컨대 강철과 철선, 군수 기업, 조선소 노동자)을 대형 프로젝트, 예컨대 함대 구축함에 투입하는 데 더 합리적이었다. 소형 군함은 실제로 신속히 건조될 수 있었다. 이를테면 1939년 7월 말, 영국 해군부는 즉각 전시 프로그램으로 전환하며 수십 척, 나중에는 수백 척까지 플라워급 초계함을 주문하기 시작했다. 1년이 지나지 않아 첫 주문한 초계함들이 바다로 나갔다. 화력과 동력이 충분하지 않았지만 임시방편 역할을 훌륭히 해냈다.[15]

두 세계대전 사이에 진행된 잠수함의 개발과 정책도 다른 이야기다. 유보트가 1917년에 보여주었듯이, 잠수함은 작은 몸집으로 거대한 전함을 파괴할 수 있었다는 점에서 '비대칭적 전쟁(asymmetric warfare)'을 가능하게 해준 파괴적이고 두려운 무기였고, 중견급 해군력을 지닌 국가도 해로 경쟁에 나설 수 있게 해준 이상적인 수단이기도 했다. 따라서 영국 정부가 워싱턴 회담에서 잠수함의 완전 폐기를 환영했더라도 그다지 놀랍지 않았을 것이다. 게다가 영국 정부는 패전국 독일에 잠수함을 포기하라고 압력을 넣고 있던 터였다. 그러나 프랑스와 이탈리아는 잠수함의 수효를 제한하자는 제안을 완강히 거부했다. 잠수함을 이용해 대형 군함의 열세를 만회하기를 바랐기 때문이나. 하지민 런던 헤군 회담에서 잠수함의 최대 배수량은 2,000톤, 함포는 5.1인치로 제한

〈그림 8〉 **거친 파도를 헤치고 항해하는 플라워급 코르벳함 핑크호, 1943년.** 전쟁이 발발하자, 영국 해군은 수백 척의 이런 소형 호위함을 서둘러 주문했다. 몸집이 더 큰 슬루프(〈그림 47〉 참조)가 진수될 때까지 코르벳함은 본연의 임무를 훌륭히 해냈다. 핑크호는 1943년 5월 수송 선단 ONS-5(영국에서 북아메리카로 향한 제5차 수송 선단, Outbound from the British Isles to North America)를 호위하는 영웅적인 역할을 해냈다.

대해전, 최강국의 탄생

I. H. S.

됐고, 잠수함 함대의 총배수량에도 처음으로 한계치가 부과됐다. 그 평화의 시기에 해군 정보부가 경쟁국 잠수함 함대의 역량을 추정하기는 무척 힘들었다. 해군들이 다양한 함급의 설계를 실험하는 것처럼 잠수함의 함급을 잘게 쪼개 발주했기 때문이다.

예컨대 《제인의 해군 연감(Jane's Fighting Ships)》에서 수집한 자료를 분석해보면, 이탈리아는 1939년에 총 104척의 잠수함을 보유했고, 그 잠수함들이 무려 19종류(!)의 함급으로 구분됐고, 6종류의 함급이 추가로 건조 중에 있었다. 소련은 "대략 130척"의 잠수함을 보유했다는 기록이 있었지만 어떤 함급으로 구성됐는지는 어느 누구도 몰랐다. 독일의 경우에는 총 65척 중 32척은 배수량이 300톤에 불과하고 항속거리도 짧은 '연안형(coastal type)'에 지나지 않았고, 카를 되니츠(Karl Doenitz, 1891~1980년) 해군 중장에게는 1939년경 몇 척의 제7형 잠수함밖에 없었다. 프랑스 해군에는 30척의 완벽한 르두타블급 잠수함이 있었다. 이 함급의 잠수함은 크고 빠른 데다 항속거리도 길었지만, 해상 함대를 정찰하는 본연의 기능에는 확신이 없었다.

일본은 많은 수의 잠수함(59척)을 보유했지만, 적국의 상선 활동을 방해하는 용도로 생각하지 않았다. 미국은 훨씬 더 많은 잠수함(87척)을 보유했지만, 나중에 밝혀졌듯이 미국의 어뢰는 독일 해군의 어뢰보다 엉망이었다. 일본제국 해군의 잠수함에 탑재된 23인치 '롱 랜스(Long Lance)' 어뢰의 탁월한 사정거리와 위력에 대해서는 아무도 몰랐던 듯하다. 또한 해군의 공중 정찰대와 해안 사령부의 공군력이 향상된 뒤에는 잠수함을 해상에서 어떻게 활용해야 하는지를 아무도 몰랐다. 이상하게도 영국 해군이 보유한 잠수함 수가 가장 적었지만(57척), 함급의 구성은 가장 유용하게 짜여 있었다.[16]

대해전, 최강국의 탄생

군함 설계에서 상대적인 안정성과 일관성이 오랫동안, 예컨대 18세기 내내 유지됐다는 점을 고려하면, 20세기에 들어 처음 40년 동안 격변의 시기를 겪어야 했던 해군 설계자들의 심정을 헤아리는 것은 그다지 어렵지 않다. 그 격변의 시대는 전설적인 영국 군함 드레드노트호의 진수로 시작됐다. 훨씬 커진 배수량, 대형 함포, 철갑 보호 장치, 터빈엔진을 갖춘 드레드노트급 전함은 가까운 미래에 해군력의 상징이 되는 듯했다. 따라서 해군의 상대적 능력은 드레드노트급 전함과 그 이전 세대의 전함을 몇 척이나 보유하고 있느냐로 항상 측정됐고, 퀸 엘리자베스급 전함처럼 고급형 드레드노트로 옮겨가는 것도 쉬워졌다. 피셔 제독의 전함 설계가 세상의 주목을 받게 됐을 때, 과학기술의 발달로 크기는 더 작아지고 건조 비용은 대폭 줄었지만 주력함의 안전을 위협할 수 있는 혁명적인 무기들, 예컨대 어뢰와 잠수함, 기뢰, 나중에는 폭격기까지 등장한 것은 그야말로 잔혹한 역사의 아이러니였다.[17]

끝으로, 항공모함도 변경할 수 있는 무기 체계에 속했다. 첫 항공기의 처녀 비행 성공 시기가 1903년에 불과했고, 최초의 매우 원시적인 항공모함이 해군 임무에 투입된 때는 제1차 세계대전의 마지막 해였다. 그 단계에서 항공모함은 작은 편이어서 1921~1922년에 부과된 총 배수량의 한계에도 근접하지 못했다. 당시의 항공모함은 영국 군함 아거스호나, 그에 해당하는 미국 군함 랭글리호(〈그림 9〉 참조)처럼 윗면이 평평한 군함이었다. 함재기는 고정된 이착륙 장치를 갖추어 갑판에서 이륙하고 착륙할 수 있었고, 기존 수상기 모함에서 수면으로 오르내리는 수상비행기와 완전히 달랐다. 또한 역사상 처음으로 비행기가 엘리베이터로 하갑판에 내려질 수 있었다. 당시에는 항공모함이 단독으로 독자적인 작전에 투입되지는 않았다. 항공모함은 전투 함대의 지원함

〈그림 9〉 **미국 군함 랭글리호, 1924년, 햄프턴로즈.** 랭글리호처럼 초기의 작은 항공모함에서 미국 해군 조종사들이 몇 세대 동안 훈련했다. 제2차 세계대전의 플리트 항공모함보다 거의 20년 전에 개발된 항공모함이다.

〈그림 10〉 **미국 군함 새러토가호와 렉싱턴호, 1936년, 퓨젓사운드만.** 두 항공모함은 전투 순양함을 개조한 것으로, 당시 세계에서 가장 큰 항공모함이었다. 속도가 무척 빨랐고, 항공기를 90대까지 실을 수 있었다. 렉싱턴호는 산호해 해전에서 사라졌고, 새러토가호는 전쟁이 끝날 때까지 활약했다.

대해전, 최강국의 탄생

으로 여겨졌고, 함재기는 원거리 정찰에 활용됐다.

〈그림 9〉에서 보듯이, 미국 군함 랭글리호는 다른 선박, 즉 대형 석탄 운반선 위에 갑판을 설치한 항공모함이었다(한편 영국 군함 아거스호는 작은 원양 정기 여객선 위에 활주로용 갑판을 설치했다). 이런 이유에서 초기의 항공모함들은 금방이라도 무너질 것처럼 보였고, 명백히 실험용 군함이었다. 전쟁이 끝난 뒤, 이런 항공모함의 주된 역할은 첫째와 둘째 세대의 미 해군 조종사, 주로 정찰기 조종사의 훈련을 보조하는 것으로 바뀌었지만, 소형 폭탄을 투하하는 조기 훈련에도 참여했다. 또한 설계 변경된 항공모함의 효율성을 시험하고, 항공기가 착륙할 때 사용되는 어레스터 케이블(arrestor cable)과 이륙할 때 사용되는 발사대(launch pad)의 문제점을 바로잡는 장소로도 쓰였다. 그 결과로, 역사상 처음으로 캐터펄트(catapult)를 이용해 항공기가 랭글리호의 갑판에서 이륙하는 성과를 이루어냈다. 1930년대 말, 랭글리호는 태평양 함대와 함께했지만 단순한 항공기 모함으로 재설계된 정도였다. 제2차 세계대전이 발발한 뒤에는 '미국-영국-네덜란드-오스트레일리아 사령부(American-British-Dutch-Australian, ABDA Command)'를 지원하는 항공기를 운반하는 역할을 맡았다. 그런 임무를 열심히 수행하던 과정에서 1942년 2월, 일본 해군 항공 사령부의 급강하 폭격기들의 공격을 받아 침몰했다. 해군 항공 역사의 개척자에게는 잔혹하면서도 얄궂은 종말이 아닐 수 없었다.[18]

영국과 일본과 미국은 워싱턴 조약을 준수하기 위해 주력함의 수를 조절해야만 했을 때 폐기하는 게 나았던 전투 순양함을 대대적으로 개조해 긴 비행갑판을 만들어내며, 항공모함의 발전에서 다음 단계를 이루어냈다. 영국 해군은 글로리어스호, 커레이저스호, 퓨리어스호를 항공모함으로 개조했고, 일본 해군은 아카기호를, 미국 해군은 거대한 전투 순양함이던 렉싱턴호와 새러토가호를 항공모함으로 개조했다.

렉싱턴호와 새러토가호는 길이가 270미터였고, 거대한 기계장치를 갖춘 초대형 군함이었다. 둘 다 최고 33노트로 항해할 수 있었고, 작전 범위가 1만 6,000킬로미터에 달했으며, 8인치 중순양함 함포를 그대로 탑재했다! 야심 찬 미국 설계자들은 세계에서 가장 큰 전투 순양함으로, 영국 군함 후드호를 제외하면 어떤 군함보다 빠른 항공모함을 건조할 작정이었고, 결국 그 시대에 가장 큰 항공모함을 만들어냈다. 렉싱턴호와 새러토가호는 80대 이상의 항공기를 운용할 수 있었다. 경이로운 수효였다! 두 항공모함은 대부분의 시간을 태평양에서 보냈다. 전쟁 전에도 태평양에서 실시된 훈련에 참여해 미국 해군 항공 작전을 전체적으로 향상하는 데 주도적인 역할을 해냈다. 널리 알려진 대로, 일본이 진주만을 공격했을 때 천우신조였는지 두 항공모함은 진주만에 없었고, 그 덕분에 역사를 써냈다.

위의 설명에서 항공기가 더해지며 한층 강력해지고 결정적인 화력을 겸비하게 된 '클러스터링(clustering)' 항공모함이라는 개념의 초기 사례를 어렵지 않게 엿볼 수 있다. 실은 제2차 세계대전이 일어나기 10년 전에 이 개념은 이미 미국과 일본에서 항공모함 함대의 원칙이 됐다. 항공모함이 전함의 지원을 받지 않고 작전하며 자체의 화력만으로 기동 타격대가 된다는 생각에 모든 해군에서 상대적으로 보수적인 제독들은 당연히 한목소리로 반대했다. 그럼에도 항공모함의 이런 역할은 꾸준히 확대되고 있었다.[19]

일본 해군이 1930년대에 플리트 항공모함을 새로 건조할 때도 상갑판이 완전히 평평한 형태의 설계를 고수했기 때문에, 1938년 미국 항공

〈그림 11〉 **영국 군함 아크 로열호, 1938년, 몰타의 그랜드 하버.** 제2차 세계대전이 발발하기 직전, 영국 해군의 가장 유명한 플리트 항공모함이 몰타의 그랜드 하버에서 견인되는 모습이다. 이 군함은 1941년 11월에 독일 잠수함 U-81에 의해 침몰될 때까지 비스마르크호에 타격을 주었고, 몰타 수송 선단을 호위하며 대서양에서 전개된 여러 작전에서 눈부신 전과를 거두었다.

대해전, 최강국의 탄생

모함 요크타운호와 엔터프라이즈호, 영국 항공모함 아크 로열호가 진수된 뒤에야 항공모함의 전형적인 모습이 등장했다. 그로부터 20년이 지나지 않아 판도를 뒤집는 새로운 유형의 군함이 탄생했다. 항공모함 진화의 전체적인 역사는 하루하루가 다르게 빠른 속도로 전개됐다.

아크 로열호는 당시 영국 해군에서 유일한 항공모함이었던 까닭에, 전쟁 전에 시작됐지만 1940~1943년이 돼서야 완료된 6척의 일러스트리어스급 항공모함의 원형(原型)이 됐다. 아크 로열호는 완벽하게 장갑되지는 않았지만, 비행갑판은 2.5센티미터 두께의 강판이었다. 또한 하갑판에도 두꺼운 강판이 덧대어졌고, 핵심적인 부분들은 물론이고 어뢰 공격에 대비해 수면 아랫부분도 광범위하게 보호됐다. 영국 항공모함은 공격력보다 보호에 중점을 두고 설계된 까닭에 일본과 미국의 항공모함보다 훨씬 많은 장갑판으로 둘러졌다. 그 때문에 함재기 수효가 적어서 아크 로열호는 약 60대의 항공기만을 싣고 다녔지만, 미국 항공모함 요크타운호는 약 90대, 일본의 아카기호는 66대 이상을 싣고 다녔다. 여기에서 다시 비판적으로 구분한다면, 미국과 일본 해군은 독자적으로 항공기를 구입할 수 있었으나, 안타깝게도 영국 항공모함 항공대(Fleet Air Arm, FAA)는 그렇게 할 수 없었다.[20]

보수적인 현역 장교들의 경멸에도 불구하고, 1930년대가 끝나갈 때쯤에 정부와 해군부는 항공모함의 공격력에 전쟁 억제 효과가 있었으므로 항공모함을 중요한 전략적 수단으로 평가하는 경향이 뚜렷해졌다. 따라서 몰타의 그랜드 하버를 묘사한 〈그림 11〉에서 짐작되듯이, 런던은 이곳에 항공모함을 정박함으로써 대영제국의 해로를 지키는 새로운 군함이 탄생했다는 것을 알리는 동시에 무솔리니의 해군에 보내는 경고로도 삼았다. 미국이 서부 해안에서 진주만으로 항공모함 함대의 상당

대해전, 최강국의 탄생

부분을 이동하기로 한 결정에도 똑같은 메시지가 담겨 있었다.

그러나 항공모함이 새로운 위협으로 떠올랐음에도, 항공모함을 비롯한 모든 수상 군함이 지상에 주둔하던 공군력의 빠른 진화에 위협받게 된 것도 사실이다. 대략 1930년부터 1940년까지, 2개나 4개의 엔진을 장착한 폭격기를 포함해 모든 항공기의 출력과 속력, 적재량과 항속거리가 크게 향상됐다. 따라서 일본과 미국과 영국이 새로 건조한 항공모함의 공격력과 작전 범위가 크게 증가한 것은 사실이지만, (융커스 급 강하 폭격기부터 나중에 도입된 고차원의 B-17까지) 적국의 항공기로부터 해군 전체가 위협받게 된 것도 사실이었다. 항공기는 전쟁의 판도를 결정할 수 있는 완전히 새로운 변수였다. 영국과 프랑스의 연합함대가 1939년 당시 유럽의 바다에서 잠재적 적국의 함대보다 우월한 위치에 있었더라도, 지상에 주둔한 적대적인 공군이 해안에서 150킬로미터 이상 떨어진 곳까지 출격해서 연합함대의 안전과 지배력을 위협할 수 있다면, 그런 우위가 무슨 의미가 있겠는가? 어떻게 해야 지중해와 북해를 실질적으로 장악할 수 있을까? 연합군이 필리핀과 홍콩과 싱가포르 주변의 바다를 통제하더라도 육지에 주둔한 일본의 많은 비행편대가 연합군 함대를 위협한다면, 그 위협이 태평양과 동남아시아에 무엇을 의미할까? 해군력으로 충분히 방어할 수 있을까?

1939년, 여섯 강대국의 해군

여섯 강대국은 바다에서 어떻게 안정적 세력을 확보하려고 했을까? '라루아얄(La Royale)', 즉 프랑스 해군은 다양한 함급의 군함을 적절히 조합해서 그 목적을 달성하려고 애썼지만 미국과 일본과 영국의 해군보다 더 많은 제약을 받았던 것이 분명하다. 제1차 세계대전으로 값비싼 군함을 새로 건조하며 막대한 비용을 쏟아부은 까닭에 자본과 자원 및 인명에서 천문학적인 손실이 있었던 것은 틀림없는 듯하다. 1930년대 중반에 경쟁국들의 경제는 점차 개선되고 있었지만, 무력증에 빠진 프랑스 경제는 다시 급락했다. 앞선 10년 동안 체결된 외교적 합의들(베르사유 조약, 워싱턴 해군 군축 조약, 로카르노 조약, 도스 플랜과 영 플랜)로 인해 세계는 불안정한 휴전에 들어갔고, 국방비 지출이 불가능하고 부도덕한 것이 됐다. 하지만 협정의 유효기간이 만료되고 수년 만에 그 사상누각은 급속히 허물어졌으며, 군국주의를 추구하는 광적인 독재 체제가 독일에 들어섰다. 달리 말하면, 프랑스가 그렇잖아도 부족한 국방비의 상당 부분을 육군과 공군에 투입해야 한다는 뜻이었다. 해군에 할당된 남은 돈은 다시 군함과 인력을 충원하고, 국가의 가장 급박한 전략적 요구에 부합하는 현대식 기지를 건설하는 데 분배돼야 했다. 따라서 대형 전함을 건조하는 계획은 물거품이 됐지만, 과거의 주력함들을 개량하는 동시에 2척의 근대식 전투 순양함을 새로 진수하려 했다. 그리하여 항공모함(1척)보다 고속 순양함(19척), 대형 구축함(78척), 많은 잠수함(86척)에 상당한 예산을 투입했다.

1935년 이후의 유럽 외교 현장의 풍경도 프랑스 해군의 정책 결정에 영향을 끼쳤다. 1930년대 말, 프랑스 해군은 전략적으로 중요한 4개국(파리와 베를린, 로마와 런던)의 협의를 벗어나지 않는 범위 내에서 운용됐고, 그 예는 그 자체로 '다극화된 세계에서의 해군'이 보여준 전형적 예였다.[21] 앞에서 말했듯이, 독일 위상은 점점 더 크게 보였다. 점점 커져가는 나치의 위협은 그야말로 존재론적 위협이었고, 대다수에게 (1870년과 1914년처럼) 다시 재앙적인 지상 공격으로 이어질 가능성이

대해전, 최강국의 탄생

크다고 추정됐기 때문이었다. 게다가 이번에는 '루프트바페(Luftwaffe: 독일 공군)'의 무지막지한 공습까지 더해질 게 분명했다. 하지만 히틀러의 '크릭스마리네(Kriegsmarine: 독일 해군)'가 확대되는 현상, 특히 상선을 습격할 수 있는, 항속거리가 긴 기존의 아트미랄 셰어급 포켓 전함들과 그 뒤에 건조된 샤른호르스트급 전투 순양함은 프랑스 해군 전략가들에게 걱정거리였다. 그래서 더 큰 됭케르크급 전투 순양함을 건조했다. 하지만 그들은 남쪽을 더 크게 걱정했다. 즉 8인치 함포를 장착한 순양함들, 구축함 함대, 수십 척의 잠수함, 그리고 새로운 전함들로 구성된 이탈리아 해군이 제기하는 위험을 더 우려했다. 따라서 프랑스와 이탈리아의 해군은 그들만의 군비경쟁에 돌입했다. 두 해군이 1939년 실제로 지중해에서 일대일로 맞붙었다면 그 결과가 어땠을지 지켜보는 것도 흥미로웠을 것이다.

여하튼 프랑스와 이탈리아는 워싱턴 해군 조약에서 동일한 정도로 배수량 제한을 받았고, 군함을 원하는 크기로 근대화하며 해군력을 강화했지만, 전투를 유리하게 끌어갈 만한 특별한 무기(예컨대 레이더, 항공모함, 야간전투 능력, 암호 해독기)는 어느 쪽도 없었다. 또 양쪽 모두 지중해 양편에 있던 공군기지로부터 무계획적으로 지원을 받았으며, 1930년까지는 어느 쪽도 새로운 전함이 없었다. 프랑스 해군은 자신이 우세하다고 생각했지만, 상대적으로 약한 이탈리아의 경제가 휘청거리지 않았다면 양국의 해전은 한동안 소강 상태를 거듭했을 것이다.

로마와 베를린의 지도부가 기대했듯이, 프랑스가 독일과도 싸워야 했다면 이탈리아가 승리할 가능성이 물론 훨씬 더 컸을 것이다. 하지만 1939년 전쟁의 그림자가 짙어졌을 때, 프랑스가 이탈리아와 따로 전쟁을 벌일 것이라는 생각, 즉 화근이 되더라도 프랑스가 단독으로 이탈리아와 독일에 맞서 전쟁을 치를 가능성은 크게 줄어들었다. 프랑스는 영국 편에서 싸웠다. 따라서 영국, 구체적으로 말해 영국 해군의 지원에 힘입어 프랑스 해군은 크게 강화된 위치에서 크릭스마리네만이 아니라, 필요한 경우에는 레지아 마리나에 맞설 수 있었다. 그런 상황에서는 독일의 수상 해군력만으로 영국해협을 지배하며 프랑스 해안을 공격할 수 없었다. 게다가 향후에 대서양과 그 너머에서 독일 해군이 상선을 습격하며 위협할 가능성도 간헐적일 수밖에 없었고, 영국과 프랑스의 합동 수색 함대에 견제받을 가능성도 컸다. 한편 무솔리니의 해군이 전쟁에 참전하더라도 서지중해에서는 프랑스 함대에 의해, 동지중해와 몰타에서는 영국 함대에 의해 쉽게 억제될 것이 분명했다.

따라서 1939년에 레지아 마리나는 강했지만 충분히 강하지는 않았다. 근대화된 전함이 4척밖에 없었고(리토리오급 군함은 이듬해에야 진수되기 시작했다), 항공모함은 한 척도 없었다. 프랑스 해군처럼 이탈리아 해군도 다른 부문에서 더욱 인상적이었다. 예컨대 중순양함과 경순양함이 합해서 약 20척, 구축함이 거의 60척, 무척 위협적인 대형 어뢰정이 약 60척, 잠수함이 106척으로 구성된 어마어마한 함대가 있었고, 해군 기지와 공군기지가 이탈리아 해안을 따라 곳곳에 있었으며, 사르데냐 섬과 북아프리카에도 있었다.

하지만 그것으로는 충분하지 않았고, 이탈리아의 약점은 거기에서 끝나지 않았다. 이탈리아의 잠재적인 적, 특히 지중해에 주둔한 영국 해군은 상대적으로 우위에 있는 과학기술과 운영 능력으로써 군함 수의 표면적인 열세를 만회했다. 1940년, 영국은 군함에 설치하는 레이더라는 더없이 귀중한 선물을 얻었다. 블레츨리 파크(Bletchley Park)에서 일하던 암호 해독가들의 노력에 힘입어, 영국 제독들은 이탈리아 함대의 움직임을 알 수 있었다. 영국 해군에는 언제나 한 척, 때로는 2척의 항공모함이 있었다. 제2차 세계대전이 발발하기 전에도 양측은 항공모함이 엄청난 무기가 되리라는 것을 알았다. 또 영국 군함들은 야간 해전에 대비한 훈련을 실시했지만, 이탈리아 전대는 야간 훈련이 없었다. 따라서 전체적으로 영국 군함이 훨씬 많은 전투 훈련을 받았다. 이탈리아가 (일본처럼) 근대화된 대규모 해군 항공대를 보유했더라면 전황이 확연히 달라졌을지 모른다. 또 106척의 잠수함이 적절히 운용됐다면 전쟁 결과가 달라졌을지도 모른다. 그러나 현실은 그렇지 못했다. 지중해 전투에서 영국 잠수함이 입은 손실로 입증되듯이, 이탈리아 해군은 대(對)잠수함전에 상당히 주력했지만, 이번에도 충분하지는 않았다.[22]

일본을 제외하고 모든 강대국의 해군부는 '워싱턴 조약에 따른 해군 휴일'이 끝난 뒤에 주문한 전함(리토리오급, 리슐리외급, 조지 5세급, 노스캐롤라이나급)을 인도받기 전에 전쟁이 시작된 것을 아쉬워했다. 모든 국가가 비슷한 정도로 혜택을 누리지 못했다는 사실은 중요하지 않았다. 또 이 새로운 함급의 주력함이 제1차 세계대전에 사용되던 주력함보다 크고 훨씬 더 정교해졌고, 조선소 자체도 근대화가 필요했던 까닭에 건조하는 데 수년이 걸린다는 불편한 사실도 모든 해군에는 마뜩잖았다. 히틀러가 폴란드를 공격한 1939년 9월, 전쟁 준비가 가장 부족한 부대는 비관적이었지만 지략가이던 에리히 레더의 지휘하에 있던 '라이히스마리네(Reichsmarine: 바이마르공화국 시대의 독일 해군, 즉 크릭스마리네의 전신-옮긴이)'였다. 비스마르크호는 1941년 중반에야 진수돼 아직 눈에 보이는 고속 전함은 없었지만, 2척의 샤른호르스트급 전투 순양함이 취역을 앞두었고, 독창적으로 설계된 3척의 포켓 전함(도이칠란트급)이 대서양에서 활동할 만반의 태세를 갖추고 있었다. 독일 해군이 갖춘 2척의 중순양함과 6척의 경순양함, 22척의 크고 빠른 구축함은 모두 위압적이었지만 수적으로 너무 적었다. 많은 찬사가 뒤따랐던 진정한 북대서양 함대(전함 10척, 항공모함 6척 등)를 위한 '플랜 지(Plan Z)'는 10년 뒤에나 완결됐고, 애당초 전쟁 초기에 완성되기는 불가능한 계획이었다. 그리고 25척의 유보트로 구성된 카를 되니츠의 작지만 유망한 함대가 있었다. 소규모였지만 전략적으로 중요하고 위협적인 함대인 것은 분명했다.

돌이켜보면, 독일 해군이 전함과 전투 순양함과 중순양함에 쏟은 물적 자원과 인적 자원을 구축함과 에스보트(쾌속 어뢰정), 특히 유보트로 구성된 다수의 소함대를 구축하는 데 할당했다면, 또 더 혁명적인 군함의 생산을 가속화하는 데 할당했다면, 더 큰 성과를 거두었을지 모른다는 의문이 생긴다.[23] 물론 그랬더라면 수상 군함 장교단의 사기에 큰 타격이 있었을 것이다. 그러나 크릭스마리네가 제2차 세계대전 동안 '전략적'인 수준에 접근한 때는 1942년과 1943년에 불과했던 것이 사실이다. 달리 말하면, 유보트가 수적으로 충분히 많아 대서양 수송 선단을 유린할 수 있던 때였다. 하지만 되니츠가 선뜻 인정했듯이, 3년 전만 해도 독일 잠수함 함대의 규모는 너무 작았고, 잠수함의 크기도 작았다. 게다가 북해에 갇힌 지리적 한계 때문에 영국제도의 서쪽에서 지속적으로 작전을 전개하는 것이 무척 어려웠다. 영국 해군을 상대하는 것만도 버거웠다. 이런 상황에 적대적인 프랑스 해군과 이탈리아의 중립 선언이 더해지자 승리 가능성은 더욱더 떨어졌다. 극동으로부터는 어떤 도움도 기대할 수 없었다. 1939년 초, 영국과 프랑스가 전쟁을 선포했다는 소식을 듣고, 레더는 공식적인 전쟁 일지에 적어도 "용감하

게 죽는 방법"을 알고 있다는 기록을 남겼다.[24]

　세 유럽 국가의 해군과 비교할 때, 1930년대 말의 일본 해군은 많은 부문에서 대대적이고 성공적이며 강력한 개선을 이루어낸 까닭에 근대 해전에 잘 준비된 것처럼 보였다. 일본은 항공모함을 보유한 세 국가 중 하나였고, 군함들이 항모 기동부대를 이루도록 편성돼 해군의 조직력도 가장 우수했다. 게다가 함대 기지처럼 적군의 표적을 조직적으로 공격하는 데 그치지 않고, 무척 멀리 떨어진 바다 한복판에서 임무를 수행할 수 있을 정도로 훈련된 상태였다. 일본 해군에는 거대한 야마토급 전함들이 취역하기 전에도 상당수의 근대화된 전함과 전투 순양함이 있었다. 중순양함이 특히 웅장했고, 현측이 더 넓어졌으며, (일본의 다른 군함처럼) 야간 투시경을 갖추었다. 빠르고 큰 구축함에는 강력한 초장거리 롱 랜스 어뢰가 빠짐없이 탑재됐다. 실은 일본의 모든 중순양함과 경순양함, 구축함과 잠수함에는 어떤 형태의 해전에서나 선제공격을 가할 의도에서 무척 큰 어뢰가 실렸고, 그것도 과적이라 할 만큼 많이 실렸다.[25]

　일본 해군은 공군과 완전히 분리된 항공대를 보유했기에 영국 함대 항공대처럼 영국 공군(Royal Air Force, RAF)과 불편한 관계에 시달리지 않았다. 따라서 일본 해군은 자체적으로 항공기를 구입해 조종사를 훈련하고, 항공 편대를 관리할 수 있었다. 해군에 소속된 급강하 폭격기와 뇌격기 대대는 최고 수준이었고, 미쓰비시가 제작한 제로 전투기는 태평양 지역에서 활동한 서구의 어떤 항공기보다 뛰어났다. 끝으로, 항공모함에 실린 함재기로 구성된 항공대 이외에도 상당수의 유사한 비행대대가 육지, 특히 일본군이 동남아시아와 태평양 섬들에 마련한 활주로에 주둔해 있었다. 이런 비행대대는 전술적 선택에 따라 바다에서 육지로 작전 범위를 전환할 수 있었다. 일본 해군 항공대에는 상당한 규모의 해안 지역 정찰대도 있었고, 뛰어난 성과를 보여주었다.[26]

일본이 극동 전역에서 전쟁을 시작했을 때쯤, 일본 해군이 곧바로 동원할 수 있는 군함으로는 10척의 전함, 6척의 플리트 항공모함과 4척의 경항공모함, 18척의 중순양함과 18척의 경순양함, 113척의 구축함, 63척의 잠수함이 있었다. 모두 합하면, 두 해군 대국, 즉 영국과 미국이 보유한 전투력의 70~80퍼센트에 버금갔다. 그러나 일본 전략가들은 어떤 형태의 교전에서나 일본군이 더 확실한 절제력과 전투력을 발휘할 것이고, 미국과 영국의 해군이 함대 전체를 서태평양에 투입하지는 못하리라 추정했다. 이런 추정이 당시에는 잘못된 가정이 아니었다.

하지만 일본의 해군력에는 심각한 결함이 적잖았다. 일본은 영국처럼 섬나라여서 엄청난 양의 안정적인 수입에 크게 의존했지만, 대(對)잠수함전 역량을 키우는 데 큰 노력을 기울이지 않았다. 게다가 잠수함 함대가 상당한 규모였는데도 상당히 의심스러운 목적에 사용하는 방향으로 훈련했다. 구체적으로 말하면, 적군의 상선을 방해하는 활동보다 적군의 포착하기 힘든 주력 함대를 추적하는 데 잠수함을 활용했다. 또 해군용 레이더의 개발도 서구보다 크게 뒤처져서 야간전투에서, 일반적으로는 전투 중에 적함을 포착하는 데 그 결함이 크게 드러났다. 또 연합군은 무선 신호를 포착해 정보를 수집하는 역량을 갖추었지만, 일본에는 이에 맞먹는 능력이 없었다. 반면에 미군은 일본 외교부와 해군의 암호를 해독해 읽어내는 이점을 누렸다. 요컨대 일본 해군이 동아시아 바다에서 가장 강력한 해상 해군력을 보유한 것은 부인할 수 없는 사실이었지만, 태평양 건너편의 훨씬 강력한 해양 국가를 상대하기에는 역부족이었다.

게다가 야마모토 이소로쿠(山本五十六, 1884~1943년) 제독처럼 상황 판단이 빠른 고급 장교들이 통절히 인식했듯이, 해군이 통제할 수 없는 여러 배후 조건 때문에 일본 해군은 본연의 효율성을 마음껏 발휘할 수 없었다. 변경할 수 없는 가장 큰 문제는 일본의 독특한 지리적 위치에 있었다. 일본은 유라시아 대륙의 끝자락에 위치하고, 산과 숲으로 뒤덮인 열도다. 이런 지리적 조건에서 비롯된 난문제는 다른 국가의 해군과 멀리 떨어진 조건에서 비롯되는 행동의 자유를 누렸지만, 정복해서 점령하고 싶은 지역과도 똑같은 이유로 멀리 떨어져 있다는 것이었다. 첫 공격에서 성공하더라도 버마(미얀마)와 싱가포르부터 솔로몬제도와 알래스카까지 이어지는 광활한 영토를 지배하는 것도 부담스럽기 마련이었다.

둘째 문제는 일본에는 전쟁의 힘줄인 천연자원이 부족하다는 것이었다. 현대 산업사회에 필요한 자연 자원이 풍부한 천부의 혜택을 누렸다면, 일본이 외국 땅을 정복하려고 나설 필요가 없었을 것이다. 일본은 강했기 때문이 아니라 자원이 부족했기 때문에 현상을 타파하려고 나선 수정주의(revisionist) 국가였다. 일본은 전적으로 수입 석유에 의존했다. 따라서 도쿄가 전쟁을 선택한 원인은 서구가 내린 석유 금수 조치(1941년 7월)에 있었다. 그러나 일본에는 여전히 밀, 고무와 목재, 주석과 구리, 그 밖에도 많은 광석이 부족했다. 그래도 만주를 합병하며 석탄과 철광석 매장량을 어느 정도 확보했지만, 전쟁이 시작된 이후로 석탄과 철광석 비축량은 오랫동안 지속되지 못했다. 격전 상태가 계속되자 자연스레 생산량이 줄어들었고, 일부 지역에서는 상당히 빠른 속도로 줄었다. 강요된 평화기의 성과로 효율성이 좋은 군함과 항공모함과 항공기를 제작할 수 있었지만, 전쟁 무기의 제작 자체가 국가 경제에 큰 부담이었다. 따라서 전쟁이 시작되고, 해군과 공군 자산을 크게 상실하기 시작했더라도 일본에는 '동원 능력(surge capacity)'이 거의 남아 있지 않았다.

끝으로 덧붙인다면, 일본 해군이 자매 부대, 즉 육군과 관계가 좋지 않았던 것도 큰 문제였다. 더구나 육군은 국내에서 정치적인 영향력이 훨씬 더 컸다. 달리 말하면, 프랑스와 독일, 소련과 이탈리아에서 그랬듯이 일본 육군과 육군 항공대가 국방비의 상당한 몫을 썼을 뿐만 아니라, 일본의 해외 진격을 결정한 사람은 장군이었지 제독이 아니었다는 뜻이다. 육군과 해군을 총괄한 최고 통수 기관인 일본 대본영(大本營)이 본래 진격하기를 바랐던 방향은 아시아 대륙을 겨냥한 서쪽이었지, 말레이반도나 태평양을 향한 아래쪽이 아니었다.

도조 히데키(東條英機, 1884~1948년)를 필두로 일본 군부가 영미 연합군과의 전쟁이 필요할지 모른다는 해군의 의견에 서서히 동의하기 시작했지만, 중국에서 대대적인 군사작전을 벌이려면 남쪽에서 석유와 광석을 안정적으로 공급받아야 한다는 이유만으로 그런 마음이 돌변했다.[27] 일본이 남쪽 지역을 노리면 서구가 반발할 것이 분명했다. 결국 일본이 남쪽을 향해 총력전을 시작한 것은 그야말로 전략적 실수였다. 제한된 자원을 지닌 국가가, 그것도 많은 군사력이 대륙 전쟁에 묶인 상태에서 해외 정복을 위한 대대적인 군사작전에 돌입한 것과 다를 바가 없었기 때문이다.

일본이 도움을 얻고, 공동의 적에 맞서 함께 싸워줄 수 있는 동맹이 밖에 있었다면 형편이 물론 더 나았을 것이다. 여기에도 지리적 조건이 장애물이었다. 유럽의 추축국들은 무려 9,600킬로미터나 떨어져 있었다. 추축국들이 모두 전쟁 중이었고, 세 파시스트 해군들을 이어주는 연결 고리가 어디에도 없었다. 이탈리아와 독일 해군의 위협으로 영국 해군의 대부분이 유럽 바다에 묶인 것이 일본 해군에 도움이 됐던 것은 사실이지만, 미국 해군은 빠르게 몸집을 키우며 태평양에 대규모 해군력을 결집해 나아갔다. 서구의 눈에 일본의 지정학적 위치는 탐나는 것이었다. 하지만 일본의 비관적인 전략가들에게 일본은 두 육상 강국(중국과 러시아)과 대치해야 할 뿐만 아니라, 더 강력한 두 해상 강국(영국과 미국)과 경쟁해야 할 운명을 짊어진 국가였다. 위안이 있다면, 당시 일본 해군이 막강하고 공격적인 성향을 띤 데다 죽음을 두려워하지 않아 쉽게 꺾이지 않았다는 것이다. 그것만으로 충분했었는지 확인하는 문제만이 남아 있었을 뿐이다.

―――

야마모토 제독이 해군에서 가장 걱정한 적은 미국이었다. 물론, 야마모토가 주로 걱정한 것은 미국이 궁극적으로 보여줄 군사적 잠재력이었다. 야마모토는 1920년대에 주미 일본 대사관 해군 무관을 지내며 미국 전역을 둘러본 까닭에, 미국이 앞으로 훨씬 더 부유해지고 강력해질 것이라고 확신했다. 하지만 1930년대 말, 정확히 1938년에는 미국도 해양력이 뒤죽박죽으로 분배된 당시 세계의 모습을 그대로 보여주며 해군력이 상당히 불확실한 모습을 띠었다. 대공황에 따른 관세 전쟁으로 미국의 경제적 이점이 크게 상실됐듯이, 미국 해군 지상주의자들이 꿈꾸었지만 워싱턴 조약의 제약과 해군 휴일로 가장 큰 피해를 입었던 초대형 전함 건조 계획도 뒷전으로 밀렸다. 미국의 상대적으로 우월한 생산력에도 불구하고, 미국 해군은 그 시대의 선두권에 있지 않았다. 영국 해군이 더 컸고, 세계 해로에서 훨씬 나은 위치를 차지했다. 또 군함만을 비교하면 일본 해군 장비가 미국 해군보다 더 낫고, 준비된 상태도 더 나았다.

해상에서 아직 걸음마 단계이던 미국의 입장은 국내 정치 때문에도 여느 분야보다 단호했다. 제1차 세계대전이 끝난 뒤, 미국의 국내 여론은 확고히 고립주의를 표방했고, 1930년대 중반에는 일련의 중립법(Neutrality Act)이 제정되며 그런 분위기를 재확인해주었다. 프랭클린 델러노 루스벨트(Franklin Delano Roosevelt, 1882~1945년)가 그런 분위기를 바꿔보려고 가끔 시도했지만 그때마다 비판이 거세게 쏟아진 까닭에, 루스벨트는 어떤 변화도 원하지 않는다고 공개적으로 선언해야 했다. 루스벨트 정부에는 천만다행으로 해군의 강화는 단순히 방어 수단으로 포장될 수 있어서 의회에서 다수의 지지를 받았다. 하지만 국내 문제 이외에 유럽 국가가 서반구로 침략하려는 시도를 영국 해군이 막아주리라는 단순한 의식도 있었다. 1930년대에 들어 나치 독일의 야심에 대한 우려가 커져갔지만 이런 지정학적 계산은 변하지 않았다. 그 결과로, 영국과 프랑스의 상황에 동정적인 미국인들도 미국이 전쟁에 개입할 이유가 없다고 생각했다. 물론 상당한 규모의 전투 함대가 꾸려질 수 있었지만, 1930년대가 끝날 무렵에야 해군력의 증강이 조금이나마 허용됐다.[28]

이런 상황에서도 미국이 새로 건조한 2척의 전함, 즉 노스캐롤라이나호와 워싱턴호는 워싱턴 조약의 제약을 완전히 벗어난 것은 아니었다. 영국 해군의 조지 5세급 전함들이 그랬듯이, 두 전함도 배수량과 함포에서 과거부터 지속된 제약에 얽매였다. 미국 설계국이 미국 주력함 전부에 16인치 함포를 설치하기로 결정한 것은 수년이 지난 뒤였고, 그제야 두 전함의 함포 구경도 16인치로 키웠다. 두 전함과 관련해 발표된 많은 공보를 추적한 《제인의 해군 연감》 1939년 판을 보면, "두 군함에 대한 발주가 미루어진 이유는 설계 변경, 자재의 배송 지연, 조선대(造船臺)를 키우고 강화할 필요성에 있었다. …… 건조 과정에서 설계가 수정될 가능성은 여전하다"라는 문장이 눈에 띈다.[29] 그리하여 노스캐롤라이나호는 1941년 4월에 취역하며 함대에 포함됐다.《제인의 해군 연감》 1939년 판에서, 조금 뒤에는 배수량이 훨씬 더 크고 속도도 빠른 2척의 아이오와급 전함을 "한 척당 약 1억 달러"라는 전례 없는 비용을 들여 건조하는 것을 의회가 허락했다는 기록이 있다.[30] (두 전함은 1943년 2월에 취역했다.) 따라서 문제는 변한 것이 없었다. 국제적 긴장이 전면적으로 폭발하기 전에는 미국의 '새' 해군에 큰 예산이 할애될 가능성이 없었다. 현상을 타파하려던 일본 해군이 그처럼 늦장을 부린 이유는 무엇이었을까?

1939년의 미국 전투 함대는 다른 강대국들의 전투 함대와 마찬가지로 적어도 20년 전에 발주되고, 주포(主砲, 12~16인치)의 구경도 제각각이며, 배수량(일반적으로 약 3만 1,000톤)도 제한적이던 낡은 군함들로 구성됐다. 또 전투 순양함을 보유하지 않기로 결정한 까닭에 미국 해군은 상대적으로 느린 전함 15척을 보유하고 있었다. 일부는 상당히 보강됐지만, 일부는 오랜 개선 작업에 들어가 사용할 수 없었고, 일부는 근대화되지 않아 허약한 전함이었다. 한마디로, 제2차 세계대전 전의 전형적인 해군이었다. 그래도 태평양에서 일본을 상대로 싸워야 했거나, 대서양에서 새롭게 탈바꿈한 독일 해군의 군함과 교전을 벌여야 했다면, 미국 제독들은 8인치 함포를 장착한 중순양함 18척을 보유한 것에서 작은 위안을 찾을 수 있었을 것이다. 18척이면 상당한 수효이기도 했지만, 중순양함들이 멀리까지 정찰할 수 있을 정도로 항속거리가 길었고,

더 강한 상대를 만나면 도주할 수 있을 만큼, 미국 항공모함의 호위함 역할을 할 수 있을 정도로도 빨랐다. 그러나 미국의 중순양함에는 그때까지 함대함 레이더가 없어서 훨씬 더 강력한 데다 더 나은 투시경까지 갖춘 일본 중순양함을 상대할 수 있을지 미심쩍었다. 다른 강대국에 비해 미국 함대에는 경순양함이 무척 적었고, 영국 해군은 경순양함을 원하지 않았다.

미국 해군의 군함 크기가 상대적으로 작았던 이유는 미국의 고유한 전략적 입장을 반영했기 때문이었다. 미국은 그 자체가 대륙이고, 식량과 대부분의 천연자원(고무 제외)을 완전히 자급자족할 수 있어서 해군이 상선을 보호해야 할 필요성을 거의 느끼지 못했고, 호송이라는 개념에도 비판적이었다. 따라서 200척이 넘는 많은 구축함 중 성능이 뛰어난 것은 전함을 지원하며, 항공모함을 보호하도록 설계되어 있었고 속도가 빨랐다. 하지만 군함으로서 가치가 떨어지고 거추장스러운 낡은 구축함, 심지어 굴뚝이 4개나 달린 구축함도 있었다. 호위 구축함이라 할 만한 것도 없었다. 나중에 개발된 프리깃함, 코르벳함, 슬루프 같은 군함도 없었다. 1930년대의 미국 해군은 화력에 중점을 둔 해군이었다. 빗대어 말하면, 머핸의 해군이었지, 코벳의 해군이 아니었다(3장 참조).

일본 해군의 특징이나 대형 군함으로 새롭게 무장한 독일 해군의 위협을 고려하면, 그렇게 화력을 중시한 이유가 충분히 설명된다. 대서양 전투가 시작될 때까지 대잠수함전은 고려되지 않았다. 일부 군함에 기뢰를 탐색해 제거하는 도구가 있었지만, 소해함이 미국 해군에는 한 척도 없었다. 신중한 영국 해군에는 44척, 이탈리아와 독일에도 각각 20척이 넘는 소해정이 있었다. 같은 이유로, 그 시대의 미국 잠수함은 약

65척이 일본의 주력 전투 함대에 맞서 싸울 수 있도록 설계됐다. 따라서 독일 해군의 잠수함보다 큰 잠수함이 많았다. 미국 해군은 1942년 이후에야 일본 상선을 공격하는 가능성을 고려하기 시작했다.

항공모함의 필요성을 열정적으로 주장한 사람이 없었다면, 항공모함이 1939년에 미국 해군 함대에서 가장 강력한 공격 무기로 등장하는 것을 보기는 어려웠을 것이다. 실질적으로나 전술적으로 항공모함은 공격용 군함처럼 보이지 않았다. 모두가 전함들로 하나의 함대가 꾸려진 모습을 상상했지만, 항공모함은 정찰을 위해 독자적으로 사용되거나, 전함 위를 비행하며 순찰하는 항공기를 제공하는 역할을 해냈다. 2척의 항공모함이 동시에 바다로 출격할 때도 서로 멀찍이 떨어져 작전하며 잠재적 적을 헷갈리게 하는 편이 더 영리한 전술로 여겨졌다. 전함 제독들은 하급자인 항공모함 함장이 독자적으로 작전하고 싶어 하는 것을 못마땅해했다. 따라서 몇몇 헌신적인 항공모함 함장, 예컨대 윌리엄 홀시, 마크 밋쳐(Marc Mitscher, 1887~1947년), 존 타워스(John Towers, 1885~1955년)가 기함 사령관 지위까지 올라가는 동안, 제2차 세계대전에 등장하는 항공모함 기동부대를 지휘할 기회가 없었다.[31]

하지만 순전히 물량 면에서 보면, 일본 해군처럼 미국 해군은 전통적인 범위 내에서 완전히 새로운 형태의 해군력을 보유하게 됐다. 1939년에 미국 해군에는 5척의 완전한 플리트 항공모함이 있었다. 2척은 전투 순양함을 개조한 렉싱턴호와 새러토가호였고, 3척은 새롭게 설계한 엔터프라이즈호, 호닛호, 요크타운호였다. 5척 모두 무척 빨랐고, 각각 80대의 항공기를 싣고 다녔다. 하지만 항공모함들은 정찰하는 임무에 배치된 이외에 대서양 사령부와 태평양 사령부로 갈라졌기 때문에 그 자체로 해군력에서 큰 몫을 차지하지는 않았다.[32] 그래도 미국 해군은 자체적으로 항공기를 조달할 수 있어서 영국 함대 항공대보다는 형편이 나았던 것이 사실이다. 달리 말하면, 당시 일본 해군의 항공모함이 세계 최고였더라도 미국 해군의 항공모함은 크게 뒤처지지는 않았고, 영국은 3위로 내려앉았다는 뜻이다.

돌이켜보면, 상당히 억눌려 있던 미국 해군력의 변화 속도는 놀랍기만 하다. 1939년 여름만 해도 미국 해군은, 바로 1년 뒤에 위협적으로 변해가는 세계정세에 놀라고 자극받은 의회가 조약의 제약에 아무런 방해를 받지 않는 입법을 통해 장기적인 부양책을 내놓으리라고는 전혀 몰랐을 것이다. 해군의 시간이 오고 있었지만, 히틀러의 군대가 폴란드를 공격하기 시작한 시기는 분명히 아니었다.

앞에서 언급한 다른 강대국들의 해군과 비교할 때, 심지어 미국 해군에도 1930년대가 끝나갈 무렵 영국 해군의 상황은 부러움의 대상이었다. 영국 해군은 세계 전역에서 활동하는 유일한 해군이었고, 1939년 이후로 대영제국은 제국 체제를 갖춘 유일한 국가이기도 했다. 제1차 세계대전으로 국부가 크게 손실됐고 많은 인명을 잃었으며, 세계 금융의 중심이 런던에서 뉴욕으로 옮겨갔지만, 오스만제국과 독일의 많은 식민지를 넘겨받아 대영제국의 영토는 오히려 더 넓어졌다.[33]

자치령들은 새로운 헌법적 관계에서도 여전히 대영제국의 일부였다. 달리 말하면, 에스콰이몰트와 핼리팩스, 세인트존스와 사이먼즈타운, 더반과 퍼스, 시드니와 다윈, 오클랜드 같은 장소들과 그보다 작은 많은 항만이 어느 정도까지 영국 해군의 항구로 사용됐다는 뜻이다. 인도는 여전히 영국령이었고, 인도의 안보는 여느 때보다 영국에 전략적으로 중요했다. 따라서 반다르아바스부터 서쪽으로 뭄바이와 콜롬보와 콜카타를 거쳐 동쪽의 양곤까지 모든 항구를 제국의 영향권 안에 두었다. 그 밖에서도 항구들이 끝없이 연결돼 피서 제독이 기고만장한 것은 당연했다. 대부분이 18세기에 프랑스와 전쟁을 통해 획득한 것이었고, 일부는 빅토리아 시대 초기에 얻은 것이었다. 버뮤다제도, 자메이카, 지브롤터와 프리타운, 라고스, 어센션섬과 몸바사, 몰타와 알렉산드리아, 아덴, 싱가포르와 홍콩, 피지 등 모든 항구가 20세기 초에 수중으로 가설된 케이블 통신망을 통해 영국령(all-red-route)에 안전하게 연결됐다. 3장에서 다시 다루겠지만, 해군력을 지리적으로 측정하면 영국이 압도적으로 유리해 보였다.

한편 당시 영국 해군부가 주문한 군함들은 배수량으로 세계 최대였다. 여기에는 조지 5세급 전함이 5척, 일러스트리어스급 항공모함이 6척, 순양함이 거의 24척 포함됐다. 조지 5세급 전함이 취역했을 때 영국 해군부는 15척의 기존 주력함, 즉 16인치 함포를 장착한 2척의 전함, 넬슨호와 로드니호, 15인치 함포 8문을 장착하고 근대화된 퀸 엘리자베스급 전함 5척, 역시 15인치 함포 8문을 장착했지만 보호 장치가 허술했던 3척의 고속 전투 순양함 후드호와 리펄스호와 리나운호, 5척의 근대화되지 않은 로열 소버린급 전함을 보강하는 작업을 시작했다.[34] 이 정도면 유럽의 바다를 완전히 통제할 수 있고, 필요하면 싱가포르에도 상당한 지원군을 파견할 수 있는 화력을 지닌 전투 함대가 될 것 같았다. 적어도 영국 해군부의 바람은 그랬다.

영국 해군부의 전략가들은 순양함이 빼곡히 늘어서면 어떤 함급의 군함보다 효과적으로 제국의 조직망을 하나로 이어줄 것으로 생각했기에 순양함의 설계에 특별한 관심을 기울였다. 앞에서 말했듯이, 1939년 이전 시대에 핵심이던 중순양함, 즉 카운티급 순양함은 상부 구조가 높고 위압적인 모습을 띤 경쟁국들의 군함에 비교하면 약간 유약하게 보였다. 그러나 카운티급 순양함의 상부 구조가 낮아 험악한 날씨에도 항해할 수 있었고, 바다에서의 항속거리도 무척 길었다. 게다가 8인치 함포 8문으로 중무장했고, 어뢰 발사관도 갖추고 있었다. 또 수상비행기와 (곧) 레이더도 갖추어 대부분의 작전 기능을 수행해낼 수 있었다. 궁극적으로 카운티급을 대체한 순양함, 즉 6인치 함포를 장착한 12척 남짓한 타운급 순양함이 여기에 더해졌고, 곧이어 다수의 크라운 콜로니급 순양함도 뒤따랐다. 이 작고 구시대적인 순양함들은 제한적이었지만 무역을 보호하는 역할이나 구축함을 선도하는 역할을 훌륭히 해냈다.[35]

영국 해군부는 많은 구축함을 보유했지만, 전략가들은 적대 행위가 한 곳 이상에서 일어나면 범세계적인 제국을 방어하기에는 충분하지 않을 수 있다는 의구심을 떨치지 못했다. 이런 두려움에 영국 전략가들은 제1차 세계대전에 사용한 낡고 작은 군함을 매년 폐기하는 대신, 전함과 항공모함을 뒤따르며 보호할 수 있을 정도로 빠르고 강력한 군함을 설계하는 데 애쓰며, 전체 수를 조절하는 방법을 강구했다. 경제가 대공황에 신음하는 동안, 매년 런던은 적어도 하나의 전단(flotilla: 8척의 구축함과 한 척의 구축함 선도함)을 새로 발주했으며, 새롭게 발주되는 전단은 매번 커졌다. 거듭 말하자면, 1939년쯤 이런 군함들로 구성된 전체적인 모습은 인상적이었으나 영국 해군부는 그것으로 충분하지 않을 수 있다고 우려했다. 게다가 새롭게 진수하는 구축함은 강력했지만, 뒤에서 다시 언급되듯이 얄궂게도 장거리를 느린 속도로 움직여야 하는 수송 선단을 보호하는 역할에는 알맞지 않았다. 하지만 종합적으로 볼 때, 영국 해군이 순양함과 구축함을 강화하는 데 상당한 관심을 기울인 것만은 분명하다.

항공모함의 경우는 달랐다. 항공모함 부문에서 영국 해군이 초기에 누리던 물량적이고 과학기술적인 이점을 서서히 상실했기 때문이다. 워싱턴 조약의 배수량 제약으로는 그런 쇠락이 설명되지 않는다. 어쨌거나 미국 해군도 똑같은 제약을 받았고, 다른 세 국가는 총배수량에서 훨씬 더 가혹한 제약을 받았기 때문이다. 하나의 큰 이유를 꼽는다면 1919년 이후의 혹독한 경제 침체다. 그렇지만 일본도 똑같은 정도로 큰 타격을 받았고, 결국에는 훨씬 더 나은 항공모함 함대를 어떻게든 키워냈다. 오히려 영국 해군부의 우유부단함, 즉 대형 군함을 건조할 필요성을 신속하게 결정하지 못한 망설임이 항공모함의 쇠락을 앞당겼다. 따라서 1939년 영국은 7척의 항공모함을 뽑냈지만, 그중 6척이 너무 작거나 너무 느렸거나 너무 낡은 것, 아니면 셋 모두였다. 각 항공모함이 완공된 시기[푸리어스호(1917년), 아거스호(1918년), 헤르메스호(1919년), 이글호(1921년), 글로리어스호(1925년), 커레이저스호(1925년)]에서 문제점이 여실히 드러난다. 아크 로열호만 최근의 것이었다. 대부분이 소수의 항공기만을 싣고 다녔고, 항공기도 온갖 기종이 뒤죽박죽이었으며, 출력도 약한 데다 탑재한 폭탄과 어뢰도 자그마했다. 항공기 설계를 두고 공군과 실랑이하고, 해안 사령부에 영해를 지키는 권한을 넘기면서 자원을 확보해야 하는 노력은 전쟁이 시작된 뒤에도 계속된 끔찍한 문젯거리였다. 좋게 말하면, 함대 항공대와 해안 사령부는 각자의 역할을 할 수 있을 만큼 해냈다. 이런 혼란상에 대한 평가는 점잖은 것부터 기를 죽이는 가혹한 것까지 역사학자마다 다르다.[36]

두 세계대전 사이에 영국 해군은 항공모함에 큰 관심을 기울이지 않은 반면에, 잠수함과 대잠수함전을 가장 중요하게 생각했다. 영국 해군은 잠수함 개발과 설계 및 어뢰에 관련된 과학기술을 초기에 이끌어간 개척자였다. 피셔 제독의 개인적인 열의도 적잖은 이유였지만, 잠수함과 어뢰에 대한 관심은 상당히 폭넓었다. 제1차 세계대전 동안, 영국 해군은 잠수함을 배치해 발트해에서는 독일 군함과 상선을 공격했고, 아드리아해에서는 오스트리아-헝가리 해군을 공격했다. 1919년 이후에 잠수함 부문이 축소돼야 했지만 방치되지는 않았다. 1939년경 영국 해군은 정확히 53척의 근대식 잠수함을 보유했고, 2척을 건조하고 있었다. 경쟁국 해군과 비교해 수적으로 적었기 때문에 영국 해군의 잠수함 부문은 문헌에서 별다른 주목을 받지 못했지만, 모범적인 S급 잠수함은 북해와 지중해에서 작전하기에 이상적이었고, 많은 어뢰를 탑재할 수 있어서 미국과 독일의 잠수함보다 훨씬 더 효율적이었다.[37]

제1차 세계대전의 초기에 드레드노트형 전함 오데이셔스호를 잃은 뒤, 영국 해군은 유보트와 기뢰가 영국 전투 함대에 가할 잠재적 위협에 주목했다. 특히 1917~1918년의 대서양 해전 동안 영국 상선에 가해진 엄청난 피해에 충격을 받은 영국 해군은 그런 손실이 다시는 일어나지 않도록 예방하는 방법을 강구하는 데 많은 시간을 보냈다. 독일 함대가 유보트를 보유하지 못하도록 금지하는 조치가 지속됐지만, 제3제국이 등장하면서 그 위협이 다시 부각됐다. 영국 해군의 대잠수함전 전략가들이 신형 잠수함 탐지기(ASDIC)가 이미 수중 탐지 문제를 해결하며 안전을 가져다주었다고 추정하며 심드렁한 반응을 보인 것은 사실이지만, 그들이 항상 상선 보호를 최우선으로 고려하기는 했다. 이 모든 결과로, 영국 해군부는 구축함 함대만이 아니라, 다양한 종류의 호위함, 예컨대 슬루프와 초계정, 어뢰정, 심지어 무장한 트롤어선까지 상선 보호에 동원했다. 또 영국 해군에는 경쟁국의 해군보다 훨씬 많은 44척 이상의 소해함이 있었고, 그 소해함을 활용해 바닷길을 열었다.

그렇다면 어떻게 영국 해군은 전체를 보는 눈을 갖게 됐을까? 특히 항공모함 부문에서 상당한 약점이 있었지만, 영국 해군은 전체적으로 상당히 균형 잡힌 함대를 보유했다. 또 주력함도 많았고, 순양함은 타의 추종을 불허했다. 게다가 구축함과 잠수함 및 소해함까지 작은 크기의 중요한 군함에도 소홀하지 않았다. 비교해서 말하면, 영국 해군은 당시 다른 강대국의 해군보다 강해 보였고, 실제로도 강했다. 미국 해군보다 크게 강하지 않았지만, 미국 해군의 작전 범위는 버뮤다제도와 마닐라 사이로 국한됐다. 일본 해군은 상하이 하구의 남쪽으로는 내려가지 않았다. 프랑스와 이탈리아의 해군은 한참 뒤처진 게 분명했으나 둘 사이는 비등했다. 한편 히틀러의 라이히스마리네는 한참 떨어진 6위였다. 영국 해군의 작전 범위는 포츠머스에서 시작해서 희망봉까지, 다시 그곳에서 홍콩과 시드니까지 이어졌다.

하지만 1930년대가 저물어갈 때, 영국 해군이 세계에서 차지하는 위상은 더는 그렇지 않았고, 거기에는 세 가지 주된 이유가 있었다. 해군부의 전략가들과 '제국 방위 위원회(Committee of Imperial Defence)'가 몹시 우려하던 이유들이기도 했다.[38]

첫째 우려는 상대적으로 약하게 느껴지던 것으로, 어디에서든 적국의 공군력이 영국 해군에 가할 수 있는 위험에 대한 것이었다. 육지에서 출격하는 항공기가 얼마나 큰 위협이 될 것인지 판단하기가 어느 때보다 어려웠고, 일본의 역량에 대해 해군이 당시 확보한 정보가 턱없이 부족했지만, 영국 해군부는 1937년부터 걱정하며 새로운 함급의 군함, 즉 5.25인치 양용포(dual-purpose gun)들로 무장해 실질적으로 항공기를 대적하는 디도급 순양함을 발주하기 시작했다. 게다가 새로 건조하거나 개조하는 군함에도 대공 무기(4인치 속사포와 엘리콘 대구경 기관총,

나중에는 보포스 대공 속사포)를 더 많이 장착하기 시작했다. 그렇다고 독일과 이탈리아와 일본의 전략가들이 보기에도 영국 해군의 취약점이 해소된 것은 아니었다. 육지에서 240~320킬로미터 떨어진 바다까지 날아와 공격할 수 있는 근대화된 폭격기에 취약하다면, 영국 해군에 허용된 총배수량의 이점이 크게 줄어들거나 완전히 무용지물이 될 수 있었다. 기뢰나 어뢰 등 비대칭 전투에서 사용되는 다른 위협적인 무기와 달리, 폭격기는 더 많은 군함이 아니라 영국 공군만이 유일하게 대응할 수 있었다.

둘째로는 영국의 전반적인 안전에 대한 걱정이 있었다. 루프트바페가 군함에 가하는 위험이 커져가기도 했지만, 제3제국이 유럽에서 모든 인접국을 점령하면, 향후의 갈등에서 연합국의 승리가 불가능해질 수 있다는 한층 근본적인 위협 때문에도 영국의 안전이 위협을 받고 있었다. 제1차 세계대전의 전개 과정에서 이미 밝혀졌듯이, 영국 해군이 바다에서는 우월했으나 단독으로는 독일의 막강한 지상군을 꺾을 수 없었다. 1919년 이후로 꼬박 20년 동안 런던 화이트홀의 전략가들은 불편한 전략적 쟁점을 직접적으로 대면하는 것을 회피해왔지만, 1939년 초부터는 핵심적인 문제와 다시 한번 씨름하기 시작했다. 승리하기 위해서는 영국 편이 독일 지상군과 공군력을 압도해야만 한다는 것이다. 하지만 어떻게? 이는 함대에 새로운 전함을 덧붙인다고 해결될 문제가 아니었다. 영국 정부는 전쟁 직전에야 그 문제를 인정하고, 육군 사단과 공군 비행대대를 다시 프랑스에 주둔시킬 방법을 강구하기 시작했다. 유럽의 지배권을 다투는 또 한 번의 전면전에서 해군이 할 수 있는 역할에는 한계가 있었다.[39]

영국 해군의 이점을 갉아먹은 셋째 요인은, 대영제국이 한두 강대국이 아니라 셋 정도의 적대적인 강대국과 전쟁을 치를 가능성을 적어도 1936년부터 염려하며 계획을 세웠어야 했다는 것이다. 런던은 외교를 통해 전쟁 가능성을 줄여보려고 끝까지 바랐지만 1770년대 말 이후로 경험한 적이 없는 전략적 난제에 봉착했다. 세계에서 가장 강력한 해군을 보유했더라도 그 해군을 세 곳으로 쪼개야 한다면, 국가의 안전을 보장할 수 없었다. 영국의 안보는 충격적으로 급속히 악화됐다. 1930년에도 영국은 일본과 여전히 합리적인 관계를 유지했고, 이탈리아는 로카르노 조약의 든든한 지원군이었고, 독일은 얌전한 바이마르공화국이었다. 그런데 겨우 5년 뒤에 일본은 극동의 질서를 위협하는 국가가 됐고, 히틀러의 독일은 뭔가를 꾸미고 있었으며, 아비시니아 위기 때문에 이탈리아는 우호적인 강대국에서 잠재적인 적으로 변해갔다.

영국 해군부는 1935~1936년의 내각에 보낸 비망록들에서, 영국 해군이 지중해에서 전쟁을 치르게 되면 일본과 독일이 다른 곳에서 이점을 얻을 수 있다고 걱정스러운 어조로 경고했다. 세계 곳곳에서 호시탐탐 기회를 엿보는 많은 잠재적 적을 맞닥뜨려야 하는 딜레마를 여실히 보여준 경고였다.[40] (적잖은 주력함이 기나긴 수리 중이어서) 제한된 주력함 중 몇 척이나 본국 함대에 두어야 하고, 몰타에는 몇 척을 주둔시켜야 하며, 극동의 바다를 지키려면 몇 척이나 필요할까? 소중한 항공모함은 어디에 두어야 하고, 해안 사령부 항공대에서 운용 가능한 극소수 비행대대는 또 어디에 두어야 할까?

따라서 1930년대의 남은 기간 내내 영국 해군부는 새로이 다극화된 해군 세계를 끊임없이 재평가하는 작업에 몰두할 수밖에 없었다. 대영제국을 떠받치던 금융과 신용 체계가 그랬듯이, 한쪽의 위기가 전체에 충격파를 던졌다. 영국 해군이 어디에서나 강할 수 없다는 것은 주지의 사실이었기 때문에, 1939년 여름 화이트홀은 극동을 전술적으로 포기하더라도 이탈리아에 맞서 지중해에 대규모 함대를 유지해야 한다는 최종 결정을 내렸다. 그때부터 중요성의 순서에서 영해가 첫째, 지중해가 둘째에 놓였고, 싱가포르를 포함해 극동은 멀찌감치 떨어진 셋째였다.[41] 이탈리아가 지중해 함대에 몰타를 떠나도록 압박을 가하면 알렉산드리아로 이동하면 그만이었다. 이 모든 것이 어렵지만 필요한 결정이었다.

제2차 세계대전이 시작됐을 때 영국 해군은 얼마나 준비돼 있었을까? 인습 타파주의자이던 군사 역사학자 코렐리 바넷(Correlli Barnett, 1927~2022년)은 제2차 중동 전쟁의 여파와 아시아에서 대영제국의 몰락을 다룬 글에서 무수한 약점과 후진성 및 지나친 영토 확장을 지적했다.[42] 한편 비교적 최근에 두 세계대전 사이의 해군 역사를 연구한 학자들은 영국 해군을 대체로 후하게 평가했다. 일부 학자는 총배수량과 함대 승조원, 조선소와 기지, 운항 중인 선박과 건조 중인 선박 등에서 영국 해군이 여느 해군, 심지어 미국 해군보다 많았다는 사실을 지적하며, 1939년에도 영국이 여전히 세계에서 가장 강력한 해양 국가였다고 주장하기도 했다. 특히 에번 모즐리(Evan Mawdsley) 교수는 그런 상황을 "브리타니아가 파도를 지배한다"라고 압축적으로 표현했다.[43] 미국은 의도적으로 중심에서 멀어졌고, 독일과 일본은 지역 강국에 불과했기 때문에 대영제국이 '초강대국'이라 일컬어질 만한 유일한 국가였다.[44] 하지만 〈도표 1〉(2장 참조)에서 보았듯이, 엄격히 군함의 총배수량을 기준으로 하면 앞의 주장은 지나치게 낙관적인 듯하다. 영국 해군이 강했던 것은 맞다. 그러나 전쟁 준비가 적절했던 것은 아니다. 곧 닥칠 전쟁은 예전에 경험했던 전쟁보다는 몇 차원이 높았다.

끝으로 강대국들의 해군이 정치와 경제와 과학기술에서 1930년대 말의 혼란과 씨름한 유일한 제도적 기관은 아니었으며, 물론 유일한 군대 조직도 아니었다는 것을 기억할 필요가 있다. 현상을 타파하려는 두 권위주의적인 체제가 기존의 국경을 더는 용납할 의도가 없었고, 또 기회가 있으면 언제든 영토를 확장하려는 체제(이탈리아)가 있었다. 따라서 전쟁은 시시각각 다가오고 있었다. 게다가 지독한 경제 침체로 무역이 무너졌고, 산업이 황폐해졌으며, 재정이 바닥나 예산도 크게 줄어들었다. 하지만 많은 국가가 살아남으려면 마지막 순간까지 대대적인 재무장을 게을리하지 않아야 했고, 어떤 군사비 항목에 우선순위를 두어야 하는지를 결정해야만 했다. 과학과 테크놀로지의 발달로 과거의 모든 전쟁 방식에 의문이 제기됐고, 어떤 부문의 발전이 가장 중요한 역할을 하게 될 것인지 예측하기도 쉽지 않았다. 세 주요 군대, 즉 육군과 해군과 공군은 전략과 작전과 전술 등 모든 분야에서 효율성을 높이려고 필사적으로 노력했다.[45] 따라서 각 군대는 각자의 분석을 서둘러 밀어붙이며 자신의 존재 필요성을 강력히 내세웠다.

1939년, 해군 제독들만이 놀라고 좌절하며 미래를 걱정한 것은 아니었다. 하지만 전면전의 부담을 상대적으로 더 잘 견뎌낸 국가의 해군이 있었다. 여하튼 전쟁이 시작됐을 때, 특히 프랑스가 함락되고 진주만이 기습을 받았던 1940~1941년에 제독들은 개인적으로 크게 놀랐을 것이다. 하지만 첫 총성이 울리기 전에 강대국들의 해군은 강점과 약점이 대체로 분명했기 때문에 전쟁 과정에서 세계의 주요 해군들이 전체적으로 제 역할을 해냈다는 것은 그다지 놀라운 사실이 아니다.

〈그림 12〉 **뤼초프호와 샤른호르스트호, 1943년, 노르웨이 나르비크협만.** 1940년 독일이 노르웨이를 점령하며 오랜 지리적 경계를 깨뜨렸고, 대형 군함(여기에서는 포켓 전함과 전투 순양함)으로 북극해와 대서양에 들어갈 수 있었다. 샤른호르스트호는 노르카프곶 전투에서 침몰되었고, 뤼초프호는 1945년 영국 공군 폭격기의 공격을 받아 큰 피해를 입었다.

대해전, 최강국의 탄생

3장

지리와 경제,
그리고 지정학

1930년대의 해군부들은 카를 마르크스를 읽지 않은 게 분명하다. 그러나 몇몇 관료는 "인간이 역사를 만들지만, 역사가 원하는 방향대로 만들어지지는 않는다"라는 마르크스의 유명한 말을 알았을 것이다. 그 문장은 "이미 전함과 구축함의 숫자와 위력이 어찌 됐든 앞에서 언급한 6대 해군 강국은 자신들이 만들지 않은 환경 속에서, 즉 과거로부터 주어지고 물려받은 상황"에서 역사를 만들어갈 뿐이라고 이어진다.[1] 다시 말하면, 해군 역시 하나의 군대 조직에 불과하므로 자신에게만 유리한 방향으로 돌릴 수 없는 물려받은 제약 내에서 움직여야 했다. "이미 존재하는 상황" 중에는 지리적 요건과 경제적 요건이 가장 큰 영향을 끼쳤다. 해군력은 결국 물자(物資)였다.

구체적으로 말하면, 해군의 기획 참모들은 국가의 미래가 지리적 환경, 과학 기술력과 경제력의 상호작용에 크게 영향을 받는다는 것을 알고 움직였다. 물론 지리적 환경은 크든 작든 모든 국가의 해군에 공간적 기회를 부여하는 동시에 경직된 물리적 제약이기 때문에 기존에 주어진 것이다. 증기기관이 발명된 덕분에 선박이 더는 바람과 조수에 의존하지 않게 됐고, 항공기의 도래로 군대의 기동성이 한층 나아져서 과학기술이 상당한 변수가 됐던 것은 사실이다. 그러나 됭케르크 해안까지의 짧은 거리이든 태평양 한복판까지 아득한 거리이든 간에 거리는 여전히 무척 중요한 요인이었다. 경제력, 더 구체적으로 말하면, 각국의 생산능력도 미래를 결정하는 또 하나의 중요한 변수였다. 1939~1945년의 전쟁이 무척 자주 보여주었듯이 전투의 승패가 지리적 이점이나 해군의 전술로만 결정되지는 않았기 때문이다. 막강한 산업적 역량, 결국 대규모 생산력은 어떤 전쟁에서나 필수였다. 한 종류의 레이더로는 충분하지 않았다. 레이더를 설치한 구축함들로 구성된 소함대는 제각각이었다. 대서양을 자유롭게 넘나드는 중폭격 편대들, 태평양을 가로지르는 새로 건조된 수십 척의 항공모함들, 이 모든 것이 과거의 교훈, 즉 한 국가의 제해권은 강력한 생산력에서 비롯된다는 교훈을 재확인해주었다.

지리적 조건이 6대 강대국의 충돌에 끼친 영향

이 모든 일반적인 요건들은 위대한 해군 전략가이던 앨프리드 세이어 머핸이 이미 수십 년 전, 즉 1902년에 발표한 논문 〈해군의 배치에 영향을 끼치는 고려 사항들〉에서 폭넓게 다루었다. 당시의 정치적 조건은 무척 유동적이었다. 제2차 보어 전쟁이 막 끝났고, 영국과 일본이 동맹을 맺었으며, 미국이 카리브해로 이동하고, 극동에서는 전운이 짙어졌으며, 독일 해군이 전함 규모를 2배로 키우고 있던 때였다. 그러나 머핸은 '해군력이 어디에 어떻게 배치되는가?'라는 문제를 장기적인 관점에서 분석하는 데 더 큰 관심을 두었다. 머핸의 설명에 따르면, 본국의 지리적 위치를 기본적으로 우선시한다는 원칙은 말할 것도 없고 "전통과 관례"에 따라 대부분의 해군이 예측 가능한 곳, 즉 국익을 가장 쉽게 지킬 수 있는 곳에 주둔했다. 그렇지만 때로는 "정치 환경의 변화에 따라 병력이 배치"되는 경우가 있었다.[2] 제정러시아가 그즈음 극동에 더 많은 전함을 배치하고, 영국 해군이 미국 해안에 주둔하던 소함대의 숫자를 크게 줄였고, 프랑스가 지중해에 병력을 강화한 것이 대표적인 예다.

하지만 그렇게 주기적으로 재배치할 때마다, 강대국들의 해군이 지브롤터에서 수에즈 및 아덴과 그 너머까지 이어지는 인간 활동, 영국 제도가 북유럽 국가들에 항상 '거대한 방파제' 역할을 해내는 방법, 좌우로 한없이 긴 태평양 등 더 큰 안목에서 지리적 현실을 고려할 필요는 없었다. 머핸의 생각에도 지리적 조건은 운명이었다(물론 이런 이유에서 그는 미국의 미래를 낙관할 듯했다). 머핸의 논문이 초월적 가치를 띠며 1930년대 말의 해군과 정치적 상황에도 맞아떨어진 이유를 정확히 말하면, 그가 일반적 요건을 중점적으로 다루며 1902년경 세계적 현상을 구체적으로 파고들지 않았기 때문이다.

1930년대가 시작되기 전에도 강대국들은 지리적 조건이 어떤 국가에는 유리하지만 어떤 국가에는 불리하게 작용한다는 것을 경험적으로 알았다. 처음부터 끝까지 제1차 세계대전은 지정학적 이점을 가진 쪽과 그렇지 못한 쪽의 싸움이었다. 따라서 튀르키예가 1914년 11월 '동맹국(Central Powers: 제1차 세계대전에서 연합국의 반대편에 섰던 국가들-옮긴이)'에 가담하자, 러시아 체제는 발트해와 흑해를 통해 연합국으로 받던 지원을 더는 받을 수 없었고, 그 결과로 제정러시아 군대는 독일군의 연례적인 공격에 시달려야 했다. 게다가 군사적으로 약해지자 혁명이 뒤따랐지만, 멀리 떨어진 서유럽이 해줄 수 있는 것이 실질적으로 아무것도 없었다. 반면에 일본은 주변의 견제를 받을 만한 강력한 이웃이 없었기에, 유럽 전쟁으로부터 멀리 떨어진 거리를 십분 이용했다. 튀르키예의 개입 결정은 튀르키예에도 치명적인 결정이었다. 그 결정으로 러시아 전선과 발칸 전선에서 큰 전쟁을 치러야 했을 뿐만 아니라, 근동 지역의 영토를 프랑스와 영국의 침략에 열어주었기 때문이었다. 이탈리아는 개입하지 않았어야 했고, 돌로미티산맥과 알프스산맥을 넘어 실질적으로 전쟁에 참전할 수도 없었다. 그래서 이름만을 승전국 쪽에 남겼다. 프랑스는 1870년에도 그랬듯이, 북부 지역의 국토 3분의 1이 독일군에 점령됐다. 이번에 프랑스는 완전히 무너지지는 않았다. 자체적으로 가열하게 노력하기도 했지만 대영제국과 미국으로부터 막대한 군사적 지원을 받은 덕분이었다. 그러나 이 전쟁에서 프랑스 해군의 역할은 상대적으로 작았다. 뒤에서 다시 살펴보겠지만 머핸이 예측했듯이 독일은 북해 동쪽에 갇혔고, 오스트리아–헝가리제국의 해군은 아드리아해 위쪽에 갇혔다. 다만 최신형 유보트 덕분에 베를린은 영국과 미국 해군의 지배력에 타격을 줄 수 있었지만, 그 효과는 지극히 미미했고 뒤늦기도 했다.

　미국은 해전에서 별다른 어려움을 겪지 않았다. 그 이유는 지극히 간단했다. 유럽에서 멀리 떨어졌고, 무척 뒤늦게야 전쟁에 참전했기 때문이었다. 영국 해군은 해전에서 압도적 승리를 거두는 것이 예상보다 어렵다는 것을 알게 됐지만, 그래도 곳곳에 흩어져 있던 독일 식민지를 상당히 쉽게 제거했고, 바다에서는 소수의 소함대를 집요하게 추적했다. 그러나 갈리폴리 전투에서 입증됐듯이 상륙작전들은 실망스러웠다. 놀랍게도 독일 경제는 해상 봉쇄를 상당히 잘 견뎌낸 반면, 영국은

　대해전, 최강국의 탄생

유틀란트 해전의 결과에 크게 실망하며 당혹감에 빠졌다. 그러고는 대서양에서는 연합국 상선들이 유보트에 피해를 입었고, 그로 인해 독일이 첨단 과학기술 덕분에 북해에서 부분적으로 빠져나올 수 있는 하나의 방법을 찾아냈음이 드러났다.[3] 여기에서 지리적 이점이 줄어들었다. 여하튼 연합국은 호송 부대를 꾸리고 호위함을 대거 동원해 유보트를 결국에는 물리칠 수 있었다.

그로부터 20년 뒤, 강대국 해군부들은 또 한 번의 세계적 갈등에서 어떻게 싸워야 할지 고민을 거듭하며, 지리적 위치와 거리의 역할을 이해하고 활용하는 방법을 찾으려 애썼다. 항공기와 잠수함이라는 새로운 무기가 등장함으로써 바다 위에서의 해전 조건이 바뀔 수 있다는 것을 예전보다 더 분명히 인식했지만, 모든 교전국이 똑같이 새로운 무기를 사용한다면 정확히 어느 정도나 달라질지 예측하기는 힘들었다. 여하튼 새로운 무기 체계가 어떤 역할을 하더라도 기본적인 지리적 조건은 바뀌지 않았다. 지구 표면적의 6분의 5가 물이었고, 뉴욕에서 글래스고까지의 거리(5,150킬로미터), 샌디에이고에서 도쿄까지의 거리(9,000킬로미터)는 무척이나 멀어서, 향후의 전쟁에서도 지리적 조건이 해군의 대전략 구상에 여러모로 중대한 역할을 하리라는 것은 자명했다. 영국은 스캐파플로, 도버와 지브롤터, 프리타운과 케이프타운에 해군기지를 두어 전략적인 이점을 갖고 있었다. 반면에 핼리팩스부터 영국 북서부의 항구까지 수송 함대를 운영해야 했고, 몰타에 물품을 공급할 때마다 군사적 어려움을 겪었으며, 태평양에서는 섬을 지날 때마다 군사작전을 펼쳐야 하는 문제에 부닥쳤다. 그 하나하나가 중요한 역할을 했다. 하지만 지리적 조건은 너무도 뻔한 것이라는 이유로 교전국이 지리적 이점을 경시하는 것은 어리석은 짓이었다.

여섯 강대국 중 상대적으로 약한 세 국가가 지리적 조건의 힘을 가장 통절히 느꼈다면, 그 세 국가가 해군을 운영하는 데 선택 범위가 가장 제한된 국가, 실제로는 선택지가 전혀 없었던 국가였기 때문일 것이다. '하이브리드 국가', 즉 육지에도 국경선이 상당히 길어 물리적 제약이 많은 국가는 애당초 바다에만 전적으로 집중하는 호사를 누릴 수 없었다. 네덜란드와 포르투갈, 심지어 베네치아도 오랜 영화를 누리던 동안 때로는 육지에 눈을 돌려야 했다.[4] 육지의 국경은 거의 언제나 약점이었다. 영토가 넓고 인구가 많은 국가도 다를 게 없었다. 어쩌면 나폴레옹이 러시아를 향해 숙명적으로 진군할 때 중얼거렸다는 "지리적 조건은 운명이다"라는 경구에 담긴 깊은 의미가 그런 것 아닌가 싶다. 강력한 육군을 보유한 국가는 땅을 한 뼘이라도 더 차지하려는 욕망에서 벗어나지 못했다.

앞 장에서 설명했듯이, 나폴레옹 이후의 프랑스 체제, 즉 제3공화국에도 지리적 조건은 운명이었던 것이 틀림없다. 인구도 많고 산업 기반도 훨씬 많던 나치 독일에 완전히 얽매인 신세였던 프랑스는 상대적으로 근대화된 중간 규모의 해군에 최대한 많은 예산을 1930년대 말까지 투입했다. 1914년에 그럭저럭 그랬듯이 해군력의 강화로 육지에서 독일의 공격을 견제할 수만 있다면, 영국 해군의 지원이 없어도 훨씬 적은 규모인 라이히스마리네를 확실히 처리할 수 있었다. 하지만 해군력의 강화로 독일 육군과 공군을 억제할 수 없다면 해군력도 어차피 허물어질 것이 분명했다. 따라서 프랑스가 강대국으로 생존할 수 있느냐는 바다에 달려 있는 게 아니었다. 반면에 이탈리아의 공격은 어떤 형태를 띠더라도 본질적인 것이 될 수 없었다.

이탈리아 해군의 미래도 지리적 조건에 많은 영향을 받았지만, 그

대해전, 최강국의 탄생

이유는 달랐다. 이탈리아는 겁박하는 독일이나 음흉한 소련과 육지에서 국경을 맞대고 있지 않았다. 이탈리아는 북쪽으로 거대한 알프스산맥의 보호를 받는 천혜의 땅이었다. 동쪽으로 아드리아해 건너편에는 약한 국가들이 있었고, 프랑스 육군과 이탈리아 육군은 사부아에서 팽팽히 대치했다. 이탈리아 해안 지역에는 좋은 항만이 많았고, 샤르데냐와 시칠리아라는 큰 섬도 있었다. 게다가 북아프리카에는 식민지도 있었다.

그럼에도 20세기 강대국 지형에서 이탈리아의 위상은 강하지 않았다. 더 큰 제국들이 세계 곳곳에 보유한 식민지 분포에 비교하면 이탈리아가 지배하는 면적은 대단하지 않았고, 그것도 작은 지중해 주변에 모여 있었다. 따라서 정확히 말하면 이탈리아는 중간급의 지역 강대국이었고, 독일이 북해에 갇힌 수준보다 더 심하게 지중해에 갇힌 신세였다. 이탈리아가 '지중해의 포로'에서 벗어날 유일한 가능성은 지브롤터해협을 장악하고, 이집트를 지배하는 것이라는 게 이탈리아 민족주의자들의 환상이었다. 그러나 이탈리아가 작은 왕국들과 도시국가들이 뒤섞인 땅이었던 18세기 중엽 이후로, 훨씬 더 산업화되고 통합된 강대국(영국)이 의도적으로 지중해에 밀고 들어왔고, 19세기 말쯤에는 지중해를 통해 통신망과 상업망을 갖추었다. 이런 현상도 이탈리아가 감수해야 할 또 하나의 지정학적 문제였다. 물리적인 기준에서 그 망은 무척 빈약해서 취약해 보일 수 있었지만, 대영제국이 그 망을 고수하려는 의지가 얼마나 강력하느냐에 그 모든 것의 운명이 달려 있었다.

1939년, 영국은 지상군과 공군을 추가로 파견해 이집트 수비대를 보강했고, 몰타의 방공 능력도 강화했다. 이런 조치는 미래의 전쟁이 심상치 않으리라는 염려가 반영된 결과였다. 여하튼 서지중해에서는 프랑스의 군사적 위상이 상당히 커서, 이탈리아로서는 고려하지 않을 수 없었다. 따라서 나치 독일이 폴란드를 침략하며 전쟁이 시작됐을 때 이탈리아 정부가 중립을 선언한 것은 조금도 놀랍지 않았다. 요컨대 머핸이 1902년의 논문에서 이탈리아의 딜레마에 약간의 공간을 할애했더라면, 독일에 대해 말했던 것처럼 압도적으로 많은 숫자로 극복해야 하는 "지리적 조건의 태생적인 약점"을 거론했을지도 모른다. 하지만 그런 숫자는 결코 실현되지 못했다.

1939년 나치 독일과 독일 해군의 전략 지정학적 상황 및 정치적 상황은 워싱턴 조약의 제약을 받은 다섯 국가와 달랐을 뿐만 아니라, 그들보다 훨씬 더 답답한 지경이었다. 20년 전, 새롭게 수립된 바이마르 공화국은 베르사유 평화 회담에서 결정된 전대미문의 군비 축소 조항을 받아들여야만 했다(항공기와 유보트, 주력함은 전혀 허용되지 않고, 소규모 육군만이 허용됐다). 1933년 이후로 나치는 재무장하며 루프트바페와 육군에 우선순위를 두었다. 경제적으로 독일은 세계에서 두 번째로 큰 산업 기반을 보유한 까닭에 이론적으로는 전투 함대를 무척 큰 규모로 건조할 수 있었다. 그러나 그런 시도는 1940년대에야 구체적으로 실현되며, 히틀러는 불안해하는 에리히 레더 제독을 안심시켜주었다. 따라서 1930년대가 저물어갈 무렵, 독일의 군함들은 실질적으로 무척 작았다. 독일의 높은 건조 기준 때문에 개별적으로는 상당히 강력했지만, 전체적으로는 소규모 함대여서 프랑스 함대의 약 4분의 1에 불과했다.

양적 상황이 그랬고, 지리적 조건은 더욱더 나빴다. 머핸은 1902년 논문에서 독일의 지리적 불리함을 "독일이 프랑스나 잉글랜드와 전쟁하는 경우, 적어도 북해에서는 해군이 확고히 우세해야 바다 쪽을 지킬 수 있을 것이다. 해군력이 영국해협을 지나 영국까지 확대되고, 대서양으로 진출할 계획을 세우지 않는다면 완전한 것으로 여겨질 수 없다. 독일에는 이렇게 태생적으로 지리적 약점이 있고, 이 약점은 적정한 정도로 많은 숫자로 극복해야 한다"라고 말했고, 이제 독일의 지리적 조건을 나타내는 고전적 표현이 됐다.[5] 따라서 독일의 해군, 심지어 나치 독일의 해군도 해상력의 전망은 밝지 않았다. 누구도 10년 내에 영국과 프랑스 함대를 능가하는 "적정한 정도로 많은 숫자"를 만들어낼 수 있을 거라고 상상할 수 없었다. 그 숫자를 확보할 때까지 지리적 조건 때문에 라이히스마리네는 좁은 운동장에 갇혀 지내는 수밖에 없었다.

독일의 문제가 지리적 위치의 문제였다면, 국제 협약이나 (가능성이 더 큰) 우세한 군사력으로 지정학적 위치 자체를 바꾸려고 모색하지 않을 이유가 무엇이었는가? 퇴역한 해군 소장 볼프강 베게너(Wolfgang Wegener, 1875~1956년)가 1929년 발표한 책 《세계 전쟁에서의 해군 전략(The Naval Strategy of the World War)》에서 인습을 타파하자며 역설한 주장이 그런 것이었다.[6] 퇴역하기 전, 베게너는 대양 함대(Hochseeflotte)를 구축해 북해 한복판에서 영국 해군의 대함대(Grand Fleet)와 맞붙어 승리를 거두겠다는 알프레트 폰 티르피츠(Alfred von Tirpitz, 1849~1930년) 제독의 계획을 비판한 많은 전문가 중 한 명이었다. 베게너는 그런 계획이 잘못된 것이라고 생각했다. 영국이 더 많은 군함을 계속 건조하고 있을 뿐만 아니라, 기뢰와 잠수함이 득실대는 북해에 함대를 군이 파견하려고 하지 않을 것이 분명했기 때문이었다.

1917년 이후로 어떤 미래 전쟁에서나 영국 해군은 북해를 벗어나는 두 곳의 출구를 봉쇄하고, 독일의 해외무역을 억누르면, 그것으로 만족할 수 있었다. 따라서 그런 지리적 조건의 약점에 변화를 주는 유일한 방법은 덴마크와 노르웨이를 점령해서 지리적 조건 자체를 바꾸는 것이었다. 이렇게 하면 단번에 독일 해군은 북해라는 감옥에서 벗어나, 노르웨이 항만에 강력한 통상 파괴함(commerce raider)과 많은 유보트를 주둔시킬 수 있었다. 또한 시대가 도와준다면, 1918년에 그랬던 것처럼 북해 남쪽으로 내려가 제브뤼헤를 비롯한 벨기에의 여러 항구를 유보트의 근거지로 삼을 수도 있었다. 이 방법이 더 야심 찬 '대서양 지향적인 전략'이라고 베게너는 주장했다. 이 전략의 실행을 위해 필요한 것은 대담한 해군 지도부와 영국 해군의 지배력에 다른 방식으로 도전하려는 독일의 강력한 새 지도자였다.[7]

영국 해군부와 정보국은 베게너의 생각, 즉 미래의 독일은 지리적 '덫'에서 벗어나려면 어떻게 해야 한다는 주장이 1930년대, 특히 철저한 민족주의자인 레더 제독이 해군의 실권을 장악한 뒤로 크릭스마리네의 지도부에 스며들기 시작했다는 것을 알았을까? 답은 "그렇다. 하지만……"이다. 해외 주재 영국 대사관 해군 무관들과 런던에서 발행되던 해군 학술지들은 군함 건조를 제한하던 시효가 끝난 뒤로 외국 함대에 어떤 변화가 진행되는지를 관심 있게 추적했다. 하지만 그런 추적 자체가 새로운 골칫거리를 불러왔다. 이탈리아 해군에 중대한 변화가 뒤따랐고, 일본의 군함 건조 계획에 담긴 의도를 평가해야 했다. 프랑스가 새로운 함급의 구축함 건조 계획을 발표했고, 미국의 주력 함대가 이동할 거라는 보고도 있었다. 항공기와 전함을 두고 치열한 논쟁이 벌어졌고, 영국은 군함을 어떻게 조직할지 계획을 세워야 했다. 이런 와중에도 바이마르공화국 이후의 독일에서 벌어진 사태에 주목해야 했다. 그렇지만 라이히스마리네가 실제로 더 많은 군함과 더 많은 잠수함을 확보할 때까지, 베를린이 노르웨이 점령만큼 대대적인 작전을, 그것도 실질적으로 스코틀랜드의 스캐파플로 수역 앞에서 감행하리라고 예측하기는 어려웠다.

제2차 세계대전에서 중대한 해군 작전 지역이 됐던 지역과 인접한 스캐파플로에 영국이 해군기지를 두었다는 사실은 더 깊이 연구할 가치가 있다. 물론 영국 해군은 중대한 군사작전을 이유로 그곳에 배치된 것이었고, 스캐파플로는 대영제국 전체에서도 역사적으로 중요한 해군기지 중 하나이기도 했다. 그러나 제국이란 위치는 영국의 세계 대전략에서 지리적 강점인 동시에 우려스러운 지리적 문제였다. 수정주의를 표방하며 현상을 타파하려는 강대국이 하나가 아니라 셋이나 영토 확장에 야심을 품고 해군력을 강화하기 시작했기 때문이다. 과거에도 그랬듯이 1930년대에도 세계 상황을 어떻게 보느냐는 해당 국가가 국제무대에서 어디에 위치하느냐에 따라 달랐다. 구체적으로 말하면, 외부인의 눈에는 영토가 촘촘히 연결돼 제국의 강점으로 보였던 것이, 과로에 시달리던 영국 전략가들에게는 무질서하게 흩어져 제대로 보호되지 않는 제국의 골칫거리로 보였다. 따라서 영국이 다른 곳에 눈을 돌린다면 영국 해군의 바로 앞바다에서 군사작전을 전개함으로써 독일의 태생적인 지리적 약점을 벗어날 수 있다고 본 것에 베게너의 탁월함이 있었다. '넘버원'도 모든 것을 통제할 수는 없는 법이다.

하지만 넘버쓰리나 넘버파이브가 되는 것보다는 넘버원이 되는 편이 거의 언제나 더 낫다. 따라서 유럽의 모든 강대국이 처한 제한된 지리적 상황에 비교할 때, 영국은 축복받은 편이었다. 하인리히 폰 트라이치케(Heinrich von Treitschke, 1834~1896년)를 비롯한 19세기 독일 민족주의자들에게, 영국은 16세기와 17세기에 정치적으로 하나의 국가도 통일됐기 때문에 태생적으로 불공평하게 전략 지정학적 이점을 부여받은 섬나라였다. 상대적으로 말하면, 그 이후로는 모든 것이 하노버와 빅토리아 왕가의 국가에 유리하게 흘러가는 듯했고, 반면에 모든 경쟁국은 지루한 지상전으로 국력을 잃어갔다. 게다가 대서양을 비롯한 대양을 넘나드는 무역의 증가로 영국의 항구들과 산업은 더욱 활성화됐다. 탄광 개발과 공장 이동 및 도시의 눈부신 성장(특히 런던)으로 인구 변화도 뒤따랐다. 국가 재정이 건전해진 덕분에 전시에 어떤 경쟁국, 특히 나폴레옹의 프랑스보다 더 많은 돈을 쏟아부을 수 있었다.[8] 빅토리아 시대에 영국인들이 지정학적 이점과 그로 인한 혜택을 마음껏 누렸다면, 거기에는 충분한 이유가 있었다. 머핸이 《해양력이 역사에 미치는 영향: 1660~1783》의 앞부분에서 영국이 부흥한 이유를 설명하며 지리적 위치의 중요성을 특별히 강조했다면, 독자들도 분명히 알았을 것이다. 머핸 이전에는 어떤 학자도 지리적 조건과 해군, 무역과 경제의 상관성을 그처럼 명쾌하게 보여준 적이 없었기 때문이다.

영국이 누린 막대한 지리적 이점은 머핸의 눈에 너무도 명확해서, 해군의 배치를 연구한 1902년의 논문에서 이 문제를 다시 거론하면서도 그다지 많은 지면을 할애하지는 않았다. 제국주의와 해군 지상주의를 표방하던 그 시대의 애국적인 언론들이 어떤 형태로든 그런 글을 썼고, 때로는 영향력이 크고 언변이 뛰어난 피셔 제독에게 그 역할을 맡겼다. 피셔 제독은 언론계 친구들에게 "세계를 문단속하는 다섯 개의 열쇠", 즉 도버, 지브롤터, 알렉산드리아, 희망봉, 싱가포르가 있고, 영국은 그 다섯 개를 모두 갖고 있다고 자랑하곤 했다.[9] 여기에 어떤 강대국도 흉내 낼 수 없던 해저 케이블 통신망, 즉 '올 레드 라인(All Red Line)'을 더하면,[10] 영국은 난공불락으로 보이는 세계 안보 체계를 장악한 듯했다.

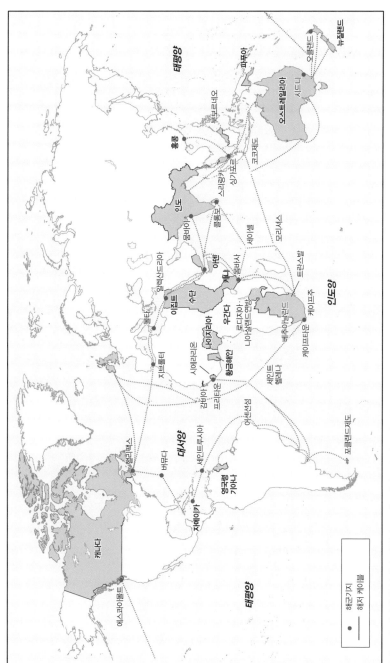

<지도 1> 긴밀하게 연결된 대영제국: 해군기지들과 해저 케이블, 1900년경

해군기지

해저 케이블

〈지도 1〉에 표시된 영국의 세계적인 조직망은 1909년에 이미 확보된 것이었고, 1939년에도 여전히 건재했다. 이 지도는 두 가지, 어쩌면 자명한 사실을 추가로 말해준다. 첫째로는 런던(또는 도버)을 중심으로 확고히 구축된 전략적인 세계 질서다. 또한 그리니치 자오선(Greenwich meridian)의 동서로 복잡하게 뻗은 제국의 해군 자산들도 한눈에 표시됐다. 영국을 중심에 둔 세계지도이기 때문에 지브롤터부터 몰타와 알렉산드리아, 수에즈와 아덴, 그 너머로 뭄바이와 콜롬보, 싱가포르와 퍼스까지 이어지는 척추 동맥에서 핵심적인 곳으로 런던이 독자의 눈에 확연히 들어오는 것도 당연하다. 이 척추 동맥은 머핸이 자신의 논문에서 관심을 두었던 해군의 배치를 지배한 '중요한 전략선(vital strategic line)'이기도 했다.[11]

또 태평양이라는 거대한 바다가 지도의 양 끝에 놓인 것도 주목된다. 따라서 태평양이 반으로 잘려서 지도의 양편으로 나뉜 모습이다. 어떤 면에서 이 지도는 무척 진실한 지도다. 대영제국의 힘이 싱가포르의 동쪽으로 점차 약해지고, 라틴아메리카의 끝단을 돌아 태평양 쪽으로 더는 확대되지 않기 때문이다(따라서 포클랜드제도는 일종의 고별 지점이었다). 하지만 서쪽의 자메이카 기지(서경 77도)와 동쪽으로 멀리 떨어진 시드니 기지(동경 151도) 사이의 곳곳에 위치한 식민지들과 무역로가 본질적으로는 영군 해군의 궤도 내에 있었지만, 한 가지 중요한 단서가 붙었다. 범세계적인 해군 전략이 유효하려면, 영국 해군의 근대식 군함이 모든 적정한 지점(영국해협, 지브롤터, 지중해, 남아프리카공화국, 인도양, 오스트레일리아)에 항상 충분히 주둔해 있어야 한다는 냉엄한 조건이었다. 거대한 연쇄를 이루는 항만들에 주둔한 강력한 함대가 없다면, 코렐리 바넷이 빈정대며 말했듯이 그 연쇄는 "보초가 없는 경비 초소와 같은

대해전, 최강국의 탄생

것"이었다.[12]

영국의 많은 해군기지, 즉 경비 초소에는 충분한 '보초'가 있었을까? 적어도 위에서 나열한 적정한 지점들 중 상대적으로 더 중요한 곳에 배치돼 통제력을 행사할 만큼의 충분한 군함이 있었을까? 〈표 1〉은 1939년 영국 해군이 보유한 모든 함급에서 현역 군함의 총목록이다. 그러나 영국 해군부는 즉각 동원할 수 있는 병력을 계산할 때 대대적인 수리에 들어간 군함, 충돌로 손상된 군함, 새로운 장비를 설치하고 있는 군함 등을 고려해, 총목록에서 약 4분의 1을 제외해야만 했을 것이다. 1939년 이후로 영국 해군부는 국제 체계에 새롭게 등장한 위협을 어떻게든 해결하려 시도하면서도 전통적인 지역과 관련해서는 주로 머핸의 논문에서 정리된 일반적인 원칙에 따라 주요 함대를 배치했다. 현실적으로 말하면, 어떤 순양함 전대 또는 어떤 잠수함 전단을 어느 지역에 두어야 하고, 얼마나 많은 주력함을 지중해 함대에 보내야 하느냐를 결정하는 것은 벅찬 과제였고, 다른 강대국은 엄두조차 낼 수 없는 까다로운 범세계적인 전략적 행위였다. 군함 숫자가 부족하면, 프로이센 왕, 프리드리히 대왕이 장군들에게 말했다는 "모든 곳이 약하고 강한 곳은 한 곳도 없는 상황을 피하라"라는 식의 경구는 아무런 도움이 되지 않았다. 함대를 무지막지하게 배치하던 해군의 전통이 오히려 도움이 됐다.

달리 말하면, 영국 해군부는 영해권의 섬들과 주변 바다들[영국해협과 노어(Nore: 잉글랜드의 템스강에 위치한 사주로, 템스강과 북해가 만나는 지점-옮긴이), 북해, 대서양의 항구들]을 방어하는 것을 항상 우선시했다는 뜻이다. 1914년 이후로, 영국은 스캐파플로를 주요 함대(본국 함대)의 기지로 보았다. 그 주변의 정박지에 뉴포트 뉴스 조선소, 클라이드 조선소 등 군함을 수리하는 거대한 기반 시설이 있었기 때문이 아니라, 그곳이 여러 형태를 띤 위협과 사태에 대응하기에 지리적으로 최적의 장소였기 때문이었다. 스캐파플로에 정박하면 함대는 독일의 항공 공격으로부터 안전했을 뿐만 아니라, 중대한 침략 위협이 제기되면 즉시 남쪽으로 파견될 수도 있었다. 게다가 평상시에는 적국의 대형 군함이 대서양으로 들어가는 것을 차단할 수 있었다.

그러나 그런 사태가 실제로 벌어지면 전함과 순양함 전대가 스캐파플로 기지에서 신속히 파견돼 추적에 나섰다. 물론 본국 함대의 군함들은 북러시아로 향하는 상선을 보호하는 호위함으로도 활용될 수 있었다. 예컨대 대서양 전투로 중요한 무역로가 완전히 차단되는 위험에 빠지면, 본국 함대의 구축함이 그 전투를 지원하려고 파견되는 가능성은 어렵지 않게 상상할 수 있었다. 타인, 클라이드, 벨파스트 등에서 새로 건조된 군함들은 먼저 스캐파플로에 전해져서 정밀 검사를 받고 함대 훈련에 사용됐다. 끝으로, 해군부는 군함이 집결하는 이곳을 중심점으로 삼아 임의적인 특별 부대(M 부대, H 부대 등)를 편성해 적국의 포켓 전함을 추적하거나 군인 수송함을 지중해까지 호위했고 지브롤터의 지원군으로 파견하기도 했다.[13] 이런 작전 임무를 완료하면 군함은 본국 함대로 귀환했다. 이런 점에서 1914~1918년의 해전 상황과는 사뭇 달랐다(당시에는 전함의 90퍼센트가 전쟁 기간의 90퍼센트 동안 대함대 옆에 머물렀다).

당시 영국 해군부가 내린 위협 평가가 기본적으로 옳았더라도, 또 강력한 본국 함대를 전반적인 전함 함대 배치에서 가장 중요한 변수로 보는 것이 옳았더라도, 영국 해군이 영해와 대서양에서 작전 중에 일어나는 모든 우발적 사태를 처리했다는 뜻은 아니다. 하물며 먼바다에서 일어난 사건까지 처리하지는 못했다. 이미 앞에서 넌지시 암시했듯이, '근해를 지키는 해군'이 적국의 함대를 유럽 대륙에서 멀리 몰아내려고 할 때 지상에 주둔한 항공대의 지원을 원활하게 받을 수 있느냐는 무척 중대한 문제였다. 초기에는 그런 지원을 받기 힘들 가능성이 컸고, 실제로 공군의 지원을 받지 못하면 어떤 결과가 닥쳤을까? 항공기의 파괴력이 1930년대 말의 독일과 일본처럼 초기에 항공대를 활용하던 강대국에게 이점을 주었지만, 영국은 섬나라라는 지리적 이점과 우월한 해군력을 지켜 쉽게 꺾을 수 있는 상대가 아니었다. 따라서 영국과 독일이 다시 전쟁을 벌이면 이번에는 육지의 서부전선이 아니라, 유럽 해안에서 160킬로미터쯤 떨어져 길게 형성된 남북 '전선'을 따라 교착 상태에 빠질 가능성이 컸다.

전략적 지리와 관련해 마지막으로 제기되는 의문은, 또 한 번의 대서양 전투, 즉 1917~1918년보다 한층 발달하기는 했지만 당시 상황에 비슷하게 전개될 것이 분명한 유보트와 연합국 호위함 간의 대격전을 양쪽 모두가 대비하고 있었느냐는 것이다. 순전히 지리적 조건만을 보면, 이점은 항상 영국 쪽에 있었다. 식량과 무기 및 인력 등 군비가 벨파스트와 클라이드, 리버풀 등 서쪽의 항구에 집결됐고, 그 항구들에는 군비를 받아 분배하는 시설이 갖추어져 있었기 때문이다. 한편 독일의 통상 파괴함, 예컨대 대형 군함들(샤른호르스트호와 비스마르크호)과 잠수함이 대서양 무역로에 접근하려면 상당한 거리를 항해해야 했고, 그 결과로 영국 기지로부터 반격을 받을 가능성이 커졌다. 베게너가 주장하던 전선을 따라, 히틀러가 유럽의 해안 지점들을 추가로 점령했지만 크게 달라진 것은 없었다.

제2차 세계대전이 시작되자, 에이레(아일랜드의 옛 이름-옮긴이) 총리에이먼 데 벌레라(Éamon de Valera, 1882~1975년)가 중립을 표방하며 연합국의 군함과 상선이 제1차 세계대전 동안에는 자유롭게 사용하던 베어헤이븐과 코크 같은 항만에 들어오는 것을 거부하며 비협조적인 반응을 보였지만, 그렇다고 영국의 지리적 이점이 달라질 것은 없었다. 영국의 병참 기획관들이 어려움을 딛고, 아일랜드 북쪽을 우회해서 모항들에 들어가는 새로운 대서양 항로를 새로이 편성해냈기 때문이다. 물론 모든 전쟁터가 그렇듯, 이곳에서도 지리적 이점은 새로운 첨단 무기나 한쪽의 야만적인 무력행사로 무력화될 수 있었지만, 전반적인 지리적 상황은 대서양 전투가 재현되면 영국 쪽에 유리할 수밖에 없는 경향을 띠었다.[14]

어떤 교전국도 대서양 전투가 서구에서 전개될 가장 중요한 교전이 되리라는 착각에 빠지지는 않았다. 양쪽 모두가 적절한 구조와 사령부와 지휘관(서부 해역 사령부와 공군 해안 사령부, 유보트 최고사령관)을 갖춘 덕분이었다. 양쪽 모두가 정보국, 암호 해독부, 과학 실험실은 물론이고, 모든 것을 바로잡기 위한 노력의 일환으로 통계 팀도 운영했다. 결국 전쟁은 소모전이었기 때문에 모두가 군함 건조 경쟁에 돌입하게 됐다. 연합국은 많은 상선을 건조했고, 독일은 많은 유보트를 새로 건조했으며, 연합국은 이에 맞서 많은 호위함을 서둘러 건조했다.

이 모든 것이 한 번의 군사작전보다 햇수로 계산됐다. 또 고위급 정치와 외교로 미국이 참전하면, 처음에는 유보트의 표적이 되고, 나중에는 선박을 건조하는 미국의 엄청난 역량 때문에 전쟁판은 더욱더 커질 수밖에 없었다.

유럽의 연합국 선박들은 뉴욕-핼리팩스 항구와 영국제도의 서부 항구들 사이에 존재하는 '드넓은 공해(broad commons)'를 가로지른 뒤에

대해전, 최강국의 탄생

는 두 개의 주요 지선 해로를 따라 군수품을 운반했다. 하나는 북러시아까지, 다른 하나는 지중해(몰타와 이집트)로 들어가는 해로였다. 미국이 본격적으로 전쟁에 참전하기 전까지, 두 개의 지선 해로를 따라 영국의 주로 머지강과 클라이드강에서 출발한 호송 선단이 운반에 참여했다. 당연한 말이겠지만, 두 해로 중 북쪽에 위치한 것이 지리적으로 더 단순했다. 오래전부터 스코틀랜드와 잉글랜드의 상인들과 어부들은 그 해로를 타고 노르웨이 북부 지역과 북러시아 항구들까지 올라갔다. 제1차 세계대전 동안 그 해로는 제정러시아까지, 나중에 1917년 혁명 이후로는 볼셰비키에 맞서 싸우는 무장 세력까지 이어지는 상당히 불안정한 연결 고리였다. 하지만 1939년 이전에 영국 해군부는 이 해로를 따라 수송 선단을 호송하겠다는 긴급 대책을 거의 세우지 않았고, 여기에는 충분한 이유가 있었다. 전쟁이 일어나면 노르웨이가 다시 중립을 선언할 것이므로(실제로도 그랬다), 노르웨이 앞바다에서 교전이 있더라도 그렇게 많지는 않으리라 추정됐기 때문이다. 또 영국(및 프랑스)과 스탈린의 소련 연방 사이에 외교적 관계가 1930년대 말에 무척 변덕스럽게 양극단을 오갔기에, 나치와 소비에트가 크게 맞붙은 전쟁에서 소련을 지원하기 위해 군수품을 북러시아까지 운반하는 상선을 호위해달라는 부탁을 영국 해군이 받게 될 것으로 예측한 사람은 당시에 거의 없었다.

그러나 그런 호송 항로가 필요하게 됐을 때 물리적인 문제를 해결해야 한다는 것은 예전부터 잘 알려진 사실이었다.[15] 클라이드에서 북러시아까지의 거리는 그다지 멀지 않았지만, 바다에서의 기상 조건이 거의 연중 내내 좋지 않았다. 특히 한겨울에는 극지방의 한랭전선이 위험할 정도로 남쪽으로 밀고 내려와, 선박들이 노르웨이 해안선에 바싹 붙

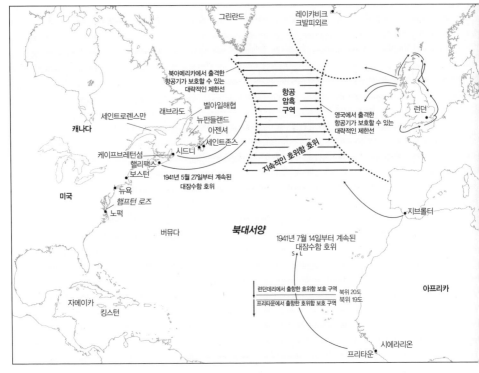

북아메리카에서 출격한
항공기가 보호할 수 있는
대략적인 제한선

항공
암흑
구역

영국에서 출격한
항공기가 보호할 수 있는
대략적인 제한선

지속적인 호위함 호위

1941년 5월 27일부터 계속된
대잠수함 호위

그린란드

레이캬비크
크발피요르

런던

레브라도
뉴펀들랜드
아젠셔
세인트존스

세인트로렌스만

벨아일해협

캐나다

케이프브레턴섬
핼리팩스
보스턴

시드니

뉴욕
햄프턴 로즈
노펵

미국

버뮤다

북대서양

지브롤터

자메이카
킹스턴

1941년 7월 14일부터 계속된
대잠수함 호위
S→L

런던데리에서 출항한 호위함 보호 구역
프리타운에서 출항한 호위함 보호 구역

북위 20도
북위 19도

아프리카

시에라리온
프리타운

〈지도 2〉 대서양 전투: 대서양 한복판의 항공 암흑 구역, 1943년 중반까지

어 항해할 수밖에 없는 반면, 여름에는 실질적으로 온종일 해가 있어서 상선이 적국의 약탈자에 쉽게 노출될 수밖에 없었다. 국제 위기가 이어지던 1930년대 말에는 이런 문제가 크게 중요하지 않아서 영국 해군부는 극동과 지중해에서 일어나는 사건들에 거의 전적으로 집중했다. 노르웨이 북부 지역이 적대적인 국가에 떨어진다면 모든 게 변할 수 있었다. 적어도 스탈린에게 지원품을 전해주려던 네빌 체임벌린(Neville Chamberlain, 1869~1940년) 정부는 뜻밖의 긴급사태를 맞이할 수도 있었다. 그렇지만 스캐파플로의 해군기지가 무척 가까이 있다는 사실을 고려하면 거의 상상할 수 없는 결과였다. 따라서 북러시아로 향하는 해로

대해전, 최강국의 탄생

는 큰 관심거리가 아니었다.

북러시아 항로는 이렇게 방치된 반면, 지중해를 지나는 무역로를 방어하는 계획은 1930년대 후반기에 더욱더 치밀해졌다. 위에서 지적했듯이, 1935년 무솔리니가 아비시니아를 공격했기 때문에 방어 계획이 큰 자극을 받았고, 1939년 '일 두체(이탈리아 왕국을 파시스트가 집권할 때 국가 원수를 뜻한 명칭, 즉 베니토 무솔리니-옮긴이)'가 프랑스에 사부아와 코르시카 양도를 요구하고, 4월에 알바니아를 실제로 침략했을 때 그런 계획은 더욱더 필요해졌다. 지리적으로, 영국과 이탈리아의 전쟁은 양쪽 모두에 힘든 전쟁으로 여겨졌다. 영국 해군은 길고 좁은 무역로를 따라 상선을 보호하는 동시에, 거친 바다와 양편의 공군기지들과 싸워야 했기 때문에 상대적으로 더 힘든 전쟁을 치러야 할 듯했다. 그러나 이탈리아도 나폴리와 타란토 같은 항구들부터 리비아에 주둔한 수비대까지 유조선과 군인 수송선을 운행하는 과정에서, 영국 해군은 말할 것도 없이, 이집트와 몰타에 기지를 둔 영국 공군의 폭격기를 피해야 한다는 난제를 풀어야 했다. 영국과 이탈리아 모두가 서로 상대 병력의 효율성과 준비 상태를 과대평가하는 경향을 띠었던 것이 분명하다.[16] 차이가 있었다면, 지중해에서 해군 항공대 간의 교전은 레지아 마리나가 실제로 유일하게 걱정한 것이었다는 점이다. 영국 해군부에도 해군 항공대의 교전은 상당한 두통거리였지만 1939년 전에는 많은 전략적 두통거리 중 하나에 불과했다.

지중해에서 영국의 주요 해상 교통로를 확보하는 문제는 두 방향에서 영향을 받았다. 하나는 긍정적인 방향이었고, 다른 하나는 해법이 쉽지 않은 방법이었다. 긍정적인 면을 보면, 영국이 이탈리아와 충돌할 때마다 프랑스 함대만이 아니라 튀니지와 코르시카 및 프랑스 본국에서 출격한 프랑스 공군이 개입하며 이탈리아를 위협할 가능성이었다. 실제로 프랑스도 참전한다면 지중해에서 영국은 최전선보다 지원하는 역할에 더 주력할 수 있었다. 그러나 둘째 방향의 영향에, 영국 해군의 전략가들은 잠시 숨을 돌리며 상황을 좀 더 신중하게 생각해야 했다. 1914년과 달리, 이번 전쟁에는 수상 함대의 역량만을 기준으로 전투력을 계산할 수 없었다. 중앙 지중해처럼 좁고 시계(視界)가 대체로 좋은 구역에서 대형 군함은 적군의 폭격기에 얼마나 취약해질까? 영국 해군이 보유한 항공모함은 어느 정도까지 결정적인 역할을 할까? 또 이탈리아가 압도적으로 많이 보유한 잠수함은 얼마나 중요한 위치를 차지할까? 영국의 대함대와 독일의 대양 함대가 1916년 이후에 북해 중심부에서 물러났듯이, 양쪽의 전투 함대가 중앙 지중해에서 밀려날 가능성은 있을까? 향후의 전쟁에서는 혁신적인 신무기들이 전통적인 해양 지정학에 크게 영향을 주며 해군의 균형 상태까지 뒤집어놓을 가능성이 충분했다. 또한 지중해에서 전쟁이 일어나면, 양쪽 모두가 상당한 군함을 상실할 가능성이 무척 높았다.

지중해는 영국이 끝까지 주둔하며 싸우기로 결정한 바다였기 때문에 그럴 가능성이 높았다. 1930년대 말, 지중해에서 철수하고 양 끝에서 "지중해를 봉쇄"하려던 과거의 생각은 지나친 패배주의적 사고방식이라는 이유로 배격됐고, 너무 위험한 발상이기도 했다. 물론 많은 상선, 특히 유조선이 희망봉 항로(Cape Route)를 따라 재조정되겠지만, 요점은 그게 아니었다. 무솔리니의 이탈리아에 동지중해를 허용하면 유고슬라비아와 발칸 지역, 그리스와 심지어 튀르키예에 대한 영국의 영향력이 붕괴하고, 레반트(팔레스타인)와 어쩌면 이집트에 대한 장악력도 위협받을 수 있다는 것이 전략적 요점이었다. 프랑스가 도울 수 없더라도 몰타를 지키고, 필요한 경우 동서 양쪽에서 몰타까지 수송 선단을 보내기로 한 결정이 나중에 지중해 전투라 불리게 되는 해전의 첫 단추가 됐다. 영국 해군의 대형 군함들이 공군의 공격에 취약하다는 이유로 몰타로부터 철수한다면, 항공모함을 포함하는 상당한 규모의 전투 함대가 알렉산드리아에 본부를 두고 공격적으로 작전을 전개해야 했다. 따라서 전쟁이 임박했을 때 영국은 지중해 함대를 본국 함대 다음으로 중요하게 다루어야 한다는 비공개 결정을 내리게 됐다.[17]

그런 결정으로 수에즈 동쪽 바다의 중요도가 부차적인 수준으로 떨어진 것이 분명했지만, 화이트홀은 그런 사실을 결코 인정하지 않았다. 그런 사실을 인정하면, 싱가포르 기지는 중요도에서 본국 다음으로 다루어져야 한다는 유명한 젤리코 보고서(Jellicoe Report, 1919년)를 20년 동안 지켜오던 원칙을 거스르는 것이 되기 때문이었다.[18] 영국이 공인된 주력 함대를 싱가포르 전략에 파견하는 데 극심한 어려움을 겪었다는 것은 이제 알려진 사실이다. 또 화이트홀만이 제2차 세계대전의 막바지까지 최고 수준의 전투 함대를 인도양에 파견할 수 없었던 것이 아니었다는 사실도 지정학적으로 무척 흥미로운 점이다. 나중에 밝혀졌듯이, 영국이 아니면 어떤 강대국도 그렇게 할 수 없었다. 미국과 프랑스는 인도양에 그다지 관심이 없었다. 이탈리아는 수에즈운하를 통과할 수 없었고, 독일은 너무 멀리 떨어져 있었다. 일본도 멀리 떨어지긴 했지만 태평양에서 미국 해군의 도전을 우선으로 처리해야 했던 까닭에 인도양에 눈을 돌릴 여유가 없었다. 따라서 19세기 동안 '영국의 호수'가 됐던 인도양은 거의 자연스럽게 앞으로도 계속, 어쩌면 대영제국이 참전할 수밖에 없는 큰 전쟁을 치르는 동안에도 영국의 호수로 남아 있을 것처럼 보였다.

물론 인도양 자체는 전략적으로나 상업적으로는 큰 가치가 있었다. 이집트와 동지중해에서 영국의 위상도 인도양 항로를 따라 유지될 수 있었고, 페르시아만의 석유 수출도 가능할 수 있었으며, 인도 육군 사단을 군함에 실어 유럽에 파견할 수 있었고, 오스트레일리아와의 무역도 안전할 수 있었다. 그러나 짙어가던 전운이 결국 앞날을 예측할 수 없는 격렬한 전쟁으로 발전했을 때 영국의 대전략대로 진행된 것은 거의 없었다. 서유럽이 독일의 손아귀에 떨어지고 프랑스가 무너졌으며 이탈리아가 전쟁에 뛰어들었다. 발칸 지역과 그리스가 떨어졌고, 지중해 전투가 격화됐으며, 동쪽의 제국 일본이 항복했다. 따라서 영국이 계속 싸우며 대서양 해로를 유지했기 때문에 인도양이 비교적 평화로웠다는 것이 큰 위안이었다(1942년 일본 항공모함의 기습이 단 한 번 있기는 했다). 이른바 '거리의 횡포(tyranny of distance)'가 다른 해군 강국들이 인도양에 접근하는 것을 방해했던 셈이다. 따라서 영국은 이곳에 해군력을 크게 투입하지 않고도 안정을 유지할 수 있었다.

지금까지 나열한 모든 주장은 다음과 같이 정리할 수 있을 것이다. 1939년 전쟁이 임박했을 때 영국 해군은 영국 공군과 협력해 본국을 충분히 방어할 수 있었고, 독일만을 상대하는 전쟁이었다면 대서양을 계속 장악할 수 있었을 것이다. 북러시아 해로를 보호해달라는 요구를 받았다면 그 역할도 잘 해낼 수 있었을 것이다. 영국이 지중해에 상당한 병력을 유지했더라도 무솔리니의 해군과 공군을 상대해야 했다면 지중해를 관통하는 해상 교통로를 안전하게 유지하기는 훨씬 더 어려웠을 것이고, 당연히 희망봉을 우회하는 방향으로 무역로를 새로 편성했을 것이다. 영국이 큰 패전을 반복해 당하지 않았다면, 근동과 페르시아만, 동아프리카와 인도를 계속 보유할 수 있었을 것이다. 그러나 영국이 유럽에서 전쟁을 치르지 않았더라도 일본 해군과 공군의 집요한 공격에 직면해서 극동을 고수하는 것은 지나친 욕심일 수 있었다. 추축국과 전쟁을 벌이게 되면, 독일이라는 전쟁 기계는 동부전선에 묶이고,[19] 일본이라는 전쟁 기계는 태평양에서 미국을 붙잡고 싸워야 영국에 유리할 것이 분명했다. 지리적 조건은 전쟁에서 무척 중요했고, 동맹을 얻는 데도 중요한 역할을 했다.

동맹의 가치에 대해서는 루스벨트 대통령과 그에게 조언하던 핵심 군사 보좌관들의 생각도 똑같았다. 구세계에서는 4,800킬로미터, 동아시아에서는 9,600킬로미터나 떨어진 곳에 위치한 덕분에 군사전략적으로 미국은 천혜의 조건에 있었던 것이 사실이다. 독일과 일본의 반구(半球)에 대한 설계를 걱정하는 떠들썩한 목소리가 있었지만, 지리적으로 미국은 해군 봉쇄나 공중 공격으로부터 안전했다. 다극적 해군 체제에서 살아가는 게 미국은 다른 강대국들보다 편했지만, 워싱턴의 특정한 전략가들은 어떤 외세의 위협이 가장 크고, 여전히 부족하다고 생각되는 해군 자산을 어디에 배치해야 하는지에 대한 걱정을 멈추지 않았다. 그런 걱정은 1897년부터 1921년까지도 전략가들에게 커다란 숙제였던 문제, 즉 우선순위를 대서양에 두느냐 태평양에 두느냐 하는 논쟁으로 이어졌다.[20] 해군 조약으로 독일의 대양 함대가 해체되고, 일본 해군이 작은 규모로 동결됨으로써 그런 걱정은 크게 줄었고, 1920년대에는 잠시 동안 미국 해군부가 다른 무엇보다 영국 순양함의 크기와 수효에 불안해하는 듯했다. 그러나 1931~1934년에 만주가 위기에 봉착했고, 해군 군비의 제약을 1936년 이후로도 연장하려는 시도에 일본이 반대하고 나섰으며, 독일에서는 나치당이 권력을 장악했다.

이 모든 사태로 인해 과거의 전략적 딜레마가 강제 소환됐다. 전함의 전투력을 대서양 함대와 태평양 함대로 양분한다면(일부 전문가에게는 가장 이단적인 전략), 정말 그렇게 한다면, 어떤 비율로 나누어야 할까? 동쪽에 3분의 1, 서쪽에 3분의 2? 반대로 함대를 한데 모아둔다면 어느 바다에 모든 대형 군함을 투입해야 할까? (어느 시점에나 군함의 3분의 2가 수리나 개선 중에 있었다는 점을 기억해야 한다.) 전투 함대의 대부분을 태평양에 배치해서 영국이 정복을 당하면 어떤 사태가 벌어질까? 반대로 그런 대형 군함들을 대서양에 투입해서 일본이 태평양을 계속 유린하면 어떻게 될까? 그리하여 일본을 겨냥한 오렌지 전쟁 계획(War Plan Orange)과 독일을 겨냥한 블랙 전쟁 계획(War Plan Black)을 다듬었지만, 문제가 해결되기는커녕 더욱 두드러졌을 뿐이다. 이때까지도 미국은 양쪽 바다에서 모두 도전받지 않을 정도로 충분히 강한 해군을 키우기 위해 막대한 예산을 쏟아붓지 않았다. 고립주의자들이 어떻게 주장하더라도 논리적인 결론은 정반대 방향을 가리켰다. 양쪽 바다에 잠재적인 적의 위협이 존재하기 때문에 해군 동맹을 구하는 것이 급선무였고, 그 가능한 동맹으로는 영국이 유일했다.

지리적 조건 자체와 미국이 해군의 역사에서 과거에 겪은 중요한 사건들(1812년 전쟁, 바다에서 벌어진 남북 전쟁, 제1차 세계대전) 덕분에 동부 해안을 따라 함대 기지, 선박을 건조하고 수리하는 조선소가 뉴햄프셔의 포츠머스부터 보스턴과 뉴욕, 필라델피아, 볼티모어, 아나폴리스, 뉴포트뉴스, 찰스턴을 거쳐 카리브해의 항구들까지 끝없이 이어졌다. 영국을 우방으로 가정할 때, 북쪽으로는 핼리팩스와 세인트존스, 남쪽으로는 버뮤다와 자메이카에 마련된 영국 기지들에서 지원을 받아 동부 해안 지역을 보호할 수 있었다. 우발적인 유보트의 포격이 아니면, 길지만 강력한 경계선을 깨뜨릴 만한 수단을 생각해내기는 쉽지 않았다. 또

한 동부 해안을 따라 운항하는 상선을 보호하는 호위 선단을 꾸릴 필요도 없었고, 갤버스턴과 뉴올리언스 또는 모빌까지 연결되는 카리브해 항로를 향후에 해군으로 보호해야 할 것이라는 생각은 그야말로 쓸데없는 걱정에 불과했다. 반면에 브라질을 비롯한 남아메리카의 여러 국가에서 나치의 정치적 영향력이 커지고, 더불어 해상 활동도 확대될 것이라는 걱정은 타당한 듯했다.[21] 그렇더라도 "영국의 위치는 어떻게 돼야 하는가? 영국 해군은 어디에 있어야 하는가?"라는 기본적인 질문으로 돌아가지 않고서는 치밀한 계획을 세우기가 어려웠다. 반구의 방어를 위한 미국의 준비는 이 요인에 크게 영향을 받았다.

북대서양 분지에는 거리와 면적 이외에 고려해야 할 또 하나의 문젯거리가 있었다. 대서양은 넓었지만, 미국 동부 해안의 부산스러운 항구들과 서유럽의 전략적 항구들, 셰르부르와 노르망디 해안, 북아프리카, 지브롤터, 지중해로 들어가는 입구 사이에는 아무것도 없었다. 위험한 암초도 없었고, 중립적인 땅덩어리도 없었다. 처칠의 표현을 빌리면 신세계에 빨리 달려와 구세계를 도와달라고 요청할 필요가 있을 때에도 지원 활동을 방해할 만한 것이 지리적으로 전혀 없었다. 미국 정치계가 지원을 어렵게 하고, 유보트가 방해할 수 있겠지만, 자연은 미국에 구세계를 지원한 방향으로 기울어지도록 항구와 생산적 산업 역량을 선물로 준 듯했다.

물론 미국의 반대편 해안은 그렇게 만만하지 않았다. 지리적인 이유에서만 태평양, 또 태평양 전역에서 싸웠던 태평양 전쟁이 독특했던 것은 아니다. 진주만 공격으로 시작해서, 원자폭탄의 투하로 끝난 그 거대한 전쟁은 역사적으로 다른 주요 전쟁들과 달랐다. 규모와 지형에서 달랐고, 전쟁의 승리 요인으로 손꼽히는 무기 체계와 지원 체계에서도 달랐다(항공모함 비행단, 상륙정, 군수 지원함). 해병대, 해군 건설대 등 하나로 합해져야 했던 전투부대의 구성에서도 달랐다. 지리적 조건에 따라, 이 전쟁에서 승전국이 되는 국가는 특별한 유형의 해양 강국이 될 운명이 었다. 이런 사실을 먼저, 더 잘 이해한 교전국이 결국 승전국이 됐다.

태평양이라는 거대한 바다에서 펼쳐진 이 서사적 전쟁은, 한반도부 터 시작해 인도차이나와 영국령 말레이시아를 지나 버마까지 이어지 는 동아시아와 동남아시아의 정치·전략적으로 중요한 주변 지역, 대략 적으로 달리 말하면 남북의 축을 지배하려고 1937년에 먼저 시작된 또 다른 전쟁의 일환으로 일어났을 가능성이 크다는 것도 사실이다. 그러 나 일본이 자칭 '대동아공영권(大東亜共栄圏)'을 이룩하려고 시작한 그 전쟁은 기본적으로 지상전이었다. 정글에서 싸웠고, 강물이 흐르는 골 짜기를 따라 올라가며 싸웠다. 따라서 멀리 떨어진 제국의 경쟁자들이 과거에 아시아에서 벌인 많은 정복 전쟁과 크게 달라 보이지 않았다. 따라서 네덜란드와 프랑스의 지배자들이 자바와 베트남을 떠난 뒤에 일본이 진군해 들어갔을 때 그곳 원주민들의 눈에는 크게 달라진 게 없었을 것이다.

하지만 태평양 전역에서 벌어진 전쟁은 달랐다. 지리적 조건으로도 달랐다. 극단적인 거리와 공간이라는 문제를 어떻게든 해결하려는 노 력이 수반돼야 했기 때문이다. 초기의 탐험가들은 광활한 태평양을 보 고 한결같이 망연자실했을 것이다. 위도로 태평양의 중간쯤에는 그야 말로 아무것도 없었다. 인도양을 제외하고 다른 대양의 한복판도 다 를 바가 없지만, 양 끝 사이의 거리가 태평양만큼 멀지는 않다. 적도에 서 북쪽으로 족히 2,250킬로미터 떨어진 곳에 바윗덩어리처럼 수면 위 로 솟은 하와이제도가 없었다면, 폭이 1만 1,200킬로미터를 넘는 바다에서 눈에 띄는 것이라고는 아무것도 없었을 것이다. 1930년대의 항공기는 그런 거리를 단번에 날아갈 수 없었고, (전시에는 허용되지 않는 경제속도로 항해할 경우) 순양함을 제외하고는 어떤 유형의 군함도 횡단할 수 없는 거리였다. 따라서 하와이의 해군기지와 공군기지는 엄청나게 중요한 자산이었다. 여기에서 다른 작은 군도(群島)들, 예컨대 중앙 솔로몬제도, 길버트제도, 마리아나제도, 오키나와섬이 전략적으로 중요성을 띠게 된 이유가 설명된다. 하지만 한 세기 전처럼 군도의 '보유(possession)'가 깃발을 세우고 소수의 군대를 주둔시킨다는 것만을 뜻하지는 않았다. 이제는 한두 개의 섬을 장악하려면 상당한 규모의 상륙부대를 주둔시키고 공군기지를 설치해서 해상 억지력을 확보해야 했다. 멜라네시아와 마크로네시아에서는 지리적 조건 때문에 장거리 전쟁과 무기가 필요했고, 장거리 전쟁과 무기를 확보해야 광활한 태평양을 지리적으로 정복할 수 있었다.

교전국들은 전쟁 전부터 이 모든 것을 잘 알고 있었다. 태평양에서 싸운 세 교전국 중 가장 국외자이던 영국은 1939년 직후, 희망대로 동쪽 끝에 주요 함대 기지를 둘 수 있다면 그곳이 싱가포르가 돼야 한다고 판단했다. 홍콩에 기지를 둔 중국 함대(China Squadron)는 중국의 조약항(Treaty port)들을 방문하며 해적 행위를 억제하는 등 상당한 역할을 했지만, 떠오르는 일본에 견줄 것은 아니었다. 영국 해군부를 불안하게 만든 실질적인 문제는 "유럽에서 받는 압력으로 하나의 전투 함대도 그곳에 배치하지 못하는 상황이 된다면, 싱가포르 기지가 결코 완공되지 않더라도 상당한 가치를 가질 수 있느냐"라는 것이었다. 따라서 1930년대 말과 1940년대 초에 런던에서 영국에는 군함을 파견할 여유가 없으므로, 일본을 견제하는 새로운 전쟁 억지력으로 미국 함대를 싱가포르에 주둔시키자고 제안하는 목소리가 들렸다는 점은 조금도 놀랍지 않았다. 범선으로 장거리를 항해하던 시대에도 세상의 반대편에서 전개하는 해군 작전을 진정한 한계라고 생각하던 영국 해군이었다. 그런데 이제 그런 작전을 전개하기가 한층 더 어려워졌다. 그렇다면 적대적인 일본보다 미국 군함이 싱가포르를 들락거리게 하는 편이 더 나을까?

태평양의 지배권을 차지하려던 두 도전국 중, 일본 대본영의 의사 결정자들도 태평양의 어마어마한 크기, 적어도 필리핀, 셀레베스(술라웨시의 전 이름-옮긴이), 뉴기니처럼 커다란 군도들로부터 드넓게 펼쳐진 면적에 약간 주눅이 들었다. 당시 일본 육군은 조금씩 남진한 끝에 남중국의 해안 지역과 프랑스령 인도차이나까지 이미 지배권을 확대한 뒤였다. 따라서 일본 전략가들이 언젠가는 말레이반도와 싱가포르, 자바와 수마트라로 진격할 군대를 집결시킨 것은 뜻밖의 결정이 아니었다. 1919년의 파리 평화 회의에서 도쿄가 독일제국의 식민지 섬들(캐롤라인제도, 마셜제도, 마리아나제도)을 획득했지만 그곳의 요새에 많은 비용을 투자하지 않은 것도 사실이었다.

하지만 그 이상의 시도는 중국의 중원을 정복하려고 이미 전쟁에 깊이 돌입한 육군으로서는 합리적인 선택으로 보이지 않았다. 게다가 프랑스령 폴리네시아에는 세상에 알려진 가치가 없었고, 해군의 일각에서 주장했지만 하와이군도를 침략하려면 많은 사단이 소모돼야 한다는 판단이 있었다. 따라서 상당히 편하게 일본 군부는 영국과 미국, 두 강대국과 싸울 경우에는 처음 6개월 동안 전력을 다해, 필요한 것을 정복하며 서태평양에 광범위한 세력을 구축한 뒤에 미국이 평화 협상 조건을 제시하는 것을 기대하는 방향으로 전쟁 계획을 수립했다. 이런 계획은 정치적으로도 타당하게 보였고, 지리학적으로도 무척 매력적으로 보였다.

　미국 최고사령부가 1920년대와 1930년대 내내 이런 전략적 지리 문제로 골머리를 썩이고 있다는 것을 알았다면, 일본 최고사령부는 크게 용기를 얻었을 것이다. 더 큰 역사적 맥락에서 측정하면 무척 빠른 속도로 19세기 동안 미국은 국경을 봉쇄하고 다시 열었다. 수천 킬로미터에 달하는 해안을 태평양과 맞댄 국가에 그 같은 지리적 조건은 기회인 동시에 취약점이었기 때문이다. 대륙을 관통하는 철도를 부설하는 동시에 1914년에는 파나마운하를 개통함으로써 태평양에서 어떤 불미스러운 사건이 일어나면 산업적으로 발달한 동부 해안에서 개발 과정에 있던 서부 지역으로 군대와 함대를 파견하는 데 필요한 시간이 크게 줄어들었다. 그렇지만 캘리포니아주, 오리건주, 워싱턴주 및 진주만 외곽에 요새화된 항만을 설치하려던 해군부의 노력에도 불구하고, 상당히 다른 두 바다에서 동시에 국익을 확실히 보장받으려 한다면 미국이 까다롭기 그지없는 전략 지정학적 딜레마에서 벗어나지 못할 것이 분명했다.

　물론 미국만이 그런 딜레마에 직면한 것은 아니었다. 제정러시아는 유럽 해안선을 지키느냐, 극동의 땅을 지키느냐를 두고 유사한 진퇴양난에 빠졌고, 대영제국은 인도를 지키는 동시에 유럽의 세력 균형을 유지하려고 애쓰는 과정에서 비슷한 문제에 맞닥뜨렸다. 그러나 논리적으로 보면, 다른 강대국들 또한 비슷한 곤경에 빠졌다는 이유만으로도 그 과제는 해결하기 어려운 것이 분명했다.

　앞에서 지적했듯이, 제1차 세계대전이 성공적으로 마무리되고, 워싱턴 해군 조약 등 여러 해군 군축 조약으로 미국의 안보 딜레마는 1922년 이후로 해결된 듯했다. 하지만 그런 평화는 10년이 지속되지 않았다. 수년간의 심사숙고 끝에, 압도적인 규모의 전투 함대를 태평양에 주둔시키겠다는 프랭클린 루스벨트 대통령의 최종적인 명령이 떨어졌다. 이런 결정이 중요하기는 했지만 해군의 다음 문제까지 해결하지는 못했다. 함대 기지를 태평양의 어디에 두어야 하는가? 샌디에이고부터 퓨젓사운드까지 서부 해안의 항구들은 상대적으로 안전한가? 태평양 함대 전부나 일부를 서부에서 거의 4,000킬로미터나 떨어진 진주만에 정박시키면 일본에 보내는 강력한 경고가 될 수 있을까? 아니면 더 멀리, 하와이에서 다시 서쪽으로 5,600킬로미터쯤 떨어진 동아시아(마닐라)에 배치하는 편이 나을까? 워싱턴의 전략가들은 너무 위험하다며 마지막 선택을 한목소리로 반대했지만(나중에 같은 이유로 미국 전략가들은 싱가포르에 군함을 배치하려는 영국의 계획에 반대했다), 태평양이라는 드넓은 바다가 미국에 또 하나의 딜레마, 즉 샌디에이고와 진주만 중 하나를 선택하도록 한다는 사실은 변하지 않았다. 두 선택지 중 더 대담한 쪽은 물론 미국의 주력 전투 함대를 하와이 앞바다에 배치하는 것이었다. 일본이 필리핀과 홍콩을 습격하면 언젠가는 진주만에 함대를 배치해야겠지만, 진주만은 일본에서도 무척 멀리 떨어져 있어서 수뇌부 중 누구도 진주만이 일본의 첫 표적이 되리라고는 상상조차 하지 않았다.[22]

태평양에서 일본과 미국이 충돌할 순간이 시시각각 다가오고 있었다고 추정할 때, 그 광활한 바다의 지리적 상황에 대해 양쪽의 전략가들은 두 가지를 머릿속에서 떨치지 못했을 것이다. 첫째는 태평양 전역에서는 간담을 서늘케 하는 험악한 날씨가 계속된다는 사실이었다. 그런 날씨에는 함대가 움직이기도 힘들었지만 해상 전투 자체가 불가능했다. 둘째는 태평양 남동부 사분면 전체, 즉 프랑스령 폴리네시아부터 동쪽으로 남아메리카 서부 해안까지는 작전 범위 밖이었고, 일본 최고

사령부에도 중요하지 않은 지역이었다. 따라서 태평양에서 미군의 작전 범위는 하와이에서부터 서쪽으로 똑바로 그은 선과 사모아제도를 지나 오스트레일리아와 뉴질랜드를 향해 남서쪽으로 그은 선 사이가 된다는 결론이 내려졌다. 전략적 관점에서 그 길쭉한 지역의 북쪽이나 남쪽에는 크게 중요한 것은 없었다. 실제로 전쟁이 닥쳤을 때도 프랑스령 폴리네시아의 섬들이 신중하게 드골 편에 섰고, 1943년에 알류산열도 주변에서 벌어진 전투를 제외하면 별다른 사건이 없었다.

태평양이라는 무대에서 벌이는 전쟁의 한계와 기회를 지리적 관점에서 폭넓게 분석해도 어떤 작전이 필요한지에 대한 결론이 내려졌다. 태평양에는 수면 위로 솟은 육지가 거의 없고, 그런 땅덩어리 사이의 거리도 무척 떨어져 있어서 교전국들은 그런 땅을 먼저 차지하려고 나설 것이 분명하기에 태평양에서 향후 벌어질 전투는 '위치 전쟁(positional war)'이 될 것이 자명했다. 따라서 일본 전략가들은 필리핀, 싱가포르와 말레이반도, 네덜란드령 섬들, 뉴기니를 점령해 넓은 보호 구역을 확보하며, 더 나아가 미드웨이제도와 솔로몬제도까지 점령할 작정이었다. 이로 인해 미국은 길버트제도, 마셜제도 등과 같은 여러 군도를 확보해 중앙 태평양을 가로지르는 위치 전쟁을 생각해야만 했다.

그 결과로, 미국 해병대의 일부 사상가들, 특히 얼 행콕 엘리스(Earl Hancock Ellis, 1880~1923년)는 미크로네시아의 전진기지를 기반으로 한 작전과 관련해서, 또 '아일랜드 호핑(island hopping: 최종 목표점까지 가는 길에 있는 모든 섬을 점령하지 않고, 강력한 방어 시설을 갖춘 섬을 우회하는 군사전략-옮긴이)'과 수륙양면 작전에 필요한 무기나 군함과 관련된 병참 계획을 역설하기 시작했다. 얼마 후, 해군부 조달국 장교들도 태평양 함대 옆에 항속거리가 긴 순양함을 배치하고 유지하려면 근대적 형태의 보

급함[달리 말하면 초기의 군수 지원함(fleet train)]이 필요하다는 것을 인식하기 시작했다.[23]

하지만 다른 유형의 전쟁에 대해서는 크게 생각하지 않았다. 상선을 보호하는 호송 체계를 통한 해로의 실질적인 방어는 거의 관심 밖이었다. 당시에는 태평양을 직접 횡단하는 상선이 상대적으로 적었고, 일본 해군이 상선 습격을 중요하게 생각하는 조짐을 전혀 보이지 않았으며, 끝으로는 미국 해군의 기본 지침이 호송 작전에 별다른 관심을 기울이지 않았기 때문이다. 게다가 미국 서부 해안을 오르내리는 선박들이 일본에서 멀찌감치 떨어졌고, 오스트레일리아와 뉴질랜드의 수출선들도 서쪽을 향해 희망봉을 돌아 영국으로 향하면 일본에서 그만큼 멀리 떨어져서 항해할 수 있었다. 반면 일본은 미국의 공격으로부터 지켜야 할 소중한 상선들이 있었다. 그러나 그런 공격이 실제로 일어난다면 수빅만에서 출격한 미국 잠수함의 공격일 것이라 예측됐고, 그런 공격이 가능하려면 필리핀이 일본 손에 떨어지지 않아야 한다는 전제가 필요했다.

태평양 무대에서 기대되고 계획된 해전의 전형은 두 국가의 전투 함대가 맞붙는 모습이었다. 1930년대의 막바지까지, 일본 해군과 미국 해군은 후임자에게도 전례를 따르라고 권장하던 '전함 제독'들에 의해 주도됐다. 항공모함 장교들은 장성으로 승진한 이후에도 여전히 소수였다. 평화기에 항공모함은 주로 개별적으로 활동하며 함재기 훈련에 참여했지만, 기동부대 작전에 참여하지는 않았다. 하지만 미국 해군이 '오렌지 전쟁 계획'이라 칭한 것에서 양측의 전투 함대는 서태평양 어딘가에서 과거보다 훨씬 더 중대한 또 한 번의 유틀란트 해전(제1차 세계대전에서 독일과 영국의 함대가 1916년 5월 31일부터 6월 1일까지 이틀 동안 덴마크의 유틀란트 부근에서 벌인 해전-옮긴이)을 예측하며 격렬한 전투를 반복해 훈련했다. 압도적인 함포를 지닌 쪽이 승리하고, 패한 쪽은 항복할 것으로 예측됐다. 여하튼 머핸의 지적인 판단은 그랬고, 일본의 전함 제독들도 대체로 머핸과 비슷하게 판단했으며, 미국 함대에도 머핸의 의견에 동의하는 제독이 많았다.[24]

경제 변수: 과학기술과 생산력

거리와 면적이라는 지리적 변수를 배제하는 것은 불가능했다. 지리적 변수에서 이탈리아와 프랑스와 독일은 불리했던 반면, 일본과 영국, 특히 미국은 유리했다. 하지만 데이비드 랜디스(David Landes, 1924~2013년) 교수가 《속박이 풀린 프로메테우스(Unbound Prometheus)》에서 다루었듯이,[25] 산업혁명이 도래한 이후로 인간의 끝없는 발명 덕분에 바다와 육지 모두에서 긴 거리를 여행하는 데 걸리던 시간이 크게 줄었다. 물론 전쟁을 목적으로 이동하는 데 걸리던 시간도 대폭 줄었다. 짧은 기간에 증기기관, 철로, 전기, 내연기관, 마침내 항공기까지 연이어 발명되며 몇 세대 전에는 상상할 수 없던 교통 혁명으로 이어졌다.

왕복기관, 즉 피스톤 엔진의 도래로 바람과 조류에 영향을 받지 않고 선박을 앞쪽으로 추진할 수 있게 된 이후로는 크고 육중한 상품을 운반하는 해상운송이 폭발적으로 성장했다. 선박을 건조하는 조선 기술이 발달함에 따라 주철판과 강판으로 선체를 점점 더 크게 제작할 수 있게 되자, 해상운송은 더욱더 성장했다. 게다가 화물 자체도 전통적인 상품에서 산업화된 근대사회에 필요한 물건, 예컨대 상철과 기계류, 알루미늄과 고무, 전기 제품과 석유 등으로 달라졌다. 일부 산업화

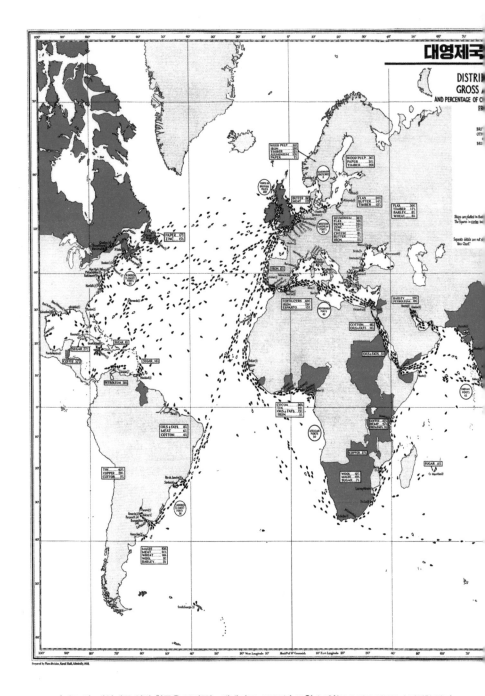

〈지도 3〉 대영제국 선박 활동을 보여주는 세계지도, 1937년 11월 24일(본래 영국 해군부가 작성한 연표)

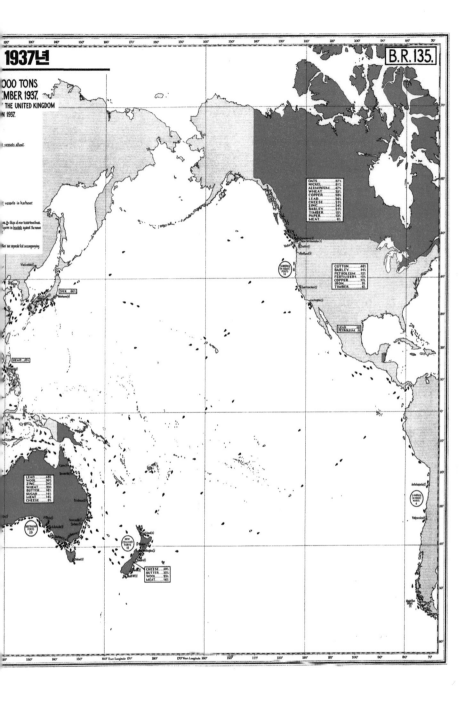

된 사회, 특히 영국은 막대한 식량 수입국(밀과 쇠고기, 열대 과일, 식물성 기름)이 됐다. 그리하여 1930년대에는 해운 회사들이 각각 개별적으로 아르헨티나산 냉동 쇠고기, 뉴질랜드 양고기, 서인도제도의 바나나 등을 운송하는 데 집중했다. 그 결과로, 세계경제가 대공황에서 벗어났을 무렵에는 거대한 무역망이 형성됐다.[26] 따라서 〈지도 3〉의 도표에서 보듯이, 연중 언제나 수천 척의 상선이 바다를 항해하고 있었다.

〈지도 3〉은 세계에서 공해를 항해하는 상선(점 하나가 상선 한 척을 가리킨다)을 가장 많이 보유한 국가의 위상을 보여주는 동시에, 대영제국이 당시 무역 체제에 지닌 자신감의 표명이기도 했다. 또한 1937년 11월 말 런던 상공회의소가 세계를 어떻게 보았을지 짐작할 수 있는 단서이기도 하다. 〈지도 3〉은 거칠 것이 없는 대양 무역에 대한 자신감의 선언으로도 해석할 수 있다. 따라서 남반구에서 출발한 상선은 단독으로 대서양을 건넜다. 선단을 이루어 프리타운을 경유해 북쪽으로 항해하며 호위를 받거나, 핼리팩스까지 미국 동부 해안을 옆에 끼고 항해할 필요가 없었다. 하지만 불과 20년 전에 유보트에 어떤 피해를 입었는지 뚜렷이 기억하던 영국 해군부의 전략가들에게, 이런 지도는 또다시 해전이 벌어지며 부활한 독일 해군과 맞붙어야 한다면 군사와 수송에서 어떤 문제에 부딪히게 되는가를 재확인해주었다. 한편 그즈음 이미 유보트 부대의 최고 지도자가 됐던 카를 되니츠를 둘러싼 잠수함 승조원들에게 각 점은 잠재적 표적을 뜻했고, 그런 점이 무수히 많았다.

당시 영국이 몇몇 다른 경제 영역에서는 추월을 당했지만, 상선 보유량에서는 여전히 압도적인 선두였던 것이 사실이었기 때문이다. 여하튼 1918년 독일은 대부분의 상선을 상실하거나 몰수당했고, 프랑스와 이탈리아에도 대규모 상선대는 없었다. 한편 미국 해운계는 비영리

상선 보유국	총톤수
대영제국	21,000,000
노르웨이	4,800,000
프랑스	2,900,000
그리스	1,800,000
네덜란드	3,000,000
미국	9,000,000
이탈리아	3,400,000
독일	4,500,000
일본	5,600,000

〈표 2〉 세계 주요 상선 보유국, 1939년

자료 출처: Milward, War, Economy, and Society, 1939-1945, 146.

적인 운임과 (미국에서 생산되지 않는 상품이 아니면) 수입을 격렬히 반대하는 농업계와 산업계의 로비 단체들 때문에 힘든 시간을 보내고 있었기에 세계 무역로에서 상당히 고립된 상태였다. 강력한 해군을 지닌 강대국 중 일본만이 상당한 규모의 상선대를 보유하고 있었지만 지역 무역에 종사할 뿐이었다.

〈표 2〉에 대해서는 좀 더 자세한 설명이 필요하다. 영국의 상선대가 1930년대에도 가장 컸던 것은 사실이었지만, 세계 총량의 거의 60퍼센트를 차지했던 1914년 전보다는 줄어든 규모였다. 제1차 세계대전 동안, 그리고 특히 평화기가 끝날 무렵, 소수였지만 의미 있는 수효의 중간급 해운 강국들, 예컨대 그리스와 파나마, 폴란드와 네덜란드, 노르웨이 등이 외화를 벌어들일 목적에서 상선 보유량을 늘렸고, 주로 자국 국민을 선원으로 고용했다. 이런 새로운 상선들이 증가함에 따라 연합국은 뜻하지 않는 긍정적인 효과를 누렸다. 나치 전쟁광이 무력을 행사하며 이웃 국가들을 정복하려고 나서자, 런던으로 피신한 각국의 망명

정부가 자국의 상선들에 정보 수집을 지시하며, 영국의 해상 노력에 협조하라고 명령한 것이었다. 그러나 전쟁 전에 이런 현상은 전혀 예측되지 않은 것이었다.

상선이든 군함이든 어떤 국가이든 선단을 꾸리려면 상당한 규모의 조선업과 선박 수리업이 필요했다. 이 경우에는 모든 강대국의 상황이 꽤 비슷했다. 여섯 강대국은 제1차 세계대전 전에 다양한 형태로 '건함경쟁(建艦競爭)'을 벌였기 때문에 조선소가 없는 곳은 없었다. 게다가 당시에는 모두가 원양 정기선을 비롯한 근대식 상선을 건조하려고 애썼다. 극소수의 예외가 있었지만, 선박 건조는 민간 기업에 맡겼다. 물론 다양한 형태로 보조금과 지원이 주어졌고, 대공황 같은 불황기에는 정부로부터 군함 건조를 주문받거나 수리를 의뢰받아 어렵사리 살아남았다. 따라서 1937년 이후로 대형 군함을 새로 건조해달라는 주문이 폭발적으로 증가했으나, 조선소에는 조선대만이 아니라 (가끔 일자리를 잃었지만) 숙련된 노동자까지 준비돼 있었다.

1939년 판《제인의 해군 연감》에 실린 광고를 보면, 국가별 선두군 조선소가 파악된다. 예컨대 이탈리아에는 제노바와 트리에스테에, 일본에는 구레(吳市)와 요코스카(橫須賀市)에, 프랑스에는 브레스트와 생나제르와 로리앙에 대형 조선소가 있었다. 귀에 익은 독일 조선소들은 북해와 발트해에 있었다. 따라서 카이저 시대에 빌헬름스하펜에 있던 거대한 조선소가 나치 시대에는 크릭스마리네베르프트-빌헬름스하펜이 돼, 유명한 포켓 전함 아트미랄 셰어호와 그라프 슈페호, 전투 순양함 샤른호르스트호, 전함 티르피츠호, 수십 척의 제7형 유보트를 비롯해 많은 배를 건조해냈다. 한편 무솔리니 정부가 1930년대 말에 주문한 4척의 로마급 고속 전함 중 2척은 제노바의 안살로 조선소, 2척은 아드리아해에 인접한 조선소에서 건조됐다. 모든 강대국에서 이런 대규모 군함 건조 계획은 제독들의 바람보다 느릿하게 진행됐다. 간혹 숙련된 기능공, 고급 철강, 자금이 부족한 경우도 있었지만, 모든 강대국이 조선업을 전략적이고 많은 지원이 필요한 산업으로 보았다.[27]

영국의 조선업도 크게 다르지 않았다. 그러나 클라이드강과 타인강, 배로 등 조선업의 중심지였던 곳에서 조선업이 광범위하게 붕괴된 것은 사실이었다. 그렇다고 1920년대의 해군 감축 때문에, 영국 해군을 위한 재건조가 시작됐을 때 군함 건조가 다른 국가들보다 심각할 정도로 지연됐다고 단언할 수는 없다. 앞 장에서 말했듯이, 함대 보강이 허용된 이후로 5년 내에는 어떤 국가도 실전에 투입할 전함을 건조해낼 수 없었던 것으로 보인다. 따라서 1936~1937년 계획과 1937~1938년 계획에서 허가된 새로운 군함들은 프랑스 공방전이 있을 무렵에야 취역했다. 불경기 동안 영국 해군부는 가능한 범위 내에서 매년 전략적으로 구매하며, 상대적으로 작은 규모의 조선소에는 구축함과 경순양함의 건조를 주문했고, 큰 규모의 조선소에는 대규모 개선 작업을 맡겼다 (퀸 엘리자베스급 전함의 근대화). 마침내 워싱턴 조약에 따른 구속 기간이 끝나고 재무장이 가능해졌을 때 조지 5세급 전함과 일러스트리어스급 항공모함의 계약을 할당한 결과에서도 똑같은 의도가 읽혔다. 다시 말하면, 적어도 6곳의 조선소에 대영제국의 세계 전략을 뒷받침하는 중대한 토대로 활약할 기회가 주어졌다.[28]

클라이드강 하구에 있던 존 브라운과 페어필드, 타인강의 비커스-암스트롱과 스완 허터, 캐멀 레어드, 할랜드 울프 등 대형 조선소는 영국이라는 '전쟁 국가'에 필수적인 부분이었지만 모두 개인 소유였다. 따라서 관리 구조가 당시의 미국 상황과 달랐다. 미국에는 정부가 소유한 네 곳의 대형 조선소와 서로 다른 특징을 띤 여러 소형 조선소(노퍽 해군 조선소, 필라델피아 해군 조선소, 뉴욕 해군 조선소 등)가 개인 소유의 크고 작은 조선소(예를 들면, 당시 대부분의 항공모함을 건조한 뉴포트뉴스 조선소)와 어우러져 있었다. 정부가 조선소를 운영하면 미국기를 단 상선은 미국인만을 선원으로 고용해야 한다는 보호주의 법안처럼 무리한 약속으로 이어질 수 있었고, 실제로 국가 소유의 조선소가 대체로 더 많은 비용이 들었지만 군함 건조 계약을 입찰할 때 민간 기업의 경쟁자로 나설 수 있었다. 게다가 프랭클린 루스벨트의 친(親)해군적 성향, 뉴딜 법안을 활용한 조선소 일자리 부양, 1934년에 제정된 빈스-트래멀 법 덕분에 미국이 고립주의를 표방한 시기에도 미국 조선업은 상당한 활기를 띠었다.[29] 따라서 1939~1940년 해군이 군비를 크게 확충하기로 발표했을 때, 적어도 전함과 항공모함을 새로 건조하는 데 필요한 기반 시설은 대부분 갖추어져 있었고, 계약은 국영 기업과 민간 기업에 비슷하게 분배됐다. 가장 먼저 발주된 4척의 노스캐롤라이나급 전함은 각각 다른 조선소(두 곳의 국영 기업과 두 곳의 민간 기업)에 분배됐다. 당시에는 이런 식의 분배가 관례였다.[30]

세계 전역의 조선소에서 평화기가 끝나갈 무렵부터 빠른 속도로 군함을 건조하기 시작하자, 군함과 관련된 핵심 부품들, 예컨대 터빈엔진, 스크루와 방향타, 전선, 함포, 광학기기 등에 대한 수요도 급증했다. 특히 군함의 선체와 갑판, 상부 구조와 포탑을 제작하는 데 필수인 강철 생산량이 크게 증가했다. 1870년 프랑스-러시아 전쟁 이후로, 강철은 전쟁 능력을 측정하는 최상의 수준이 됐다. 철로, 소총과 대포, 엔진과 군함, 트럭과 탱크 등 다양한 군사 장비에 사용됐기 때문이었다. 또한 번의 전쟁이 다가오던 그때, 적어도 이 점에서는 많은 것이 변하지

	인구(100만)	강철 생산량(100만 톤)
영국	48	13.2
영국 자치령들	20	2.6
프랑스	42	6.2
미국	132	51.4
독일	76	23.3
이탈리아	44	2.3
일본	71	5.8
소련	190	18.8

〈표 3〉 강대국의 인구와 강철 생산량, 1939년

자료 출처: W. Braakhuis, "Assault on Europe 1939," 2020년 6월 12일 접속, http://www.euronet.nl/users/wilfried/ww2/1939.htm. 1939년에 대한 자료를 정리한 것으로, 강대국만이 아니라 영국 자치령의 인구와 강철에 대한 통계까지 포함돼 유용하다.

않았다. 1939~1945년의 전쟁은 '마법사의 전쟁(예컨대 레이더, 자동 추적 어뢰, 근접 신관의 전쟁)'으로 특징지어졌지만, 1930년대 말에 새로 건조된 거대한 전함에는 여전히 수만 톤의 베세머강(Bessemer steel)이 필요했기 때문이었다.[31] 인구수와 마찬가지로 강철 생산량도 한 국가의 전쟁 능력을 평가하는 지표 중 하나로 여겨졌다(〈표 3〉 참조).

독일과 미국의 강철 생산량이 다른 모든 강대국을 앞섰다는 사실은 서구의 산업사를 연구한 경제사학자들에게는 조금도 놀라운 것이 아니다. 순철(iron)을 생산하던 시대에서 고급 강철(steel)을 생산하는 시대로 넘어가자, 독일과 미국은 1913년쯤에도 강철 생산량에서 다른 국가들을 훨씬 앞섰고, 절대적으로 중요한 관련된 공산품, 예컨대 공작기계 등에서도 마찬가지였다. 이 부문에서 독일은 미국보다 크게 앞서 상당한 이점을 누렸다. 그러나 이런 이야기도 비스마르크 이후에 독일이 거둔 성공담이었다. 비스마르크 이후의 독일은 제3차 산업혁명을 통해 다른 산업 분야, 예컨대 화학과 전기, 광학과 자동차에서 눈부신 성과

대해전, 최강국의 탄생

〈그림 13〉 **미국 전함 오클라호마호와 네바다호, 1935년, 찰스턴 해군 조선소.** 두 세계대전 사이에 전통적인 미국 해군의 전함 함대가 보스턴항에 정박한 모습이다. 건너편에 만(灣)이 보인다. 두 전함은 같은 설계로 건조된 자매함이었지만 전투 이력은 무척 달랐다. 오클라호마호는 진주만에서 돌이킬 수 없는 치명적인 피해를 입은 반면, 네바다호는 살아남아 디데이와 오키나와 작전에 참전하는 등 전쟁 내내 활약했다.

를 거두었다. 1919년의 이른바 '보복적(punitive)' 평화조약들은 독일의 그런 본질적 강점을 조금도 박탈하지 못했다. 따라서 나치의 국방비 증액을 통해 그 강점들이 되살아났고, 이게파르벤과 크루프 산업 같은 거대 기업이 앞장서서 부활을 이끌었다.[32]

항공기를 제작하는 기업으로서 독일에는 포커와 메서슈미트, 미국에는 보잉과 그러먼, 영국에는 드 하빌랜드, 일본에는 미쓰비시 항공 산업이 있었다. 1930년대 군수 산업력을 평가하는 중요한 기준 중 하나는 물론 공군력이었다. 따라서 이 여섯 해군 강국의 공군 규모도 해당 국가의 군수 산업력을 평가하는 지표였다. 제1차 세계대전에서 그랬듯이 상선대 규모와 조선 능력이 여전히 강대국의 해군력을 비교하는 중요한 지표였지만, 항속거리가 긴 대형 폭격기를 개발하는 속도가 빨라지며 전쟁의 판도를 바꿀 수 있는 완전히 새로운 변수가 등장했기 때문이었다. 기뢰, 어뢰정, 연안 잠수함은 적의 해안에 접근하려는 대형 군함에 이미 무척 위험한 무기가 됐으나,[33] 지상에서 발진한 폭격기들(급강하 폭격기, 고공 폭격기, 뇌격기)이 가하는 새로운 위협은 훨씬 더 컸다. 그렇지만 일부 제독은 그런 사실을 끈질기게 반박했다. 그런 폭격기도 전투기의 보호를 받아야 했기 때문에 지역 영공에서만 우세를 누리는 것이 낫다는 반박이었다. 이런 이유로 강대국들의 입장에서 항공기 제작은 무척 중요하지만 걱정스러운 시선으로 지켜봐야 했던 문제였다(〈표 4〉 참조).

이런 수치가 당시의 강권 정치와 전략적 기회로 어떻게 전환되는지는 어렵지 않게 짐작된다. 뮌헨 협정이 체결된 1938년, 항공기 생산에서 독일과 일본은 영국을 앞질렀고, 특히 독일은 크게 앞섰다. 이탈리아도 프랑스를 앞섰다. 물론 항공기의 성능은 별개의 문제였다. 강대국들이 자체적으로 발표한 수치에는 느린 항공기, 훈련용 항공기 등이 포

	1932	1933	1934	1935	1936	1937	1938	1939
영국	400	600	700	1,100	1,900	2,200	2,800	7,900
미국	600	500	400	500	1,100	900	1,800	2,200
프랑스	(600)	(600)	(600)	800	900	700	1,400	3,200
독일	36	400	2,000	3,200	5,100	5,600	5,200	8,300
이탈리아	(500)	(500)	(800)	(1,000)	(1,000)	(1,500)	1,900	(2,000)
일본	700	800	700	1,000	1,200	1,500	3,200	4,500

〈표 4〉 강대국들의 항공기 생산력, 1932~1939년(100단위 반올림)

자료 출처: Kennedy, Rise and Fall of the Great Powers, 324, 이탈리아와 프랑스의 수치에 대한 설명은 p. 590 n. 139. 소련의 생산력은 여기에서 언급되지 않는다.

함됐지만, 추축국이 이 부문에서 앞섰다는 것은 의심의 여지가 없었다. 따라서 영국의 1939년 생산량이 급증했다는 것은 체임벌린 정부가 그런 우려스러운 현상을 뒤늦게라도 인식했다는 증거였다. 하지만 이 가공되지 않은 수치에는 다른 많은 것(영국이 세계 최초로 레이더로 제어되는 방공망을 갖추는 방향으로 전환하고, 일본 해군 항공대의 능력이 월등히 탁월하며, 이탈리아는 연료 부족에 시달렸다)도 감춰져 있었다. 끝으로, 미국의 넘볼 수 없는 '상업용' 항공기 건조 능력, 즉 폭격기를 건조하는 방향으로 즉각 전환할 수 있는 능력도 이 표에는 반영되지 않았다. 하지만 세 서구 민주국가의 정치인들이, 뮌헨 협정이 체결된 해에 추축국들이 보유한 항공기 총량이 그들보다 대략 2배가 많다는 것을 알았다면, 전쟁을 피해야 하는 또 하나의 이유로 여겼을 것이 분명하다.

미국의 군용 항공기 생산이 무척 낮았던 것은 다른 무엇보다 1930년대 말까지 평화의 길을 추구한 국민 및 국민소득의 상당 부분을 국방 예산에 써야 할 필요성을 아직 납득하지 못한 의회의 인식이 반영된 결과였다. 이런 현상은 당시 몇몇 사람이 지적했듯이 미국이 세계에서 압도적으로 큰 경제력을 지녀 강대국 중 하나인 데는 반론의 여

	국민소득(10억 달러)	국방비 비율(%)	국방비(10억 달러)
미국	68	1.5	1.0
대영제국	22	5.7	1.3
프랑스	10	9.1	0.9
독일	17	23.5	4.0
이탈리아	6	14.5	0.9
일본	4	28.2	1.1

〈표 5〉 **국민소득과 국방비 비율, 1937년**
자료 출처: Wright, Study of War, 672.

지가 없지만, 어떤 국가보다 국부 전체 중 군사비가 차지하는 비율은 압도적으로 적었다는 흥미로운 사실로 이어졌다(〈표 5〉 참조).

이 비교 통계표보다 파시스트 국가들의 왜곡된 군사화된 경제를 잘 보여주는 자료는 없다. 이 통계표는 쉽게 이해되기도 하지만, 영토 현황에 변화를 주려면 무엇보다 전쟁 무기에 많은 돈을 쏟아부어야 한다는 것을 보여주기 때문이다. 예컨대 일본은 극단적으로 무리하며, 훨씬 부유한 미국만큼, 즉 10억 달러 약간 넘는 예산을 국방비에 할애했다. 달리 말하면 중앙정부 예산이 거의 전적으로 군사비에 충당됐다. 히틀러의 독일도 체임벌린의 영국보다 3배, 루스벨트의 미국보다 거의 4배나 많은 국방비를 지출했다. 물론 베를린과 도쿄가 전쟁의 위험을 무릅쓰기에는 좋은 때였다! 그러나 위의 숫자에서 너무도 명백한 사실 하나가 확인된다. 대영제국과 미국이 경제를 전면전 상황으로 전환하면, 군사비에 엄청난 자금을 신속히 쏟아부을 역량을 보유하고 있었다는 것이다. 영국이 예컨대 국민소득의 15퍼센트를 국방비에 쓴다면 제3제국의 국방비를 거의 따라잡을 것이고, 미국이 비슷한 비율을 국방비에 할당하면 어떤 강대국보다 많은 돈을 쓰는 것이 된다.

대해전, 최강국의 탄생

더 많은 분석이 나중에 필요하겠지만(8장 참조), 하나의 확증적인 통계자료는 여기에서 언급해둘 만하다. 순전히 산업과 기술 관점에서 보면, 미국에는 20세기 초부터 세계에서 가장 큰 해군을 키워낼 만한 역량이 있었다. 대공황으로 한동안 타격을 입었지만, 1919년 이후로 미국의 상대적 생산력은 점점 커졌다. 1937년쯤에는 '강대국의 상대적 전력(戰力)'이라 일컬어지던 것의 41.7퍼센트를 차지했다. 독일이 14.4퍼센트, 소련이 14퍼센트, 영국이 10.2퍼센트, 일본이 3.5퍼센트에 불과했던 것에 비교하면 압도적으로 높았다.³⁴ 정확성이 의심스럽지만 이 수치는 물론 나중에, 즉 전후에 계산된 것이고, 당시에는 알려지지 않았다. 모두가 알고 있기로는, 미국이 여전히 총보다 버터에 더 많은 돈을 쓰고 싶어 하는 상황에 있다는 것이었다.

따라서 강대국들에서 경제와 과학기술이 군사력에 끼치는 상관관계를 조사하면, 영국과 미국이 지리적 영역에서 지닌 명백한 이점으로부터 추정되는 만큼 크게 서구가 앞서지 않았다는 것이 드러난다. 전쟁 초기에는 강철 생산력과 볼 베어링 및 '상대적 전력'에 영향을 끼치는 다른 많은 부문에서 독일이 보유한 상당한 자산 때문에, 또 독일과 일본이 특히 공군에서 강조한 전투 준비 태세 때문에 혼란스럽기는 했다. 하지만 독일과 일본이 일찍부터 재무장한 까닭에 현상과 그 현상을 타파하려는 두 강대국 간의 격차가 부분적으로 줄어들었더라도 '가진 것이 없는' 해군국들이 더 부유하고 생산력도 뛰어난 영국과 미국을 상대로 전면전을 벌인다면 목적을 달성할 수 있을지는 여전히 오리무중이었다.

전략적 사고와 해군 전쟁의 승리

위에서 언급한 것들에서 단순한 것은 없었다. 지리적 조건 및 경제와 과학기술의 역할, 이 요인들의 상호 관련성, 그 하나하나가 해군력과 갖는 관계 때문에 종합해서 일반화하기는 쉽지 않다. 6대 해군 강국은 지리적 조건과 경제적 상황에서 많은 차이가 있었다. 따라서 해군이 어떻게 운영되고, 어떤 전략적 특징이 가장 중요한가에 대한 일반론에 거의 즉각적으로 단서가 더해진다. 해군력의 본질을 일반화하려는 시도가 위험하다면, 그런데도 어떤 저자가 해군의 문제와 관련해 어떤 시대에나 적용되는 불변의 '법칙'을 찾아냈다고 주장한다면 대담하기 이를 데 없는 주장이 될 것이다. 하지만 머핸은 자신의 가장 유명한 저서 《해양력이 역사에 미치는 영향: 1660~1783》에서 일찍이 그렇게 주장했다. 머핸은 군함의 크기와 무기와 추진 장치에서 때때로 중대한 변화가 일어난다는 것을 알고 있었다. 따라서 그가 글을 쓰고 가르치던 미국 해군참모대학교(Naval War College)의 연구실 창문 아래를 지나가는 미국 군함에 큰 교체가 있었다는 것도 분명히 알고 있었을 것이다. 머핸은 해군의 '도구'와 무기가 달라지며 전시의 전술도 달라졌다는 것을 신속히 인정했다. 하지만 그런 과도기적인 변화에도 불구하고 "과거의 전략 기반은 바윗덩이에 올려진 것처럼 변하지 않았고", 해군력의 증강에 영향을 주는 주된 요소들은 "원인과 결과에서 시대를 초월해 언제나 똑같아서 변경할 수 없고 변하지도 않는 것"에 속한다고 주장했다.[35]

머핸이 19세기 학자로서 실증주의적으로 일반적인 법칙을 찾으려 했기 때문에 해군력의 본질에 대한 그의 결론이 그처럼 단호했던 것일까? 아니면 그가 자신의 저서에서 주요 함대 전투들(예컨대 7년 전쟁과 나

대해전, 최강국의 탄생

폴레옹 전쟁)의 승리로 증명되는 일련의 역사적인 전쟁만을 다루었기 때문일까? 머핸이 무엇을 근거로 했든 간에, 해군의 지배력은 난바다에서 벌어지는 결정적인 전투에서 획득되고, 승리를 위해서는 그런 전략을 수행할 수 있는 큰 중심력이 해군에 필요하다는 것을 명확히 결론지었다. 머핸의 생각에, 당시 프랑스 해군이 주로 사용하던 '통상 파괴 (guerre de course)'는 전쟁에서 완전한 승리를 얻을 수 없는 보잘것없는 전략이었다. 영국 해군이 19세기 말에 어떤 도전을 받더라도 정상의 자리를 유지하기를 바란다면, 최대이자 최상인 전투 함대를 갖추어야 했다. 또 그의 조국이던 미국이 해군 강국이 되려면 순양함 함대가 강력한 전함으로 해군을 꾸려야 한다고 생각했다.[36]

머핸의 《해양력이 역사에 미치는 영향: 1660~1783》이 1890년 처음 출간된 이후로 세계 각국의 해군부와 제독들에게 많은 영향을 끼쳤다는 것은 널리 알려진 사실이다. 새로운 해군 강국을 꿈꾸던 일본과 독일과 이탈리아에서 해군 관련 압력단체들은 그 책을 크게 반겼다. 미국 내의 팽창주의자들도 1890년대에 자신들을 대신해 해군과 대형 함대의 중요성을 역설하는 선지자가 나타난 것에 크게 기뻐했다. 세계사에서 바다가 중요한 역할을 했다는 머핸의 많은 글에서 영국 해군은 주체이자 수혜자였던 까닭에, 그 미국인 저자에게 찬사를 보내며 그의 결론을 따르려 했다. 당시 국제 상황은 그런 책에 긍정적이었다. 국제무역과 자본의 흐름이 활성화되고, 산업 생산력이 급증하는 동시에 새로운 과학기술이 봇물처럼 쏟아졌다. 선진적인 유럽 국가들을 필두로 육군과 해군의 지출도 크게 늘었고, 여기에 미국과 일본까지 끼어들었다. 게다가 아프리가와 아시아와 태평양에서 석탄항과 해군기지를 확보하기 위한 식민지 쟁탈전이 격화됐다.[37]

같은 시기에 군함들이 훨씬 더 커지고 빨라진 데다 함포와 보호 장치가 강화된 까닭에도 해군 예산은 전반적으로 크게 앙등했다. 제1차 세계대전까지는 '슈퍼 드레드노트(예컨대 퀸 엘리자베스와 콜로라도급)'가 1890년 이전의 군함보다 훨씬 더 강력했고 값도 비쌌다. 따라서 모든 성공한 국가는 앞으로도 계속 발전하기 위해서, 적어도 살아남기 위해서라도 강력한 해군을 키워야 한다는 역사에 기반한 지적인 주장이 있다는 사실이 무척 만족스러웠을 것이다. 독일 황제 빌헬름 2세(재위 1888~1918년)는 프랑스가 1898년의 식민지 다툼에서 강력한 해군을 보유한 영국에 무릎을 꿇었다는 것을 알고는 "불쌍한 프랑스! 머핸을 읽지 않았군!"이라고 소리쳤다고 전해진다.[38] 반면에 독일은 머핸의 가르침을 받아들여 가능한 범위 내에서 가장 강력한 해군을 키워냈다. 물론 일본과 이탈리아와 미국도 당연히 그렇게 했다.

미국-스페인 전쟁(1898년)과 러일전쟁(1904~1906년)의 결과에서 머핸의 가르침이 확인됐다. 달리 말하면 해전에서 승전한 국가가 승리했다. 제1차 세계대전에서도 머핸의 가르침은 퇴색되지 않았다. 여하튼 1918년의 패전국은 해군력이 약한 동맹국이었고, 승전국은 전투 전함을 보유한 영국과 미국과 일본이었다. 유틀란트 해전처럼 명확한 승패를 가르지 못한 제1차 세계대전의 몇몇 해전을 통해 승전국들이 배운 교훈이 있었다면, 해상에서 신호를 주고받는 방법을 개선하고, 군함의 보호 장치를 개선해야 한다는 것이었다. 다시 말하면, 향후에 쌍방의 함대가 격전을 벌일 때 승패를 확실히 나눠줄 것들을 개선해야 한다는 교훈이었다.[39] 워싱턴 해군 조약이 '전함'의 크기와 수효에 명확히 초점을 맞추었다는 사실에서도 해군력이 세계 정치에 중요하고, 해군 강국들이 주력함을 기준으로 평가된다는 것이 재확인됐다. 따라서 1930년대에 각국

대해전, 최강국의 탄생

의 해군부는 물질적이고 지리적인 제약을 받았을 뿐만 아니라, 다음 해전을 치르는 방법에 대해서도 기존 이론에 크게 영향을 받은 상태에서 자체의 역사를 써 내려갔다.

물론 일본과 미국의 전함 제독들은 해군에 대한 머핸의 이론을 받아들여 적용하는 게 급선무라고 생각했다. 다음 전쟁에서 자국의 태평함 함대가 승리하려면 "적군의 군함을 바다에서 몰아내거나 도망자 신세로 보이게 만드는 압도적인 힘"을 확보하는 데 몰두해야 했기 때문이다.[40] 일본과 미국에는 미치지 못했지만 역시 해군 강국이던 프랑스와 이탈리아도 대형 전투 전함의 중요성을 역설한 머핸의 이론을 따르려고 안간힘을 다했다. 워싱턴 조약의 효력이 만료된 이후 소수에 불과했지만 주력함을 새로 건조하는 동시에, 실제 전투에서 더 큰 전투 함대에 타격을 줄 수 있는 무기들, 예컨대 어뢰정과 구축함과 잠수함 등을 대거 제작하기도 했다.

한편 10만 톤급 전함(!)을 목표로 삼았던 레더 제독이 이끈 독일 해군 지도부의 경우에도 적어도 가까운 시일 내에 이루어지리라고는 희망을 크게 품지는 않았지만, 대규모 전투 함대가 필요하다는 머핸과 알프레트 티르피츠의 믿음을 공유한 장성들이 있었다.

얄궂게도, 머핸이 해군력에 대한 교훈의 완벽한 본보기로 삼았던 국가, 즉 영국이 실제로는 전투 함대 중심의 해군에 가장 뒤떨어진 것으로 드러났다.[41] 앞에서 보았듯이, 나머지 강대국 중 하나가 머핸의 교훈에 훨씬 더 부합했을 것이다. 하지만 영국과 영국이 세계 곳곳을 점유하며 이루어낸 제국은 상당히 다른 유형의 해양국이었다. 영국 경제가 보호주의를 표방하던 농업국에서 자유무역을 주장하는 공업국으로 변신했던 한 세기 전부터는 그랬다. 달리 말하면, 국내에서 생산되는 자원만으로는 더 이상 국민을 먹여 살릴 수 없어 해외 수입품에 의존해야 했던 까닭에 전시에 해상 교통로를 지킬 수 있는 군함의 강화가 필요했다. 영국 상품은 제국과 해외 시장으로 뻗어나간 반면, 막대한 양의 식량과 연료 및 원자재가 세계 최대의 상선단에 실려 국내로 운반됐다. 따라서 영국 해군은 초계 순양함과 호위함을 동원해 상선의 안전을 확보해야 했다.

결국 클라우제비츠의 의미에서 영국의 대전략은 영국 섬 자체를 안전하게 지키는 것이 목적이었기 때문에 영국 해군 전략의 핵심은 해상 교통로의 안전 보장이었다. 격렬한 해전을 벌이더라도 수입품이 영국에 들어가면 그 목적을 달성한 것이었다. 해전 없이 영국에 수입품이 들어가도 결과는 똑같았지만, 그 편이 훨씬 더 나았다. 전투 함대의 충돌은 승리해서 영국 무역로를 차단할 수 있을 경우에만 유의미할 뿐이었다. 따라서 공해상에서 빈둥대는 적국의 포켓 전함은 상선을 향해 공격하기 시작할 때만 위험했다. 영국 해군은 그런 위험을 충분히 해결할 수 있을 만큼 주력함을 보유한 것으로 여겨졌지만, 실제로는 거기에 제2의 해군, 즉 상당수의 경순양함과 호위 구축함 등 상선 보호를 목적으로 설계된 군함들로 구성된 부대가 추가로 필요했다. 전쟁이 발발하더라도 그 제2의 해군은 전투 함대와 함께할 필요가 없었다. 이런 관점에서 보면, 해양력은 상선을 안전하게 항구에 도착하게 하는 능력이었다.

이런 관점에 가장 가깝게 논증을 펼친 해군 전문가는 공식적인 영국 해군 사학자이자 전략가이던 줄리언 코벳(Julian Corbett, 1854~1922년)이었다. 마르크스나 머핸처럼 일반적인 역사 '법칙'을 추적하지는 않았지만, 코벳은 잉글랜드 해군의 과거, 특히 잉글랜드가 바다에서 거둔 위대한 승리들, 예컨대 7년 전쟁(1756~1763년)과 같은 물리적 충돌

대해전, 최강국의 탄생

을 깊이 연구한 결과를 바탕으로, 그 시대의 영국이 취할 수 있는 최상의 전략이 무엇인지 알아내려 했다.[42] 그가 찾아낸 결론에 따르면, 베네치아와 네덜란드공화국의 수준을 넘어설 필요는 없어도 그 정도까지는 대영제국도 경제적 생존을 위해 무역로를 장악해야 했다. 따라서 배질 리델 하트의 표현을 빌리면 "영국의 역사적 전략"은 영국 섬, 즉 영국 국민과 산업을 오가는 많은 해상 교통로를 안전하게 지키는 것이어야 한다는 결론이 내려졌다. 영국 해군이 그런 안전을 보장하고, 그 결과로 영국 경제가 튼튼하게 보호받는다면, 국가 재정도 자연스레 안전하게 지켜져서 국가 신용도를 높게 유지하면서 군대를 양성하고, 동맹들을 지원하며 식민지도 도울 수 있었다. 결국 해군력이 전투 함대의 교전에서 승리한다는 개념을 넘어, 훨씬 더 큰 범위를 뜻해야 했다. 따라서 코벳의 결론에 따르면, 1917~1918년의 대서양 전투에서 해군이 궁극적으로 승리함으로써 해상 교통로가 지켜졌고, 미군들이 영국 항구로 들어올 수 있게 된 것이 대영제국의 대전략에서는 유틀란트 해전의 승패보다 훨씬 더 중요한 부분이었다. 이 때문에 유틀란트 해전은 전통주의를 고수하던 제독들에게 코벳을 의심하게 만든 많은 요인 중 하나이기도 했다.[43]

해상에서 벌어진 나폴레옹 전쟁에 대한 코벳의 연구를 다시 근거로 할 때, 호송 부대를 조직하는 것이 골치 아프고 빠른 상선의 속도를 늦추는 등 해운 회사의 일 처리를 방해하더라도 영국의 무역을 보호하기 위해 전시에 호송단을 활용하는 일을 코벳이 못마땅하게 생각하지 않았다는 것도 주목할 만하다. 오히려 상당수의 민간 선박을 침몰시킬 정도로 적군의 역량이 크다면, 호송 부대를 조직해 모든 해상무역을 보호하는 것이 영국 해군의 일차적 목표가 돼야 한다는 게 코벳의 생각이었다. 게다가 통상을 방해하는 적의 군함을 찾아 드넓은 바다를 뒤지고 다니는 것은 해군력을 낭비하는 어리석은 짓이었다. 프랑스의 프리깃함이든 독일의 유보트든 상선의 정상적인 활동을 방해하는 군함은 꿀을 보고 달려드는 말벌처럼 결국 호송대와 맞붙어 침몰되는 운명을 맞을 수 있었다. 따라서 적의 군함이 상선을 공격하지 않거나 가까이 접근조차 하지 않는다면, 그리하여 호송대가 전혀 발포하지 않고도 상선이 아무런 방해를 받지 않고 포츠머스와 리버풀에 안전하게 도착한다면, 그것만으로도 영국의 전략적 승리였다.

따라서 합리적으로 생각하면 호송대를 조직하지 않을 이유가 없었다. 뒤에서 살펴보겠지만, 일부 고위 장교와 처칠 등이 난바다에서 적의 주력함을 상대로 교전하기를 바랐지만, 1940년쯤 영국 해군부가 전반적으로 추진한 정책은 호송대 조직이었다. 그러나 다른 해군 강국들의 사령부는 여전히 머핸의 이론대로 해전의 본질을 주력 전투 함대들 사이의 대규모 충돌로 생각했기 때문에 그런 가정하에 해군력을 조직했다. 하지만 독일과 이탈리아는 연안 호송대를 소규모로 꾸렸고, 이탈리아는 연안을 넘어 북아프리카를 왕래하는 호송대를 조직하기도 했다. 프랑스는 군인 수송선에는 언제나 해군의 강력한 호위를 제공했으나 다른 경우에는 그다지 적극적이지 않았다. 끝으로 일본은 이 경우에도 무척 이상했다. 영국처럼 생존을 위해 경제가 해외무역에 크게 의존했음에도 상선을 보호하려는 준비가 거의 없었다. 코벳이 그때까지 살아 일본의 전쟁 준비 상황을 점검했다면 고개를 절레절레 흔들었을 것이다.

제2차 세계대전 직전까지 여섯 해군 강국의 뒤죽박죽인 상황을 보면, 해군력 조직에 대해 모두에게 들어맞는 하나의 권위 있는 이론을

대해전, 최강국의 탄생

찾아내는 것은 불가능하다. 다수의 강대국이 전투 함대 전략을 개략적으로 강조한 머핸의 이론을 선호한 이유는 그 이론이 그들의 상황에 가장 잘 들어맞는다고 생각했기 때문이었다. 또 영국 해군이 1939년에 무역로의 방어에 특별한 관심을 기울인 이유는 무역을 보호하는 것이 중요하기도 했지만, 대형 군함을 굳이 배치해 견제해야 할 정도의 대규모 전투 함대, 예컨대 과거의 대양 함대가 적국에는 하나도 없었기 때문이었다. 따라서 세 추축국의 해군과 연합군(영국, 미국, 프랑스)의 해군이 맞붙는 충돌이 곳곳에서 일어난다면, 해전의 양상이 바다마다 다를 것이라는 추정은 충분히 타당했다. 대서양에서는 주로 무역로를 두고 격전이 벌어질 것이고, 지중해에서는 몰타와 리비아를 오가는 호송대를 중심으로 격렬한 근접전이 벌어질 것이며, 태평양에서는 미국과 일본의 전함과 항공모함이 대규모로 맞붙게 될 것이란 추정이 가능했다. 요컨대 해전이 한 형태가 아니라 다양한 형태로 전개됨에 따라 무척 혼란스럽고 복잡한 이야기를 만들어낼 것이 분명했다.

———

지리적 조건과 경제가 해군력에 영향을 끼친다는 뻔한 말은 제외하고도 지금까지 언급된 많은 의견에서 몇몇 일반적인 결론을 끌어낼 수 있을까? 물론이다. 여기에서 정리된 증거로만 판단해도, 1930년대에 현상을 타파하려던 세 국가와 그들의 해군은 지리적 위치와 상대적인 경제력에서 불리한 처지에 있었던 것은 분명한 듯하다. 산업화된 현대전에 필요한 원사재 내부분이 크게 부족했고, 세세를 관동하는 주요 해로에 큰 함대 기지도 없었으며, 영미권 국가들이 보유한 선박 및 선박 건조 능력에 비교하면 모두 합해도 3분의 1밖에 되지 않았던 까닭에 베를린과 로마와 도쿄의 지도부는 현상을 타파하려던 욕망을 단념하는 편이 나았을지도 모른다.

그러나 갖지 못해 불만에 휩싸인 국가가 항상 '합리적인 경제인(Rational Economic Man)'으로서 행동하지는 않는다. 게다가 시야를 좁혀 군사력의 상관관계에서 보면, 추축국들에는 판도를 바꿀 만한 가능성과 연결된 듯한 강점들이 있었다. 예를 들면 앞에서 말했듯이, 1939년의 루프트바페는 어떤 해군보다 강한 공격력을 갖추었고, 1941년의 일본 해군 항공대는 여느 국가의 항공대보다 강한 타격력을 보유했다. 더욱이 세계 군사력의 변화 상황을 보여주는 지표에서도 미국이 고립주의를 포기하고 더 많은 예산을 투자하기 전에, 또 소련이 자학적 상태에서 회복되기 전에 빨리 공격하는 게 나은 듯했다. 상대편이 전쟁준비를 제대로 하지 않았을 때 신속하게 공격함으로써, 추축국들의 야심 찬 지도부는 지리적 판도를 바꾸고 경제적 자산을 확보해 더 강한 국가로 거듭날 수 있기를 바랐다. 이렇게 또 한 번의 패권 전쟁이 눈앞에 슬금슬금 다가오고 있었고, 이번 전쟁에서도 함대들이 크게 맞붙어 싸우든 유보트와 호위함이 무역로를 장악하기 위해 싸우든 간에 해군이 중요한 역할을 할 것이 분명했다.

대해전, 최강국의 탄생

VICTORY AT SEA

2부

대해전,
1939~1942년

〈그림 14〉 **작전 중인 영국 군함 워스파이트호, 1940년 4월, 나르비크협만.** 워스파이트호는 전투 경험이 많은 전함으로 독일 구축함 전단을 쓸어버리라는 명령을 받고 나르비크협만에 보내졌다. 그러나 영국 해군은 히틀러의 노르웨이 점령을 막을 수 없었다.

대해전, 최강국의 탄생

4장

초기의 해전
1939년 9월부터 1940년 7월까지

2년 뒤에 벌어진 태평양 전쟁과 대조적으로, 서구에서의 해전은 1939년 9월에 상당히 조심스럽고 산발적으로 시작됐다. 그 이유는 해군 강대국 중 절반(이탈리아와 일본과 미국)이 중립을 유지했고, 독일이 지리적 결함을 띤 데다 함대 자산도 제한적이었기 때문이다. 여하튼 독일이 폴란드를 침공하며, 제2차 세계대전이 유럽에서 시작됐다. 제3제국은 동쪽의 이웃 국가를 공격했고, 영국과 프랑스는 군사적 약속에 따라 독일을 상대로 전쟁을 선포했다. 미국과 일본은 그 전쟁이 자신들의 전쟁이 아니었기 때문에 중립을 지켰고, (무솔리니가 일찍이 히틀러에게 단언했던 약속에도 불구하고) 이탈리아가 중립을 지킨 이유는 지중해에서 압도적인 힘을 지닌 영국과 프랑스의 해군과 싸우지 않으려고 노심초사했기 때문이었다. 소련의 경우에는 앞에서 말했듯이, 전쟁 기간 내내 공해에서는 무의미한 군대였고, 여하튼 중립을 지키겠다고 히틀러와 협정을 맺은 직후였다. 따라서 1939년 당시, 바다에서의 전쟁은 제한적일 수밖에 없었다.[1]

명목상으로는 세 해군 강국(영국, 프랑스, 독일)이 이때 싸웠지만, 프랑스가 육지에서 결국 패하고 항복하기 전까지 9개월 동안에도 해군 함대는 비교적 작은 역할에 그쳤다. 이탈리아가 적대적인 방향으로 옮겨 갈 가능성이 프랑스 전투 함대의 상당 부분과 잠수함 부대를 지중해에 묶어두었기 때문이었다. 게다가 소함대들도 전쟁터에서 멀리 떨어진 채 서아프리카와 동남아시아의 식민지를 지키는 데 주력했다. 서유럽에서 전쟁이 발발한 뒤에도 프랑스 해군은 북아프리카에서 프랑스까지 군대를 수송하는 선박을 호위하는 데 상당한 규모의 군함을 배치했다. 하지만 프랑스 해군부는 근대적인 고속 전대들 중 일부를 브레스트와 셰르부르에 주둔시켜두고서 대서양에서 영국 해군의 '사냥꾼(hunting group: 독일 잠수함을 공격하고 호송 부대를 지원할 목적으로 배치된 군함들-옮긴이)'들에게 힘을 보태는 것도 중요하다고 판단했다. 따라서 1939년 10월 당시, 프랑스 해군은 그라프 슈페호 등 독일의 통상 파괴함들을 사냥하는 데 상당한 규모의 두 기동부대를 배치했다.[2]

하지만 주된 교전국은 1914년 이후로 숙적 관계이던 영국과 독일의 해군이었다. 전략적으로는 많은 것이 변하지 않은 듯했다. 네덜란드와 덴마크와 노르웨이는 다시 중립을 선언했다. 어떻게 그럴 수 있었을까? 도버 사령부의 군함들이 영국해협을 차단했다. 독일의 기뢰 부설함들이 헬리골란트섬과 그 서쪽까지 기뢰를 대대적으로 설치했고, 영국의 기뢰 부설함들은 독일 항구들과 섬들의 앞바다에 기뢰를 던져두었다. 어느 쪽에도 레이더가 없어 가끔 양쪽의 기뢰 부설함이 짙은 안개 속에서 부딪쳤고, 파편 조각이 바다에 떨어졌다. 당시 대함대보다 본국 함대로 불렸던 영국 해군의 대형 군함들은 스캐파플로에 정박했고, 상대적으로 작은 군함들이 노르웨이-스코틀랜드를 잇는 해로를 순찰했다. 폴란드 해군은 발트해 밖으로 내보낸 일부를 제외하고는 루프트바페에 거의 전멸됐지만, 영국과 프랑스는 그때 어떤 반격도 할 수 없었다.

1914년에 그랬던 것처럼 독일은 소수의 통상 파괴함을 공해로 내보냈지만, 크릭스마리네의 대부분은 빌헬름스하펜과 킬을 벗어나지 못했다. 이런 점에서는 카이저 시대의 대양 함대와 다를 게 없었으나 1939년에는 진정한 의미의 대양 함대가 없었다는 큰 차이가 있었다. 6척의 전투 순양함과 포켓 전함, 약간의 순양함, 20척의 신형 구축함, 서너 잠수함 전단이 크릭스마리네의 전부였다. 북해를 가로질러야 하는 지리적 거리, 거의 언제나 구름으로 뒤덮인 날씨, 등화관제 등으로 전쟁 초기 단계에는 항공기의 혁명적인 성능도 제한받을 수밖에 없었다. 이 때문에 양쪽 공군이 육지와 바다에서 표적의 정확한 위치를 찾아내기가 어려웠다. 예컨대 언젠가 영국 공군의 중형 폭격기들이 함부르크까지 날아가 선전 전단을 떨어뜨렸다. 폭격기들이 독일 전투기의 공격을 받기 시작하자, 영국 공군 폭격 사령부는 야간 투하로 전환해버렸다. 강대국 간의 전쟁에 전혀 어울리지 않는 모습이었다. 한쪽에 함대가 없을 때 주인이 없는 공동 자원(global commons)을 장악하기 위한 치열한 함대 전투를 머핸의 정의 내에서 생각하기는 어려웠다.

하지만 독일에는 지략이 뛰어난 잠수함 사령관, 카를 되니츠 해군 준장과 소수의 유보트 함장들이 있었다. 그들은 대서양을 장악한 영국과 프랑스 해군의 약점을 찾아내 이용하는 데 초점을 맞추었다. 마침내 그들은 1939년 9월 17일 첫 타격을 가했다. U-29의 공격에 영국의 플리트 항공모함 커레이저스호가 침몰했다. 얄궂게도 커레이저스호는 아일랜드 남서쪽에서 독일 잠수함의 활동을 감시하려고 파견된 항공모함이었다. 이 사건은 영국 해군에 518명의 승조원을 잃었다는 슬픔만이 아니라, 그보다 더 큰 타격과 교훈을 주었다. 730톤의 잠수함이 2만 2,500톤의 항공모함을 공격했고, 잠수함에서 발사한 어뢰가 명중되고 15분 만에 항공모함이 가라앉았다. 그야말로 '비대칭 전쟁'의 전형이었다. 유틀란트 해전 이후로 줄곧 북해에서 활동하는 전함들의 안전을 걱정했던 존 젤리코(John Jellicoe, 1859~1935년)의 걱정을 다시 새겨야 했다.

그때부터 값비싼 주력함이 공해로 나갈 때는 한 무리의 호위함들이 항상 동행했다. 커레이저스호가 U-29의 공격을 받았을 때 호위함으로는 2척의 구축함밖에 없었다. 이 사건에서 훨씬 더 미심쩍은 면은 항공모함 함대를 이른바 수색 부대로 꾸려서 은밀히 움직이는 잠수함을 찾아내라고 파견한 생각(주로 윈스턴 처칠 해군부 장관의 생각)이었다. 그야말로 건초 더미에서 바늘을 찾겠다는 발상과 다를 것이 없었다. 그보다 사흘 전에는 항공모함 아크 로열호가 비슷한 운명에 처할 뻔하기도 했다. U-39에서 발사한 어뢰가 너무 빨리 폭발한 덕분에 가까스로 침몰을 면할 수 있었다. 커레이저스호의 침몰에 충격을 받은 영국 해군부는 그 어리석은 '수색 섬멸' 계획을 포기했지만 소중한 항공모함 6척 중 하나를 잃은 뒤였다.[3]

하지만 한 달이 지나지 않아 영국 해군이 자존심에 더 큰 상처를 받고, 주력함을 더 크게 상실하는 사건이 일어났다. 지략가이던 잠수함 함장 귄터 프린(Günther Prien, 1908~1941년)이 U-47을 끌고, 스캐퍼플로에 있던 영국 해군기지의 허술한 해저 방어 시설을 조심스레 뚫고 들어가서 정박 중이던 전함 로열 오크호를 공격한 사건이었다. 처음 공격들은 자기 어뢰(magnetic torpedo)의 결함 때문에 모두 실패했지만 프린은 차분히 재장전해서 다시 쏘았다. 세 발의 어뢰를 맞고, 15인치 함포를 장착한 드레드노트급 전함이 13분 만에 산산조각 났고, 많은 영국 승조원이 사망하거나 다쳤다. 한편 U-47은 은밀히 방향을 돌려 빌헬름스하펜까지 안전하게 귀환해 독일군의 열렬한 환영을 받았고, 히틀러 총통에게 큰 기쁨을 안겨주었다.[4] 대영제국의 다른 곳도 크게 다르지 않았다. 스캐파플로, 지브롤터와 알렉산드리아, 트링코말리와 싱가포르 등 주요 함대 기지는 수십 년 동안 부족한 군사비로 유지된 까닭에 방어 상태가 상당히 허술했다. 그 결과로, 본국 함대는 초기에 두 주력함을 잃었고, 한동안 스코틀랜드의 여러 만, 심지어 클라이드에도 보내져 그곳에 정박됐다. 게다가 필요한 경우에는 위험할 정도로 멀리 떨어진 북해나 노르웨이 남쪽 앞바다로도 보내졌다.

초기에 영국 본국 함대에 속한 2척의 주력함에 대한 공격이 있은 뒤, 북쪽 바다에서는 한동안 조용한 시간이 이어졌다. 영국 해군의 경계가 강화되기 전, 11월에 전투 순양함 샤른호르스트호와 그나이제나우호가 아이슬란드 근처에서 영국의 보조 순양함, 라왈핀디호를 신속하게 공격해 격침하는 성과를 거둔 뒤에 모항으로 돌아갔다. 북해에서는 함대를 동원한 대규모 공격보다, 이렇게 기습적으로 공격한 뒤에 신속히 탈출하는 전략이 주로 사용됐다. 해상과 해저 모두에서 독일군은 기회를 틈타 간헐적이고 순간적으로 영국 해군의 제해권에 도전했다.

양측의 함대가 패기만만하게 장기간의 해전을 벌이는 장면은 6개월 뒤에야 있었다. 독일 공군이 영국 해군을 공격하는 모습도, 히틀러의 야심이 서쪽으로 향한 뒤에야 완전히 드러났다. 유보트의 위협은 1917년의 수준보다 훨씬 더 강력했지만, 그 위협에 영국 해군이 전략을 바꿔야 할 만큼 강한 화력은 아니었다. 하지만 몇몇 뛰어난 유보트 함장이 거둔 성과는 영국 해군을 겁나게 하기에 충분했다. 게다가 그들이 야간에 수면 위로 떠올라 잠수 탐지기의 감시를 영리하게 피하며, 연합군의 수송부대에 반격을 가하는 사례가 증가한 현상도 큰 골칫거리였다. 잘 알려졌듯이, 어뢰는 어떤 포탄보다 폭발력이 컸다. 독일이 기본형으로 개발한 제7형 잠수함은 뛰어난 무기라는 것을 직접 증명해 보였다. 만약 되니츠에게 서너 배의 잠수함을 더 주었더라면 연합군의 상황이 심각해졌을 수 있다.

스캐파플로와 아일랜드해에서 멀리 떨어진 곳의 해군 상황도 영국 해군부 전략가들에게는 또 하나의 까다로운 문젯거리였다. 공교롭게도 바다에서는 제2차 세계대전이 공식적으로 알려진 전쟁 첫날, 즉 1939년 9월 3일보다 더 일찍 시작됐다. 전쟁이 시작되면 영국 해군의 봉쇄로 대서양으로 나가는 길이 차단될 것으로 예상하고, 그보다 수주 전에 독일 통상 파괴함들은 은밀히 무장한 상선의 모습으로 무역로 곳곳을 이미 차지하고 있었다. 전쟁이 시작되고 처음 몇 년 동안, 이렇게 변신한 상당수의 통상 파괴함이 연합군의 광범위하게 노출된 무역로에서 은밀히 활동한 까닭에 영국 해군부는 수십 척의 영국 상선을 무장시키고, 많은 수의 순양함을 배치해 무역로를 보호하는 수밖에 없었다. 이런 보조적인 통상 파괴함이 영국 해군의 집중력을 크게 흐트러뜨리는 것이 에리히 레더 제독의 바람이었다면, 그의 판단은 옳았다. 그러나 속성상 통상 파괴함은 영국이나 프랑스 군함이 시야에 들어오면 곧바로 달아나야만 했다. 더구나 일찍이 남대서양과 인도양으로 멀리 파견됐고, 유럽에서 전쟁이 시작됐다는 신호를 받자마자 무역로를 공격하기 시작한 포켓 전함 그라프 슈페호처럼 대형 군함의 습격은 훨씬 더 위험했다.

그라프 슈페호가 써 내려간 대서사

연중 어느 때나 남대서양과 인도양에는 단독으로 항해하는 수십 척을 포함해 수천 척에 달하는 영국과 연합국의 상선이 바다에 떠 있었기 때문에, 포켓 전함 그라프 슈페호는 드넓은 바다에서 서성대다가 눈에 띄는 상선을 침몰시키거나 나포한 뒤에 다시 운항을 계속할 수 있었다. 역사학자 스티븐 로스킬(Stephen Roskill, 1903~1982년)의 기록을 인용하면, "9월 30일 페르남부쿠 앞바다에서 클레멘트호를 격침한 뒤, 그라프 슈페호는 남대서양을 가로질렀고, 10월 5일에는 미국 상선 뉴턴 비치호를 두 번째 표적으로 삼았다. …… 10월 5일부터 10일까지 희망봉을 우회하는 무역로에서 3척의 상선을 더 격침하거나 나포한 뒤에 남태평양 한복판의 기지로 돌아갔다. 그곳에서 10월 15일 급유선 알트마르크호에서 연료를 보급받았고, 희생된 상선의 선원들은 알트마르크호에 인계했다".[5]

영국 공식 해군사에는 그라프 슈페호를 찾아 그 광활한 바다를 헤집고 다녔던 영국과 프랑스의 군함들과 순찰선들, 그리고 그들이 적발한 적군의 상선들이 무척 자세히 기록됐다(〈표 6〉 참조). 모두 합하면 총 8조의 강력한 사냥꾼이 있었고, 각 조는 전투 순양함, 항공모함과 순양함으로 구성됐으며, 모든 배가 비교적 빨랐다. 한편 영국 해군의 전함들은 북대서양에 남아 핼리팩스에서 영국으로 운항하는 대규모 호송대를 그라프 슈페호의 자매선 도이칠란트호로부터 보호하는 역할을 맡았다.

해군사라는 넓은 관점에서 보면 그라프 슈페호 이야기는 내략 이렇게 정리된다. 스티븐 로스킬의 표현을 빌리면, 궁극적으로 포켓 전함

부대	사냥조의 구성	작전 지역	모항
F	베릭호와 요크호	북아메리카와 서인도제도	핼리팩스
G	엑서터호와 컴벌랜드호 (나중에는 에이잭스호와 아킬레스호)	남아메리카의 남동 해안	남대서양
H	서식스호와 슈롭셔호	희망봉	지중해
I	콘월호, 도싯셔호, 이글호	실론	중국
K	아크 로열호와 리나운호	페르남부쿠	본국 함대
L	됭케르크호, 베아른호, 6인치 함포를 장착한 3척의 프랑스 순양함	브레스트	
M	8인치 함포를 장착한 2척의 프랑스 순양함	다카르	
N	스트라스부르호와 헤르메스호	서인도제도	헤르메스호는 플리머스

〈표 6〉 **영국과 프랑스의 합동 사냥조, 1939년 10월**

자료 출처: Roskill, War at Sea, 1:115. 15척의 순양함, 3척의 전투 순양함, 2척의 항공모함이 그라프 슈페호를 추적한 셈이었다. 영국 전투 순양함은 전함보다 보호 장치는 허술했지만, 모두 15인치 함포를 장착하고 있었다.

을 추적하는 임무로 이어진 "대양 전체를 아우르는 전략"에 대한 자세한 기록은 해군력을 연구하는 후대의 학자들에게 '라플라타강의 전투'를 다룬 많은 대중서보다 훨씬 흥미롭게 읽힐 것이 분명하다.[6] '라플라타강의 전투'는 1939년 12월 13일 그라프 슈페호가 영국의 세 순양함, 엑서터호와 아킬레스호와 에이잭스호와 맞붙은 서사적인 교전을 두고 나중에 붙인 명칭이었다. 3척의 영국 순양함은 손상을 입은 통상 파괴함 그라프 슈페호를 몬테비데오 앞바다까지 추적했고, 결국 그곳에서 그라프 슈페호는 스스로 배를 포기하는 자침(自沈)을 택했다. 물론 이런 교전의 결과는 상당히 설득력 있다.[7] 그라프 슈페호와 교전한 전대(戰隊)는 헨리 하우드(Henry Harwood, 1888~1950년) 해군 준장이 지휘하는 1척의 중순양함과 2척의 경순양함으로 구성된 전대였다. 상대적으

대해전, 최강국의 탄생

로 약한 사냥조였지만, 영리하고 공격적으로 적함을 다루었다. 나일 해전의 넬슨처럼, 하우드는 순양함들을 양쪽에 배치해 공격함으로써 적함의 화력을 떨어뜨렸다. 엑서터호가 교전 과정에서 11인치 포탄에 큰 타격을 받아 수리를 위해 포클랜드로 느릿하게 항해해야 했지만, 독일 통상 파괴함도 중요한 부분들에 상당한 피해를 입었다.

6인치 포탄과 8인치 포탄에 연속적으로 명중돼 그라프 슈페호는 거리 측정기를 잃었고, 조리실이 파괴됐으며, 정수기도 크게 훼손됐다. 게다가 뱃머리에 크게 구멍이 뚫려서 한스 랑스도르프(Hans Langsdorff, 1894~1939년) 함장은 수리를 위해 중립항인 몬테비데오로 배를 돌리라는 지시를 내렸다. 그렇게 되자, 영국 해군은 그런 상황을 유지하며 더 많은 병력을 그 지역에 불러들이는 방법을 강구했다. 결국 세심하면서도 냉정한 랑스도르프 함장은 불필요한 전투를 계속하며 적군의 포탄에 그라프 슈페호가 완전히 파괴되는 쪽보다 스스로 침몰하는 쪽을 택했다. 영국 해군에 너무도 필요하던 사기를 북돋워주고, 로열 오크호와 커레이저스호의 상실을 보상받는 데도 도움을 준 큰 선물이었다. 전쟁 동안에는 물론이고, (1956년에 제작된 고전적인 영화에서 보듯이) 그 이후에도 오랫동안 라플라타강의 전투는 근대에 벌어진 대해전의 판테온에 들어가서 한 자리를 차지했다.

통상 파괴함을 추적하던 연합군의 조직망은 실로 대단했다. 포켓 전함 그라프 슈페호가 첫 교전에서는 강력한 화력을 과시하며 엑서터호에 큰 타격을 준 뒤에 공해로 빠져나갔더라도 운명이 그때까지 다하지 않았으리라고 생각하기는 어렵다. 식수와 식량을 준비하는 정수기와 조리실이 훼손된 까닭에 그 독일 군함은 생존할 가능성이 거의 없었다. 게다가 상당한 규모의 영국과 프랑스 해군이 남대서양에 모여들고 있어서 그라프 슈페호는 연합군의 연료 보급항(다카르, 프리타운, 포클랜드제도, 케이프타운)은 물론이고 중립적인 연료 보급항도 이용할 수가 없어서 결국 연료가 바닥나 사냥꾼들에게 붙잡힐 때까지 은신처를 찾지 못한 여우처럼 남쪽 바다를 하염없이 돌아다니는 수밖에 없었을 것이다.[8] 여하튼 그토록 유명하고 상당한 규모였지만 1914년 포클랜드 해전에서 파괴된 독일 '동양 함대(Ostasiengeschwader, 얄궂게도 그 함대의 사령관이 그라프 폰 슈페 제독이었다)'가 그랬다. 범선의 시대에 프랑스의 유명한 프리깃함들의 전형을 보여준 이른바 '통상 파괴'라는 기습 전략이 히틀러의 크릭스마리네에도 성공적으로 운영될 가능성은 훨씬 희박했다. 부족한 군함 수효와 병참 지원 및 지리적 한계로 삐걱거렸기 때문이다.

범선 시대의 해전을 연구하는 학자들은 또 하나의 한계, 즉 전투에 나서는 근대 철갑함의 '취약함'에도 놀라게 된다. 넬슨 시대에 선두에 섰던 군함들은 프리깃함조차도 엄청난 타격을 받은 뒤에야 파괴됐다. 돛대들이 전부 부러져 넘어지고 선원들이 전멸한 뒤에도 범선 자체는 여전히 바다 위에 떠 있어서 되살려낼 수 있었다! 하지만 이상하게도 20세기의 철갑함은 훨씬 더 빨리 바닷속으로 사라졌다. 물론 8인치 포탄이든 18인치 어뢰든 폭약의 엄청난 파괴력이 주된 원인이었다.

20세기 군함은 범선이던 미국 군함 컨스티튜션호와 영국 군함 빅토리호보다 많은 부분에서 취약한 듯했다. 비스마르크호는 방향타에 어뢰 하나를 맞고 비틀거렸다. 아크 로열호 측면에 직경 40미터 구멍을 내고, 그 항공모함을 침몰시키는 데는 어뢰 한 발이면 충분했다. 후드호는 갑판을 뚫고 들어간 한 발의 포탄에 산산조각 났다. 미국 군함 와스프호는 일본 측이 발사한 어뢰에 연료통을 맞고서 몇 시간 만에 바닷속으로 사라졌다. 로마호는 한 발의 활공 폭탄에 수장됐다. 전시의

대해전, 최강국의 탄생

바다와 그 위의 하늘은 어디에나 적이 숨을 수 있는 위험한 곳이었다. 따라서 전투 가능성이 다가오면, 함장들은 현명하게도 앞에 놓인 것이 명확해질 때까지 대체로 신중하게 행동했다.

대서양에 침투한 독일 통상 파괴함들도 이런 사실을 고려해야만 했다. 연합국 상선에 그들이 두려운 저승사자처럼 보였더라도 그들 자신도 번쩍하는 순간 날아오는 포탄, 잠수함에서 발사한 어뢰, 영국 구축함이 무지막지하게 들이받아 측면에 구멍을 내는 행위에 큰 피해를 입을 수 있었기 때문이다. 영국 해군부가 곧 알아차렸듯이, 구시대의 전함이 호송대와 함께하더라도 독일 군함들은 서둘러 시야에서 사라졌다(크릭스마리네가 함장들에게 단호히 내린 지시이기도 했다). 15인치 함포에서 발사된 포탄에 명중되면 치명상을 입을 수 있었기 때문이다. 부분적으로만 훼손되더라도 통상 파괴함은 거의 언제나 수리받을 곳을 급히 찾아가야 했다. 운이 좋아야 모항까지 엉금엉금 갈 수 있었다.

그라프 슈페호가 침몰한 이후로 1940년이 시작될 때까지, 양측이 주요 군함을 잃은 총계는 변하지 않았다. 로열 오크호의 상실은 영국 해군에 큰 의미는 없었다. 영국이 전함에 의존하는 정도가 워낙 컸고, 로열 오크호는 느린 데다 근대적으로 개량되지도 않은 군함이었기 때문이다. 하지만 항공모함이 지닌 전략적 탄력성이나 커레이저스호에 실렸던 소드피시 뇌격기의 상당한 공격력을 고려하면, 커레이저스호 같은 플리트 항공모함의 상실은 완전히 다른 문제였다. 그라프 슈페호는 다목적 군함으로, 본격적인 전투 순양함이 아니었던 까닭에 그 군함의 침몰은 독일 해군에 별다른 타격으로 보이지 않을 수 있었지만, 레더에게는 언제든 동원할 수 있는 대형 군함이 손으로 꼽을 정노여서 그 상실도 감당하기 힘들었다. 그러나 더욱 중요한 사실은, 그라프 슈페호가

〈그림 15〉 **타격을 입은 그라프 슈페호, 1939년, 몬테비데오 앞바다.** 사기가 오른 영국 순양함들의 공격에 라플라타강의 전투에서 많은 곳에 타격을 입은 이 유명한 독일 포켓 전함은 불필요한 전투를 포기하고, 몬테비데오 앞바다에서 자침하는 길을 선택했다.

대해전, 최강국의 탄생

남대서양에 침투해 대영제국의 소중한 무역 체계를 흔들었을 때 영국 해군부가 보인 대응이었다.

해군부는 희망봉, 프리타운, 라플라타강, 페르남부쿠, 자메이카, 퍼스 등 많은 지점에 강력한 사냥조를 창설하는 대대적인 반격에 나섰다. 달리 말하면, 독일의 통상 파괴 작전이 성공할 가능성이 떨어질 것이라는 뜻이었다. 아트미랄 셰어호의 순항(5장 참조)을 제외하면, 그 이후로 뤼초프호, 샤른호르스트호, 그나이제나우호, 심지어 비스마르크호까지, 어떤 독일 군함도 북대서양에서는 연합국 호송대를 기습하지 않았다.

히틀러의 바람대로 바다에서 연합군을 물리칠 가능성이 큰 작전은 되니츠의 유보트 함대로 북대서양을 가로지르는 영국의 병참선을 차단하는 것이었다. 이 경우에 쟁점은 분명했다. 영국 섬을 잠수함으로 봉쇄하는 것이 성공하면 서쪽에서의 전쟁은 승리할 수 있었다. 하지만 1939~1940년 유보트 전투가 진행되는 동안, 그런 봉쇄가 성공할 가능성은 실질적으로 전혀 없었다. 첫째는 지리적인 요인 때문이었다. 유보트가 중앙 대서양으로 들어갈 수 있는 유일한 방법은 스코틀랜드를 끼고 돌아가는 길고 위험한 길을 통과하는 것이었다. 둘째는 더 중요한 요인으로, 되니츠의 유보트 부대에 함정이 턱없이 부족했다는 것이다. 따라서 수송단과 함께하든 단독으로 항해하든 간에 영국 항구를 드나드는 연합국 상선을 무력화하기란 거의 불가능했다.

게다가 연합국의 방어 역량에 많은 결함이 있었지만, 독일이 연합국에 손실을 주는 역량보다 더 빠른 속도로 연합국의 방어 능력이 광범위하게 향상됐다. 따라서 전쟁이 시작되고 수개월 동안 유보트 함대의 규모가 줄어들었다는 것을 보여주는 로스킬의 유용한 통계표는 주목할 만하다. 전쟁이 시작됐을 때 되니츠의 함대에 '가동할 준비가 갖추어진' 잠수함은 49척이었지만, 실제로 바다로 나간 잠수함은 29척에 불과했던 것으로 추정된다. 전쟁이 끝날 무렵에는 총전력이 32척으로 줄어들었다. 1940년 3월에 46척으로 약간 상승했지만, 전투가 시작되고 몇 개월이 지나지 않은 1940년 7월에는 28척으로 크게 줄었다. 설상가상으로, 어뢰가 걸핏하면 불발돼 독일 잠수함의 수적인 열세는 더욱 심화됐다. 이 모든 것을 고려하면, 연합국 상선의 손실이 분명히 존재하기는 했지만 전략적으로 중요하지는 않았다는 뜻이다. 전쟁이 시작되고 처음 7개월 동안, 즉 1939년 9월부터 이듬해 3월까지 연합국 상선의 월평균 상실은 약 20만 톤으로, 되니츠의 바람과 목표에는 턱없이 모자랐다.[9]

노르웨이의 함락

따라서 독일과 서구 간의 해군력 균형에 결정적인 변화가 일어나려면, 먼저 지상전에서 유의미한 변화가 일어나거나, 유보트 부대가 크게 확대되며 연합국 상선에 큰 타격을 주어야만 가능할 수 있었다. 그러나 1939년이 저물었을 때 두 변화는 운이 좋아도 많은 시간이 걸릴 듯했다. 따라서 겨울철에 들어서며 양측은 이른바 '앉은뱅이 전쟁(Sitzkrieg)', 즉 전투가 없는 '가짜 전쟁(Phony War)'에 들어섰다. 나치 보안 기관들은 폴란드를 엄격히 통제했다. 모스크바와 베를린은 몰로토프-리벤트로프 조약(Molotov-Ribbentrop Pact), 즉 독일-소련 불가침 조약의 비밀 조항에 의거해 동유럽의 중부를 조금씩 분할해 가졌지만, 영국의 체임벌린 정부와 프랑스의 달라디에 정부는 그런 조치에 항의하며 할 수 있는 게 아무것도 없었다.

프랑스에서는 마지노선을 지키던 정규군에 예비군이 보강됐고, 예비군은 프랑스-이탈리아 국경을 강화하기 위해 보내지기도 했다. 영국 원정군(British Expeditionary Force, BEF)은 다시 영국해협을 건너가 북프랑스에 배치됐지만 겁을 먹고 중립을 선포한 벨기에에 들어가지는 않았다. 서유럽의 작은 국가들, 예컨대 덴마크와 노르웨이 및 네덜란드는 스탈린이 핀란드에 영토를 양도하라고 윽박지르는 것을 보면서도 중립을 선포함으로써 지속적인 독립을 보장받기를 바랐다. 하지만 적군(赤軍)은 핀란드를 공격한 '겨울 전쟁(1939년 12월~1940년 3월)' 동안 초기에는 당혹스러울 정도로 삐걱거렸다.

소련과 핀란드 전쟁에서 러시아 사단이 동토의 땅에서 얼마나 무능하게 군사작전을 전개했는지를 보여주었다면, 서유럽의 맹주이던 영국과 프랑스도 북동유럽의 상황을 전혀 변화시키지 못했다. 두 나라의 공군력은 항속거리도 짧고 화력도 부족했다. 소규모로 합동 원정대를 꾸렸더라면 북유럽의 어딘가에 상륙할 수 있었겠지만, 실제로 그랬더라면 노르웨이나 스웨덴의 중립 선언을 위반하는 것이 됐을 테고, 1918~1919년에 시도한 북러시아 개입이 무산된 것처럼 십중팔구 이때도 아무런 효과를 거두지 못했을 것이다. 영국 육군 사령부는 다소 꺼렸지만 여하튼 프랑스와 함께 1940년 3월 어떤 형태로든 원정대를 파견해 실제로 공격할 준비를 갖추면 성공할 전망이 높은 것은 아니었다.

연합군에는 천만다행으로 핀란드 정부가 모스크바에 휴전을 제안하고, 영토 양도를 협상하기 시작했다. 더구나 스탈린은 경제 자립 정책을 추구해서 봉쇄의 여지가 없었다. 해군력은 대륙의 심장부 문제에 별다른 영향을 끼치지 못했고, 러시아와 핀란드의 경계가 바로 그런 지역에 있었다. 게다가 모든 언론이 영국과 프랑스가 스칸디나비아에서 군사작전을 전개하려는 계획을 세우고 있는 것이 분명하다며, 그 작전은 히틀러에게 북유럽을 침공할 명분을 줄 것이고, 거기에 자극을 받아 히틀러가 적어도 어떤 행동을 취하게 되리라고 한목소리로 보도했다.[10]

서쪽에서는 조용하던 겨울이 1940년 4월 8~9일 독일이 노르웨이를 공격하기 시작하며 극적으로 깨졌다. 이 공격은 많은 이유에서 이례적이고 역사적인 사건이었다. 제1차 세계대전 동안 연합국은 해군력을 동원해 갈리폴리, 테살로니키, 팔레스타인 등 측면을 공격함으로써 서부전선의 교착 상태를 깨뜨려보려 했다. 그러나 제2차 세계대전에서는 히틀러가 노르웨이부터 그리스까지 주변부를 먼저 공격해서 성공을 거두었다. 반면에 영국은 전쟁에서 참담한 첫해를 보낸 뒤에는 특공대를 이용한 습격에만 머물렀다. 노르웨이 전역을 정복하려던 히틀러의 결정은 대담함을 넘어 무모할 정도여서 베어마흐트(Wehrmacht: 독일 국방군)의 많은 고위 장성이 지나치게 멀리, 그것도 지나치게 성급하게 진격한다는 우려를 감추지 않았다. 덴마크를 정복하는 데는 상대적으로 쉽고 소규모 지상전이면 충분할 것이라는 데 대부분이 동의했고, 네덜란드 사람들이 항쟁의 결의를 보이겠지만 오랫동안 저항할 만큼 땅덩어리가 넓지는 않았다.

그러나 노르웨이는 달랐다. 특히 대서양 연안과 북부 지역은 거의 스코틀랜드의 뒷마당이어서 독일의 힘이 미치지 않는 곳이었다. 레더 제독은 1940년 3월 9일 히틀러에게 보낸 보고서에서 숨김없이 그렇게 말하며, "훨씬 우세한 영국 함대"의 면전에서 노르웨이를 점령하려는 시도는 "그 자체로도 해전 이론의 원칙에도 어긋납니다"라고 인정했다. 하지만 레더는 초기의 기습 공격, 대담한 실행, 최고 수준의 조직력

이 있다면 승리를 쟁취할 가능성이 있다고 덧붙였다.[11]

실제로 이 군사작전에서 독일군은 최상의 효율성을 발휘했고, 훗날처럼 히틀러의 망상에 방해받지도 않았다. 이미 계획을 치밀하고 꼼꼼하게 세우는 프로이센 참모부의 전통만이 아니라, 사령부에서는 물론이고 동시에 5곳에서 상륙이 시도된 전선에서도 3군(軍)은 놀라운 협력 수준을 보여주었다.[12] 그렇지 않았다면 독일군이 어떻게 승리를 기대할 수 있었겠는가? 그것도 군함이 6배나 8배, 어쩌면 10배나 많았던 영국과 프랑스 합동 함대를 상대로, 게다가 독일 해군에는 전함이 2척, 항공모함은 한 척도 없던 때 많은 전함과 최신 전쟁 무기이던 플리트 항공모함까지 보유한 해군을 상대로 바다에서 어떻게 승리를 기대할 수 있었겠는가?

베어마흐트는 대담하면서도 치밀한 조직력을 증명해 보였을 뿐만 아니라, 무척 효율적인 공군을 보유한 이점도 적극 활용했다. 제3제국이 일찍부터 루프트바페에 엄청난 예산을 투입한 덕분에, 독일 공군은 1939년 당시 영국과 프랑스의 공군보다 훨씬 강력한 폭격기를 더 많이 보유하고 있었다. 영국 공군이 당시 보유한 폭격기 편대의 파괴력은 보잘것없었고, 영국 함대 항공대의 함재기 편대는 그런대로 방어 능력을 지녔지만 항공기 자체는 낡았고 수효도 턱없이 적었다.[13]

프랑스 공군은 다음 달에 자기들의 영공조차 지키지 못할 정도로 무력했다. 그런데 북쪽 멀리 떨어진 노르웨이까지 날아와 어떤 역할을 할 수 있으리라 기대하는 것은 어리석은 생각이었다. 반면에 루프트바페는 이미 폴란드를 상대한 공중전을 통해 상당한 전술적 교훈을 터득한 까닭에 290대의 폭격기와 40대의 슈투카 급강하 폭격기, 100대의 최신 전투기, 30대의 연안 초계기(해군과 협력), 40대의 소중한 정찰기를

대해전, 최강국의 탄생

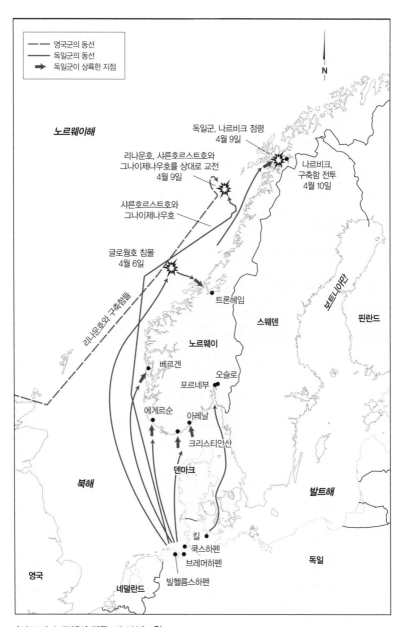

N

노르웨이해

독일군, 나르비크 점령
4월 9일

나르비크,
구축함 전투
4월 10일

리나운호, 샤른호르스트호와
그나이제나우호를 상대로 교전
4월 9일

샤른호르스트호와
그나이제나우호

글로웜호 침몰
4월 6일

리나운호와 구축함들

트론헤임

스웨덴

보트니아만

핀란드

노르웨이

베르겐

오슬로

포르네부

에게르순

아레날

크리스티안산

북해

덴마크

발트해

킬

쿡스하펜

브레머하펜

독일

빌헬름스하펜

영국

네덜란드

〈지도 4〉 노르웨이 전투, 1940년 4월

배치하는 계획을 세웠다. 또 낙하산 부대를 포함해 육군 강습 부대를 신속히 배치하기 위해 500대 이상의 융커스 수송기를 제공하기로 약속했다.[14] 어쩌면 레더가 언급한 "해전 이론의 원칙"들은 공군력이라는 새로운 과학기술이 가져온 변화 앞에서 무의미했을 수 있다.

20년 이상 동안 항공기가 해전의 양상을 실제로 바꿔놓을 것이냐는 논쟁은 끊이지 않았다. 마침내 실질적인 테스트가 시작됐고, 결과는 역사적으로 평가할 때 주목할 만한 것이었다. 라이트 형제가 최초로 하늘을 비행하고 40년이 지나지 않아, 루프트바페는 군사적 요충지를 점령할 침략군을 수백 킬로미터나 떨어진 곳까지 공중으로 실어 날랐고, 적군의 항공기를 격추하고 공군기지를 폭격함으로써 반격을 무력화했으며, 적군의 구축함과 보급함을 공격해 격침했고, 적군의 대형 군함이 노르웨이 남부 해안에 접근하는 것을 저지했다.

하지만 연합군이 작전과 전략에서 우유부단하지 않았다면, 예컨대 핵심적인 군사적 목표를 확실히 결정하지 못해 원정군에게 이리저리 이동하라는 명령을 내리고, 군대를 하루는 하선시켰다가 며칠 뒤에 다시 승선시키며, 정보 수집의 실수를 안쓰러울 정도로 반복하는 잘못을 범하지 않았다면, 상황이 연합군에게 그처럼 나쁜 방향으로 진행되지는 않았을 수 있다. 이렇게 뒤죽박죽인 혼란스러운 상황에, 독일의 전격적인 기습 공격을 거의 시시각각 파악하겠다는 욕심에 해군부 장관, 윈스턴 처칠까지 엉뚱하게 끼어들기 일쑤였다. 여기에서 영국의 의사 결정자들, 예컨대 처칠과 체임벌린 등이 저지른 모든 실수를 빠짐없이 나열하거나, 영국-프랑스 연합군이 사태를 바로잡을 수 있었던 몇 번의 기회에 많은 지면을 할애하고 싶은 생각은 없다. 여하튼 베어마흐트가 영불 연합군의 허를 찔렀고, 영불 연합군이 엄청난 규모의 대담한

대해전, 최강국의 탄생

독일 공격에 정신을 차리지 못한 것은 사실이었다.

1940년 4월과 5월, 대부분의 시간을 그처럼 허둥지둥 보내면서도 본국 함대는 대서양 수송 항로를 공격하려는 독일 통상 파괴함들을 견제하는 동시에 노르웨이의 긴 해안을 따라 세 곳에서 계획된 상륙작전을 지원하려고 했다.[15] 때때로 북해 남부에서 진행하려는 작전에 군함을 보내달라는 요구를 받았고, 만약 무솔리니도 침략을 시작하면 멀리 지중해까지 군함을 파견해달라는 요구도 받았다. 무척 드물기는 했지만 해군부가 올바른 결정을 내릴 때도 있었다. 지중해 기지로 귀환하고 있던 유명한 영국 전함 워스파이트호에 4월 초 뱃머리를 돌려 나르비크협만으로 올라오라고 내린 명령이었다. 워스파이트호는 제2차 나르비크 해전에서 눈부신 전과를 올린 뒤에 곧바로 지중해에 재배치돼, 2개월 뒤에 칼라브리아 해전에 참전할 수 있었다. 그러나 영국 해군은 군함들을 대체로 엉뚱한 곳에 배치했고, 함대의 배치에 일관성도 없는 듯했다. 노르웨이 해안을 따라 몇 곳에서 시도해 실패한 상륙전에서 연합군들을 뒤늦게 구해내는 데 성공했을 뿐이다. 그 때문에 로이드 조지 (Lloyd George, 1863~1945년)는 하원에서 열린 역사적인 노르웨이 토론회에서 그 작전들을 "절반밖에 준비"되지 않은 "설익은" 작전이었다고 신랄하게 비판했다. 그 토론회가 열리고 나서, 체임벌린 정부는 5월 10일 해산됐다.[16]

노르웨이 전투는 영국과 프랑스, 양국 정부에는 재앙이었고, 중요한 목표 지점을 점령하라는 명령을 받았지만 나중에는 포기하라는 명령을 받았던 여러 파견대에는 좌절을 안겨주었다. 온달스네스? 트론헤임? 남소스? 베르겐? 어디가 가장 중요한가? 이런 의문이 낭연히 제기될 수 있었다. 하지만 영국 해군에 내재한 우월한 강점이 성공적으로 발휘되는 순간들이 있었다. 제1차와 제2차 나르비크 해전이 대표적인 경우였다. 독일 전력가들이 지나치게 욕심을 부리며, 멀리 북쪽에 위치했지만 전략적으로 중요한 항만을 확보하려고 상당 부분의 구축함을 나르비크에 보내는 도박을 감행했다. 4월 10일의 첫 충돌은 소형 군함들의 서사적인 해전이었다. 양측의 함장들은 발군의 진취력과 공격성과 투지를 보여주었다. 버나드 워버턴 리(Bernard Warburton-Lee, 1895~1940년) 함장이 지휘하던 구축함 전단이 먼저 기습적으로 공격했지만 견제를 받았고, 다음에는 그들이 구석진 골짜기에 매복해 있던 독일 군함들의 기습 공격을 받았다. 제2차 세계대전의 해전에서, 이처럼 좁고 얼음으로 뒤덮인 협만과 유사한 환경에서 벌어진 해전이 또 있었을까?[17]

제1차 나르비크 해전에서 영국 해군이 잃은 구축함 수는 독일과 똑같았다(양쪽 모두 2척의 구축함이 침몰했지만 독일은 여러 척의 수송함도 잃었다). 그러나 영국이 결국 나르비크협만의 입구를 장악해서 크릭스마리네 소함대를 협만에 '가둬둘 수 있게 된 것'은 사실이었다. 그 결과로 크릭스마리네 소함대는 극심한 연료 부족에 시달리게 됐고, 그때는 혼란스럽기 그지없던 전투에서 영국 해군부가 적군이 어디에 있는지 정확히 알았던 극히 드문 경우였다. 제2차 나르비크 해전을 앞두고 영국은 위험을 무릅쓰지 않았다. 구축함의 호위를 받고, 자체적으로 운영하던 정찰기의 안내를 받으며 웅장한 모습의 전함 워스파이트호가 4월 13일 협만에 들어섰고, 표적을 포격하기에 적합한 지점으로 서서히 이동했다. 이 포격에 3척의 독일 구축함이 침몰했고, 나머지 5척에는 바닷물이 봇물처럼 밀려들어 승조원들이 대피해야만 했다. 그 승조원들은 육지에서 독일 지상군과 합류해 전투를 계속했다. 그러나 독일 해군의 도

대해전, 최강국의 탄생

박은 그것으로 끝이었다. 나르비크 원정에 파견된 10척의 독일 구축함 중 한 척도 귀환하지 못했다.[18]

하지만 나르비크 해전에서 크릭스마리네가 입은 손실은 그보다 훨씬 더 컸다. 크릭스마리네는 최신형 중순양함 블뤼허를 오슬로 앞바다에서 노르웨이 수비군의 해안포에 잃었고, 경순양함 쾨니히스베르크호는 영국 공군의 스쿠아 급강하 폭격기들의 공격에 잃었다(군함이 급강하 폭격기에 당한 역사상 첫 사례였다). 또 다른 경순양함 카를스루에호는 영국 잠수함의 공격을 받아 격침됐다. 포켓 전함 뤼초프호는 다른 잠수함에 큰 타격을 입었고, 중순양함 히퍼호는 영국 구축함 글로웜호가 들이받는 충격에 측면이 크게 찢어졌다. 나르비크 해전이 끝난 뒤, 두 전투 순양함 샤른호르스트호와 그나이제나우호도 상당한 손상을 입은 채 귀환했다. 절대적인 기준에서도 상당한 손실이었지만, 크릭스마리네의 상대적인 규모로 보아도 그 피해는 엄청났다. 1940년대 중반경 레더의 해군에는 여전히 다수의 위협적인 에스보트(쾌속 어뢰정)와 잠수함이 있었다. 항상 공포감을 안겨주던 루프트바페의 지원도 있었다. 그러나 바다 위에 활동할 함대가 더는 없었다. 적어도 그 당시에는. 하지만 레더는 약속한 대로 히틀러에게 노르웨이라는 중요한 자산을 안겨주었다.

노르웨이 전투에서 양측이 얻고 잃은 득실을 계산해서 종합적인 대조표를 작성하는 것은 생각보다 훨씬 복잡한 작업이다. 영국에는 독일보다 자국의 해안에 더 가까운 영토에 대한 전략적 지배권을 상실한 사건으로 더없는 충격이고 굴욕이었다. 따라서 노르웨이 전투의 실패를 두고 의회에서 대소동이 벌어지고, 그 결과로 체임벌린 정부가 1940년 5월 말 붕괴되고 처칠 정부가 들어선 것은 최고의 성지석 아이러니였다. 앞에서 잠깐 언급했듯이, 그 전투 내내 처칠의 조언과 간섭은 잘

못되고 엉뚱한 경우가 많았기 때문이다. 영국 해군의 구축함들은 독일 군함을 맞닥뜨릴 때마다 거의 매번 대담하고 효과적으로 싸웠다. 그러나 제2차 나르비크 해전에서 워스파이트호가 거둔 성과를 제외하면, 영국 해군의 주요 함대가 독일 해군과 실질적으로 맞붙어 싸운 적은 없었다. 또 영국 해군은 대형 군함을 루프트바페로부터 멀리 두면, 절대적인 손실이 심각할 정도는 아니라는 것도 알았다. 전투가 끝나갈 무렵 독일 전투 순양함들의 공격에 한 척의 항공모함(글로리어스호)이 침몰하고, 2척의 순양함과 7척의 구축함이 침몰한 게 전부였다.

그러나 앞에서 보았듯이, 규모 자체가 훨씬 더 작았던 크릭스마리네가 더 많은 군함을 잃었다. 전투가 끝났을 때 레더의 해상 해군력은 사상 최저치로 떨어졌다. 노르웨이 항만을 정복한 덕분에 훗날 대서양 전투에서, 또 북극해 수송 선단을 방해하는 데 약간의 도움을 받았더라도 길쭉하고 산악이 많은 거대한 땅을 차지한 대가로 전쟁 기간 내내 막대한 병력, 약 30만 명의 독일군이 그곳에 묶여 있어야 했다. 에르빈 롬멜(Erwin Rommel, 1891~1944년)이 이집트에서 영국 육군과 중대한 교전을 벌일 때 휘하에 있던 최전방의 아프리카 군단(Afrika Korps)의 병사보다 훨씬 많은 수였다.

물론 독일 해군이 크게 축소됐다고 유럽 바다에서의 전투를 중단하지는 않았다. 양측은 북해에 기뢰를 부설하고 제거하는 작업을 계속했고, 잠수함과 수상선 및 항공기를 동원해 상대편의 군함을 공격했다. 어느 쪽도 기뢰가 설치된 지역에 대형 군함을 배치하는 위험을 무릅쓰지 않았지만, 기뢰로 인한 손실이 양측 모두에서 크게 증가했다. 독일에서는 이런 유형의 싸움을 '클라인크리크(Kleinkrieg: 소전투)'라고 불렀으나, 피해 규모는 결코 작지 않았다. 예컨대 5월 9일 밤, 2월에 기뢰에

〈그림 16〉 **타인 항에 힘겹게 들어오는 영국 군함 켈리호, 1940년.** 북해의 격렬한 전투에서 독일 에스보트에 큰 손상을 입은 루이스 마운트배튼 경의 군함은 거의 침몰한 상태에서, 수리를 위해 조선소까지 견인되었다(폴 케네디의 아버지가 직접 목격한 장면). 켈리호는 1941년 크레타 앞바다에서 루프트바페의 집중 공격을 받고 침몰했다.

치명적인 손상을 입어 함대로 귀환하던 영국 구축함 켈리호(함장은 루이스 마운트배튼 경)가 안개가 짙게 깔린 스카게라크해협 입구 근처에서 독일 에스보트들의 공격을 받았고, 선체의 중앙부에 어뢰를 맞았다. 상당수의 순양함과 구축함의 호위를 받으며 자매 구축함과 예인선에 차례로 견인된 끝에, 켈리는 타인 강변의 조선소로 무사히 옮겨질 수 있었다.[19] 이렇게 북해에서 양측 해군이 충돌해 사상자가 발생하는 사건은 결코 드문 일이 아니었다. 오히려 시시때때로 일어나는 사건이었다.

독일이 노르웨이를 정복하자, 호콘 7세와 그의 정부는 런던으로 옮겨가 그들처럼 나치에게 영토를 빼앗긴 유럽의 많은 국가가 그랬듯이 망명정부를 세웠다. 그렇게 노르웨이가 연합국의 일원이 되자, 노르웨이의 많은 해운 회사가 하나의 조직, 즉 노르트라십(Nortraship)으로 통합돼 서구의 전체 운송량을 늘리는 데 크게 기여했다. 당시 노르웨이 상선 규모는 세계에서 네 번째로 큰 데다 가장 근대화된 수준이었다. 예컨대 다수에 고속 디젤엔진이 장착됐고, 그때 이미 영국 공군에 항공유를 공급하던 유조선도 적지 않았다. 따라서 노르트라십의 합류는 나중에 해상 교통로의 다툼에서 영국에 큰 도움이 됐다.[20] 얄궂게도, 히틀러가 육지에서 유럽을 휩쓸며 침략한 덕분에 대서양 전투가 심각한 국면으로 접어드는 순간, 영국은 전혀 기대하지 않았지만 절실히 필요하던 지원을 받게 됐다. 하지만 그즈음 전략적 위안이 정말 필요했던 나라가 있었다면, 자존심이 만신창이가 된 런던의 영국 정부였다.

서구를 덮친 재앙, 1940년 4월부터 6월까지

켈리호가 공격을 받은 곳에서 160킬로미터 남짓밖에 떨어지지 않은 곳에서 단 하루 뒤에, 고도로 숙련된 독일 낙하산 부대원들과 공수 부대원들이 네덜란드 방어 시설과 벨기에 요새 위에 정확히 내려왔다. 5월 10일 아침에 실행된 그 작전은 베어마흐트가 저지대 국가들(Low Countries)을 대담하게 침략하기 위한 첫 공격이자 이웃 국가들을 차례로 점령하려는 히틀러의 계획에서 한 단계에 불과했다. 독일의 압도적인 공군력에 동부에서 폴란드가 속수무책으로 당했듯이 벨기에와 네덜란드의 낡

대해전, 최강국의 탄생

은 공군기도 무력했다. 물론 이때 영국과 프랑스의 해군이 이런 침략 행위를 막기 위해 할 수 있는 일은 거의 없었다. 항공모함 기동부대가 부족하지 않았다면, 그래서 네덜란드와 벨기에의 지상군과 공군기지 위로 튼튼한 보호막을 두르고, 벌 떼처럼 다가오는 루프트바페 폭격기와 낙하산 부대를 격추할 수 있는 충분한 함재기가 있었더라면 상당한 성과를 거두었을 것이다.

그러나 제2차 세계대전에서 해군의 그런 공군력은 태평양 전쟁의 후반부, 즉 1943~1944년에 미국 항공모함 기동부대가 마리아나제도와 캐롤라인제도 앞바다에서 처음으로 선보였다. 따라서 독일이 그보다 4년 전에 저지대 국가들을 공격했을 때 연합군 최고사령부에는 그런 병력이 없었고, 영국과 프랑스의 해군도 그런 기동부대의 가능성을 생각해냈어야 한다고는 꿈에도 생각하지 않았다. 여하튼 영국과 프랑스 해군의 임무는 바다를 지키는 것이었지, 제3제국 국경선 주변의 땅에서 군사력 균형을 유지하는 게 아니었다.

곧이어 1940년 5월 14일, 독일 기갑부대가 프랑스의 스당을 극적으로 돌파했다. 그리고 열흘 만에 전방 부대가 영국해협까지 밀려나며 서구에서 전체적인 군사 상황이 달라졌다. 프랑스 육군의 일부는 여전히 맹렬히 잘 싸웠지만 대부분은 파리까지 물러났다. 그사이에 영국 원정군은 프랑스 제1군과 함께 영국해협 해안으로 서둘러 물러섰다. 그로부터 일주일이 지나지 않아, 영국군 사령관 존 베레커 고트(John Vereker Gort, 1886~1946년)는 됭케르크 항구를 통해 완전한 철수를 계획했다. 그야말로 완패였다.[21] 윈스턴 처칠의 새 정부가 물려받아야 했던 달갑지 않은 군사적 상황이었다.

이렇게 상황이 급변함에 따라 영국 해군의 역할도 잉글랜드 남부 항구를 출발하는 육군의 보급선을 안전하게 지키는 보조적인 역할에서, 만신창이가 된 연합군 사단 병사들을 최대로 구조하는 훨씬 더 중대하고 위태로운 역할로 바뀌었다. 군사적으로 더 나은 상황이었다면, 1940년의 영국 원정군은 상당한 규모로 대륙에 남아서 벨기에 해안을 따라 주둔해 일종의 '쐐기' 역할을 해내며, 바다 건너 영국으로부터 병력을 꾸준히 보강받았을지도 모른다. 나폴레옹 군대가 1810년 스페인을 휩쓸고 지나간 뒤에 아서 웰링턴(Arthur Wellington, 1769~1852년)의 군대가 리스본 인근까지 방어선을 후퇴하고 그런 전략을 사용한 적이 있었다. 그러나 이번에는 웰링턴 같은 장군이 없었다. 여하튼 루프트바페가 연합군을 공격적으로 폭격하며, 연합군의 이동을 끈질기게 방해한 까닭에 모든 것이 달라졌다.

5월 24일 독일 최고사령부가 하인츠 구데리안(Heinz Guderian, 1888~1954년)의 전차 부대에는 며칠 동안 전진을 멈추라는 명령을 내렸지만, 급강하 폭격기와 중형 폭격기는 계속 두드리며 공군이 모든 것을 끝장낼 수 있으리라는 헤르만 괴링(Hermann Goering, 1893~1946년)의 허풍을 채워주었다. 괴링의 허풍이 틀렸다는 것이 증명됐으나, 루프트바페의 무지막지한 공격에 항만과 제방 등 해안을 따라 세워졌던 시설들이 완전히 파괴됐다. 됭케르크 자체도 붕괴된 건물로 가득한 작은 도시였고, 그 항만에도 침몰한 선박과 주저앉은 크레인이 가득했다. 당시 작전과 해군 부대를 직접 지휘했던 도버 사령부의 버트럼 램지(Bertram Ramsay, 1883~1945년) 제독은 계류 지점을 최대한 많이 확보해서 '해변에서부터' 연합군 병력을 철수하는 것이 유일한 방법이라는 결정을 내렸다. 영국 전략가들이 6만 명의 병사를 철수할 수 있으면 운이 좋은 것으로 생각했던 것도 전혀 놀랍지 않다.[22]

수많은 요트와 어선, 예인선, 영국해협을 오가던 연락선 등 작은 선박들이 철수를 지원하려고 나섰지만, 영국 해군은 '다이너모 작전(Operation Dynamo)'이라 명명된 철수 작전에서 구축함을 주로 활용했다. 구축함은 하루에 도버까지 왕복할 수 있을 정도로 빠른 데다 흘수선도 상대적으로 얕아서 됭케르크 해변과 반파된 부두 앞까지 접근해 철수하는 영국군과 프랑스군을 최대한으로 구해낼 수 있었다. 적군의 포화를 받으며 육지에서 바다로 병력을 철수시키는 작전은 오래전부터 전문가들에게 가장 어렵고 위험한 작전으로 여겨졌다. 독일군의 끈질긴 방해로 이 철수 작전은 유난히 어려웠다. 장거리 대포가 토해내는 포탄이 됭케르크 지역에 끊임없이 떨어졌고, 에스보트들이 남쪽으로 파견돼 밤마다 영국 선박들을 괴롭혔다. 특히 하늘에서는 루프트바페 폭격기가 무자비하게 공격을 가했다. 램지의 구축함은 본래 전투 함대의 고속 호위함으로 계획된 군함이었지만 그때는 순서가 뒤바뀐 수륙양용함, 즉 군대를 해안에서부터 철수시키는 역할을 요구받았다. 베어마흐트가 진격을 다시 시작하기 전까지는 며칠 밤낮밖에 남지 않아, 노르웨이 전쟁보다 훨씬 위험한 군사작전이었다.

나중에 밝혀진 것에 따르면, 철수를 지원하던 구축함과 기진맥진한 영국 병사들에게 최악의 몇 시간은 5월 28~29일에 있었다. 그날 밤새 내내 재앙이 줄을 잇는 듯했다. 한번은 독일 에스보트들이 어둠 속에서 불쑥 나타나 어뢰를 발사하고는 다시 순식간에 사라졌다. 자정이 지난 직후에는 영국 구축함 웨이크풀을 향한 어뢰 공격이 있었다. 그 구축함은 걷잡을 새 없이 침몰하며 다수의 승조원을 끌고 가라앉았다. 더욱더 안타까운 사실은, 하갑판에 보내졌던 전쟁에 지친 많은 병사가 탈출할 틈도 없이 수장됐다는 것이다.[23] 이미 병사들을 가득 태우고 됭케르크를 출발하려던 자매 구축함 그래프턴호의 시야에 그런 절박한 상황이 들어왔다.[24] 하지만 웨이크풀호의 생존자들을 구조하려고 그래프턴호가 멈춘 순간, 독일 잠수함 U-62가 그 아수라장을 발견하고는 그래프턴호에 두 발의 어뢰를 발사하고는 사라졌다. 첫 번째 어뢰는 빗나갔지만, 두 번째 어뢰가 명중되며 그래프턴호의 안쪽에서 연쇄 폭발이 일어났다. 많은 병사와 승조원이 죽거나 다쳤고, 함교도 폭발하며 함장과 다수의 승조원이 사망했다. 하지만 구축함의 중간 부분이 다행히 물에 떠 있어, 또 다른 구축함 아이반호가 지체 없이 구조에 나서 생존자들을 건져 올렸다.

아이반호의 이야기는 그야말로 짤막한 영웅담이다.[25] 아이반호는 1930년대에 건조된 매력적인 I-급 구축함(배수량 1,390톤, 4.7인치 함포 4문, 어뢰 발사 장치)으로 영국 해군의 대표적인 일꾼이었다. 예컨대 스페인 내전 동안에는 앞바다에서 차단과 순찰을 담당했고, 노르웨이 전투에서도 같은 역할을 해냈으며, 독일과 네덜란드 앞바다에 기뢰를 부설하는 작전에 성공적으로 참여한 뒤에는 곧바로 철수 작전을 지원하려고 됭케르크로 달려갔다. 5월 29일, 마침내 930명의 병사가 잉글랜드에 도착했고, 여기에 그래프턴호의 생존자가 더해졌다. 그래프턴호는 복구될 만한 상황이 아니었기 때문에 아이반호는 어뢰를 선체에 쏘아 그래프턴호를 바다에 수장하고는 도버로 귀환했다.

하지만 이때 영국 해군부는 그 소중한 구축함들을 더 많이 잃을까 걱정하며(잉글랜드가 침략받을 경우, 그 36노트급 구축함들이 대형 군함들을 지원하며 싸우도록 하는 것이 영국 해군의 계획이었다), 아이반호에 됭케르크 현장에서 철수하라는 명령을 내렸다. 그러나 '단 하루 뒤'에 그 명령은 취소됐고, 아이반호는 다시 영국해협을 건너가 1,290명의 병사를 싣고 5월 31

일 도버로 돌아왔다. 이튿날인 6월 1일 아이반호는 다시 됭케르크 부두 앞에서 철수하는 병사를 싣고 있었다(이번에는 주로 프랑스 병사). 그때 루프트바페가 폭탄을 퍼부으며 아이반호를 공격했다.

6월 1일은 통렬한 역설이 감춰진 날이었다. '영광스러운 6월 1일 (Glorious First of June)'은 프랑스 혁명 전쟁의 초기, 즉 1794년에 브르타뉴 우에상섬 앞바다에서 프랑스 함대를 격파한 승리를 축하하려고 매년 영국 해군의 주재로 기념됐다. 1940년의 전투 결과는 해군에 결코 영광스럽지 않았지만 몇몇 구축함과 승조원들의 활약은 눈부셨다. 한 번의 맹폭에 아이반호의 상갑판이 크게 훼손됐다. 승조원과 병사 중에서 많은 사상자가 생겼고, 보일러실 두 곳이 침수됐지만 침몰하지 않았다. 이때부터 영웅담은 더욱 흥미진진해진다. 구축함 해번트호와 소해함 스피드웰호가 모든 병사와 부상을 입은 다수의 승조원을 떠안았다. 그러나 아이반호 승조원은 대부분 배를 떠나지 않았다. 3번 보일러실이 여전히 건재해서 아이반호는 천천히 자력으로 도버까지 귀환할 수 있었다. 해번트호는 그만큼 운이 좋지는 않았다. 됭케르크 해변에서 500명의 병사를 실은 데다 아이반호의 부상병들과 그 구축함에 먼저 탔던 병사들까지 태운 해번트호는 두 대의 슈투카로부터 공격을 받아 돌이킬 수 없는 타격을 입었고, 결국 호위함에 의해 격침됐다. 해번트호의 침몰로 사망한 전사자 중에는 바다에 빠졌다가 구출됐지만 다시 바다에 빠져 수장된 병사가 적지 않았다. 그것도 같은 날 오후에만!

다른 2척의 구축함 키스호와 바실리스크호도 같은 날 됭케르크 앞바다에서 루프트바페의 공격을 받아 침몰해서, 군함의 손실로 보면 더없이 최악인 날이었다.[26] 근처에서는 5인치 함포로 무장한 세련된 자태의 프랑스 구축함 푸드루아양호가 됭케르크 제방에서 수백 명의 병사를 태운 직후에 벌 떼처럼 몰려온 하인켈(독일 공군의 폭격기-옮긴이)과 슈투카의 공격을 받아 넘어지며 선체를 훤히 드러낸 채 얕은 바다에 가라앉았다.[27] 이런 혼란이 꼬리를 물고 이어졌다. 영국 공군 전투기 사령부가 루프트바페의 공격을 저지하려고 호커 허리케인과 스피트파이어 편대들을 필사적으로 출격시켰다. 그날 독일군 항공기 24대가 됭케르크 상공에서 격추됐고, 다수의 항공기가 손상을 입었다. 여하튼 처칠이 하원에서 주장한 것처럼 수백 대까지는 아니었다.

재앙이 겹친 6월 1일, 런던이 노르웨이 정부가 크게 실망하리라는 것을 알면서도 나르비크를 포함해 노르웨이 전역에서 작전을 중단하고 철수하겠다고 노르웨이 정부에 통지한 것은 결코 우연이 아니었다. 따라서 연합군이 벨기에에서 받은 타격 때문에 북유럽에서 전개하던 작전마저 중단된 셈이었다. 독일 장성들도 영국의 그런 조치가 믿기지 않았던 모양이다. 영국의 넋두리가 충분하지 않았던지 6월 8일에는 노르웨이 철수를 지원하는 데 참가한 항공모함 글로리어스호가 은밀히 빠져나오는 동안, 독일의 전투 순양함 샤른호르스트호와 그나이제나우호에 포착돼 침몰하는 불행한 사태가 일어났다. 당시 글로리어스호의 갑판에는 구조한 허리케인 전투기가 잔뜩 실려 이륙해 탈출할 수도 없었다. 레더의 해군이 바닥까지 추락했지만 영국 해군에 가한 최후의 일격이었던 셈이다. 하지만 영국도 반격하며, 구축함 아카스타호가 샤른호르스트호를 들이받아 측면에 큰 구멍을 냈다.[28] 여하튼 나르비트 해전은 영국과 독일의 해군 모두에게 믿기지 않을 정도로 비극적인 나날이었다.

아이반호의 영웅담은 됭케르크 사건으로 끝나지 않았다. 승조원들은 피로를 견뎌가며 그 구축함을 도버까지 끌고 갔다. 곧바로 아이반호는 북쪽으로 보내져 오랜 수리에 들어갔다. 그리고 놀랍게도 8월 말, 아이반호는 네덜란드 해안 텍셀 앞바다에서 전개된 작전에 모습을 드러냈다. 안타깝게도 8월 28일 밤, 독일군이 새로 부설한 기뢰에 구축함들이 연이어 부딪치며 상황이 끝없이 악화됐다. 아이반호는 기뢰에 부딪쳐 앞머리가 날았지만 어떻게든 귀환을 시도했다. 그러나 귀환하는 동안 다시 에스보트의 공격을 받아 더 크게 훼손됐다. 승조원들은 피신할 수밖에 없었고, 측면에서 호위하던 켈빈호에 의해 1940년 9월 1일 영원히 수장됐다. 회복할 희망이 없는 자매선을 수장하는 것은 잔혹한 근접 전투가 진행되는 동안에는 거의 상식에 가까운 임무였다. 빈 배를 표류하도록 내버려두는 것이 오히려 무책임한 행위로 여겨졌다. 게다가 적이 그 배를 나포할 경우, 서류와 설비 등 소중한 자료를 탈취할 수 있다는 두려움도 있었다. 수세기 동안 무수히 벌어진 해전에서 침몰한 군함들의 묘지이던 북해가 제2차 세계대전에서는 더 많은 희생을 요구하고 있었다. 터빈엔진을 장착하고 강판을 두른 구축함, 기운차게 돌아다니는 에스보트가 모래와 진흙에 파묻힌 철갑 순양함과 목조 프리깃함의 잔해들 위로 차곡차곡 더해졌다.

4척의 구축함(웨이크풀-그래프턴-아이반호-해번트)이 빚어낸 영웅담이 됭케르크 앞바다에서 영국 해군이 독일 측의 항공기와 잠수함과 수상함(surface vessel)에 무차별적인 맹폭을 당하는 모습으로 그려진다면, 그 그림은 맞다. 종합적으로 결산해보면, 됭케르크 철수 작전에는 39척의 영국 구축함이 동원됐다. 그중 6척이 침몰됐고, 정확히 19척이 심각한 피해를 입었다. 따라서 서유럽 전체가 독일의 손에 떨어져서 영국 본토가 위협에 노출된 때 해군의 중요한 자산을 그렇게 상실한 것을 영국 해군부가 걱정한 것은 당연했다. 하지만 그런 서사적인 해전에만 초점을 맞추면 됭케르크 이야기의 한 부분을 놓치게 된다. 달리 말하면, 그 며칠 동안 진행된 철수 과정은 거의 기적에 가까웠다.

웨이크풀호가 격침된 5월 29일, 바로 그날에만 4만 7,000명이 넘는 영국 병사가 영국해협을 건넜고, 이튿날에는 5만 4,000명이 넘는 병사가 영국으로 돌아갔다. 5월 31일, 프랑스에서 철수한 병력의 총수는 영국 병사와 프랑스 병사를 합해 6만 8,000명까지 치솟았다. 6월 1일, 즉 아이반호가 많은 고역을 치렀던 그날에도 6만 5,500명이 영국 땅을 밟았다. 따라서 독일의 공세에 시달린 나흘 동안 23만 2,000명의 연합군 병사가 독일군의 포로가 되는 신세를 면했다. 됭케르크 수복을 위해 투입된 총병력 33만 8,226명 중 65퍼센트에 해당하는 수치였다.[29]

엄청난 양의 중대한 장비(탱크 445대, 대포 2,400문, 트럭과 운송 도구 수만 대)를 잃었지만, 그 병력이 그 시련에서 회복되면, 언젠가 영국 본토가 침략받을 경우 영국을 지키는 데 든든한 자산이 될 수 있었다. 그 육군 연대들이 영국 자체를 지킬 필요가 없다면 1940년을 지나 1941년으로 넘어갈 때 병력을 재정비해서 이집트와 이라크와 인도에 배치할 수 있었다. 실제로 됭케르크 전투에서 만신창이가 된 부대들은 훗날 알라메인 전투와 튀니지 전투, 디데이 상륙작전에 참전했고, 1945년에는 독일에 진격하는 군대의 일원이 되기도 했다.[30] 따라서 1940년 5월 말, 그 특별한 날들에 영군 해군이 입은 피해도 극심했다. 처칠이 입버릇처럼 말했듯이 "철수해서 승리한 전쟁은 없다". 그러나 영국이 유럽 대륙에서 벌인 전투를 장기적인 관점에서 연구한 역사학자들에게 됭케르크 철수는 영국 원정군이 프랑스와 저지대 국가들로부터 전격적으로 철수한 첫 사례가 아니었다. 나중에 전쟁의 물결이 바뀌면 원정군은 어

대해전, 최강국의 탄생

김없이 다시 유럽 대륙으로 들어갔다.[31]

됭케르크 작전에 영국의 주력 군함들이 참가하지는 않았다. 따라서 노르웨이 전투와 그리스 전투에서 당했듯이, 순양함과 항공모함의 손실은 없었다. 독일 해군이 대형 군함을 북해 아래쪽으로 보내지 않아서 영국 해군의 대부분도 서부와 북부의 많은 항구를 떠나지 않았다. 물론 영국 해군이 됭케르크 앞바다에서 많은 구축함을 잃은 것은 사실이다. 제1차 나르비크 전투에서 받은 피해를 더하면 그 규모는 더욱 커진다. 그러나 해군부의 걱정에도 불구하고, 피해량은 위기라고 할 정도로 전체에서 많은 부분을 차지하지는 않았다. 게다가 영국 수리 조선소는 극심하게 훼손된 군함도 무척 신속하게 수리해내는 놀라운 능력을 보여주었다. 예컨대 아이반호는 3개월 만에 다시 작전에 투입됐고, 극단적인 상황이었던 켈리호는 1940년 12월에 다시 바다로 돌아왔다. 반면에 레더는 독일 해군이 보유한 20척의 구축함 중 절반을 노르웨이 전투에서 잃었고, 남은 구축함도 극히 일부만이 1940년 후반기에 작전에 투입될 수 있었다. 독일의 수상 군함들이 받은 피해, 특히 노르웨이 전투의 막바지에 전투 순양함 샤른호르스트호와 그나이제나우호가 받은 피해는 레더가 위험을 무릅쓰고 대형 군함을 됭케르크 앞바다에 투입하려고 했더라도 그 해전에 내보낼 만한 군함이 실질적으로 없었다는 것을 뜻한다.

영국인들이 침략당할까 두려워했던 그해 여름, 날씨도 지극히 화창했지만 레더에게는 침략에 필요한 수상 군함이 없었다. 따라서 레더는 전투 순양함의 수리가 끝나고, 이듬해에 보강될 군함들(예컨대 비스마르크호)을 기다리는 수밖에 없었다. 그러나 그 전에 영국 조선소들은 런던 조약이 만료된 이후에 발주를 받은 군함들을 차근차근 내놓기 시작

〈그림 17〉 됭케르크에서 철수한 병사들을 도버에 쏟아내는 영국 구축함. 이 영국 구축함은 선명을 알 수 없지만, 영국과 프랑스 병사들을 됭케르크 해변에서부터 반복해서, 때로는 하루에 두 차례씩 실어 날랐던 많은 구축함 중 하나였다.

했다. 전함 조지 5세호가 1940년대 말에 진수됐고, 자매함 프린스 오브 웨일스호는 그 직후에 진수됐다. 신형 항공모함 일러스트리어스호와 인도미터블호도 1940년에 함대의 일원이 됐다. 또 모두 10척의 타운급 순양함은 이미 취역한 뒤였고, 디도급 대공(對空) 순양함들도 진수를 앞두고 있었다.[32] 그때까지 서유럽 앞바다와 대서양에서 일어난 모든 재앙과는 상관없이, 또 지중해에서 영국 해군에 어떤 형태의 도전이 제기되든 간에, 이상하게도 영국과 독일의 해군력은 노르웨이부터 됭케르크까지의 참사가 일어난 뒤로 훨씬 더 영국 쪽으로 기울었다.

앞에서 말했듯이, 되니츠의 유보트 부대가 노르웨이와 프랑스에서 소중한 전진기지들을 확보했지만, 이번에도 해군력의 균형추에 변화를 주지는 못했다. 이번에도 크릭스마리네는 새로운 전쟁 지형을 활용할 준비가 돼 있지 않았다. 당시 나치 경제는 전면전을 위한 총동원령이 내려지지 않았고, 생산 설비의 우선권이 육군과 공군에 주어졌으며, 수상 군함의 보강은 그다음 차례였다. 그래도 되니츠의 유보트 부대는 당시 운 좋게도 20척 이상의 잠수함을 보유할 수 있었다(발트해 포함). 적대 행위에 따른 손실이 처음에는 적었지만, 노르웨이와 저지대 국가들의 앞바다에서 전투가 격화됨에 따라 손실도 커졌다. 1939년에 9척, 1940년의 전반부에 16척을 더 잃었다.[33]

그러나 되니츠 잠수함 부대의 전체적인 공격력은 결함투성이인 어뢰의 빈번한 불발 사고로 크게 약화됐다. 나중에 밝혀졌듯이, 스캐파플로에서 영웅적인 전과를 거두는 과정에서 귄터 프린이 겪은 어뢰 불발 사건은 흔하디흔한 현상이었다. 당시 잠수함에서 발사된 어뢰의 절반가량이 어떤 이유로든 불발한 듯하다.[34] 안타깝게도 레더가 이끈 독일 해군의 이런 약한 전력(실질적으로 존재하지 않은 수상 함대, 소규모에 불과한 잠수함 함대)은 독일 육군의 막강한 전력과 성공, 누구의 눈에도 상상을 초월하는 듯한 파괴력을 지닌 것 같은 루프트바페와는 뚜렷이 대비됐다. 당시는 히틀러가 제3제국의 빈약한 해군을 보강하는 데 더 많은 예산을 투입할 것으로 기대하기는 힘든 때였다.

하지만 해군의 이런 상대적인 약점은 독일이 전쟁을 시작하고 9개월 동안 거둔 눈부신 성공으로 쉽게 가려졌다. 당시 사람들은 물론이고 후대의 역사학자들도 베어마흐트가 무척 효율적이고 위협적인 군대라는 것을 반복해서 보여주었다는 강렬한 인상을 받았다. 1919년 이후로 패배감에 짓눌렸던 독일이 전설 속의 불사조처럼 다시 치솟아올랐다. 폴란드 침공부터 노르웨이 전투까지, 베어마흐트 군대는 탱크부터 낙하산 부대까지 거침이 없었다. 독일 해군도 앞에서 언급한 많은 문제가 있었지만, 다시 말해서 지리적 한계가 있었고 수상함과 잠수함의 수효가 상대적으로 적었지만, 수적으로 훨씬 우세한 연합군 해군에 실질적인 도전장을 던졌다. 구체적으로 말하면, 해상 군함과 은밀한 잠수함을 동원해 북대서양과 남대서양에서 해상무역로를 공격하며 위협했고, 노르웨이를 효과적으로 공략해 항만을 장악했으며, 베어마흐트가 덴마크부터 스페인 경계까지 서유럽 해안 지역을 점령하는 데 적어도 부분적으로는 지원했다.

독일 잠수함이 되니츠의 바람만큼 성공적이지는 않았지만, 영국 해군에 몇 번이고 상당한 타격을 주었다. 프랑스와 노르웨이에도 해군기지를 확보한 뒤에는 유보트의 수가 여전히 제한적이었으나, 유보트 위협이 증가한 것처럼 보였다. 신뢰할 수 없는 어뢰부터, 당시로서는 실질적인 전쟁 준비였던 잠수함 한대의 턱없이 낮은 비율까지 독일 해군의 중대한 약점을 제대로 파악하지 못한 까닭에, 영국 해군부는 1940

년 중반까지 적을 영리하고 위협적이라 생각했다. 따라서 런던 참모부의 모든 생각이 베어마흐트의 다음 도발, 즉 북해와 영국해협을 넘어와 잉글랜드 해안을 직접 공략할 가능성에 집중된 것은 조금도 놀랍지 않았다.

하지만 무엇보다 두려운 것은 150킬로미터, 어쩌면 수백 킬로미터를 비행할 수 있어 육지에서 출격해 바다를 건너올 것 같은 독일 공군의 가공할 위협이었다. 공군을 이용한 공격은 전쟁의 역사에서 완전히 새로운 형태였기 때문에 전투 방식이 얼마나 달라질지는 아직 그 누구도 몰랐고, 대응 수단을 해결하기는커녕 궁리해내는 데도 급급했다. 거의 반세기 동안 머핸주의자들은 영해를 지키는 강력한 해군을 지닌 국가와 사회에 승리할 수 있는 '해군력의 영향'을 가정하고, 그에 관해 글을 써왔다. 한편 수륙양면에서 동시에 적을 공격해야 한다고 주장하던 장군들, 예컨대 존 피셔(John Fisher, 1841~1920년) 제독은 영국 육군을 "바다에서 쏘아 올려진 발사체"라고 대담하게 표현하기도 했다.[35]

그런데 제2차 세계대전에서는 강력한 지상 병력을 보유한 국가들이 적의 해군으로부터 위협받는 것이 아니라 루프트바페처럼 효율적으로 움직이는 강력한 공군이 대서양의 해양 국가들을 밀어내고, 꼼짝못 하게 억누르는 듯했다. 군사전략가이던 배질 리델 하트가 당시 상황을 정리하며 말했듯이, "영국의 전통적인 전략"이 250파운드(약 113킬로그램)의 폭탄과 500파운드의 폭탄을 적재하고 빠르게 날 수 있는 현대 항공기의 시대에는 적합하지 않은 듯했다.[36] 결국 제2차 세계대전에서는 언젠가 적국의 해안 지역을 공격해 정복하려면 선행조건으로 하늘을 확고히 지배할 수 있어야 했다. 이 자명한 원칙은 훗날 연합군이 유럽에 재진입할 때만큼이나 독일이 영국 본토를 침략하려 했을

대해전, 최강국의 탄생

때도 다행스럽게도 똑같이 적용됐다. 따라서 영국 침공은 독일 공군의 다음 시험장이 됐다.

제2차 세계대전 초기에 루프트바페가 노르웨이 앞바다와 프랑스 됭케르크에서 영국 해군 군함들에 가한 공격에 대한 또 하나의 일반적인 생각도 언급해둘 만하다. 육지에서 멀리 떨어지지 않은 앞바다에서 작전하던 군함이 대규모 공군 공격을 받은 것은 역사상 처음이었다. 괴링의 공군 편대를 구성한 메서슈미트, 도르니에, 하인켈, 융커는 빠른 현대식 항공기였다. 제1차 세계대전에는 그처럼 빠른 항공기가 없었다. 1930년대의 만주 사변과 아비시나 위기 및 스페인 내란도 제2차 세계대전의 양상을 미리 보여주지는 못했다. 노르웨이 앞바다, 특히 프랑스-벨기에 해안에서 작전한 연합군은 독일 공군의 공격을 예측하지 못해 그에 대한 대비도 제대로 없었다. 슈투카(Ju-87) 급강하 폭격기의 공격 속도와 각도에 대응하는 것이 특히 어려웠다. 영국 해군이 보유한 함포의 앙각(포구가 위로 향했을 때 포신과 수평면이 이루는 각-옮긴이)은 대체로 45도가 고작이었고, 현대식 대공 무기를 충분히 갖춘 군함은 한 척도 없었다. (따라서 1940년대의 여러 작전에서 생존한 군함들에는 상갑판에 서둘러 보포스 다연장 대공포와 엘리콘 대공포가 장착됐다.) 상륙작전이나 철수 작전에 참가하는 일반 항공모함이나 호위 항공모함을 위한 작전 교리는 없었다.

잉글랜드 공군기지에 주둔한 허리케인과 페어리 배틀은 항속거리가 짧은 전투기인 데다 연료를 많이 싣지 못해, 됭케르크 해변에서 지속적으로 순찰을 하며 철수하는 병사들을 싣는 군함들을 지켜줄 수 없었다. 요컨대 됭케르크 전투는 한쪽으로 기울어진 새로운 전투였다. 넬슨의 표현대로 '군함 내 요새'의 전투가 아니라 군함 대 항공기의 전투기였다. 당시 군함에는 자신만이 아니라, 철수하려던 영국과 프랑스 병사들을 지켜줄 만한 장비가 갖추어져 있지 않았다.

루프트바페는 됭케르크 해변에 길게 줄지어 서서 구조선을 기다리던 연합군 병사들에게 공격을 가했다. 병사들을 태운 구조선들은 루프트바페의 공격에 침몰하거나 크게 훼손되어 잉글랜드까지 항해했다. 루프트바페의 공격에 연합군 부대가 입은 피해만을 집계한 별도의 통계자료는 존재하지 않는다. 이때의 피해는 1940년 5~6월에 벌어진 프랑스 공방전(Bataille de France)에서 영국군과 프랑스군이 입은 막대한 피해의 일부에 불과했다. 됭케르크 철수 이후에 며칠 동안 전투를 계속한 프랑스군은 6월 4일 철수 완료를 선언했다. 그때까지의 사상자가 8만 5,000명의 전사자를 포함해 모두 36만 명이었다.

한편 영국 원정군은 공방전 동안 6만 8,000명(전사, 부상, 포로 포함)을 잃었고, 앞에서도 언급했듯이 445대의 탱크와 2,700문의 대포부터 2만 대의 오토바이까지 모든 군사 장비도 잃었다. 영국 해군이 6척의 구축함을 잃었고, 프랑스 해군도 3척의 구축함을 상실했다. 모두가 무지막지한 공중 공격에 침몰한 것이었다. 그 밖에도 영국과 연합국의 작은 선박 200척 정도가 격침됐다. 루프트바페는 프랑스 공방전 전체 기간 동안 약 240대의 항공기를 잃었고, 대부분이 됭케르크 전선에서 격추됐다(156대). 영국 공군 전투기 사령부가 됭케르크 작전에서 잃은 항공기는 127대였다.[37] 처음으로 독일 공군은 동등한 위치에 있는 맞수를 만났고, 아돌프 갈란트(Adolf Galland, 1912~1996년)를 비롯한 몇몇 신중한 전략가들은 명확한 결론을 끌어내기 위해 동분서주했지만, 히틀러가 "세계 역사상 가장 위대한 승리"라고 떠벌렸듯이 당장은 독일이 의심할 여지가 없는 승리였다고 주장하며, 노르웨이 노르카프부터 스페인 경계까지 유럽 서부 해안의 지배권을 확고히 할 수 있었다. 그러나 영국해협과 지브롤터와 북아프리카 너머까지 확대할 수 있느냐는 완전히 다른 문제였다.

"서쪽을 보라, 온 대지가 환하지 않은가!"

물론 1940년 6월과 7월에 대서양의 유럽 쪽에서만 정치적 풍경이 급속히 변하고 있었던 것은 아니다. 프랑스가 함락됐고, 이탈리아가 참전했다는 충격적인 소식에 워싱턴은 거의 공황 상태에 빠졌다. 곧이어 영국이 항복하고, 나치가 프랑스와 영국의 해군을 장악하며, 독일이 서인도 제도와 브라질을 향해 밀고 들어올지도 모른다는 공포에 시달렸다.[38] 그런 공포감이 루스벨트 행정부와 이번에는 화들짝 놀란 미국 의회의 극적인 반응으로 이어졌다. 미국은 해군 예산이 과도하지 않냐는 초기의 모든 정치적 의구심을 버렸다. 시기도 더할 나위 없을 정도로 딱 맞아떨어졌다. 1940년 6월 17일 오후, 미국 해군 작전부장이던 해럴드 스타크(Harold Stark, 1880~1972년)는 하원 해군 위원회에 출석해 40억 달러가 넘는 공룡 예산을 요청할 예정이었다. 군함과 함재기, 조선소와 항만 시설에 투입할 예산으로, 어느 때보다 대폭 증가한 액수였다. 그러나 그날 아침, 하원의원들은 조간신문에서 프랑스가 전쟁을 중단하고 나치 독일에 항복 조건을 묻기로 결정했다는 소식을 읽은 터였다. 영국이 혼자서는 나치 독일을 감당하지 못할 것 같았고, 대서양이 유난히 좁게 느껴졌다. 그 소식에 의회는 불안하기 그지없었던지 해군의 요구를 적극적으로 받아들였다.

그날 오후가 저물어갈 무렵에 그 예산이 하나의 반대표도 없이 승인됐다. 필요한 예산이 전부 계산됐고, 총액이 무려 80억 달러로 증액된 법안이 다음 달에 통과됐다. 미국을 제외하고 그 어떤 강대국도 그 많은 돈을 감당할 수 없었을 것이다. 그것도 미국 군부 중 단 하나의 군대, 해군에만 할당된 예산이었다. 이때 해군이 발주한 군함 목록을 보면, 4척의 아이오와급 전함, 5척의 몬태나급 초대형 전함, 18척의 에식스급 플리트 항공모함, 27척의 순양함(14척의 볼티모어급 중순양함 포함), 115척의 고속 구축함(최종적으로는 175척, 강력한 플레처급 구축함 포함)이 있었다. 그 밖에도 무수히 많은 보조함과 보급함도 발주됐다. 게다가 군수품을 제작하고 해군기지를 건설해야 했고, 조선 시설도 추가로 필요했다. 이 모든 게 처음에는 미국에서만 이루어졌지만, 나중에는 전쟁터에서도 똑같이 행해졌다.[39]

미국 팽창주의자들이 그때까지 줄곧 주장하던 양(兩)대양 해군(two-ocean navy)에 대해 끝으로 살펴보자. 전체적인 배수량(132만 5,000톤)으로 보면, 그 법안만으로 일본제국 해군 전체에 버금가는 해군 함정들을 건조하고, (기준일을 어디에 두느냐에 따라 다르지만) 히틀러의 크릭스마리네보다는 8~10배나 강한 해군을 키워낼 수 있었다.

따라서 이런 팽창주의적 법안에 함축된 해군력과 야심을 좀 더 깊이 분석해볼 필요가 있다. 군함 건조 계획에 담긴 의미는 어떤 해군 전문가에게나 명확했다. 아이오와급 전함이 취역하면, 그 전함만으로도 비스마르크호와 티르피츠호를 월등히 넘어설 게 분명했다. 아이오와급 전함이 독일 전함보다 약간 더 길고 넓었으며, 몇 노트가량 더 빨랐다. 9문의 16인치 함포부터 8문의 15인치 함포까지 주력 함포도 더 강력했고, 레이더로 조정됐다. 엄밀히 말하면, 유럽 어느 해군의 최신 전함에 비교해도 더 강력했다. 하지만 뒤이어 발주된 5척의 몬태나급 초대형 전함은 훨씬 더 커서, 배수량이 7만 톤, 12문의 괴물처럼 큰 16인치 함포가 장착되도록 설계됐다.[40] 몬태나급 전함은 태평양 전쟁에서 일본의 야마토급 전함을 상대할 의도로 설계된 까닭에, 대서양에는 중순양과 구축함의 지원을 받아 2척만 배치했더라도 비스마르크호의 어떤 위협이든 무력화할 수 있었을 것이고, 미국은 동부 해안과 그 너머까지 제해권을 장악할 수 있었을 것이다.

전함에 장착될 전통적인 무기도 충분히 확보한 듯했지만, 의회가 승인한 예산 법안이 18척의 항공모함(모두 에식스급 플리트 항공모함)과 해군만을 위한 1만 5,000대의 함재기를 승인했다는 사실에서 실질적인 힘의 이동이 읽혔다. 물론 초대형 전함의 신조(新造)가 미국 해군력의 증가에 무척 중요했지만, 윌리엄 프랫(William Pratt, 1869~1957년) 제독은 전통주의자들도 포함된 청중에게, 그 자신과 전략가들은 그런 항공력, 특히 바다 위를 장악하는 항공력이 미래의 도구가 될 것이라 확신한다고 단언했다.[41] 고속 중형 유조선과 공급선 및 다수의 고속 플레처급 구축함을 건조하는 비용까지 함께 승인돼, 플리트 항공모함은 사면팔방으로 널찍한 지역에서 작전을 펼칠 수 있었다. 미국 해군이 태평양에서 별도로 광범위하게 작전을 수행할 때도 전함의 유무와 상관없이 6척이나 8척의 그런 항공모함이 북대서양의 균형을 결정하는 미래의 모습을 상상하기는 어렵지 않았다. 항공모함이 추축국들의 해군 침투로부터 서반구를 안전하게 지킬 수 있는 게 확실했던 까닭에, 미국의 고립주의자들도 그 법안에 찬성했던 것이다. 유일한 문제가 있었다면, 2년이란 여유밖에 없었다는 것이다.

정확히 말하면, 이 새로운 대책은 미래이 미국 해군이 갖출 모습이었다. 따라서 1940년 7월경, 영국이 처한 전략적 위치에 아무런 도움이 되지 않았다. 이런 이유에서 처칠은 구축함 이동, 군사 장비 이전(기관총과 대포), 무기 대여법(Lend-Lease) 등 더 실질적인 대책을 서둘러 강구해 달라고 루스벨트에게 압력을 가했다. 하지만 신중한 전략가라면, 이 대대적 군함 건조 계획에서 더 큰 메시지를 읽어냈어야 했다. 미국 해군이 그 정도의 해군력을 갖추면 독일과 이탈리아의 해양 야심은 물거품이 될 것이 뻔했기 때문이다. 미국이 엄청난 생산력을 쏟아내기 시작했다는 많은 징조에 자극을 받아, 얄궂게도 히틀러는 소련을 포함해 유라시아 대륙의 모든 자원을 어떻게든 하루라도 빨리 장악하지 못하면 향후에 세계 패권을 두고 미국이란 거인을 상대하기 힘들어질 것이라는 확신을 굳히게 됐다. 그래서 히틀러는 러시아에 등을 돌리게됐다.[42]

한편 도쿄의 전망에는 아이오와급 전함과 에식스급 플리트 항공모함이 취역하는 1943년 초에 거대한 미국 해군이 등장할 가능성이 컸다. 달리 말하면, 일본으로서는 태평양과 극동의 정복에 나서 성공할 가능성이 대략 2년밖에 남지 않았다는 뜻이었다. 야마모토 이소로쿠 제독이 일본 대본영에서 주장했듯이, 영국과 미국의 전략적 자산을 무력화하는 무자비한 선제공격을 서둘러야 한다는 생각이 이런 결론 자체에 함축돼 있었다.[43] 그보다 훨씬 이전, 즉 양대양 해군법이 통과된 직후부터 일본과 독일은 시간이 부족하므로 서둘러 행동해야 한다는 절박감에 짓눌렸다.

이 드라마에 참가한 당사자들은 한참의 시간이 지난 뒤에도 완전히 깨닫지 못했겠지만, 프랑스의 항복, 양대양 해군법, 영국 본토 항공전(Battle of Britain, 또는 영국 전투), 바르바로사 작전, 본격적으로 펼쳐진 대서양 전투, 진주만 공격 등 1940년 6월부터 1941년 12월까지 기나긴

17개월 동안 전개된 사건들은 세계 패권을 장악하려는 더 큰 전투의 부분들로 모두 전략적으로 연결된 것이었고, 격동의 1930년대는 그 다툼의 서곡이었을 뿐이다. 극소수의 전문가만이 세계 전역에서 일어나던 이런 많은 변화에 담긴 뜻을 완전히 파악했을 수 있겠지만, 미국 해군에서 새로운 루스벨트 함대를 건조하던 책임자들에게 앞날의 과제는 훨씬 덜 복잡했다. 그때 당장 절실하게 필요한 것은 전함과 항공모함과 순양함을 최대한 빨리 진수하는 것이었다.[44]

이 범세계적인 드라마에서, 미국이 향후 태도를 결정하는 데 프랑스의 항복이 상당한 영향을 끼쳤을 거라고 확신한 한 명의 주역이 있었다. 처칠의 생각에, 프랑스의 항복은 역사적인 사건인 게 분명했다. 처칠은 프랑스 육군이 무척 강하다고 철석같이 믿었던 까닭에 프랑스의 항복에 크게 충격을 받았다. 따라서 영국해협과 북해 건너편에서 독일군이 몰려오면 강력하고 즉각적인 본토 방위 대책이 필요할 뿐만 아니라 더 큰 차원의 대응이 필요하다는 게 처칠의 생각이었다. 1940년 6월 4일, 처칠 총리는 자신의 가장 위대한 정치적 연설 중 하나를 이미 하원에서 토해낸 터였다. 됭케르크 이후의 심각성을 전하며, 영국이 조금도 움츠러들지 말고 싸워야 할 것이라고 역설한 감동적인 연설이었다. "우리는 해변에서 싸울 것입니다. …… 우리는 언덕에서 싸울 것입니다"라며 "하나님이 정한 때에 신세계가 구세계를 구하려고 올 때까지!"라고 끝냈다.[45]

처칠은 항구적인 영불 동맹까지 필사적으로 제안하며 프랑스에 계속 항전하라고 독려하면서도 어깨 너머로는 대서양 건너편을 바라보고 있었다. 보름 뒤에 프랑스가 완전히 무너지자, 미국의 지원을 유지하고 더 끌어내는 것이 처칠에게는 최우선적인 전략이 됐다. 영국의 생존을 위

〈그림 18〉 **프랑스 전함 리슐리외호에 가해지는 폭격, 1941년, 다카르.** 영국 해군은 포격과 공중 공격으로 비시 정부의 해군을 무력화하려고 끊임없이 시도했다. 리슐리외호는 빈번하게 손상을 입었지만 결국 살아남았고, 1943년 연합군의 일원이 된 이후로 놀라운 전과를 남겼다.

　　　　　　　　　　　　　　　　　　　　　　　대해전, 최강국의 탄생

해서는 반드시 필요해서, 미국의 지원은 생존만큼이나 중요했다. 그러나 처칠은 미국에, 심지어 미국 정부 내에도 큰 타격을 입은 영국에 계속 싸울 만한 의지와 힘이 있는지 의심하는 사람이 많다는 것을 잘 알고 있었다. 영국이 함락되면 영국 함대를 즉각 대서양 너머로 보내 나치의 손에 떨어지지 않게 하겠다고 약속하라는 워싱턴의 재촉에서, 당시 미국 정부가 영국을 얼마나 미심쩍어했는지가 잘 드러났다. 그러나 나치가 프랑스 함대를 장악할 가능성을 처칠이 염려했듯이, 미국도 독일이 영국 함대를 장악할 가능성을 두려워했을 뿐이다.

따라서 프랑스 비시 정부의 해군은 여전히 세계에서 네 번째로 컸지만 1940년 6월 22일 콩피에뉴에서 서명된 항복 문서의 명령에 "독일과 이탈리아의 관리하에서 해산되고 해체되는" 운명을 맞았다. 영국의 처칠 정부가 생존을 발버둥치며, 해군력 균형에 균열을 가져온 뜻밖의 파국적 변화를 필사적으로 되돌리려 애쓰는 동시에 루스벨트에게 영국이 무자비하고 단호히 독일의 위협에 맞설 수 있다는 것을 입증해 보이려 했던 주된 이유가 프랑스 해군에 닥친 비극적 운명에 있었다. 7월이 시작되기 전에 처칠은 내각을 설득해, 프랑스 제독들이 추축국에 저항해 함께 싸우거나, 적어도 프랑스 군함을 자체적으로 해체하는 초대를 거절한다면, 프랑스 군함들을 격침해도 좋다는 허락을 얻어냈다. 넬슨이 중립을 표방한 덴마크 해군이 나폴레옹의 제휴군에 가담하는 것을 방지하려고 코펜하겐에 정박해 있던 덴마크 군함들을 무자비하게 선제공격해 파괴한 역사를 처칠이 기억했던 것인지는 분명하지 않다.[46] 분명한 것은, 영국이 위협받는 해양 안보를 지키기 위해 과거에 가깝던 동맹의 함대를 격침할 각오까지 세웠다는 것이다. 정말 얄궂게도, 영국 정치인 중에서 프랑스를 가장 사랑했던 처칠이 '캐터펄트 작

대해전, 최강국의 탄생

전(Operation Catapult)'을 결정한 주역이었다.

7월 3~6일, 메르엘케비를 비롯한 북아프리카의 여러 항구에 정박해 있던 프랑스 함대를 격침한 사건은 제2차 세계대전에서 가장 널리 알려진, 어쩌면 가장 서글픈 해전일 수 있다.[47] 지브롤터의 제임스 소머빌(James Somerville, 1882~1949년) 제독, 알렉산드리아의 앤드루 커닝엄(Andrew Cunningham, 1883~1963년) 해군 중장 등 런던으로부터 프랑스 함대를 공격하라는 명령을 받은 영국의 고위 장교들은 모두 그렇게 느꼈다. 외곽 방파제에 정박해 있던 프랑스 함대는, 본국 함대로부터 파견되고 H-부대로 지칭된 전투부대(모두 15인치 함포를 장착한 후드호, 레졸루션호, 밸리언트호)에는 너무도 뚜렷한 표적이었다. 상대적으로 낡은 두 전함, 프로방스호와 브르타뉴호는 7월 3일 침몰됐다. 특히 브르타뉴호가 폭파될 때는 거의 1,000명에 가까운 장교와 승조원이 사망하는 끔찍한 인명 손실이 있었다. 신형 전투 순양함 됭케르크호는 치명적인 손상을 입었지만, 자매함 스트라스부르호는 툴롱으로 용케 피신했다. 7월 8일에는 전함과 항공모함으로 이루어진 영국 함대가 다카르 앞바다에 도착했다. 항공모함 헤르메스호의 함재기가 떨어뜨린 어뢰에 신형 전함 리슐리외가 타격을 입었고, 보름 뒤에 그 프랑스 전함은 포탄 세례에 더 큰 타격을 받았다.

드골의 자유 프랑스(France Libre)에 참여하거나, 알렉산드리아와 프랑스령 서인도제도에 수장되는 데 동의한 소수의 군함을 제외하고, 나머지 프랑스 해군 거의가 툴롱에 집결해 크게 분개했다. 따라서 영국 해군은 그들을 적으로 삼을 수밖에 없었다. 알제리와 모로코의 비시 프랑스 정부는 영국을 적대적으로 생각했지만, 그때 프랑스 함대는 북쪽에 있어 몰타 수송대에 별다른 위협을 줄 수 없었다. 이때 이탈리아가 참전을 선언하며 유럽의 해군력에 다시 큰 변화가 밀려오자, 영국은 서지중해를 엄중히 단속하며 단호히 싸우겠다는 의지를 표명했다. 히틀러는 영국의 이런 반응에 놀랐고, 무솔리니와 그의 제독들은 큰 걱정에 빠졌다. 그러나 무엇보다 중요한 것은, 미국이 영국의 태도에서 긍정적인 인상을 받았다는 것이다.

———

7월 둘째 주, 캐터펄트 작전이 서글프게 끝난 뒤, 후드호를 비롯해 H-부대에 소속된 대부분의 군함이 다시 지브롤터를 떠나 북쪽으로 향했다. 독일이 잉글랜드 동부를 침략할 가능성에 영국 내각이 두려워하며 즉각 영해로 복귀하라는 명령을 내렸기 때문이었다. 7개월간 지속되던 가짜 전쟁 기간에는 상대적으로 안정적이었지만 그 이후의 사분기(4월 초부터 7월 초까지)는 믿기지 않을 정도로 격동적이고 격렬했던 해전의 첫 단계가 그렇게 끝나며, 북대서양과 북해 바다에 전개되던 주된 해군국들의 군사작전도 모두 멈추었다. 유보트와 수송단 사이의 교전도 아주 적었다. 영국 해군이 다음으로 전개한 함대 작전의 무대는 지중해 한복판이었고, 상대도 다른 국가였다.

전체적으로 볼 때, 바다에서 펼쳐진 처음 9개월간은 영국 해군으로서는 치욕적인 전쟁이었다. 항공모함 커레이저스호가 한 척의 잠수함에 공격을 받아 침몰했고, 전함 로열 오크호는 본국 기지에서 격침됐다. 또 항공모함 글로리어스호는 독일 전함의 공격에 산산조각 났다. 영국 해군의 강력한 구축함은 거의 손상을 입지 않았지만, 노르웨이 앞바다와 네덜란드 해안과 됭케르크에서 침몰하고 크게 피해를 입은 중요한 고속 구축함의 수는 심각할 정도였다. 곳곳의 바다에서 상선이 받은 피해 규모는 그때까지 견딜 만했지만, 새로이 형성된 지리적 구조를 고려하면 그런 상황이 오래 지속되지 못하리라는 것을 상상하기는 어렵지 않았다.

노르웨이를 잃은 것은 중대한 실수였고, 프랑스의 항복은 엄청난 패배였다. 이탈리아가 참전하며 긴장감이 더 커졌다. 영국은 전에 없던 참혹한 패배를 당했고, 유일한 야전 원정군까지 잃어 무척 약해져 보였다. 멀리 서쪽에서 어마어마한 군사 대국이 잠을 깨고 있었던 것은 사실이다. 그러나 미국이란 군사 대국이 결국 전쟁을 선포하고 지원에 나설 때까지, 영국 해군과 공군이 추축국들을 저지할 수 있느냐는 많은 관측자에게 1940년 초여름에도 여전히 오리무중인 듯했다.

〈그림 19〉 **영국 순양함 셰필드호, 1941년, 지브롤터 앞바다.** 이 웅장한 상징적인 그림에서, 영국 순양함 셰필드호가 오래전부터 H−부대의 기지이던 지브롤터 앞바다에 정박해 있다. 6인치 함포를 장착한 타운 순양함들은 전쟁 기간 내내 오대양 전체에서 싸웠다.

5장

전쟁에 휩싸인 유럽의 바다
1940년 7월부터 1941년 12월까지

1940년 6월, 프랑스 제국이 붕괴되고 이탈리아가 지중해에서 참전을 선언함에 따라, 영국은 나폴레옹의 대육군(La Grande Armée)이 칼레 부근에 집결했던 1805년 이후로 맞닥뜨린 어떤 상황보다 전략적으로 심각한 상황을 마주하게 됐다. 처칠은 평화 협상이란 생각을 단호히 거부하며, 영국민에게 도덕적 우위를 바탕으로 국내 물적 자원과 방공망, 해군을 믿고 계속 싸우자고 독려했다. 만평가 데이비드 로(David Low, 1891~1963년)는 이런 저항감을 포착해 프랑스의 필립 페탱이 항복하고 24시간밖에 지나지 않은 1940년 6월 18일, "좋아, 이제 혼자군!"이라는 제목으로 만평을 그렸고, 그 그림은 세계적으로 유명해졌다. 입을 꽉 다물고 소총만으로 무장한 영국 병사가 파도가 밀려오는 바위에 서서, 감연히 주먹을 허공으로 내뻗는 모습이다.[1]

물론 영국은 결코, 전혀 혼자가 아니었다. 대영제국이란 거대한 제국이 전쟁에 맞서 일어섰고, 전쟁 전에 전략가들이 상상조차 할 수 없었던 정도로 결집했다.[2] 영국의 거대한 상선대 이외에 네덜란드 국기, 노르웨이 국기, 폴란드 국기, (얼마 후에는) 유고슬라비아 국기, 그리스 국기를 펄럭이는 상선대까지 힘을 보탰다. 공군도 많은 자치령의 비행편대만이 아니라 폴란드와 체코, 자유 프랑스와 미국의 자원병들로 서둘러 조직한 부대들로부터 용기를 얻었다. 뒤에서 살펴보겠지만, 그 배경에는 미국이 중립에서 점차 벗어나며 대서양을 순찰하는 빈도를 높였고, 1940년 9월에는 미국이 영국에 중고 구축함을 공여하고 그 대가로 영국이 해군기지들을 미국에 양도하는 협정(destroyers-for-bases deal)이 체결됐으며, 1941년 3월 이후에는 무기 대여법을 통해 군수품을 영국에 제공하는 변화가 있었다.

하지만 독일의 침략선들이 영국해협에 모여들고 있던 그 기간에 노르카프부터 피레네까지 대서양 항로 전체가 독일의 손에 떨어졌고, 런던을 비롯해 잉글랜드 남부 항구들에 대한 루프트바페의 폭격이 점점 확대됐다. 게다가 중요한 지중해 항로도 마침내 이탈리아 항공기와 함대로부터 위협을 받았고, 로돌포 그라치아니(Rodolfo Graziani, 1882~1955년) 장군의 군대가 리비아를 출발해 이집트로 진격했다. 따라서 전체적인 상황이 어두웠다. '전략의 총괄 평가(strategic net assessment)'에서 영국과 자치령의 자산을 고려하더라도, 1940년 5~6월에 일어난 사건들로 인해 힘의 균형추는 독일에 가까워졌고 영국으로부터 멀어졌다. 대서양 건너편에서도 루스벨트 행정부가 서반구의 안전을 걱정하기 시작한 것은 당연했다.[3] 이렇게 위기가 코앞에 닥친 상황에서는, 가까운 영국해협부터 맞은편 대서양을 거쳐 지중해까지 영국 해군이 보여줄 전투 역량이 절대적으로 중요했다. 전반적으로 영국 해군은 뛰어난 역량을 보였지만 자체의 피해도 무척 컸다. 6월 18일, 처칠은 영국 공군 전투기 사령부의 조종사들이 영국이란 섬나라에 '최고의 시간(finest hour)'이던 그 시기에 보여준 영웅적인 역할을 공개적으로 극찬했지만, 해군의 업적도 똑같이 칭찬받아 마땅했고 그에 못지않게 대단했다.

강화되는 대서양 전략, 1940~9141년

1940년 여름, 영국에 비해 독일이 확보한 군사적이고 지리적인 이점은 놀라워서 숨이 막힐 정도였다. 4장에서 말했듯이, 핵심적인 유럽 국가들, 즉 노르웨이, 벨기에, 네덜란드, 특히 프랑스의 군대가 독일의 반대 세력에서 통째로 사라졌기 때문만은 아니었다. 제3제국이 빌헬름 시대 (Wilhelminismus: 1890~1918년)에는 사방으로 둘러막혔던 전략적 상자를 깨고 나오며 이제는 지리적 이점까지 확보했기 때문이었다. 근대 유럽의 역사에서 이때처럼 컸던 지정학적 변화를 생각해내기는 어렵다. 볼프강 베게너가 《세계 전쟁에서의 해군 전략》을 발표하며, 독일이 향후의 전쟁에서 영국에 뒤지는 지리적 약점을 상쇄하려면 노르웨이와 프랑스 서부 해안의 해군기지를 확보해야 한다고 주장한 때가 15년 전이었다.[4] 그때는 순전히 이론적이고 불가능해 보였던 것이 놀랍게도 실현됐다. 루프트바페와 크릭스마리네는 새로이 획득한 영토 내의 기지들로 지체 없이 이동했다.

따라서 1940년 7월 이후로 수개월 동안 대부분의 눈이 영국 전투에 집중됐지만, 이때 대서양 전투도 두 번째 단계, 즉 독일이 새롭게 획득한 이점을 과시한 단계에 들어섰다.[5] 물론 가장 큰 이득은, 카를 되니츠의 유보트가 이제는 북해 밖의 항만들을 기지로 사용할 수 있게 된 변화였다. 따라서 노르웨이협만들과 강력한 방어 시설이 갖추어진 셰르부르, 브레스트, 지롱드 등의 항구에 많은 유보트가 정박할 수 있었다.

상대적으로 작은 이점이었지만, 봉쇄망을 뚫고 독일에 군수물자를 보급하던 밀항선들이 과거에는 스코틀랜드를 지나 북해에 들어가야 했으나 이제는 프랑스를 경유할 수 있어, 독일에 물자를 공급하는 것이 한결 쉬워졌다. 루프트바페가 공군력을 대서양 해안 지역을 따라 배치할 수 있게 된 것도 유보트가 확보한 이점만큼이나 중요한 것이었다. 항속거리가 긴 포케 불프 콘도르(Focke-Wulf Condor)도 대서양 해안에 배치돼 연합국 호송 선단을 그림자처럼 뒤쫓으며 번질나게 공격을 가했다. 하지만 중형 폭격기(도르니에와 하인켈)가 영국 연안 호송 선단과 지중해 무역로를 공격하는 경우가 가장 빈번했고 위험하기도 했다.

끝으로, 에리히 레더 제독에게 여전히 해전에 즉시 투입할 만한 대형 군함이 많지는 않았지만, 전투 순양함 샤른호르스트호와 그나이제나우호 같은 기존 부대가 출격해서 통상 파괴 작전을 수행한 뒤에 예전처럼 북해를 가로지를 필요 없이 프랑스나 노르웨이 항구로 귀환할 수 있게 된 것도 적잖은 이점이었다. 물론 제3제국이 당시 독일제국 시대의 대양 함대나 향후의 '플랜 지'에 버금가는 대규모 함대를 보유했더라면 1940년 이후의 대해전은 머핸이 상상했던 모습이었을 것이다. 그러나 현실에서 영국 섬의 서부 해역(Western Approaches) 어딘가에서 영국 함대와 독일 함대가 부딪치는 서사적인 장면은 없었고, 영국을 오가는 해상 교통로를 장악하려는 전투, 덜 극적이었지만 장기간에 걸친 훨씬 복잡한 전투만이 펼쳐졌다.

이 다툼에서 영국과 영국 해군은 노르웨이와 프랑스를 잃었지만 지리적 조건과 물자 공급에서 여전히 큰 이점을 누렸다. 처음에는 본국 섬 자체에서 많은 자원을 조달했다. 그러나 1940년 여름쯤, 됭케르크에서 철수한 지친 병사들의 모습에 충격을 받은 데다 점차 증가하는 공

대해전, 최강국의 탄생

습에 시달리며, 침략 방지용 방벽이 서둘러 세워지는 것을 불안한 마음으로 지켜보던 영국 국민들에게, 영국은 사방에서 가해지는 독일의 위협에 포위된 허약한 국가로 보였다. 그러나 육군 참모총장이던 프란츠 할더(Franz Halder, 1884~1972년)를 비롯해 독일의 냉정한 고위 장성들에게, 영국 섬은 온몸이 뻣뻣한 가시털로 덮인 호저(豪豬)처럼 보였다.[6] 영국해협의 많은 항구는 구축함 함대로 가득했고, 동부 해안은 기뢰와 대포로 보호됐으며, 공군 전투기와 폭격기로 구성된 비행편대들이 정교한 사령부의 지휘하에 전국을 빈틈없이 지키고 있었기 때문이다. 경제 전선에서도 독일의 공중 압박에 그다지 취약하지 않았다. 힘들기는 했지만, 사우샘프턴과 런던을 통하던 물류가 글래스고와 리버풀을 통해 원만하게 이루어질 수 있었다. 게다가 영국의 주된 조선과 군함기지 및 '잘 알려지지 않은' 항공기 공장이 멀리 북서쪽에 위치했고, 그 사이에는 곳곳에 무시무시한 대공 방어 시설이 갖추어져 있었다. 따라서 영국의 항복을 받아내는 것은, 제3제국이 전에 맞닥뜨렸던 문제와 차원이 달랐다. 솔직히 말해서 베를린은 그 방법을 찾아내지 못했다.

독일이 1940년에 세운 침략 계획과 이동 계획, 즉 '황색 작전(Case Yellow: 독일어로는 Fall Gelb)'은 처음 준비 단계 이후로 다른 이유에서, 즉 정치적 이유에서 실질적으로 추진되지 않았다. 동유럽 영토와 자원의 양도를 두고 소련과 다툼이 잦아지자, 히틀러의 집착적 관심사가 옮겨갔기 때문이었다. 그러나 독일 최고사령부가 영국 침공을 구상할 때 마주해야 했던 물리적 난제들은 언급해둘 만하다. 나중에 연합군이 북아프리카, 이탈리아, 프랑스로 대대적인 침투를 고려할 때도 유사한 난제들을 해결해야만 했기 때문에도 그렇다. 독일 육군은 광범위한 시역에 상륙하기를 바랐지만, 독일 해군은 그런 대규모 작전을 뒷받침할 만큼 해군이 강하지 않다고 주장했다. 육군의 요구를 들어주려면 상륙정과 예인선 등 여러 종류의 군함이 영국해협의 많은 항구에 흩어져야 했다. 영국 공군의 공격을 받으며, 그 거친 바다에서 그 군함들을 다시 집결시키는 것은 갑판 장교에게 악몽이나 다를 바가 없었다. 루프트바페가 하늘을 완전히 장악했더라도 잉글랜드 남동부를 침략하려면 엄청나게 어렵고 많은 피를 흘려야 할 게 분명했다. 더구나 해변에는 온갖 장애물이 설치돼 있었다. 그러나 남동부를 점령하지 않고서는 독일군이 영국 본토에 들어갈 수 없었다. 여하튼 영국이 1940년에 보유한 방공망, 즉 포괄적인 레이더 감시망부터 점차 수적으로도 증가한 전투기 사령부의 편대까지, 영국의 방공망을 헤르만 괴링이 자랑하던 공군력이 분쇄하지 못한 것은 사실이다. 반복해서 말하면, 제3제국은 비로소 진정한 강대국과 싸우고 있었던 것이다.

따라서 등골이 오싹할 정도로 능률적이던 독일 육군 사단들은 대서양 해안 지역에 들어섰지만, 더는 서쪽으로 진격하지 못했다. 지정학적으로 이 현상에는 무척 특별한 의미가 있었다. 베어마흐트가 눈길을 남쪽으로 돌릴 수 있어, 1941년 늦봄에 지중해 전투에 끼어들어 이탈리아를 지원했다. 또 동쪽으로도 눈길을 돌릴 수 있어, 볼셰비키를 분쇄하려는 히틀러의 광적인 집착에 떠밀려 1941년 6월에는 동쪽으로 이동했다. 1940년 9월 이후로 영국이란 서쪽의 주적에게 항복을 받아내는 과제가 독일 공군과 해군에 맡겨진 것은 조금도 놀라울 게 없지만, 엄밀히 말해서 그 목표를 달성할 가능성은 무척 불확실했다. 대세가 어느새 공중전으로 넘어갔다. 루프트바페가 화창한 여름 동안 잉글랜드 남동부 하늘을 장악하지 못한다면, 호위를 받지 않는 폭격기들이 영국 곳곳에 흩어지고 멀리 떨어진 산업 기지들을 야간 공습으로, 그것도 뒤

따라오는 겨울철의 흐린 날씨에, 초토화시킬 수 있다고 누가 어떻게 장담할 수 있겠는가?

따라서 영국의 항복을 받아내는 주된 과제는 독일 해군에 맡겨지고, 영국 해군이 제3제국을 봉쇄했듯이 독일 해군이 영국 섬을 봉쇄하며 반격하는 형식을 띠면 충분했다. 게다가 독일에는 이 목표를 달성하기에 적합한 세 가지 핵심적인 전쟁 수단, 즉 (1) 항속거리가 긴 폭격기로 이루어진 해군 항공대, (2) 강력하고 빠른 군함부터 교묘하게 위장한 통상 파괴함까지 다수의 해상 군함, (3) 가장 위협적인 무기는 수적으로도 점점 확대되던 유보트 전단(戰團)이 있었다.

독일 해군 항공대는 대서양 전투의 흐름을 바꿀 정도로 충분하지 않았다. 더구나 단독으로는 불가능했다. 하지만 그 항공대가 영국에 가한 피해가 때로는 상당했고, 바다에서 연합국 수송대를 찾아내 유보트를 그 표적으로 유도하는 역할도 충실히 해냈다. 그러나 드넓은 바다에서 그런 표적을 찾아낸 경우에만 국한된 역할이었다.[7] 드넓은 북대서양 하늘을 계속해서 감시하고 장악하는 역할을 완벽하게 해내려면, 프랑스 기지로부터 얼마나 많은 포케 불프-200 콘도르 편대가 극한적인 항속거리를 비행해야 했을까? 따라서 결코 충분할 수 없었다. 게다가 오랜 시간이 지나지 않아, 수송 선단이 원시적인 대공 방어 시설을 갖추면서 콘도르의 효율성도 도전을 받았다. 예컨대 상선에는 특별한 사출 장비가 설치돼 허리케인 전투기가 발진해서 독일 정찰기를 쫓아내거나, 가능하면 격추했다(그렇게 임무를 마친 뒤에 허리케인 전투기가 상선 옆에 내리면 선원들이 조종사를 끌어올렸다).

1941년 말에는 포케 불프 콘도르의 상황이 더욱 나빠졌다. 마침내 영국 해군이 오랫동안 기다리던 호위 항공모함을 인수받았기 때문이다. 첫 호위 항공모함에는 오데서티라는 적절한 이름이 붙여졌고, 이 항공모함은 1941년 12월 지브롤터에서 본국으로 향하는 수송 선단을 보호하는 동안 말레트 전투기를 반복해 출격시켜, 느린 콘도르를 쫓아내거나 격추했다. 이 호위 항공모함도 훗날 호송 작전 과정에서 격침됐지만, 이 새로운 무기가 영국에 더해졌다는 사실은 독일에 불길한 조짐이 아닐 수 없었다. 실제로 이 호위 항공모함의 보호를 받은 그 수송 선단이 영국에 도착할 때까지 두 대의 콘도르가 격추됐고, 5척의 유보트가 침몰했다.[8] 그때부터 수송 선단이 호위 항공모함이나 공군 해안 사령부 항공기로부터 보호를 받아야 할 만큼 중요한 경우에는 독일군의 공중 공격으로부터 한층 안전해졌다.

이 모든 것에서, 대서양에서의 공중전이 헌신적이지만 화력이 부족한 소수의 비행편대에 맡겨지지 않았다면, 더 일반적으로 말해서 루프트바페의 주된 전략적 목표가 영국의 무릎을 꿇리는 데만 전념하지 않았다면, 훨씬 더 많은 피해가 발행할 수 있었다는 게 짐작될 뿐이다. 하지만 영국 전투 이후에는 어떻게 됐을까? 1940년 10월 이후로 수개월 동안 서구에는 공군력의 균형 같은 것이 있었으나, 이듬해 초부터 상황이 급변했다. 그때부터 괴링의 루프트바페 항공 편대들(Luftflotte)은 지중해, 발칸반도와 그 서쪽 전선, 나중에는 러시아 전선까지 정신없이 들락거려야 했다.[9] 제3제국은 전략적으로 우선순위를 결정하지 못하는 치명적인 문제를 그때부터 이미 드러내고 있었던 셈이다.

그 결과로 영국의 항복을 받아내는 과제는 크릭스마리네의 몫이 됐다. 하지만 그 과제는 크릭스마리네의 역량을 훨씬 넘어서는 것이었다. 독일 해군에는 해상에서 활동하는 군함이 위장한 형태로든 본래의 형태로든 어느 시점의 해전에서나 항상 수적으로 턱없이 부족했다. 독일 해군이 북대서양 전역에 마주한 지리적이고 물리적인 한계는 극복하기 힘든 수준이었다. 반면에 프랑스가 항복한 이후에도 영국은 탈진하거나 크게 약해지기는커녕 여러 곳의 심원한 구심점들을 집결시켜 모든 바다로 뻗어나가고 있는 듯했다.

따라서 상선으로 위장한 독일의 통상 파괴함은 무장이 변변찮아, 공해에서 단독으로 항해하는 연합국 상선을 만나기를 바라는 수밖에 없었다. 군함이 호위하는 수송 선단은 덮칠 엄두조차 낼 수 없었고, 무장한 보조 순양함을 우연히 맞닥뜨려도 위험에 빠질 처지였다. 대체로 독일의 그런 통상 파괴함은 영국의 보조 순양함보다 강했지만, 그런 경우에도 교전 과정에서 피해를 입을 가능성이 높았고, 카운티급 순양함에 장착된 8인치 함포와 싸운다는 것은 상상조차 할 수 없었다. 따라서 독일의 통상 파괴함은 드넓은 황야에 떨어진 여우처럼 조심스레 돌아다니며, 적국의 해군기지들과 호위 함대 사이에서 기회를 엿보아야 했다. 이렇게 위장한 바다의 강도가 훗날의 문학에서는 낭만적으로 묘사되지만, 실제의 침몰은 전체 이야기에 영향을 끼칠 만큼 많지 않았고, 1940년이 끝나가는 수개월 동안에만 영국 상선들에 큰 피해를 주었을 뿐이다.[10]

독일의 정규 군함이 대서양에서 연합국 선박에 가한 위협은 차원이 달랐다. 그 군함들은 상선보다 훨씬 빨랐다. 따라서 가공할 11인치 함포를 장착한 아트미랄 셰어호의 성공적인 순항에서 입증되듯이, 독일 군함은 수송 선단을 맞닥뜨리면 상당수의 선박을 신속히 격침할 수 있었다. 1940년 11월, 아트미랄 셰어호는 대서양에 들어선 직후, 핼리팩스 남쪽에서 수송 선단을 마주쳤고, 5척의 상선과 그들을 호위하던 무장한 상선 순양함 저비스 베이호를 격침했다. 그 이후로도 수개월 동안 남대서양과 인도양을 미친 듯이 돌아다니며 17척, 총 11만 3,000톤의 상선을 침몰시킨 뒤, 4월에야 독일로 귀환했다.[11]

하지만 아트미랄 셰어호는 예외적인 순양함이었다. 항상 그랬듯이, 레더는 지휘 목록에 있는 해상 함대마저 제대로 활용할 수 없었다. 예컨대 독일 고속 구축함, 즉 노르웨이 전투 뒤에 남은 구축함은 항속거리가 짧아 중장 지중해에 오랫동안 머물 수 없었을 뿐만 아니라, 상부가 지나치게 무거워 지중해 큰 파도에 견디지 못했다. 크릭스마리네의 히퍼급 중순양함도 먼 거리를 추적해 습격하기에는 항속거리가 짧았다. 이런 점에서 아트미랄 셰어호 같은 전투 순양함과 포켓 전함(Panzerschiffe)이 이상적이었지만 보호 장치가 부족하고 11인치 함포가 주된 무기여서, 15인치 함포를 장착한 영국 전함이 수송 선단을 호위하는 경우에는 재빨리 달아나야 했다. 그러나 건조하고 수리하는 속도는 느린 반면에 폭격과 기뢰에 의한 피해는 빈번했다는 사실은, 크릭스마리네의 레더가 명목상 지휘 목록에 있던 소수의 군함마저도 제대로 바다에 내보내지 못했다는 뜻이었다. 따라서 독일이 제2차 세계대전에서 해상 군함을 이용한 통상 파괴는 한 척, 많아야 2척이 바다로 나가 수송 선단을 공격해 간헐적으로 성공을 거두었을 뿐이다.

독일의 킬에서 시작해 프랑스의 브레스트에서 끝나는 북대서양에서 독일이 영국 상선단을 공격해 성공한 대표적인 예는 1941년 1월부터 3월까지 고속 전투 순양함 샤른호르스트호와 그나이제나우호가 광범위하게 수행한 통상 파괴였다. 호위를 받지 않은 다수의 연합국 상선들을 뉴펀들랜드 동쪽에서 격침한 뒤에 두 순양함은 남쪽으로 신속히 내려가서 유보트 함대와 함께 작전하며, 프리타운에서 출발하는 수송 선단을 격침할 기회를 엿보았다. 하지만 커다란 몸집의 영국 전함이 시야에 들어올 때마다, 그들은 느리지만 중무장한 적을 피해 신속히 달아났다. 그야말로 '치고 달리기' 전술이었다. 그리고 두 순양함은 대서양 한복판에서 연료 보급선을 만나 연료를 보충했고, 다시 상선들을 격침한 뒤에 북대서양으로 돌아가는 과정을 반복하면서도 레더의 엄중한 명령에 따라, 15인치 포탄과 맞서는 위험을 무릅쓰지 않는 원칙을 철저히 준수했다.

이렇게 극도로 신중한 전술을 못마땅하게 생각하며, '9문의 11인치 함포를 장착한 최신형 순양함 2척이 제1차 세계대전에 건조된 래밀리스호처럼 오래되고 느릿한 전함과 대전하지 못할 이유가 무엇인가?'라는 불평이 있었다. 하지만 4장에서 소개된 그라프 슈페호의 이야기에서 명백히 확인되듯이, 레더의 원칙에는 논리적 타당성도 있었다. 두 순양함 중 하나, 또는 아트미랄 셰어호의 보일러실에 15인치 포탄을 맞는다면 어디로 수리를 가야 하겠는가? 북아메리카나 카리브해 지역은 분명히 아니었다. 물론 라틴아메리카의 어떤 항구에 들어갈 수도 없었다. 자칫하면 억류될 수 있었기 때문이다. 비시 정부하의 다카르로 느릿느릿 간다면, H-부대와 영국 해군의 항공모함이 뒤쫓아올 게 분명했다. 독일의 중순양함이 인상적이고 강력한 데다 믿기지 않을 정도로 잘 건조된 군함이었고, 지휘관과 승조원들도 유능했지만, 앞에서 말한 대로 공해상에서 중대한 피해를 겁냈다는 것은 얄궂은 역설이 아닐 수 없었다.

샤른호르스트호와 그나이제나우호는 1941년 3월 23일 브레스트에 닻을 내리기 전까지 22척, 11만 5,000톤의 상선을 격침하며 전체적인 수송 체계를 일시적으로 마비시킴으로써 '분신된' 상선이 여성 전체를 단독으로 항해하거나, 부분적으로 보호에 나선 해군이 철수한 뒤에는 호위를 받지 않은 채 계속 항해하도록 허용한 영국 해군부의 어리석은 판단을 폭로해주었다.[12] 혼란에 빠진 영국 해군부와 격분한 처칠에게 하나의 위안이 있었다면, 두 중순양함이 유럽 항구로 귀환한 순간, 영국 공군 폭격기와 영국 해군 잠수함의 표적이 됐다는 것이다. 1941년 4월, 반복해 불운을 겪던 그나이제나우호는 해안 사령부의 뇌격기가 떨어뜨린 어뢰에 고물이 날아갔고, 건선거(dry dock: 큰 배를 만들거나 수리할 때 해안에 배가 출입할 수 있을 정도로 땅을 파서 만든 구조물-옮긴이)로 이동한 뒤에 다시 영국 폭격기 사령부의 공격을 받았다. 한편 샤른호르스트호는 지나치게 오랫동안 항해한 탓에 엔진이 마모돼 중대한 수리가 필요했고, 선거(船渠) 시설에도 머물러야 했다. 하지만 그때 루프트바페가 영국해협 상공의 지배권을 상실한 까닭에 브레스트는 독일 군함이 정박해 있기에 너무도 위험한 곳이었다.

그 통상 파괴함들이 1941년 초에 연합국 상선의 운항에 중대한 피해를 주었더라도 그 방해가 오랫동안 지속되지는 않았다. 통상 파괴함의 활동이 느슨해져도 근처의 호송대에게 북대서양에서 한동안 돌아다니라는 명령이 내려졌고, 많은 다른 호송대가 부에노스아이레스와 몬테비데로를 출발해 희망봉이나 인도양을 우회하며 먼바다에서 느릿하게 옮겨 다녔다. 예컨대 바다에는 20개가 넘는 호송대가 있었다. 물론 영국 항구를 향해 어떤 호위도 받지 않고 항해하는 상선이 훨씬 더 많았다. 크릭스마리네가 대서양 항로를 방해한 가장 유명한 사건도 이때 시도됐다. 독일의 거대한 신형 전함 비스마르크호가 1941년 5월 말에 범한 통상 파괴였다. 물론 모든 수송 선단이 영국 해군부의 명령으로 출발이 보류되거나, 항구로 돌아갔다. 전함 로드니호와 중순양함 도싯셔호의 호위를 받던 수송 선단이 증언하듯이, 도싯셔호는 비스마르

대해전, 최강국의 탄생

크호의 추적에 나섰다. 그러나 그 독일 전함의 통상 파괴가 끝난 뒤에는 수송 선단이 다시 항해를 시작했다.

비스마르크호의 통상 파괴는 레더 제독이 그 북서대양 항로를 차단하려고 시도한 가장 큰 역작이었다. 중순양함 프린츠 오이겐호의 호위를 받으며, 거대한 전함 비스마르크호는 덴마크해협을 빠져나와 북대서양으로 향했다. 1941년 5월 24일 짧았지만 서사적인 교전에서, 독일 군함들은 영국 해군의 대형 군함, 후드호를 격침했고, 영국 해군의 최신형 전함 프린스 오브 웨일스호에도 큰 타격을 주었다. 이 교전에서 영국 전투 순양함 후드호는 무지막지하게 쏟아지는 포탄에 견디지 못했다. 정확히 25년 전, 유틀란트 해전에서 데이비드 비티(David Beatty, 1871~1936년) 해군 원수의 전투 순양함들에 쏟아지던 포탄을 떠올려주었다. 그 뜻밖의 전과에 고무된 비스마르크호의 함장, 귄터 뤼첸스(Günther Lütjens, 1889~1941년)는 기지로 돌아가지 않고, 대서양에 더 깊이 들어가 상선 수송대를 유린하기로 결정했다.

그 이후의 긴박감 넘치는 유명한 추격전에서, 영국 해군은 대서양에 모든 자원을 투입했다. 하지만 동시에 지중해에서 전투를 치러야 했기 때문에 실제로 투입된 자원은 그다지 많지 않았다. 구체적으로 말하면, 본국 함대의 두 주력함(조지 5세호와 로드니호), 지브롤터에 주둔하던 H-부대의 전투 순양함(리나운호)과 항공모함(아크 로열호)이 투입됐고, 보조 항공모함(빅토리어스호)과 그에 딸린 순양함들, 게다가 호송 임무로부터 호출된 구축함들도 비스마르크호의 추적에 나섰다. 이번에는 행운이 영국 편이었다. 아크 로열호의 함재기, 소드피시가 재차 발사한 어뢰 공격에 비스마르크호의 방향타가 피손됐고, 그로 인해 조종 장치가 마비됐다. 넘실대는 파도에 포격을 제대로 할 수 없었고, 구

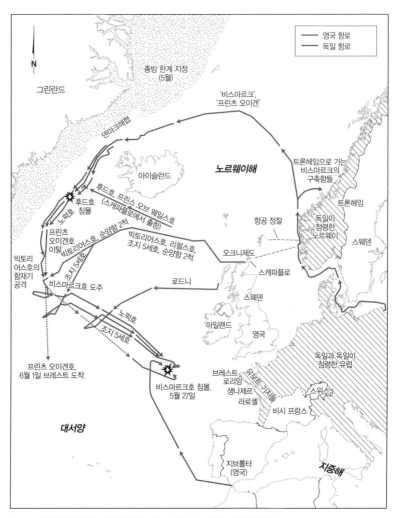

북쪽 화살표 표시
N

그린란드

충빙 한계 지점
(5월)

'비스마르크',
'프린츠 오이겐'

덴마크해협

아이슬란드

노르웨이해

트론헤임으로 가는
비스마르크의
구축함들

후드호
침몰

노퍽호

후드호, 프린스 오브 웨일스호
(스캐파플로에서 출항)

트론헤임

독일이
점령한
노르웨이

스웨덴

프린츠
오이겐호
이탈

빅토리어스호, 순양함 2척

빅토리어스호, 리펄스호,
조지 5세호, 순양함 2척

항공 정찰

오크니제도

스캐파플로

빅토리
어스호의
함재기
공격

조지 5세호

비스마르크호 도주

로드니

노퍽호

조지 5세호

스웨덴

아일랜드

영국

독일과 독일이
점령한 유럽

프린츠 오이겐호,
6월 1일 브레스트 도착

비스마르크호 침몰,
5월 27일

브레스트
로리앙
생나제르
라로셸

유보트 기지들

스위스

비시 프랑스

대서양

지브롤터
(영국)

지중해

〈지도 5〉 **독일 해군의 대서양 침투: 비스마르크호 추적, 1941년 5월**

축함과 순양함의 공격을 받는 데다 본국 함대의 전함에도 공격을 받아 불길에 휩싸인 비스마르크호는 1941년 6월 1일 스스로 침몰하는 길을 택했다. 그 소식에 처칠은 크게 안도했다.[13] 그 거대한 전함이 무탈하게 브레스트에 귀환해서, 수리를 끝낸 전투 순양함 샤른호르스트호와

대해전, 최강국의 탄생

그나이제나우호의 도움을 받아가며 다시 통상 파괴에서 나섰다면, 영국 해군은 북대서양 수송 선단의 항로를 지키는 데 엄청난 압박을 받았을지도 모른다.

하지만 그런 가정은 결코 일어날 수 없었다. 이탈리아 해군이 지중해에서 절감했듯이, 항공기가 육지와 바다 등 어디에서나 막강한 영향력을 입증하고 있을 때 크릭스마리네도 영국과 미국의 제해권에 도전하고 나섰다는 것을 깨달았기 때문이다. 물론 독일과 이탈리아에 공군력이 부족했던 것은 아니었다. 그러나 상대편과 달리, 공군력이 충분한 수준은 아니었고 항공기 기종의 분포가 적절하지도 않았다. 종합적으로 보면, 영국이 전쟁의 전반기에 보유한 항공모함은 극소수에 불과했지만 그 숫자만으로도 판도를 바꾼 경우가 많았다. 비스마르크호를 공격했던 때처럼, 타란토 해전과 마타판곶 해전에서, 항공모함에 탑재된 뇌격기는 숫자도 적었고 속도도 느렸지만, 공해에서나 항만에서나 적의 함대에는 엄청난 위협이었다. 그 이유는 어뢰 자체가 파괴적인 무기였다는 데 있었다. 그러나 크레타 앞바다를 순찰하는 영국 군함에 떨어지든, 서프랑스의 항만에 주둔한 독일 군함에 떨어지든 간에 어뢰는 500파운드나 1,000파운드로 무겁기도 해서 대단한 파괴력을 지닌 무기였다.

비스마르크호가 자침을 선택한 동안, 독자적인 통상 파괴를 위해 이탈했던 프린츠 오이겐호는 브레스트로 피신해서 2척의 전투 순양함 샤른호르스트호와 그나이제나우호에 합류했다. 하지만 그들이 대서양 해로에 가할 수 있는 잠재적 위협, 달리 말해서 레더 제독이 히틀러에게 항상 과장해서 역설하던 독일 군함의 중요성은 반복되는 영국의 폭격에 무뎌졌다. 프린츠 오이겐호는 브레스트에 도착하고 한 달 뒤에, 영

〈그림 20〉 **페어리 소드피시 뇌격기의 공격을 받는 비스마르크호, 1941년.** 덴마크 해변에서 영국 전투 순양함 후드호를 격침하고(1941년 5월 24일) 사흘 뒤에, 독일의 거대한 전함은 어뢰 공격을 받아 조종 능력을 상실했다. 전함에 비교하면 소드피시는 무척 작아 보인다.

국 공군 폭격기 사령부의 공격을 받아 하갑판에 치명적인 피해를 입었다. 7월 말에는 15대의 영국 공군 폭격기가 샤른호르스트호를 공격했고, 다섯 발의 폭탄이 그 전투 순양함에 명중했다. 물론 수리는 언제라도 가능했지만, 얼마나 오랜 시간이 지난 뒤에야 3척의 군함이 그렇게 노출된 항만에서 더 큰 피해를 입거나 더 심하게 파괴되지 않는 상황에서 벗어날 수 있을지 알 수 없었다.

6장에서 자세히 다루겠지만, 이 문제는 이듬해 2월에야 해결됐다.

대해전, 최강국의 탄생

독일 해군이 발트해와 북유럽 항구로 대담하게 철수하는 케르베루스 작전(Unternehmen Cerberus, 영어로는 Channel Dash)에 성공한 덕분이었다. 이 작전도 노르웨이를 사수하기 위해 해군이 옮겨가야 한다는 히틀러의 고집에 따른 것이었다. 이 대담한 작전은 밤을 틈타 도버라는 강력한 요새를 지나가야 했기 때문에 고위급 해군 참모들이 구상한 계획의 훌륭한 본보기였다.[14] 그 철수가 성공했다는 소식이 알려지자 영국 언론은 한목소리로 영국 정부를 성토하고 나섰다. 그 작전이 영국 해군과 공군에는 치욕적이었지만(그래도 공군은 여러 사령부가 수백 대의 전투기와 폭격기를 출격시켜 느슨한 공격을 몇 번이고 시도했다), 레더가 일기장에 안타까운 어조로 썼듯이 크릭스마리네에게 그 작전은 전략적으로 후퇴한 것이었다. 1940년 프랑스의 모든 항만이 독일 손에 떨어졌을 때도 영국 해안에서 위험할 정도로 가깝다는 우려가 있었듯이, 영국 공군 폭격기와 연안 사령부의 비행편대에는 정말 코앞과 같은 곳이라는 게 명백히 드러났다. 그처럼 공중 공격에 취약한 곳이라면, 독일의 전투 순양함들이 모항으로 귀환하는 방법 이외에 달리 어디로 갈 수 있었겠는가?

그 이후로 독일 향상 함대의 상황은 더욱 악화됐다. 샤른호르스트호가 2월 12일 밤에 네덜란드 해안을 따라 항해할 때 (수 시간 전에 영국 공군이 떨어뜨려 놓은) 기뢰를 건드렸고, 한동안 바다 위에서 멈춘 뒤에 빌헬름스하펜으로 느릿하게 들어가 오랜 수리에 들어갔다. 그나이제나우호의 운명은 더 참혹했고, 레더에게 큰 실망을 안겨주었다. 더 안전하다고 판단된 항구로 옮기고 한 달쯤 지났을 때 그나이제나우호는 영국 공군의 복수심에 불타는 공격을 받았다 앞 갑판의 앞부분이 파괴됐고, 결국 전쟁 기간 내내 수리되지 못했다. 얼마 뒤에는 프린츠 오이겐호가 영국 잠수함 트라이던트호가 발사한 어뢰에 고물이 크게 파손됐다. 수리를 마친 뒤에 그 중순양함은 주로 간부 후보생의 훈련에 쓰였고, 나중에는 발트해에서 연안 작전을 지원하는 데 사용됐다. 해상 군함을 동원해 영국의 제해권에 도전해보려던 독일의 노력은 1941년에 두 번에 걸쳐 일시적으로 영국을 겁나게 했지만, 전쟁이 발발하고 2년이 지나지 않아 막을 내리고 말았다.

비스마르크호의 비극 이후로, 독일의 대형 군함은 북대서양에 다시 들어오지 않았다. 전쟁 초기에 그라프 슈페호가 항해하던 남쪽 바다는 거들떠보지도 않았다. 영국과 독일의 실질적인 해전은 이렇게 끝났다. 미국 해군이 갈등에 개입하고 중후한 군함을 보내기 전이었다. 1942년 2월 이후에 크릭스마리네의 해상 해군력은 크게 줄어 한 척의 대형 전함 '티르피츠'와 전투 순양함 샤른호르스트호를 포함해 몇 척이 전부였지만, 모든 군함이 이따금씩 포탄과 어뢰의 공격을 받아 수리를 받았고, 기본적으로 발트해와 노르웨이에 기지를 둔 함대에 속했다. 독일의 대형 군함은 나중에 미국과 미국의 해군이 심각하게 생각할 정도로 북극해 수송 선단에 상당한 위협이었다.[15] 그러나 히틀러의 해상 해군은 대서양에서 더 이상 위협이 되지 않았다. 그 역할은 전적으로 되니츠와 그의 유보트 함대로 넘겨졌다.

그때부터 세 가지 추가적인 변수가 영국에 유리하게 기울기 시작했다. 첫째는 1941년 6월부터 러시아를 공격한 히틀러의 바르바로사 작전(Unternehmen Barbarossa)이었다. 이 작전은 해군력과 직접적인 관계가 없어 보이지만, 실제로는 상당한 영향을 끼쳤다. 소련과 사느냐 죽느냐는 전투를 시작한 까닭에, 독일은 지상군의 상당한 부분을 '동쪽'으로 돌리기 시작했고, 다른 곳에 곁눈질하는 것을 용납하지 않았다.

그렇다고 되니츠 제독의 잠수함 숫자가 줄어들거나, 1941년 여름에 독일의 여러 조선소에 새로운 기종의 유보트를 제작하는 일이 중단되지도 않았다. 그러나 루프트바페 폭격기와 전투기 편대는 대서양 사령부와 지중해 사령부에서 대거 빠져나와 동쪽으로 보내졌다. 소련에 대한 공격이 시작되면서, 크레타 앞바다에 정박한 영국 해군 군함에 매섭게 퍼붓던 폭격이 크게 줄었다.

장기적으로 보면, 바르바로사 작전에 상당한 부분의 자원을 투입한 베를린의 결정이 해전에도 영향을 끼친 게 분명하다. 그로 인해 다른 전투에 투입한 자원이 '상대적'으로 줄어들지 않았겠는가. 독일의 전략을 연구하는 학자들이 지적하듯이, 이때 제3제국이 연합국의 해상운송을 차단하는 데 더 많은 지원을 할당했다면, 예컨대 항속거리가 긴 포케 불프 콘도르 비행편대의 수를 3배, 신형 유보트의 수를 3배로 확대했다면 전쟁의 양상이 크게 달라질 수 있었을 것이다. 그러나 제3제국의 산업 생산력이 모든 수요를 충족할 수 없었기 때문에 스탈린그라드의 요구에 비교할 때 되니츠의 요구는 중요하게 여겨지지 않았을 수 있다. 유보트 건조는 히틀러나 알베르트 슈페어(Albert Speer, 1905~1981년, 나치 독일의 군수 장관)의 우선순위에서 네 번째, 여섯 번째보다 앞섰을까?[16]

바르바로사 작전의 목적에 대한 영국의 평가는 완전히 달랐다. 독일이 영국 본토를 침략할 가능성은 1940년 말에 이미 사라졌지만, 동부 전선의 전쟁 규모가 커질수록 그 가능성은 더욱더 줄어들 수밖에 없었다. 특히 침략 대비용으로 발목이 묶였던 해군의 구축함 부대들이 재배치될 수 있었고, 공군도 더 많은 전투기와 폭격기를 지중해로 보낼 수 있었다. 무엇보다 지정학적인 상황이 크게 달라졌다. 1941년 6월 이후로, 제3제국은 동쪽과 서쪽, 양쪽에서 서로 다른 진정한 강대국과 싸우는 처지가 됐다. 따라서 독일이 생산 자원을 대략 50 대 50으로 분할했을지 몰라도, 히틀러는 소련과의 전투를 우선시한 게 분명했다.

한편 영국은 변함없이 독일 타도를 제1목표로 삼았다. 이탈리아라는 도전자는 여전히 부차적인 적으로 여겨졌고, 극동에는 더 낮은 순위가 매겨졌다. 따라서 처칠 정부는 바다와 공중과 지상에서 벌이는 독일과의 전투를 항상 가장 중요하게 여기며, 독일을 상대하는 데 대영제국의 전투 자원을 대거 투입했다. 이즈음 영국이 항공기 생산에 할당한 막대한 투자에서 이런 사실이 여실히 드러났고, 이런 투자는 전쟁을 런던에 유리한 방향으로 돌리는 데 둘째로 중요했던 군사적 변화였다. 1941년 중반경, 영국 공군은 빠른 속도로 몸집을 키워가고 있었다. 1930년대 영국 정부를 위축되게 만들었고, 노르웨이와 저지대 국가들과 프랑스가 차례로 함락되던 1940년 봄과 초여름에 영국 공군의 발목을 붙잡던 항공기의 수적인 열세가 꾸준히 줄어들었다. 서쪽의 영국 전투에서 루프트바페의 위력이 점점 무뎌졌다. 같은 기간과 그 이후에 항공기 제작이 실질적으로 증가한 것이 주된 원인이었던 것으로도 추정된다. 〈표 7〉에서 전체적인 숫자가 보여주듯이, 영국이 항공기 제작에 장기적으로 투자한 노력이 마침내 결실을 맺은 것이다.

하지만 유보트를 직접 상대하는 교전과 관련해서는 완전히 만족스러운 이야기는 없었다. 공군에 할당된 예산 중 압도적으로 많은 몫이 제3제국을 상대한 전략 폭격기 전투에 쓰였고, 다음으로는 중동에서 벌어진 공중전에 쓰였기 때문이다. 하지만 1941년 여름경 영국 공군 전투기 사령부는 여느 때보다 훨씬 많은 비행편대를 보유하게 되자, 방어적 자세에서 공격적인 방향으로 전환할 때가 됐다고 생각했다. 그 결

1939	1940	1941	1942
7,900	15,000	20,100	23,700

〈표 7〉 영국 항공기 생산력, 1939~1942년(100단위 반올림)

자료 출처: Overy, Air War, 150.

과로 스피트파이어 전투기로 프랑스 상공을 휩쓸고 지나가라는 명령을 내릴 만큼 자신감을 드러냈다. 영국 공군이 루프트바페를 상대로 큰 성공을 거두어서 당시 이런 작전을 기획한 것은 아니었지만 스피트파이어의 프랑스 상공 비행은 제공권에 변화가 시작됐다는 징조이기에 충분했다. 전투기의 이런 정찰 비행과 거의 동시에 폭격기 사령부도 독일과 프랑스의 항만, 철도와 조선소 등 경제적 표적을 폭격하는 작전을 확대했다. 이런 공격의 횟수와 규모가 증가함에 따라, 브레스트와 셰르부르처럼 전선에 위치한 항만들과 그곳에 정박한 독일 군함들이 이제는 영국 공군의 표적이 됐다. 앞에서 말했듯이, 이 이야기에서 영국 측의 최대 약점은 유보트를 직접 상대해야 했던 해안 사령부에 할당된 폭격기와 항공 정찰 대대가 부끄러울 정도로 여전히 적었다는 것이다. 하지만 영국과 독일의 상대적인 공군력에서 큰 변화가 있었다는 데는 반박의 여지가 없었다.

끝으로는 미국이란 변수가 있었다. 미국은 1941년 한 해 동안 기본적으로 막후 역할에 그쳤지만, 노련한 미국 대통령의 지휘하에 일련의 비중립적인 조치를 단계적으로 취해가며 전쟁에 조금씩 신중하게 끼어들었다. 물론 루스벨트 대통령은 그런 모든 조치가 미국의 안보를 방어하기 위한 것이라 변명했다. 가령 미국이 영국에 중고 구축함을 공여하고 그 대가로 영국이 해군기지들을 미국에 양도하는 협상 같은 중요한 조치는 널리 알려졌지만, 상대적으로 작은 조치들, 즉 제도적이고 지엽적이며 개인적인 조치도 그 시기에 시시때때로 취해졌으며, 그중 일부는 중요한 조치들과 밀접한 관계가 있었다. 예컨대 영국 전함 로드 니호는 1941년 5월 29일 서쪽으로 향하는 수송 선단에서 떨어져 나와 비스마르크호의 사냥에 참가했다. 이때 로드니호에는 보스턴 해군 조 선소의 자체 개량 작업에 필요한 예비 부품이 잔뜩 실렸을 뿐만 아니라, 해군 무관 보좌관인 조지프 웰링스(Joseph Wellings) 소령이 타고 있었다.[17] 그는 런던에서 근무를 끝내고 워싱턴으로 귀환하던 중이었다. 웰링스는 비스마르크호의 추적에 참가한 동료로 여겨지며 로드니호의 댈림플 해밀턴 함장과 고급 사관들에게 초대를 받아, 비스마르크호가 어디로 향할 것인지 내기하는 '워 게임'을 시작했다. (본국 함대의 총사령 관보다 훨씬 앞서) 웰링스는 비스마르크호가 고리 모양으로 방향을 돌려 브레스트로 대피할 것으로 추측했다.

하루 뒤, 웰링스는 앞자리를 차지하고 앉아 로드니호의 16인치 함포 와 조지 5세의 14인치 함포가 비스마르크호를 갈기갈기 찢어버리는 것을 지켜보았다. 로드니호는 클라이드로 돌아가 재급유한 뒤에 보스 턴 조선소로 향했다(웰링스는 여전히 손님이었다). 그곳에서 로드니호는 엔 진을 재정비했고, 대공(對空) 화기를 크게 향상시켰다. 웰링스가 보고를 하려고 워싱턴 DC에 도착하자, 동료 해군 장교들이 그의 이야기를 들 으려고 떼 지어 몰려왔다. 달리 말하면, 루스벨트 대통령은 전쟁에 끼 어들지 않는 게 주된 목표라고 거듭해서 공개적으로 주장했지만, 크고 작은 실질적인 증거들은 결코 중립적이지 않았고, 심하게 압박을 받는 영국 해군의 편에 선 것이 분명했다.

일찍이 1940년 9월 2일, 루스벨트는 구축함과 기지를 교환하는 협 정에 서명했다. 따라서 미국은 영국과 캐나다의 해군에 50척의 중고 구축함을 넘겨주는 대가로 카리브해 지역과 뉴펀들랜드에 공군과 해군을 위한 시설들을 새로 건립할 수 있었다. 그 구축함을 실전에 배치하는 데까지는 상당한 시간이 걸릴 수 있었지만, 처칠은 그 협정의 상징성에 크게 만족했다. 미국 해군이 정찰 지역을 대서양으로 점차 확대한 것은 한층 더 실질적이고 공격적인 변화였지만, 그런 변화는 미국의 중립권을 침해하고 미국의 호위를 받는 상선들을 방해하는 유보트의 활동이 거론되며 거의 언제나 정당화됐다. 1941년 9월에 아이슬란드 남쪽에서 독일 잠수함 U-652와 미국 그리어호 사이의 교전이 대표적인 예였다. 이른바 '서반구 안전 구역(Western Hemisphere Security Zone: 미국 군함과 항공기가 미식별 군함, 즉 유보트를 자유롭게 공격할 수 있는 구역)'이 그해 내내 점점 동쪽으로 확대됐다. 1941년 7월 초에는 미국 해병대가 아이슬란드를 방어하는 역할을 영국으로부터 인계받았고, 그린란드에는 미국 공군기지가 설치됐다. 이런 조치들이 중립국의 행동이었을까?

오랫동안, 주로 히틀러의 우려 때문에 크릭스마리네는 이 문제를 가볍게 취급하며, 미국 깃발을 매단 상선과 군함을 공격하지 않았다. 그러나 1941년 가을부터 그런 속임수는 더 이상 통하지 않았다. 10월 31일 U-552의 공격에 미국 구축함 루번 제임스호가 침몰한 사건이 그 증거였다. U-552가 발사한 어뢰에 루번 제임스호의 앞부분이 완전히 사라졌고, 100명의 승조원이 전사했다. 당시 루번 제임스호는 4척의 구축함과 함께 핼리팩스를 출발해 아이슬란드로 향하던 수송 선단을 호위하고 있었다. 이 전쟁은 더 이상 대리 전쟁, 가짜 전쟁이 아니었다. 일찍이 미국의 전략을 묘사하던 '전쟁의 뒷문'도 아니었다. 진짜 전쟁이었고, 진주만 공격이 있기 얼마 전에 시작된 전쟁이었다.[18]

거의 언제나 공격적이던 히틀러가 영국을 지원하는 미국의 이런 모

〈그림 21〉 **굴뚝이 4개인 미국 호위 구축함, 1941년, 핼리팩스.** 미국 정부의 가장 노골적인 비중립적인 조치는 1940년에 체결된 '구축함-기지 교환 협정'이었다. 이때 공여된 50척의 중고 구축함은 대부분 수리가 필요했지만, 4개의 높은 굴뚝으로 쉽게 구분되던 일부 구축함은 1941년부터 캐나다와 영국 함대에 들어가 수송 선단의 일원으로 활동했다.

대해전, 최강국의 탄생

〈그림 22〉 **브레머튼 조선소에서 수리 중인 영국 군함 워스파이트호, 1941년.** 이 영국 전함은 크레타 해전에서 피해를 입은 뒤 수리를 받으려고, 그야말로 세계를 일주해 미국 서부 해안으로 향했다(당시는 미국이 전쟁에 참전하기 전이었다). 나중에 브레머튼 조선소는 진주만 공격에 피해를 입은 군함들을 수리했다.

든 행동에 오랫동안 아무런 대응도 하지 않았다는 데 역사학자들은 의아할 뿐이다. 미국의 지원 활동은 의도와 결과 모두에서 노골적으로 비중립적이었다. 하지만 기록에서 입증되듯이, 히틀러도 대영제국과 소련을 상대로 동시에 전쟁하는 게 힘겹다는 것을 1941년 후반기 동안에는 인정했던 듯하다. 하지만 일본이 진주만과 필리핀을 공격했다는 소식이 들리자, 미국 전투력의 대부분이 태평양으로 향할 가능성이 크다

대해전, 최강국의 탄생

고 판단하고, 히틀러가 1941년 12월 10일 미국에 전쟁을 선포하며 추축국을 지원하고 나선 것은 조금도 놀랍지 않았다. 미국과 벌이던 그림자 전쟁이 마침내 공개전으로 바뀌었다.

그전에도 루스벨트 정부는 공식적으로는 중립을 표방하며 갈등에 끼어들지 않으면서 영국을 지원할 방법을 다양하게 모색했다. 그러나 가장 눈에 띄던 비중립적 조치는 무기 대여법의 의미가 미국 조선소에서 극심하게 훼손된 영국 군함을 수리한 비용을 지불하기 위한 방법으로 해석되고 확대된 것이다. 1941년 3월 11일, 미국 의회는 미국 방위를 위해 이 법안을 통과시켰다. 그 이후로 무기 대여법을 근거로, 막대한 원조(무기와 군수품, 원자재와 식량, 민간 보급품)가 영국과 자유 프랑스와 러시아, 그 밖에도 많은 작은 동맹들에 전해졌다. 그런 원조가 없었다면 그들은 항전을 지속할 수 없었을 것이다.[19] 하지만 군함 수리 정책은 군수품을 원조하는 것보다 훨씬 더 노골적이었다. 전투에서 크게 파손된 영국과 영연방의 군함이 미국 조선소에서 수리를 받을 수 있고, "그 비용은 무기 대여법으로 처리될 수 있다"라는 것을 루스벨트 정부가 인정한 것이나 다를 바가 없었기 때문이다. 이 정책은 양국 모두에 유리한 것이었다. 1941년이 시작되며 브레먼튼과 필라델피아, 브루클린과 보스턴에 위치한 거대한 조선소들이 최대 역량을 발휘해 일하며 더 많은 인력을 고용했고, 그렇게 영국 해군의 전함과 항공모함을 끝없이 수리하며 많은 소득을 얻는 동시에 경험까지 축적할 수 있었기 때문이다.[20]

끝으로 너무도 자명한 사실 하나가 확연히 두드러진다. 거대한 브레먼트 조선소 같은 시설이 전혀 폭격을 받은 적이 없었나는 것이다. 물론 북아메리카의 모든 군수 복합체가 폭격을 받지 않기는 했다. 반면에 유럽 교전국들의 조선소는 폴란드의 그디니아부터 이탈리아의 제노바까지, 특히 프랑스 대서양변 항만들은 최전선에 있어, 적국의 폭격기가 접근하면 밤마다 공습 사이렌이 요란하게 울렸다. 앞에서 언급한 모든 이유로, 항구에 정박한 독일 군함들은 1940년부터 1942년까지, 심지어 그 이후에도 특별한 표적이 돼 반복해서 타격을 입었다. 불운하게 일생을 마친 그나이제나우호는 대표적인 예였을 뿐이다. 그러나 그 중대한 시기에 영국 전함과 전투 순양함 및 항공모함은 바다에서 작전하던 과정에서 피해를 입었지만 대서양을 건너가면 안전한 미국 조선소에서 수리를 받고 장비까지 개선해 더 나은 모습으로 전장에 다시 나갈 수 있었다.

영국 공군력의 증강부터 러시아에 눈을 돌린 히틀러의 숙명적인 변덕과 미국의 비중립적인 태도까지, 정치적이고 군사적인 변수들에 의해 전쟁의 향방은 한결같이 독일에 불리한 쪽으로 돌아갔다. 하지만 이 모든 반전에 독일 해상 함대의 약화까지 더해지며, 연합국 해상 교통로를 차단하기 위한 잠수함전에서 승리해야 할 이유가 더욱더 커졌다. 처칠 정부가 평화 협상을 요구할 수밖에 없을 정도로 영국 해외무역을 차단하는 것, 적어도 영국 본토에 들어가는 식량과 원자재의 양을 크게 줄이는 것이 1940년 6월 이후 독일에는 최상의 전략적 목표였어야 했다. 1년 뒤에 바르바로사 작전이 시작됐을 때도 그 전략적 목표는 여전히 최우선 순위에 있어야 했다. 따라서 독일 잠수함 부대에 그 우선순위가 반영된 지원이 할당됐어야 했다. 하지만 현실은 전혀, 전혀 그렇지 않았다.

대서양 전투를 다룬 위키피디아의 한 항목에서 말했듯이, 대서양 전쟁은 "순전한 숫자 놀음"이었고, 그것도 여러 부문에서 숫자 놀음이었

대해전, 최강국의 탄생

다.[21] 표면적으로 보면, 대부분의 표준적인 설명에서 중요하게 다루어진 통계자료는 매달 침몰되는 상선의 수와 총배수량이었다. 물론 침몰되는 유보트의 수를 계산한 자료도 있었다. 비유해서 말하면, 상선과 유보트는 복식부기 원장의 두 부분이었다(7장의 〈도표 4〉 참조). 또 하나의 중요한 수치는 되니츠가 바다에 내보내 작전을 펼칠 수 있는 유보트의 절대적인 숫자였다. 1943년 4월에 대서양에서 실질적으로 운영되던 유보트의 수가 크게 증가했다는 사실을 언급하지도 않은 채 미국이 전쟁에 참여한 순간, 대(對)잠수함전은 끝났다고 주장하는 것은 어불성설이다.

한편 훗날의 신중한 연구들에서 제안하듯이 줄리언 코벳의 방식에 따라, 드넓은 대서양을 가로지르면서 한 대의 유보트를 보지 못한 수송선단과 개별 상선의 수에 초점을 맞출 수도 있다. 이 방법을 약간 변형해서 의문을 제기하면 "전쟁에 총력을 기울이던 초기에 영국에 도달하는 보급품의 양이 (전투기 사령부와 폭격기 사령부에 필요한 것을 비롯해) 영국 국민에게 필요한 것을 지속적으로 제공하는 데 충분했을까? 또 1943년 이후에는 300만~400만 명에 이르던 지원군을 뒷받침하는 데 충분했을까?" 또 추가된 상선의 배수량과 침몰된 상선의 배수량을 비교한 방법도 있었다. 하지만 서유럽 국가들이 항복한 직후에 노르웨이 상선이 합류하며 급작스레 폭증한 연합국 상선과 1942년 이후로 비상 조선 계획에 따라 미국이 대량으로 건조한 화물선과 유조선을 고려해 측정하지 않았다면, 되니츠의 유보트의 공격을 받아 침몰한 상선들의 배수량을 단순히 집계하는 게 의미가 있었을까?[22] 이 모든 측정 방법에 따른 월별 변화를 프랑스의 항복 이후로 노르망디 싱륙까지 선으로 나타낸다면, 특정한 한 해에 몇몇 방법이 크게 요동치는 것을 확인할 수 있을 것이다.

대서양 전투는 규모가 무척 컸던 데다 전투 양상도 복합적이었고 속도도 들쑥날쑥했으며 중대한 변수도 상당히 많았기 때문에 측정 결과의 변동이 극심했다. 계절에 따른 기후 조건에서 많은 것이 설명된다. 1월에는 대서양에 돌풍이 잦아 유보트가 작전하는 게 불가능했기에 대규모 수송 선단 전투가 없었다. 독일 잠수함, 즉 유보트가 지중해나 플로리다 해안으로 이동한 경우에도 중앙 대서양에서 상선의 손실이 크게 떨어졌다. 독일 해군 정보국(B-Dienst)의 암호 해독 여부에 따라 영국 해군부의 역할이 쉬워지고 어려워졌지만, 울트라(Ultra)라고 칭해진 신호 정보의 중요성이 초기에는 과장되게 다루어졌다. 더 많은 상선으로 수송 선단을 꾸리느냐, '빠른' 수송 선단을 더 빠르게 운항하게 하느냐, 호위 항공 모함을 수송 선단에 포함하느냐, 호위 군함에 레이더를 설치하느냐 등도 중요한 변수였다(7장 참조).

대서양 한복판의 항공 암흑 구역(air gap)을 메울 수 있다면, 단일한 항목으로는 가장 중요한 변화가 될 수 있었다. 물론 독일 측과 관련된 변수들도 있었다. 예컨대 전쟁이 시작되고 2년 동안, 어뢰가 제대로 폭발하느냐 불발로 끝나느냐는 중대한 변수였다. 1943~1944년 미국에서 봇물처럼 새로 건조된 선박들은 독일 측에 생각만큼 중요한 변수가 아닐 수 있었다. 대서양 해로를 장악하려던 유보트의 도전이 1943년 5~7월의 연이은 전투로 실질적으로 좌절됐기 때문이었다. 따라서 대서양 전투와 관련된 이야기의 주된 흐름을 쫓아가는 데 간혹 어려움을 겪더라도 독자의 잘못은 아니다. 여하튼 제2차 세계대전 전체에서 대서양 전투는 가장 복잡한 전투였다.

따라서 1940년 늦봄과 초여름, 즉 됭케르크 주변에서 해전이 치열하

대해전, 최강국의 탄생

게 벌어지던 때 앞으로 수송 선단과 관련된 전투가 많아질 것으로 예측하기는 힘들었다. 되니츠도 당시 대서양 전투에서 많은 것을 기대하지 않았다. 그러나 그해 가을, 유보트 기지가 프랑스 서부 해안에 마련되고, 잠수한 함장들에게 무리지어 협력해 작전하라는 조언이 주어졌다. 여기에 제2차 세계대전에서 가장 공격적이고 성능까지 좋던 해군 전투기가 더해지자, 대서양 전투는 훨씬 더 중요한 전투가 됐다. 영국 호위함이 여전히 안타까울 정도로 부족했고, 또 영국 군함이 수송 선단 항로의 일부만을 보호한 뒤에는 수송 선단이 곳곳으로 흩어졌으며, 많은 호위함이 수면 위를 달리는 유보트보다 속도가 늦었다는 것도 독일이 목적을 성취하는 데 도움이 됐다. 영국 해군의 구축함 전대는 노르웨이 전투와 됭케르크 전투를 거치며 고갈됐지만, 지중해 함대와 본국 함대에 절실히 필요했고, 슬루프와 프리깃함과 호위 구축함 등 새로운 종류의 군함은 아직 준비되지 않은 상황이었다. 따라서 무척 큰 수송 선단도 두세 척의 호위함만을 동반한 채 핼리팩스에서 출발했고, 공격이 임박한 조짐이 보이거나 실제로 진행 중인 경우에만 보강됐다. 이즈음 공중 엄호는 약했고 일관적이지도 않았다. 해안 사령부 자체가 약했기 때문이다.

한편 수백 척의 상선이 여전히 수송 선단을 달갑게 생각하지 않아 단독으로 항해하는 쪽을 선택했다. 다수의 상선이 어떤 방해도 받지 않고 글래스고나 리버풀까지 단숨에 항해할 수 있을 정도로 빨랐지만, 보호를 거부하고 단독으로 항해한 대가를 치른 상선도 많았다. 그때 유보트 함장들이 1940년 말부터 1941년 4월까지를 '첫 번째 해피 타임(First Happy Time)'이라 칭했던 것은 조금도 놀랍지 않다.[23]

그 결과는 참담했고 충격적이었다. 그 몇 개월은 대서양 수송 선단에 가장 치명적이었다. 따라서 영국 해군부를 깊이 걱정하지 않을 수 없었다. 부적절한 보호를 받는 표적을 향해 유보트들이 승냥이 떼처럼 달려 들면, 그 결과가 얼마나 파괴적인지를 보여주는 비극적인 결과가 반복됐다. 최악의 사건은 1940년 10월의 선보름에 노바스코샤로부터 리버풀까지 대서양을 느릿하게 횡단하던 수송 선단 SC-7에 닥친 사건이었다. 초계 잠수함의 연락을 받은 즉시 케르네발(브르타뉴의 로리앙)에 있던 되니츠의 사령부는 가장 뛰어난 함장들에게 협력해 공격하라는 명령을 내렸다. 칠흑같이 어둡던 10월 17~18일 밤, 무자비한 도살이 자행됐다. 대담한 유보트는 수송 선단의 중앙을 파고들었고, 다른 유보트들이 사방에서 공격했다. 그때 오토 크레치머(Otto Kretschmer, 1912~1998년)는 두 시간 만에 6척의 상선을 격침했다는 전설적인 전과를 남겼다. 35척 중 20척이 영국 항구에 도달하지 못하고 침몰했고, 여전히 적잖은 어뢰를 보유했던 유보트들은 호위 상태가 더 나았고 빠르게 항해하던 두 수송 송단(HX-79 등)을 표적으로 삼아 다시 20척의 상선을 격침했다. 그 수치만으로도 섬뜩할 지경이었다. 사반세기 만에 서부 해역에서 울프팩(wolf pack: 제2차 세계대전 동안 유보트가 수송 선단을 공격할 때 사용한 전술-옮긴이)은 영국을 비롯한 연합국의 선박을 140척가량 침몰시켰다.

이 수치는 유보트에만 당한 손실이었다. 이 기간에 독일의 해상 군함들, 즉 아틀란티스호와 코메트호와 코르모란호 등 통상 파괴함으로 활동하던 6척 남짓한 위장 보조 순양함(Hilfskreuzer),[24] 루프트바페의 장거리 항공기들이 격침한 상선들을 더하면, 그 숫자가 그야말로 앙등했다. 이런 점에서 1941년 4월은 가장 끔찍한 달이었다. 이달에만 61만 6,000톤이 침몰했다. 독일 항공기에 의한 피해가 32만 3,000톤, 독일과 이탈리아 잠수함에 의한 피해가 24만 9,000톤이었다.

하지만 영국 본토는 독일의 해양 봉쇄로 차단된 적이 없었고, 1941년 4월과 같은 시기도 예외가 아니었다. 겨울 폭풍에 다시 유보트의 시야가 크게 방해를 받았고, 항속거리가 긴 콘도르의 격침 기록도 수송 선단의 방공 성능 향상에 크게 꺾였다. 게다가 1941년이 깊어지며 통상 파괴를 보조하던 순양함들은 오히려 사냥을 당하는 신세가 됐고, 그 밖의 해상 통상 파괴함들은 브레스트에서 폭격을 당하거나 독일의 모항으로 서둘러 돌아갔다. 특히 히틀러 총통의 기운을 북돋워주었던 독일 잠수함의 승리도 엄밀히 따지면, 소수에 불과한 유보트 '정예' 함장들의 업적에 좌우됐다. 항상 그랬듯이, 행운의 여신은 곧 되니츠에 잔혹하게 등을 돌렸다.

그리하여 1941년 3월, 수송 선단을 호위하던 영국 구축함의 맹렬한 반격에 상당수의 핵심적인 유보트 정예를 잃었다. 공포의 유보트 지휘관, 요아힘 셰프케(Joachim Schepke, 1912~1941년)의 U-100은 3월 16일 밤, 폭뢰 공격을 받아 수면 위로 나와야 했고, 핼리팩스로 향하던 수송 선단 HX-112를 호위하던 영국 군함 배눅호의 공격을 받아 두 동강 나고 말았다. 41척의 상선으로 구성된 그 수송 선단에는 다수의 유조선이 포함돼 무척 엄중한 보호를 받았다. 나흘간의 전투 동안, 영악하던 크레치머조차 호적수를 만났다. 그의 U-99는 호송 선단을 파고들어 한 시간 만에 4척의 유조선을 격침했다. 그러나 복수심에 불타는 영국 구축함들의 폭뢰 공격에 U-99의 엔진과 조종 장치가 파괴돼, 크레치머와 승조원들은 잠수함을 포기할 수밖에 없었고, 그 이후로 전쟁이 끝날 때까지 영국군 포로로 지냈다.

더 심각한 사건도 있었다. 그와 관련된 어떤 소식도 그때까지 되니츠의 사령부에 전해지지 않았지만, 로열 오크호를 격침한 영웅으로 전설적이던 U-47이 열흘 전에 다른 수송 선단 Ob-293의 주변에서 무차별적으로 전투하던 중에 침몰해서 귄터 프린 함정과 모든 승조원이 수몰된 사건이었다.[25] 그 수송 선단들을 호위하던 군함들이 유난히 많기는 했지만, 유보트의 그런 패배가 변덕스러운 불운 탓만은 아니었다. 호위함들은 느릿하고 낡은 코르벳함이 아니라, 빠르고 중무장한 구축함이었다. 게다가 '초단파 방향 탐지(high-frequency direction finding, HF-DF)'와 레이더를 장착한 데다 도널드 매킨타이어(Donald Macintyre, 1904~1981년) 함장을 비롯해 노련한 장교들이 지휘하고 있었다. 이 패전이 미래의 징조였다면, 되니츠는 자기만의 방식으로, 즉 더 많은 잠수함과 더 나은 탐지 장치 및 더 많은 공중 지원에 대한 대응조치를 강구했어야 했다. 달리 말하면, 다수의 정예 잠수함을 지중해로 파견하며 딴 곳에 전력을 분산하지 않았어야 했다.

1941년 중반기, 그 격동의 수개월 동안에는 크레타 전투, 비스마르크호 사건이 있었고, 또 매달 24회의 수송 선단이 영국 해안까지 북대서양과 남대서양 항로를 건너야 했다. 영국 해군은 곧 북러시아를 지원하는 북극해 수송 선단의 형태로 호송함의 일부를 다른 곳에 보내야 했다. 히틀러가 6월 21일 소련을 공격하며 대대적인 지상전을 시작했기 때문이었다. 처칠은 이데올로기와 제국의 오랜 경쟁자에게 즉각 동맹을 제안하며 지원에 나섰고, 해군부가 지원할 방법을 찾아내야 했다. 이때 대영제국의 대전략이 명확히 드러났다. 물론 런던이 지향한 최상의 정치적 목표, 즉 클라우제비츠적 목표는 온갖 수단을 동원해서라도 추축국, 독일과 이탈리아를 완전히 굴복시키는 것이었다. 하지만 1941년의 껄끄러운 상황을 고려하면 그 목표는 아득하기만 했다.

대해전, 최강국의 탄생

소련 같은 거대한 강대국이 갑자기 전쟁에 끼어들었다는 소식은, 히틀러가 그 동부의 적을 먼저 궤멸하지 못한다면 처칠에게는 뜻밖의 선물이었다. 처음에 러시아는 처칠에게는 물론이고 루스벨트에게도 상당한 걱정거리였기 때문이다. 유럽에 디데이와 유사한 형태의 상륙전을 시도할 만큼의 군대가 없었던 까닭에, 영국은 능력이 닿는 범위 내에서 러시아를 도울 수밖에 없었다. 제3제국의 폭격을 강화하는 동시에 수송 선단을 통해 북러시아로 군수품을 보내는 것이었다. 물론 대단한 양은 아니었지만, 허리케인 전투기와 마틸다 탱크와 대포 등 모든 게 중요하게 여겨졌다. 본래는 중동이나 말레이반도에 보낼 예정이었던 것이지만 이제는 모스크바로 진격하는 베어마흐트를 차단하는 데 필요한 것이 됐다.

북러시아로 향한 유명한 북극해 수송 선단은 곧 지중해 선단에 못지않은 어려움에 부딪혔다. 근처에 출격한 항공기, 승냥이 떼처럼 달려드는 잠수함, 해상 군함의 끈질긴 공격을 물리쳐야 했다.[26] 그러나 기상 때문에 수송 작전이 쉽지 않았다. 앞에서도 말했듯이 여름에는 실질적으로 24시간이 낮이어서 공중 공격이 끝없이 이어졌고, 겨울에는 유빙이 수송 선단을 남쪽으로 밀어내서 독일이 장악한 노르웨이 북쪽 해안에 바싹 붙어 항해해야 했다. 수송 선단의 운영에는 이보다 더 나쁜 상황이 없었다. 따라서 영국은 초기 단계에 운이 좋게도 독일군을 1942년까지 그 지역에 붙잡아둘 수 있었다.

이상하게도 '더비시 작전(Operation Dervish, dervish)'이라는 이름을 붙인 첫 번째 북극해 수송 선단은 고무와 통조림, 허리케인 전투기들과 영국 공군 요원들을 싣고 1941년 8월 21일 리버풀을 출발했고, 아이슬란드를 경유하고 열흘 뒤에 아르한겔스크에 도착했다. 루프트바페나 독일 해군으로부터 어떤 방해도 없었다. 처칠은 그 성공에 무척 기뻐한 반면, 히틀러는 노발대발했다. 나중에 유명한 PQ라는 명칭(아이슬란드부터 북러시아까지)을 부여받은 북극해 수송 선단은 이 단계에서 소규모였지만, 1941년의 남은 시기와 1942년 초에 매달 평균 2회씩 항해했다. 아르한겔스크에 전달되는 탱크와 항공기의 숫자가 꾸준히 증가했다. 그 군수품들은 남쪽으로 보내졌고, 다수가 그해 한겨울에 모스크바 주변의 중대한 전투에 배치됐다.[27] 잠시 동안이었지만 무기 대여법에 따라 미국 무기가 러시아에 본격적으로 흘러들어 가기 전이었다. 이때에도 적잖은 미국 상선이 수송 선단에서 활동했다.

따라서 영국 해군은 세 방향에서 수송 선단을 호위하는 역할을 맡았다. 북쪽에서는 북극해 수송 선단, 남쪽에서는 지중해 수송 선단, 그리고 여느 때처럼 영국 항구들을 목적지로 하는 대서양 수송 선단을 호위해야 했다. 영국 해군부 전략가들이 독일 해상 군함의 대다수가 포격을 당하거나 침몰한 것에 감사했지만, 일본이 아직 움직이지 않은 것에도 감사한 것은 당연했다.

모든 것을 고려할 때 1941년의 하반기는 대서양 수송 선단을 비롯해 해외 수송 선단에 절대적이지는 않았지만 그런대로 편안한 시기였다. 독일 해상 함대로부터의 위협이 사라졌을 뿐만 아니라, 첫 번째 해피 타임 동안보다 유보트를 맞닥뜨리는 경우도 눈에 띄게 줄었다. 대부분의 경우 유조선이 포함된 중요한 수송 선단은 애초에도 빨랐지만 운항 속도가 더 빨라졌고, 미국 항공기까지 더해져 바다 전체를 정찰하거나, 수송 선단 주변을 정찰하는 빈도도 더욱 잦아졌다. 게다가 되니츠에게 잠수함은 물론이고 노련한 함장까지 크게 줄어 해상 교통로를 차단할 방법이 없었다. 그런데도 해상 호송함이 부족하고, 항속거리가 긴 항공기는 태부족하다는 불평이 항상 있었듯이 연합군의 시각에서 상황이 편안하게 보이지 않았지만, 이 기간에 유보트의 공격을 받아 침몰한 상선의 총계를 보면, 방어하는 쪽에 유리해진 것이 분명했다. 1941년 9월에 침몰한 연합국 상선은 20만 2,000톤, 12월에는 12만 4,000톤이었다. 이런 수치는 되니츠가 월별 목표로 삼았던 90만 톤에 한참 못미쳤다. 이런 침체를 깨려면 유보트의 기존 함장과 새로 부임한 함장이 가일층 노력하고 더욱 영리하게 움직여야 했다.

1941년의 마지막 수개월 동안에는 양상이 더 뚜렷해졌다. 유보트들이 거의 야간에만 공격했고, 잠수함 탐지기의 탐지를 피해야 할 경우에만 수면으로 부상했다. 또 떼 지어 공격하며, 호위함의 역량을 한계까지 몰아붙였다. 이에 대응해서 영국 해군부는 수송 선단의 규모를 늘리는 대신 횟수를 줄였다. 작전 면에서나 전략적으로나 합당한 대응이었다. 물론 전략가들은 울프팩을 완전히 피할 수 있는 해로로 수송 선단을 유도하려 애썼다(그 때문에 영국 정보국과 독일 해군 정보국 모두에서 암호 해독팀이 무척 중요했다). 그러나 해로를 찾아내지 못하면, 수송 선단은 첨단 무기와 과학기술을 사용해 싸우는 수밖에 없었다. 그 해전의 간격이 간혹 뜸해진 반면, 그 강도는 점차 격렬해지는 경향을 띠었다. 유보트 숫자가 계획대로 증가했기 때문에 전투의 강도를 높일 수 있었다. 결국 연합국 상선이 공격을 받아 침몰하는 수가 일시적으로 줄어든다고 미래가 조금이나마 편안해질 거라는 지표는 아니었다.

1941년이 막을 내렸을 때 영리한 현실주의자이던 카를 되니츠는 미래를 조심스레 낙관했을 수 있다. 첫 번째 해피 타임 이후로 북대서양에서 수송 선단을 둘러싼 전투가 실제로 더 힘들어졌다면, 되니츠는 미국 동부 해안을 따라 운항하는 수송 선단과 북극해 수송 선단, 심지어

서지중해에서 수송 선단에 유보트가 치명적인 타격을 가할 기회를 엿보기 시작했을 수 있다. 되니츠가 추가로 공급받은 유보트 중에는 몸집도 커지고 항속거리도 늘어난 잠수함이 많았다. 게다가 항속거리가 긴 포케 울프 콘도르 항공기들과 착실히 훈련받은 승무원들도 여전히 큰 자산으로 남아 있었다. 1940년, 그 특별한 해에 침몰한 연합국 상선의 총톤수(390만 톤)가 1941년에 430만 톤으로 증가했다. 그렇다고 작전에 참가한 유보트가 상대적으로 많았던 것도 아니었고, 빈번하게 북대서양에서 다른 곳으로 차출되면서도 거둔 성과였다. 따라서 이듬해에는 그 숫자가 더 증가할 것이라는 기대감이 있었다. 상대적으로 소수이던 유보트와 많은 정예 잠수함을 잃은 뒤의 노련한 승조원 부족은 되니츠가 항상 아쉬워하던 제약이었다. 1941년이 저물었을 때 되니츠에게 남은 운영 가능한 잠수함은 40~45척이 전부였다. 대서양에서의 교전이 진행된 뒤에도 그런 상황이 꼬박 2년 이상 지속됐고, 되니츠는 새로운 잠수함을 학수고대했다.[28]

그때 되니츠가 걱정한 다른 요인들이 나타났다. 미국이 어정쩡하게 유지하던 가짜 전쟁의 탈을 마침내 벗어버리고, 전쟁에 점점 깊이 개입하며 영국을 본격적으로 돕고 나선 것이었다. 캐나다 해군도 서부 수송 선단 구역에서 실질적인 영향을 끼치는 요인이 됐다. 되니츠가 '일일 작전 일지(Kriegstagebuch)'에 썼듯이, 그의 오랜 숙적이던 영국 해군이 마침내 여느 때처럼 강인하고 지략적인 모습을 보여주며, 첨단 과학 기술과 전술과 자원을 전선에 차근차근 가져왔다. 1941년 12월 이후로 전체적인 전략적 균형에서 프랑스의 항복과 같은 극적인 붕괴는 없었다. 따라서 수송 선단과 유보트 사이의 음울한 전투는 아주 드물게만 지체되고 억제됐을 뿐, 한쪽이 무너질 때까지 계속됐다.

뜨거운 전쟁터, 지중해

수송 선단을 절실히 우려했던 것과는 대조적으로, 영국 해군부가 1939
년 9월 이전의 기간이나 그 이후로도 9개월 동안 지브롤터와 서지중해
에 큰 관심을 두지 않았던 것은 그런대로 이해된다. 영국의 우선순위가
대서양에서 통상을 방해하는 독일 군함들을 추적하고, 실패로 끝났지만
노르웨이 전투로 향하는 것 등 다양했다. 여하튼 지브롤터 동쪽과 서쪽
바다는 강력한 프랑스 해군의 손에 있어 안전한 것으로 여겨졌다. 또 지
브롤터의 요새와 항만에 마련된 함대 기지는 부차적인 기지, 즉 주된 기
지가 아니어서, 몰타나 알렉산드리아보다 덜 중요하게 평가됐다. 예컨대
알렉산드리아에는 앤드루 커닝엄 해군 중장의 강력한 지중해 함대가 주
둔해서 이탈리아가 이집트라는 거대한 식민지로 이동하는 것을 억지하
고 있었다. 지브롤터는 프리타운이나 자메이카처럼 그라프 슈페호를 추
적하는 데 사냥꾼들을 파견해 힘을 보탤 수 있었지만, 그 이상의 역할을
해내지 않았고, 제1차 세계대전에서도 크게 기여한 것이 없었다.

　1940년 6월, 극적인 지정학적 변화를 초래한 두 가지 군사적 사건이
일어나며 모든 것이 달라졌다. 첫째는, 프랑스가 의외로 빨리 항복하자
무솔리니가 마침내 확신을 얻어 중립을 포기하고, 영국에 전쟁을 선포
한 사건이었다. 이때 무솔리니는 허황되지만, 항복한 프랑스가 사부아
와 여러 식민지를 이탈리아에 넘기면 영국이 독일에 서둘러 종전 협상
을 제안할 것으로 추정했다. 둘째는 영국이 프랑스에 해군의 중립을 선
언하라고 요구했을 때 프랑스 정부가 대답을 얼버무리자, 지브롤터 지
역으로 대규모 해군을 파견해 메르스 엘 케비르에 정박해 있던 프랑스
군함에 파괴적인 공격을 가하기로 결정한 사건이었다. 따라서 후드호

와 다른 군함들이 그 작전을 끝내고 본국으로 귀환하고, 모든 당사자(영국과 이탈리아, 비시 프랑스와 제3제국)가 변경된 전략적 풍경을 재평가하기 시작했다. 그때부터 지브롤터 기지가 더 이상 부차적인 기지가 아닌 것은 명확했다. 지리적 중요성이 명확해지자, 지브롤터는 한층 전선에 가까워졌다. 비시 프랑스의 남부 항만과 서부 항만을 갈라놓은 기지가 됐고, 독일 군함들이 대서양에서 지중해에 접근하는 것을 차단하는 동시에 이탈리아와 군함들이 대서양으로 빠져나가는 것을 차단하는 기지가 됐다(이탈리아 잠수함도 지브롤터해협을 통과하려면 커다란 위험을 무릅써야 했다). 결국 지브롤터는 세계적인 힘의 균형이 대영제국에 크게 기울 때까지 추축국의 힘을 유럽 본토에 가둬두는 역할을 맡은 핵심 전략 기지 중 하나였다. 나머지는 스캐파플로, 도버, 알렉산드리아였다.

따라서 영국 해군이 구성한 유명한 H-부대는 단순히 독일 통상 파괴함들을 추적하던 여덟 팀 남짓한 사냥꾼 중 하나가 아니라, 지브롤터에 기지를 둔 강력하고 탄력적이며 빠른 기동성을 갖춘 독립된 함대였다. H-부대는 필요하면 언제든지 본국 함대[29]로부터 상당한 지원을 받을 수 있었다. 몰타 수송 선단을 보호하려면 넓은 지역을 담당해야 했기 때문에 H-부대가 본국 함대에 지원을 요청하는 경우가 무척 잦은 편이었다. 그러나 H-부대는 긴급히 북대서양에 호출되기도 했다. 비스마르크호를 추적하던 때에는 실질적으로 하루 전에 호출 통보를 받았을 정도였다. 그래도 소드 뇌격기를 발진해 비스마르크호의 방향타에 심각한 손상을 주었고, 결국 그 독일 전함을 끝장낸 주역은 H-부대에 속한 항공모함 아크 로열호였다. 하지만 그 비극적인 작전의 직전과 직후에, H-부대는 몰타와 알렉산드리아로 향하는 중요한 수송 선단을 호위하는 역할을 맡기도 했다. H-부대의 항공모함과 묵직한 군함들은

〈그림 23〉 **이탈리아 전함 리토리오호와 줄리오 체사레호, 1940년.** 멋지게 생긴 신형 전함 리토리오호는 영국 해군을 상대로 자주 전투를 벌였고, 타란토에서 격침되었지만 수리된 뒤 다시 전투에 투입되었다. 더 오래되고 크기도 작았던 줄리오 체사레호는 초기 작전에 주로 투입되었고, 제2차 세계대전이 끝날 때까지 생존했다.

1940년과 1941년 사르데냐와 제노바와 나폴리에 있던 이탈리아 기지들을 공격해 적의 시선을 흐트러뜨리는 동시에 힘을 약화하는 데 크게 기여했다.

프랑스가 항복한 뒤로 영국이 북해를 넘어오는 침략 가능성을 두려워하던 수개월 동안, 이탈리아 해군이 지중해에서 전략적인 공세를 취하지 않았던 이유가 무엇일까? 어쨌든 이탈리아 함대는 상당한 규모였다(2장 참조). 당시 이탈리아 해군은 4척의 구형 드레드노트로 구성되던 주력 부대가 중무장하고도 빠른 비토리오 베네토급 전함을 처음으로 인수받은 직후이기도 했다. 게다가 상당수의 중순양함과 경순양함 및 구축함을 보유했고, 세계에서 가장 많은 잠수함도 보유한 것으로 추정됐다. 공군의 지원도 부족할 게 없었다. 이탈리아 해안 지역과 북아프리카를 따라 설치된 중요한 해군기지도 충분했다. 지리적으로 이탈리아는 지중해 중앙을 가로지르며 실질적으로 지중해를 둘로 가른다고 말해도 과언이 아니었다. 그렇다면 지중해는 실질적으로 이탈리아의 바다가 아니었을까? 무솔리니가 꿈꾸던 로마 제국의 재현은 운명이 아니었던 것일까?[30]

하지만 전쟁을 독려하는 무솔리니의 호언장담에도 불구하고, 1940년 6월에 전쟁을 시작하는 것을 이탈리아 해군 최고사령부는 장밋빛으로 보지 않았다. 당시 영국의 전략적 지점에 치명타가 되리라 판단되던 군사 행위가 이탈리아 제독들에게는 반드시 그렇게 보이지는 않았다. 이탈리아가 지중해에 갇힌 신세인 것은 전쟁 전과 달라진 게 없었고, 영국 해군은 그들에 여전히 두려운 존재였다. 지리적으로도 이탈리아를 겁먹게 하기에 충분했다. 제독들이 나폴리만에 서서 밖을 바라보면 장애물밖에 보이지 않았다. 따라서 영국 항공대와 잠수함 및 H-부대의 중후한 해상 군함, 더구나 그 뒤에 버티고 선 본국 함대의 절반까지 물리치며 지브롤터를 향해 진격하는 것은 완전히 불가능한 듯했다. 그렇다고 함대를 동지중해로 돌리면, 커닝엄 제독의 강력한 함대만이 아니라 그 함대의 항공모함에서 출격한 함재기들의 공격과 맞닥뜨리는 위험을 무릅써야 했다. 그렇지만 이집트를 먼저 점령하는 명예를 이탈리아 육군에 넘겨야 할 이유가 무엇인가?

몰타는 사면초가에 빠져 점령되기를 기다리는 섬이 아니라, 강력한 대포로 무장한 상당한 규모의 수비대가 지키고, 위험한 잠수함과 미지의 지뢰밭, 공군 전투기, 지중해 주력 함대가 자리를 비울 때도 떠나지 않는 경순양함과 구축함 전단의 보호를 받는 철옹성 같은 요새로 여겨졌다. 레지아 마리나는 대형 군함만이 문제를 해결할 열쇠라 생각하며 신형 전함들이 함대에 보강되기를 기다렸고, 잠수함 부대의 잠재력을 철저하게 무시했다. 하기야 잠수함 부대는 수효는 많았지만 사기와 효율이 낮아, 권위를 인정받지 못했다. 게다가 항공모함을 보유해야 한다는 요청도 받아들여지지 않아, 이탈리아 제독들이 항공모함을 보유한 적을 상대로 출정하는 것을 걱정하고, 이탈리아 공군으로부터는 과거에 협조 받은 적이 없어 적절한 지원을 받을 수 있을지 의심쩍어 한 것은 당연했다.

또한 이탈리아 함대는 야간 작전이나 야간전투를 위해 어떤 훈련도 받은 적이 없었다. 훈련 부족도 중대한 약점이었지만, 영국이 레이더와 암호 해독에서도 앞섰다는 것을 알았다면, 이탈리아 제독들은 더더욱 겁먹었을 것이다. 결국 몰타 앞바다까지 항해하는 계획을 세운 결정자는 해군이 아니었다. 이쯤에서 영국의 많은 제독이 이탈리아 해군의 파괴적 잠재력을 얼마나 높이 평가했는지, 얼마나 전투를 벌인 뒤에야 이탈리아 제독들의 인식이 거의 극과 극에 도달했는지 궁금할 독자도 있을 것이다.[31]

모든 면에서 영국이 유리하게 보였다면, 런던이 극동의 기지들을 보완하는 것을 뒷전으로 미루며 부족한 자원이나마 대서양에 대거 투자했기 때문이었다. 프랑스의 항복 이후로 급변한 전략적 상황을 고려해, 영국 해군부는 주력함들(전함, 전투 순양함, 항공모함)을 두 곳에 집중하기로 결정했다. 하나는 당연히 본국 함대에 두었다. 본국 함대가 영국 본토의 안보에 항상 핵심적인 부대였을 뿐만 아니라, 스캐파플로가 주된 기지여서 여러 전대(戰隊)를 북러시아와 대서양과 서인도제도에 보낼 수 있었기 때문이다. 게다가 독일 통상 파괴함이 남대서양에서 돌아다니면 그곳까지도 소함대를 파견할 수 있었다. 따라서 H-부대가 지브롤터를 새 보금자리로 삼으면 본국 함대의 외곽 부대로 기능하며, 몰타 수송 선단을 보호할 필요가 없을 때는 북대서양으로 즉시 귀환할 수 있었다. 다른 하나는 지중해 함대에 두었다. 지중해 함대는 영국 해군에서 두 번째로 강력한 부대였다. 대영제국의 강력함을 중동 전역에 보여주어야 한다는 처칠의 신념에 따른 조치였다.

예컨대 1940년 8월, 커닝엄은 몰타가 불안정하고 위태롭다는 판단에 3척 이상의 전함, 한 척의 항공모함, 순양함과 구축함으로 이루어진 여러 전단에 알렉산드리아로 기지를 옮기라는 지시를 내렸다. 이탈리아 해군 총사령관이 항상 영국의 두 해군 함대 사이에 끼어 있다는 생각에 겁먹고 신중하게 처신했다고 나무랄 이유는 전혀 없었다. 반면에 그가 서진해서 H-부대와 맞붙는다면, 그 틈에 커닝엄이 타란토에 접근할 수 있다는 것을 고려하지 않은 게 백일하에 드러날 것이고, 반대로 무모하게 동지중해로 들어가 크레타섬의 남쪽을 노린다면 서쪽에서 어떤 사태가 벌어지겠는가? 십중팔구 H-부대의 항공모함이 이탈리아 해안을 습격해 제노바에 포격을 퍼부었을 것이다. 그런데 두 사태가 1940~1941년에 실제로 빈번하게 일어났다.[32]

영국과 이탈리아의 해군이 지중해에서 해전을 벌인 첫해, 레지아 마리나의 우려가 많은 면에서 쓸데없는 걱정이 아니었다는 것이 증명됐다. 1940년 7월 9일 혼란스럽고 종잡을 수 없던 칼라브리아 해전에서

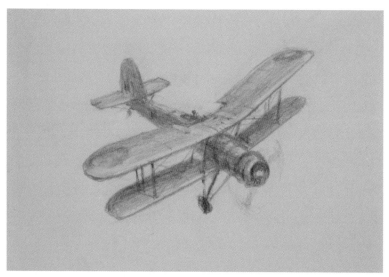

〈그림 24〉 **영국 항공모함 일러스트리어스호와 소드피시 뇌격기, 펜화(畵).** 일러스트리어스호는
제2차 세계대전에 처음으로 등장한 실질적인 항공모함이었다. 이 항공모함의 함재기, 소드피시가
1940년 11월 타란토에 정박된 이탈리아 함대를 공격했다. 일러스트리어스호는 영국 해군 소속으
로 전쟁 기간 내내 활약했고, 1950년대 중반에 퇴역했다.

보여줬듯이 순양함과 구축함 부대들은 작은 충돌을 그런대로 잘 해냈지만, 대형 군함의 포격은 대체로 안타까울 지경이었다. 그때 워스파이트호가 전함 줄리오 체사레호에 가한 피해가 더 크지 않았던 게 천만다행일 정도였다.[33] 이 전투를 비롯해 많은 경우에 이탈리아 군함들은 상대적으로 빠른 속도와 연막 위장 덕분에 곤경에서 벗어났지만, 완전한 전력을 갖춘 지중해 함대와의 교전은 이탈리아 해군에 전혀 바람직하지 않았다. 영국 지중해 함대에는 엄청난 사정거리를 자랑하는 15인치 함포가 있었고(약 8킬로미터나 떨어진 곳에서 워스파이트호가 발사한 포탄이 줄리오 체사레호의 굴뚝과 탄약 상자를 때렸다), 그 이외에 항공모함이란 벅찬 상대가 있었다. 항공모함이 빚어내는 탄력적이고 예측할 수 없는 전술을 어떻게 감당할 수 있었겠는가?

나중에 밝혀졌듯이, 영국 항공모함이 가할 수 있는 피해에 대한 걱정이 실제로 공격을 받았을 때 어떻게 대응해야 하는지에 대한 고민으로 이어지지는 않았다. 예를 들어 설명해보자. 1940년 11월 11일 밤, 영국 항공모함이 아무런 예고도 없이 전격적으로 이탈리아 해군을 공격했다. 어뢰와 포탄을 적재한 22대의 페어리 소드피시가 커닝엄의 유일한 항공모함, 일러스트리어스호로부터 240킬로미터를 날아와 이탈리아 해군의 남부 주된 기지, 타란토에 정박한 전함과 순양함을 무차별적으로 공격했다. 멀리 떨어진 항공모함에서 출격한 함재기가 항구에 정박한 적 함대를 공격한 사례는 해군사에서 이때가 처음이었다. (나중에 밝혀졌듯이, 일본 해군이 진주만을 기습 공격할 계획을 세울 때 이 사례를 비밀리에, 즉 신중하게 연구한 것으로 알려졌다.)

소드피시 함재기 자체는 느리고 취약한 데다 조종석도 열린 쌍엽기로 훗날 비스마르크호를 추적하는 데 파견됐지만, 그런 성능은 중요하지 않았다. 제2차 세계대전 내내, 어뢰는 소드피시보다 훨씬 느린 항공기에서 발사되든 잠수함에서 발사되든 간에 가장 큰 해상 군함의 측면에도 구멍을 낼 수 있다는 파괴력을 보여주었다. 타란토 항구를 2시간 동안 오가며, 소드피시는 신형 전함 리토리오호와 제1차 세계대전에서도 활약했던 전함 콘티 디 카보우르호를 격침하는 데 성공했고, 줄리오 체사레호에도 큰 타격을 주었다. 그 밖에도 2척의 중순양함에도 포탄 세례를 퍼부어 타격을 주었다.[34] 공교롭게도 얕은 정박지에서 공격을 받은 덕분에 2척의 전함은 인양돼 수리를 받고 다시 바다에 나갈 수 있었다. (미국의 많은 전함도 진주만에서 기습 공격을 받고 침몰된 뒤에 인양됐다.) 하지만 이 사건에서 주목할 점은, 타란토 기습 공격이 있은 뒤로 전함은 바다의 여왕이란 지위에서 물러나야 했다. 그 명예는 빠른 플리트 항공모함으로 넘어간 게 분명해졌다. 커닝엄 자신도 전함 제독으로 경력을 쌓았지만, 이제부터는 항공모함 항공대(Fleet Air Arm)가 해군 공격력의 중심을 차지한다는 것을 인정했다. 물론 제2차 세계대전 당시에는 세 국가만이 항공모함이란 무기를 보유하고 있었을 뿐이다.

그런데도 며칠 뒤에야 이탈리아 해군 최고사령부는 2척의 전함과 여러 척의 지원함을 보내, 영국이 몰타로 항공모함에서 출격하는 전투기를 보강하려는 시도를 억제하고 나섰다. 11월 27일에는 훨씬 더 큰 규모의 출격이 있었고, 이 출격은 H-부대와 애매한 공격을 티격태격 주고받는 스파르티벤토곶 전투(Battle of Cape Spartivento)로 이어졌다.[35] 타란토 작전으로 영국이 이탈리아 해군의 사기에 큰 타격을 주었음에도 어느 쪽의 해군도 중앙 지중해를 실질적으로 지배하지 못했다. 따라서 이탈리아 해군은 여느 때와 마찬가지로 북아프리카에 군수품을 원활히 전달했지만, 영국 해군은 몰타에 군수품을 수송하는 것이 과거만큼 쉽지 않았다. 레지아 마리나는 지브롤터를 향해 공격적으로 진출하려 하지 않고, 동쪽으로 커닝엄을 도발하지 않으며, 중앙 지중해에서 본래의 지위를 그럭저럭 유지하고 있었다. 이런 점에서 이탈리아 해군이, 1940년 말 이집트를 향해 성급히 진격한 육군보다 본연의 역할을 더 잘해내고 있었다.

상황이 그렇게 변하자, 몰타는 지중해 전투의 처음과 끝에서 점점 더 중심점으로 부각될 수밖에 없었다. 지중해라는 무대를 멀리서 바라보면, 영국이 지브롤터와 몰타와 이집트를 고수해야 추축국이 지배하는 유럽 대륙의 남쪽 테두리 지역(rimland)을 지배할 수 있었다. 프랑코가 끈덕지게 중립을 고수하는 한, 지브롤터는 바다에서만 공격할 수 있었다. 따라서 H-부대가 지브롤터에 주둔하고, 본국 함대가 지원한다면, 항공모함이 없는 이탈리아가 지브롤터를 공격할 방법은 없었다. 영국 수비대가 굳건히 버티고 있던 이집트를 수륙양면에서 공격하는 것도 불가능하기는 마찬가지였다. 그러나 몰타는? 몰타는 면적이 작은 만큼 취약하고, 이탈리아와 리비아 사이에 위치해 위태롭지 않은가? 몰타가 추축국에 넘어갔다면 영국으로서는 치명적인 재앙이었을 것이다.

그러나 여러 이유에서 이탈리아와 독일은 육군과 해군과 공군에 몰타를 공격할 만한 자원이 충분했지만, 설불리 공격하지 않고 미루었다. 일반적으로 인정되듯이 몰타를 상륙작전으로 공격하는 것은 중요한 만큼 무척 어려웠다. 상륙작전은 대규모로 전개할 수밖에 없어 해안가에 설치된 요새들로부터의 강력한 저항을 각오해야 할 뿐만 아니라, 서쪽과 동쪽 모두에서 영국의 반격을 자극할 수 있었기 때문이다. 하지만 이탈리아 군대가 포격을 통해 몰타의 수비대와 주민에게 중대한 피해

대해전, 최강국의 탄생

를 반복해 입힌다면, 또 위험을 감수할 만한 기회가 있을 때마다 해상 군함과 잠수함과 비행편대가 수송 선단을 차단하면 몰타섬이 굶주림에 지쳐 항복할 가능성이 있었다. 그리하여 몰타가 중립을 선언하게 만드는 데 성공한다면, 이탈리아 군대가 북아프리카에 공급선을 유지하는 군사적 목적을 수행하는 것도 더 쉬워질 수밖에 없었다.[36]

지중해 전쟁에서 1940년과 1941년의 가장 큰 차이는 독일이 무대에 끼어든 것이었다. 하지만 독일의 도래는 시기와 규모에서 무솔리니가 기대한 정도에 미치지 못했고, 영국이 두려워했던 것만큼 일관되지도 않았다. 히틀러는 지중해를 기본적으로 무솔리니에게 맡겨두어야 한다는 생각을 번질나게 내비치며, 레더 제독과 에르빈 롬멜 육군 원수 같은 사람들에게 큰 실망을 안겼다. 게다가 히틀러가 지중해에 군대를 파견하는 데 동의했지만 그 병력은 시시때때로 다른 곳에 배치됐다. 예컨대 루프트바페가 그리스로 이전하면 몰타에 가해지던 공중 압박이 줄어들었다. 또 루프트바페의 비행편대들이 러시아 전선으로 옮겨가면서 동지중해에서 영국에 가해지던 위협이 감소했다. 그렇지만 독일 군대가 이 무대에서 활동하면, 육지와 하늘과 바다, 어디에서나 영국에 고통스러운 결과를 안기며 어김없이 확실한 효과를 거두었다.

이런 초기의 징조, 즉 영국과 이탈리아가 비교적 비슷하게 대치하던 시대가 끝났다는 경고음은, 루프트바페 제10항공군단이 1941년 1월에 남부 공군기지(시칠리아와 칼라브리아)에 도착하며 울리기 시작했다. 영국을 상대하는 이탈리아 전력을 단숨에 '강화'하겠다는 히틀러의 의도에 따라 파견된 수백 대의 신형 중형 폭격기와 급강하 폭격기 및 전투기로 구성된 제10항공군단은 모두 대함(對艦) 진문가로 이미 노르웨이 전투에서 그 실력을 입증해 보였었다. 제10항공군단은 시간을 낭비하지 않고 곧장 공격에 나섰다. 이상하게도 '과잉 작전(Operation Excess)'이라는 암호명이 붙여진 대규모 몰타 수송 선단의 선원들은 이탈리아 폭격기들이 영국 군함에 제대로 폭격하지 못하는 것을 숱하게 경험한 터였다.

그런데 1941년 1월 10일, 그들에게는 평소와 다른 여러 전조가 눈에 띄었고, 곧이어 영국 항공모함 일러스트리어스호의 레이더에 조밀하게 붙은 Ju-47 슈투카 폭격기, 두 편대가 빠른 속도로 다가오는 게 나타났다. 일러스트리어스호는 함재기를 즉각 띄우지 못한 채 6발의 1,000파운드와 500파운드 포탄을 얻어맞아 곳곳에서 불이 났고, 하갑판에 있던 항공기들이 파괴됐으며 전원까지 한동안 끊어졌다. 미국과 일본의 항공모함, 심지어 구형 영국 항공모함이 그런 폭격을 견뎌낼 수 있었을 것으로 생각하기는 어렵다. 그러나 갑판과 측면, 심지어 엘리베이터까지 강철로 제작된 일러스트리어스급 항공모함들은 놀랍도록 강한 군함이었다. 일러스트리어스호는 공중 공격에 끈덕지게 맞서 싸웠고, 2척의 구축함의 호위를 받으며 몰타로 천천히 이동했다. 그 모습에 제10항공군단 조종사들은 경악했다고 전해진다. 하지만 이튿날 12대의 슈투카로 구성된 비행편대가 영국 순양함 사우샘프턴호를 거의 동시에 몰타 남쪽에서 발견했고, 눈부신 태양 위로 나오자마자 산산조각 냈으며, 그 자매함 글로스터호에도 큰 피해를 주었다. 커닝엄 제독은 그 루프트바페 편대에 대해 "우리는 그들의 솜씨와 정교함에 감탄할 수밖에 없었다. 진정한 전문가들을 지켜보고 있었던 것이 분명했다"라고 쓰며 한숨을 내쉬었다.[37]

일러스트리어스호가 몰타 조선소에서 서둘러 응급 수리를 받고 있을 때 루프트바페는 44대의 슈투카와 17대의 중형 Ju-88 폭격기를 동원해 1월 16일 다시 공격을 시도했다. 이번에도 강철 보호 장치 덕분에 항공모함은 작은 타격만을 받았지만, 몰타의 수도, 발레타의 그랜드 하버 주변에서는 수백 채의 주택과 교회가 파괴됐다. 그야말로 몰타 사람들이 말하듯이 '일러스트리어스 블리츠(Illustrious Blitz)'였다. 그때부터 몰타 국민의 시련이 시작됐다.[38] 몰타섬에 가해지는 공중 공격은 그 후로도 2년 동안 계속됐고, 때로는 루프트바페가 런던에 가하던 공습만큼이나 강하게 폭격하기도 했다. 한편 일러스트리어스호는 1월 23일 알렉산드리아로 슬그머니 빠져나갔고, 결국 더번의 건선거에 들어가 수리를 받았다. 그러고는 무기 대여법의 합의에 따라, 노퍽 해군 조선소에서 완전한 수리를 받는 동시에 다양한 부분에서 장비까지 개선하는 혜택을 누렸다.[39]

따라서 베어마흐트가 지중해에 등장하며, 이탈리아와 영국과 독일이란 세 연주자가 함께 연주하는 미뉴에트가 시작됐고, 그 연주는 1943년까지 계속됐다. 대체로 영국의 해군 함대와 육군 사단은 이탈리아에 큰 피해를 안겼지만, 그러고는 감당할 수 없는 욕심을 부리거나 다른 곳에 한눈팔기 일쑤였다. 따라서 상대적으로 소수였지만 고도로 훈련된 독일 부대에 진지가 공격을 당해 괴멸되면, 영국군은 철수해서 부상을 치료하며 증원군을 기다렸고, 증원군이 도착하면 다시 전투를 시작하는 과정을 되풀이했다. 제10항공군단이 도착한 1월 이후, 롬멜의 아프리카 군단이 도착해 군사작전을 시작한 3월 말 이후, 또 독일 잠수함이 지중해로 대거 유입된 1939년 9월 이후로는 모든 전투가 이런 양상에서 벗어나지 않았다.

1941년 3월 말, 이번에는 영국이 바다에서 이탈리아 수력 함대를 공격해 중대한 피해를 주었다. 커닝엄의 전함들이 루프트바페의 공격에

〈그림 25〉 **자라호와 자매선, 1941년, 마타판곶.** 이 이탈리아 중순양함들은 영국 해군을 먼저 도발한 대가를 혹독히 치렀다. 그리스 마타판곶 앞바다에서, 화력이 월등한 영국 전함들이 야간에 전개한 군사작전에 꼼짝 못 한 채 자라호, 피우메호(〈그림 2〉 참조), 폴라호 모두가 침몰했다. 이탈리아 해군이 당한 가장 큰 패전이었다.

대해전, 최강국의 탄생

치명적인 피해를 입었다는 독일 측의 잘못된 정보를 믿고, 이탈리아 함대가 진지에서 나온 탓이었다. 완전히 잘못된 정보였다. 덕분에 더없이 유리한 상황에서 영국 해군은 다시 대승을 거둘 수 있었다. 그 전투가 1941년 3월 27~29일 마타판곶(그리스 남서부)에서 일어난 전투였고, 우연의 일치였는지 그때는 그리스에서 지상전이 막 시작된 때였다. 일러스트리어스호를 대체하는 자원으로 지중해 함대에 합류한 영국 신형 항공모함 포르미더블호에서 출격한 뇌격기가 없었다면, 이탈리아 순양함들과 영국 순양함들, 이탈리아의 고속 전함 비토리오 베네토호와 영국의 주력 함대(워스파이트호, 밸리언트호, 배럼호) 사이에 서로 쫓고 쫓기는 전투가 지루하고 종잡을 수 없는 결과로 이어졌을지도 모른다. 뇌격기가 떨어뜨린 어뢰에 이탈리아 전함이 큰 타격을 입었고, 곧장 모항으로 돌아갔다. 항공모함에서 다시 한꺼번에 출격한 뇌격기들의 폭격에 중순양함 폴라호가 타격을 받아, 동력이 끊어져 멈추고 말았다. 다른 순양함들이 폴라호를 호위하려고 곳곳에서 달려왔지만, 영국 군함에 설치된 레이더에 추격을 당하고 있다는 것을 전혀 몰랐다. 이탈리아 순양함들은 어둠 속에서도 정확히 포착됐고, 레이더가 장착된 영국 전함들의 15인치 함포로부터 느닷없이 발사된 포탄의 표적이 됐다.[40]

지중해 함대의 강점들이 이 해전에서 빠짐없이 발휘됐다. 이탈리아 함대가 바다로 나왔다는 정보를 미리 알려준 블레츨리 파크의 울트라 정보 신호, 뇌격기를 실은 항공모함, 군함에 장착된 레이더의 엄청난 이점, 야간전투 훈련, 그리고 절대적인 우위를 차지한 전함의 파괴력이 영국 지중해 함대의 강점이었다. 한편 이탈리아 중순양함인 자라호와 피우메호와 폴라호는 빨랐고 현대적이었으며 강력했고 겉모습도 아름다웠다. 여하튼 당시 세계에 존재하던 같은 유형의 중순양함 중 가

대해전, 최강국의 탄생

장 뛰어났다. 그러나 그날 밤, 행운의 여신이 그들 편이 아니었을 뿐이다. 그래도 이탈리아 함대의 다른 군함들은 운 좋게도 좀 더 일찍 빠져나갔다. 훗날 비스마르크호와 샤른호르스트호를 침몰시킨 승리와 더불어, 이때 마타판곶에서 거둔 성공은 영국 해군이 제2차 세계대전, 6년 동안 전함 간의 전투에서 승리를 거둔 오직 세 번의 해전이었다.[41]

마타판곶의 패전으로 이탈리아 주력 함대는 겁을 먹었던지 항구에서 꼼짝하지 않았다. 그렇다고 그 이후로 양측의 갈등이 조금도 수그러들지는 않았다. 양측은 예전과 마찬가지로 상대의 수송 선단을 차단하려고 애썼다. 북아프리카 항구들로 군수품을 실어 나르던 이탈리아의 보급로는 영국 해군의 잠수함, 영국 공군의 폭격기, 몰타에 기지를 둔 순양함과 구축함에 반복해서 공격을 받았다. 반면에 지브롤터나 알렉산드리아에서 몰타로 향하던 영국 해군의 수송 선단은 이탈리아와 독일의 항공기, 해상 군함, 고속 어뢰정, 잠수함으로부터 항상 극심한 공격을 받았다. 양측은 치명적인 기뢰를 드넓은 지역에 거의 무자비하게 던져두었다. 영국은 절실하게 필요한 항공기 부품들을 잠수함이나 빠른 속도를 자랑하는 고속 기뢰 부설함과 구축함에 실어 몰타에 보냈다. 또 구형 항공모함, 아거스호와 퓨리어스호는 지브롤터에서 출항할 때마다 수백 킬로미터를 호위받은 뒤에, 구호물자를 실은 허리케인과 스피트파이어로 구성된 비행편대들을 편도로 몰타에 날려 보냈다. 한편 이탈리아에서는 순양함과 구축함이 북아프리카로 향하는 유조선과 보급함을 호위했다.

이처럼 티격태격하는 해전이 다른 곳에서는 일어나지 않았다. 따라서 이 야만적인 경쟁이 실질적으로 끝났던 1943년 중반경, 몰타의 동쪽과 서쪽 지역의 지중해 바닥에는 군함들의 잔해로 가득했고, 일부는 맑은 바닷물을 뚫고 보였다고 해도 놀랄 것은 없었다. 이탈리아 군대가 북아프리카에 대규모로 주둔해야 했던 이유와 롬멜의 아프리카 군단에 필요했던 연료와 군수품을 고려하면, 리비아 항구들을 왕래하는 수송 선단이 몰타 수송 선단보다 훨씬 많았어야 한다. 한 추정에 따르면, 이탈리아 사단 하나가 매달 1만 톤의 식량이나 물품을 소비했다. 달리 말하면, 영국 해상 군함과 잠수함과 폭격기의 공격에 노출되는 위험을 각오하고, 군수품을 실은 상선이 거의 끊임없이 운항돼야 한다는 뜻이었다. 하지만 위험하기 그지없고, 상대의 공격을 유발할 가능성이 크더라도 군수품은 보급돼야 했다. 아프리카 군단에 포탄도 없고 연료도 없었다면 무슨 소용이었겠는가? 몰타에 식량과 연료와 스피트파이어 전투가 없었다면 무슨 쓸모가 있었겠는가?

이렇게 그럭저럭 균형을 유지하던 상황은 발칸 지역에 일어난 극적인 사건들로 1941년 4월부터 다시 크게 뒤흔들렸다. 그 사건들은 유고슬라비아(베오그라드에 반추축국 정부가 들어서자 히틀러의 명령에 유고슬라비아는 지체없이 공격을 받고 점령됐다)를 지나 신속히 남하해서 그리스(서부 지역에서는 이미 이탈리아와 싸우고 있었다)까지 영향을 끼쳤다. 그리스를 지원하려는 처칠의 바람에, 제8군(Eighth Army)이 북아프리카 작전을 중단하고 수송선에 올라 영국의 새로운 우방, 즉 그리스와 함께 싸우도록 파견됐다. 안타깝게도 그리스 육군은 물론이고, 영국 원정대, 오스트레일리아와 뉴질랜드 원정대도 전투 경험이 훨씬 많고 신속하게 움직이는 강력한 베어마흐트 여단들의 공세를 견뎌내지 못했다. 무엇보다도 연합군에는 수적으로도 많은 데다 근대화된 루프트바페 비행대대를 상대할 공군력이 부족한 것이 최악이었다. 그리스 공군의 낡은 항공기와 크레타 기지에서 서둘러 보내지거나 한 척의 항공모함에서 작전하던 소수의 허리케인 전투기 대대로는 500대가 넘는 독일 공군의 폭격기와 전투기를 대적할 수 없었다. 게다가 대함 전문 비행단이던 제10항공군단까지 시칠리아에서 일시적으로 지원하고 나섰다.[42]

만신창이가 된 대영제국 원정대는 그리스 남부에서 크레타에 서둘러 세운 진지로 철수했다. 곧이어 그들을 이집트로 빼내려는 과정에서 영국 해군은 그때까지 경험한 적이 없을 정도로 맹렬하고 지속적인 공중 공격을 받았다. 노르웨이에서 받았던 공격보다 포악했고, 됭케르크 앞바다에서 받은 공격보다 매서웠다. 그때 영국 군함에 격렬히 가해진 공습 일수(日數)는 됭케르크 때보다 3배나 길었고, 항만이 좁은 데다 그리스 남부와 크레타섬 사이의 거리도 짧아 영국 군함들이 움직일 공간이 부족했다. 게다가 북해처럼 보호막 역할을 하는 짙은 안개와 구름도 그곳에는 없었고, 루프트바페 폭격기(특히 무시무시한 슈투카 급강하 폭격기)의 수가 훨씬 더 많았고, 독일 폭격기 조종사와 폭격수는 그즈음 노련하기 그지없었다. 크레타섬에 주둔한 영국 연대들과 그들을 그 섬에 실어 나른 영국 군함들에는, 영국해협을 가로질러 날아와 제공권을 두고 루프트바페와 다투는 영국 전투기 사령부의 지원이 없었다.

따라서 1939~1940년 동안에는 북쪽 바다에서 치열하게 싸운 끝에 살아남은 구축함들이 고작 1년 뒤에는 그 친숙한 적에게 처절히 뜯겨지고 말았다. 루이스 마운트배튼 경의 켈리호는 당시 수리를 끝내고 지중해 함대에서 활약하고 있었지만, 1941년 5월 23일 크레타섬의 정남쪽에서 정확히 24대의 슈투카를 맞닥뜨렸다. 첫 포탄에 맞아 켈리호는 30분도 지나지 않아 뒤집히며 배 바닥을 하늘로 드러냈고, 곧이어 바닷속으로 사라졌다. 근처에 있던 동료 구축함 카슈미르호도 다른 슈투카가 떨어뜨린 1,000파운드의 포탄에 정통으로 맞아 2분 만에 사라졌

다. 그야말로 살육과 다를 것이 없었다.[43]

이번에는 구축함만이 아니라 모든 종류의 대형 군함이 동지중해에서 공군과 잠수함의 공격을 받았다. 따라서 "해군은 육군의 기대를 저버리지 않을 것"이라는 커닝엄의 선언은 너무도 당연한 것이었지만, 지중해 함대의 순양함과 구축함이 육군을 근해로 수송하거나 그곳에서 구출할 때마다, 또 주력 함대가 난바다에서 육군을 '엄호'할 때마다 독일군의 공중 공격에 반복해 노출됐다. 게다가 독일 유보트와 이탈리아 고속 어뢰정의 기습 공격도 끊이지 않았다. 추축국의 공격에 취약한 영국 해군의 모습은, 영국 중순양함 요크호가 연출한 서글픈 장면에서 여실히 드러났다. 요크호는 이탈리아 고속 어뢰정들로부터 공격을 받고 며칠 동안 절반만 바다에 잠기고 절반은 수다만(灣)의 항만을 향한 채로 누워 있었고, 결국 독일 폭격기들의 폭격을 받은 뒤에야 완전히 바닷속으로 사라졌다.

그렇게 만신창이가 된 영국 전함들은 마지막 한 척까지 6월 초에 이집트로 퇴각했다. 그때는 지중해 함대가 3척의 순양함(글로스터호, 피지호, 캘커타호)과 7척의 구축함을 더 잃고, 다시 7척의 순양함과 8척의 구축함에 큰 피해를 입은 뒤였다. 전장의 범위를 약간 넓히면, 항공모함 포르미더블호, 두 전함 워스파이트호와 배럼호도 큰 타격을 받아 그 격전장에서 엉금엉금 벗어나야 했다. 그 군함들은 임시방편으로 수선을 받은 뒤에 완전한 수리를 받으려고 미국으로 향했다. 한 자료의 평가에 따르면, "크레타 전투는 영국이 제2차 세계대전 전체에서 가장 값비싼 대가를 치른 해전이었다".[44] 그 뒤로 커닝엄의 함대에 남은 군함은 2척의 전함과 3척의 순양함이 전부였지만, 4척의 전함과 11척의 순양함만이 아니라 많은 구축함 전단(戰團)까지 거느린 이탈리아 주력 함대에 맞서 싸워야 했다. 그래도 비스마르크호가 침몰했다는, 본국에서 들려온 소식은 병사들에게 크지는 않아도 적잖게 사기를 북돋워주었다.

영국이 그리스와 크레타에서 당한 패전은 치욕스럽고 큰 피해를 입은 패배였고, 처칠의 개인적인 위신에도 큰 타격을 주었다. 베어마흐트가 소련으로 진격할 준비를 끝낸 순간, 격분한 히틀러가 그 많은 최정예 육군 사단과 공군 편대를 발칸 지역으로 돌리기로 결정했다면 그 이후로도 별다른 변화가 없었을 것이다. 여하튼 그리스와 크레타에서 전투가 끝났을 때 지중해와 북아프리카에서 영국군의 입지는 많은 면에서 약화됐다. 영국 육군은 다른 곳으로 배치돼 상당수의 병력과 장비가 빠져나갔고, 영국 해군의 지중해 함대는 영향력이 절반으로 줄어들었다. 심지어 독일군이 대규모 병력을 바르바로사 작전에 투입한 동안에도 지중해 북쪽 해안 지역만이 아니라 크레타에도 병력을 주둔시키고 공군기지를 유지한 까닭에, 동지중해 전체는 항해하기에 훨씬 더 위험한 곳이 됐다. 독일 유보트는 지중해를 지배하려는 이탈리아 해군을 지원했고, 북아프리카에 주둔한 이탈리아 육군을 지원하려고 처음에 파견된 소규모 베어마흐트 증원군이 1941년 8월에는 보강돼 롬멜의 아프리카 군단에 정식으로 편입됐다. 그때부터 아프리카 군단은 그리스 전투의 패배로 대폭 줄어든 제8군을 거세게 몰아붙이며, 이집트에 대한 영국의 영향력을 위협하는 크나큰 요인이 됐다.

더 넓은 관점에서 보면, 그리스와 크레타에서 영국의 패배와 더 큰 무대인 대서양 교전에서 독일의 패배(비스마르크호와 프린츠 오이겐호의 침몰)는 단순히 연대적으로 일치한 사건으로만 치부하기는 힘들다. 두 사건은 비교적 잘 조직돼 두 강대국 간의 전쟁에서 '해상 병력 대 지상 병력'이란 복잡하게 뒤얽힌 문제에 대한 어떤 결론을 내려주었다. 거듭 말하지만, 영국의 오래된 해양 전략은 지엽적이어서, 나치가 지상과 하늘에서 조직적이고 무자비하게 진행하는 전격전에 맞설 수 없었다는 것이다.

실제로 제2차 세계대전 동안 나치의 전격전이 1941년 초여름만큼 인상적인 적은 없었다. 그때 독일 육군 여단은 신속히 움직였고, 루프트바페 비행대대는 파괴적인 폭격을 퍼부으며 유고슬라비아와 그리스와 대영제국 군사들을 바다로 몰아내고는 북쪽으로 날아가 우크라이나를 통과하던 군대에 합류했다. 영국이 지중해와 중동이란 전쟁 무대에 집중해 이탈리아를 먼저 제거한 뒤에 전쟁의 다음 단계를 대비해 힘을 키우며, 미국의 참전을 기대해야 한다던 처칠의 판단이 옳았을 수 있다. 하지만 처칠 총리가 새로운 양상으로 변한 전쟁 상황을 아직 완전히 이해하지 못한 까닭에 제1차 세계대전 당시의 데살로니카 전투나 팔레스타인 전투에 대한 해묵은 기억에 매달려, 성능이 턱없이 떨어지는 영국 공군 비행대대들, 영국과 영연방의 육군 여단들, 커닝엄의 소중한 전함과 순양함과 구축함을 패전에 몰아넣었고, 많은 손실을 초래하게 만든 것은 사실이다. 또 처칠의 지시에 대영제국의 제한된 자원이 견고한 이집트에서 빠져나와 비좁은 그리스 남쪽 바다에서 싸웠지만 아무런 성과를 거두지 못한 채 손해만 본 것도 사실이다.

하지만 히틀러가 서유럽에서 재개한 첫 교전에서 패한 것도 엄연한 사실이다. 프랑스의 항복을 받아냈지만 영국을 점령하지는 못했다. 유보트들이 보급품의 수송을 끊어버릴 방법을 찾아내지 못하는 한, 영국 본토는 여전히 난공불락이었다. 게다가 얄궂게도 히틀러가 소련을 공격함으로써 영국은 전략적으로 한숨을 돌릴 기회를 얻었다. 독일 군단의 대부분이 동부로 이동함에 따라, 대영제국은 더 많은 자원, 특히 육군 사단과 공군 비행대대를 더 많이 이집트에 보낼 수 있었다. 요컨대 오랜 시간이 지나지 않아 영국은 지중해에서 독일의 입지를 약화할 수 있었지만 그때는 1년이 지난 뒤, 다시 말하면 미국이 전쟁에 참전한 때였다. 따라서 연합국은 해양력과 생산력을 바탕으로 공군력과 기갑부대와 보병대를 증가해서, 버나드 몽고메리(Bernard Montgomery, 1887~1976년)의 지휘하에 둘 수 있었다. 이런 증강은, 대서양에서 증원군이 돌아올 해로를 되니츠의 유보트 공격에 빼앗기지 않기 때문에 전적으로 가능할 수 있었다. 하지만 1941년 중반경, 약 한 달 동안, 그리스와 크레타에서 크게 실패한 데다 대서양에서는 비스마르크호에 호되게 당한 까닭에 영국 상황은 암담하게 보일 수밖에 없었다. 여하튼 훗날 한 역사학자가 말했던 것처럼 1941년이 "독일이 전쟁에 패배한 해"는 결코 아니었다.[45]

게다가 크레타가 독일에 넘어간 뒤로 지중해 한복판에서 전투가 완화되기는커녕 조금도 줄어들지 않았다. 작전이 다른 곳에서 전개되더라도 두 수송 선단은 유지돼야 했기 때문이다. 따라서 '서브스턴스 작전(Operation Substance)'이라는 이름으로 호위를 받은 영국의 대규모 수송 선단이 7월 중순에 무사히 몰타에 도착했다. 이때 퓨리어스호, 빅토리어스호, 아크 로열호 등 항공모함들도 지브롤터에서 지중해로 반복해 출격해 몰타와 이집트에 허리케인 전투기를 출격시켜주었다. 9월에는 '핼버드 작전(Operation Halberd)'이라는 이름으로 훨씬 더 큰 수송 선단이 몰타로 이동했다. 이때는 강력하게 보강된 H-부대가 지브롤터에서 출항해, 약 12척의 빠른 상선에 근접해 호위하며 이탈리아 해군의 공격을 억제했고, 그 결과로 수송 작전은 대성공을 거두었다. 한 척의 상선만을 잃었고, 8만 톤에 달하는 중요한 군수품이 전달됐다.

한편 영국 해군의 잠수함들은 몰타에 기지를 둔 경순양함과 구축함과 협력해, 이탈리아 항구에서 튀니지 항구를 잇는 소중한 남북 보급로를 공격해 큰 손해를 입혔다. 11월 초에는 이른바 '뒤스부르크 호송 선단 전투(Battle of the Duisburg Convoy)'에서 7척으로 구성된 독일과 이탈리아의 상선단과 한 척의 구축함이 경순양함과 구축함으로 구성된 영국 파견대와 야간전투를 벌였지만, 모두 침몰하는 참극이 벌어졌다.[46] 다시 한 달 뒤에는 튀니지의 본곶에서 치열한 전투가 벌어졌다. 이때 중요한 항공유를 싣고 가던 이탈리아 순양함 2척이 어둑한 밤에 양측면에서 영국 구축함들의 기습 공격을 받아 침몰했다.[47]

이 작은 승리들이 반복되며 북아프리카의 추축국 군대에 작은 피해를 주는 동시에 몰타를 지킬 수 있었지만, 독일과 이탈리아가 무자비하게 가하는 보복을 상쇄할 정도는 아니었다. 11월 말, 커닝엄의 지중해 주력 함대가 알렉산드리아를 벗어나 순찰할 때였다. 전함 배럼호가 독일 유보트 U-331이 발사한 세 발의 어뢰에 맞아 산산조각 났고, 많은 승조원이 사망했다. 그로부터 며칠 전, 11월 13일에는 더 큰 피해가 있었다. 소중하고 전설적인 항공모함 아크 로열호가 지브롤터 근처에서 독일 잠수함 U-81의 공격을 받아 침몰했다. 측면에 거대한 구멍을 내고, 항공모함을 절름발이로 만드는 데는 어뢰 한 발이면 충분했다. 그 타격은 치명적이었다. 12월 중순에는 몰타에 기지를 두고 탄력적으로 운영되며 많은 전과를 거둔 순양함 전대, K-부대가 순양함과 구축함으로 구성된 B-부대와 함께, 수개월 전에 독일군이 곳곳에 기뢰를 설치해둔 해역을 지나게 됐고, 그 지역은 곧바로 난장판으로 변했다. 그런 참극이 있은 뒤로 북아프리카로 군수품을 전달하는 이탈리아의 수송 선단이 급증한 반면, 영국의 해상 군함들은 다시 몰타 기지를 중심으로 전개하던 작전에서 철수하는 수밖에 없었다.

1941년의 마지막 타격은 12월 19일에 있었다. 영국 해군이 말레이 반도 앞바다에서 프린스 오브 웨일스호와 리펄스호를 잃은 직후였다. 이때 3척의 소형 잠수함으로 구성된 이탈리아 전대가 알렉산드리아 항만에 정박해 있던, 커닝엄에게 남은 2척의 전함, 밸리언트호와 퀸 엘리자베스호에 심각한 손상을 주는 눈부신 성공을 거두었다. 적어도 한동안, 즉 두 전함이 수리될 때까지 지중해 함대는 존재하지 않은 것이나 다를 바가 없었다.[48] 그 최악의 시기인 두 달의 기간 동안, 영국 해군은 4척의 주력함(배럼호, 프린스 오브 웨일스호와 리펄스호, 아크 로열호)을 잃었고, 2척의 전함에 심각한 손상을 입었다. 게다가 1941년에만 영국 해군은 9척의 소중한 순양함을 잃었고, 그중 8척을 지중해에서 잃었다. 이것만으로도 1941년은 제1차 세계대전의 어느 해보다 고약스러운 해였다.

1941년 12월에 훨씬 더 충격적이고 경악스러운 사건들(진주만에서 미국 전함 함대 전체가 괴멸됐고, 베어마흐트가 모스크바 코앞까지 진격했으며, 일본군이 말레이반도와 태국과 필리핀에 밀고 들어갔다)이 없었다면, 영국이 지중해에서 입은 피해는 정말 참담하게 여겨졌을 것이다. 하지만 그 피해는 영국 해군과 추축국 해군들이 지중해를 지배하기 위한 전투에서 서로 주고받은 충격의 일부였을 뿐이다. 그 충격이 연초부터 무수히 타격을 받은 해군에는 가혹했겠지만 태평양 전투 전체의 의미에는 별다른 영향을 끼치지 못했다. 하지만 그 참극은, 새로운 해군 도전자가 전쟁에 참전하며 수에즈운하로부터 동쪽으로 9,600킬로미터 떨어진 곳에서 전개되던 극적인 사건들과는 완전히 별개의 것이었다.

전쟁의 불길이 태평양과 동남아시아로

유럽에서 제2차 세계대전이 시작된 뒤로 2년 동안, 아시아 거의 전역에서 국제 관계에는 불안한 적막이 흘렀다. 여러 이유에서 강대국들은 현상이 변하지 않고 그대로 유지되기를 바랐다. 1939년 9월, 프랑스와 영국은 독일에 전쟁을 선포한 뒤에도 그들이 동양에 세운 식민 제국에는 변화가 없기를 바랐고, 히틀러는 유럽 정복 이외에 다른 것에 눈을 돌릴 겨를이 없었다. 나치가 소련과 새로 체결한 '독일-소련 불가침 조약 (Nazi - Soviet Pact)'에 일본 지도부는 불쾌한 충격을 받았고, 1938~1939년 동안 만주 국경 지역에서 적군(赤軍)의 완강한 저항에 부딪혀 일본 군대는 놀라면서도 적잖은 피해를 입었다. 어쨌든 일본 장군들은 중국 땅에서 더욱 거세게 군사작전을 펼쳐 나아갔다. 스탈린의 관심은 애초부터 주로 서쪽에 있었지만, 바르바로사 작전 이후로는 서쪽에서 눈을 떼지 않았다. 한편 미국은 아시아 문제에 간섭할 이유가 없었다. 미국은 오랜 숙고를 거듭한 뒤에야 태평양 함대를 샌디에이고에서 진주만으로 이동했지만, 동아시아의 주요 항구들, 예컨대 홍콩과 마닐라만과 싱가포르에 주둔한 서구의 해군력은 순양함 소함대, 달리 말하면 1910년의 수준에 머물렀다.

하지만 이렇게 비교적 조용하던 정치 상황은 프랑스의 항복 이후로 조금씩 변하기 시작했다. 프랑스가 항복함으로써 도쿄가 유약한 비시 정부에 압력을 가해, 프랑스령 인도차이나의 북부 절반(북베트남)을 일본 군대가 점유하는 허락을 얻어낼 기회가 열렸기 때문이다. 그 협상이 길어지자, 일본 군부는 1940년 9월 무력으로 그곳에 밀고 들어갔고, 프랑스 수비대는 화평을 제안할 수밖에 없었다. 워싱턴도 런던도 일본의 침략을 저지하지 않았고, 일본은 더 이상 진격하지 않기로 자체적으로 결정을 내렸다. 하지만 히틀러가 소련을 공격하기 시작하면서 모든 것이 변했다. 한 달 뒤, 즉 1941년 7월, 일본은 프랑스령 인도차이나 남부 절반 전체를 무력한 비시 정부와 함께 관리하는 '공동 보호령'으로 선포하는 대담한 조치를 취했고, 캄란만(Vịnh Cam Ranh) 해군기지를 손에 넣었다. 그 결과로 일본은 홍콩 남쪽과 마닐라 등 전략적으로 중요한 지역들을 단번에 지배하게 됐고, 네덜란드령 동인도의 중요한 유전 지역에 수천 킬로미터나 가까이 접근할 수 있었다. 게다가 말레이반도의 북부 지역과도 위험할 정도로 가까워졌다. 이때 유럽에서는 영국이 크레타 전투에 패해 휘청거렸고, 독일 기갑부대가 우크라이나를 지나 소련으로 진격하고 있었다.[49]

루스벨트 대통령을 필두로, 일본의 침략에 대한 서구의 반응은 예외적으로 단호했다. 미국과 대영제국과 (여전히 네덜란드령 동인도를 통치하던) 네덜란드 망명정부는 석유 금수 조치를 취했다. 일본이 수입 연료에 전적으로 의존하는 상황을 고려하면, 이런 경제적 조치는 도쿄에 보내는 최후통첩과도 같았다. 즉 침략한 땅으로부터 물러서고, 6개월 내에 해군 작전과 (중국에서의 작전을 포함해) 군사적 행위를 중단하라는 경고였다. 서구가 뻔뻔스럽게 변덕스레 석유 공급을 결정한다면, 차라리 자체적으로 유전(동남아시아, 특히 네덜란드령 동인도의 유전)을 완전히 장악하는 것, 그것도 6개월 내에 점령하는 게 당면 과제가 됐다. 돌이켜볼 때 양측의 비타협적이던 태도를 고려하면, 전쟁 시간표는 1941년 12월 경부터 시작됐다고 말할 수 있다.[50]

하지만 네덜란드령 동인도의 유전을 확보하는 게 일본의 안보에 절대적으로 필요하다면, 미국과 영국이 그런 움직임을 방해하지 않도록 해야 했다. 따라서 팔렘방 정유 공장부터 마닐라와 진주만까지 모든 공격은 일본이 기본적인 안보를 보장받기 위한 논리적인 조치였다. 도쿄는 네덜란드령 유전과 북보르네오 유전을 무력으로 점령하며 루스벨트의 금수 조치에 도전하면 서쪽으로부터 한층 더 강력한 반발, 예컨대 해군을 동원해 해상운송로를 차단하는 조치가 있을 것이라고 당연히 추정했다. 서구가 그렇게 반발하면, 필리핀에 있는 미국 공군기지와 해군기지를 제거하고, 홍콩을 점령하고, 싱가포르 기지를 무력화해야 했다. (여기에서 일본 육군이 상륙작전을 훈련하고, 1941년 가을 동안 대규모 공습 훈련을 실시한 이유가 설명된다.) 그러나 일본제국 해군 전략가들은 '진주만에 주둔한 미국의 대규모 전투 함대로부터, 또 싱가포르에 집결한 영국 해군의 K-부대로부터도 위협을 받을 가능성이 있는데 어떻게 군대를 남쪽으로 파견하는 위험을 무릅쓸 수 있는가?'라고 항의했다. 하지만 후회를 각오하면서도 일본은 전략적 필요성 때문에 미국 전함들을 무력화하는 결정을 내릴 수밖에 없었고, 영국 해군이 타란토에서 그랬던 것처럼 항만에 정박해 있는 미국 함대를 기습하는 게 최선이라는 결론이 내려졌다. 외교관들이 공식적인 선전포고문을 전달하기를 바란다면, 공격이 시작된 이후에 그렇게 하면 된다. 그 전에는 안 된다!

1941년의 마지막 달, 동아시아 바다 전역에서 폭격과 상륙작전 등이 돌개바람처럼 전격적으로 전개됐다. 신임 사령관, 야마모토 이소로쿠의 지휘하에 일본 해군은 도쿄의 목표를 만족할 수준까지 이루어냈다. 이 공격을 통해 일본의 신중한 계획과 준비 및 해군과 공군과 육군의 뛰어난 전투 역량이 입증됐다. 일본을 방해할 것이 없어 보였다. 필리핀에서 그랬던 것처럼 일본의 진격을 막는 적의 저항이 있었지만 오랫동안 계속되지는 않았다. 1941년 12월 7~8일, 일본이 전격적으로 실행

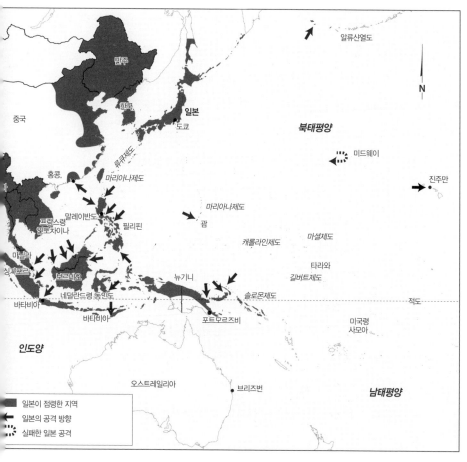

맨주

한국

중국

일본

도쿄

류큐제도

북태평양

알류산열도

N

미드웨이

진주만

홍콩

마리아나제도

마리아나제도

괌

캐롤라인제도

마셜제도

타라와
길버트제도

프랑스령
인도차이나

말레이반도

필리핀

마닐라

싱가포르

보르네오

네덜란드령 동인도

뉴기니

솔로몬제도

적도

바타비아

바타비아

포트모르즈비

미국령
사모아

인도양

오스트레일리아

브리즈번

남태평양

■ 일본이 점령한 지역

← 일본의 공격 방향

✷ 실패한 일본 공격

〈지도 6〉 **일본의 침략, 1941년 12월부터 1942년 6월까지**

한 침략은 현대 국제 권력 정치사(history of international power politics)
에서 가장 충격적인 군사작전이고, 프랑스의 항복보다 중요하며, 어쩌
면 히틀러의 소련 침공만큼이나 중요한 사건이다.

1941년이 끝나갈 무렵의 세계정세 전체를 고려하면, 미국의 전략적
입장은 명확히 한쪽으로 기울어졌다. 대서양은 상당히 안정적이었지만
태평양에서는 걱정스러울 정도로 격랑이 일었다. 전함 비스마르크호가

침몰한 데다 독일의 다른 군함들도 폭격기의 공격에 피해를 입어, 나치가 서인도제도나 브라질을 무모하게 침략할 가능성은 실질적으로 없었다. 루스벨트가 수개월 전부터 비중립적인 조치들(대서양 순찰, 아이슬란드에 수비대 배치)을 단행하기도 했지만 접근 금지 구역을 선포하자, 유보트들은 대서양 한복판으로 밀려나 영국 공군과 해군을 상대로 난투극을 벌일 수밖에 없었다. 게다가 바르바로사 작전으로 히틀러는 동쪽에 몰두했고, 무솔리니는 지중해에 갇혀 있었다. 반면에 서태평양 끝은 결코 안정적이지 않았고, 동아시아 바다는 불안하기 그지없었다.[51]

역사적으로 항상 그랬듯이, 여기에서도 '거리의 폭정(tyranny of distance)'이 범인이었다. 더글러스 맥아더(Douglas MacArthur, 1880~1964년)의 필리핀 주둔군이 줄에 묶인 염소와 다를 바가 없어, 일본이 기습 공격을 선택할 경우에 속수무책으로 당할 수밖에 없었더라도, 미국 해군이 대형 군함들을 안전하게 배치해두려고 했을 정도로 하와이는 서쪽으로 멀리 떨어져 있었다. 어쩌면 B-17 폭격기 대대가 배치되면 군형추를 다시 바꿀 가능성이 있었지만 확실하지는 않았다. 미국이 위협받고 있다는 루스벨트와 헨리 스팀슨(Henry Stimson, 1867~1950년) 전쟁부 장관의 주장에도 불구하고 대서양 전선은 안정적이지만 태평양 전선은 전혀 그렇지 않다는 것만이 확실했다.

1941년 말의 긴장된 수개월 동안, 복잡하게 꼬인 국내외 문제와 씨름하던 프랭클린 루스벨트에게 이런 상황이 완전히 나쁜 것만은 아닐 수 있었다. 일본 군국주의자들이 석유 금수 조치를 단행하지 않고 오히려 석유를 마구 퍼낼 가능성도 배제할 수 없었다. 그렇더라도 전쟁이 태평양까지 확대될 때 미국은 필리핀에서 약간의 손해를 감수하면 그만이겠지만 일본은 패해서 침략의 대가를 치르게 될 게 분명했다. 하지

대해전, 최강국의 탄생

만 동양에서 전쟁이 시작되면, 루스벨트의 주적이던 독일의 개입을 자극할 염려도 있었다. 12월 8일 루스벨트가 전화로 처칠과 대화할 때 이런 생각에서 "오늘 우리 모두가 같은 배를 타고 있습니다"라고 말했던 것일까? 결국 전쟁이 시작되며, 앞서 3년 동안 체결된 모든 합의가 물거품이 됐지만, 한편으로는 모든 불확실성이 제거됐다.

그렇지만 일본 폭격기가 진주만에 정박한 미국 함대를 무차별적으로 공격했을 때 하와이 기지에서 직접 공격을 받은 사람들만큼이나 루스벨트와 스팀슨도 큰 충격을 받은 듯하다(수정주의자들은 루스벨트 대통령이 그런 공격의 가능성을 어떻게든 알고 있었다는 것을 입증해보려 애쓰지만, 지금까지 그 증거를 찾아내지 못했다). 물론 동아시아에서 다른 어떤 곳을 공격했더라면 충격의 정도는 훨씬 약했을 것이다. 영국과 미국이 당시 수집한 정보 자료를 보면, 일본이 12월 첫 주가 끝날 무렵에 대대적인 군사 이동을 계획하고 있었다고 해석된다. 실제로 일본은 12월 7일과 8일에 세 곳, 즉 홍콩과 필리핀과 진주만에서 동시에 공격을 감행했다. 물론 주된 목적, 즉 역사학자 크레이그 시먼즈(Craig Lee Symonds)의 표현을 빌리면 '남방 자원 지역(southern resource area)'의 정복을 방해할 걸림돌을 미리 제거하기 위한 공격이었다.[52] 연합국의 평가는 조금도 어긋나지 않았다. 그 2~3일 동안 일본군은 루손과 태국, 말레이반도 북부(진주만에 첫 포탄이 터진 바로 그 시간에 이곳에서는 상륙작전이 실시됐다. 일본군의 시간 선택은 흠 잡을 데가 없었다)를 향해 거침없이 남진했다. 수천 킬로미터의 드넓은 지역에서 실시됐다는 점에서 대대적이고 대담하기 이를 데 없는 작전이었다. 하지만 이 모든 군사작전 중에서 가장 중요한 것은 진주만 공격이었다.

당시 이야기는 이세 무척 많이 알려졌다. 하와이의 대부분 지역이 그랬듯이, 그날 일요일 아침 진주만 지역도 대부분이 깊이 잠들어 있었다. 레이더가 벌 떼처럼 다가오는 항공기를 포착했지만, 미국 본토에서 날아오는 B-17로 잘못 해석하며, 183대의 일본 고공 폭격기, 급강하 폭격기와 뇌격기일 거라고는 생각조차 못 했다. 항만 입구에서 일본 소형 어뢰가 떨어졌지만 누구도 관심을 기울이지 않았다. 대부분의 미국 항공기는 아무런 준비도 없이 활주로에 정렬해 있었고, 조종사들은 숙소에서 잠을 자거나 시내에 있었다. 전함들도 둘씩 짝을 지어 닻을 내리고 일렬로 세워졌고, 지역민들이 그랬듯이 대부분의 승조원도 깊은 잠에 빠져 있었다.

아침 7시 40분 직후, 일본 폭격기들이 떨어뜨린 포탄에 표적이 산산조각 나며 그 평화가 깨졌다. 3,000미터 상공에서 떨어뜨린 폭탄(16인치 두께의 철갑을 뚫고 들어간 포탄)에 탄약고가 폭발한 전함 애리조나호는 가장 극적인 구경거리가 됐다. 애리조나호는 갈기갈기 찢어져 몇 분 만에 가라앉았고 1,177명의 승조원이 목숨을 잃었다. 테네시호와 메릴랜드호는 폭탄 세례에 크게 부서졌고, 웨스트버지니아호와 오클라호마호는 어뢰에 맞아 파손됐고, 캘리포니아호와 네바다호도 어뢰에 심각한 타격을 받았다. 그렇게 첫 공격조가 휩쓸고 지나가자, 곧이어 170대의 항공기가 벌 떼처럼 몰려와 부분적으로 파손된 전함들을 완전히 끝장내고, 다른 군함들까지 격침하려고 격렬한 공격을 퍼부었다.[53]

많은 작은 군함도 침몰되거나 피해를 입었고, 190대의 항공기가 파괴됐다. 그러나 중요한 것은 미국태평양 전투 함대였다. 그 함대는 거의 순식간에 초토화됐다. 아침 10시쯤 폭격이 끝났다. 일본 기동 타격 부대는 더 이상 공격하지 않고 신속하게 모항으로 이동하기 시작했다. 일본 해군 전략가들은 이때 동원된 6척의 항공모함 중 2척을 잃을 가능성이 있다고 추정했지만, 실제로는 29대의 항공기와 64명을 잃는 데 그쳤다. 제2차 세계대전에서 가장 일방적으로 진행된 교전이었다. 미국은 4척의 전함이 침몰했고, 그중 2척은 영원히 수장됐다. 또 3척의 전함이 큰 손상을 입었고, 2,403명의 병사가 목숨을 잃었다. 진주만에 정박한 미국 전함을 공격한 일본의 결정은 전술적인 면에서 탁월했다. 작전 면에서도 그 계획은 실질적으로 나무랄 데가 없었다. 하지만 정치적으로는 끔찍한 결과를 초래한 결정이었다. 진주만 공습에 미국 전체가 경각심을 불태우며 한마음으로 전쟁에 뛰어들었기 때문이다.

일본의 공격은 크고 분명한 표적, 즉 미국 전함에 집중됐다. 하지만 많은 역사학자가 중요하다고 생각한 곳이 공격을 받지 않았다. 잠수함 기지와 잠수함 사령부가 아무런 피해를 입지 않았고, 중요한 석유 저장 시설과 항공유 저장고도 고스란히 남았다. 하지만 원유를 잔뜩 담은 저장고가 화염에 휩싸였다면 진주만은 다시 함대 기지로 기능할 수 없었을 것이다. 게다가 해군 수리 조선소, 크레인, 용접 공장, 전력선과 송수관도 전혀 피해를 입지 않았다. 물론 그곳이 브레머튼이나 보스턴 해군 조선소만큼 넓고 종합적이지는 않았다. 하지만 그 시설들이 온전했던 덕분에, 피해를 입은 군함들을 거의 즉각적으로 수리를 시작할 수 있었다. 또 나중에는 많은 군함이 격렬한 전투 뒤에 이곳에 돌아와 관리를 받을 수 있었다[가령 항공모함 요크타운호는 산호해 해전(Battle of the Coral Sea)에서 적잖은 피해를 입었지만 진주만 건선거에서 임시방편으로 서둘러 수리를 받은 뒤에 곧바로 미드웨이로 달려갈 수 있었다].

그러나 진주만 공습의 결과로, 태평양 함대에 속했지만 그 역사적인 공습을 모면한 3척의 항공모함이 미국에서 가장 중요한 자산이 됐다. 일본이 진주만을 공격하던 때 천만다행으로 3척 모두 다른 곳에 있었다. 따라서 새해가 밝자마자, 바다 한복판에 있는 일본군의 진지를 공격하는 데 3척 모두가 파견되며 이 전쟁의 미래를 암시해주었다. 미국에 전함이 어떤 피해도 입지 않고 고스란히 남았더라도 태평양이란 드넓은 바다에서 벌어진 전투들을 통해 고속 항공모함이 가장 중요하다는 게 서서히 드러났을 것이다. 그러나 미국 제독들 사이에서 한때 부글거렸던 '전함 대 항공모함'이란 다툼은 당시 진정됐고, 적어도 한동안 불거지지 않았다.[54] 미국 전투 함대는 거의 전멸한 반면 항공모함은 무사했다는 사실에서, 새로 부임한 태평양 함대 사령관 체스터 니미츠(Chester William Nimitz, 1885~1966년, 얄궂게도 전함주의자)는 항공모함에 의존해 반격을 모색할 수밖에 없었다. 전쟁 양상이 이렇게 변하며, 윌리엄 홀시와 프랭크 플레처(Frank Fletcher, 1885~1973년) 같은 항공모함 제독들이 미국의 영웅으로 부각됐다. 하기야 제2차 세계대전에서 활약한 미국 전함 제독의 이름을 기억하는 사람이 있을까?

이번에도 지정학적 면에서 미국의 상황은 생각만큼 나쁘지 않았다. 필리핀과 괌이 일본에 떨어진 탓에 미국은 서태평양에 발붙일 곳이 전혀 없었지만, 일본은 마셜제도와 마리아나제도 및 캐롤라인제도에 구축한 기존 진지를 보강하는 성공을 거두었다. 미국이 초기의 손실로부터 회복하려면 많은 시간과 노력이 필요했지만, 전략적으로 가장 중요한 사실은 일본이 진주만을 점령하지는 못했다는 것이었다.[55] 일본이 진주만을 점령했다면, 미국이 다시 4,800킬로미터 밖으로 밀려남으로써 태평양 제해권을 회복하려던 계획이 더욱더 힘들어졌을 것이다. 그랬더라면 태평양 전쟁의 연대기 전체가 달라졌을 뿐만 아니라, 어쩌면 전쟁의 구조까지 달라졌을 것이다.

예컨대 일본이 하와이를 난공불락으로 만들었다면, 그래서 미국이

대해전, 최강국의 탄생

희망봉을 통해서만 오스트레일리아를 지원할 수 있었다면 중앙 태평양 사령부(Central Pacific Command)가 존재라도 했을까? 하와이를 지켰다는 것은 맥아더 휘하에 설립된 남서 태평양 사령부(Southwest Pacific Command, SWPC)와 별개로 기본적으로 해군이 주도하는 그런 사령부가 존재했다는 것을 뜻했다. 그 이후로는 적대적인 공습을 받지 않은 진주만이란 거대한 물리적 자원을 보유함으로써 미국은 중앙 태평양에서 강대국 위치를 유지할 수 있었다. 게다가 일본은 진주만을 공격한 뒤에 군사력을 남쪽으로 돌렸다. 이런 모든 요인이 복합된 덕분에, 워싱턴은 회복 전략에 국내 자원을 동원하는 소중한 시간과 공간을 확보할 수 있었다.

일본이 전쟁의 방향을 전환한 까닭에 영국이 훨씬 큰 타격을 입었다. 일본이 6개월 동안 지속된 첫 단계 공격을 끝냈을 때 영국은 극동 전역에서 영토를 상실했을 뿐만 아니라 그 면적도 상당히 넓었다. 홍콩이 며칠 또는 몇 주를 저항할 것으로 생각한 전문가는 거의 없었다. 홍콩 주둔군은 불운하게도 형식적인 주둔군에 불과했고, 그들의 저항은 크리스마스 날에 끝났다. 그러나 12월 초에 일본이 태국 남부와 말레이반도에 쉽게 상륙한 사건은 그야말로 충격이었고, 1942년에도 일본이 신속히 전진하며 성공을 거두리라는 예고와 다를 것이 없었다. 여기까지는 땅의 손실이었다. 하지만 해군에도 1941년 12월 10일에 크나큰 충격이 있었다. 전함 프린스 오브 웨일스호와 전투 순양함 리펄스호가 공해에서 침몰하는 사건이 벌어졌기 때문이었다. 그것도 진주만 공습이 있고 겨우 몇 시간 뒤에!

Z-부대의 파멸은 영국 해군의 역사에서 주목할 만한 사건이었고, 지금까지 수백 번이나 다루어지고 분석됐다.[56] 따라서 여기에서는 가

장 두드러진 점들만 언급해두기로 하자. 굳이 말할 필요도 없겠지만, 런던에서는 누구도 일본이 그처럼 대담하고 전격적이고 효율적으로 동남아시아를 휩쓸 수 있을 것이라 생각하지 못했다. 이런 착각에 작은 사고들까지 겹치면서 영국 주력함들이 공중 공격에 속수무책일 수밖에 없었다. 여하튼 영국 해군부가 어떤 식으로든 군함을 동원해 싱가포르와 말레이반도를 지키려 했다면, 적잖은 논의 끝에 현명하게도 인도양에 남겨두었던 느릿한 R-급 전함들로 구성된 소함대보다, 소규모였더라도 더 빠른 군함들(신형 전함, 항공모함, 전투 순양함)을 배치하는 게 더 나았을 것이다.

그러나 Z-부대의 항공모함 인도미터블호가 1만 3,000킬로미터나 떨어진 서인도제도에서 주로 활동했고 12월 초에는 수리에 들어가면서 전체적인 구상이 뒤틀어졌다. 말레이반도의 비행장에 주둔한 소수의 공군 대대에 공중 엄호를 위임하는 것은 너무도 약한 대안이었다. 더구나 일본 해군 항공대가 얼마나 훈련이 잘됐는지, 항공모함에서 출격하든 프랑스령 인도차이나에서 출력하든 간에 치명적이라는 것을 아는 사람이 서구 측에는 한 명도 없었다. 하와이에도 싱가포르에도 없었고, 여기저기에서 칭찬을 받던 영국과 미국의 정보국과 암호 해독국에도 전혀 없었다. 하지만 그 사실을 현실에서 깨닫는 데는 12월 7일부터 12월 10일까지 사흘밖에 걸리지 않았다.

진주만이 공격을 받고, 곧이어 일본 침략 함대가 태국 해안을 향해 진격하고 있다는 소식을 듣고, 처칠의 총애를 받던 톰 필립스(Tom Phillips, 1888~1941년) 제독은 Z-부대를 이끌고 북쪽으로 올라가 전투하기로 결정했다. 정찰하던 잠수함으로부터 영국 해군의 움직임에 대한 정보를 전달받은 제22해군 항공대는 필립스의 함대를 폭격하려고 비행대대를 연이어 날려 보냈다. 필립스 함대에는 소형 호위 구축함이 한 척밖에 없었다. 하지만 대형 전함 옹호자들, 즉 1923년의 유명한 폭격 시험을 두고 빌리 미첼을 조롱했던 사람들이 보기에, 필립스의 지휘하에 있던 군함들은 자신들의 역량을 제대로 발휘했어야 했다. 그 군함들은 빨랐고, 전투 경험이 풍부한 승조원들이 많았으며, (크레타 앞바다와 달리) 널찍한 공해를 항해하고 강력한 대공 화기도 갖추고 있었다. 예컨대 프린스 오브 웨일스호에 장착된 최신 대공포는 분당 1만 7,000발을 발사할 수 있는 것으로 추정됐다. 하지만 그것만으로는 벌 떼처럼 달려드는 일본 폭격기, 특히 급강하 폭격기를 물리치기에 충분하지 않았다.

고공 폭격기들이 첫 공격을 가했지만, 곧이어 다양한 높이와 방향에서 합동 공격이 시작됐다. 전함을 움직여 포격을 피하는 것은 불가능했고, 많은 어뢰가 줄지어 다가왔다(4년 뒤에 야마토호가 이런 식으로 침몰됐다). 프린스 오브 웨일스호의 측면을 때린 어뢰들 중 하나에 프로펠러 축이 끊어졌고, 그 전함은 제자리를 맴돌기 시작했다. 거듭 말하지만, 일본 해군의 어뢰는 해상 군함에서 발사하는 것이나 뇌격기가 떨어뜨리는 것이나 다른 해군의 것보다 훨씬 더 컸고, 독일과 미국의 어뢰와 달리 불발되는 경우도 거의 없었다. 잠시 뒤에는 뇌격기 대대가 전투 순양함 '리펄스'를 공격해 역시 옆면을 찢어버렸고, 그로부터 한 시간이 지나지 않아 리펄스호는 뒤집어졌다. 두 군함에서 뛰어내린 2,000명의 승조원을 영국 구축함들이 구조했지만, 필립스는 살아남지 못했다.[57] 그리하여 일본군 수송함들은 아무런 방해를 받지 않고 상륙 지점을 향해 다가갈 수 있었다.

더는 언급할 필요가 없겠지만, Z-부대의 공격에서 일본 해군이 입은

〈그림 26〉 **영국 군함 프린스 오브 웨일스호와 리펄스호, 1941년, 싱**
가포르. 새로 건조된 전함 프린스 오브 웨일스호와 제1차 세계대전 때
부터 활약한 전투 순양함 리펄스호는 1941년 12월 운명적인 마지막 항
해를 앞두고 있었다. 두 군함 모두 12월 10일 말레이 반도를 출발하고
몇 시간 만에 일본 폭격기들의 공격을 받아 침몰했다.

손실은 8대의 항공기가 전부였다. 그리고 해전에서 새로운 시대가 열렸다. 즉 가장 강력한 해상 군함도 강력한 대공 무기를 갖추지 못하면 적의 공군력에 맞서 바다에서 작전을 전개할 수 없다는 게 확인된 해전이었다. 요컨대 진주만이나 타란토에 정박된 군함들이 침몰한 사건보다, 해군력의 미래를 더욱 극적으로 보여준 선언이었다.

모든 사건이 하나로 귀결됐다. 해군의 역사에서 1940년 말부터 1941년까지, 고작 13개월 동안 일어난 다수의 사건들(타란토, 크레타, 운항 능력을 상실한 비스마르크호, 진주만, Z-부대의 파멸)은 강력한 화포와 보호 장치를 갖춘 전함의 시대가 끝났다는 것을 한목소리로 말해주었다. 바다에 떠 있는 것은 무엇이든 표적이 됐고, 공중 공격에 취약하기 이를 데 없었다. 1941년 12월이 열리며 시작된 동아시아 제해권 다툼에서 정작 승리한 부대는 일본 공군력이었다. 그럼 그 이후의 전투에서도 일본 공군력이 하늘의 지배권을 유지할 수 있었을까?

전략적인 면에서 보면, 서구 국가들이 태평양과 동아시아와 동남아시아에 보유한 식민지들을 일본 군대가 1941년 12월과 그 이후로 수개월 동안 점점 강하게 밀어붙인 치명적인 공격만큼 영국, 특히 영국 해군의 세계적인 위상을 위협한 것은 없었을 수 있다. 아비시니아 위기 이후로, 영국 참모부가 특히 두려워한 것은 언젠가 영국이 3면, 즉 북유럽이나 서유럽에 기반을 둔 적, 지중해의 적, 극동의 적으로부터 도전받게 될 가능성이었다. 이 시기에 작성한 많은 보고서에서 영국 해군부도 그런 상황은 극단적인 시나리오라는 것을 인정했다. 그러나 그런 상황이 이제 현실이 됐다. 물론 일본의 공격에 침몰한 주력함의 피해에서 미국 해군이 훨씬 컸지만, 태평양에서 미국의 전체적인 전략적 위상은 실질적으로 타격을 받은 게 없고, 약간 지체됐을 뿐이다. 반면에 동

남아시아에서 영국이 차지하던 전략적 위상은 다각도에서 실질적으로 회복하기 힘든 타격을 받았다.[58]

　1941년이 저물었을 때 미국과 영국의 해군들은 어떤 처지에 있었을까? 그들의 상황은 그다지 고무적이지 않았다. 진주만이나 프린스 오브 웨일스호와 리펄스호의 침몰에서 어렵지 않게 교훈을 얻을 수 있었지만, 그렇다고 연합군이 그 교훈을 실천하기 위해 많은 것을 할 수 있다는 뜻은 아니었다. 신속하게 이동하는 일본군이 절대적으로 유리했고, 미국군과 영국군은 일본군의 전진을 억제하는 것 이외에 다른 조치를 취하기가 어려웠다. 지중해와 대서양이란 전쟁터에서도 비슷해서, 연합군의 과제는 추축국의 공격을 견뎌내고 저지하는 게 최선인 듯했다. 더없이 분명한 것은 제공권을 장악하지 않고는 어떤 것도 가능할 수 없다는 것이었다. 하지만 그런 상황은 적어도 1년 뒤의 것이었다. 영국과 미국의 해군이 추축국 둘의 이점을 지워버릴 때가 오면 (남서 태평양에서는 상륙작전, 지중해에서는 더 강력한 몰타 수송 선단 등 다양한 군사작전을 통해) 적대적인 비행 지역으로 연합군 군대를 진격시켜야 했다. 달리 말하면, 연합군이 해상에서 적의 공군력을 무력화하는 것을 첫째 조건으로 삼아야 한다는 뜻이었다. 장거리 전략 폭격에 길들여진 영미권의 공군 지휘관은 그런 전투에 거의 관심을 두지 않았지만, 남유럽과 서유럽에서 전략적으로 중요한 주변 지역 상공이나 서태평양과 남서태평양에서 도서 지역 상공을 지배하는 게 그 이후로 2년 동안의 전투에서는 무엇보다 중요했다.

전체적으로 볼 때, 프랑스가 항복한 1940년 6월부터 진주만이 공습을 당한 1941년 12월까지 18개월이 강대국의 역사에서 가장 변화무쌍했던 듯하다. 독일에 맞서던 영국-프랑스 진영이 9개월 만에 영국에 맞서는 독일-이탈리아 진영으로 바뀌며, 프랑스가 게임판에서 탈락했다. 1년 뒤, 바르바로사 작전이 전개된 뒤로는 베를린-로마 추축국과 런던-모스크바 연합국의 전쟁으로 바뀌었다. 다시 5개월 뒤에는 일본이 미국과 영국에 군사적으로 도전했고, 히틀러가 미국에 전쟁을 선포했다. 그 결과로, 처칠의 표현을 빌리면 대영제국과 소비에트연방과 미합중국의 '대동맹(Grand Alliance)'인 세 파시스트 국가가 대결하는 전쟁이 됐다. 그 후에 이탈리아가 전쟁에서 떨어져 나간 1943년 말까지 큰 변화는 없었다. 일본이 중국에서 전개한 군사적 행위를 전쟁 지역에 포함하면, 전 세계의 80퍼센트가 전쟁에 휘말린 것이 된다.

프랑스의 항복 이후로 그 변화무쌍하던 18개월과 관련해 덧붙이고 싶은 이야기가 있다. 간접적으로는 강대국의 흥망과도 관계가 있는 것이다. 그 18개월이 메르스 엘 케비르에 주둔해 있던 프랑스 함대를 초토화시키는 바다와 하늘에서의 공격으로 시작됐고, 진주만에 주둔한 미국 전투 함대를 초토화한 바다와 하늘에서의 훨씬 더 큰 공격으로 끝났다는 것이다. 두 공격의 결과는 엄청나게 달랐다. 전자의 공격으로는 프랑스가 독립된 주권을 상실했다. 달리 말하면, 독일의 공격으로 프랑스의 지상 병력과 공군 병력이 괴멸됐고, 영국의 공격으로 막강하던 해군력까지 크게 잃었다. 반면에 강대국으로 부상하던 미국에서는 일본의 공격에도 그런 파국이 일어나지 않았다. 진주만에서 많은 구형

대해전, 최강국의 탄생

전함을 잃었지만, 미국은 전략적으로 안전했고 정치적으로는 큰 자극을 받아, 압도적인 힘을 과시하며 일본을 철저히 응징할 때까지 공격을 멈추지 않았다. 처칠 총리가 처음에는 일본의 잦은 공격에 놀랐으나 나중에는 오히려 반겼다는 사실이 조금도 놀랍지 않다.

영국 해군부와 카를 되니츠는 하나의 원대한 계획, 즉 대서양을 지배하려는 다툼은 조금도 수그러들지 않았다는 것을 보여주는 계획을 잠시도 잊지 않았다. 지중해를 지배하기 위한 치열한 전투는 그에 못지않게 중대한 과제였다. 따라서 지중해에서도 눈에 띄는 변화는 없었다. 그러나 1941년 12월 이후로 전투 지역이 점점 더 넓어졌다. 알류샨열도부터 실질적으로 동아프리카까지 광활한 지역에서 새로운 교전 지대가 추가됐다. 막강한 해군력을 지닌 두 국가, 일본과 미국이 전쟁에 뛰어들며 제2차 세계대전은 진정한 세계 전쟁이 됐다. 따라서 마침내 런던과 워싱턴이 추축국에 맞서 공동으로 전쟁을 수행할 것이란 계획을 공개적으로 천명할 수 있었다. 이때 처칠은 대서양을 황급히 넘어가, 1941년 크리스마스와 그 이후의 며칠을 백악관에서 보냈다. Z-부대가 괴멸되고, 싱가포르가 위협받을 수 있었지만, 이제 그런 사태는 중요한 게 아니었다. 미국이 마침내 참전을 선포했다는 게 중요했다.

〈그림 27〉 **페디스털 작전을 마치고 몰타로 느릿느릿 입항하는 미국 유조선 오하이오호, 1942년 8월.** 제2차 세계대전에서 가장 치열했던 수송 선단 전투가 있은 뒤에 크게 손상된 미국 유조선이 영국 구축함 2척의 호위를 받으며 몰타로 옮겨지는 모습을 묘사한 역사적인 장면이다. 오하이오호는 뭍으로 끌어 올려졌고, 중요한 원유는 다른 곳에 옮겨졌다. 그로부터 수시간 뒤에 유조선은 둘로 갈라졌다.

대해전, 최강국의 탄생

6장

모든 바다로 확대된 전쟁
1942년

1942년은 해군 역사 전체에서 가장 전투가 많이 벌어진 해였다. 레판토 시대, 무적함대 시대, 트라팔가르 해전이 벌어진 때부터 1942년에 전투 횟수가 더 많았고, 해전이 벌어진 범위도 훨씬 더 넓었다. 1942년 내내 대서양에서는 전투가 끊이지 않았고, 북극권 수송 선단에서는 영웅적이고 서사적인 성공담이 잇달았다. 지중해 무대에서는 영국 해군의 수송 선단이 가장 중요했던 만큼 가장 치열한 전투가 벌어졌던 페디스털 작전(Operation Pedestal)이 전개됐다. 그 후에는 1942년 11월 연합군이 북아프리카 항구들과 연안 지역을 대대적으로 침공할 때 주목할 만한 역할 변화가 있었다. 1942년이 끝날 무렵, 이탈리아 함대가 여전히 대규모로 존재했고, 추축국의 공군 공격과 유보트 공격이 빈번한 가운데 영국 해군은 약간 불안했지만 동지중해와 서지중해의 제해권을 되찾았다.

태평양, 동남아시아 바다, 인도양에서 전개된 전투 양상은 1942년 상반기 이후가 훨씬 더 두드러졌고, 엄밀히 말하면 현란할 정도였다. 그전까지 거의 반년 동안, 일본은 공격을 외적으로 확대하며 미국과 영국, 네덜란드와 오스트레일리아의 군대를 압도했고, 홍콩과 필리핀과 괌부터 네덜란드령 동인도 전체, 대부분의 뉴기니, 버마까지 많은 영토를 정복했다. 일본 항공모함은 인도양을 습격해 유린하면서도 별다른 저항을 받지 않았다. 미국이 산호해(Coral Sea)와 미드웨이에서 승리를 거두고 한여름이 돼서야, 태평양을 향한 일본의 진격이 멈추었다. 그로부터 오래지 않아, 일본은 뉴기니와 과달카날에서 머뭇거리며 전개하던 상륙작전도 군사적 저항에 부딪혔다.

영국과 미국의 원대한 전략이라는 관점에서 보면, 1942년이 끝날 무렵, 추축국의 한 축인 일본은 완전히 억제 단계에 들어갔기 때문에 나머지 두 국가를 향한 연합군의 반격이 본격적으로 시작됐다고 말할 수 있다. 독일군은 스탈린그라드 전투와 엘 알라메인 전투에서 크게 패했고, 연합군은 처음으로 북아프리카에 성공적으로 상륙했다. 그러나 그 정도로 끝났다. 대서양 전투는 여전히 진행 중이었고, 양측이 미래의 자원까지 끌어오며 지루하게 계속됐다. 전략적 폭격은 거의 시행되지 않았고, 많은 장애물이 여전히 앞에 있었다. 연합군이 프랑스를 침공하기에는 여전히 많은 시간이 필요했고, 야전에서 독일의 패배는 아직 요원했다. 그러나 1942년이 끝나갈 무렵, 연합군의 해군력은 확고해서 적들이 더는 진격하지 못했다. 엄청난 손실과 치열한 전투를 거친 뒤에 얻은 성과였다.

대서양과 북극해, 그리고 카리브해

대서양 전투는 1942년에도 여전히 절대적으로 중요했다. 하지만 제2차 세계대전을 연구하는 역사학자들은 대체로 다른 곳에서 일어난 사건들

대해전, 최강국의 탄생

(미드웨이 해전, 스탈린그라드 전투, 엘 알라메인 전투, 횃불 작전)을 더 흥미롭게 생각하며, 더 많은 관심을 기울인다. 1942년에는 1941년처럼 중반경에 북대서양을 가로지르며 비스마르크호를 추적하던 극적인 사건은 없었고, 1943년 중반처럼 유보트 활동의 갑작스러운 붕괴도 없었다. 대서양이란 무대에서 연합국 수송 선단을 둘러싼 다툼에서 가장 자주 사용되는 수식어는 '끊임없다'이고, 하나를 더하면 '암울하다'이다. 학자들이 지적하듯이, 대서양 전투는 많은 면에서 제1차 세계대전 동안 서부전선을 따라 지루하게 전개된 지상전을 떠올리게 한다. 한쪽이 승리를 쟁취하려고 밀어붙일 때마다 상대편이 끈질기게 저항하며 물러서지 않았다. 양쪽 모두 전쟁을 끝내기에 충분한 힘을 갖지 못한 것을 한탄하며 더 많은 장비와 인력을 전선에 쏟아부었다. 따라서 양측의 손실은 눈덩이처럼 커져갔다. 이 끝없이 계속된 충돌에서 비롯된 손실량은 통계적으로 치밀하게 조사됐다.[1]

따라서 대서양 전투와 관련된 통계자료는 중대한 '가위-바위-보' 게임의 결과였다. 영국 본토를 지원하고, 유럽을 되찾으려는 연합군 전략을 뒷받침할 수 있을 정도로 충분한 수송 선단이 통과할 수 있었을까? 히틀러의 전략이 승리를 거둘 정도로 유보트가 많은 상선을 격침할 수 있었을까? 카를 되니츠가 패배를 인정할 정도로 많은 잠수함을, 연합군 해군의 호위함과 공군 항공기가 파괴할 수 있었을까? 물론 앞에서 보았듯이 1942년 이전에는 이 의문들이 모두 맞는 말이었다. 1941년에만 연합국은 320만 톤의 상선을 잃었다. 따라서 남은 유일한 문제는 향후에도 이런 막대한 손실을 감당해야 하느냐는 것이었다. 독일 해군이 1942년에 항속거리가 확대된 신형 유보트를 보유하게 되면서 전투 범위가 무척 넓어졌다. 넓은 의미에서 보면, 실질적으로 중요한 것은 물품을 반대편 항구에 안전하게 운반하는 것이기 때문에 해상 교통로의 장악이 해군력의 본질이어야 한다는 줄리언 코벳이 남긴 교훈은 유효적절한 듯했다. 이 이론에 따르면, 유보트 자체를 사냥하고 격침하는 행위는 이차적인 것이었다.

물론 영국과 캐나다와 미국의 프리깃함 함장들, 특히 영국 해군 대령 조니 워커(Johnny Walker, 1896~1944년)와 미국 해군 제독 어니스트 J. 킹(Ernest Joseph King, 1878~1956년) 등 독일 잠수함의 위협이 분쇄되는 것을 보고 싶어 하는 사람들에게 그런 조치는 일종의 전략적 난센스로 보였을 것이다. 가능하면 많은 유보트를 박살 내야 해상 교통로를 안전하고 확고하게 지킬 수 있고, 그래야 유보트가 나중에나 다른 곳에서 수송 선단을 더는 위협하지 않을 것이라는 게 일반적인 추론이었다. 통계학자들에게 이런 추론의 밑바닥에는 월별 선박 손실량이 있었고, 그 손실량은 영국 본토까지 도달하는 물품량을 기준으로, 또 대서양 항로에 투입할 수 있는 연합군의 상선 총량을 기준으로 측정한 값이었다. 북대서양에서 요구하는 상선 수요가 조금이나마 덜어졌다면, 다른 곳, 예컨대 중동과 인도양과 태평양에서 상선을 제공해달라는 많은 요구를 수행하기가 한결 쉬워졌을 것이라고는 굳이 말할 필요도 없을 것이다.

1942년이 시작할 때와 끝날 때, 대서양 전역에서 벌어진 전투 범위와 수송 선단의 지리적 범위에 어떤 차이가 있었는지 비교해보는 것도 도움이 된다. 물론 영국 해군부는 핼리팩스-리버풀 항로 이외에도 중요한 해상 교통로가 있다는 것을 결코 잊지 않았다. 예컨대 라플라타강에서 출발해 곡물과 맥주를 싣고 오는 항로, 트리니다드에서 시작하는 원유 운반 항로, 지브롤터를 통과하는 항로, 오스트레일리아와 뉴질랜드에서 식량을 싣고 오는 항로가 있었고, 프리타운은 중요한 중계항이었다. 하지만 1942년에는 그 오래된 항로들을 따라 운항된 상선이 증가했을 뿐만 아니라, 과거에는 존재하지 않았거나 거의 사용되지 않던 항로들이 대거 생겨났다. 따라서 1942년 초에는 존재하지 않았지만, 북아메리카 동부 해안과 멕시코만에서 북아프리카까지 곧장 달려가는 항로들이 그해 12월에는 무척 폭넓어졌다. 이 현상은 미국 병사와 군수품이 서지중해에 그야말로 쏟아졌다는 것을 뜻했다. 영국 육군 사단, 탱크와 대포, 어쩌면 포장된 전투기를 영국 본토에서 희망봉을 거쳐 마다가스카르와 이집트와 인도까지 운반하는 상선들도 완전히 새로운 것은 아니었지만 무척 많아졌다. 런던 영국 해군부의 지하 상황실 지도에는 북대서양과 남대서양, 중앙 대서양을 항해하는 수십 개의 수송 선단이 그려졌다.[2] '돌아가는' 수송 선단도 중요했다. 선박 자체만이 아니라 승무원들이 무엇보다 소중했다. 안전하게 돌아가야 볼티모어나 서배너에서 다시 짐을 잔뜩 싣고 바다로 보내질 수 있지 않겠는가?[3] 따라서 호위함에 근무하던 승조원들은 피로감에 지치기도 했지만 끝없는 압박감에 시달렸다. 승조원들은 리버풀에 도착하면, 귀환하는 수송 선단이 꾸려지는 며칠 동안 휴가를 얻는 게 고작이었다.

1942년의 대서양 전투는 다양한 형태로 전개됐고, 영국 해군부 장교들은 런던의 작전실에서 그 모든 전투를 추적했다. 그들의 주된 관심사는 독일의 대형 군함들이 앞으로 대서양에 진출할 것이냐는 것이었지만, 그런 시도는 1942년 3월쯤 실질적으로 종결됐다. 케르베루스 작전(Channel Dash: 1942년 2월 12일, 프랑스에 주둔하던 독일 해군 소속 해상 함대가 노르웨이로 철수한 작전-옮긴이) 이후로 에리히 레너 제녹의 해상 해군이 내항과 노르웨이 앞바다에 갇혔기 때문이었다. 독일 해군의 대서양 진출 가능성을 항상 노심초사하던 영국 해군부가 이런 사실을 깨닫는 데는 상당한 시간이 걸렸다. 1942년 동안 영국 해군부의 두 번째 걱정거리는 북러시아로 향하던 연합국 수송 선단에 관한 것이었다. 그 수송 선단의 안전을 확실히 보장할 수 없었기 때문이다. 그중 하나가 독일의 공격에 대부분의 상선을 상실하며 파국적 운명을 맞았던 '수송 선단 PQ-17'이었다. 한편 바렌츠해 해전(Battle of the Barents Sea) 동안 '수송 선단 JW-51B'를 파괴하려던 독일의 공격이 실패했다는 소식, 그리고 히틀러와 독일 해군 지도부 사이에 갈등이 있다는 정보에 영국 해군부는 커다란 위안을 얻었다. 세 번째 걱정거리는 1942년 초에 생긴 것이었다. 미국의 참전으로 적절한 방어 대책이 수립될 때까지 1942년 전반기 동안에 북아메리카 동부 해안과 카리브해 전역에서 독일 잠수함들이 미국과 (주로) 영국 상선을 거의 무제한으로 사냥에 나선 것이었다. 하지만 이때의 엄청난 손실이 중단된 뒤로 10월부터는 영국과 미국 병사들과 장비를 북아프리카 전쟁터까지 실어 나르는 새로운 부담을 떠안아야 했다. 이 기간 내내 구심점은 영국 해군부였고, 그곳에서는 무엇보다 중요한 영국제도(British Isles)를 끊임없이 오가는 수송 선단을 추적했다. 그 일이 조직에 가하는 부담은 엄청난 것이었다.

이 이야기의 첫 장, 즉 독일 해상 해군이 연합국 해상 교통로에 제기하던 위협은 1942년 1월 이후로 급속히 줄어들어, 영국은 크게 안도할 수 있었다. 여하튼 그 위협은 그때까지 영국 해군부에 상당한 걱정거리였다. 독일 해군이 주둔한 브레스트가 영국 해안의 코앞이었고, 북대서양 교통로까지도 무척 가까웠기 때문이다. 지중해나 태평양에서는 찾아볼 수 없는 지리적 조건이었다. 게다가 대서양에서 독일이 시도하던 전진 전략 때문에 영국 해군은 대서양 항로를 보호하기 위해 더 강

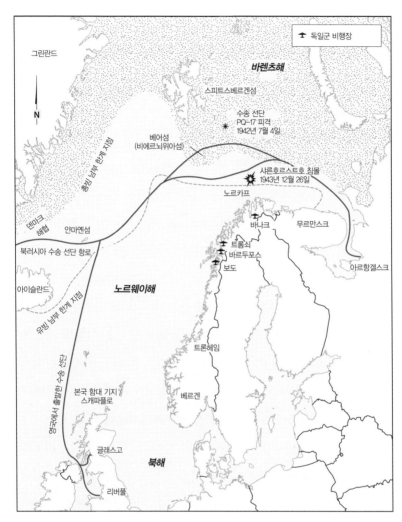

지도에 표시된 내용:

독일군 비행장

그린란드

바렌츠해

스피츠베르겐섬

수송 선단
PQ-17 피격
1942년 7월 4일

베어섬
(비에르뇌위아섬)

샤른호르스트호 침몰
1943년 12월 26일

노르카프

N

중앙 북부 한계 지점

덴마크
해협

안마옌섬

바나크

무르만스크

북러시아 수송 선단 항로

트롬쇠
바르두포스

아르항겔스크

아이슬란드

보도

노르웨이해

유빙 남부 한계 지점

트론헤임

영국에서 출발한 수송 선단

베르겐

본국 함대 기지
스캐파플로

글래스고

북해

리버풀

〈지도 7〉 **연합국 수송 선단의 북부 항로**

력하고 더 많은 군함을 유지해야만 했고, 수송 선단을 시시때때로 다른
항로로 유도하거나 중단해야 했다. 적어도 레더 제독과 히틀러에게 이
상적인 시나리오라면, 베를린이 독일의 모든 위협적인 해상 군함, 예컨
대 중순양함 히퍼호와 프린츠 오이겐호, 뤼초프호 같은 포켓 전함, 샤

른호르스트호와 그나이제나우호 같은 고속 전투 순양함, 끝으로 거대한 전함 비스마르크호와 티르피츠호로 하여금 대서양에 진입하라고 명령하는 것이었다. 여기에 유보트 부대에는 군함들을 양쪽에서 호위하고, 비행대대들에는 하늘을 장악하라는 명령을 더했다면, 그런 조건에서 교전을 벌였다면 영국 해군은 제해권을 완전히 상실했을 것이다. 하지만 레더의 이상은 결코 실현되지 않았다. 위에서 언급한 군함 중에서 어느 때라도 해전에 동원할 만한 군함이 2척을 넘지 않았기 때문이다. 따라서 레더에게는 단편적인 전략밖에 남지 않았다. 전투 순양함을 이용해 기습하고 달아나는 전략이나, 비스마르크호처럼 재앙을 맞을 수 있다는 위험을 무릅쓰고 이리저리 순항(巡航)하는 전략이었다.

하지만 영국 해군부에는 독일의 군함 상황에 대한 불완전한 정보밖에 없었던 까닭에 독일이 어떤 형태로든 해상 군함을 이용해 기습 공격을 한다면 악몽이 아닐 수 없었다. 따라서 독일 해상 함대의 연합 공격에 대응할 수 있을 정도로 강력한 본국 함대를 스캐파플로에 주둔시켜야 한다는 불안감이 있었고, 전함을 지중해에 파견해 여러 작전에 합류시켜야 하는지, 아니면 스캐파플로의 핵심 소함대가 지나치게 약해지더라도 동부 함대와 함께하도록 해야 하는지를 끊임없이 계산했다. 요컨대 크릭스마리네의 강력한 함포에 런던은 상당한 비율의 중순양함과 전투 순양함 및 전함, 특히 새로 건조한 조지 5세호 등을 영해 방어에 할당할 수밖에 없었다. (조선소에서 새로 건조해 전달하는 군함들, 예컨대 듀크 오브 요크호와 앤슨호는 스캐파플로의 본국 함대에 큰 위안을 주며 크게 환영을 받았다.) 나중에는 대형 군함이 부족하다는 걱정에 처칠과 해군부는 루스벨트와 어니스트 킹에게 몇 척의 미국 전함을 파견해 대서양, 정확히 말하면 본국 함대에 배치해달라고 부탁하기도 했다.

대해전, 최강국의 탄생

〈그림 28〉 **영국 전함 앤슨호, 1942년, 타인항.** 1942년 영국 해군은 새로 건조된 전함들과 항공 모함들을 인수받았고, 그때부터 전쟁의 흐름이 바뀌기 시작했다. 그림의 배경은 타인강변의 거대한 조선소다. 14인치 함포를 장착한 주력함 앤슨호는 스캐파플로에 달려가 본국 함대에 합류한 뒤로 북극해 수송 선단을 보호하는 역할을 맡았다. 일본이 항복 문서에 서명할 때 앤슨호는 도쿄만에 있었다(〈그림 49〉 참조).

    하지만 현실에서 독일의 전진 함대 전략은 프랑스 항구에 주둔하던 군함들이 노르웨이와 발트해로 귀환함으로써 비극적인 결말을 맞았다. 앞에서 말했듯이, 두 곳으로 이동한 뒤에도 방해꾼들은 영국 공군 폭격기였다. 노르웨이와 본국 항구에 정박해 있을 때에노 녹일 군함들은 스코틀랜드 기지에서 출격한 폭격기들의 공격에 취약했다. 그러나 서프랑스에서는 해안 사령부 뇌격기의 표적이 되기에 너무 쉬웠고, 아브로 랭커스터(Avro Lancaster)를 포함해 영국 공군 폭격기 부대의 표적이 되기에는 더더욱 쉬웠다. 따라서 독일 군함들은 폭격을 당하고 수리하는 과정을 끝없이 되풀이했다. 5장에서 언급했듯이, 프린츠 오이겐호는 1941년 6월 브레스트에 도착하고 한 달이 지나지 않아, 영국 폭격기 사령부의 공습을 받아 다시 크게 부서졌다. 이때 프린츠 오이겐호는 중요한 포격 지휘실을 비롯해 많은 부분이 파손됐다. 영국 공군의 전반적인 공격 범위가 점점 확대되자, 독일은 대형 군함을 어디론가 옮겨야 했다. 당시 어떤 이유로든 히틀러는 노르웨이가 곧 침략을 당할지도 모른다고 확신했다. 게다가 브레스트에서의 탈출은 시간 문제였을 뿐이었다.

1942년 2월, 은밀한 준비를 끝낸 뒤에, 부분적으로 수리된 히퍼호는 샤른호르스트호 및 그나이제나우호와 함께 브레스트를 출발해 도버와 포크스턴 앞을 유유히 지나 모항까지 철수하는 유명한 케르베루스 작전을 단행하며 영국 해군에 모욕감을 안겨주었다.[4] 영국은 큰 당혹감에 빠졌지만, 독일 해군사에서 이 단계는 끝난 것이나 다를 바가 없었다. 독일의 강력한 우방이던 이탈리아 해군이 몇몇 이탈리아 항구에 갇혀버린 것처럼, 독일도 모든 군함이 그때부터 북유럽이란 좁은 구석에 갇혀버린 꼴이었기 때문이다. 크릭스마리네가 북극해 수송 선단을 공격할 가능성은 여전히 열려 있었지만, 북대서양에서 영국 해군과 다시는 다툼을 벌이지 않았다. 좁은 북해에서 벗어나 큰 바다로 진출하려던 독일 해군주의자들의 꿈은 1940년에 마침내 실현됐지만, 얄궂게도 규모가 쪼그라들고 더구나 영국의 공군력에 취약해진 상황에서는 해상 함대가 큰 역할을 해낼 수 없었다.

그러나 북쪽 바다에서는 독일이 다르게 행동할 가능성이 컸다. 더구나 히틀러가 소련을 공격함에 따라, 북극해 수송 선단이 전략적으로 무척 중요해졌다. 하지만 영국 함대가 북극해 수송 선단의 안전을 실질적으로 보장하기는 무척 어렵고 위험하기도 했다. 러시아가 나치의 집요한 공격에 무너질지 모른다는 두려움에 루스벨트와 처칠은 북극해 수송이 어떻게든 이루어져야 한다고 생각했고, 스탈린도 지원을 간절히 바랐다. 그렇지만 이미 한계를 넘어선 영국 상선과 해안 사령부 및 영국 해군에 지나칠 정도로 큰 부담을 안기는 것은 분명했다. 1941년 말, 즉 독일군이 북극해 수송 선단을 차단하기 위해 동원되기 전에 거두었던 성공이 1942년에도 되풀이될 가능성은 없었다. 실제로 1942년에는 독일측 공군기지와 유보트 항만이 운송로를 따라 더 많이 배치됐고, 북쪽의 항구들에는 영국 공군 폭격기의 공습에 노출되는 위험을 무릅쓰고 정박하는 크릭스마리네의 대형 군함들이 늘어났다. 적어도 지리적인 조건에서는 독일이 유리했다. 영국 해군부가 아무리 애쓰더라도 손실은 피할 수 없었다. 따라서 유일한 문제는 그 손실이 수송 작전을 완전히 중단해야 할 정도로 크느냐를 판단하는 것이었다.[5]

이런 문제들을 해결하기가 무척 어려웠다는 것을 고려할 때, 1942년 동안 (한 번의 예외가 있었지만) 연합국 수송 선단이 대체로 성공적으로 북러시아까지 운항해낸 성과에 박수를 보내지 않을 수 없다. 앞에서 보았듯이, 처음에는 독일 최고사령부가 북극해 수송 선단에 별다른 관심을 두지 않은 덕분에 성공할 수 있었다. 하기야 바르바로사 작전으로 소련을 금세 괴멸시키고 그 과정에서 무르만스크를 점령하면 끝나는 것인데, 구태여 북극해 수송 선단에 관심을 가질 이유가 없기는 했다. 기록에 따르면, 1942년 봄 이전에는 러시아로 보내진 총 103척의 연합국 상선 중 한 척만이 소실됐다. 여름쯤에는 베어마흐트도 적군(赤軍)에게 보급되는 군수품을 차단하는 것이 중요하다는 사실을 알게 됐지만, 영국 해군부도 베어마흐트의 움직임을 눈치채고 군수품의 안전한 수송을 위해 강력한 호위함을 더 많이 배치하기 시작했다. 예컨대 5월 21일 아이슬란드를 출발한 수송 선단 PQ-16은 예외적으로 규모가 컸다. 35척의 상선을 구축함과 프리깃함과 예인선으로 구성된 전단(戰團)이 근접해 호위했고, 약간의 거리를 두고는 경험이 많은 순양함 전대(戰隊)와 2척의 전함 워싱턴호와 듀크 오브 요크호가 호위했다. 게다가 신중하게 배치된 잠수함 부대와 공군 부대가 수송 선단의 보호에 나섰다. 독일의 대형 군함들이 이 미끼를 물었더라도 엄청나게 큰 전투가 벌어졌겠지만, 이 덫에 걸려들지 않았다. 그 수송 선단의 대부분은 안전하게 북극해를 통과했다(흥미롭게도 마지막 이틀 동안에는 3척의 러시아 구축함과 6척의 러시아 허리케인 전투기까지 합류했고, 그 전투기들은 이전 수송 선단이 러시아 공군에 제공한 것이었다).[6]

하지만 다음 수송 선단은 티르피츠호가 공해상에 있다는 두려움에 떨었고, 그 두려움은 재앙으로 현실화됐다. 실제로 제2차 세계대전에서 수송 선단에 닥친 최악의 재앙이었다. 34척의 상선으로 이루어졌고, 7월에 아이슬란드를 출발해 아르항겔스크로 향한 수송 선단 PQ-17도 PQ-16만큼이나 강력한 호위를 받았다. 상대적으로 작은 군함들이 근접해 호위했고, 제1순양함 전대(First Cruiser Squadron)가 약간 거리를 두고 호위했다. 본국 함대의 전함들(영국의 듀크 오브 요크호와 미국의 사우스다코타호)도 수송 선단을 뒤따르며 널찍한 지역을 감시했다. 그러나 그 모든 것이 소용없었다. 영국 해군부는 독일 공군과 유보트의 공격에 값비싼 주력함들을 위험에 빠뜨릴 수 없다고 생각하며, 전함들이 수송 선단으로부터 멀찌감치 떨어져 호위하라는 지시를 내렸다(이런 원거리 호위는

대해전, 최강국의 탄생

몰타 수송 선단에도 그대로 적용됐다). 당시 티르피츠호가 공해상에 있다는 두려움에 빠졌던지 런던의 해군부는 여러 모순된 명령을 수송 선단 사령관에게 내렸다. 피곤에 찌든 데다 불안감에 사로잡힌 더들리 파운드 (Dudley Pound, 1877~1943년) 해군 원수는 상선들에게 흩어져 각자 고유한 방식으로 안전을 모색하라는 식의 논란이 되기에 충분한 운명적인 지시를 내렸다. 방어막을 상실한 상선들은 유보트와 루프트바페에 산산조각 났고, 정작 티르피츠호는 공해에 잠시 머물렀다가 모항으로 귀환했다. 7월 5일에만 12척, 6일에는 2척, 7일에는 4척, 10일에는 한 척이 가라앉았다. 주로 미국 상선으로 구성됐고 출발할 때 34척이었지만 11척만이 목적지에 도착했다. 수송 선단을 지속할 수 없을 정도의 손실이었고, 수송 선단이란 원칙의 철저한 실패이기도 했다. 이때 다양한 국적의 총 153명의 선원이 목숨을 잃었다.[7]

이 재앙과 관련된 다른 수치들도 안타깝기는 마찬가지다. 여러 기록에서 확인되듯이, 그렇게 침몰한 상선들에는 러시아 연합군에 전달할 3,350대의 오토바이, 430대의 탱크, 거의 10만 톤의 잡화가 실려 있었다. 200대의 최신 항공기가 1942년 여름에 러시아 공군에 전해졌더라면 얼마나 유용하게 쓰였을까? 이 모든 장비는 미국에서 생산한 것이었다. 그것만으로도 미국의 생산력이 하루가 다르게 성장하고 있다는 증거였지만, 그해 초에 플로리다 앞바다에서 유보트의 공격을 받아 침몰한 유조선처럼 전쟁 물자가 전쟁터에 도달하지 못한다면 연합군에 무슨 도움이 되겠는가? 거듭 말하지만, 북극해 수송 선단을 겨냥한 공격은 1942년 내내 영국과 미국 해군에 전략적으로 가장 큰 골칫거리였다. 어떻게 해야 해상 교통로를 보호해서, 무기와 병력과 군수품을 전쟁 무대까지 안전하게 전달할 수 있을까? 수송 선단에 4,800킬로미터

〈그림 29〉 **미국 구축함 햄블턴호, 1942년, 스코틀랜드 펜틀런드 내포(內浦).** 1930년대 말 미국이 함대를 확대하던 때 건조된 많은 글리브스급 구축함 중 하나였다. 햄블턴호는 영국 본국 함대에서 상당한 시간을 보내며 당시에는 영국 전함 듀크 오브 요크호의 레이더 초계 구축함으로 활동했다.

대해전, 최강국의 탄생

나 넘는 바닷길을 적절히 호위받은 뒤에 목적지를 160킬로미터 정도만 남겨두고 독일 항공기나 잠수함의 공격을 받아 중요한 보급품을 상실하는 경우가 유감스럽게도 너무 잦았다.

독일이 기대한 대로, 수송 선단 PQ-17에 닥친 재앙은 바다를 통해 러시아로 향하던 군사적 지원이 단기적으로, 즉 9월 중순까지 중단됐다. 9월 중순쯤 상선단이 다시 구성됐고, 영국 해군의 핵심 부대도 지중해 작전의 지원을 마치고 본국 함대에 돌아왔다.[8] 7월의 재앙을 교훈으로 삼아, 영국 해군부는 다음 수송 선단 PQ-18을 철저히 호위하기로 결정하고 구축함으로 널찍한 보호막을 설치하는 동시에, 호위 항공모함 어벤저호에 탑재된 허리케인 전투기를 동원해 공중 공격까지 차단하고 나섰다. 독일 해상 군함은 모습조차 드러내지 않았고, 유보트는 상대적으로 작은 방해를 하는 데 그쳤다.

따라서 수송 선단은 루프트바페의 조직화된 집단 공격을 주로 받았다. 그 공격으로 상선 40척 중 13척이 침몰했지만, 루프트바페도 41대의 폭격기를 잃어 복구하기 힘든 상처를 입었다(그중 33대가 루프트바페 항공 부대의 대부분을 차지하던 뇌격기였다). 운명의 대전환이 일어난 전투였지만, PQ-17의 운명에 대해 논란이 계속되며 거의 주목받지 못했다. 그렇지 않았더라면 연합국의 더 많은 수송 선단이 그 항로로 보내질 수 있었지만, 그해가 저물 때까지 대부분의 활동은 서서히 줄어들었다. 루프트바페 편대들이 지중해 전선으로 보내져야 했고, 되니츠의 유보트는 대서양을 떠날 수 없었으며, 본국 함대의 전함과 항공모함도 남쪽으로 내려가 햇불 작전(Operation Torch)에 참가해야 했기 때문이다.[9]

새해로 넘어가자, 전반적인 상황이 크릭스마리네에 더욱더 불리해졌다. 14척으로 구성된 작은 수송 선단 JW-51B가 한겨울에 호위를 받

대해전, 최강국의 탄생

으며 러시아로 보내지며, 시계(視界)를 방해하는 계절적 요인의 도움을 받기를 바랐고, 그 예상은 적중했다. 게다가 잘못된 정보와 뒤죽박죽 뒤섞인 신호 및 목적의 차이로 인해 포켓 전함 뤼초프호와 중순양함 히퍼호 등이 포함된 강력한 차단 부대는 본연의 소명을 망설이며, 구축함과 경순양함을 동원해 공격적으로 상선단을 보호하려는 영국 호위함들을 선뜻 공격하지 못했다. 결국 독일 전단은 빈손으로 귀환했고, 상선은 한 척도 침몰하지 않았다. 당연히 영국 해군은 그 항해를 '바렌츠해 해전'이라 칭하며 자축했다.

이 패전 소식에 히틀러는 노발대발하며 해군을 맹렬히 비난하며, 모든 대형 군함을 폐기하라는 명령을 내렸다. 레더 제독이 이 사태를 책임지고 사퇴한 이후로 잠시 동안, 북극해는 앞날을 예측하기 힘든 불안정한 소강상태에 들어갔다. 곧이어 되니츠가 해군 최고사령관에 임명됐고, 히틀러는 되니츠의 설득을 받아들여 대형 군함을 폐기하라는 명령을 철회했다. 그러나 독일의 주요 군함들이 당시에도 평소에는 항구에 정박해 있어, 영국 폭격기 사령부가 항구를 공격하면 더 큰 피해를 받을 수밖에 없었다.[10] 따라서 요약하면, 독일 해상 군함이 북극해에서 연합국 수송 선단을 실질적으로 공격한 기간은 견제받기 전까지 1942년에 6~9개월 정도 지속됐을 뿐이다. 꼬박 1년이 지난 뒤, 샤른호르스트호는 뒤늦게 단 한 번 공격에 나섰다가 진정한 재앙을 맞고 말았다.

영국 해군의 호위함들이 그 지루하고 힘든 전쟁에서 소함대를 꾸려 이 바다에서 저 바다로 옮겨 다녔듯이, 크릭스마리네의 유보트 전단도 마찬가지였지만 유보트가 거의 언제나 영국 호위함 전대를 앞섰다. 독일 잠수함 부대는 되니츠 사령부의 지침보다, 히틀러이 전략적 변덕 때문에 이 바다 저 바다에 출격하고, 독일로 귀환하라는 명령을 받는 경우가 적지 않았다. 따라서 1942년에 유보트가 교전을 벌인 지역은 지리적으로 상당히 광범위했다. 히틀러가 영국의 침략을 우려한 까닭에 다수가 노르웨이 해안을 지켰고, 일부만이 이탈리아를 지원하려고 지중해 무대에 파견됐다. 하지만 일부는 프리타운이나 라플라타 앞바다에 파견돼 수송 선단을 격침할 기회를 노렸다. 하지만 1942년 전반기에 유보트 부대가 거둔 가장 큰 전과는 미국 동부 해안과 멕시코만 앞바다에 새로 형성돼 취약하던 운송로를 공격해 거둔 성공이었다.

되니츠가 이 지역을 새로운 표적으로 삼은 의도는 명확했다. 논리적으로 냉철한 결정이었고, 그 결정은 무자비하고 치밀하게 실행됐다.[11] 1942년이 시작됐을 때 폭풍우가 몰아치는 북대서양에서 잘 훈련된 영국 호위 함대와 교전하는 것이 유보트에게도 점점 어려워졌다(예컨대 연합군의 프리깃함과 호위 구축함이 탑재된 무기가 더 우수했고, 주변에는 해안 사령부 항공대도 있었다. 상선에 설치하는 무기도 점점 나아졌다). 따라서 미국이 전쟁에 참전한 이후로, 이동하는 상선에 대한 보호 조치가 취약한 곳으로 공격 지역을 이동하지 않을 이유가 없었다. 예컨대 미국 남동부의 항구를 출발한 상선들을 공격하고, 베네수엘라와 카리브해를 출발해 플로리다와 조지아 해안 지대를 따라 항해하는 유조선과 식량선을 공격하지 못할 이유가 무엇이었겠는가? 미국이란 나라가 전쟁 중에 있지 않는 것처럼 해안 지대가 밤에도 불빛으로 환해 무자비하고 쉽게 공격할 수 있는데, 그렇게 공격하지 않을 이유가 어디에 있었겠는가? 어니스트 킹 제독부터 아래까지 미국 해군 당국이 수송 선단 형태로 상선(주로 영국 상선과 선원)을 보호하는 조치를 거부하는 동안에 많은 피해를 입히지 않을 이유가 어디에 있었겠는가? 이번 전쟁이 시작되고 3년 동안 겪은 경험과, 1917~1918년에 겪은 2년이 미국 쪽에는 아무런 쓸모가 없는 듯했다. 물론 1942년이 시작되고 몇 개월 동안 미국은 많은 군함을 태평양에 배치할 필요가 있었고, 호위 구축함을 건조하려던 계획이 예기치 않게 장기간 지체되기는 했다. 하지만 미국 해군이 적절히 대처했다면, 미국 앞바다에서 연합국 상선들이 비교적 소수의 유보트에 당한 피해를 크게 줄일 수 있었을 것이다.

이른바 '해피 타임' 동안, 유보트에 격침된 상선이 수만 톤에 달했고, 육군 장군이던 조지 마셜(George Marshall, 1880~1959년)이 지적했듯이 압도적 다수가 유조선이었기에 더욱더 심각했다. 그 유조선들에 실린 석유의 최종 목적지는 동잉글랜드의 연합군 폭격기 비행장이거나, 지브롤터 주요 항구들의 지하 깊숙이 마련된 연료 저장고, 또는 버나드 몽고메리의 제8군 탱크를 위한 디젤유 창고였다. 심지어 동부전선에서 게오르기 주코프(1896~1974년)가 지휘하던 근위 사단들의 탱크와 트럭을 위한 디젤유 창고였을 수도 있다. 그러나 그곳의 상황이 1942년 초에 위태롭기는 했지만 재앙까지는 아니었다. 게다가 미국 해안 지역을 따라서도 수송 선단이 서서히 갖추어졌고, 상선들에는 뉴욕에서 핼리팩스까지 '보호 구역'을 따라 이동하라는 지시가 전해졌다. 여름쯤에는 훨씬 많은 작은 초계함이 배치돼 유보트가 물속에서 꼼짝하지 못했다. 게다가 초계기도 대거 동원됐다. 따라서 미국 해군이 북아메리카 해안 지역의 안전을 책임지며 대규모 호위 부대를 조직한 까닭에 지역별 지휘 체계도 새롭게 구성됐다. 오랜 시간이 지나지 않아, 서인도제도와 브라질 북부 및 라이베리아에 미군 기지도 대규모로 세워졌다. 그 기지들의 역할은 지중해에서 곧 전개될 미군의 활동을 지원하는 것이었다. 그러나 최종적으로는 카리브해, 브라질 해안, 아조레스제도에서는 물론이고 서아프리카로 연결되는 해로에서도 공군 활동이 부쩍 증가했다.[12] 유보트는 더 이상 편하게 작전할 수 없었다.

휠씬 더 중요한 것은 노르웨이 앞바다가 결정적인 전투 지역이 될 거라는 히틀러의 끈덕진 믿음이었다. 히틀러는 되니츠에게 새로 건조되는 모든 유보트를 그곳에 집결해두고 연합군의 침략에 대응하라고 압박했지만, 연합군의 노르웨이 침략은 전쟁이 끝날 때까지 없었다. 일찍이 1942년 1월, 8척의 개량된 신형 유보트는 북쪽으로 올라가 노르웨이 해역을 지키라는 명령을 받았지만, 그 유보트들이 밤에도 불이 환히 밝혀진 마이애미 앞바다에서 작전을 했더라면 어땠을까? 그 결과를 상상하기는 조금도 어렵지 않다. 당시 미국 해안 지역에 파견된 유보트들만으로도 연합국 상선에 많은 피해를 주고 있었다. 침몰하는 상선의 총톤수가 매달 증가해 1942년 4월에는 20만 톤에서 30만 톤으로 올랐고, 6월에는 60만 톤으로 급증해, 당시 한계점으로 여겨졌던 수준까지 근접했다. 하지만 바로 6월에 되니츠는 미국 해안에서의 전투를 종결했다. 이 변화무쌍한 이야기에서 또 한 번의 반전이 일어난 셈이었다. 되니츠가 유보트를 추가로 충분히 확보했다고 생각하며, 북대서양에 집결시켜 수송 선단의 숨통을 '끊어버릴' 때가 됐다고 판단했기 때문이었다. 따라서 되니츠는 주된 전투 지역으로 돌아오려고 했다. 그 결과로 교전이 줄어들면, 북극해에서 순찰도 여름철에는 중단될 수 있었고, 그럼 모든 것이 핵심 무대로 되돌아올 수 있었다.

연합군이 맞서야 했던 되니츠는 독일 고위 지도자들 중에서도 더 영리하고 더 체계적인 지도자에 속했다. 그가 잠수함 전쟁, 때로는 전쟁 자체를 기록한 전쟁 일지에 거의 매일 남긴 개인적인 평가는 놀라울 정도로 솔직하고 냉철해서 재밌게 읽힌다. 되니츠는 연합국 수송 선단에 대한 유보트 공격을 멕시코만으로 이동할 때 결단력과 유연성을 보여주었듯이 이번에는 북대서양에 다시 집중하고 나섰다. 되니츠에게 중요한 것은 어떤 전쟁터에서나 실제로 침몰된 군함의 수였고, 수송 선단 체계를 완전히 파괴하는 수준에 얼마나 가까이 접근했느냐는 것이었다. 연합국 상선 한 척이 침몰할 때마다 전체가 그만큼 줄어든다는 보편주의적 접근 방식은 영국 해군부의 전략가들과 통계 분석가들에게 팽배했고, 그런 생각은 더욱 비관적으로 변해갔다. 게다가 1942년 후반기에는 모든 논리적 추론이 유보트 공격이 중요한 북대서양 해상 교통로에 다시 집중될 것이란 결론으로 향했다. 첫째로 아이슬란드 남쪽에 연합군 항공기가 여전히 접근할 수 없어 치명적인 항공 암흑 구역이 여전히 존재했다. 되니츠라면, 미국과 영국의 공군이 탐지 장치와 개량된 폭뢰 등 모든 필요한 장비를 갖춘 장거리 폭격기를 보유하기 전까지 남은 짧은 기회의 창을 어떻게 이용할지 고심하지 않았을까?

둘째로는 되니츠도 잘 알고 있었듯이, 그 암흑 구역에서 유보트가 작전하기 위해 항해하는 거리는 멕시코만에서 작전할 때의 절반, 희망봉 앞바다를 정찰하려고 파견되는 때의 3분의 1에 불과했다. 셋째로는 당시 독일 산업체가 유보트를 대량으로 생산하고 있어, 되니츠에게 제공되는 유보트 수가 매달 증가하는 추세였다. 신병은 경험이 없고 다루기 힘들 수 있었지만, 유보트 자체는 부족하지 않았다. 영국 공군 폭격기 사령부가 유보트 제작 공장을 파괴하려고 시도했으나 꾸준히 계속되지 않았다. 게다가 모든 유보트에 연합군 레이더에 탐지됐는지를 알아낼 수 있다는 무선 검파기가 장착되는 등 유보트의 성능도 점점 좋아졌다. 게다가 독일 정보국은 영국 해군부의 지시를 거의 즉시 해독한 반면, 블레츨리 파크는 그 기간 내내 독일이 전문을 읽어내는 능력을 상실하는 운명의 대전환까지 일어났다. 이런 사실들을 고려할 때 1942

년 후반기에 연합국 수송 선단의 전반적인 상황은 다시 악화됐다.

하지만 그런 상황이 대서양 수송의 완전한 금지로 이어지지 않은 이유에는 많은 요인이 있었다. 독자적으로 항해하는 상선과 소규모로 구성된 수송 선단이 대서양을 통과했다. 따라서 느릿하게 움직이는 수송 선단, 신속히 운항하는 수송 선단, 지브롤터 수송 선단, 빠른 유조선, 원양 정기선 등 어느 때에나 화물을 잔뜩 싣고 영국 본토를 오가는 화물선이 무수히 많아, 되니츠의 유보트 부대는 1942년에 더 많은 잠수함을 바다에 투입하고도 모든 해상 교통로를 차단할 수 없었다. 대서양의 짙은 안개와 폭풍도 유보트의 시계를 방해하며 수송 선단에 도움을 주었다. 기상이 악화돼 수송 선단이 안전한 다음 날을 기대하며 돌아가면 유보트는 아무런 성과도 없이 돌아다녀야 했다. 또 사출장치의 도움을 받아 출격한 허리케인 전투기, 또는 비행정 카탈리나나 선덜랜드가 급습하며 공중에서 단 한 번만 공격해도 유보트는 황급히 물속으로 피했고, 몇 시간 뒤에 다시 떠오르면 수송 선단은 시야에서 멀찌감치 사라지고 보이지 않았다. 여하튼 수송 선단과 유보트는 마주칠 때마다 고유한 이야깃거리를 만들어냈지만, 피해량이 늘어나는 전반적인 그림이 그려지는 데 일조했다.

따라서 유보트 부대가 더 강화된 까닭에 1942년 말의 전반적인 상황은 영국 해군부에 불길하기 그지없었지만, 미국 조선업이 본궤도에 오르면 진수되는 군함이 크게 증가하며 상황이 곧바로 나아질 거라는 전망도 있었다. 당시에 전반적인 전투 상황이 어땠는지 파악하기는 무척 어렵다. 대서양 전투를 다룬 많은 역사서가 1942년이 끝나갈 무렵 전투 상황을 평가하고 있지만, "논조와 추정에서 극단적으로 다르기 때문에" 후세의 학자가 어떤 결론을 내리기는 무척 어렵다.[13] 기본적인

대해전, 최강국의 탄생

통계자료는 반박의 여지가 없다. 1942년 동안 독일의 공격에 연합국이 잃은 상선의 총손실량은 779만 톤이었고, 그중 626만 6,000톤은 잠수함에 격침된 것이었다. 독일 대형 군함은 당시에도 기억에만 남은 존재였을 뿐, 북대서양에서 자취를 감추었다. 87척의 유보트와 22척의 이탈리아 잠수함이 1942년에 침몰했지만, 그해 말에 되니츠가 언제라도 운용할 수 있는 잠수함은 212척에 달했고, 훨씬 더 많은 잠수함이 건조되고 진수돼 시험 운전되고 있었다. 한편 미국 조선소에서만 1942년에 520만 톤이 진수됐고, 이듬해에는 그 수치가 2배로 증가할 예정이었다 (그러나 어니스트 킹 제독이 일본에 압박받는 남서 태평양에 그중 얼마를 배치할 것인지가 문제였다). 침몰된 상선량이 76만 8,700톤에 달했던 끔찍한 1942년 11월의 상황이 1943년에도 계속됐다면 되니츠는 매달 90만 톤, 연간 1,000만 톤을 넘기겠다는 목표에 근접했을 것이다. 하지만 12월에 급감한 침몰량 31만 6,500톤이 그 이후로도 평균치가 된다면 북대서양은 한숨을 돌릴 수 있었다.[14]

바로 그때 새로운 요인이 등장하며, 1942년에 전개되던 '연합국 수송 선단 대 독일 유보트'라는 이야기에 중대한 영향을 끼쳤다. 연합군이 11월에 모로코와 알제리를 침공한 뒤로 북아프리카 전선이 열렸기 때문이었다. 그때까지는 주로 대서양을 가로질러 영국 본토로 향하던 수송 선단을 보호하던 이야기였다면 이제부터는 병사, 탱크와 군수품을 싣고 본국에서 출발하는 수송 선단, 즉 지브롤터 수송 선단, 프리타운 수송 선단, 중동 수송 선단, 북러시아 수송 선단의 이야기가 더해졌다. 영국이 수송 선단을 빨아들이고 밀어내는 거대한 용광로 역할을 했기 때문에 해군부는 수송 선단들을 상황에 맞게 조정해야 했다. 따라서 1942년이 시작될 때만 해도 대서양 전쟁은 영국과 캐나다를 중심으로 한 연합군 해군의 주된 임무였다(아이슬란드와 서인도제도에 대한 미국의 지원이 늘어나기는 했다). 그러나 1942년 12월에는 더 이상 그렇지 않았다. 횃불 작전으로 말미암아, 미국 병사와 군수품이 미국 남부의 항구들로부터 대서양을 가로질러 직접 북아프리카와 지중해에 대거 전해졌다. 물론 북대서양을 가로질러 영국 본토를 지원하는 주된 수송 선단도 그대로 유지됐다. 그 결과로, 영미의 무시무시한 전략 폭격 작전이 가능할 수 있었고, 프랑스를 침략하는 계획도 수립될 수 있었다. 해군 전략실의 벽에 걸린 지도에 찍힌 점들이 다시 늘어날 수밖에 없었고, 대서양 전쟁은 예전보다 더 커질 운명이었다.

몰타와 내해(內海)

대서양 전투는 영국 해군부가 1942년에 끊임없이 관심을 기울여야 했던 유일한 큰 전투가 아니었다. 동지중해와 서지중해를 지배하기 위한 바다와 하늘의 전투는 치열하기 이를 데 없어, 양측이 잃은 항공기와 잠수함의 손실량은 극심했다. 특히 영국이 포위된 채 지독한 폭격을 받는 몰타 전초 기지를 되찾으려 시도할 때마다 상실한 군함과 상선도 엄청나게 많았다. 이 많은 손실의 대부분이 1942년에 전개된 세 번의 해군 작전[시르테 해전(3월), 수송 선단과 관련된 하푼 작전과 비고러스 작전에 따른 전투(6월), 페디스틸 작전(8월)]에서 발생했다. 그러나 양측은 또한 개별적인 활동에서도 많은 잠수함과 항공기를 잃었다. 특히 이탈리아가 북아프리카 기지들에 군수품을 보급하려는 과정에서 많은 피해를 입었다. 한편 이탈리아의 공군과 해군 자산은 루프트바페의 지원으로 크게 강화됐다. 동쪽에서 일본 해군 항공대의 폭격기가 그랬듯이, 루프트바페의 J-87과 J-88

도 바다를 항해하는 선박에 치명적인 공격을 가할 수 있다는 것을 입증해 보였다. 1942년이 시작되고 8개월 동안 영국은 루프트바페의 공중 공격에 제대로 대응하지 못했지만, 엘 알라메인 전투와 횃불 작전에서 승리한 결과로 연합군이 지상군과 공군을 널찍한 지역에 배치할 수 있게 된 덕분에 전황이 급격히 변하기 시작했다. 달리 말하면, 이런저런 해전에서 승리하거나 몰타에서 전개한 수송 선단 작전이 성공했기 때문에 달라진 것이 아니었다.

앞에서도 보았듯이, 몰타의 위치는 전략적으로 특별했다. 특히 1942년에는 그 위치가 양측 모두에 중요했다. 추축국이 어떻게든 병력을 최후로 끌어모을 수 있었다면,[15] 에르빈 롬멜과 독일-이탈리아 연합 부대가 카이로로 진격해 중동에서 영국의 심장부를 공격했을 것이고, 아니면 먼바다에 머물던 영미 해군과 공군이 몰타 앞바다에 모습을 드러내고, 북아프리카를 이탈리아에 반격을 가하기 위한 발판으로 삼았을 것이다. 어느 쪽이든 몰타섬을 기지로 확보하는 것이 반드시 필요했다. 영국이 몰타를 잠수함과 공군기지로 계속 활용하며 이탈리아 수송 선대를 공격한다면, 그렇잖아도 연료와 탄약이 부족하던 추축국 육군에는 그야말로 치명적이었다. 따라서 양측은 몰타 공방전에서 그해 벌어진 모든 전투의 결과가 결정되리라는 것을 알았다. 예컨대 런던의 내각은 몰타가 추축국에 넘어갈 경우를 대비하기도 했다. 따라서 양쪽 모두 동원할 수 있는 모든 자원을 몰타 공방전에 쏟아부었다. 몰타 공방전의 승패가 바로 이듬해 미친 영향을 고려하면, 이탈리아의 공군 편대와 해군 전대 및 독일의 에스보트가 1942년의 전투에서 보여준 집념과 공격성에 대해서는 언급해둘 만하다.

영국 해군이 엄청난 손실을 보면서도 몰타에 물품을 지원하며 싸웠던 단호함이나, 이탈리아와 독일이 수송 선단만이 아니라 섬 자체까지 격렬히 공격한 집요함은 지금 보아도 놀랍기만 하다.[16] 몰타 수송 선단은 매번 엄청난 손실을 보았고, 영국 해군부는 화물의 4분의 1이나 3분의 1만이 몰타에 도착하는 경우가 많다는 것을 못마땅해하면서도 마지못해 인정했다. 제2차 시르테 해전(Second Battle of Sirte, 1942년 3월)에서도 영국 해군이 몰타를 지키려던 의지가 여실히 드러났다. 지중해 함대는 전함과 항공모함이 부족할 정도로 엄청난 피해를 입었지만, 4척의 상선으로 구성된 수송 선단(MG-1)이 알렉산드리아를 출항할 때 순양함과 구축함을 끌어모아 호위에 나섰다.

호위대는 연막 뒤에 어뢰를 다발적으로 발사하고, 함포를 쏘아대며 훨씬 큰 이탈리아 군함들에 맞서 싸웠다. 그야말로 다윗과 골리앗의 싸움이었지만, 호위대는 이탈리아의 막강한 전함과 2척의 중순양함을 밀어내는 데 성공하며 제2차 세계대전에서 가장 위대한 승리 중 하나를 거두었다. 그러나 지중해를 무사히 통과한 상선들이 실망스럽게도 몰타 항만에서 공중 공격을 받아 갈기갈기 찢어지고 말았다. 당시 항만이 제기능을 못 할 정도로 파괴됐기 때문이었다. 결국 2만 6,000톤의 화물 중 5,000톤만이 몰타 부두에 하역됐고, 영국 해군은 9척의 군함이 침몰하거나 크게 파손되는 피해를 입었다. 몰타에 주둔한 영국 공군은 실질적으로 전멸한 상태였다. 영국 해군은 인도양과 대서양과 노르카프에서도 감당하기 힘들 정도로 피해를 입은 까닭에 1942년 4월과 5월에 지중해에서 해군 전략은 지극히 소극적이었지만, 양측의 잠수함들은 끊임없이 표적을 찾아다녔다.

영국 해군이 6월에 하푼 작전(Operation Harpoon)과 비고러스 작전(Operation Vigorous)을 동시에 진행하며 상황을 반전시키려던 노력은

대해전, 최강국의 탄생

필사적이었던 만큼 대담하기 이를 데 없었다. 하푼 작전은 지브롤터에서 몰타로 향하던 수송 선단의 운항으로, 200대가 넘는 폭격기와 이탈리아 순양함과 구축함의 공격을 반복해 물리치며 견뎌낸 열흘간의 대서사였다. 지브롤터를 출발한 상선 6척 중 2척만이 몰타에 도착했고, 나머지 4척은 침몰했다. 한편 영국 해군에서는 2척의 구축함이 침몰했고, 4척의 군함이 큰 피해를 입었다. 그럼에도 영국은 이때의 전투를 승리(!)였던 것으로 평가했다. 하지만 알렉산드리아에서 훨씬 더 큰 규모로 출발한 수송 선단(비고러스 작전)은 그런 평가를 받지 못했다. 수송 선단과 호위대는 출발한 직후부터 적의 에스보트와 잠수함의 공격에 끊임없이 시달렸고, 고도로 훈련된 이탈리아와 독일 폭격기의 공격도 받았다.

게다가 이탈리아 전투 함대가 주변 바다에 있다는 소식까지 전해졌다. 연옥이 있다면 그런 모습일 것 같았다. 상선들이 15인치 포탄과 8인치 포탄에 뜯겨 나갈지도 모른다는 두려움에 영국 호송대 함장들은 수송 선단에 오락가락한 명령을 몇 차례 내린 끝에 결국 알렉산드리아로 돌아가라는 지시를 내렸다. 최종적으로 6척의 상선이 침몰했고, 영국 해군은 구축함 베두인호를 잃었다. 지상에서는 롬멜의 아프리카 군단이 이집트까지 깊숙이 밀고 들어오자, 신임 지중해 함대 사령관, 헨리 하우드(Henry Harwood, 1888~1950년)는 공황 상태에 빠져서 알렉산드리아를 버리고 팔레스타인의 두 항구인 하이파와 아크레로 피신하라고 함대에 명령했다. 몰타 함락 계획이 다시 황급히 논의됐다.

그러나 영국은 지중해 전략 전체가 뒤틀린 것이라 생각하지는 않았다. 특히 처칠은 지중해 무대에서 결성적인 승리를 거두어야 한다며, 인도양 함대와 본국 함대의 중대한 약화를 초래하더라도 훨씬 큰 작전

〈그림 30〉 **지중해를 향해 출발하는 영국 잠수함 업홀더호, 1941년.** 유명한 제10전단의 소속이었고, 몰타를 기지로 삼았던 업홀더호는 9만 3,000톤의 군함을 격침함으로써 제2차 세계대전에서 가장 큰 성공을 거둔 영국 잠수함이 되었다. 업홀더는 1942년 4월에 초계 활동을 하는 동안 침몰했고, 적의 공격을 받은 것으로 추정되었다.

　　　　　　　　　　　　　　　　　　　　대해전, 최강국의 탄생

을 지중해에서 새로이 전개할 것이라고 역설했다. 따라서 페디스털 작전(8월 10~15일)을 위한 추가 병력이 소집됐다. 페디스털 작전은 제2차 세계대전에서 가장 큰 규모였던 만큼 가장 격렬했고 가장 많은 피를 흘린 수송 선단 작전이 됐다. 역사학자가 이에 필적할 만한 해전을 찾으려면, 300년 전의 영국-네덜란드 전쟁(Anglo-Dutch Wars) 동안 마르턴 트롬프(Maarten Tromp, 1598~1653년)와 미힐 더 라위터르(Michiel de Ruyter, 1607~1676년)의 호위 함대가 영국해협 앞에서 필사적으로 벌인 해전까지 거슬러 올라가야 할 것이다. 순양함과 구축함으로 구성된 호위대가 14척의 상선과 4척의 중요한 유조선을 근접해 호위했고, 오랫동안 영국 해군을 위해 봉사한 2척의 전함 로드니호와 넬슨호, 3척의 항공모함과 3척의 순양함이 멀찌감치 떨어져 호위했다. 그 대부분이 클라이드에서 파견된 것이었다. 출항하고 엿새가 됐을 때 수송 선단은 지브롤터를 지나 지중해에 들어섰다.[17]

지브롤터에서 몰타까지 항해하는 선박이 튀니스와 트리폴리, 사르데냐 남부와 시칠리아 서부가 형성하는 삼각 지역에서 많은 시간 눈에 띄지 않는 것은 지금도 불가능하다. 당시에는 새로 건설된 추축국 비행장이 무척 많았고, 이탈리아와 시칠리아에는 상당수의 잠수함 기지가 있었다. 이탈리아 대형 군함은 타란토와 나폴리, 제노바 등 여러 항구를 기지로 사용했다. 따라서 영국 해군부의 암울한 예측처럼, 영국 전함과 항공모함이 몰타에 도달할 방법은 없었다. 그런 항해는 두 세계대전 사이에나 가능하던 것으로 당시에는 희미해져가는 기억이었다. 적군의 무선 신호를 엿들어 이탈리아 주력 함대가 그때 출격하지 않는다는 것을 알아내고, 호위 부대의 주력함들이 비제르테 북쪽에서 지브롤터로 돌아갔다. 따라서 6인치 함포로 무장한 순양함들과 구축함들이

대해전, 최강국의 탄생

상선들을 근접해 호위했다. 하루쯤 지나 그 호위대도 지브롤터로 뱃머리를 돌렸다. 그 결과로, 경순양함과 구축함 등 훨씬 작은 군함들로 구성된 호위대만이 남아 수송 선단과 함께 240킬로미터 앞의 몰타를 목표로 항해를 계속했다. 따라서 추축국 잠수함과 폭격기는 첫 단계 공격에서 당연히 대형 전함들을 주된 표적으로 삼아 항공모함 이글호를 격침하고, 또 다른 항공모함 인도미터블호에 큰 피해를 입히는 대성공을 거두었다. 그 뒤에는 순양함들이 표적이 됐고, 2척이 파손되고 2척이 침몰했다. 특히 맨체스터호는 야간에 독일 에스보트와 이탈리아 고속 어뢰정으로부터 집중적으로 공격을 받아 침몰했다. 낮에는 폭격기가 눈부시게 밝은 하늘에서 포탄을 퍼부었고 밤에는 에스보트가 근접해 위협했다. 게다가 추축국 잠수함들은 온종일 빈틈을 노리며 공격을 멈추지 않았다.

이런 삼중 공격을 견디지 못하고, 몰타를 눈앞에 두었을 무렵에는 상선의 수가 크게 줄었다. 8월 12~13일 밤, 그중 6척이 바닷속으로 사라졌고 나머지도 크게 훼손됐다. 그중 하나, 미국 소유의 고속 유조선 오하이오호는 전설이 됐다. 오하이오호는 대담무쌍한 이탈리아 잠수함 악숨호가 발사한 어뢰에 처음 맞았고(악숨호는 그날 2척의 순양함에도 피해를 주었다), 맹렬한 폭격기의 공격에 다시 타격을 받았다. 따라서 그 유조선은 연기만이 아니라, 빗나간 포탄들이 바다에 떨어지며 빚어낸 거대한 물기둥에도 뒤덮였다. 오하이오호는 바다 한가운데에서 멈추었고, 금방이라도 침몰할 것처럼 보였다. 심지어 바다에 뛰어내리는 선원들도 있었다. 그러나 오하이오호는 침몰하지 않았다. 그 배에 실린 화물이 너무 중요했던 까닭에, 배 밑에 강삭(鋼索: 여러 가닥의 강철 철사를 합쳐 꼬아 만든 줄-옮긴이)을 놓고, 2척의 구축함이 양편에서 부축하는 형식으로 견인해 간다는 결정이 내려졌다. 그렇게 느릿하게 160킬로미터를 항해해야 했다. 한번은 독일 폭격기가 제대로 겨냥한 포탄에 견인줄이 끊어졌지만 곧바로 다시 이어졌다.

만신창이가 된 유조선이 마침내 몰타의 그랜드 하버 입구에 엉금엉금 들어선 때가 8월 15일, 즉 성모 승천 대축일이었다. 독실한 몰타 국민의 대부분은 교회에 있었지만, 다수가 교회에서 빠져나와 흉벽을 향해 달려갔고, '기적'이라는 소문이 퍼져나갔다. 군중들은 환호하고 또 환호했다. 취주악대의 연주도 있었다. 오하이오호는 조심스레 정박했다. 소중한 1만 톤의 석유가 내려졌고, 그 뒤에야 오하이오호는 천천히 바닷속으로 가라앉았다. 전체적으로 5척의 상선이 몰타에 도착했다. 감당하기 힘들 정도로 무리한 작전을 감행한 영국 해군이 입은 손실은 항공모함 한 척과 중순양함 한 척, 그리고 대공 순양함 한 척과 구축함 한 척이었다. 또 항공모함 한 척과 순양함 2척이 큰 피해를 입었지만, 몰타 국민이 배를 채울 수 있었고, 스피트파이어 전투기들이 연료를 공급받을 수 있었다.

몰타에 정말 그만한 가치가 있었을까? 저명한 영국인 군사 역사학자 코렐리 바넷은 제2차 세계대전 당시의 영국 해군을 다룬 특이하지만 뛰어난 역사서에서, 몰타섬을 사수하는 데 제한된 국가 자원을 지나치게 많이 할당하는 전략적 실수를 반복해서 통렬히 비판한다. 엄격히 말하면, 지중해 전체와 중동에 인력과 무기 및 자금을 과도하게 투입한 처칠을 비판한 것이다. 바넷은 처칠의 이런 전략을 제국 시대의 낭만이자 자원의 낭비로 보았다.[18] 그렇게 낭비되지 않았다면 그 자원이 제3제국을 직접적으로 상대하는 데 더 효율적으로 사용됐으리라는 것이 바넷의 주장이지만 그다지 설득력은 없다. 뒤에서 자세히 다루겠지만,

서유럽을 침략할 방법은 1944년 이전에는 실질적으로 없었다. 다시 말하면, 대서양 전쟁 이전, 특히 공중전에서 독일에 승리를 거두기 전에는 가능하지 않았다. 게다가 1942년에 몰타를 잃었다면 연합군의 북아프리카 계획에 큰 타격이 있었을 것이다. 이집트가 십중팔구 추축국에 넘어갔을 것이고, 횃불 작전도 불가능했을 것이며, 이탈리아가 그렇게 위협을 느끼지도 않았을 것이다.

페디스털 작전으로 몰타가 지켜지고 재급유가 이루어짐에 따라, 영국은 1942년 8월쯤 한숨을 돌릴 기회를 얻었다. 하지만 페디스털 작전만큼 극적인 수단을 동원하지 않더라도 몰타 수비대를 빠른 시일 내에 제한적이더라도 재무장해야 했다. 위기를 맞은 몰타의 상황에 맞추어, 영국 해군은 잠수함을 사용해 중요한 전투기 엔진과 부품을 수송했다. 맹크스먼호, 웰시먼호, 압디엘호처럼 무척 빠른 경순양함(기뢰 부설함)들이 지브롤터부터 몰타까지 단독으로 항해하며 더 많은 물품을 실어 날랐다. 상대적으로 작은 구형 항공모함들, 퓨리어스호와 이글호와 아거스호는 눈에 띄지 않게 조용히 본연의 임무를 수행했다. 몰타로부터 800킬로미터나 떨어진 비행 한계 지점까지 호위를 받은 뒤에, 그곳부터 허리케인 전투기들과 스피트파이어 전투기들이 항공모함에서 몰타 기지까지 편도로 날아갔다. 이런 병력 강화를 위한 항해에서 가장 주목할 만한 지원은 미국 고속 항공모함 와스프호의 참여였다. 처칠이 루스벨트에게 간곡히 호소한 끝에 얻어낸 일종의 차관으로, 1942년 4월 와스프호는 클라이드에서 47대의 스피트파이어를 실었고, 며칠 뒤에는 엄중한 호위를 받으며 그 전투기들을 몰타로 날려 보냈다. 미국 해군이 제2차 세계대전 중에 지중해에서 나선 '첫' 지원이었다.[19]

그렇게 전달된 스피트파이어 전투기들은 지상에서 루프트바페의 공

〈그림 31〉 **"몰타행 스피트파이어 전투기"**를 적재한 미국 항공모함 와스프호, 1942년 4월, 그리녹. 두 번에 걸쳐 와스프호는 클라이드에서 스피트파이어들을 싣고 지중해에 들어가, 그 전투기들을 몰타로 날려 보냈다. 와스프호는 1942년 9월 과달카날 전투에 참전했고, 일본 잠수함 I-19의 공격을 받아 침몰했다.

격을 받아 거의 전부가 파괴됐다. 그러나 한 달 뒤, 와스프호는 다시 지중해에 들어와 47대의 스피트파이어를 다시 날려 보냈다. 이글호도 페디스털 작전에 참가해 침몰되기 전, 5월과 6월에 은밀히 그 임무를 세 차례 수행하며 총 72대의 스피트파이어를 몰타에 날려 보냈다. 낡은 아거스호도 그 임무에 빠지지 않았다. 게다가 동쪽에서 전달되는 영국의 지원도 엘 알라메인 전투 이전과 그 과정에 점차 늘어났다. 달리 말하면, 몰타와 이집트의 공군기지들에 보파이터 다목적 전투기, 허드슨 폭격기와 웰링턴 폭격기가 차곡차곡 쌓이고 있다는 뜻이었다. 따라서 공군력의 균형추가 신속히 바뀌었고, 눈에 띄는 성과가 있었다. 튀니스로 보내는 이탈리아 수송 선단이 마비됐고, 유보트가 바닷속으로 숨어들었다. 이탈리아의 고속 어뢰정과 독일의 에스보트도 철저히 응징당했으며, 그렇잖아도 부적절하던 추축국의 항만 시설이 더욱더 만신창이가 됐다. 물론 몰타가 그해 추축국에 넘어갔다면, 그래서 루프트바페의 견실한 공군기지가 됐다면 이런 성과를 전혀 기대할 수 없었을 것이다.

1940년부터 1942년까지 총 35회의 수송 선단이 몰타까지 운항됐다. 이 이야기는 용두사미처럼 실망스럽게 끝났다. 4척으로 구성된 수송 선단이 1942년 11월 스톤에이지 작전(Operation Stoneage)이라는 이름으로 알렉산드리아에서 몰타까지 성공적으로 항해를 끝냈다. 이때 호위대에서는 순양함 아레투사호만이 피해를 입었다. 12월에는 5척의 수송 선단이 포트컬리스 작전(Operation Portcullis)이라는 이름으로 몰타섬에 물품을 공급해주었다. 역시 알렉산드리아에서 출항했지만 아무런 피해를 입지 않은 유일한 작전이 됐다. 연합국, 엄밀히 말하면 영국이 '동쪽'에서부터 몰타에 물품을 공급했다는 것은 상선이 처음부터 아프리카 해안을 따라 항해했다는 뜻이기 때문에 주목할 만한 변화였다. 물론 11월경 지브롤터와 그 해협에는 상륙을 기다리는 군함들로 가득해서 몰타행 수송 선단이 통과하기가 쉽지 않았다.

문제의 상륙은 프랑스령 북아프리카에의 상륙이었다. 추축국과 어디에서 전투를 할 것인가를 두고 미국과 영국이 1년간의 실랑이를 끝내며 루스벨트 대통령이 이 작전에 미국 병력을 투입하기로 결정을 내린 직후에 취해진 움직임이었다. 11월 8일부터 시작된 횃불 작전은 그때까지 해전이었던 전투의 한계를 벗어나는 출발점이었다. 그때부터 대규모 육군이 비시 정부하의 항구들, 예컨대 카사블랑카와 오랑과 알제 등 지상에 투입됐다. 상륙 함대의 규모만으로 판단하더라도 실패할 수 없는 작전이었다. 일부 전략가들이 인정했듯이, 1915~1916년의 갈리폴리 상륙전에 대한 기억을 다시 떠올려주는 작전이었다. 모든 면에서 유사한 장면들이 되풀이됐다. 두 상륙 함대가 투입됐고, 클라이드에서부터 남쪽으로 내려온 함대가 더 컸다(5만 명의 영미권 병사가 4척의 수송함에 분승했고, 2척은 빨랐고 2척은 느렸다). 〈지도 8〉은 당시의 복잡한 수송 상황을 요약한 것이다.

4년째에 접어들던 전쟁에서 영국이 여전히 그런 역할을 해낼 수 있었다는 것은 영국이 아직 강대국이라는 증거였다. 한편 미국이 3만 5,000명의 병사를 실은 연합군 함대(버지니아 노퍽에서 출발해 카사블랑카까지 대서양을 완전히 가로지르는 함대)를 파견하는 동시에 알제를 공격하는 상륙부대의 대부분을 제공하며, 그들의 역사적인 헌신이 중대하고 결정적이었다는 것을 보여주었다는 사실도 역사학자들에게는 똑같은 정도로 중요하다. 미국은 한동안, 적어도 이듬해에 북아프리카 전역을 되찾을 때까지 남유럽 수복 전략에 전력을 다했다. 알제리를 되찾은 뒤 연합군은 튀니스와 트리폴리를 향해 진격했고, 동쪽에서 진격해온 몽

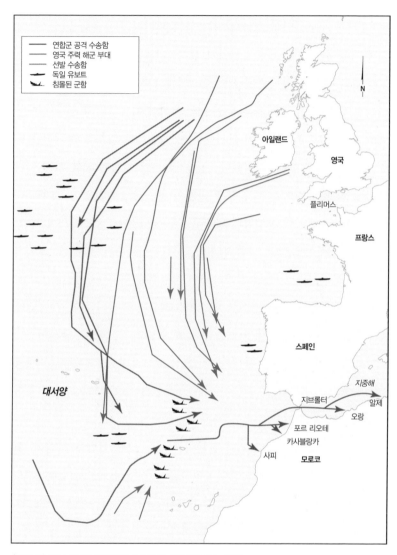

〈지도 8〉 횃불 작전: 상륙부대 수송함들, 1942년 10∼11월

고메리 부대와 합류했다. 그 이후에는 시칠리아가 목표가 될 듯싶었다. 달리 말하면, 횃불 작전이 시작된 이후에도 미국 남부를 출발해 대서양을 가로지르며 지중해 무대로 다가오는 수송함들이 계속될 거라는 뜻

이었다.[20] 그러나 먼저 북아프리카를 점령해야 했다.

한 가지 중요한 점에서 횃불 작전을 계획한 연합군 전략가들은 운이 좋았고, 이 작전에 참가한 병사들도 마찬가지였다. 상륙작전은 항상 가장 복잡하고 위험한 군사작전으로 여겨진다. 엄청난 규모의 상륙부대를 풀어놓는 횃불 작전의 첫 단계 상대는 다행히 비시 프랑스의 육군이었지, 나치 독일의 경험 많고 무자비한 육군과 공군이 아니었다. 그래도 몇몇 비시 프랑스 부대는 의연하고 대담하게 저항했다. 카사블랑카 해안을 따라 상륙하던 미군은 그런 완강한 저항을 전혀 예상하지 못했고, 오랑과 알제를 지키던 수비대는 구축함에 특공대를 싣고 무모하게 달려드는 영국군을 신속하게 물리쳤다. 그러나 그들의 상급 지휘관들은 이미 휴전 조건을 협상하기 시작했고, 곧이어 프랑수아 다를랑(François Darlan, 1881~1942년)에게 권력을 쥐어주는 정치적 거래까지 끝냈다. 따라서 저항이 점차 약해지며, 1942년이 끝나갈 무렵 연합군은 아직 요원하기는 했지만 승리를 향한 중요한 첫걸음을 떼었다. 그 쌍둥이 상륙 함대는 처음부터 끝까지, 즉 출발한 항구부터 실제로 상륙한 지점까지 완전히 별개의 부대였다. 따라서 장비와 무선 시스템 및 군사 용어까지 미군과 영국군의 차이에 따른 혼란이 없었다. 또한 그들이 상륙한 해안 교두보에서부터 취한 움직임은 훗날 모든 작전에서 참고할 수 있는 교훈이기도 했다.

그 복잡한 상륙작전을 통해 연합군은 무수히 많은 크고 작은 교훈을 얻었다. 기본적인 목제 상륙정, 즉 널리 알려진 히긴스 보트(Higgins boat)와 루이지애나 유전 지대에서 사용하던 바닥이 평평한 거룻배는 대부분의 해안 지역에서 쪼개졌고, 전면에 탑승대가 없었다. 알제와 오랑에서 각각 전개된 작전들은 전문성을 띤 영국 해군 지휘함에서 조율

됐지만, 카사블랑카 상륙 작전을 지휘한 사령실은 미국 중순양함 오거스타호에 있었다. 더구나 오거스타호는 비시 프랑스 구축함들의 공격에 대응할 수밖에 없어서 조지 패튼(George Smith Patton, 1885~1945년)이 좌절하며 불만을 터뜨렸다고 전해진다! 탱크를 직접 해안까지 가져오려면 큼직한 상륙함이 필요한 것은 너무도 자명했다. 최종 단계에서 잠수함을 상륙부대의 안내자로 사용하고, 상륙부대를 통제하며 최대한 신속하게 해안 지역을 벗어나도록 유도할 상륙 지휘관이 필요하다는 것도 밝혀졌다. 또한 수송함과 상륙부대 위에 하늘을 완벽하게 장악할 공군력과 끊기지 않는 단파 무선 통신기가 중요하다는 것도 확인됐다. 이런 교훈을 비롯해 많은 점이 연합군 지휘관들에게 더욱더 확실해진 까닭에, 미래의 대규모 상륙작전에 앞서 계속 연구되고 학습될 수 있었다.

횃불 작전은 전략적 기만(strategic deception)이 적용된 가장 좋은 예다. 추축국은 대규모 몰타 작전이 머지않아 있으리라 생각했지만 기습적으로 당했다. 진짜 목적이 명백해진 뒤에도 추축국은 유보트를 약간 동원해 몇몇 상륙함과 호위함을 대담하게 공격하는 것 이외에 아무런 대응도 할 수 없었다. 북서아프리카는 히틀러의 궤도 밖에 있었고, 비시 프랑스는 믿을 수 없는 동맹답게 쉽게 변절했다. 이탈리아 함대는 영국 해군(이번에도 H-부대)에 맞서 싸우며, 알제리의 두 곳에서 전개되던 상륙을 전혀 견제하지 못했다.[21] 비시 프랑스의 어떤 해군 부대와 공군 부대 및 2척의 유보트가 유일하게 잠시 저항했을 뿐이었다. 10만 7,000명의 연합군이 상륙전에 참가했고, 약 480명이 전사했다. 횃불 작전에서 연합군이 상실한 군함은 호위 항공모함 어벤저호, 4척의 구축함, 여러 척의 무장 상선이 전부였고, 몰타 수송 선단들이 작전할 때보다 사상자가 적었다. 제2차 세계대전에서 횃불 작전만큼 적은 희생을 치르며 전략적으로 크게 성공한 연합군 작전은 없었다. 독일이 완강히 저항하며 1943년 초에 영미 연합군의 지상 공세가 금세 지체된 것은 사실이지만, 횃불 작전이 성공하며 추축국이 지배하던 유럽의 남부에 형성된 제3의 전선은 독일 최고사령부가 맞닥뜨려야 하는 부인할 수 없는 불편한 사실이 됐다.

횃불 작전은 잠재적 위협을 종식하고, 해양력의 균형에 큰 변화를 가져오는 부수적 효과도 있었다. 하지만 제2차 세계대전을 다룬 공식적인 해군사를 비롯해 대부분의 역사에서 그 효과는 짤막하게 취급될 뿐이다. 당시 툴롱 기지에 머물던 비시 프랑스 함대의 남은 군함들이 스스로 가라앉는 자침(自沈)을 통해 소멸됐다. 1940년 베를린과의 정전 협정을 통해 준(準)독립을 인정받았고, 오랑과 메르스 엘 케비르에서 영국 공군의 폭격을 견뎌낸 군함들을 기반으로 차츰 힘을 키워간 비시 프랑스 함대는 H-부대보다 거의 언제나 규모가 커서, 그전까지 영국 해군 전략가들에게 적잖은 골칫거리였다. 영미 연합군이 북아프리카를 공격하자 히틀러는 프랑스의 남은 지역을 점령하라는 명령을 하는 동시에 툴롱 함대를 장악하라는 명령을 내렸다. 그때 프랑스의 기간 승조원들은 그곳에 정박된 군함들, 특히 현대식 군함들을 스스로 침몰시키는 극적인 선택을 내렸다. 그 결과는 규모에서도 서사적이었다. 3척의 주력함, 7척의 순양함, 18척의 고속 구축함, 12척의 어뢰정, 15척의 잠수함이 자침했고, 여기에 수십 척의 작은 군함도 더해졌다. 총 55척의 군함이 그렇게 사라졌고, 그것만으로도 크릭스마리네에 남은 군함보다 많았다.[22] 독일이 가까스로 몇 척의 군함을 얻었지만 실질적으로 활용하지는 못했다. 그래도 히틀러는 적어도 자유 프랑스가 그 함대를 손에 넣지 못한 것에 만족했고, 반면에 샤를 드골(Charles de Gaulle, 1890~1970

년)은 분을 삭이지 못했다.

영국 지중해 함대 소속의 일부 장교들은 프랑스 해군의 그런 종말을 안타깝게 생각했을지 모르지만, 그 결과는 전략적으로 예기치 않은 선물이었다. 툴롱에서 자침한 군함들은 1919년 6월 스캐파플로 앞바다에서 침몰한 대양 함대의 규모보다 크지 않았으나, 영미의 제해권을 위협하던 요인이 사라졌다는 점에서 그 결과는 거의 똑같았다. 그로부터 1년이 지나지 않아 훨씬 더 큰 규모이던 이탈리아 해군도 똑같은 운명을 맞았고, 그즈음 독일 해군도 노르웨이에 기지를 둔 함대가 전부였다. 제2차 세계대전이 시작할 때는 6대 해군 강국이 있었지만, 반환점을 지났을 무렵에는 3개국밖에 남지 않았다. 그때부터 해전은 진짜 해군 강국들의 이야기가 됐다.

일본의 맹습과 미드웨이 해전, 그리고 해전 양상의 변화

제해권을 차지하려는 전투가 벌어진 세 번째 지역, 즉 태평양에서는 플리트 항공모함을 중심으로 전투하는 시대가 시작됐다. 하지만 해군의 구성에서 이런 변화를 다른 두 지역의 지도자들, 예컨대 되니츠는 물론이고 처칠조차 제대로 인지하지 못했다. 그 이유는 충분히 이해된다. 대서양에서는 수송 선단과 유보트 간의 지루한 싸움이 계속됐고, 전투의 양상은 암울할 정도로 비슷할 뿐이었다. 지중해 전투에서는 영국 해군이 몰타에 반복해 지원군을 보냈고, 그 결과로 이집트와 북아프리카를 중심으로 큰 틀에서 전략적인 균형추가 바뀌어가리라는 희망이 엿보였다. 그러나 세 번째 바다에서 벌어진 전투 상황은 명백히 달랐다. 처음에, 즉 1942년에 영국과 미국은 태평양을 지배하는 해군 강국이 아니었다. 각

대해전, 최강국의 탄생

자의 영역에서 제해권을 유지하려고 함대를 파견하는 정도였다. 그런데 진주만 습격 이후로 연합군 함대는 크게 약화된 반면, 그들이 맞서야 하는 상대의 해군력은 더욱 강해졌고 장비도 좋아졌다. 게다가 그들에게 당면한 해전은 주로 새로운 양상으로 전개됐다. 항공모함이 드넓은 지역을 독자적으로 항해하며 적의 자원과 항만 및 상선을 공격했고, 물론 적의 해군과 맞닥뜨리면 교전을 마다하지 않았다. 항공모함과 항공모함이 부딪치면, 해군력과 공군력이 복합된 교전이 벌어졌다.

1941년 12월, 일본 해군 항공대가 영국과 미국의 기지에 네 차례 타격(진주만 폭격, 홍콩 습격, 마닐라 공습, 필리핀 미국 공군기지)을 가하며 그런 양상이 명확히 드러났다. 여기에 프린스 오브 웨일스호와 리펄스호가 남중국해에서 침몰한 참극도 더해졌다. 1942년 1월부터 5월까지 필리핀 및 말레이반도-싱가포르-인도네시아에서 벌어진 전투 이야기는, 일본 육군이 별다른 저항을 받지 않고 연속해서 상륙에 성공한 이야기가 됐다. 이때 일본군은 상륙에 성공하며 미국-필리핀 연합군, 영국-오스트레일리아-말레이 연합군, 나중에는 네덜란드 수비대까지 밀어냈고, 결국에는 항복을 받아냈다. 공중을 장악하지 못한 까닭에 필리핀은 더 근대적이고 더 탄력적으로 움직이는 일본 상륙부대의 공격을 방어할 수 없었다.

그때 일본이 보유한 상륙 장비는 서구의 것보다 훨씬 우수했다. 무기도 부실한 데다 훈련도 제대로 받지 않은 필리핀군은 해안 곳곳에 흩어져 있어, 일본 육군이 상륙 거점으로 선택한 곳을 지켜낼 가능성이 거의 없었다. 더구나 더글러스 맥아더 장군의 군대도 주로 마닐라 주변에 주둔해 있었고, 마닐라는 많은 시민이 두서없이 흩어져 살아가는 개방된 도시여서 실질적으로 방어한다는 것이 불가능했다. 게다가 온갖 풍토병 때문에 주둔군의 숫자는 무의미했다. 3월쯤에는 주둔군의 약 5분의 1만이 싸울 수 있을 지경이었고, 맥아더는 오스트레일리아로 떠났다. 반면에 일본군은 병력만이 아니라 대포와 탱크도 속속 도착하며 연합군 주둔지를 날려버릴 기세였다. 코레히도르섬으로 철수했지만 실질적인 전투는 없었다. 이런 점에서 레닌그라드와 캅카스와 달랐다. 맥아더가 필리핀으로 '복귀'한 때는 2년 뒤, 즉 일본이 태평양 전역에서 싸우며 병력을 크게 분산한 뒤였다.[23]

참전하기 전의 전략적 계획에서 미국이 필리핀을 끝까지 고수할 가능성은 전혀 없었다. 필리핀은 너무 멀리 떨어지기도 했지만 타이완과 남중국, 오키나와와 인도차이나 및 위임 통치하는 섬들에 주둔한 강력한 일본군에 둘러싸여 있었다. 반면에 영국 측 전략가들, 특히 처칠은 싱가포르와 말레이반도를 계속 보유해야 한다고 생각하며, 현상을 유지하려고 육군과 해군과 공군을 파견했다. 안타깝게도 싱가포르 함락과 관련된 이야기는 군사력이 현실적 상황을 고려하지 못한 채 배치된 이야기였다. 배질 리델 하트 경이 가장 정확히 지적했듯이, 대영제국의 지상군(1941년경 8만 8,000명)이 "적절한 공군력이 존재하지 않는 비행장들을 지키려고 파견됐고, 그 비행장들은 함대도 없는 해군기지를 지키려고 지어졌다".[24] 싱가포르 같은 운영 구조는 1920년대에 상당히 타당성을 지녔지만 1940년대 초에는 그렇지 않았다. 존 젤리코 제독이 유명한 1919년 보고서에서 주장한 바에 따르면, 훗날 극동에서 대영제국의 이익을 위해 주된 전투 함대 기지가 싱가포르에 세워져야 했다. 싱가포르 기지가 간헐적으로 그런 역할을 하기는 했다. 그러나 그 이후로 20년 동안 육지에 기지를 둔 공군력이 크게 신장해서, 제2차 세계대전이 발발할 즈음에는 큰 항구는 상당한 규모의 공군력을 갖추어야 보호될 수 있다는 것이 명백했다. 따라서 공군 편대들이 주둔할 일련의 비행장이 말레이반도에 건설됐다.

안타깝게도 1941년 말의 세계적인 전투 상황에서 확인되듯이, 영국 공군의 폭격기, 특히 전투기가 다른 곳, 즉 중동과 북러시아로 향하거나 영국 본토에 머물려고 했다. 따라서 일본이 말레이반도를 공격할 때 항공기가 4배나 많았고, 대부분이 성능도 더 우수했다. 일본 보병대도 영국-오스트레일라-인도-말레이 연합군보다 질적으로 뛰어났다. 게다가 경전차(輕戰車)와 병참 장비까지 보유했고, 군수품의 보급도 원활했다. 수적으로는 양측이 엇비슷하게 보였지만, 실질적인 격차는 상당했다.

필리핀은 일본의 손으로 넘어가는 중이었고, 말레이반도는 이미 넘어간 뒤였다. 2월 15일, 싱가포르가 함락되며 처칠에게 엄청난 충격을 안겨주었다. 네덜란드령 동인도는 다음 차례였다. 그곳의 자원이 일본이 제국주의적 야망을 실현하기 위한 주된 목표였다. 이번에도 일본 상륙부대는 해군의 중순양함, 경순양함, 고속 구축함의 대대적인 지원을 받았고, 평소처럼 공중 지원도 뒤따랐다. 따라서 1942년 2월에 영국 지상군이 말레이반도와 싱가포르에서 부리나케 철수하고, 1942년 3월에는 미국 지상군이 필리핀에서 서둘러 물러났듯이, 급조된 해군 전단도 일본 해군의 공격에 속수무책으로 괴멸됐다. 바다에서 일본 해상 군함들이 화력과 속도와 조직력에서 월등했던 것은 조금도 놀랍지 않았고, 야간 해전에서도 다를 바가 없었다.

특히 1942년 2월 27일, 자바해 전투(Battle of the Java Sea)에서 미국-영국-네덜란드-오스트레일리아(American-British-Dutch-Australian, ABDA) 연합군의 순양함들과 구축함들은 8인치 포탄과 무시무시한 통랜스 어뢰에 반복해 얻어맞으면서도 네덜란드인 제독 카렐 도르만

(Karel Doorman, 1889~1942년)의 지휘하에 자바섬을 향해 진격하는 군인 수송함을 어떻게든 차단해보려 했지만 실패했다. 3월 1일에는 오스트레일리아 순양함 퍼스호, 미국 순양함 휴스턴호, 라플라타에서 활약했던 영국 중순양함 엑서터호가 모두 월등한 일본 공군과 해군의 공격을 받아 침몰했다.[25] 이때 영국과 미국의 구축함 각각 한 척도 수장됐다. 며칠 뒤에 자바섬이 함락됐고, 네덜란드령 동인도 및 그곳의 자원도 모두 일본의 손에 들어갔다. 그야말로 연합군의 완패였고, 일본은 더 멀리까지 뻗어나갈 기세였다.

과거와 굳이 비교한다면, 일본제국 해군은 인도양까지 거침없이 파고들었다. 일본 항공모함들은 육지와 바다에서 수많은 표적을 유린했고, 대담성과 작전 범위 및 잔혹함에 있어 비할 바가 없었다. 이런 이유에서 항공모함들은 무리 지어 다니며 대규모 기동 타격대를 구성했다. 게다가 일본 군함은 무척 빨랐고, 어떤 전함보다 민첩했다. 또 재급유를 위해 한두 척의 유조선이 동반한 까닭에, 작전 범위가 크게 늘어났다. 함재기도 최신형이었고, 일본 해군 항공대는 두 세계대전 사이에도 육지에 기지를 둔 육군 항공대에 종속되지 않은 이점을 누렸다. 조종사들은 철저하게 훈련을 받아 장교단에서도 특별한 신망을 얻었고, 진주만 승리 이후에는 더더욱 큰 신망을 누렸다. 항공모함들이 특정한 임무를 띠고 개별적으로 파견되더라도, 어떤 작전에 필요한 경우에는 함재기들이 모일 수 있었다. 예컨대 하나의 항공모함에 25대의 급강하 폭격기가 실렸기 때문에 3척의 항공모함이 모이면 75대의 폭격기가 확보되는 셈이었고, 그 많은 폭격기의 공격을 견뎌내기는 거의 불가능했다. 일본 항공대는 바다에서 취약한 표적, 예컨대 느릿하게 이동하는 상선, 혼자 다니는 항공모함의 평평한 갑판, 항구에 일렬로 정박한 전함들을

대해전, 최강국의 탄생

기습적으로 공격했다는 것을 제외하면, 루프트바페의 전격전과 다를 바가 없었다. 또 일본 항공대의 조종사들은 철저하게 훈련된 정예들이어서, 그들의 급강하 폭격기와 고공 폭격기와 뇌격기가 어떤 표적을 목표로 삼으면, 빠르게 움직이고 중무장한 군함도 무사히 벗어날 가능성이 거의 없었다. 프린스 오브 웨일스호와 리펄스호의 침몰이 이런 추정에 대한 반박할 수 없는 증거였다.

1942년 4월 초 인도양으로 밀고 들어간 일본 항공모함 함대에는 전통적인 해상 군함들도 일종의 지원함으로 포함됐다. 구체적으로 말하면, 3척의 전함과 6척의 순양함 및 20척 이상의 구축함이 호위함으로 동반했다. 인도양의 반대편에서, 처칠과 해군부가 해군에 상당한 규모의 부대를 인도양으로 파견하라는 지시를 내렸다. 그러나 안타깝게도 대부분이 제1차 세계대전에 활약하던 낡고 느린 전함이었다. 말하자면, 유틀란트 해전의 시대에 배치되던 군함이었다. 따라서 영국 해군이 진주만을 쑥대밭으로 만든 주역이던 5척의 항공모함을 억지하거나 견제할 가능성은 전혀 없었다. 게다가 진주만 공격의 주역, 나구모 주이치(南雲忠一, 1887~1944년) 제독이 그 함대의 총지휘관이었고, 공격적인 후치다 미쓰오(淵田美津雄, 1902~1976년) 중좌가 해군 항공대를 이끌었다. 그때까지 중앙 태평양에 미국 항공모함들이 나타나지 않았던 까닭에 일본 항공모함들은 '말레이 장벽(Malay Barrier)'을 지나 서쪽으로 향했다. 명나라의 정화(鄭和) 함대가 1410년대에 넘어간 이후로, 처음으로 '동쪽'에서 대규모 해군이 불쑥 나타난 상징적인 사건이었고, 미완성으로 끝난 엄청난 역사였다. 일본 항공모함은 인도양에서 오랫동안 머물지 않았지만, 영국도 1944~1945년에 복귀해 인도양을 그다지 오랫동안 지배하지 못했다.

영국 해군의 관점에서 보면, 1942년 4월 일본의 '습격'에 대한 이야기는 처음부터 끝까지 참담했다. 인도양에 주둔하던 R-급 전함 부대는 지독히 느린 데다 곳곳에 흩어져 있었고, 역량도 부족했다. 2척의 최신 항공모함에 실린 해군 항공대 함재기들은 오래되고 낡은 것이었다. 순양함과 구축함의 수도 턱없이 부족했다. 그곳의 해군 고위 지도부는 실력도 떨어지는 데다 그 중대한 시기에 지중해 함대가 보여주던 투지와 기개도 없는 듯했다. 더구나 영국 군함들에는 운조차 따르지 않는 경우가 많았다. 유명한 중순양함 도싯셔호와 자매함 콘월호는 1942년 4월 5일 아침에 일본 항공모함에서 출격한 폭격기들의 공중 공격을 받아, 한 시간도 견디지 못하고 바닷속으로 사라졌다. 얄궂게도 10개월 전에는 북대서양에서 도싯셔호가 발사한 어뢰들에 독일 비스마르크호가 최후의 운명을 맞아야 했다. 그런데 이번에는 도싯셔호가 당혹스러울 정도로 다른 새로운 형태의 전투 상황을 맞이한 듯했다. 얼마 전에 프린스 오브 웨일스호와 리펄스호가 그랬던 것처럼 대형 군함들에 에워싸였고, 말벌 떼처럼 달려드는 폭격기에 '쏘여' 죽음을 맞았다. 정확히 53대의 '발(Val: 연합군이 일본 함재기에 붙인 명칭-옮긴이)' 급강하 폭격기의 공격으로 2척의 순양함이 각각 8번 이상 타격을 받아 침몰됐고, 400명 이상의 수병(水兵)이 목숨을 잃었다.[26]

이틀 뒤에는 영국의 형님뻘 항공모함 헤르메스호가 같은 운명을 맞았다. 그사이에도 일본 군함들은 인도양을 휩쓸고 다니며 31척의 영국 상선 총 15만 4,000톤을 침몰시켰다. 또 180대의 함재기 편대는 실론(지금의 스리랑카)의 수도 콜롬보를 유린했고, 나중에는 트링코말리에 조성된 거대한 해군기지까지 공격했다. 하지만 영국 해군부가 몰디브의 섬들에 적잖은 군함을 감추었고, 느린 전함 부대를 동아프리카로 퇴각시킨 까닭에 일본 항공대는 실론에서 많은 표적을 찾아낼 수 없었다. 이 공격이 영국에 주는 상징적 의미는 섬뜩했다. 홍콩과 싱가포르와 페낭, 트링코말리와 랑군(지금의 양곤)은 영국이 제국을 지키기 위해 지은 경계 초소와도 같았다. 하지만 그 모든 초소에서 보초들이 사라지고 있었다. 넬슨이 말했듯이, 해군 없는 해군 항만은 무용지물일 뿐이었다.

나구모 주이치의 강력한 함대가 승승장구하며 서쪽으로 더 진격해 동아프리카와 수에즈운하까지 진출했다면 제2차 세계대전이 어떻게 전개됐을까? 이 의문은 제2차 세계대전에서 가장 궁금한 '가정'이기도 하다. 그 가정이 실현되지는 않았지만 돌이켜보면 일본이 약간 전력을 손실했더라도 아덴이나 몸바사를 점령했을 것이라 상상하는 것은 그다지 어렵지 않다. 이때 영국이 신속히 반격할 수 없었다면, 인도양으로 보내는 수송 선단도 중단해야 했을 것이다. 게다가 어떤 선박도 수에즈운하를 통과할 수 없어, 중동에 대한 영국의 장악력도 큰 타격을 입었을 것이다. 그랬다면 엘 알라미엔 전투는 고사하고 횃불 작전이 가능했을까? 또 어떻게 동쪽에서부터 수송 선단을 보내 몰타를 강화할 수 있었겠는가? 실제로 이런 가능성들을 걱정하며 영국은 1942년 5월에 (클라이드를 출발점으로 삼아) 자체적으로 대규모 상륙작전을 전개해 비시 프랑스가 관리하던 마다가스카르를 점령하려고 병력을 모았다.[27] 상당히 고무적인 작전이었지만, 이즈음 인도양 위기는 이미 끝난 뒤였다. 실론이 일본 해군력이 감당할 수 있는 최서단이었기 때문이다. 따라서 나구모의 함대는 일본의 무시무시한 공격력을 입증해 보인 뒤에 동쪽으로 방향을 돌려 재급유를 받고 나서 미국 항공모함들에 맞서는 운명의 일전을 준비했다. 머지않아 그 전투가 시작됐다.

일본 해군의 이런 성공은 육군 최고사령부가 예상하고 내심으로 바랐던 수준을 크게 넘어섰다. 정복한 지역과 섬마다 수비대를 두려면, 중요한 중국 전투 지역으로부터 병력을 빼내야 한다는 뜻이었다. 게다가 거리가 너무 멀었다. 예컨대 오스트레일리아를 정복하려면 몇 개 사단이 필요할까? 그 땅을 정복해서 얻는 전략적 이점은 무엇일까? 하지만 일본 대본영도 인정했듯이, 해군의 눈부신 정복이 있은 뒤에 그 외곽 지역을 유지하려면 더 많은 사단이 필요했다. 하지만 대본영은 미국과 남서 태평양 간의 해상 항로를 차단하는 조치가 취해져야 한다는 것도 인정했다. 그러려면 군대를 파견해 태평양 한복판에 있는 미드웨이, 솔로몬제도의 일부, 뉴기니의 포트모르즈비를 점령해야 했다. 그 목적을 위해 파견되는 원정군은 새롭게 개편된 미군 중앙 태평양 사령부(니미츠 제독)와 맥아더가 필리핀을 떠난 뒤에 부임한 남서 태평양 사령부에 소속된 부대와 싸워야 했다. 그렇다면 워싱턴의 육군과 해군 지도부(조지 마셜 장군과 어니스트 킹 제독)는 그 무대에 최대한의 지원이 주어지기를 바랄 게 분명했다. 결국 연합군은 지상에서 북아프리카와 스탈린그라드 주변에 방어선이 세워졌듯이, 바다에서는 미드웨이 등에 방어선을 긋고 전의를 가다듬으며 그 위치를 굳건히 지키는 동시에 증원군을 그 전선들에 보내야 했다.

미국과 일본, 양측의 항공모함 부대가 산호해 해전(5월 6~8일)에 돌입했을 때, 둘의 병력 규모는 어느 쪽으로도 기울어지지 않고 팽팽했다. 양쪽 모두 2척의 플리트 항공모함과 120대의 항공기를 보유했고, 호위함으로 10여 척의 순양함과 구축함까지 있었다.[28] 독자적인 항공모함전 연대기에서, 엄격히 말하면 해군력의 역사 전체에서도 이 해전은 비교적 소규모였지만 중대한 의미를 지닌다. 어느 쪽도 상대 함대를 육안으로 보지는 못했겠지만, 한번은 서로 110킬로미터밖에 떨어져 있

대해전, 최강국의 탄생

지 않기도 했을 것이다. 5월 7일, 미국 측이 일본 경항공모함 쇼호(祥鳳) 호를 격침해 10분 만에 바닷물에 가라앉혔고, 이튿날에는 플리트 항공 모함 쇼카쿠(翔鶴)호에 큰 피해를 입혔다. 그러나 즈이카쿠(瑞鶴)호를 찾 아내지 못한 까닭에, 그 항공모함에서 출격한 폭격기들의 공격을 받아 거대한 항공모함 렉싱턴호가 찢어지고, 요크타운호가 피해를 입는 대 가를 치렀다. 따라서 미국 해군은 해전사에서 가장 많은 항공모함을 잃 었지만, 산호해 해전은 예전부터 줄곧 미국의 승리로 여겨졌다. 일본이 포트모르즈비에 대한 공격을 연기했기 때문이기도 하지만, 미국 군함 수리팀은 요크타운호를 놀라운 속도로 되살려낸 뒤에 미드웨이 해전 에 내보낸 반면 쇼카쿠호는 그렇지 못했기 때문이기도 하다.

산호해 해전이 있고 한 달이 지나지 않아서 항공모함전이 하와이 서 쪽, 미드웨이라는 작은 섬 주변에서 훨씬 큰 규모로 벌어졌다. 그러나 일본 해군은 중앙 태평양으로의 진격을 여기에서 잠시라도 멈추었어 야 했다. 왜 그래야 했을까? 모든 함급에서 체스터 W. 니미츠의 축소된 함대보다 여전히 훨씬 우월했기 때문이다. 그저 소규모 원정대를 파견 해 미드웨이를 점령하면 미국이 자극을 받아 다시 싸우러 나설 것이고, 그랬다면 미국의 남은 항공모함들을 절멸할 절호의 기회가 있을 것이 고, 그 결과로 태평양 전체에서 일본 해군에 도전할 세력이 없었을 것 이다. 어쩌면 그 이후로 하와이도 쉽게 점령하면서 전체적인 전략 틀을 확고히 굳혔을 것이다.

1942년 6월 첫 주, 나구모의 항공모함 부대가 미드웨이를 향해 진격 했고, 대규모 전투 함대가 약간의 거리를 두고 그 뒤를 따랐다. 미국 해 군 정보부는 그 이동을 즉시 탐지했다. 태평양 전쟁에서 이때기 일본 전략가들이 미국에 복잡한 덫을 놓았던 유일한 경우는 아니었고, 이때에도 우수한 탐지 기능과 암도 해독 능력이 니미츠의 중앙 태평양 사령부가 항공모함을 중심으로 신중하게 대비하는 데 큰 도움을 주었다. 미국 정찰 비행기와 초계 잠수함이 태평양 전역에 배치된 덕분에, 미국 항공모함 전단이 일본군에게 발각되기 전에 미국 해군이 일본군을 먼저 찾아낼 가능성이 더 컸다. 흥미롭게도, 경쟁 관계이던 영국 함대와 독일 함대가 서로 상대 전함의 위치를 알아내려고 애쓰던 유틀란트 해전이 끝나고 26년이 지난 때였다. 이번에는 상대 '항공모함'이 어디에 있느냐는 것을 알아내는 게 문제였다. 일본 함대와 미국 함대가 마주쳤을 때 궂은 날씨와 조용한 무선은 양측 모두가 상대의 위치를 정확히 파악하지 못했다는 뜻이었다.

그 이후에 벌어진 전투는 산호해 해전과 비슷했다. 양쪽은 일정한 거리를 두고 싸웠고, 결정적인 무기는 함재기의 포탄과 어뢰였고 전함의 포탄이었다. 혼란스러운 하루 동안 양쪽은 광적으로 공중 공격을 주고받았고, 그 조우의 결과는 살라미스 해전과 트라팔가르 해전, 스페인의 무적함대와 마찬가지로 해전의 역사에서 가장 위대한 승리 중 하나로 여겨진다.[29] 과거에도 이런 조우가 극적인 전투로 발전한 사례가 있었지만, 미드웨이 해전만큼 전쟁의 운명이 급격히 바뀐 경우는 없었다. 따라서 남북전쟁광들이 예컨대 게티스버그에서 양측의 군대 동향을 분 단위, 거의 초 단위로 추적하는 것만큼이나, 해군 전술을 연구하는 역사학자들이 미드웨이 해전을 자세히 설명해보려는 시도는 조금도 놀랍지 않다.

미드웨이 해전에서 가장 극적인 시간은 6월 4일 아침 10시 26분이었다. 일본 해군을 조용히 추적 중에 있던 그때 미국 급강하 폭격기들이 짙은 구름의 틈새로 일본 항공모함들을 발견하자 급강해 공격을 퍼

대해전, 최강국의 탄생

부었다. 그 결과로 3척의 항공모함 아카기호와 소류(蒼龍)호와 카가(加賀)호가 화염에 휩싸였다. 일본의 대공 방어력이 이전의 전투로 약화된 까닭에 3척의 항공모함은 폭격기들의 거듭된 포격에 속수무책으로 당했고, 몇 분이 지나지 않아 커다란 불덩어리로 변하면서 많은 승조원이 목숨을 잃었다. 따라서 수십 대의 급강하 폭격기가 가한 전술적 타격에 전략 전체가 뒤바뀌고 말았다. 하지만 양측의 항공모함과 공격에 나선 폭격기가 조금만 다른 위치에 있었고, 구름의 분포가 달랐더라면 전투는 완전히 다른 양상으로 전개될 수 있었을 것이다. 3척의 일본 항공모함이 침몰하는 동안에도 미국 폭격기 편대는 계속 먹잇감을 찾아다녔고, 결국 히류(飛龍)호를 찾아내 포격을 집중했다. 하지만 얄궂게도 미국 항공모함 요크타운호도 히류호의 초계용 항공기들의 공격을 받아 중대한 피해를 입었다. 그날의 현장에 갈매기가 있었더라면 4척의 일본 항공모함과 한 척의 미국 항공모함이 바닷속으로 가라앉고, 승조원들이 배를 포기하고, 그들을 구조하던 구축함들과 작은 군함들 및 한 척의 일본 중순양함까지 침몰하는 것을 보았을 것이다. 물론 하늘 위에서는 양측의 폭격기들이 되돌아갈 항공모함을 잃은 까닭에 착륙할 곳을 찾아 육지로 향하거나, 우군 군함 옆으로 바다에 불시착하는 것도 보았을 것이다. 그때도 그랬지만 지금까지도 놀랍기만 한 이야기다.

미드웨이 해전에서 4척의 플리트 항공모함과 한 척의 경순양함을 잃고, 산호해 해전에서도 플리트 항공모함 쇼카쿠호가 크게 파손됐다. 그 밖에도 많은 항공기와 고도로 훈련된 승조원을 잃었다. 따라서 야마모토 이소로쿠 제독은 중앙 태평양에서라도 방어에 주력하는 전략으로 돌아가는 결정을 내렸다. 야마모토는 강력한 야마도호를 포함해 세계에서 규모가 가장 큰 전투 함대를 보유했지만 그때부터는 병력의 이

〈그림 32〉 **일본 항공모함 쇼카쿠호, 1942년, 산호해 해전.** 역사상 처음으로 벌어진 항공모함 전투에서 쇼카쿠호는 큰 피해를 입었지만, 그 항공모함에서 출격한 폭격기들은 미국 항공모함 렉싱턴호에 큰 피해를 입혔다. 쇼카쿠호는 그 이후로도 많은 전투에 참가했지만, 결국 1944년 6월 필리핀해 해전에서 침몰했다.

대해전, 최강국의 탄생

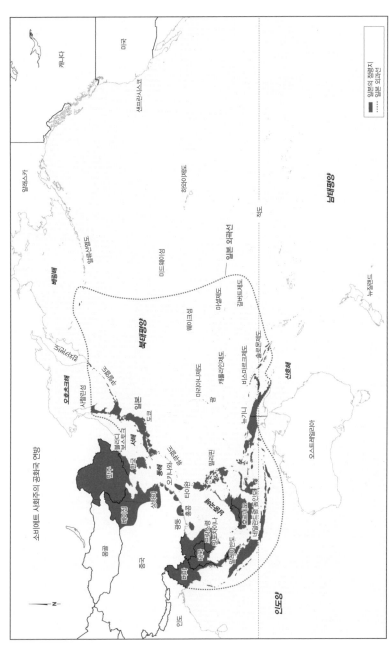

〈지도 9〉 일본제국의 최전성기, 1942년

　대해전, 최강국의 탄생

동에 신중을 기했다. 그리하여 6개월 동안의 눈부신 승리와 정복이, 정확히 1942년을 반쯤 지났을 때 그렇게 끝났다. 어떤 측정에 따르면, 인도와 버마의 경계부터 알류샨열도의 중간까지 일본 최외곽 간의 거리는 약 2만 3,000킬로미터에 달했다. 따라서 일본이 욕심을 부려 미국과 오스트레일리아의 연결 고리를 끊고, 내친김에 알래스카까지 진격하려 했다면 비행장을 건설할 곳은 많았다. 하지만 적에게 틈새를 파고들 만한 자원이 있다면, 그런 확장은 감당하기 힘든 욕심으로 여겨졌을 수 있다. 따라서 어느 쪽이 먼저 안정을 되찾고 주도권을 잡느냐는 문제만이 남았다.

미드웨이 해전 이후로 1942년 후반기 동안 그 2만 3,000킬로미터의 전선에서 유일하게 주목할 만한 전투는 남서 태평양에서 있었다. 그 후반기는 일본이 북쪽으로 알류샨열도에서 두 섬을 이미 점령한 뒤여서, 이듬해 미국이 수복 작전에 나설 때까지 전투가 잠잠해진 상태였다. 반대편 끝에서는 인도 아삼주(州)와 버마의 경계를 따라, 윌리엄 슬림 (William Slim, 1891~1970년) 장군의 사단이 피로에 지쳐 꼼짝하지 않았다. 앞에서 언급했듯이, 진주만에서는 니미츠가 은인자중하며 새로운 함대가 도착하기를 기다렸다. 하지만 남서 태평양에서는 전투가 무섭게 격화됐다. 그곳에서 양측은 솔로몬제도의 과달카날섬과 파푸아 뉴기니 및 그 주변에서 반복해 충돌했고, 마침내 맥아더의 오스트레일리아-미국 연합군은 두 섬에 처음으로 상륙을 시도하며, 일본 주둔군을 공격하기 시작했다.

물론 뉴기니 전투는 해전이 아니라, 산악지대와 열대 정글에서 벌어진 전투였다. 또 엄밀한 의미에서 뉴기니 전투는 1943~1944년의 전투로 집약될 수 있다(7장 참조). 달리 말하면, 맥아더의 부대가 섬들을 건너뛰며 상륙작전을 차츰 늘려가던 때였다. 그러나 과달카날과 솔로몬제도를 차지하려는 전투에는 해전도 빠질 수 없었다. 특히 8월과 11월 사이에는 매달 양측의 해군이 밤낮으로 충돌하며 항공모함과 중순양함, 전함 및 많은 구축함을 잃기도 했다. 이곳에서의 해전은 거의 초현실적이던 미드웨이 해전보다, 1940년과 1941년 지중해에서 전통적인 방식으로 치고받아 쉽게 이해되던 해전에 가까웠다.[30]

과달카날 전투는 1942년 8월 초에 시작됐지만, 그 이후로 경악할 만한 속도로 격화됐다. 처음에 양측은 우연히 마주친 결과로 충돌했을 뿐이었다. 달리 말하면, 횃불 작전처럼 미리 계획된 상륙이 아니었다. 남서 태평양에서도 아래쪽에 한층 안전한 전략적 거점이 필요하다고 똑같이 생각한 양측은, 과달카날이란 꽤 크지만 그다지 알려지지 않은 정글로 우거진 섬에서 충돌하게 됐다. 그 섬은 솔로몬제도 전체에서 3분의 2쯤 되는 곳에 위치하고, 니미츠의 태평양 사령부 관할 구역 내에 있기도 했다. 일본군이 과달카날섬에 먼저 들어와 작고 원시적인 비행장을 건설하고 있을 때 미국 해병대가 그 섬에 상륙했고, 양측은 교전을 벌였고, 그 비행장을 확보해 헨더슨 비행장(Henderson Field)으로 명명했다. 양측은 앞다투어 증원군을 파견해 상대를 바다로 밀어내려 애썼지만, 어느 쪽도 상대의 병력 규모를 완전히 가늠하지는 못했다. 비행장 주변에서는 물론이고 활주로에서 치열한 지상전이 벌어졌다. 미국 해군 전략가들은 일본 암호문을 읽어낼 수 있는 이점이 있어, 일본이 솔로몬제도를 장악하려는 시도를 반복하더라도 언제나 물리칠 수 있다는 것을 알았지만, 도쿄의 최고사령부는 그곳에서 전개되는 상황의 중대성을 제대로 파악하지 못했다. 돌이켜 생각해보면, 일본은 육군과 해군과 공군 모두에서 더 많은 병력을 파푸아 뉴기니의 라바울에서 소집해 더 일찍 과달카날섬에 파견했거나, 차라리 과달카날을 포기하고 다른 섬들을 지키는 데 주력했어야 했다.

일본군은 용맹하고 결연히 싸우며 1942년 8월 7일(미국 제1해병사단이 과달카날섬에 상륙한 날)부터 1943년 2월 4일(일본 대본영이 철수를 결정한 날)까지 과달카날섬을 지켰다. 그 6개월 동안, 일본군은 지상전을 벌이면서 바다에서도 치고받는 교전을 계속했다. 미군이 과달카날섬에 상륙하자마자 일본은 해군을 동원해 강력히 저항했고, 야간에 벌어진 사보섬 해전(Battle Of Savo Island, 8월 7일)에서 상륙부대를 호위하던 미국 군함들을 맹렬히 공격했다. 그 결과로 4척의 중순양함이 침몰했고, 또 한 척의 중순양함이 크게 파손됐다. 엄밀히 말하면, 제2차 세계대전 동안 해상 교전으로 미국 해군이 당한 최악의 손실이었다. 하지만 일본은 수송함을 공격하지 않았다. 따라서 상륙부대는 별다른 피해를 입지 않고, 교두보를 확보할 수 있었다. 해병대가 지상에서 일본의 두 차례 공격을 격퇴하는 동안, 바다에서는 8월 24일에 또 한 번의 격전, 동솔로몬 해전(Battle of the Eastern Solomons)이 벌어졌다. 그러나 항공모함 간의 교전에서는 일본 경항공모함 류조호가 침몰하고, 70대가 넘는 함재기와 승조원들을 잃었다. 함재기와 승조원의 상실은 일본 해군에 중대한 타격이었다. 산호해와 미드웨이에서 그랬듯이 이번에도 일본 해군 항공대는 많은 승조원들을 잃어, 8개월 전에 보유했던 고도로 훈련된 승조원의 대부분이 전사했기 때문이었다.

하지만 니미츠에게도 상황이 녹록하지는 않았다. 항공모함 와스프호가 9월 중순에 일본 잠수함의 공격을 받아 침몰했고, 새러토가호와 엔터프라이즈호는 수리해야 할 정도로 큰 피해를 입었다. 게다가 일본은 병력을 재편성하며 '연합함대(聯合艦隊)'를 야마모토 이소로쿠에게

〈그림 33〉 **미국 항공모함 호닛호, 샌프란시스코.** 1942년 4월 도쿄를 폭격한 '두리틀 공습'을 성공리에 마치고 샌프란시스코로 귀환하는 유명한 항공모함 호닛호. 그 직후 호닛호는 미드웨이에서 핵심적인 역할을 했지만 1942년 10월 산타크루즈 제도 해전을 치르는 동안 일본 폭격기들의 집요한 공격을 받아 침몰했다.

맡겼다. 그리하여 대규모 부대(4척의 항공모함과 4척의 전함)는 솔로몬제도 북쪽에 파견돼, 헨더슨 비행장을 되찾기 위한 지상전의 결과를 기다렸다. 그사이에 또 한 번의 해전, 산타크루즈제도 해전(Battle of the Santa Cruz Islands, 10월 26일)이 벌어졌고, 미국에서는 항공모함 호닛호가 침몰하고 엔터프라이즈호가 파손되는 피해를 입었다. 반면에 일본은 2척

대해전, 최강국의 탄생

의 항공모함 쇼카쿠호와 즈이호호가 피해를 입었다. 11월 초, 일본은 더욱 강하게 밀어붙였고, 훗날 제3차 솔로몬 해전으로 알려지게 된 두 번의 해상 충돌을 벌였다. 첫 번째 충돌에서 일본은 전함 히에이호를 잃었고, 미국은 2척의 순양함을 잃었다. 두 번째 교전(11월 13~14일)에 서는 레이더로 조정되는 함포를 장착한 미국 전함 워싱턴호가 야간전 투에서 일본의 또 다른 전함 기리시마호를 격침했다.[31] 하나의 작은 섬 이 갑자기 전략적 요충지가 되며, 한쪽이 손실을 감당하기 힘들 지경이 될 때까지 병력을 쏟아부으며 싸웠다.

이번에 철수하기로 결정한 쪽은 일본이었다. 과달카날이란 섬을 차 지하고 주변의 바다와 하늘을 장악하려던 전투의 결과는 일본 최고사 령부에 큰 상처와 좌절을 안겨주었다. 많은 증원군을 파견했지만, 그 섬들은 도쿄에서 멀리 떨어진 데다 지극히 중요하지는 않아 증원된 병 력이 충분하지는 않았던 듯하다. 전함과 항공모함과 순양함, 수만 명의 전투병, 수백 대의 항공기를 이미 잃은 뒤였고, 승리할 가능성도 없어 보였다. 따라서 2월 4~7일, 일본 수비대는 과달카날에서 은밀히 철수 했고, 미군은 텅 빈 참호와 해안을 발견할 때까지 일본군이 철수했는지 도 몰랐다. 이때의 패전으로 남서 태평양으로 세력을 확장하려던 일본 의 한계가 분명히 드러났다. 일본은 얄궂게도 중국 본토에서만 세력을 확장했을 뿐, 다른 어디에서도 영토를 더 이상 실질적으로 확장하지 못 했다. 하지만 재편성과 훈련, 병력 증강과 계획에 필요한 오랜 기간이 지난 뒤, 미국은 세력을 끝없이 확장해 나아갔다.

양측은 95퍼센트의 교전을 마른 땅이 아닌 곳에서, 즉 태평양이라는 드넓은 바다에서 전투하는 게 지상전과 너무도 다르다는 것을 깨달아 가고 있었다. 태평양은 다른 전쟁 무대와 달랐다. 아득히 멀리 떨어진 작은 바윗덩어리를 차지하려고 처절하게 싸워야 했고, 산호초에 비행장이 세워졌다. 거리가 까마득히 멀어서 상륙 능력이 모든 것이었다. 물론 상륙작전을 전개할 때는 적의 공중 공격을 차단하는 게 필수였다. 따라서 상륙함, 공병 부대, 유조선, 호위 항공모함 등 새로운 전쟁 무기에 최고의 가치가 부여되는 대규모 전투가 될 수밖에 없었다. 어느 쪽도 그 무기를 충분히 갖추지는 못했다. 또 양측은 서로 자신의 부대를 멀리까지 파견해 균형추를 무너뜨리고 싶어 했기 때문에 양질의 해군 정보가 무엇보다 중요했다. 군함의 수에서만이 아니라 이런 모든 점에서, 일본 해군은 진주만 공습 이후에 누렸던 막대한 이점을 조금씩 상실하고 있었다. 그렇더라도 과달카날 주변에서의 격렬했던 충돌을 제외하면 미국은 군사적으로 진격할 준비가 갖추어진 상태가 아니었다. 미국은 1943년 후반기에 대대적인 증원을 단행하며 전쟁 자체의 판도를 바꿔가기 시작했다.

정말 얄궂은 면이 있었다. 군사적 정복을 기준으로 비교하면, 일본은 카이사르, 프리드리히 대왕, 나폴레옹 등 과거의 어떤 정복자보다 넓은 땅을 정복하는 놀라운 성과를 이루어냈다. 그러나 일본에서 가장 성공한 사령관으로 손꼽히는 야마모토의 생각에 일본은 전략적 목표를 달성하지 못했다. 야마모토가 장담했던 것처럼 일본은 처음 6개월 동안 태평양을 마음껏 휩쓸고 다녔다. 그러나 그 이후로는 교착 상태에 빠지며 더는 전진하지 못했다. 정치적으로 말하면, 적에게 평화 협상을 고려하라는 압력을 넣지 않았다. 전혀 그런 가능성을 고려하지 않았다. 덕분에 루스벨트와 처칠은 겨우 12개월 전이던 1941년보다 훨씬 편안한 마음으로 크리스마스를 즐길 수 있었다. 그러나 도쿄와 베를린과 로마에서는 그렇지 못했다.

대해전, 최강국의 탄생

VICTORY
AT SEA

3부

승패가 결정된 해,
1943년

〈그림 34〉 **영국 공군 선덜랜드 비행정의 공격을 받는 유보트, 1943년.** 해상에서 작전하는 항공기를 그린 이언 마셜의 보기 드문 그림이다. 영국 공군 해안 사령부에 소속되고 (레이더가 장착된 것으로 추정되는) 선덜랜드 비행정이 유보트를 향해 급습하고 있다. 1943년 이후로는 연합군 군함보다 폭격기의 공격에 더 많은 독일 유보트가 침몰되었다.

대해전, 최강국의 탄생

7장

제해권을 장악한 연합군
1943년

1942년의 대해전이 그랬듯이, 1943년에도 바다에서는 기본적으로 세 번의 큰 전쟁이 있었다. 전투의 형태도 달랐고, 전투가 벌어진 지역도 달랐다. 북대서양에서는 영국 본토를 오가는 수송 선단의 해상 교통로를 차단하려는 유보트들과의 전투가 최고조에 달했지만, 카를 되니츠의 울프팩은 6월 이후로는 퇴각할 수밖에 없었고 연말쯤에는 더욱 크게 줄어들었다. 지중해에서는 영국과 미국의 연합함대가 대부분의 내해(內海)를 장악함으로써 대규모 상륙부대가 시칠리아를 통해 유럽 본토에 진입하거나 이탈리아에 곧바로 상륙했다. 그 과정에서 무솔리니의 파시스트 정부는 경악하고 큰 충격을 받았다. 한편 태평양에서, 구체적으로 말하면, 중앙 태평양 사령부의 관할 지역에서 (1942년에 있었고, 1944년에 다시 시작되는 항공모함 전투들에 비교하면) 해전은 비교적 소강상태에 있었다. 그렇게 잠잠하던 상황은 연말까지, 즉 체스터 W. 니미츠의 해군이 일본 외곽선 (outer perimeter)을 뚫고 들어가 길버트제도를 점령할 때까지 이어졌다. 멀리 남쪽에서는 더글러스 맥아더 장군의 부대가 남서 태평양 사령부의 관찰 구역을 넘어 뉴기니 북부와 남태평양에서 1943년 내내 구축함을 활용해 무척 제한적으로 섬들을 공격했다. 여하튼 제2차 세계대전을 요약한 지도책을 보면, 1939년부터 1942년까지는 화살표가 독일과 이탈리아와 일본에서 밖을 향해 사방팔방으로 뻗어나가지만, 그 이후에는 화살표가 반대 방향, 즉 바깥 세계에서 추축국들의 수도를 향한다.

전체적으로 보면 1943년이 저물어갈 즈음 바다의 상황은 12개월 전부터 더욱 확고히 연합군의 수중에 들어왔지만, 함대의 유형에 따라 전투의 방식과 속도가 달랐던 까닭에 해전에서 거두는 승리들은 무척 다양한 양상을 띠었다. 그래도 영국이 워싱턴에 군사 연락 사무소를 두고, 영국과 미국이 정치와 전략과 작전의 방향을 공동으로 결정한 까닭에 전쟁은 일관성을 띠었다. 그러나 향후 전투의 전반적인 방향은 영국 총리와 미국 대통령 및 합동 참모본부가 참석한 중요한 회담, 특히 카사블랑카(1943년 1월), 퀘벡(1943년 8월, 암호명: 사분면 회담), 카이로(1943년 11월, 암호명: 육분면 회담)에서 열린 회담에서 결정됐다.

이런 최고위급 회담에서 루스벨트와 처칠 및 참모총장들이 독일에 대한 향후의 전략적 폭격을 허락했다. 또한 이런 회담에서 대서양 전황에 대한 영국 해군부의 보고서를 받은 뒤 향후에 해군력과 자원을 할당하는 방향이 결정됐다. 참모진들이 독일군을 약화하고, 결국 항복을 받아내는 최상의 방법을 두고 자주 말다툼을 벌였다는 것은 조금도 놀랍지 않다. 하지만 영국과 미국이 대서양에 투입한 군사력의 차이에 초점을 맞추는 역사학자는 더 큰 그림을 놓치는 게 된다. 즉, 연합국의 정치 지도자와 군사 지도자가 한자리에 모인 이유는 어떤 대전략(grand strategy)을 세우려는 목적이 있었다. 요컨대 이런 최고위급 회담을 통해 군사작전의 규모와 방향과 속도가 전반적으로 결정됐고, 그 과정에

서 우선시된 소명은 추축국들을 괴멸하는 것이었다.[1]

따라서 1943년 1월 카사블랑카에서 처음으로 열린 최고위급 회담에서 참모총장들은 유보트를 상대로 한 전투에서 승리하는 게 급선무라는 것을 쉽게 확인했고, 전략적 폭격전의 속도를 높이는 것을 승인했으며, 태평양 상황에 대한 보고를 들었고, 튀니지와 지중해로 진격하는 데 가일층 박차를 가하기로 결정했다.

지중해에서의 승리

1942년 11월과 12월에 연합군이 모로코와 알제리를 차례로 점령하며, 지중해를 장악하기 위한 3년(1940년 6월부터 1943년 7월까지)이라는 치열한 전투의 종말이 상당한 정도로 예견됐다.[2] 북아프리카에 주둔한 독일 지상군과 공군이 동쪽에서부터 진격하는 버나드 몽고메리의 육군과 서쪽에서부터 점차 밀고 오는 아이젠하워의 연합군에 결정적인 반격을 가하지 못한다면, 군사적 균형추가 독일군에 불리한 쪽으로 계속 기울어질 수밖에 없었다. 과거에 독일군이 뛰어난 전투력으로 더 어려운 상황에서도 승리를 거둔 경우가 많았듯이 1943년에도 기발한 작전으로 설익은 연합군에게 타격을 주었다. 1943년 2월, 튀니지의 카세린 협곡에서 벌어진 전투(Battle of Kasserine Pass)가 대표적인 예다. 하지만 전체적으로 보면, 이 단계에서 독일군의 전격 작전은 더 이상 큰 효과를 발휘하지 못했다. 베어마흐트의 상대들도 스탈린그라드부터 엘 알라메인까지 모든 곳에서 충분한 전력을 갖추었고, 연합군 공군도 수적으로 확대돼 독일 공군을 거세게 압박하고 있었다. 따라서 제3제국의 국내 병참선은 분주하기 이를 데 없었다. 독일 육군은 고도로 훈련된 병력을 멀리까지 파견해 위협받는 전선을 안전하게 만드는 데 여전히 능란한 솜씨를 발휘했다. 11월과 1월 사이에 튀니지에 8개 사단을 급히 파견하며 그 능력을 유감없이 보여주었다. 이 병력은 겉으로는 에르빈 롬멜의 아프리카 군단에게 보낸 증원군처럼 보였지만, 걸핏하면 연료와 장비의 부족에 시달린 군대를 파견함으로써, 무엇보다 제공권도 없고 제해권도 없는 부대를 파견함으로써 실제로는 히틀러의 자기 과시에 불과했다. 얄궂게도 독일은 처칠이 1941년에 크레타와 그리스를 과감하게 습격하면서 저질렀던 짓을 되풀이하며 모든 것을 운에 맡기는 위험을 자초했고, 실제로 운의 인질이 됐다.[3]

북아프리카가 완전히 연합군의 수중에 들어간 5월 말 이후로, 영국과 미국의 해군과 상륙부대는 상대를 마음대로 공격하고 또 공격할 수 있었다. 1943년 7월, 횃불 작전을 진두지휘했던 사령관들에게 시칠리아 상륙작전이 맡겨졌다. 9월에는 같은 지휘부가 이탈리아 상륙을 진두지휘했고, 이때에도 지휘부의 구성원은 크게 달라지지 않았다. 됭케르크 패전으로부터 3년, 그리스 패전으로부터 2년이 채 지나지 않아 바다의 신 넵튠은 남쪽에서부터 유럽 대륙에 올라 진격하고 있었다. 상륙부대는 예전처럼 별다른 저항을 받지 않았다. 상륙부대를 실은 수송함들이 루프트바페의 끔찍한 공격을 간혹 받았지만, 9월 이후로는 연합군 사령관들이 항공 부대를 지휘할 수 있어, 태평양에서 그랬듯이 지중해에도 점점 많은 전투기와 폭격기 편대가 지원에 나섰다. 예컨대 연합군이 시칠리아를 침공하기 시작했을 때 약 3,500대의 항공기가 작전에 투입됐고, 루프트바페가 시칠리아에 보유한 항공기는 900대 정도에 불과했다(그것도 절반 정도만 실질적으로 이륙할 수 있었다). 공군의 보호막 아래에서, 연합군 해군, 주로 영국 해군은 지중해를 확고히 장악하기 위한 조치를 취하기 시작했다. 얼마 전까지도 미래가 불확실하던 몰타에 신규 부대가 충원됐고, 전투기만 600대로 구성된 비행단과 해군 전단도 보강됐다. 따라서 몰타는 연합군이 시칠리아나 이탈리아 본토, 또는 그리스 남부 등 어떤 방향으로든 다음 작전을 시도할 수 있는 도약대가 됐다. 지브롤터와 알렉산드리아 등 영국의 주요 항만에는 전함과 항공모함, 순양함과 구축함이 득실거렸고, 기함의 깃발들이 펄럭였다.

상대적으로 말하면, 1943년 7월에 시작된 연합군의 시칠리아 침공(허스키 작전)은 쉬운 편이었다. 상륙 지점으로 선택된 남부와 남동부 해변의 대부분에는 수비대가 없었고, 오히려 거친 파도와 바람이 더 큰 골칫거리였다.[4] 하지만 상징적인 면에서 시칠리아 침공은 아프리카에서 유럽으로 넘어가는 큰 걸음이었다. 따라서 베어마흐트가 여기에서 크게 저항하지 않은 것도 이상했지만, 동쪽에 위치한 도데카네스제도와 로도스섬 및 이탈리아반도에서 저항하지 않은 것도 이상했다. 여하튼 튀니지 전투에서는 전력을 다했던 독일 최고사령부가 이번에는 전방의 전선을 방어하는 전략에 신중을 기하며, 처음에는 2개의 불완전한 사단만을 배치했다. 이즈음 이탈리아 육군은 실질적으로 해체된 상태였고, 로마의 군지도부는 무솔리니를 제거하고 연합군에 가담할 방법을 고심하고 있었다. 또한 시칠리아와 이탈리아 남부에 주둔한 독일군과 이탈리아군은 대부분의 지중해 무대에서 제공권을 상실한 까닭에 큰 전투를 벌일 만한 상황에 있지도 않다는 것을 분명히 알고 있었다.

그러나 연합군은 달랐다. 루스벨트와 미군 지도부는 1943년 프랑스를 침공하는 전략에는 (처칠의 반대를 비롯해) 현실적으로 많은 장애가 있다는 것을 인정했지만, 북아프리카 해안 전역에 영미 연합군이 진지를 구축한 데다 본국으로부터 병력이 계속 증원되기 때문에 시칠리아를 점령하는 데 문제가 없다는 결론에 도달했다. 이 작전에서 연합군 사령관들은 행운을 바라며 위험을 감수하는 것보다는 조심스럽게 접근하는 쪽을 선택했다. 코렐리 바넷은 이 작전을 '호두를 깨는 데 망치를 사용한 것'에 비유했다.[5] 1940~1941년의 키레나이카 전투부터 참전한 까닭에, 전쟁에 지친 영국의 일부 대대는 새로운 사단과 비행대대가 그곳에 대거 유입되는 것을 보며 놀라기도 했겠지만 우울한 만족감을 느꼈을지도 모르겠다. 그때부터 연합군은 승리할 확률이 높지 않으면 결코 먼저 전투를 벌이지 않았다. 영미 연합군이 합동으로 전개하는 이 작전을 지휘하도록 다시 임명된 드와이트 아이젠하워(Dwight Eisenhower, 1890~1969년)는 전례가 없는 규모의 전투기와 군함 및 병사, 요컨대 횃불 작전 때보다 훨씬 많은 병력을 투입하라는 명령을 내렸다.

버트럼 램지(Bertram Ramsay, 1883~1945년) 제독과 헨리 켄트 휴잇(Henry Kent Hewitt, 1887~1972년) 제독이 깃발을 높이 세우고 시칠리아를 향해 진격하라는 신호를 보냈다. 약 800척의 주력함(상륙함과 예인선 및 경순양함까지 합하면 모두 2,500척)이 육군을 가득 태우고 서쪽과 남쪽과 동쪽에서 시칠리아를 향해 다가갔다. 7월 10일 이른 아침, 그 수송함들은 7개 보병 사단을 텅 빈 해변에 내려놓기 시작했다. 3개 미군 사단(지원 부대까지 합하면 6만 6,000명)은 남부 해안 한복판에 상륙했고, 4개 대영제국 사단(11만 5,000명)은 남동부 해안 주변에 상륙했다. 그때까지 역사상 최대의 상륙작전이었고, 이듬해의 '오버로드 작전(Operation Overlord: 노르망디 전투의 암호명-옮긴이)'보다 실질적으로, 적어도 초기 단계에서는 규모가 더 컸다. 상륙작전에 앞서, 야간에 낙하산 부대원과 공수 부대원이 광범위한 지역에 침투했다. 연합군이 처음으로 시도한 작전이었다.

노르망디 전투의 전조였던지, 그날 밤에 몰아친 돌풍에 미국과 영국의 많은 공수부대원이 목표 지점으로부터 멀리 떨어진 곳에 낙하했고, 몇몇은 바다에 떨어졌지만, 얄궂게도 이 모든 것이 허를 찔린 적군에게는 혼란을 야기했다. 거친 파도가 미군의 상륙을 방해했고, 수백 척의 작은 상륙정이 흩어지고 파손됐다. 그럼에도 상륙정이 해안에 도착하자, 뱃멀미에 시달리던 다수의 미군들은 감사하며 하선해서는 내륙으로 밀고 들어갔다. 젤라 근처에 서둘러 소집된 헤르만 괴링 사단이 유일하게 만만찮게 반격하자, 젤라 앞바다에 포진한 미 해군 순양함들과 구축함들은 함포 공격으로 그런 저항을 억제해달라는 요청을 거듭해서 받았다. 미군은 육지에 확고한 교두보를 마련하자마자, 역동적인 패튼 장군의 득달같은 명령에 섬 서쪽에 위치한 팔레르모를 향해 서둘러 진격했다. 한편 몽고메리의 사단들은 에트나 화산의 험준한 비탈을 비롯해 동부의 산악 지대를 통과하며 다소 천천히 이동했다. 하지만 7월 말쯤에는 독일 증원군의 저항과 거친 지형 때문에 메시나를 향한 영미 연합군의 진격이 전체적으로 늦추어졌다.

연합군 해군은 육군보다 편했다. 이탈리아 함대와 마주치지도 않았고, 상륙작전에서도 보조적인 역할에 그쳤다. 연합군을 적군의 해안에 데려다주고, 멀리에서 해안 거점을 포격해 연합군의 상륙을 지원한 정도였다. 게다가 상륙한 그날부터, 그 이후로 몇 주 동안, 즉 적군이 시칠리아에서 완전히 철군할 때까지 증원군과 군수품을 전장(戰場)까지 실어 나르는 수송함이 잠수함과 폭격기로부터 공격받지 않도록 보호하는 역할도 해군에게 맡겨졌다. 물론 더 큰 역할은 없었고, 1942년 11월에 미국 군함과 비시 프랑스 해군 전단이 북아프리카 앞바다에서 벌였던 전투 같은 것도 없었다. 이탈리아의 주력 함대가 명령을 기다렸지만, 어떤 명령도 없어 항구에서 벗어나지 않았기 때문이었다.

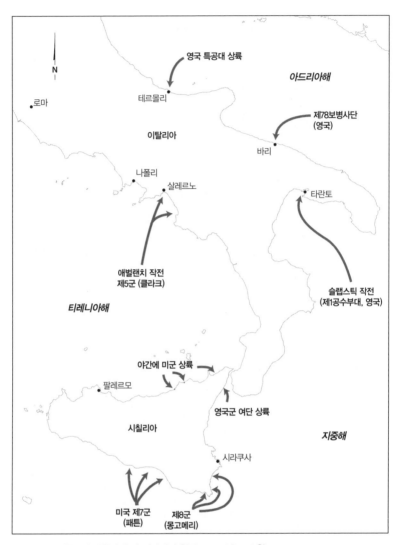

〈지도 10〉 **연합군의 시칠리아 및 이탈리아 침공, 1943년 7~9월**

이즈음에도 이탈리아 해군은 서류상으로는 6척의 완전한 전함, 7척의 순양함, 48척의 구축함과 어뢰정, 50척의 잠수함과 20척의 독일 유보트, 거의 150척에 달하는 독일과 이탈리아 에스보트를 보유해, 여전

대해전, 최강국의 탄생

히 세계에서 네 번째로 강한 해양력을 자랑하는 국가였다.[6] 그러나 연료가 부족해 대부분의 군함이 오랫동안 바다에 나가지 못해 분풀이로 대포를 한 번씩 쏘았던 게 사실이었고, 대다수의 함장이 일종의 휴전을 위한 협상이 물밑에서 진행 중이라 추측했을 게 분명하다. 장군까지 과감하게 공격에 나섰을 가능성은 거의 없지만, 일부 단위 부대가 상대적으로 공격적인 모습을 띠는 가능성까지 배제할 수는 없었다.

따라서 연합군 함대는 위압적으로 보여야 했고, 충분히 그렇게 보였다. 예컨대 전력을 한층 강화한 H-부대는 동지중해에서, 적어도 시칠리아 동쪽에서, 타란토에 주둔한 이탈리아 전투 함대가 그곳으로 이동하지 못하도록 견제할 뿐만 아니라 그리스로 이동할 듯한 태세로 항해하고 다녔다. 또 연합군 함대는 영국의 전함들 넬슨호와 로드니호, 워스파이트호와 밸리언트호, 항공모함 인도미터블호와 포르미더블호, 제12순양함 전대 및 다수의 구축함으로 구성되며 상징성을 띠었다. 시칠리아의 서쪽으로는 영국의 고속 전함 하우호와 조지 5세호 및 그들의 호위 구축함으로 구성된 별개의 소함대가 있었다. 영국 해군 잠수함들은 북쪽으로 이탈리아 주요 기지 앞바다에 배치됐고, 경순양함 부대는 지중해 한복판을 지켰다.[7] 처칠의 재촉도 있었지만, 당시 해군의 다른 관할 지역에는 큰 위험 요인이 없었기 때문에[8] 영국 해군부는 허스키 작전을 위해 본국 함대의 상당 부분을 기꺼이 지중해로 파견했고, 인도양 함대까지 끌어왔다. 모든 것을 제때에 바로잡는 게 중요하다는 판단에서 내려진 결정이었다.

여하튼 시칠리아 전투에서 독일과 이탈리아의 폭격기와 잠수함은 우여곡절 끝에 3척의 구축함과 10여 척의 상선을 격침했고, 항공모함 인노미터블호와 상당수의 순양함과 구축함에 피해를 주었다. 연합군이 지중해에서 장악한 제공권과 제해권을 고려할 때, 많은 역사학자가 영국 해군 지도자들, 특히 앤드루 커닝엄 제독이 시칠리아 전투가 끝나갈 무렵, 즉 1943년 중순경 더 강력히 밀어붙이며, 독일이 많은 장비와 많은 병력을 메시나해협 건너편으로 빼돌리는 것을 차단하지 않은 이유에 대해 의문을 품었다. 그러나 압도적 다수이던 영미 연합 사단이 독일군을 시칠리아섬의 북동부 구석으로 밀어붙였지만 독일 육군 부대들은 끈질기고 완강히 저항했다. 게다가 독일과 이탈리아의 철수 지휘부가 그 대대들을 보호하며 이탈리아 본토까지 별다른 손실 없이 옮겨간 뛰어난 능력에, 연합군의 시칠리아 점령은 적잖게 빛을 잃었다. 물론 연합군이 전략적으로 중요한 도약을 해낸 것은 분명했지만, 독일 육군을 야전에서 실질적으로 물리치지는 못했다(반면에 이즈음 서사적인 쿠르스크 전투도 끝나가고 있었다). 약 4만 명의 독일 병사와 많은 장비(약 1만 대의 차량!)가 다음 날을 기약하며 이탈리아 본토로 무사히 탈출했다.

시칠리아 다음으로는 이탈리아가 목표였다. 지중해에서 전투를 지루하게 끌어가면 프랑스 침공이 늦추어지지 않느냐는 영미 간의 정치적이고 전략적인 논쟁은 8월 중순에 퀘벡에서 열린 '사분면 회의(Quadrant Conference)'에서 타결됐다. 처칠의 압력을 외면하기도 어려웠지만, 여하튼 병력과 장비의 부족이 해결되지 않아 1943년에는 노르망디 상륙을 시도하는 게 불가능했다. 게다가 대서양 전투의 불확실성도 계속됐고, 유럽 전역의 제공권을 장악하지 못한 상태였다. 따라서 이미 지중해에 배치된 많은 육군 사단과 상륙 장비를 활용해 이탈리아를 먼저 전쟁에서 배제한 뒤에 그 병사들과 장비를 영국으로 불러들이는 것이 낫다는 결론을 내렸다. 그 결과로, 영미 연합군이 마크 클라크(Mark Clark, 1896~1984년) 장군의 지휘하에 나폴리 남쪽, 살레르노 해안을 대대적으로 공격했고, 몽고메리의 영국군은 이탈리아 남단 해안을 따라 작은 규모였지만 두 번의 상륙을 감행했다.[9]

상륙작전 자체를 제외할 때, 연합군의 이탈리아 침공에서 해군은 다른 중대한 조치로도 제 역할을 해냈다. 1943년 9월 9~12일 동안 이탈리아 전투 함대 전체가 항복했다. 앞에서 이미 언급했듯이, 이탈리아가 제2차 세계대전에 참전한 이후로 3년 동안 지중해에서는 실질적으로 대규모 해전이 없었다. 하지만 영국 해군부는 레지아 마리나의 위협을 의식하며, 지브롤터와 알렉산드리아에 강력한 함대를 유지해야 했다. 1943년 9월 2일, 그 위협이 사라졌다. 무솔리니가 정권을 이양했고, 피에트로 바돌리오(Pietro Badoglio, 1871~1956년)의 새 정부는 은밀히 진영의 교체를 바랐다. 유일하게 남은 중요한 쟁점은 격분한 히틀러가 눈치채고 이탈리아 해군의 군함들을 장악하고, 그렇지 못할 경우에는 격침하라고 명령하기 전에 모든 군함을 연합국 항구들로 빼돌릴 수 있느냐는 것이었다.

이탈리아 해군은 탈출에 성공했지만 만족할 만한 성공은 아니었다. 타란토 전대(戰隊)의 탈출기에서 앞부분은 조금도 과장하지 않아도 무척 특이했다. 2척의 전함 안드레아 도리아호와 카이오 두일리오호, 3척의 순양함과 1척의 구축함이 그때까지 많은 우여곡절을 함께했던 항구에서 빠져나왔다. 이번에는 몰타 수송 선단을 공격하기 위한 출격이 아니라, 몰타에 스스로 억류되기 위한 출항이었다. 그러나 이탈리아 군함들이 몰타 앞바다에 나타난 바로 그때, 전함 하우호와 조지 5세호를 비롯해 첫 상륙 부대를 잔뜩 실은 영국 해군 선단이 전투 대형으로 몰타에 들어서고 있었다! 몇몇 고공 정찰기들 눈에는 뜻밖의 장면으로 보였을 것이다. 훗날 미국 공식 역사학자 새뮤얼 모리슨(Samuel Morison,

1887~1976년)이 말했듯이, 한 번의 호전적인 움직임이라도 있었더라면 '작은 유틀란트'로 변했을 수 있었다. 그러나 불행한 사태는 벌어지지 않았고, 이탈리안 전대는 억류 장소로 서서히 들어왔다. 파시스트 이탈리아가 잘못 판단한 전쟁에서도 별스럽고 부조리한 순간이 아닐 수 없었다.

한편 이탈리아 주력 함대는 라스페치아에서 빠져나왔고, 사령선이자 15인치 함포를 장착한 전함 로마호, 또 다른 2척의 전함 비토리오 베네토호와 이탈리아호(이전 명칭은 리토리오), 3척의 경순양함, 구축함 전대로 이루어졌다. 제노바에서 탈출한 3척의 순양함도 주력 함대에 가담했다. 이즈음 이탈리아 군함들이 연합군과 싸우려고 항구를 출항하는 거라는 속임수가 발각됐다. 그리하여 9월 9일 오후, 루프트바페의 복수심에 불타는 공격이 시작됐다. 이때 한 폭격기 편대가 끔찍할 정도로 정확한 유도 폭탄 FX-1400, 즉 프리츠 X(Fritz X)를 처음으로 사용했다. 어떤 면에서, 프리츠 X는 세계 최초의 공대지 미사일이었다. 로마호의 심장부를 때리고, 탄약고를 폭발시키는 데는 한 발이면 충분했다.

커다란 전함이 파괴되며, 카를로 베르가미니(Carlo Bergamini, 1888~1943년) 함장을 포함해 1,300명이 넘는 승조원이 목숨을 잃었다. 로마호를 잃고 이탈리아호도 두 번의 타격을 받았지만 주력 함대는 시칠리아 서단을 돌아 계속 항해했고, 마침내 영국 군함들을 만났다. 그때부터 영국 함대의 호위를 받으며 튀니지의 비제르테로 향했다. 많은 잠수함을 비롯해 상대적으로 작은 군함들도 이튿날부터 연합군의 다른 항구들로 피신했다. 이때 영국 전함 밸리언트호와 워스파이트호의 승조원들 중에는 1919년 6월에 독일의 대양 함대가 스캐파플로에 입항해 항복하던 순간을 목격한 노병이 있었을지도 모른다.

　　　　　　　　　　　　　　　　대해전, 최강국의 탄생

타란토에서부터 피신한 이탈리아 군함들이 마침내 발레타에 입항해 닻을 내렸을 때 커닝엄 제독은 해군부에 유명한 전문을 보냈다. "이탈리아 전투 함대가 마침내 몰타 요새의 보호막에 들어왔다는 것을 알려드릴 수 있어 기쁘기 한량없습니다."[10] 냉혹하고 감정을 좀처럼 드러내지 않는 전사이던 커닝엄이었지만 마음속으로는 그런 급작스러운 사태 전환에 놀라고 가슴이 두근대지 않았을까? 이탈리아 수중 파괴 대원들이 그의 전함들에 치명적인 피해를 안기며 태평양 함대에 단 한 척의 주력함도 남기지 않았던 때가 바로 2년 전이 아니었던가! 이제 그런 실랑이가 모두 끝났다.

이탈리아 상륙에 뒤이은 지상전은 시칠리아를 침공한 때만큼 쉽지 않았고, 주력 부대의 이동은 '애벌랜치 작전(Operation Avalanche)'이라는 암호명이 무색할 지경이었다. 9월 3~9일, 연합군의 상륙은 3곳에서 진행됐다. 대영제국 군대(제8군)는 무방비 상태이던 메시나해협을 건넌 뒤에 이탈리아의 '발가락'을 따라 서서히 전진했고, 또 다른 영국 부대는 타란토에 상륙해 '뒤꿈치'를 점령했다. 이 부대로 서서히 전진했고, 그런 전진 방식은 이미 예측된 것이었다. 독일군은 지연 전략을 도모했고, 계획대로 잘 해냈다. 대영제국의 사단들은 때때로 강력한 저항에 부딪혔고, 그때마다 전진을 중단하고 기력을 회복하는 시간을 가졌다. 그것이 몽고메리의 전형적인 방식이었다. 그때마다 독일군은 부비트랩을 설치해두거나 다리를 폭파하거나 도로를 차단해두고 밤사이에 빠져나갔다. 그래도 연합군은 9월 11일 브린디시를 점령했고, 그 직후에는 바리에 입성했다. 그러나 공군기지가 있는 포자는 27일에야 함락됐다. 이렇게 느릿하게 전진한 까닭에 살레르노에서 상륙해 고생한 부대와의 합류는 9월 17일에야 이루어졌고, 그때는 상륙 거점에 닥친 위

대해전, 최강국의 탄생

〈그림 35〉 **이탈리아 전함 비토리오 베네토호, 1943년, 라스페치아.** 9문의 15인치 함포로 무장한 고속 전함으로, 한결같이 명확한 결론을 짓지 못한 많은 작전에 참전했다. 마타판곶에서 연합군의 잠수함과 폭격에 크게 훼손되었지만 살아남았고, 1943년 9월 제 발로 몰타를 찾아가 연합군에 항복했다.

기가 거의 끝난 뒤였다. 게다가 연합군 해군력을 더 공격적으로 활용하고 이탈리아 아드리아 해안을 따라 상당한 규모의 부대를 상륙시키는 방향도 생각하지 않아 처칠 총리는 크게 분노했다.

몽고메리의 제8군이 동부 해안을 따라 느릿하게 전진해 실망감을 주었다면, 살레르노에 상륙한 클라크의 제5군은 아예 전진조차 못 했다. 오히려 이 대군(5만 5,000명이 처음에 상륙했고, 11만 5,000명이 뒤따라 상륙했다)은 곧바로 독일군 탱크와 보병에게 역습을 당해, 13일쯤에는 거의 바다에 빠질 지경으로 밀려났다. 수적으로 훨씬 적은 부대에게 밀려나는 치욕을 피하고 싶은 절박감에, 아이젠하워와 알렉산더와 커닝엄 등 연합군 장군들과 제독들은 모든 수단을 동원해서라도 독일군의 맹공을 저지하기로 합의를 보았다. 그리하여 공중 공격과 함포 사격을 계속했고, 낙하산 부대만이 아니라 더 많은 보병 사단과 탱크 부대, 심지어 인도로 향하려던 상륙함 전단까지 투입했다.

마침내 9월 16일, 그런 과도한 응징을 견딜 수 없었던지 독일군은 나폴리 북쪽에 새로 구축한 방어 진지를 향해 단계적으로 철수하기 시작했다. 연합군은 나폴리를 10월 1일이 돼서야 점령했고, 독일군은 퇴각하며 나폴리항을 거의 파괴해버렸다. 쓰러지고 망가진 크레인과 기관차, 선박과 트럭 및 여러 장비가 그 거대한 항구에서 깨끗이 치워진 뒤에야 나폴리는 연합군을 위한 주요 관문이 됐고, 살레르노는 군사 장비의 잔해가 곳곳에 흐트러져 있었지만 조용한 해안 평원의 모습으로 되돌아갔다. 어느 쪽이 더 잘 싸웠는지는 논란의 여지가 없었다. 그 지상전 전반에 히틀러도 깊은 감동을 받았는지 가능한 범위 내에서 최대한 많은 이탈리아 지역을 고수하려는 알베르트 케셀링(Albert Kesselring, 1885~1960년)의 전략을 전폭적으로 받아들였다. 겨울의 문턱에 들어섰

대해전, 최강국의 탄생

을 때도 영미 연합군은 여전히 로마로부터 멀리 떨어진 고난의 길에 있었다. 역사학자 배질 리델 하트 경의 절제된 표현을 빌리면 "이탈리아 침공의 속편은 무척 실망스러웠다".[11]

화력에서 두 종류의 중대한 진전이 이 시기에 있었다는 것에 주목할 필요가 있다. 하나는 독일 수비대에 도움을 주고, 다른 하나는 연합군에 이점을 준 것이었다. 더 혁신적인 무기는 독일이 도르니에 비행편대에 배치한 프리츠 X 유도 미사일 폭탄이었다. 9월 9일에 침몰한 로마호와 큰 타격을 입은 전함 이탈리아호만이 이 신무기의 유일한 피해자는 아니었다. 9월 16일, 살레르노 앞바다에서 포격 작전에 열중하던 워스파이트호는 프리츠 X에 맞아 뒤쪽에 배치된 포탑 하나가 파괴됐고, 결국에는 몰타까지 예인돼야 했다. 독일 폭격기들이 대공포의 사정 범위 밖에 프리츠 X를 발사할 수 있어, 연합군의 무기고에는 그런 유도 폭탄을 견제할 만한 무기가 없었다.[12]

프리츠 X는 연합군 군함만이 아니라, 얼마 후에는 상선에도 사용됐다. 게다가 약간 다른 유형이었지만 역시 무선으로 조정되는 폭탄(Hs 293)이 같은 시기에 지브롤터 수송 선단에 사용됐다. 제3제국이 이런 유형의 무기를 개발해 대량으로 생산하는 데 더 많은 자원을 할당했다면, 독일이 점령한 해안 지역에 연합군이 접근하기가 아예 불가능했을 수 있다는 뜻이다. 여하튼 현실보다 훨씬 더 어려웠을 수 있다. 물론 약간 나중에 개발된 초고속 잠수함과 스노클식 유보트, 레이더에서 상대를 포착하는 기술, V-1과 V-2 미사일 개발 프로그램에 대해서도 똑같이 말할 수 있다. 하지만 동부전선이 거의 모든 것을 집어삼켰기 때문에 새로운 무기의 개발이 소규모로 진행되고 늦어질 수밖에 없었다.

연합군이 개발한 무기도 새로운 것이었으나 학자들, 심지어 해군 전문 작가들에게도 그다지 주목받지 못했다. 구체적으로 말하면, 과거에는 해안에 배치된 대포가 앞바다의 군함과 대치할 때 갖던 이점을 완전히 뒤바꿔놓은 무기였다. 넬슨조차 "군함이 요새와 맞서 싸우는 것은 어리석은 짓이다"라고 말했을 정도였다. 그러나 1943년쯤, 적어도 유럽이란 전쟁 무대에서는 그 말이 더는 통하지 않았다. 군함의 롤링에 구애받지 않는 더 나은 사격 제어 장치, 레이더로 조정되는 함포의 도래, 표적을 숫자화할 수 있는 격자 지도, 고도로 훈련된 정탐기 등이 전함이나 중순양함이 일제히 퍼붓는 가공할 화력이나, 고속 구축함에 장착된 속사포의 위력과 결합되며 전쟁의 판도를 바꿔놓았다.

살레르모 해변 뒤에 숨은 독일군 탱크에 가해진 응징에서 확인됐듯이, 젤라에서 반격하던 헤르만 괴링 사단을 격퇴한 사례는 맛보기에 불과했다. 15인치 포탄에 맞은 묵직한 탱크가 공중으로 떠올랐고, 대포 진지가 산산조각 났다고 언급하는 글이 적잖게 있기는 하다. 하인리히 폰 피팅호프(Heinrich von Vietinghoff, 1887~1952년) 장군이 해변에 상륙한 연합군을 향한 공격을 중지할 수밖에 없다고 보고할 때 연합군 해군 함포의 위력을 특별히 언급했을 정도였다. 그러나 진짜 위력은 나중에야 여실히 드러났다. 마침내 영미 연합군이 서프랑스의 이른바 '대서양 방벽(Atlantic Wall)'에 내던져졌을 때 해군은 최강의 해안 방위대까지 무너뜨리는 위력을 보여주었다. 그 이전에는 상상조차 할 수 없던 것이었다.[13]

연합군 신무기의 '영향력'은 1943년 동안 시칠리아와 이탈리아 주변의 바다에서 영국과 미국의 해군력을 통해 반복해 입증됐다. 그러나 이탈리아 침공의 막바지 단계에 들어섰을 무렵에는 대서양과 태평양에서 벌어지는 제해권 다툼보다 극적이고 중요한 것은 없는 듯했다. 바다에서 전투를 벌일 만한 적은 점점 줄어들었지만, 해안에 상륙한 연합군은 신속히 이동하고, 진정한 돌파구처럼 보이는 승리를 쟁취하는 데 곤란을 겪었다. 따라서 조지 G. 마셜 장군이, 이탈리아 전투에 발이 묶이는 독일 사단의 수가 증가하더라도 지중해에서 전개하는 작전들에 프랑스 침공에 필요한 관심과 자원이 지나치게 많이 투입될 염려가 있다고 계속 걱정한 데는 충분한 이유가 있었다. 하지만 노르망디 상륙작전은 여하튼 1944년 초여름에야 전개됐기 때문에 어떤 의미에서 이때 행해진 시칠리아-이탈리아 침공 작전이 무솔리니 파시스트 체제가 전쟁을 포기하고, 이탈리아 함대가 항복하는 데 결정적인 역할을 했던 것은 분명하다. 1943년 10월 말, 유명한 H-부대도 해체됐고, 커닝엄 제독은 런던으로 복귀해 제1해군경(First Sea Lord), 즉 해군 참모총장이 됐다.

그보다 한 달 전, 이탈리아 해군은 항복으로 제2차 세계대전을 서글프게 마무리했다. 제2차 세계대전은 이탈리아 해군 제독의 대부분이 참전하기를 꺼렸던 전쟁이었고, 많은 경우에 건성으로 싸웠을 뿐이었다. 이탈리아 해군은 인상적으로 설계된 군함을 많이 보유했지만, 영국 해군과의 전투에서 반복해 드러났듯이 몇몇 결정적인 약점을 해결하지 못했다. 구체적으로 말하면, 레이더가 없었고 공군의 지원을 제대로 받지 못했다. 또 야간전투에 대비한 훈련이 부족했고, 암호 해독 능력에서 크게 뒤떨어졌다. 물론 작전을 전개해야 할 지리적 조건에도 명확한 한계가 있었다. 그래도 북아프리카로 보내는 수송 선단을 보호하는 데는 일반적인 평가 이상으로 능력을 발휘했고, 소형 잠수함과 파괴 공작 부대는 항상 위협적이었다. 종합적으로 보면, 레지아 마리나가 제기하는 위협은 영국에 전쟁 전부터 골칫거리였고, 항복할 때까지 커닝엄 제독의 심기를 불편하게 하던 것이었다. 북쪽 바다에서 독일 해군이 그랬듯이, 이탈리아의 전투 전대도 함대로 존재하는 자체만으로도 영국 해군을 불편하게 하는 중요한 역할을 해냈다. 게다가 둘의 존재로 인해 태평양 전쟁이 시작된 이후로도 2년 동안 영국 해군이 병력의 대부분을 유럽의 바다에 두어야 했기에 인도양 사령부의 지위는 격하될 수밖에 없었고, 일본과의 해전은 미국에 더욱더 의존하게 됐다.

1943년 말 레지아 마리나가 무대에서 퇴장한 사건은 더 큰 사건의 전조였다. 프랑스 함대가 자침의 길을 선택했고, 뒤이어 이탈리아 함대가 무대를 떠났다. 게다가 크릭스마리네도 북쪽 노르웨이에 정박한 소수의 군함으로 축소됐다. 그 결과로, 전쟁이 시작될 때 6대 해군 강국이 바다를 지배하던 풍경이 사라졌다.[14] 물론 워싱턴과 런던 조약에서 규정했던 것처럼, 이탈리아와 프랑스와 독일의 해군이 3대 강국의 규모에 도달한 적은 없었다. 하지만 제2차 세계대전이 시작되고 4년 동안, 세 국가의 해군은 적국의 시선을 분산시키는 역할을 톡톡히 해냈다. 그런데 마침내 세 국가만이 남게 됐다. 하나는 상당한 병력을 상실했지만 용맹무쌍하고 여전히 규모를 키워가며 전 세계를 망라하는 영국 해군이었고, 다른 하나는 엄청난 화력을 보유했지만 태평양 전쟁을 전개하기에는 구조적으로 취약했던 일본 해군이었다. 마지막 하나는 하루가 다르게 위압적인 규모로 커져가는 미국 해군이었다. 그 모습을 드러내는 데는 꽤 시간이 걸렸지만, 1943년 마침내 역사는 더 강한 국가에 유리하게 흘러가고 있었다.

북대서양에서의 승리

역사학자들은 제2차 세계대전 동안 결정적인 전환점이 많았다고 말한

대해전, 최강국의 탄생

다. 그중에서도 두드러진 전환점은 대서양 전투에서 1943년에 일어난 운명의 변화였다.[15] 여하튼 대서양 전투는 거의 3년 6개월 전부터 계속됐던 중요한 전투였고, 크릭스마리네가 더 많은 유보트를 전투에 투입함에 따라 연합국 상선의 손실이 눈덩이처럼 불어났지만 승패의 균형추가 한쪽으로 기울지는 않았다. 어쩌면 1943년도 과거의 양상과 크게 다르지 않았고, 다만 속도가 느려졌을 뿐이라고 생각할 사람도 있을지 모르겠다. 유보트가 많아진 만큼 상선의 손실이 늘었고, 따라서 대체하는 상선이 늘어나야 했고, 호송함도 증가하고 필사적인 방어 대책도 많아졌다. 달리 말하면, 모든 것이 더 많아졌지만 심각한 중단은 없었다.

하지만 전반적인 흐름이 연합군에 유리하게 흘렀고, 특히 약 석 달 사이에 무척 빠른 속도로 변했다. 3월에 침몰한 상선의 총량에 대한 보고가 있은 뒤, 영국 해군부는 단기간에 제해권을 장악하기 위한 전투를 시작했지만, 유보트가 전술적으로 우위를 점하고 있어, 중요한 북대서양 해상 교통로가 차단되지 않을까 걱정했다. 상황이 더 악화된다면, 훗날 공식적인 평가서가 냉담하게 말했듯이 "수송 선단은 유효한 방어 체계로 계산하지 않아야 했다".[16] 하지만 석 달 뒤, 즉 1943년 6월에 되니츠가 해군 일지에서 솔직히 인정한 것처럼 크릭스마리네는 참패했고, 그 결과로 되니츠는 잠수함 부대를 북대서양에서 철수해야 했다.

일상적인 전투와 전쟁이란 심층구조 사이의 인과 관계를 추적하는 학자에게는 1943년 진주만에 입항하며 보강된 미국 군함들보다, 유보트와의 전투에서 연합군이 거둔 승리가 "기지에 보급되는 군수품과 무기의 포괄적인 향상이 지도부와 전쟁터, 더 나아가 전쟁이란 전체적인 그림에서 지속적인 변화로 나타난 최상의 사례"일 수 있다는 점에서, 위의 이야기가 더욱더 흥미롭게 다가왔을 것이다. 기지 자체가 이동한

———— 대해전, 최강국의 탄생

〈그림 36〉 **항해하는 리버티함, 1943년.** 대서양 전투는 제2차 세계대전에서 가장 오랫동안 계속
된 전투였다. 연합군 수송 선단을 보호하는 호위 부대와 유보트 사이에 끝없이 전투가 벌어졌나.
전쟁 동안 영국 선원은 대략 3만 2,000명, 미국 선원은 8,000명 이상 목숨을 잃었다.

탓에 상대국의 처지와 운수도 달라졌다. 마르크스와 브로델이 이런 것을 알았더라면 무척 좋아했을 것이다.

1943년이 시작될 때도 연합군이 결국 승리할 것이라는 징조는 없었다. 공교롭게도 그해 겨울, 북대서양 바다는 파도가 무척 심했다. 광석을 실은 낡은 화물선이 높은 파도에 둘로 쪼개지기도 했다. 따라서 군사작전이 거의 시도될 수 없는 환경이었다. 따라서 폭풍우에 많은 수송선단이 항구로 복귀할 수밖에 없었고, 15미터가 넘는 파도에 유보트도 시계(視界)를 확보할 수 없었던 까닭에, 연합국의 1월 선박 손실량은 상당히 낮아 21만 5,000톤(45척)에 불과했다.

물론 작전의 상대적 감소가 독일군에게는 큰 도움을 주었다. 되니츠가 시간적 여유를 두고 더 많은 잠수함을 인계받을 수 있었고, 장교들은 더 많은 승조원을 훈련할 수 있었기 때문이다. 당시 되니츠는 매달 약 20척을 새롭게 진수할 수 있는 수준이었다. 따라서 전년도 12개월 동안 87척의 잠수함을 잃어 견디기 힘들었지만, 1943년에는 잠수함 함대의 규모가 거의 2배로 커져가고 있었다. 3월에는 네 전대의 울프팩을 북대서양 곳곳에서 운영하기도 했다. 각 전대는 17~18척으로 구성됐고, 무선으로 긴밀히 연락하며 공격 지시를 기다렸다.

1943년 3월부터 6월까지, 수송 선단을 둘러싼 전투는 해군사 전문가들에게는 잘 알려진 이야기다. 각 수송 선단이 연루된 전투를 완벽하게 다룬 책들도 적지 않다. 그러나 제2차 세계대전에 대해 많은 책을 읽은 사람도 이 기간의 전투에 대해서는 잘 모른다. 이때는 비스마르크호의 추적, 미드웨이 해전이나 레이테만 해전처럼 기억할 만한 서사적인 격렬한 전투가 없었다. 단호하고 잘 조직된 두 해군이 바다에서, 바닷속에서, 바다 위의 상공에서 무자비하고 냉혹하게 1년 내내 끝없이 싸웠을 뿐이다. 1943년, 그 3개월 동안 연합국이 20건 이상 실시한 대서양 수송 선단 호위를 하나씩 자세히 설명하는 것보다, 3건의 중요한 충돌을 선택해 요약하는 게 균형추에 변화가 생겼다는 것을 보여주는 더 나은 방법일 수 있다. 첫째는 3월 중순에 실시된 두 건의 수송 선단, HX-229와 SC-122를 유보트가 성공적으로 유린하며 영국 해군부에 그런 우려를 불러일으킨 충돌이다. 둘째는 수송 선단 ONS-5가 4월 말부터 5월 초까지 총 3번의 울프팩을 통과하며 집중 공격을 받은 사례로, 이때 상당수의 상선을 잃었지만 독일 잠수함도 예전보다 훨씬 큰 대가를 치렀다. 셋째는 5월 말쯤에 두 수송 선단 SC-130(영국 도착)과 ON-184(영국 출발)가 독일의 공격을 무척 쉽게 물리친 사례다. 이때 유보트는 수송 선단에 아무런 타격을 주지 못한 채 오히려 5척을 잃었다. 반면에 두 수송 선단은 아무런 피해도 입지 않고 목적지에 무사히 도착했다. 수송 선단의 방어벽이 성숙 단계에 올라섰다는 뜻이었고, 놀랍기 그지없는 상황의 변화였다.

수송 선단 HX-229(나중에 몇 척이 취소됐지만 처음에는 50척, 호송함은 5척)와 SC-122(60척과 호송함 8척)는 각각 1943년 3월 5일과 8일에 뉴욕을 출발해서, 3월 23일 리버풀에 느릿느릿 입항했다. 더 빠른 수송 선단이 꾸려지기 전까지는 100척이 넘는 상선으로 구성된 이 선단이 그때까지 가장 큰 규모였다. 독일 공영 방송은 그 충돌의 결과를 알리며, 그 전투를 "지금까지 가장 큰 규모의 수송 선단 전투"라고 방송했다.[17] 독일 프로파간다가 승리의 기쁨에 도취될 만한 성과였다. 독일 B-딘스트(B-Dienst, Beobachtungsdienst: 독일 해군 암호 해독국)가 연합군의 암호화 장치에 쉽게 파고들었기 때문에 영민한 되니츠는 41척의 유보트로 구성된 3팀의 울프팩을 배치하며 공격을 준비했다. HX-229는 처음에 울프팩을 그럭저럭 빠져나갔지만, '강도'라고 번역될 만한 암호명이 부여된 그 울프팩은 신속히 수면에 떠올랐고, 마침내 3월 16일에 그 수송 선단을 따라잡았다. 그러고는 무지막지한 공격을 퍼붓기 시작했다. 8시간 정도의 대학살이 자행됐고, 결국 8척의 상선이 침몰했다. 따라서 대부분의 호위함은 상선의 호위보다 생존자들을 구조하는 데 집중해야 했다. 한편 SC-122가 독일 잠수함 부대(두 번째 울프팩)를 처음 마주쳤을 때부터 U-338은 어뢰 한 발로 4척을 침몰시키는 놀라운 성과를 거두었다. 그 이후로 3월 19일까지 꼬박 이틀 동안 두 수송 선단을 향한 공격은 계속됐다. 하지만 3월 19일 호위함과 폭격기가 여러 형태로 급히 지원을 나와, 만신창이가 된 상선들을 리버풀로 데려갔다. 되니츠는 그 정도로도 무척 만족하며 유보트 부대에 철수를 명령했다.

그 전투 과정에서 독일은 공중 공격에 한 척의 잠수함을 잃은 게 전부였다. 무척 약한 데다 전반적으로 전투 경험도 없는 호위함에는 한 척의 유보트도 잃지 않았다. HX-229는 안타깝게도 13척, 총 9만 3,500톤을 잃었고, SC-122는 9척, 약 5만 3,700톤을 잃었다. 달리 말하면, 15만 톤에 가까운 소중한 전쟁 물자(강판과 광석, 석유와 곡물)가 그 상선들의 화물 목록에 있었다는 뜻이었다.[18] 약 300명의 민간인 선원이 그 참사로 목숨을 잃었다. 대서양 가운데의 '암흑 구역'에서는 공중 엄호가 극히 짧은 순간에만 이루어졌고, 호위 항공모함은 아직 준비되지 않은 때였다. 따라서 두 수송 선단의 보호막은 끔찍할 정도로 허약했고, 그 대가를 호되게 치러야 했다. 무장한 상선을 더 많이 투입한다고 해결될 문제가 아니었다.

물론 많은 물품이 어떻게든 영국에 도착했다. 긍정적 면을 강조하면,

"SC-122에서는 60척 중 42척, HX-229에서는 40척 중 27척이 목적지에 도착했다"라는 식으로 기록할 수 있었다.[19] 하지만 100척 중 30척이상을 잃었다는 것은 연합군에게는 엄청난 손실이었다. 많은 양의 전쟁 물자와 소중한 선박 자체를 잃은 것도 문제였지만, 인명을 잃은 것은 더 큰 문제였다. 통계적으로도 당시에 그 수치는 경악할 만한 수준이었다. 나중에 분석가들이 지적했듯이, 정확히 같은 보름 동안 아무런 손실 없이, 여하튼 큰 손실 없이 항해를 마친 서너 건의 수송 선단(예컨대 지브롤터에 도착한 선단, 프리타운에서 출발한 선단, 대서양 북단 항로를 이용한 선단)이 있었다. 그러나 화이트홀(Whitehall: 영국 런던에 관청이 늘어선 거리-옮긴이)의 곳곳에서는 최악의 결론을 내리고 있었다. 예컨대 되니츠 사령부가 또 다른 중요한 수송 선단을 탐지해 공격하기로 결정한다면, 그래서 울프팩이 미리 자리를 잡고 그 수송 선단을 기다린다면, 독일이 예전보다 훨씬 큰 타격을 줄 수 있는 역량을 갖춘 듯했기 때문에 대서양 항로를 유지하는 것이 불가능해지는 게 아니냐는 결론이었다.

잠수함의 감시를 벗어날 가능성이 점점 희박해지는 듯했고, 더구나 앞으로 날씨는 더 맑아지고 바다는 더 잔잔해지는 시기에 들어섰다. 게다가 영국의 산업 정보 자료에서 확인되듯이, 더 많은 유보트가 첫 소명을 위해 '제작 중'에 있었다. 1943년 3월 8일, 처칠은 전쟁 내각에서 침울한 목소리로 "해군 자원을 최대한 동원해도 적이 집중하는 유보트에 맞서기에는 부족"하다고 말했다. 그러고는 루스벨트와 가진 전화 통화에서 항속거리가 긴 항공기의 지원을 요청하며 거의 똑같이 말했다. 처칠의 발언은 "수송 선단은 유효한 방어 체계로 계산하지 않아야 했다"는 전후 해군부의 평가와 일맥상통하는 듯하다. 달리 말하면, 전생 선의 상황으로 돌아가서 상선들이 가능할 때 단독으로 항해할 수 있게 하자는 뜻으로 해석될 수 있었다. 해군 위원회(Board of Admiralty)의 분위기는 무거웠지만 패배주의에 빠지지는 않았다. 제1해군경이던 더들리 파운드(Dudley Pound, 1877~1943년) 제독의 판단에, 지중해 한복판에서 활동하는 독일 잠수함의 순전한 규모는 "우리가 유보트의 공격을 피하는 데만 급급해서는 안 된다. 이제부터는 맞서 싸워야 한다"라는 것을 뜻할 뿐이었다.[20] 1942년 8월 몰타의 중요한 수송 선단이 그랬듯이, 대서양에서도 모든 것을 전투에 쏟아부어야 했다.

1943년 4월에는 많은 유보트가 항구로 귀환해 재무장하며 휴식을 취했기 때문에 전투가 약간 느슨해졌지만, 5월 들어서는 더욱 거세게 다시 시작됐다. 5월에 뜨겁고 격렬하게 전개된 모든 수송 선단 전투 중에서 ONS-5가 관련된 전투만큼 서사적인 전투는 없었다. ONS-5는 4월 21일부터 5월 12일까지 3주 동안 영국의 여러 항구를 거친 뒤에 뉴욕까지 느릿하게 항해한 수송 선단이었다. 얄궂게도 이 선단은 영국에 제공할 귀중한 물품들을 적재한 선단이 아니라, 다시 물품을 싣기 위해 미국으로 돌아가는 거의 빈 배들이었다. 그러나 되니츠는 동쪽으로 향하던 수송 선단(행운의 SC-127)을 간발의 차이로 놓친 뒤여서, 재편성된 울프팩들을 최대로 끌어 모아 ONS-5를 공격하기로 결정했다. 따라서 전투의 규모가 커질 수밖에 없었다.

실제로도 그랬다. 양쪽이 가차 없이 치고받은 그때의 전투가 역사학자들로부터 많은 관심을 받았던 이유라면, 대서양 전투에서 진정한 전환점이 됐을 뿐만 아니라, 놀라울 정도로 치열했기 때문이다. 이 수송 선단의 전투만을 다룬 《가장 치열했던 전투》라는 책이 있을 정도였고, 이 수송 선단 이야기를 시간 단위로 추적한 책들도 많다.[21] 이번에는 양측이 팽팽하게 맞섰지만, 아직은 균형추가 되니츠에게 유리하

대해전, 최강국의 탄생

게 기우는 듯했다. 크릭스마리네는 당시 58척의 완전무장한 유보트를 세 팀의 울프팩으로 구성해 북대서양에 배치했고, 그중 두 팀(42척)이 ONS-5를 추적하는 데 동원됐다. 하지만 연합군 측에 충분한 전투 경험을 갖춘 12척의 구축함, 슬루프와 코르벳함 및 미국 연안 방위대 소속의 쾌속정 한 척이 있었다. 게다가 그 호위 함대의 지휘관은 무척 뛰어난 함장 피터 그레턴(Peter Gretton, 1912~1992년)이었다.

나중에 밝혀졌듯이, 끔찍한 기상 조건에도 불구하고 30척의 유보트는 5월 초에 뉴펀들랜드 해안 지역에 서서히 접근하며, 수송 선단 ONS-5와 호위 부대를 어뢰로 공격할 수 있을 정도로 가까이 다가갔다. 그리고 짙은 안개, 유보트와 구축함의 충돌, 선박의 많은 것을 날려버릴 듯한 강도 10의 거센 바람, 아이슬란드로부터 멀리 떨어진 데다 연료와 폭뢰가 거의 바닥나고 지칠 대로 지친 호위함들, 신조된 군함들을 전쟁터에 내보낸 까닭에 걱정에 사로잡힌 해군부 등 온갖 이야깃거리를 갖춘 듯한 전투가 벌어졌다. 게다가 5척의 상선이 짙은 안개 때문에 선단으로부터 고립됐지만, 단 한 척의 코르벳함, 즉 중위로 갓 진급하고 뱃멀미에 시달리던 로버트 앳킨스 선장이 지휘하던 영국 군함 핑크호(〈그림 8〉 참조)의 보호를 받으며 안전한 항구에 무사히 도착했다는 이야기도 곁들여졌다. 항구에 도착했을 때 그 작은 군함, 핑크호의 연료 탱크에는 연료가 거의 남아 있지 않았다고도 전해진다.[22]

이 전투를 면밀히 분석하면, '유보트 대 호위함'의 전투에 대한 일반적인 결론을 도출해낼 수 있다. 되니츠의 잠수함 전단은 상당한 상처를 입었다. 7척의 잠수함이 침몰했고, 7척이 중대한 피해를 입었으며, 부분적으로 부서진 잠수함도 많았다. 게다가 이 특별한 전투에서 거의 모든 유보드(정확히 7척 중 6척)가 해상 호위함에 크고 작은 피해를 입었고, 악천후 때문에 연안 방위대와 루프트바페 양쪽 모두가 폭격기를 최소한으로 출격시킬 수밖에 없었다. 영국 해군부가 고대하던 호위 항공모함과 초장거리 리버레이터 중폭격기를 통한 공중 반격은 그때야 가능했다. 여하튼 10명의 영웅적인 유보트 함장들이 결연히 수송 선단의 보호막을 뚫고 들어가 공격을 거듭한 끝에 여러 상선을 격침했지만, 최후의 순간에 탐지된 까닭에 막대한 대가를 치러야 했다. 새롭게 개발돼 일부 코르벳함에도 장착된 센티미터파 레이더(centimetric radar)가 5월 5~6일 밤, 안개와 어둠 속에서도 엄청난 차이를 만들어냈다. 예컨대 "비뎃호의 레이더, 4.6킬로미터 지점에서 적군 탐지 …… (U-531 침몰). 루스스트라이프호의 레이더, 4.7킬로미터 지점에서 적군 탐지 …… (U-196 침몰). 펠리컨호의 레이더, 4.8킬로미터 지점에서 적군 탐지 …… (U-438 침몰) 등등". 레이더에 포착된 유보트의 대부분이 폭뢰에 의해 침몰했지만, 한 척은 역시 새롭게 개발된 대잠수함 무기, 헤지호그(Hedgehog)에 당했다.[23]

이 간결한 전투 요약은 그날 밤 유보트가 영국의 어떤 군함에 의해 정확히 몇 시에 얼마나 떨어진 곳에서 침몰했는지를 알려주었기 때문에 해군사학자의 관심을 끌기에 충분했다. (이런 이유에서 더 구체적인 발췌 글이 부록 A에 소개된다.) 이 소식을 듣고, 되니츠는 울프팩들에게 더 큰 피해를 입기 전에 철수하라는 명령을 내렸다. 해전 전체에서 이 경우보다 과학기술에 기반한 신무기가 전투에 즉각적으로 영향을 끼친 더 나은 사례를 찾기는 힘들다.

다른 결론들이 도출될 수도 있다. 블레츨리 파크가 그즈음 독일 해군 암호를 독해하는 능력을 회복한 것도 영국 해군부에 도움이 됐을 게 분명하다. 독일 정보국이 언제 수송 선단이 소집되는가를 알아냈듯이 블레츨리 파크도 유보트들이 수송 선단 ONS-5를 공격하려고 모인

대해전, 최강국의 탄생

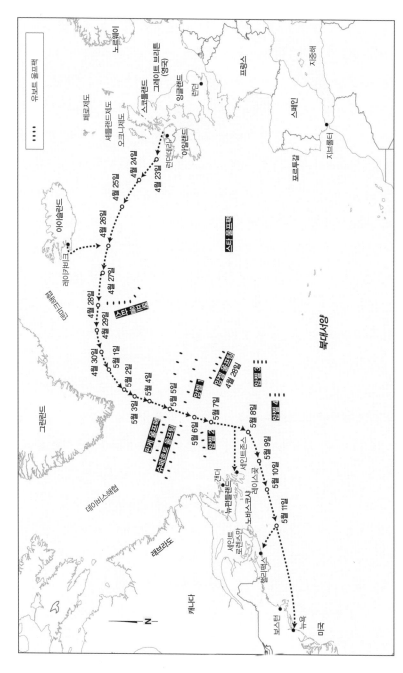

〈지도 11〉 가장 규모가 컸던 수송 선단 전투: 대서양 수송 선단 ONS-5, 1943년 4~5월

다는 것을 알아냈고, 나중에는 되니츠가 씁쓸히 철수를 명령했다는 것도 읽어낼 수 있었다. 그러나 연합군 해군 정보국이 제대로 기능하지 못했더라도 그 전투는 피할 수 없었을 것이고 비슷하게 진행됐을 것이다. 단파 방향 탐지기(High-Frequency Direction Finding, HF-DF)가 멀리에서도 많은 유보트의 위치를 찾아냈지만, 실제 전투에서는 새롭게 개발된 소형 레이더가 더 큰 역할을 해냈다. 이 전투와 관련된 '대서양 플롯(Atlantic Plot)'도 무척 흥미롭다. ONS-5를 제외하면, 당시 북대서양에는 8건의 연합군 수송 선단(약 350척의 상선)이 있었다. 하지만 네 선단은 미국 동부 해안의 항구들에 곧 도착하거나 그곳을 곧 출발할 예정이었고, 두 선단은 영국 항구의 앞바다에 있었다. 따라서 대서양이 더 위험해지면 그 선단들에는 모두 가까운 항구에 머물라는 명령이 전달될 수 있었을 것이다. 나머지 두 선단은 남쪽으로 좀 떨어진 항로를 따라 운항하고 있었다.

그러나 앞에서 보았듯이, 되니츠는 ONS-5를 공격하기로 결정하며, 미래의 전투를 가늠하는 잣대로 삼았다. 얄궂게도 그 전투는 실제로 그렇게 됐다. 이 전투에서 13척의 소중한 상선이 침몰했다. 9척은 영국, 3척은 미국, 한 척은 노르웨이 상선이었고, 바닷속으로 사라진 물건은 총 6만 3,000톤이었다. 그러나 공교롭게도 그 수송 선단은 상당수의 상선이 침몰된 마지막 선단이 됐다. 놀랍게도 그 이후로는 유보트와 수송 선단이 마주칠 때마다 상선보다 잠수함이 더 많이 침몰하는 경우가 잦아졌다. 따라서 매달 집계되는 침몰선에서 상선보다 잠수함이 더 많았다. 이 전투를 정리하는 마지막 구절은 스티븐 로스킬(Stephen Roskill, 1903~1982년)을 인용하는 게 마땅할 듯하다. "7일 동안 30척의 유보트에 맞서 싸웠던 그 전투는 위도와 경도로만 표시되며, 기억에 남겨져야 할 이름이 없다. 그러나 그 전투는 키브롱만 해전(Battle of Quiberon Bay: 7년 전쟁 중이던 1759년 영국 함대가 프랑스 함대에 결정적인 승리를 거둔 해전-옮긴이)이나 나일 해전(Battle of the Nile: 1798년 영국 함대가 이집트에 주둔하던 나폴레옹의 프랑스 함대를 격침시킨 사건-옮긴이)만큼이나 결정적이었다."[24]

그 중요한 시기에 수송 선단과 유보트가 충돌한 세 번째 사례, SC-130은 겨우 보름 뒤에 계획됐고, 북아메리카에서 영국으로 이동하는 선단이었다. 많은 학자에게 제대로 진행된 수송 선단, 다시 말하면 많은 유보트들의 위협을 받았지만 완벽하게 보호받은 덕분에 아무런 손실도 없이 목적지에 도착한 선단으로 평가받게 된 유명한 선단이다. 울트라 해독 장치는 울프팩들 사이에서 빈틈을 찾아냈고, 상선들에 그 틈새로 항해하라는 전문을 보냈다. 그러나 예전에도 흔히 그랬듯이, 유보트 사령부는 그런 움직임을 포착해서 잠수함들에 수송 선단을 추적하라고 지시했다.

하지만 해군부의 연락을 받은 수송 선단은 만반의 태세를 갖추었다. 그즈음 수송 선단을 보호하는 방어막들이 추가로 촘촘히 더해졌다. 선단에 근접해 보호하는 호위함 전대, 그 주변을 항해하는 '헌터 킬러(hunter-killer: 잠수함을 공격하는 군함)' 부대, 수송 선단 상공에서 주간 정찰을 계속하는 리버레이터 폭격기와 허드슨 폭격기가 있었다. 따라서 38척의 상선 전부가 무사히 영국에 도착했지만, 유보트는 그린란드 남쪽 지역에서 4척을 잃었다. 5월 19일, U-954가 영국 공군 리버레이터 폭격기에 격침됐고, 그 직후에 U-209가 제1호송단의 프리깃함 제드호와 세넨호의 공격을 받아 수몰됐다. 그 뒤에는 U-318이 B1호송단의 영국 구축함 덩컨호와 코르벳함 스노플레이크호의 공격을 받아 침몰했으며, U-258은 영국 공군의 또 다른 리버레이터 초장거리 폭격기(눈부신

성공을 거두던 영국 공군 해안 사령부 120편대 소속)에 격침됐다.[25]

대략 같은 시기에 또 다른 연합군 수송 선단, ON-184가 영국에서 출발해 반대 방향으로 항해하고 있었다. 42척의 상선으로 구성된 수송 선단으로, 미국 호위 항공모함 보그호의 보호를 받았다. 5월 22일, 항공모함에서 출격한 어벤저 뇌격기에 U-569가 침몰했다.[26] 따라서 해가 떠 있는 시간에 항공기에 발견돼 공격받으면, 수송 선단에 섣불리 접근하다가 근접 호위함들에 지체 없이 반격을 받거나 보조 호위 부대에서 몇 시간을 넘어 며칠 동안 추적을 당하면, 더 나아가 항공모함에서 출격한 비행기에 집요하게 공격을 받으면, 아무리 강인한 잠수함 함장도 불안에 떨기 시작했다. 한편 이런 적극적인 방어 대책에 겁먹은 신임 함장들은 폭뢰 공격을 받아 작은 손상을 입어도 모항으로 서둘러 돌아갔다.

이 전투와 관련한 통계자료를 보면, 전술적 상황이 초현실적일 정도로 연합군에게로 기울어졌다. 두 수송 선단, 즉 총 80척의 상선이 바다에 있었지만 한 척도 잃지 않았다. 그러나 유보트는 5척이 침몰했고, 대부분이 신조된 잠수함이었어도 노련한 승조원들이 많았다. 특히 U-954에는 되니츠의 아들 페터가 타고 있었다. 하지만 되니츠는 아들을 잃은 슬픔을 겉으로 드러내지 않았다. 유보트 함장들에게 며칠 더 꿋꿋이 맞서라고 독려했지만, 결국 북대서양에서 벗어나 남쪽으로 내려가거나 귀환하려는 명령을 마지못해 내렸다. 되니츠는 훗날 회고록에서 "우리는 대서양 전투에서 패했다"라고 심드렁하게 썼다.[27]

그런 상황에서도 되니츠(또는 그의 부관들)는 해군 일지에, 연합군이 전세를 뒤집게 된 이유에 대한 개인적인 결론을 차분하게 써 내려갔다. 그 일부를 발췌하면 "항공기와 해상 군함에 장착된 적의 레이더 장치가 유보트의 작전을 크게 방해했다." 따라서 되니츠가 연합군에 새롭게 개발된 소형 레이더가 있다고 결론지은 것이 분명했다. "적의 공군력이 이제는 북대서양 전역에서 …… 공중 엄호할 수 있다." 그 때문에 유보트는 깊이 잠수해야 했고, "수송 선단을 추적할 도리가 없었다." 게다가 잠수한 유보트의 "위치를 찾아내는 새로운 장비"만이 아니라 "더욱 강력해진 폭뢰"도 갖추었고 "호위함의 숫자도 크게 증가했다." 하지만 무엇보다 "적의 공군"이 결정적인 변수였다. 끊임없는 공중 엄호에 유보트는 수송 선단 SC-130에 집중할 수 없었고, 수송 선단 ONS-184의 경우에는 "접근 자체가 불가능했다."[28]

수송 선단 전투에서 연합군이 승리하고 독일군이 패한 '요인'을 솔직하게 분석한 되니츠의 평가에 담긴 중요성을 이해하는 게 무엇보다 중요하다. 누구도 유보트를 활용한 군사작전을 되니츠만큼 정확히 파악하지는 못했다. 그 자신이 잠수함 승조원이었던 까닭에, 전쟁이 발발하기 전부터 되니츠는 유보트로 영국을 공격하는 전략에 대해 생각했고 계획도 수립했다. 또 최후의 순간까지 그의 '전우들', 즉 유보트 정예 함장들을 독려했고, 그들 모두의 멘토가 됐으며, 그들의 성공과 실패를 추적해 분석했다. 되니츠는 거의 언제나 허사로 끝났지만, 유보트 부대에 더 많은 자원을 할당해달라고 히틀러와 해군 최고사령부에 거듭해서 요구했다.

되니츠가 1942년까지 3배 정도의 유보트를 받았더라면 어떻게 됐을까? 독일이 되니츠의 요구를 받아들여 탱크를 제작하는 데 소요된 강철과 전기의 일부라도 전용했더라면, 또 200개의 육군 사단에서 하나나 둘만 줄였더라면 어떻게 됐을까? 그런 전용은 결코 불가능한 게 아니었다. 이쯤에 누구나 짐작할 수 있겠지만, 되니츠에게는 수송 선단-

잠수함-호위 부대라는 삼각 전투에서 양측의 손실과 이득을 냉철하게 분석해서 어떤 상황인가를 편견 없이 평가할 수 있는 기질이 있었다. 이런 점에서 되니츠는 전투에 직접 개입한 어떤 지휘관보다 나았다.[29]

되니츠의 판단으로는 1943년 4~6월의 대서양 전투에서 전세가 뒤바뀐 요인은 연합군이 새롭게 개발한 군사 장비와 한층 강화된 호위 부대였지, 두 수송 선단과 싸워야 했던 울프팩의 불운이 아니었다. 또 미국 조선소들에서 엄청나게 쏟아내는 상선도 아니었다. 바다에서 어떤 변화가 있었고, 그 변화로 인해 균형추가 걷잡을 사이도 없이 크게 기울었던 게 분명했다. 되니츠는 무엇보다 중요하다는 생각에, 연합군 측에서 무엇이 달라졌는지를 정리하기 시작했다. 적의 지휘관들이 동원할 수 있는 해상 호송함의 수가 크게 증가했다. 레이더를 비롯해 여러 탐지 장치 기술이 크게 개선돼, 해전에서 전술적 활동도 향상됐다. 무엇보다 "연합군의 한층 막강해진 공군력"이 있었다. 이런 변화가 결정적인 요인이었다. 되니츠가 보기에, 그런 변화는 유보트 함대가 감당하기 힘든 것이었다. 1943년 6월 초까지 되니츠는 뛰어난 잠수함 지휘관만이 아니라 잘 훈련된 소중한 승조원도 너무 많이 잃었다(〈표 8〉 참조). 따라서 남은 지휘관과 승조원이라도 북대서양 수송 선단 항로로부터 떼어놓고, 그들을 덜 위험한 바다에 파견하거나 수리를 위해 모항으로 귀환시켜야 할 실정이었다. 그사이에 되니츠는 한때 독일 측에 있었다고 굳게 믿었던 이점을 되찾을 방법이 있는지, 있다면 어떤 방법이어야 하는지를 고심해야 했다.

되니츠의 계산에서 중요한 것은 차가운 통계자료, 즉 1943년 전반기보다 후반기에 유보트가 2배나 더 침몰했다는 수치였다. 따라서 미국 조선소들에서 봇물처럼 쏟아낸 리버티함을 비롯해 여러 유형의 선박

대해전, 최강국의 탄생

1월	2월	3월	4월	5월	6월	7월	8월
7	18	15	17	44	16	38	25

〈표 8〉 독일 유보트 손실량, 1943년

자료 출처: Helgason, "U-boat Losses during 1943," 2020년 2월 6일 접속, https://uboat.net/fates/losses/1943.htm.

이 진수되기 시작한 까닭에 대서양 전투는 '필연적으로' 연합군이 승리할 수밖에 없었고, 되니츠와 그의 잠수함 부대가 영국에 유입되는 군수품을 차단할 가능성은 실질적으로 없었다. 다수의 수송 선단이 아무런 피해를 입지 않고 영국에 도착했다는 것은 그의 잠수함 부대가 제기한 위협이 영국의 전투력이나 제해권을 방해하는 데 실질적인 역할을 못한 것이라는 서구 역사학자들의 훗날 평가를 보았다면 되니츠는 말문이 막혔을 것이다. 하지만 요즘 이런 평가는 넘쳐흐를 지경이다. 한 저명한 학자는 "대서양 해상 교통로는 간혹 언급되는 것만큼 히틀러의 유보트 함대에 중대한 위협을 받은 적이 없었다. …… 1942년 봄부터는 영국이 항복할 수밖에 없을 것이라 생각하기는 어려웠다"라고 결론지었다.[30] 전투로 상실한 병력에 대한 연합군과 독일의 통계자료만이 아니라 되니츠의 해군 일지도 치밀하게 분석하며, 대서양에서 전투하는 게 무척 어려웠다는 것을 강조하려 애쓰던 역사학자 존 엘리스(John Ellis)조차 미국이 진수하는 상선의 순전한 숫자에 큰 인상을 받았던지 "미국이 전쟁에 개입한 순간부터 유보트 부대가 감당해야 할 손해를 막기 위해 되니츠가 할 수 있는 것은 없었다"라고 주장했다.[31]

건조된 선박의 총량이 대서양 전투를 승리로 이끈 유일한 요인이라는 식의 주장은 옳지 않은 듯하다. 적어도 그렇게 단정적으로 말할 수는 없다. 물론 1943년 미국의 선박 생산량이 폭발적으로 증가한 것은

〈그림 37〉 북극해의 물보라에 들썩이는 영국 호위 항공모함 캄파니아호와 수송 선단, 1943년. 1942년부터 영국에서 건조된 캄파니아호를 비롯한 호위 항공모함들은 악천후에도 북극해 수송 선단을 보호하는 역할을 맡았다. 공중 엄호가 수송 선단에 제공되면 유보트가 성공할 가능성은 거의 없었다.

대해전, 최강국의 탄생

사실이다. 게다가 매달 생산량이 전달보다 증가했고, 더구나 되니츠가 연합군 선박을 침몰시키겠다고 월별 목표로 삼은 90만 톤을 크게 앞선 까닭에, 미국의 선박 생산 능력은 환상적이고 상대의 넋을 빼놓을 것처럼 보였다. 따라서 미국의 이런 생산 역량이 전투를 종식하고, 유보트 부대가 전략적으로 불필요한 존재가 되리라고 추정하지 못할 이유가 없었다.

　그러나 그런 추정은 통계학자의 몫이지, 해군 역사학자가 할 말은 아니다. 연합군 상선은 기존 수송 선단에 속한 것이든 새로 대체된 것이든 간에 때로는 유보트의 공격에 맞서 싸워야 했다는 사실, 또 상선단의 화력이 크게 증가하기 전에도 유보트들이 북대서양 한복판에서 침몰되거나 쫓겨났다는 중대한 사실이 위의 주장에서는 전혀 고려되지 않았다. 무엇보다 되니츠가 1943년 가을까지 유보트 부대를 여섯이나 여덟 편대로 증원할 수 있었다면, (연합국이 많은 선원을 잃은 까닭에 상선을 운영할 선원을 구할 수 없다면) 연합군이 더 많은 상선을 추가로 확보하더라도 문제가 해결되지는 않았을 거라는 점에 대한 고려도 없었다. 또한 1943년 이전에는 연합군 해군과 공군이 유보트 편대를 실질적으로 분쇄한 적이 없었다. 따라서 대서양 전투에서 연합군이 승리한 요인은 정확히 말하면, 호위함과 해안 사령부의 폭격기가 적군의 잠수함을 충분히 격침할 수 있었기 때문이다. 1943년 말에는 리버티함과 유조선, 곡물선과 냉동선이 유보트의 방해를 받지 않고 목적지에 도착했다는 것은, 영국이 겪던 중요한 분야(예컨대 벙커유)의 공급 위기가 해결됐고, 영국의 군수 산업이 계속 가동될 수 있을 뿐만 아니라 생산량도 늘릴 수 있게 됐으며, 프랑스 침공과 이탈리아 수복에 필요한 군수품의 생산을 더 확대할 수 있게 됐다는 뜻이다.[32]

　　　　　　　　　　　　　　　대해전, 최강국의 탄생

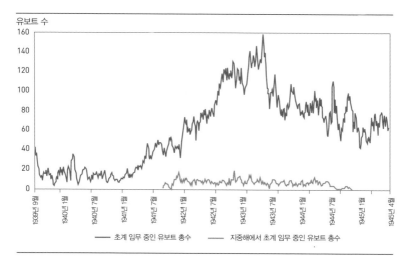

유보트 수

초계 임무 중인 유보트 총수 —— 지중해에서 초계 임무 중인 유보트 총수

〈도표 3〉 전투에 투입된 유보트 수, 1939~1945년

자료 출처: Helgason, "U-boat Force Combat Strength," 2020년 2월 4일 접속, https://uboat.net/ops/combat_strength.html에서 인용한 것이다. Roskill, War at Sea, 2:374에 실린 지도에는 이동 중에 있는 모든 유보트의 위치, 작전에 투입된 네 팀의 울프팩 및 1943년 5월 1일에 침몰된 유보트들의 개별적인 위치가 표시돼 있다.

그러나 B-17이 출격할 때마다 루프트바페가 제8공군의 그 폭격기들을 섬멸할 수 있었다면 B-17의 생산량이 증가했더라도 공중전에서 독일에 승리를 거둘 수 없었을 것이다. 이와 마찬가지로, 진수되는 선박만 증가해서는 대서양에서 승리를 거둘 수 없었다.[33] 1943년 5월과 6월에 북대서양 한복판에서 벌어진 몇몇 결정적인 전투에서 되니츠의 유보트가 무참히 패하지 않았다면, 이야기가 달라졌을 것이다.

〈도표 3〉에서 이 점이 확인된다. 통계학자 에드워드 터프티(Edward Tufte)가 '양적 정보의 시각적 표현(visual display of quantitative information)'이라고 칭한 것의 가장 뚜렷한 예라 할 수 있는 〈도표 3〉은 되니츠의 유보트 함대에서 전투에 투입된 잠수함 숫자를 하루하루 추적해서 합계를 낸 기록을 나중에 재구성한 것이다.[34]

영국 해군부의 작전실과 되니츠의 유보트 사령부에 이와 똑같은 도표는 없었겠지만, 그곳 전략가들의 머릿속에는 대략적인 추세가 그려져 있었을 것이다. 수송 선단을 공격하는 잠수함이 많으면 독일이 승리할 가능성이 높아진다는 것은 자명했다. 이즈음 되니츠가 보유한 유보트는 대략적이지만 300척가량이었고, 통계적 가정에 따르면 100척이 실질적인 작전에 투입됐다. 그의 계산에서 유보트 부대에 필요한 잠수함은 300척이었다. 까다로운 해전에 따른 마모를 고려하면, 그중 3분의 1(또는 약간 더)만이 공해에 나가, 언제라도 그의 무선 지시를 받고 작전에 돌입할 수 있기를 바랐다. 또 100척은 신병들과 함께 발트해에서 훈련하며 작전에 투입될 준비를 하거나, 수리를 받을 수밖에 없었다. 실제로 수송 선단과 격렬한 전투를 치른 뒤에는 12척 이상이 수리에만 여러 주가 걸리는 심각한 손상을 입는 경우가 많았다. 나머지 100척은 북대서양에만 머물지 않고, 카리브해, 위험한 지중해, 인도양과 남대서양까지 초계 범위를 넓혔다는 점에서 거의 범세계를 무대로 한 거대한 끝없는 작전이었고, 나름으로는 가장 큰 전쟁이었다.

따라서 영국과 캐나다와 미국의 해군들이 유보트의 위협에 대응해 동원한 병력 규모를 고려하면, 독일 유보트 부대가 1942년에는 물론이고 이듬해까지도 작전에 실제로 투입되는 잠수함의 수를 계속 끌어올린 것은 조직적으로 이루어낸 커다란 성과였다. 마침내 되니츠는 짧은 기간에 그쳤지만, 〈도표 3〉에서 보듯이 1943년 4월 29일에는 놀랍게도 159척의 잠수함을 공해에 내보내는 성과를 이루어냈다. 물론 그 수치에는 이동 중인 잠수함도 포함된 까닭에 경계선이 불분명하다(여하튼 공해로 나가는 유보트는 기회가 있는 대로 가까운 수송 선단을 공격할 수 있었지만, 귀환하는 유보트는 어뢰가 없어 수송 선단을 맞닥뜨려도 공격할 수 없었다).

대해전, 최강국의 탄생

하지만 80~90퍼센트의 잠수함이 그날 북대서양 어딘가에서 전투태세에 있었을 가능성이 크다. 그런데 4월 29일이란 날짜가 얄궂다고 생각하는 독자도 있을 것이다. 그야말로 4월 29일은 유보트가 3월의 수송 선단을 유린했던 날과 5월의 수송 선단을 호위하던 연합군 항공기와 군함이 유보트를 유린한 날의 정확히 중간이었다. 가장 많은 유보트가 공해에 투입된 4월 29일, 중요한 수송 선단 ONS-5는 첫 번째 울프팩을 향해 다가가고 있었다(〈지도 11〉 참조). 그날 이후로 작전에 투입된 유보트의 수가 급격히 줄어든 결과는 〈도표 3〉에서도 명확히 드러난다 (한 달에 35척이 침몰했고, 적어도 같은 수의 유보트가 피해를 입어 전쟁터를 떠나야 했다).

요컨대 대잠수함 전투에 필요한 신무기들이 대서양 전투에서 바로 그 시점에 쏟아져 나오지 않았다면, 매달 20척의 새 유보트를 보충받던 되니츠가 아일랜드 서쪽 바다, 아이슬란드와 그린란드의 남쪽 바다에 울프팩을 더 많이 배치함으로써 여름철 수송 선단을 방해하는 게 가능했을 수 있다. 되니츠의 강적, 영국 해군부는 그런 가능성을 두려워했던 게 분명하다. 그 때문에 유보트의 5월 공격이 흔들리며 주춤했을 때 되니츠가 불안에 떨며 유보트 함장들에게 철수를 명령했다는 것을 처음에는 믿지 않았다. 되니츠가 독려를 중단하고 북대서양 바다에서 철수를 지시함으로써(그때 영국 암호 해독가들은 워털루 전투의 승리를 알렸던 '근위대가 철수한다!'라는 구호와 비슷한 함성을 내지르지 않았을까 싶다) 해전의 양상은 연합군에게 유리한 상황으로 계속 전개됐고, 그해 봄의 위기 상황으로 되돌아가지 않았다. 엄청나게 힘든 노력이 있었고 막대한 자원이 투입됐지만, 독일군 중에서도 가장 잘 조직된 전투부대가 도발한 가장 치열하고 격렬했던 작전을 물리칠 수 있었던 것은 분명하다.

그렇다고 잠수함의 위협이 완전히 사라지지는 않았다. 되니츠는 1943년 6월의 결과에 실망하고 좌절했지만 결코 북대서양을 완전히 포기하지는 않았다. 전쟁 무기를 만들어내는 나치의 기술 자원은 여전히 인상적이었다. 낮이 더 긴 7월 동안, 침몰하는 연합국 상선의 수가 다시 증가했다. 10월이 되자, 뛰어난 지략가인 되니츠 제독은 유보트를 다시 북대서양에 내보냈다. 이때 최신형 자동 추적 어뢰 GNAT(German Navy Acoustic Torpedo: 영국군이 붙인 명칭-옮긴이)가 장착돼 그들의 표적인 호위함을 의도적으로 찾아다녔다. (얄궂게도 이때 상선의 피해는 그다지 크지 않았다.) 잠깐 동안이었지만 이 전술은 효과가 있는 듯했다. 수송 선단을 보호하는 두 번의 격렬한 전투 과정에서 5척의 구축함이 침몰했지만, 연합군 전략가들은 GNAT의 위협을 무력화하는 새로운 전자 유도 장치를 개발했다. 그 후에는 호위 부대의 공군력과 해군력 및 한층 새로워진 탐지 장치가 훨씬 더 위력적이라는 게 입증됐다. 예컨대 10월 중순경의 수송 선단, ONS-206과 ONS-20은 초장거리 폭격기 리버레이터로 구성된 3개 편대의 보호를 받았다.[35] 따라서 1943년 후반기에 유보트의 손실이 다시 증가하며 10월에는 26척, 11월에는 19척이 침몰했다. 되니츠가 대서양 전투를 다시 시작하며 계획한 전략적 바람이 기본적으로 물거품이 됐다는 뜻이었다.

사실 1943년 후반기에 4개월 동안 유보트의 손실이 침몰한 상선의 수보다 많았다. 위에서 말했듯이, 상황이 완전히 뒤바뀐 셈이었다. 1943년이 끝나갈 때쯤에는 북대서양 수송 선단에 속해 항해하는 연합국 상선과 유보트가 충돌하며 침몰하는 사례는 거의 사라졌다. 하지만 캐나다 영해와 앞바다에서 잠수함은 여전히 위험했고, 더 멀리 떨어진 바다에서는 잠수함의 공격에 상선이 침몰하기도 했다. 그러나 유보트

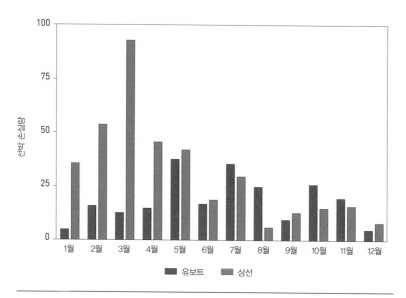

〈도표 4〉 북대서양에서 침몰한 유보트와 상선, 1943년

자료 출처: Kennedy, Engineers of Victory, 43.

는 대대적인 규모로는 주된 전쟁터로 다시 돌아가지 않았다. 〈도표 4〉
에서 보듯이, 그 이유는 1943년의 수치에서 확인된다.

　남쪽에서도 규모가 약간 작았지만 별개의 전투가 1943년에 벌어졌
다. 재편성된 유보트 전단이 새롭게 구성된 연합군 호위 부대와 싸웠
다. 미국 호위 항공모함과 구축함들로 구성된 호위 부대로, 중앙 대서
양을 가로질러 북아프리카까지 내려가는 수송 선단을 보호하는 임무
를 맡았다.[36] 횃불 작전으로 연합군이 북아프리카에 상륙한 1942년 11
월 이후로, 즉 수십만의 미군 병사가 지중해 무대에 배치된 이후로 방
대한 새로운 공급로가 필요했다. 따라서 미 해군 최고사령관이던 어
니스트 J. 킹 제독은 대서양 전투와 독일 잠수함 부대의 괴멸에 더 많
은 자원을 쏟아부었다. 1943년 3월, 영국-미국-캐나다 회담에서는 기

왕에 합의된 두 곳의 해군 관할 지역 이외에, 미 해군이 대서양 사령부(제10함대)를 새로 창설해 남쪽 해상 교통로를 보호하기로 했다. 영국과 미국의 해군본부가 무척 다른 전략을 추구했기 때문에 그 합의는 무척 다행스러운 것이었다. 런던에서는 상선을 무탈하게 목적지에 도달하게 하는 게 최상의 목표이자 사실상의 전략적 성공이라는 줄리언 코벳의 철학이 여전히 지배적이었다. 그래야 본토가 안전할 것이고, 훗날 디데이 작전으로 나치 독일을 궁극적으로 타도하는 데 필요한 막대한 물자를 확보할 수 있어야 했다. 따라서 유보트를 피하거나 밀어내는 것으로 충분했지만, 물론 그 과정에서 많은 유보트를 침몰시킬 수 있다면 좋은 것이었다.

반면에 워싱턴의 공격적이고 조급한 해군 지도부는 그런 조치로는 충분하지 않다고 생각했다. 미국 해군이 호위 항공모함을 중심으로 기동부대를 구성해, 적극적인 수색에 나서 섬멸하는 전략을 구사해야 한다고 생각했다. 예컨대 일급비밀에 속하는 울트라 정보까지 활용해, 멀리 떨어진 대서양에서 급유 잠수함을 만나 연료를 보급받는 유보트들을 기습해야 한다는 것이었다.[37] 훗날 밝혀졌듯이, 미국의 공격성 때문에 되니츠가 결코 해독될 수 없는 암호화된 전문이 해독되고 있다는 것을 알게 될 거라는 영국의 걱정은 기우에 불과했다. 마지막 순간까지, 되니츠는 연합군의 공중 정찰이 점차 확대되고 탐색 범위가 넓어진 신형 레이더 덕분에 탐지 능력이 향상된 것이라 믿었다. 연합군에게는 행운이 계속된 셈이었다.

하지만 궁극적으로 그 결과는 똑같았다. 남쪽에서 수송 선단을 공격하기 위해 유보트를 재배치한 것도 지속하기 어려울 정도의 큰 손실로 이어졌다. 약 17척의 잠수함 전단이 처음으로 북대서양 항로에서 밀려나 재결성됐고, 그 전단에는 얄궂게도 트루츠('저항'이라는 뜻) 울프팩이라는 이름이 붙었다. 그러나 더 거세게 저항해보았자 아무 소용이 없었다. 제10함대가 미국을 출발해 지브롤터로 향하는 수송 선단에 바싹 붙어 적극적으로 보호한 경우에나, 위험한 공해상에 연료를 공급받는 유보트를 기습한 경우에나, 그 함대에 소속된 호위 항공모함 전단, 예컨대 보그호, 샌티호, 카드호, 블록 아일랜드호(잠수함의 공격을 받아 침몰한 유일한 미국 항공모함), 과달카날호, 코어호를 중심으로 구성된 전단은 1943년 후반기 동안 내내 유보트와 급유 잠수함에 중대한 타격을 주었다.

이쯤에서 전쟁의 분수령이 됐던 그해에 얼마나 많은 신무기와 병력이 추가로 연합군 함대에 투입됐는지 궁금할 독자가 있을 듯하다. 많은 호위 항공모함과 항공모함의 호위함으로 코르벳함이나 슬루프가 아니라 고속 구축함이 제공됐다. 게다가 이 항공모함들은 장착된 장비가 개선됐을 뿐만 아니라, 빠른 F4F 와일드캣 전투기를 발진시켜 유보트를 공격할 수 있었고, 폭뢰와 '피도(Fido)' 자동 추적 어뢰를 싣고 낮게 날 수 있는 어벤저 폭격기를 싣고 다녔다. 강력한 대공 속사포를 장착한 잠수함도 항공모함 전단에 압도됐다. 따라서 1943년이 끝날 무렵에는 적어도 5척의 급유 잠수함을 포함해 24척의 유보트가 호위 항공모함 전단에 침몰당했다. 이 수치가 육지에 기지를 둔 해안 사령부의 폭격기에 침몰된 숫자에 가깝지는 않았지만, 이런 피해에 담긴 메시지는 똑같았다. 전략적인 균형추가 기울어졌다는 뜻이었다.

10월이 되자, 되니츠는 실망해서 대부분의 유보트에 귀환하라는 명령을 내렸고, 더 좋은 탐지 장치와 공격 무기로 함대의 역량을 개선하는 데 온갖 노력을 기울였지만 그런 노력조차 허사가 됐다.[38] 역시학자 데이비드 시렛(David Syrett, 1939~2004년)이 1943년 유보트의 패배에 대해 언급하며 지적했듯이, 되니츠가 북대서양에서 북아프리카나 지브롤터 항로로, 또는 브라질 연안과 인도양처럼 멀리 떨어진 바다로, 나중에는 다시 영국 본토로 돌아오며 주공격 무대를 바꾸었다는 것은, 적의 전선에서 약한 곳을 탐색하는 프리드리히 대왕처럼 상황을 통제하고 있었다는 증거가 아니라, 더 힘든 전장으로부터 계속 물러나는 현상, 즉 패배의 징조에 가까웠다.[39]

달리 말하면, 유보트의 새로운 공격 지역이 반드시 더 쉬운 지역은 아니었다는 뜻이다. 역시 1943년 후반기에 영국-지브롤터 수송 선단을 둘러싼 대서양의 세 번째 전쟁터에서 벌어진 치열한 해전과 공중전이 그 증거였다. 1940년 프랑스의 항복 이후로, 그 항로는 항상 무척 위태로운 무역로였다. 근처 대서양변 항구들에 기지를 둔 유보트에도 취약했지만, 비스케이만을 따라 위치한 루프트바페 편대에 속한 도르니에 폭격기, 하인켈 폭격기, 포케-불프 폭격기의 사정 범위에도 있었기 때문이다. 지리적인 이점은 독일에 있었다. 공중 공격과 유보트 공격이 무척 강력할 수 있었고, 때로는 유보트들이 삼중으로 배치되는 경우도 있었다. 예컨대 한 대규모 지브롤터-영국 수송 선단에 대비해서는 20척이 넘는 유보트를 삼중으로 배치했을 뿐만 아니라, 25대의 하인켈 177 폭격기들이 대낮에 기습적으로 공격하며 무선으로 조정되는 신형 활공 폭탄(glider bomb)을 발사하기도 했다.

하지만 이런 새로운 형태의 공격은 너무 늦게야 시작됐고, 모든 것이 완전히 망그러진 뒤였다. 그즈음 지브롤터 수송 선단은 한층 강력해진 해상 군함과 호위 항공모함의 보호를 받았고, 마침내 해안 사령부도 상당한 항공기를 확보한 까닭에 유보트들이 모인다는 연락을 받을 때마다 전투 현장에 공중 지원을 아끼지 않았다. 정교한 음향 탐지기를

대해전, 최강국의 탄생

장착한 선덜랜드 폭격기와 웰링턴 폭격기가 밤마다 비스케이만을 순찰하며, 수면에 떠오른 유보트를 발견하며 내리 덮쳐서 리 라이트(Leigh Light)의 강력한 빛으로 유보트의 시야를 방해했다. 강력한 대공포를 장착한 독일 잠수함들이 어떻게든 대서양으로 나가려고 시도할 때는 맹렬한 전투를 피할 수 없었고, 연합군 항공기들이 신속하게 달려와 쏟아 붓는 위험을 감수해야 했다. 따라서 5척의 유보트와 폴란드인이 조종하는 4대의 모스키토 전폭기가 치열한 교전을 벌인 적도 있었다. 전투가 근접한 상황에서 벌어지면, 구축함과 슬루프가 의도적으로 유보트에 충돌해 침몰시키는 경우도 있었다. 루프트바페 순찰대는 매복해 기다리던 연합군 전투기에 발각돼 사냥감이 되기도 했다. 침몰하는 상선과 호위함 및 잠수함의 생존자들이나, 불시착한 폭격기의 조종사와 폭격수를 구조하는 구조선들이 뒤섞이는 경우도 있었다. 1943년 비스케이만과 지브롤터 항로에서 벌어진 전투에서 침몰한 유보트의 수는 꾸준히 증가했고, 11월의 전투에서만 10척이 사라졌다. 이탈리아가 항복한 뒤에는 하인켈 177 폭격기가 지중해에서 악화되는 상황을 진정시키려고 대거 이동한 탓에 그 폭격기의 공격도 오랫동안 지속되지 못했다.[40]

얄궂게도, 이 지역에서 독일 해군과 연합군 해군이 1943년에 치른 마지막 전투는 해상 전투였고, 당연히 '비스케이만 전투'라는 이름이 붙었다.[41] 영국 해군에서는 2척의 순양함 글래스고호와 엔터프라이즈호, 독일 해군에서는 4척의 구축함과 6척의 대형 어뢰정이 악천후에도 불구하고 치열하게 맞붙은 해전이었다. 당시 독일 군함들은 중요한 물자인 텅스텐과 고무를 극동에서 싣고 돌아오던 밀수선 알스터루퍼호를 호위하려고 프랑스 항구에서부터 급히 파견된 것이었다. 이번에도 연합군의 화력은 되니츠 쪽에서는 감당하기 어려웠다. 장거리 B-24 리버레이터 폭격기의 공격을 받아 밀수선이 침몰했고, 울트라로 암호를 해독한 덕분에 영국 해군부는 순양함들을 배치해두고 독일 군함들이 덫에 걸려들기를 기다렸다. 그렇게 급습을 당하자, 독일 구축함과 어뢰정은 대서양의 폭풍에도 아랑곳없이 격렬하게 저항했다. 그러나 순양함에 장착된, 레이더로 조정되는 6인치 함포는 너무도 강력했다. 독일 해군은 구축함 Z-27호를 포함해 3척의 군함이 침몰하는 피해를 입었다. 그 이후로 전쟁 기간에 단 한 척의 밀수선도 성공적으로 빠져나가 독일이란 조국에 도움을 주지 못했다.

미국 남부의 항구들을 출발해 지중해까지 운항한 상선과 군수송선의 수는 1943년 내내 급증한 반면, 북러시아행 수송 선단은 줄어들었다.[42] 페르시아 철도망을 통한 공급로가 극단적으로 길고 복잡했지만, 그 공급로가 열리면서, 전통적인 대서양 수송 선단을 통해 스탈린의 부대에 서구의 물자를 급하게 전달해야 할 경우가 줄어들었다. 또 당시 일본과 러시아는 여전히 서로 중립적 관계에 있었기 때문에 러시아 깃발을 단 상선으로 시베리아까지 조용히 운영된 항로도 미국산 항공기와 트럭, 총포와 탄약을 소련 군대에 전달하는 데 큰 역할을 해냈다.[43] 그러나 북극해 수송 선단의 몫이 줄어든 주된 이유는, 1942년에 겪은 악몽들(수송 선단 PQ-17의 괴멸, 유보트만이 아니라 루프트바페에 의한 예기치 않은 잦은 피해, 샤른호르스트호와 티르피츠호의 여전한 위협)로 인해 처칠이 북극해 수송 선단의 운영을, 낮이 긴 여름철에는 잠정적으로 중단했기 때문이었다. 1943년 3월부터 11월까지 북극해 수송 선단이 중단되자, 스탈린이 크게 분노하며 불공평한 희생이라 항의했다. 하지만 그해 마지막 수송 선단이 아르항겔스트를 향해 출발할 때쯤에는 전반적인 전쟁 전

대해전, 최강국의 탄생

략, 즉 동부전선에서의 전략이 크게 달라졌다.

그렇지만 1943년 12월, 영국 해군은 북극해에서 오랫동안 바라던 것을 얻었고, 제한된 군함을 어렵사리 운영하던 독일 함대는 큰 타격을 입었다. 1943년 12월 26일, 이틀간 치열한 추격전이 있은 뒤, 실질적으로 유일하게 남은 전투 순양함 샤른호르스트호가 영국의 신형 전함 듀크 오브 요크호를 비롯한 순양함과 구축함 전대에 잡혀 침몰했다.[44] 당시 독일 해군 전체의 최고사령관이던 되니츠의 관점에서는 모든 것이 잘못된 작전이었다. 독일 구축함들은 윗부분이 무거워 북극해의 높은 파도를 헤치고 항해하기에 적합하지 않아 모항으로 보내졌고, 루프트바페도 악천후에 제 역할을 해내지 못했다. 또 거의 동시에 벌어진 비스케이만 전투에서 그랬듯이 울트라로 암호를 해독한 덕분에 영국 해군부는 독일의 의도를 알아챘고, 샤른호르스트호가 경로를 자주 변경했지만 순양함에 장착된 우수한 레이더도 그 전투 순양함을 놓치지 않고 추적하는 데 큰 도움을 주었다. 포탄에 입은 피해로 샤른호르스트호는 속도가 느려졌고, 결국 항복했다. 샤른호르스트호가 영웅적으로 저항했지만 노르웨이의 노르카프 앞바다에서 침몰한 사건은 독일 해상 함대가 제해권을 두고 연합군 해군과 다툰 마지막 시도였고, 제2차 세계대전 동안 서반구 바다에서 실질적으로 벌인 마지막 전투였다. 그렇게 영광의 시대는 저물어갔다.

서서히 태평양에 진출하는 미국

1943년 동안, 지중해와 대서양에서 일어난 사건들에 비교할 때 태평양에서는 선반석으로 극적이거나 결정적인 사건이 없었다. 주된 이유라면,

니미츠가 항공모함과 전함 등 미국 조선소에서 새로 건조되는 군함들을 묵묵히 기다리고 있었기 때문이다. 중앙 태평양의 이런 조용한 분위기는 1942년에 산호해와 미드웨이에서, 1944년에는 필리핀해와 레이테만에서 일본과 미국이 항공모함 함대를 중심으로 벌인 군사작전과는 너무도 대조적이었다. 1943년 동안 남서 태평양 사령부의 관할 구역에서 벌어진 전투들은 간혹 지루하게 이어졌고 치열했지만, 상륙작전과 섬 수비대 및 군수품 공급과 관련된 전투여서 지엽적이었고, 주로 순양함과 구축함의 충돌이었으며, 양측 모두에서 '육지에서 발진한' 항공대 간의 전투가 더해지는 정도였다. 1943년이 깊어감에 따라, 그 결과로 일본은 솔로몬제도 전체에서, 라바울과 비스마르크제도 주변에 외곽 방어선을 조금씩 뒤로 물려야 했다.

한편 멀리 북태평양에서는 일본이 한때 점령했던 알류샨열도가 훨씬 쉽게 수복됐다. 진주만에 새로운 함대와 플리트 항공모함이 도착한 뒤, 즉 1943년 8월 이후에야 니미츠는 일본군이 점령한 산호초들을 소규모로 습격하는 것을 허락했다. 그리고 전략적으로 중요한 길버트제도의 점령을 명령한 때는 11월로 훨씬 강력한 병력이 확보한 뒤였다.[45]

중앙 태평양에서는 이처럼 군사적 충돌이 상대적으로 적었기 때문에, 일본이 원했다면 기력을 회복하며 병력을 효율적으로 재배치하는 충분한 여유가 있었을 것이다. 그러나 내부적인 마찰이 있었다. 일본 지도부는 바다를 중시하는 해군과 대륙 지향적인 육군 사이의 해묵은 갈등으로 분열된 상태였고, 1943년 초에는 점점 더 깊은 수렁에 빠져들고 있었다. 장군들은 거대한 중국 땅을 정복해가는 전투를 계속해야 한다고 고집한 반면, 제독들은 도쿄로부터 아직은 멀리 있는 것처럼 보이지만 안전을 크게 위협하는 적이 바다 건너편에서 다가오고 있다고

대해전, 최강국의 탄생

주장했다. 그러나 그 거리가 실제로 아득히 멀어, 일본 대본영은 여전히 적절한 관심을 기울이지 않았다. 사실 일본제국의 현황은 실질적으로 1943년 초에서 크게 달라진 게 없었다. 솔로몬제도를 잃어, 일본이 정복한 지역의 대축척 지도에서 외곽선에 작은 구멍이 생긴 것을 인식하기는 쉽지 않았다(〈그림 9〉 참조).

따라서 지리적인 면에서나 군사작전에서나 일본이 내부선을 따라 병력을 이동할 수 있다는 이점이 있는 것처럼 보였다. 예컨대 일본이 새롭게 구축한 제국이 적에게 중대한 위협을 받으면, 육군 사단들을 중국에서 뉴기니로, 또는 오키나와에서 길버트제도로 실어 나를 수 있었다. 그러나 그런 이동 가능성은 대본영이 상당한 규모의 육군 사단을 기꺼이 기동 예비대에 할당하느냐, 몇 개의 여단을 단편적으로 조금씩 태평양에 보내느냐에 달려 있었다. 병력 규모와 상관없이, 공군력도 중요한 요인이었다. 따라서 양측 모두가 공군이란 요인의 중요성을 인정하며 더 많은 전투기와 폭격기를 태평양에 보내려고 애썼다. 이른바 절대적인 방어선이던 외곽선에 주둔한 일본군 지휘관들이 제공권을 상실하면 지상군과 해군은 규모에 상관없이 곧바로 무력해질 게 분명했다.

게다가 일본의 적이 하나 이상의 축을 따라 공격을 감행하면, 상황은 더욱 악화될 수밖에 없었다. 수비대가 수적으로 우세한 공격 부대에 압도돼 제각각 고립무원에 빠지거나, 증원군이 위협받는 곳마다 옮겨 다니는 위험을 감수하면 죽도 밥도 아닌 상황에 빠질 게 분명했기 때문이다. 반면에 미국과 오스트레일리아는 남쪽에서, 영국과 인도는 서쪽에서 병력을 추가로 지원받으면 향후에 반격하기에 더 나은 위치를 확보할 수 있었다. 그 이유는 얄궂게도 일본이 정복한 지역이 너무 넓었기 때문이다. 시노에서 보면, 일본이 정복한 영토는 위압적으로 보였

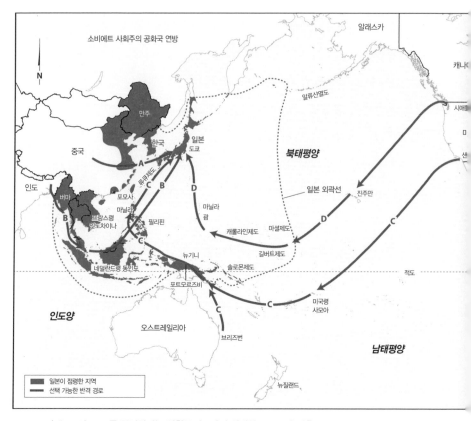

〈지도 12〉 **도쿄를 공격하려는 연합군의 4가지 선택안, 1943년 이후**

다. 그처럼 하나로 연결된 드넓은 정복지를 누군가 깨뜨릴 수 있을 거라고 상상이나 할 수 있었겠는가? 그러나 나치 제국도 1943년 초에는 그처럼 대단하게 보였지만, 연합군이 우크라이나부터 알제리까지 전진하자 많은 약점이 속속 드러났다. 일본도 마찬가지였다. 이곳에서도 연합군이 중국과 버마, 네덜란드령 동인도, 남서 태평양과 알래스카를 향해 많은 방향에서 진격해서, 상대적으로 약한 외곽선을 차례로 점령해가자, 도쿄는 행운의 인질로 전락하고 말았다.

대해전, 최강국의 탄생

〈지도 12〉에서 보듯이, 연합군은 이론적으로 적어도 네 지점을 기점으로 반격을 시작할 수 있었다. 그러나 리델 하트를 비롯한 많은 전략가가 오래전에 지적했듯이, 네 경로가 똑같은 정도로 유망하지는 않았다.[46] (민족주의자가 장악한) 중국 기점에서 일본까지의 거리가 이론적으로 가장 짧았지만, 미국에서 그곳까지 군수품을 실어 나르는 보급로는 아득할 정도로 멀었다. 태평양을 횡단해서 인도의 영국군 기지까지 들어간 뒤에 다시 히말라야산맥을 넘어야 했다.

한편 영국군이 인도와 버마를 기점으로 반격하는 경로는 일본을 물리치는 과정에서 말레이반도와 홍콩을 비롯해 제국의 나머지 영토도 되찾으려던 처칠의 바람과 일치할지 몰랐지만, 가장 먼 길인 데다 그 경로를 뒷받침하기에는 영국의 자원이 부족했다. 태평양을 가로지르는 경로들이 가장 타당했고, 불가피했다. 거리가 짧다는 이점도 있었지만, 일본이 진주만을 기습적으로 공격해 미국에 충격과 모욕감을 주었던 것을 되돌려주는 효과도 있었다. 결국 미국의 생산 기지들로부터, 군수 산업의 심장부와 드넓은 조선소들로부터, 서부 해안의 공군 및 해군기지들로부터 일본의 태평양 세계로 병력과 군함과 폭격기를 쏟아부어 도쿄에 항복을 받아내겠다는 재정복 전략에도 맞아떨어졌다. 게다가 솔로몬제도와 엘리스제도가 미국으로부터 아득히 멀리 떨어져 보였지만, 일본으로부터도 멀리 떨어진 것은 마찬가지였다. 따라서 이 전투의 승패는 '거리의 폭정'을 어느 쪽이 극복하느냐에 달려 있었다. 1942년 후반기에 일본이 이미 견제받아 약간 뒤로 물러섰지만 태평양 제해권 다툼은 결국 그 연장선이 될 것이 분명했고, 병참과 공급망을 지배하는 쪽, 궁극적으로는 더 나은 생산력을 지닌 쪽이 승리할 가능성이 컸다.

몇몇 전쟁 평론가들이 즐겨 말하듯이, 미국이 "도쿄로 돌아가는 길 (return road to Tokyo)"은 〈지도 13〉(9장 519쪽 참조)에서 제시하듯이 중앙 태평양을 가로지르며 '곧장 서쪽으로 향하는 직선로'는 아니었다. 태평양에는 널찍한 땅덩어리도 없었다. 유럽과 지중해 무대를 수복하는 계획을 수립할 때처럼 미국의 반격 부대가 기지로 삼을 만한 잉글랜드의 동쪽도 없었고, 북아프리카도 없었다. 그 때문인지 (60개 육군 사단을 지휘하고 싶어 하는) 드와이트 아이젠하워와 (4,000대의 중폭격기를 관리하기를 꿈꾸는) 칼 스파츠(Carl Spaatz, 1891~1974년) 같은 군부 지도자들은 항상 독일과의 전쟁에 더 많은 관심을 기울였다. 여하튼 산호섬에는 셔먼 탱크가 대규모로 작전을 벌일 만한 공간이 없는 것 같았다.

따라서 맥아더의 전략가들이 남서 태평양 사령부가 오스트레일리아에 두고 있는 커다란 보급 기지를 언급하며, 극단적으로 멀리 떨어진 작은 땅덩어리들만 있는 지역을 가로지르려는 전례가 없는 경로는 위험하다고 지적하면서, 연합군 공격의 주된 축은 뉴기니의 북부 해안 지역을 경유해 필리핀으로 올라간 뒤에 (가능하면 대만을 경유해) 일본으로 향하는 것이 돼야 한다고 주장한 것은 지극히 타당한 제안이었다. 물론 그 제안을 받아들이면, 고압적인 맥아더가 사령관인 미국 육군 사령부, 즉 남서 태평양 사령부의 관할 지역에서 반격 작전이 진행돼야 한다는 것을 모르는 사람은 없었다. 따라서 어니스트 킹 제독과 해군은 그 제안을 받아들이지 않기로 마음을 굳혔다. 그들은 중앙 태평양을 곧바로 가로지르는 작전을 시도하고 싶었다. 그 선택안이 불확실하기는 하지만, 하와이에 주둔한 니미츠의 함대에 반격 작전의 지휘권을 맡기기에 유리한 경로였다. 놀랍게도 각 군의 참모총장들과 루스벨트는 표결한 끝에 두 경로를 모두 지원하기로 결정했다. 군부 간의 충돌을 피하는 동시에, 두 방향으로 진격함으로써 일본을 헛갈리게 할 수 있는 이점까지 겸비한 놀라운 결정이었다.

이론적으로 보면, 연합군이 도쿄에 반격할 수 있는 '다섯 번째' 선택안이 있었다. 북태평양을 곧바로 가로지르는 방법이었다. 그 방법에 내재한 유일한 문제라면 끝없이 휘몰아치는 폭풍이었다. 그 경로에 위치하는 섬들은 양측 모두에게 전략적 유용성이 거의 없었다. 1942년 6월, 일본 원정군이 알류샨열도에 속한 애투섬과 키스카섬을 점령했다. 끝없이 바람이 휘몰아치는 두 섬은 미국 영토에서 적의 손에 떨어진 유일한 곳이 됐다. 그러나 그 점령은 아무런 의미가 없었다. 일본도 동쪽으로 더는 전진하지 않았고, 미국도 그 침략자들을 몰아내려고 전혀 서두르지 않았기 때문이다. 그곳에 고립된 일본 수비대는 일본 해군이 드넓은 태평양을 헤집고 다니며 군수품을 공급해야 하는 많은 지역 중 하나가 됐을 뿐이다. 이듬해 3월쯤 미국은 함대 규모가 커지자 순양함과 구축함으로 편성된 부대를 동원해 두 섬으로 향하는 공급선을 차단했고, 그로 말미암아 제2차 세계대전 동안 그 바다에서 처음이자 마지막으로 작은 해전이 벌어졌다. 처음에는 일본 전단(2척의 중순양함과 2척의 경순양함)의 강력한 함포 공격에 미국 순양함 솔트레이크시티호가 움찔하며 멈추었다. 그러나 구축함들이 연막을 뿌리며 어뢰로 공격하자, 일본 제독답지 않게 의외로 소심한 호소가와 보시로(細萱戊子郎, 1888~1964년)는 철수했고, 보급 작전 자체가 포기됐다.

그 한 번의 충돌에 코만도르스키예제도 해전(Battle of the Komandorski Islands)이라는 엄청난 이름이 붙여졌지만,[47] 그때까지 어떤 사건도 없었다. 그러나 두 달 뒤, 1만 2,000명으로 구성돼 상당한 규모의 미국 상륙부대가 해군의 엄호를 받으며 애투섬에 상륙했다. 진주만 공습을 견

〈그림 38〉 **코만도르스키예제도 해전에서의 미국 순양함 솔트레이크시티호, 1943년.** 북태평양에서 벌어진 유일한 해군 작전에서 조심스레 움직이는 일본 전단을 상대하는 미국의 고속 중순양함을 묘사한 그림이다. 이때 솔트레이크시티호는 심각한 손상을 입었지만 결국 살아남아, 태평양전투에서 미국의 어떤 군함보다 많은 해전에 참가했다.

더낸 3척의 전함 펜실베이니아호와 아이다호호와 네바다호를 비롯해 6척의 순양함과 19척의 구축함이 지원에 나섰다. 지상전은 치열했고, 몇 주가 지속된 뒤에야 일본 수비대가 섬멸됐다. 태평양 전쟁이 전개되는 동안, 이와 유사한 전투는 몇 번이고 되풀이됐다. 고립된 일본 수비대, 먼바다에서 해군 전대가 무지막지하게 퍼붓는 포격, 상륙부대의 대규모 공격, 자살 돌격(suicide charge)으로 끝나기 일쑤이던 광신적인 저항으로 이루어진 이야기가 반복해 전해졌다.

애투섬은 5개월 만에 완전히 수복됐다. 그 직후에 일본 대본영은 키스카섬에서도 수비대를 철수하기로 신중하게 결정을 내렸다. 그러나 폭풍과 안개 때문에 미군은 일본이 철수했다는 것을 전혀 알지 못했다. 7월 말과 8월 초, 미국 전함과 순양함과 구축함이 해안 시설에 포격을 퍼부었고, 제11군 항공대는 섬 전역을 폭격했다. 8월 15일, 대규모 상륙부대(처음에 3만 5,000명)는 아무런 저항을 받지 않은 채 상륙해서 일본군의 수색에 나섰다. 애국심에 투철한 미국 공식 역사학자 새뮤얼 모리슨조차 인정했듯이, 모든 게 "약간 우스꽝스러운 짓"이었다. 적어도 돌이켜 생각해보면, 미국이 알류샨열도 전투에 투입한 병력(전체적으로 계산하면 약 10만 명)으로, 당시 무척 힘겹게 전진하던 맥아더의 남서 태평양 사령부를 지원하는 게 훨씬 더 나았을 것이다.[48]

우스꽝스러웠든 그렇지 않은 간에 알류샨열도 전투에 배치된 압도적 병력은 훗날의 예고편이었다. 1943년이 시작되자 미국 육군과 공군과 해군이 태평양 무대에 들어서기 시작했고, 미드웨이와 과달카날에서 보여준 약간의 군사적 우위는 과거사가 됐다. 하지만 모든 분야에서 병력 증강이 같은 속도로 진행된 것은 아니었다. 1943년 후반기가 돼서야, 니미츠는 길버트제도와 그 너머까지 진격하기에 충분한 항공모함을 확보했다고 생각했다. 그때부터 역사상 처음으로 대규모 상륙작전이 전개됐다.

당시 일본군은 곳곳의 섬에 마련한 기지에 강력한 항공 편대를 보유했지만, 지상에 기지를 둔 항공기로부터는 어떤 지원도 받지 못했다. 추크환초와 라바울에서 출격한 일본 항공기가 정확히 겨냥해 포탄을 떨어뜨리면 미국 군함들에 큰 타격을 줄 수 있었다. 그런 식으로 서너 척의 항공모함을 움직이지 못하게 만들면, 니미츠의 기동부대가 작전을 뒤집고, 중앙 태평양을 독자적으로 가로지르는 전략이 취소될 가능성이 짙었다. 앞서 말했듯이, 미국의 모든 제독이 항공모함 부대를 강화하는 것을 좋아하지는 않았다. 따라서 1943년 내내 여러 하위 집단들은 함대를 어느 정도까지 항공모함 중심으로 꾸려야 하는가를 두고 논쟁을 벌였다. 예컨대 함대에서 주요 부문들을 책임진 해군 조종사들이나 포격으로 지원하는 역할이 맡겨진 전함, 심지어 최첨단 전함들 사이에서 논쟁이 뜨거웠다.[49]

이런 논쟁은 1944년 초, '마리아나 칠면조 사냥(Marianas Turkey Shoot)'이라고 불리는 대승이 있은 뒤에야 분명한 결론이 내려졌지만, 항공모함 함대는 두 가지 점에서 유리했다. 하나는 당시 새로 개발된 많은 신무기를 미국 함대에 도입하게 된 것이었고, 다른 하나는 그즈음 일본이 태평양에서 지속적으로 조심스레 드러낸 경계심이었다. 미국이 전쟁을 준비하며 산업 생산력의 폭발적인 증가로부터 어떤 이득을 보았다면(8장 참조), 바로 항공모함이었다.

1943년 중반경, 신무기 체계와 과학기술이 결합되며 항속거리가 길고 강력한 화력을 지닌 항공모함이 탄생했다. 해군사에서 이런 항공모함의 등장은 영국 전함 드레드노트호의 등장보다 더 충격적일 수 있었다. 고속 항공모함의 역사를 연대순으로 정리한 클라크 레이놀즈(Clark Reynolds, 1939~2005년)는 당시의 항공모함을 이렇게 압축해 표현했다. "고속 항공모함 기동부대는 몇몇 새로운 장비들을 처음으로 전투에 도입했다. 에식스급 중(重)항공모함, 인디펜던스급 경항공모함, F6F 헬캣 전투기, 다채널 초단파 무전기, PPI 레이더와 DRT 레이더 등이었다.

게다가 이런 군함들에는 근접 신관 포탄을 사용한 5인치/38구경 함포, 40밀리 대공포와 20밀리 대공포가 장착됐고, 다수의 신형과 구형 전함과 순양함과 구축함이 함께 항해했다."[50] 여기에 고속 유조선과 군수 지원함이 더해져서, 미국 항공모함 전단은 타격 범위에서 지리적 한계가 없는 것과 같았다. 전통적 사고에서 벗어나지 못한 많은 동료가 여전히 의심을 떨치지 못했지만, 전향적 전략을 확신하던 해군 항공대 제독들의 눈에는 적어도 그렇게 보였다.

하지만 중앙 태평양의 곳곳을 자유롭게 공격하게 된 원인에는 일본군의 조심스러운 태도도 있었다. 이론적으로 보면, 도쿄의 전반적인 결정이 이듬해까지 전략적 방어에 우선순위를 두었더라도 일본 해군이 1943년에 공격적인 '약탈적' 타격을 가하지 않았어야 할 이유는 없었다. 일본 해군은 추크환초를 중심으로 공격적으로 작전을 펼칠 수 있을 만큼 자체적으로 충분한 항공모함 부대(3척의 대형 항공모함 쇼카쿠호, 즈이카쿠호, 즈이호호)를 보유하고 있었다. 게다가 라바울을 비롯해 여러 섬에 지어둔 활주로에 주둔한 폭격기 편대들로부터 지원을 받을 수 있었다. 그러나 1943년이 깊어감에 따라, 일본 해군이 조심하는 경향은 더욱 짙어졌다. 특히 4월 이후로는 야마모토 이소로쿠 제독을 잃은 상실감 때문에, 또 남서 태평양 전투에서 해군 조종사들을 잃은 까닭에 조심하는 태도가 뚜렷이 드러났다. 특히 윌리엄 홀시 제독의 부대가 남쪽에서부터 라바울을 포위하려고 가까이 이동하자, 일본은 라바울의 방어를 핵심 전략으로 강조하려는 경향까지 띠었다. 때때로 도쿄 사령부는 미군의 시선을 돌릴 수 있기를 기대하며 전함과 항공모함으로 구성된 연합함대에 중앙 태평양으로 이동하라는 명령을 내렸지만, 그 모든 시도가 별다른 충돌이 없는 항해로 끝나고 말았다.

일본이 이렇게 현상을 유지하는 데 급급했던 반면, 니미츠의 항공모함들은 한층 대담해졌고, 그 기간에 함대를 구성하는 군함들이 조직적으로 움직이는 경험을 쌓아갔다. 8월 말, 하와이보다 일본에서 훨씬 더 가까운 작은 미나미토리섬(南鳥島: 연합군 명칭으로는 마커스섬)에 설치된 비행장과 기상 관측소에, 3척의 항공모함 요크타운호와 에식스호와 인디펜던스호에서 출격한 폭격기 편대가 폭격을 퍼부었지만 큰 저항을 받지 않았다. 9월 초에는 2척의 항공모함으로부터 엄호를 받은 상륙부대가 베어커섬의 작은 활주로를 점령했다. 같은 달 말에는 3척의 항공모함 렉싱턴호와 프린스턴호와 벨로 우드호가 타라와환초에 대대적인 공중 공격을 퍼부었다. 이 작전들은 모두 작은 규모였지만, 훗날 성공적인 전진에 크게 기여한 새로운 전술적 특징을 띠었다. 예컨대 공격할 때마다 불시착한 항공기의 조종사와 항공병을 구출하기 위한 잠수함이 전진 배치됐고, 공격 전후로 바다에서 함대의 재급유가 빈틈없이 이루어졌으며, 하늘에 떠 있는 많은 항공기가 레이더로 관찰되는 동시에 무선으로 교신됐고, 이 기동 전대들이 하나의 부대처럼 움직였다. 구체적으로 말하면, 항공모함을 중앙에 두고 전함과 순양함이 보호막처럼 에워싸고, 그 밖으로 구축함들이 둥그렇게 둘러쌌다.[51]

마침내 11월 2일부터 5일까지 미군이 길버트제도를 공격하기 시작했다. 미국이 선제공격을 시작했고, 도쿄가 그곳에 4,800명의 수비대를 남기며 최후의 한 사람까지 싸우기로 결정했더라도, 니미츠가 그때 소집한 병력 규모가 압도적이었다는 점을 고려하면, 그 공격은 상대적으로 쉽게 끝났어야 했다. 하지만 갤배닉 작전(Operation Galvanic)은 결과적으로 두 가지 크게 다른 특징을 띠었다. 첫째는 바다와 하늘에서 과시한 고속 항공모함 기동부대(Fast Carrier Task Force) TF58의 절대적인

대해전, 최강국의 탄생

우위였다. TF58은 섬들 주변을 항해하며, 일본군이 서쪽에서부터 간섭할 가능성을 차단했고, 포격을 통해 상륙부대를 보호했다. 그러나 둘째는 섬을 점령하기 위한 공격이 충격적으로 어렵다는 것이었다. 따라서 미국 해병대는 타라와환초에서 베티오산호초를 넘어 상륙을 시도할 때 엄청난 피해를 입었다. 하지만 해병대의 후퇴는 점령이란 궁극적인 결과를 위협한 요인이 아니었고, 오히려 미군이 중앙 태평양을 직접 가로질러 일본으로 진격하려면 길버트제도를 점령해야 한다는 전략의 당위성을 입증해주는 계기가 됐다. 하지만 사상자 수는 미국 최고사령부만이 아니라 국민까지 당혹감에 빠뜨렸다.

타라와환초의 산호초에서 미국 제2해병사단이 그처럼 크게 피해를 당한 이유는 전술에 있었다. 일본군이 (얄궂게도 9월의 공습 이후로) 지상 시설의 요새화를 강화했다는 것을 정보국이 알아내지 못했기 때문이었다. 거미줄처럼 연결된 참호는 공중 폭격에 거의 영향을 받지 않았고, 상륙하기 며칠 전부터 해군이 퍼부은 포격에도 별다른 피해를 입지 않았다. 상륙 공격은 간만의 차이가 가장 적은 때, 즉 산호초를 덮은 바닷물이 평소보다 훨씬 낮은 때에 시도됐다. 따라서 깊이가 0.9~1.2미터밖에 되지 않아, 히긴스 상륙정이 병사와 장비를 산호초 건너편까지 실어 나를 수 없었고, 극소수만이 배치된 수륙 양용 전차는 대부분이 일본의 방어 포화에 직격을 당해 움직이지 못했다. 해변에서 1킬로미터쯤 떨어진 곳에서 위치가 발각된 해병대원들은 포복해서 전진해야 했고, 그 때문에 해병대의 오랜 역사에서 (작전 시간과 전투 면적을 기준으로) 가장 큰 희생을 당했다. 고향의 미국인들은 산호초 곳곳에 쓰러진 수십 구의 시신을 보여주는 뉴스 영화에 충격을 받았고, 맥아더 사령관은 그 참극을 "미극적이고 불필요한 대학살"이라고 규정하며, 그 작전을 허락한 전략이 쓰레기와 다를 것이 없었다고 거듭 주장했다.

물론 맥아더의 주장처럼 전략 자체가 쓰레기는 아니었다. 여하튼 1,000명의 해병대원이 전사했고, 2,000명이 넘는 병사가 부상했다(반면에 안치오 전투에서는 총사상자가 4만 3,000명을 넘었다). 결국 미군은 사흘을 넘기지 않고 베티오산호초를 점령했지만, 미국의 우세한 화력에 맞서 남은 병사들에게 자살 돌격을 명령한 일본군 사령관의 결정에 큰 도움을 받았다. 4,800명의 일본군 중 17명만이 항복했다. 며칠 뒤에 근처의 더 작은 마킨환초를 점령하러 나선 육군 사단(1만 1,000명)도 전투 경험이 없었던 탓에 제대로 전진하지 못해, 태평양 사령부와 워싱턴에 걱정거리가 됐다. 하지만 섬의 점령이 예상보다 어렵다는 게 곧 명백해졌고, 그 중요한 교훈은 이후의 상륙작전들에 지체 없이 적용됐다. 더 많이 준비했고, 더 정확한 정보를 수집했으며, 상륙 전에 더 많은 포격을 퍼부었고, 상륙부대의 규모도 훨씬 커졌다. 갈바닉 작전은 유익한 교훈을 주었다는 점에서, 그 밖에도 여러 면에서 디에프 기습(Dieppe Raid)과 다르지 않았다.[52]

길버트제도의 점령은 태평양 함대가 미드웨이 해전 이후로 처음 실시한 초대형 해군 작전이었다. 동원된 병력의 규모에서도 짐작되듯이, 신중한 니미츠와 그의 참모들은 일본이 실수하는 행운을 기다리며 위험을 무릅쓰지 않는 쪽을 선택했다. 따라서 타라와환초에 상륙하는 부대에는 3척의 전함, 3척의 중순양함, (환초에 접근해 공중 공격을 시도할 목적에서) 5척의 호위 항공모함, 21척의 구축함이 지원했고, 작은 마킨환초를 상륙하는 부대에는 4척의 전함, 4척의 중순양함, 4척의 호위 항공모함, 13척의 구축함이 지원하고 나섰다. 그러나 가장 인상적인 장면은 멀리 떨어진 곳에 정박한 TF58 자체, 무려 13척 이상의 플리트 항공모함과 경항공모함에 있었다. TF58은 실질적으로 독립적인 네 전단으로 나뉘었다.[53] 이런 분할은 작전을 운영하기에 좋았다. 한 전단은 서쪽으로 파견해 추크환초로부터의 움직임을 견제할 수 있었고, 한 전단은 라바울 방향으로 배치할 수 있다는 뜻이었다. 하지만 일본 연합함대와 총력전을 벌여야 할 조짐이 보이면, 네 전단 모두를 레이먼드 스프루언스(Raymond Spruance, 1886~1969년) 제독의 지휘하에 소집할 수 있었다.

물론 일본 전함들이 길버트제도를 지키려고 움직였다면, 레이테만 전투(Battle of Leyte Gulf)보다 11개월 앞서 두 해군 강국이 맞붙었을 수 있다. 하지만 일본 해군은 반응하지 않았다. 일본 해군이 이때 전투하지 않기로 결정한 주된 이유는, 일시적으로 홀시 제독의 남태평양 사령부 휘하에 있던 작은 규모의 항공모함 전단이 라바울에 주둔한 일본 공군과 해군에게 11월 5일에 가한 타격 때문이었다. 그때 중순양함을 비롯해 많은 군함이 입은 피해도 상당했지만, 무엇보다 헬캣 전투기 편대의 공격에 대체할 수 없는 노련한 함재기 조종사를 너무도 많이 잃은 게 치명적이었다. 항공모함의 공중 엄호가 없으면, 일본의 위압적인 전투 함대도 무모하게 움직이지 않았다. 따라서 한 사령부의 관할 지역에서 거둔 승리가 다른 사령부가 침공 작전을 전개하는 데도 도움을 주었던 셈이다.

미국은 이렇게 두 경로를 따라 전진하며 일본군을 계속 혼란에 빠뜨렸다. 결국 길버트제도 점령 작전이 육지에서 출격한 항공기의 공중 지원을 받지 않은 채 실시됐다는 사실은, 중앙 태평양의 산호섬들을 통과하려는 해군 전략이 실행 가능하다는 게 입증됐으므로 계속 추진할 만하다는 뜻이었다. 마셜제도와 캐롤라인제도, 심지어 마리아나제도까지 다음 차례를 기다렸다. 맥아더의 남서 태평양 사령부가 그런 전진 속도에 보조를 맞추지 못한다면, 전략적으로 낮다는 맥아더의 주장이 권위를 잃을 것이 분명해졌다.

길버트제도를 점령하려던 미국 해군의 작전이 아무런 피해도 없이 전개된 것은 아니었다. 일본 잠수함 I-175는 11월 23일 마킨환초 앞바다에서 작전하는 군함들에 살금살금 접근해서 호위 항공모함 리스컴 베이호에 어뢰를 발사했고, 그 항공모함은 곧바로 폭파되며 침몰했다. 사흘 전에도 타라와 앞바다에서 작전 중이던 경항공모함 인디펜던스호가 일본 뇌격기 부대의 공격을 받아 큰 피해를 입었다. 인디펜던스호는 겨우 살아남았지만 그 이후로 7개월 동안 작전에 투입되지 못했다. 두 사건에 극단적인 항공모함 비행단 옹호자들이 격분하며, 항공모함이 방어 작전에 얽매여 있다고 항의했다. 따라서 1943년 말, 항공모함을 중심으로 한 새로운 기동부대의 지휘와 통제에 대해 내부 토론이 격렬하게 벌어졌다. 그 과정에서 니미츠 사령관 휘하의 몇몇 제독이 승진했고, 몇몇은 보직을 이동했다.[54] 물론 일본 최고사령부는 이런 내부 갈등을 전혀 몰랐고, 1944년이 시작되면 미군이 캐롤라인제도나 마셜제도로 진격할 것이라 확신하거나 예견하는 정도였다.

남쪽 상황은 달랐다. 미군의 전진이 1943년 동안 맥아더의 남서태평양 사령부와 홀시의 남태평양 사령부 관할 구역에서 느렸던 데는 많은 이유가 있었다. 곳곳의 지리적 환경이 복잡했다. 해군과 상륙부대를 비롯해 적절한 무기가 처음에는 제대로 보급되지 않은 데다 가까운 곳에는 물론이고 조금 떨어진 곳에도 일본 수비대와 기지가 배치돼 있었다. 따라서 맥아더의 미국과 오스트레일리아 합동 육군 사단은 뉴기니의 동부 해안과 산악 지역을 따라 힘겹게 전진하며 곳곳에 배치된 수비대를 하나씩 상대해야 했다는 점에서 이탈리아반도를 따라 올라가던 영국 육군의 모습과 크게 다르지 않았다.

한편 바다에서는 남태평양 사령부도 과달카날 전투 이후로 북쪽으로 전진하는 과정에서 일본군이 점령한 섬들을 차례로 맞닥뜨려야 했다. 산타이사벨섬, 베야라베야섬, 콜롬방가라섬, 엠프러스 아우구스타섬, 뉴브리튼섬 등 많은 작은 섬에 완강한 일본 수비대가 있었다. 그 전체에 멋들어지게 붙여진 '수레바퀴 작전(Operation Cartwheel)'이라는 이름에는 일본군의 주된 기지, 라바울을 신속하게 공격한다는 뜻이 담겨 있었다. 그 때문에 미국 공식 해군사에는 수십 건의 상륙과 해전과 공습이 이 작전의 일부로 기록돼 있다.[55] 결국 두 방향 모두에서 전투가 정신없이 빨리 전개된 까닭에, 광활한 태평양을 가로지르는 동시에 필리핀까지 올라가는 데 걸림돌이 되는 비스마르크제도라는 장벽을 돌파하는 게 본래의 목적이었다는 것을 망각하는 경우가 적지 않았다.

남서 태평양 지역에서 해군력의 강화는 1943년 초에 비교적 느릿하게만 진행된 반면, 공군력은 그렇지 않았다. 워싱턴의 미국 육군 항공대(United States Army Air Forces, USAAF) 대장이던 햅 아널드(Hap Arnold, 1886~1950년)가 적극적으로 전투기와 중형 폭격기(B-25), 심지어 대형 폭격기(B-17)까지 꾸준히 제5군 항공대(맥아더 휘하의 항공대로, 조지 C. 케니 중장이 사령관)로 이동시킨 덕분이었다. 물론 태평양 전쟁에서 당시에는 실질적인 전략적 폭격이 없었다. 1944년 말 이후로, 마리아나제도에 건설된 기지에서 출격한 폭격기들이 일본 도시들을 공격한 게 전략적 폭격의 시작이었다. 그러나 양측의 공군력은 본국으로부터 여러 편대를 지원받아, 상대의 군함을 공격하고 수송 선단을 파괴하는 데 적극적으로 활용됐다. 게다가 육지 시설과 상륙 지점을 공습하고, 상대 전투기들과 제공권을 두고 교전을 벌이기도 했다.

전쟁이 시작된 첫해에는 일본군에게 이점에 있었던 게 분명했지만, 1943년쯤에는, 적어도 항속거리가 긴 라이트닝 전투기, 선더볼트 전투기, 헬캣 전투기가 미군 무기고에 적재된 이후에는 공중전의 균형추가 급속히 반대 방향으로 기울어졌다. 더구나 미군 측은 적군의 의도와 관련해 더 나은 정보를 확보할 수 있었다. 일본 군사 암호를 알아냈기 때문이기도 했지만, 진주만 참사에서 얻은 교훈을 실천하며 공중 정찰을 강화한 덕분이기도 했다. 또한 레이더 설치를 늘려 하늘과 바다에서 감시와 반격 능력을 강화하기도 했다. 태평양 전쟁에서 균형추를 바꾸는 데 항공모함의 역할만이 있었던 게 아니다.

미국 공군이 이 시기에 우월한 정보를 활용한 극적인 예는 1943년 3월 초의 비스마르크해 해전(Battle of the Bismarck Sea)에서 일본의 병력 수송 선단을 파괴한 사건에서 찾아진다. 그때의 공습은 그야말로 벌건 대낮에 벌어진 대학살이었다. 파푸아의 일본군 기지들을 보강하려고 라바울에서 출항한 8척의 병력 수송함 전부와 4척의 호위 구축함이 바다 아래로 사라졌다. 수송 선단을 호위하던 제로 전투기들은 신형 P-38 라이트닝 전투기의 공격에 황급히 흩어졌다. 머라더 폭격기의 저공 기총 사격과 물수제비 폭격, B-17의 고공 폭격, 오스트레일리아 보파이터 다목적 전폭기의 로켓탄 공격에 이어 야간에는 고속 어뢰정이 공격했고, 이튿날에는 다시 폭격이 시작됐다. 일본의 중요한 병력 수송 선단은 결국 비참한 최후를 맞고 말았다. 연합군은 무려 335대의 항공기를 이 전투에 투입했지만 5대만이 추락했다. 반면에 일본은 8척의 군함, 3,000명이 넘는 병력과 30대가량의 항공기를 잃었다. 그 이후로 일본은 바다를 통한 병력 보충을 시도조차 하지 않았다. 루프트바페의 루프트플로테(Luftflotte: 항공 함대)처럼 일본 해군 항공대가 그곳에서 제공권을 장악한 지 1년이 지나지 않은 때였다.

도쿄의 상황은 더욱 나빴다. 3월 말, 일본 대본영은 비스마르크해와 솔로몬제도에서 주도권을 되찾기 위해 해군 폭격기와 전투기로 구성된 대규모 증원군과 함께 야마모토 이소로쿠 제독을 직접 파견했다. 이때 양측은 크고 작은 교전을 반복하며 적잖은 군함과 항공기를 잃었다. 그러나 4월 18일, 미국은 장거리 전투기 P-38 편대를 통해 가장 큰 승리를 거두었다. 일본의 암호를 해독한 미군은 야마모토가 뉴조지아섬 부근에 착륙할 거라는 것을 알아냈고,[56] 매복했다가 야마모토가 탄 항공기를 격추했다. 그 항공기는 추락했고, 누구도 살아남지 못했다. 일본 해군에는 지능과 통찰력과 사고력에서 야마모토에 견줄 만한 제독이 없었다. 따라서 야마모토의 죽음은 엄청난 손실이었다.[57] 남서 태평양에서 이런 경천동지한 교전들이 있은 뒤로 조용한 두 달이 이어진 것은 조금도 놀랍지 않았다. 그때 미국-오스트레일리아 지상군은 기하급수적으로 확대됐다. 7월쯤 맥아더의 항공대는 약 1,000대의 항공기를 보유하게 됐고, 홀시의 항공대에는 1,800대의 항공기가 있었다.

남서 태평양 사령부가 이즈음 육지에 기지를 둔 공군력을 운영하는 데 익숙해진 이유는 그런 유형의 항공대만을 보유했기 때문이었다. 1943년 전반기에 태평양에는 홀시 휘하의 오래된 항공모함으로 과달카날 근처에서 작전하던 새러토가호 이외에 다른 항공모함이 없었다. 니미츠가 관할하던 진주만에도 당시에는 항공모함이 없었다. 흥미롭게도 당시에는 태평양 전역에서 활동하던 미국 군함보다 지브롤터에 정박한 영국 해군 항공모함이 더 많았다. 여기에서 1943년 5월부터 7월까지 수개월 동안 영국의 신형 고속 항공모함 빅토리어스호가 새러토가호와 함께 홀스의 지휘하에 활동하며, 7월 내내 수레바퀴 작전의 일환으로 뉴조지아섬의 앞바다를 순찰했고, 그전에는 맥아더 부대가 뉴기니 해안을 따라 전진할 때 일본이 남은 4척의 항공모함으로 방해할 가능성을 차단하는 역할을 해냈다.

그 3개월은 짧은 기간이었지만 복잡한 작전이 전개됐다. 영국 항공모함 항공대에 소속된 조종사들이 자신의 비행기를 서부 해안에 남겨두고, 미국 항공기를 조종했다. 빅토리어스호는 일본군에 맞선 합동 작전에서 전투기 순찰만을 운영했다. 그 실험 기간은 잠시였지만 항공모함에 없던 공백을 훌륭히 메우며 어떤 후퇴도 허용하지 않았고, 상륙부대에도 적절한 보호막을 제공했다. 8월에 들어서자, 미 해군은 마침내 항공모함의 부족에서 벗어났다. 진주만이 많은 신형 군함으로 채워졌고, 빅토리어스호는 다시 영국으로 돌아갔다. 이 실험은 장거리 항공모함, 빅토리어스호의 만능을 보여주는 또 다른 증거였다. 그전에는 횃불작전에, 그 이후에는 독일 전함 티르피츠호를 공격하는 데 참여했기 때문이었다.[58]

1943년 9월 30일, 일본 대본영은 태평양에서 절대적으로 지켜야 할 방어 외곽선을 재설정했다. 도쿄의 최고사령부는 일본에 맞서려고 모여드는 미군 병력의 엄청난 규모에 대해 정확히 인식하지 못한 데다 군부 지도자들은 여전히 아시아 대륙에 초점을 맞춘 까닭에, 당시 중국에 34개 육군 사단, 만주에도 상당한 규모의 사단이 주둔했지만, 남서태평양과 남태평양 전체에 주둔한 병력은 5개 사단이 전부였고, 1개 사단이 그곳으로 이동하고 있었다. 게다가 방어선 외곽, 즉 솔로몬제도와 라바울 지역에 주둔한 부대들도 낙관적으로 보아야 6개월 이상을 버틸수 있을 것으로 추정됐다. 그 때문에 1943년 10월, 일본은 방어선을 확고히 하려는 계획하에 중순양함과 구축함으로 구성된 함대 이외에 수

대해전, 최강국의 탄생

백 대의 해군 항공기를 라바울에 파견해 반격할 준비를 갖추었다. 하지만 그런 병력 이동으로 목적을 달성하기는커녕 두 번의 역습을 자극하는 결과를 낳았다. 11월 5일, 먼저 홀시가 육지에서 출격한 전투기들의 공중 엄호를 받으며 항공모함의 함재기를 전부 출격시켜 라바울에 큰 피해를 안겼다. 11월 11일에 또 한 번의 공격이 뒤따랐다. 이번에는 니미츠의 중앙 태평양 사령부에 소속된 3척의 항공모함이 남쪽에서 접근해 다시 일격을 가했다.

홀시의 항공모함들이 라바울을 공격한 사례에서, 바다를 기점으로 먼 거리를 날아와 포격하는 공중 타격 역량이 크게 증가했다는 것이 입증됐다. 이번에는 진주만과 타란토에서와 달리 적의 주력함이 한 척도 침몰하지 않았지만, 일본 해군과 항공대 자산이 큰 피해를 입었고, 주요 기지의 상당 부분이 파괴됐다. 여하튼 11월 5일 이른 아침, 급강하 폭격기와 뇌격기가 수평선 너머에서부터 벌 떼처럼 나타나며 극적인 장면이 연출됐고, 그사이에 헬캣 전투기들이 일본의 제트 전투기들을 밀어냈다. 중앙 태평양에서 내려온 앨프리드 몽고메리(Alfred Montgomery, 1891~1961년) 해군 소장의 항공모함 에식스호 전단이 11월 11일에 공격을 전개할 때도 똑같은 모습이 재현됐다. 항공모함 에식스호는 며칠 뒤에 시작된 길버트제도를 점령하는 작전에 참전하려고 서둘러 복귀했다.

제2차 세계대전 당시, 다른 어느 곳에서도 이런 규모로 화력이 퍼부어진 적이 없었다. 항공모함 전단의 공격은 일본의 주요 기지를 두들겨 패는 수준을 넘어, 일본 해군의 핵심적인 부분들에도 직접적인 타격을 주었다. 구체적으로 말하면, 일본 해군이 자랑하던 유명한 중순양함 함대가 큰 피해를 입었을 뿐만 아니라, 항공모함 함재기 조종사까지 많이 잃어 쇼카쿠호와 즈이카쿠호와 즈이호호가 그 중대한 시기에 공격력을 완전히 상실하고 말았다. 따라서 역사학자 클라크 레이놀즈가 말했듯이, 일본 연합함대는 동행하는 순양함이 없는 전함과 함재기가 없는 항공모함으로 이루어진 함대가 됐다.[59]

태평양에서 미국이 군사적 우위를 계속 유지했다는 증거는 선박용 레이더의 활용이 계속 증가한 사실에서도 찾아진다. 선박용 레이더는 연합군이 레이더 체계를 소형화하는 데 성공한 결과물로, 소형 군함과 항공기에도 설치됐다. 영국과 미국의 대형 군함에는 일찍부터 레이더가 설치된 덕분에 커닝엄의 전함들이 마타판곶에서 이탈리아 순양함들을 괴멸할 수 있었고, 노픽호와 서픽호가 비스마르크호를 추적할 수 있었다. 미국의 고속 전함 워싱턴호가 제2차 과달카날 해전에서 일본 전함 기리시마호에 슬금슬금 접근해 격침할 수 있었던 것도 레이더 덕분이었다. 이즈음 연합군의 레이더는 거의 모든 곳에 설치됐다. 따라서 영국 해군의 호위함들은 레이더라는 탐지 장치 덕분에, 북대서양에서 수송 선단 ONS-5를 호위할 때 하룻밤에 5척의 유보트를 격침할 수 있었고, 그로부터 석 달 뒤에 프레더릭 무스브루거(Frederick Moosbrugger, 1900~1974년) 대령의 소함대는 태평양에서 아득히 멀리 있는 일본 구축함들을 격침할 수 있었다. 연합군만이 보유한 특별한 무기, 레이더 덕분에 야간 해전은 일방적인 전투가 됐다.

레이더의 위력은 1943년 11월 2일 엠프러스 아우구스타만에 상륙하는 미군을 방해하려던 일본 해군을 미국 순양함과 구축함이 가로막으며, 그 과정에서 일본 순양함과 구축함을 각각 한 척씩 격침했을 때에도 확인됐다. 또 11월 23일 한밤중에 세인트조지곶에서 벌어진 해전에서도 다시 확인됐다. 그 전투에서 알레이 버크(Arleigh Burke, 1901~1996

　　　　　　　　　　　　　　　　　　　　대해전, 최강국의 탄생

년) 대령의 소함대는 '도쿄 익스프레스(Tokyo Express: 연합군이 야간을 틈 탄 일본 해군의 수송 작전에 붙인 명칭-옮긴이)'를 급습해 어뢰와 함포로 3척 의 구축함을 격침했다. 그렇게 야간전투에서 호되게 당하면, 이튿날 일 본은 복수심을 불태우며 공습을 감행했다. 그러나 일본 폭격기들도 연 합군 레이더에 탐지돼 큰 피해를 입었다. 예컨대 11월 3일, 모항으로 귀환하던 미국 구축함들을 공습하는 동안 일본 폭격기는 17대가 추락 한 반면, 미국 구축함들은 큰 피해를 입지 않았다.[60] 그 이후로 1943년 동안 일본은 남서 태평양과 남태평양 무대에서 주력함을 더는 잃지 않 았을지 모르지만, 이미 순양함과 구축함 및 항공기의 수가 크게 줄어든 뒤였다. 한마디로 요약하면, 미국은 일본이 어디에 있는지 알았고 일본 은 눈을 감은 채 전투하는 것과 같았다.

1943년이 깊어감에 따라 균형추가 연합군에 유리하고 추축국에 불 리하게 기울어졌지만, 미국 잠수함 부대는 그런 이점을 함께 누리지 못 했다. 물론 잠수함 부대에 대한 기대가 무척 컸기 때문에, 잠수함 승무 원들과 제독들도 그렇지 못한 현실에 크게 실망했다. 일본도 영국처 럼 섬나라였던 까닭에 원자재와 식량을 수입에 의존했으나, 수송 선단 을 조직적으로 보호하는 체계가 갖추어지지 않았다. 일본의 주요 항구 들로부터 마닐라와 싱가포르 또는 추크환초까지 이어지는 항로가 무 척 길어, 공격적인 미국 잠수함 함장에게는 공격할 기회가 많을 수밖에 없었다. 하지만 태평양은 엄청나게 넓은 바다였다. 따라서 일본 군함의 이동에 대한 초기 정보는 정확하지 않았다. 게다가 일본의 전투 전함은 빠르게 이동하기 때문에 표적으로 삼기에 쉽지 않았고, 보호 장치도 좋 은 편이었다.

한편 1941년까지 대부분의 미국 군함은 상당히 구식이었고, 특히 미

〈그림 39〉미국 항공모함 새러토가호와 영국 항공모함 빅토리어스호, 1943년 5월, 누벨칼레도니의 누메아. 1943년 중반경 남서 태평양에서 영국의 신형 항공모함(암호명은 '미국함 로빈호')은 윌리엄 홀시 제독의 기함을 지원하며 거의 알려지지 않은 협동 작전에 참가했다. 빅토리어스호는 전투기 대대를 운영했고, 새러토가호는 중폭격기 대대를 운영했다.

대해전, 최강국의 탄생

국 잠수함에 설치된 공격 무기, 즉 자기 어뢰(magnetic torpedo)에 심각한 결함이 있었다. 어뢰의 민감한 탐지기가 미리 폭발하기 일쑤여서 잠수함 승조원들이 격분하곤 했다. 하지만 구형 접촉식 어뢰로 회귀하며 그 결함을 바로잡은 뒤에는 어뢰의 접촉점이 약하고 쉽게 손상되며 많은 어뢰가 제대로 폭발하지 않았다. 어뢰가 일본 군함이나 상선의 옆면을 때리더라도 폭발하지 않는 현상은 1942년 내내, 1943년 들어서도 상당 기간 무척 흔했다.

미국 잠수함 부대 지도부조차 어뢰의 결함을 바로잡는 데 실패하자, 그 우울한 이야기는 악화 일로로 치달았다. 숙련된 선임 승조원들까지 제대로 작동하지 않는 어뢰에 대해 격렬히 항의하자, 그제야 진주만의 해군 당국은 본격적인 조사에 나섰고, 마침내 문제를 바로잡았지만 전쟁에 참전하고 거의 2년이 지난 뒤였다. 그즈음 미국 잠수함은 훨씬 더 커졌고, 항속거리도 무척 길어졌다. 또 더 빨라졌고, 실내 공간도 넓어져 더 많은 무기를 싣고 레이더도 장착할 수 있었다. 하지만 효과적인 어뢰가 없어서 잠수함의 '주먹'이 위력을 발휘하지 못했다. 잠수함이 더 좋은 장비와 더 나은 무기를 갖추고 태평양 바다로 나갔다면 훨씬 큰 영향력을 행사할 수 있었을 것이고, 추크환초와 라바울을 중심으로 이루어진 해군 군수품 수송이나 팔렘방에서 출항한 연료 수송에도 더 일찍 타격을 줄 수 있었을 것이다. 1944년 초까지도 일본은 전쟁 초보다 30만 톤이나 많은 연료를 보유하고 있었다.[61]

얄궂게도 일본 상황은 훨씬 더 나빴다. 최신형 잠수함 중 상당한 규모가 전략적 방향과 어긋나게, 전쟁 내내 잘못된 방향으로 배치됐기 때문이었다. 일본이 초기의 성공 이후에도 잠수함의 이점을 유지했다면, 미국이 태평양을 가로질러 돌아오는 것을 물리치고 억제할 수 있었을 것이다. 달리 말하면, 미국에서 오스트레일리아로 넘어가는 막대한 물량, 하와이로 전달되는 더 많은 물량의 흐름을 차단했어야 한다는 뜻이었다. 요컨대 일본 해군의 잠수함 부대는 되니츠의 울프팩이 위험을 무릅쓰고 대서양 전투에서 하던 것을 태평양에서 했어야 했다. 하지만 앞에서 말했듯이, 상선의 파괴는 일본 잠수함 정책에 없었다. 일본 잠수함 부대는 오로지 공해상의 미국 군함, 즉 빠르고 까다로워 성공하기어려운 표적을 주로 겨누었다. 그래도 1942년 9월에 항공모함 와스프호를 격침했고, 마킨환초에서 전개되던 상륙작전을 뒤늦게 공격했으나 호위 항공모함 리스컴 베이호를 침몰시켰다. 이렇게 간혹 거두는 대성공에 도쿄가 잠수함 부대를 잘못 활용하고 있다는 냉혹한 현실이 가려졌지만, 고립된 일본 수비대들에게 군수품을 보급하려고 더 큰 군함을 썼다는 점에서 엄청난 낭비가 아닐 수 없었다. 물론 일본 잠수함 부대가 조직적으로 활용됐더라도 1943년 이후에 태평양으로 봇물처럼 쏟아진 미국 군사력을 막지는 못했겠지만, 그래도 훨씬 큰 역할을 해낼수 있었을 것이다.[62]

따라서 1944년으로 바뀐 뒤에도 태평양 무대에서 두 경로로의 전진은 계속됐다. 길버트제도를 점령하는 작전이 완료되자, 레이먼드 스프루언스의 TF38 부대 중 일부는 기력을 회복하는 시간을 잠시 가졌고, 나머지는 미크로네시아에서 일본군이 점령한 더 작은 섬들을 찾아다니며 공격을 계속했다. 남쪽에서는 육지에 기지를 둔 미국 항공 대대가거의 매일 라바울을 폭격했기 때문에 그 주변을 요란하게 울리던 포격 소리가 실질적으로 끝난 때였다. 1944년 2월에야 일본은 이런 현실을 깨닫고, 남은 항공기와 군함을 추크환초로 후퇴시킨 뒤에 제국의 외곽선을 지키기 위한 반격을 준비했다. 이때 홀시의 남태평양 사령부가 해체되는 상징적인 조치가 있었고, 홀시는 하와이로 돌아가 서쪽을 향해 진격할 준비를 시작했다. 그로부터 오래지 않아, 멜라네시아의 작은 섬들, 예컨대 과달카날, 툴라기섬의 해변, 엠프러스 아우구스타만 등이 엘 알라메인의 모래밭이나 카세린 협곡의 석회암만큼 조용히 떨어졌다. 모든 전투에 육군과 군함과 항공기가 동원됐고, 북쪽을 겨누었다.

1943년 12월의 해전 상황은 연초와 무척 달랐다. 멀리에서 보면, 북극해와 지중해를 포함하는 대서양과 태평양 전역에서 지루하게 전개되는 전투의 전반적인 양상은 밀려왔다가 밀려 나가는 거대한 인간 물결이란 형태를 띠었다. 독일-이탈리아-일본 군대가 외곽에서 쇄도하며 연합군의 제해권에 도전하던 첫 물결은 서반구에서는 4년 동안, 일본과는 거의 2년을 전투한 뒤에야 실질적으로 멈추었다. 그 뒤로 물결의 방향이 바뀌었다. 1943년 말, 파시스트 이탈리아는 더 이상 존재하지 않았고, 지중해는 거의 전역이 연합군 공군력과 영국 해군력의 통제하에 들어갔다. 대서양에서 활동하던 독일의 주력 유보트 부대도 분쇄됐다. 인도양에서는 일본의 작은 군함조차 보이지 않았다. 일본이 태평양에 전략적으로 설정한 외곽선은 두 번에 걸친 미국의 대대적인 반격을 받아 크게 찌그러졌다. 하지만 미국의 반격 속도는 더 빨라지고, 범위는 더 넓어져 갔다.

전쟁의 물결이 뉴펀들랜드 앞바다에서 벌어진 유보트와 구축함 간의 격렬한 교전, 시칠리아 해변을 공략한 상륙작전, 라바울 상공에서 치열하게 벌어진 공중전 등 표면적 차원에서만 바뀐 것은 아니었다. 전쟁의 물결은 더 깊은 역사적 차원에서도 바뀌었다. 달리 말하면, 세계 균형 자체가 큰 변동을 겪던 때였기 때문에 전쟁을 위한 대량 동원이라는 차원에서도 큰 변화가 있었다. 이 장에서 다루어진 모든 주요 교

대해전, 최강국의 탄생

전 지역에서 연합군이 승리한 배경에는, 무기 생산과 더 강력하고 더 새로운 전쟁 도구의 개발이란 영역에서 진행되던 다른 유형의 승리가 있었다. 그 결과로 연합국에서는 군함과 항공기, 총포와 탱크가 대량으로 생산됐고, 훨씬 더 많은 승조원과 항공병과 보병을 전투에 투입하고 배치할 수 있었다. 생산력의 변화는 다음 장에서 보듯이 제2차 세계대전의 형세를 바꿔놓았을 뿐만 아니라, 20세기의 전략적 지형까지 바꿔놓을 정도로 컸다.

〈그림 40〉 **미국 에식스급 항공모함 인트레피드호.** 진주만 공습보다 6일 전에 진수되어, 미국의 신형 항공모함들 중에서 가장 오랜 이력을 자랑하던 인트레피드호는 태평양 전쟁 내내 싸웠고, 가미카제 공격에 몇 번이고 큰 피해를 입었지만 그때마다 되살아났다. 인트레피드호의 함재기들이 레이테만 전투에서 일본의 거대한 전함 무사시호를 침몰시키는 데 큰 역할을 했다. 베트남전에도 참전한 이 항공모함은 현재 뉴욕항에 영구히 정박해 박물관으로 사용되고 있다.

대해전, 최강국의 탄생

8장

세계 권력 지도의 변화
1943~1944년

1943년 6월 1일 이른 아침, 부둣가에 모인 사람들에게 환영을 받으며, 미국의 신조 플리트 항공모함 에식스호가 진주만의 거대한 해군기지를 향해 서서히 입항했다. 그 항공모함은 1812년 전쟁(1812년 6월부터 1815년 2월까지 미국과 영국 및 양국의 동맹국 사이에서 벌어진 전쟁-옮긴이)에서 전투의 상흔이 남겨진 역사적인 프리깃함의 이름을 물려받았고, 1939~1943년 의회의 확장 계획하에 승인된 최신형급 고속 항공모함들 중 처음으로 제작된 것이었다. 여기에서 에식스급이라는 명칭이 생겨났다. 그 최신 항공모함은 이때부터 많은 전투 경험을 쌓으며, 미군 해군사에서 그에 걸맞은 두드러진 위치를 차지했다.

에식스호가 체스터 W. 니미츠의 중앙 태평양 사령부에 합류했을 때 그 넓은 바다 전체에서 활동 중인 항공모함은 한 척, 새러토가호밖에 없었다. 미국 해군이 전쟁을 시작할 때는 항공모함이 6척이었다. 렉싱턴호는 산호해에서, 요크타운호는 미드웨이에서, 호닛호는 산타크루즈 제도 해선에서 잃었고, 와스프호는 일본 잠수함에 격침됐다.[1] 새러토가호가 윌리엄 홀시 제독의 남서 태평양 함대 소속으로 1943년 초에 수행한 많은 작전은 역사적으로 무척 흥미로웠다. (7장에서 언급했듯이) 그 이유는, 그 작전 중 일부가 영국의 신형 고속 항공모함 빅토리어스호와 함께 수행한 것이었기 때문이다. 빅토리어스호는 영국 해군부가 항공모함의 부족에 시달리던 미국 해군을 지원하려고 빌려준 항공모함이었다. 얄궂게도 일본은 1943년 전반기, 미드웨이에서 4척을 잃은 뒤에도 태평양에 항공모함을 더 많이 보유하고 있었지만 적극적으로 활용하지 않았다. 하지만 빅토리어스호가 1943년 말에 본국 함대로 귀환했을 무렵에는 미 해군이 태평양 무대에서 항공모함의 부족을 해결한 뒤였다. 에식스호의 진주만 입항은 향후에 있을 현상(역사상 가장 큰 항공모함 부대가 창설되고, 새로운 형태의 해군력이 형성되며 대형 함포를 장착한 전함이 바다를 지배하던 400년의 시대가 종식되는 현상)의 전조와도 같았다.

에식스급 항공모함들은 미국의 설계와 생산력을 실질적으로 증명하는 인상적인 군함이었다.[2] 총톤수를 제약하던 해군 조약들, 결국 빡빡한 예산에 구속받지 않고 설계된 최초의 항공모함들이었다. 따라서 미국 전략가들은 그런 해방을 최대한 이용했다. 두 가지 특징이 유난히 두드러졌다. 첫째, 에식스급 항공모함들은 무척 빠른 군함이었다. 강력한 터빈엔진을 설치해 약 33노트라는 빠른 속도를 자랑했고, 그 속도를 오랫동안 유지할 수 있었다. 예컨대 24시간을 그렇게 항해하며 멀리 떨어진 적을 향해 이동하거나 적으로부터 멀리 벗어날 수 있었다. 결국 그런 역량에는, 그처럼 빠른 항공모함 부대가 느린 전함과 함께 작전하며 역량을 제대로 발휘하지 못해서는 안 된다는 의미가 함축돼 있었다. 에식스급 항공모함은 이전의 요크타운급 항공모함보다 더 길고 더 넓었다. 여기에 신형 항공모함의 또 다른 특징이자 더 무서운 특

대해전, 최강국의 탄생

징, 즉 많은 함재기를 실을 수 있다는 장점이 있었다. 구체적으로 말하면, 36대의 그러먼 헬켓 전투기, 36대의 커티스 헬다이버 급강하 폭격기, 18대의 그러먼 어벤저 뇌격기를 실을 수 있었다. 한 척의 항공모함에 실린 치명적으로 조합된 90대의 항공기는 우스갯소리로 '선데이 펀치(Sunday Punch: 결정타)'로 불렸다. 90대는 일본 항공모함이 싣고 다니던 함재기보다 많았고, 강철판으로 상갑판을 보호한 영국 플리트 항공모함에 실린 함재기 수보다는 훨씬 더 많았다. 태평양 함대가 4척이나 6척의 항공모함으로 기동부대를 조직해 작전했다는 것은 한 번의 공격을 위해 문자 그대로 수백 대의 항공기를 하늘에 날려 보낼 수 있다는 뜻이었다.

탈바꿈한 미국 해군

미국 조선소에서 충분한 군함을 제작해 내놓기 시작하자, 새로운 해군도 '다수'의 고속 항공모함 기동부대를 전쟁터에 내보낼 수 있게 됐다. 진주만 공습의 전후에 의회의 질풍 같은 허락을 받아, 총 32척의 플리트 항공모함이 주문됐다. 하지만 전쟁의 결과가 뻔해진 뒤에 그중 8척이 취소됐다. 해군이 다수의 경항공모함(Cruiser Voler Light, CVL)에도 투자했다는 점이 특히 주목된다. 그 결과로 클리블랜드급 순양함들을 11척의 경항공모함으로 신속하고 무척 성공리에 전환해 태평양 전쟁에 파견할 수 있었다. 경항공모함들은 각각 45대의 항공기를 싣고, 대형 항공모함 옆에서 작전을 수행했다. 예컨대 일찍이 1943년 8월, 가장 먼저 진수된 2척의 경항공모함이 에식스호와 함께 작전하며 일본군이 점령한 환초들을 공격했디.[3] 니미츠 함대가 견실히 움직이며 일본군 진지들을 차례로 점령하려 할 때, 2척의 플리트 항공모함과 한 척의 경항공모함으로 구성된 하위 전단이 탄력적으로 활용됐다. 그런 하위 전단도 총 230대 정도의 항공기를 보유한 까닭에 무척 강력한 부대였다. 이런 막강한 군함들이 1944년 초부터 태평양에 쏟아지며, 1920년대의 초기 항공모함 제독들, 예컨대 마크 밋처, 리치먼드 터너(Richmond Turner, 1885~1961년), 윌리엄 홀시, 어니스트 킹의 원대한 꿈이 실현된 듯했다.

그것으로도 충분하지 않았던 것처럼, 중앙 태평양 사령부와 남서 태평양 사령부는 다양한 작전 요구에 응하기 위해 점점 더 많은 호위 항공모함을 요구했다. 호위 항공모함은 상대적으로 작고 기본적인 설비만을 갖춘 개장(改裝) 항공모함으로, 군인 수송함 등 다양한 수송함을 이런저런 전쟁 무대까지 호송하는 역할을 하기에는 안성맞춤이었다. 또 대형 항공모함이 일본 함대에 맞서 전투하는 동안, 병사들이 상륙한 해변을 계속 엄호하는 데도 이런 호위 항공모함은 무척 유용했다. 호위 항공모함은 영국 해군이 1940년에 상선의 선체를 취해 위쪽에 평평한 갑판을 덮는 방식으로 처음 시작됐다. 물론 미국 조선소는 단순한 호위 항공모함을 신속하게 값싸게 대량으로 제작했다. 1942년 초, 두 바다에서 전쟁을 벌이는 절박한 상황에서는 그런 제작 방식이 이상적이었다.

그러나 헨리 카이저(Henry Kaiser, 1882~1967년, 나중에 리버티함으로 유명해진 기업가)라는 창의적인 천재가 친구이던 루스벨트 대통령으로부터 완전히 새로운 함급, 즉 카사블랑카급 호위 항공모함을 건조하는 허락을 얻어냈다. 그 항공모함은 배수량이 1만 1,000톤, 속도는 20노트였고, 28대의 항공기를 싣고, 5인치 함포와 그보다 작은 무기로도 무장했다. 카사블랑카급 호위 항공모함은 모든 유형의 상륙작전을 엄호할 뿐만 아니라 위에서 언급한 호위 임무도 해내는 팔방미인으로 활동했다.

카이저의 운영 방식은 미국이 전쟁을 확장한 과정 전체를 미리 보여주는 징후였다. 워싱턴주의 밴쿠버에서 리버티함을 건조하던 조선소 하나가 완전히 개조됐고, 12개의 조선대가 카사블랑카급 호위 항공모함을 건조하는 데 사용됐다. 1942년 11월부터 1943년 7월까지 2년도 되지 않는 놀라운 시간 안에, 3만 6,000명의 인력을 모집해서 그 계획을 완성해냈다. 무려 50척의 호위 항공모함이 그 조선소에서 제작돼 진수됐다. 전체적으로, 미국은 제2차 세계대전 동안 총 122척의 호위 항공모함(CVE)을 진수했다.[4] 전시에 필요한 까닭에 건조된 수백 척의 작은 호위함처럼, 초기에 제작되고 상대적으로 느린 호위 항공모함들도 대부분 전쟁이 끝난 뒤에 해체되거나 매각됐다. 전시에 조선소로 사용되던 곳들도 많은 곳이 1945년 이후에 폐쇄됐다. 미국식 대량 생산 전쟁이 결국에는 대량 폐쇄라는 운명으로 이어졌다. 이 모든 것에는 우울한 잔혹함이 있었다.

진주만 공습 이후에 항공모함이 새로운 주력함으로 인식되고, 미국이 어떤 국가보다 큰 항공모함을 보유한 해군을 키워내기로 계획한 이유는, 일본이 이미 강력한 항공모함을 보유했기 때문이었다. 2장에서 언급했듯이, 전쟁 전에는 일본과 영국과 미국, 세 국가의 해군이 가장 효율적인 항공모함 함대를 건조할 가능성이 컸다. 1940년쯤에는 일본 해군이 10척의 항공모함을 보유하며 근소한 차이로 앞섰다. 게다가 일본 해군은 빠른 속도로 넓은 지역을 장악하는 항공모함 전단(carrier group)이란 작전 개념까지 고안해냈다. 1941년 12월에 영국 전함 프린스 오브 웨일스호와 리펄스호를 격침하며 입증했듯이, 항공모함 전단에 실린 폭격기 대대들은 가장 큰 적함에도 치명타를 가할 수 있었다. 전쟁이 시작된 이후로 7개월 동안, 일본 해군의 항공모함 함재기들은 진주만부터 인도양까지 휩쓸고 다녔다.

그러나 미드웨이에서 6척의 플리트 항공모함 중 4척을 잃은 뒤로, 일본 조선소는 한계에 부딪혔던지 해군에게 과거의 힘을 되돌려주지 못했다. 일본 해군은 한 척의 플리트 항공모함을 1943년에 인수받았지만, 상선과 순양함, 전투 순양함, 심지어 계획된 대형 전함 시나노(信濃)호의 선체를 항공모함으로 전환하는 방법까지 모색해야 했다. 그러나 그런 전환으로도 충분하지 않았다. 그렇게 전환한 항공모함은 에식스급 항공모함에 필적할 수 없었다. 게다가 숙달된 항공병들을 확보할 수도 없었다. 이런 이유에서 일본은 1943년 내내 방어적인 태세를 유지했다. 한 학자가 추정했듯이, 항공모함을 건조하는 생산능력의 차이는 엄청나서, 미드웨이에서 일본이 승리했더라도 이듬해 말쯤에는 미국이 더 많은 항공모함을 태평양에 투입할 수 있었을 것이다.[5] 어떤 경우가 됐더라도 일본 항공모함은 수적으로 너무 적었고, 너무 늦게 인계됐다.[6] 더구나 그 이후로 2년 동안 일본이 보유한 거의 모든 항공모함이 바다에 수장됐고, 나머지는 1945년 7월, 미국 전략 폭격전에 희생물로 모항에서 난파됐다.

세계에서 세 번째로 큰 항공모함 함대를 보유한 해군은 영국 해군이었다. 영국 해군이 노르웨이 앞바다에서 싸우고, 몰타 수송 선단을 호위하는 과정에서 초기 항공모함들(글로리어스호, 커레이저스호, 푸리어스호, 이글호, 아크 로열호)을 실질적으로 모두 잃었지만, 영국 항공모함 함대 이야기는 상대적으로 장밋빛이었다. 이글호와 아크 로열호가 지중해에서 침몰했을 무렵에는 더 빠르고 더 근대적인 여러 척의 일러스트리어스급 항공모함이 이미 취역 중이었다. 나머지도 곧이어 진수돼 2척의 임플래커블급 항공모함을 포함해 모두 6척을 확보하게 됐다. 다른 유형의 군함(전함과 순양함)들로 구성된 부대를 많이 보유한 데다 항공모함이란 새로운 군함까지 확보함으로써, 게다가 해군기지와 해저 케이블, 조선소와 수비대, 해안 사령부의 활주로 등으로 구성된 환상적인 병참망을 갖추어, 영국 해군은 제2차 세계대전 중반까지도 강력한 입지를 유지했다. 실제로 일부 평가에 따르면, 영국 해군은 1943년 말까지는 세계에서 가장 많은 수의 전투함을 보유한 것으로 계산되고, 프린스 오브 웨일스호와 리펄스호를 동행한 항공모함이 없었던 경우를 제외하면 항공모함이 실질적으로 부족한 적이 없었다.

하지만 군함을 엄청나게 건조해내던 미국 조선소의 생산능력을 고려하면, 미국 해군이 모든 유형의 군함에서, 특히 항공모함에서 1944년쯤에는 과거의 경쟁국을 추월하고, 전쟁이 끝날 무렵에는 훨씬 앞서 있으리라는 것을 의심할 여지가 없었다. 전쟁이 끝나갈 즈음, 영국 해군은 심각한 경제 문제를 반영해 이미 규모를 축소하고 있었다. 지구의 반대편에서 두 해군 강국이 해전을 벌이는 동안, 영국 항공모함은 상당한 규모의 차이를 확보한 덕분에 대서양의 해상 교통로를 장악하고 몰타를 지킬 수 있었으며, 지중해변을 상륙하는 부대를 엄호하는 데 큰 역할을 해냈을 뿐만 아니라, 1945년에 상당한 규모의 영국 태평양 함대를 파견해 오키나와 작전에 참전하고, 연합군이 일본 본토의 침공을 준비하는 데도 지원할 수 있었다.[7] 전쟁이 끝났을 때 사실상 두 국가의 해군만이 제대로 된 항공모함을 보유했지만, 그중 하나가 지나치게 비대했다.

물론 다른 유형의 군함으로 구성된 주력 부대가 대서양 함대와 니미츠의 중앙 태평양 함대에 합류하려고 준비하고 있었다. 16인치 함포로 무장한 전함들로 구성된 전대였다. 군함의 대형화에 집중하던 일본과 미국이 서태평양 어딘가에서 크게 충돌할 경우를 대비해 전투 함대를 계산했던 오렌지 전쟁 계획이, 진주만 공습 이후에 당연히 크게 후퇴했다. 하지만 중무장한 군함들이 충돌하는 새로운 형태의 유틀란트 해전이란 운용 개념(operational concept)은 미국과 일본의 대다수 제독들에게 자명한 것이었고, 전쟁의 마지막 해까지도 일본 제독들에게는 변하지 않았다. 미국의 일부 해군 지도자들도 그 선입견을 떨쳐내지 못했다. 전함을 계속 보유해야 할 이유는 충분한 듯했고, 실제로 대서양에는 많은 전함이 있었다. 또 독일이 보유한 2척의 비스마르크급 전함에 대한 깊은 두려움이 있었고, 그 전함들이 대서양에 진출했을 때 상당한 경계심을 불러일으켰다. 티르피츠호가 러시아행 수송 선단을 방해하는 작전에 대한 영국 해군부의 우려를 미국 해군이 공유하며, 영국 본국 함대와 시시때때로 함께 작전하도록 2척의 신형 전함 워싱턴호와 사우스다코타호를 파견한 1944년까지도 그 두려움은 이어졌다. 횃불 작전의 초기에도 미국 전함 매사추세츠호는 비시 프랑스의 전함장 바르가 오랑항에 닻을 내렸을 때 그 전함과 기억에 남을 만한 교전을 벌였다.[8]

태평양에서 일본의 강력한 전단에 맞설 만한 대규모 전투 함대를 보유하는 것은, 1930년대 내에 대부분의 전략가에게 올바른 해군 전략이었던 게 분명하다. 더구나 진주만 공습으로 엄청난 피해를 입은 뒤의 피해 의식으로 전투 함대의 필요성이 더욱 절박하게 느껴졌다. 홀시가 태평양 전쟁의 초기에 즐겨 그랬듯이, 한두 척의 항공모함을 공격적으로 밀고 나가는 작전은 전통적인 전략가들에게 무선조차 중단한 채 조용히 숨어 있다가 느닷없이 나타나 공격하는 일본에 무모하게 달려드는 위험천만한 짓으로 보였을 것이다. 미국 항공모함과 순양함 전단이

대해전, 최강국의 탄생

공해상에서 일본 전투 함대와 마주친다면 산산조각 날 것이고, 도쿄 사령부가 전함 전대에 상륙작전을 저지하라고 명령한다면, 솔로몬제도 등에서 펼치려는 상륙작전이 취약해질 수밖에 없을 거라는 염려도 있었다. 게다가 미국 해군 정보국이 일본의 거대한 야마토급 전함들에 대해 더 많은 정보를 수집할수록, 워싱턴에서는 전함급 함대의 규모를 키워야 한다는 절박감도 커져갔다.

워싱턴 조약 이후로 미국 해군은 10척의 전함을 건조하기 시작했다. 하지만 보호 장치, 주된 함포, 속도 및 배수량이 계속 수정된 까닭에 전함의 건조에는 우여곡절이 많았다. 이런 이유에서, 명확한 계획하에 진행된 플리트 항공모함과는 확연히 달랐다. 가장 먼저 건조된 2척의 전함, 노스캐롤라이나호와 워싱턴호는 영국의 조지 5세급 전함에 적용된 제약 중 일부를 준수해야 했다. 따라서 1935년과 1937~1938년 사이에는 주력 함포의 구경으로 14인치와 16인치를 두고 선뜻 결정을 내리지 못했지만, 결국에는 더 큰 쪽으로 결정했다(2장 참조). 그러나 2척만이 아니라 그 후에 제작된 사우스다코타급 전함도 실제로는 '고속' 전함이 아니었다. 얼마 뒤에 제작된 4척의 아이오와급 전함부터 실질적인 고속 전함이었다. 이 전함은 9문의 16인치 함포를 탑재했지만, 모든 것을 적재했을 때 배수량은 5만 1,000영국톤(long ton: 영국에서 쓰는 무게의 단위로 1영국톤이 약 1,016킬로그램에 해당한다-옮긴이)이었다. 또 강력한 터빈엔진을 장착해 최고 속도가 거의 33노트에 달해 항공모함을 너끈히 따라잡을 수 있었다.

이런 아이오와급 신형 전함을 제작함으로써 미국은 생산능력에서도 일본을 능가하게 된 게 분명했다. 하지만 태평양에서 전쟁이 발발했을 때 미국 전략가들은 그 전함의 보호 장치가 야마토급 전함들의 18인치 포탄에 뚫릴지 모른다고 생각하며 불안에 떨었고, 의회는 서둘러 6만 5,000톤의 초대형 몬태나급 전함 5척을 건조하려는 계획을 승인했다.[9] 이 전함이 주문되고 한 달 만에 얄궂게도 미드웨이 해전(1942년 6월)이 일어났고, 이 전함의 건조 계획이 즉각 연기됐다. 그 계획은 결국 이듬해 여름, 즉 에식스호가 진주만에 도착한 직후에 폐기됐다.[10] 더구나 조선소들에는 그보다 더 화급하게 처리해야 할 일거리가 많았다.

미국에는 강력한 전함이 더 이상 필요하지도 않았지만, 정부가 보유한 뉴욕 해군 조선소와 필라델피아 해군 조선소 및 민간 기업인 베들레헴 조선소와 뉴포트 뉴스 조선소를 포함해 미국 6대 조선소의 생산 능력이 타의 추종을 불허한다는 것은 기존의 전함 건조 계획에서 충분히 입증된 터였다. 1919년 미국의 전투 함대가 어느 나라의 해군보다 막강하기를 바라던 제독들의 꿈이 마침내 실현된 셈이었다. 그러나 나중에야 밝혀졌지만 그즈음에도 미국 전투 함대에 필적하는 실질적인 경쟁국은 없었다. 일본 해군은 미드웨이 해전 이후로 다수의 전함과 전투 순양함을 항공모함으로 개조하려고 애썼고, 영국 해군은 조지 5세급 이후로는 한 척, 즉 뱅가드호를 더 건조하는 것으로 그쳤으며, 이탈리아 함대는 1943년에 실질적으로 사라졌고, 티르피츠호는 독일 해군의 마지막 전함이었다.

물론 미국 전함들도 태평양에서 지루하게 교전이 이어지는 동안 상당한 역할을 했다. 일본 전함 기리시마호가 1942년 11월 15일, 솔로몬 제도에서 야간에 조우한 미국 전함 워싱턴호의 레이더로 조정되는 함포에 맞아 침몰했다는 이야기는 이미 앞에서 언급했다. 제시 올덴도프(Jesse Oldendorf, 1887~1974년) 제독의 전투 전단은 레이테만에서 고전적인 'T자 전법(Crossing the T)'을 실시해 일본 연합함대의 호위 부대에

대해전, 최강국의 탄생

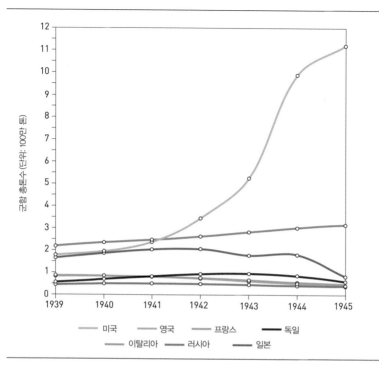

〈도표 5〉 강대국들이 보유한 군함의 총톤수, 1939~1945년

자료 출처: Crisher and Souva, Power at Sea. 워싱턴 해군 조약으로 말미암아 프랑스와 이탈리아의 총톤수는 1930년대 전체 및 1943년까지 거의 똑같았다.

큰 피해를 안겼다(9장 참조). 그러나 전함의 거대한 함포를 이용한 사격의 대부분은 육지 쪽을 겨냥해, 태평양 섬들에 설치한 엄폐호와 참호에 숨은 일본 수비대를 포격한 것이었다. 그런 포격의 목적은 보병들이 실제로 상륙하기 전에 적의 저항력을 약화하는 데 있었다. 따라서 그 자체로 중요한 임무였지만, 기록에서 반복되듯이 진주만 공습에 피해를 입은 뒤에 수리를 받은 과거의 전함들이 더 낮게 수행해낸 임무이기도 했다.[11] 제2차 세계대전에서 미국 전함의 마지막 발포는 1945년 7~8월 일본 해안가의 철강 공장과 해안 도시를 겨냥한 포격이었다. 그즈음 미국 해군이 바다를 장악했다는 명확한 사례였지만, 앨프리드 세이어 머핸이 강력한 해상 함대의 모습으로 머릿속에 그리던 서사적인 역할은 아니었다.[12]

미국 해군은 어떤 국가보다 많은 군함을 제작할 수 있으며, 생산성을 극한의 지경까지 끌어올릴 수 있다는 것을 이미 입증해 보였다는 듯이, 마지막 2척의 아이오와급 전함과 5척의 몬태나급 전함을 건조하려던 계획을 폐기했다. 야심 차게 진행했던 중순양함 계획도 다를 바가 없었다. 유럽에서 전쟁이 시작됐을 때 미국 해군은 지체 없이 14척의 대형 볼티모어급 순양함을 주문했다. 배수량은 1만 4,500톤이었고, 9문의 8인치 함포를 탑재한 순양함이었다. 나중에 미국 해군은 배수량이 2만 7,500톤에 이르는 '초중(超重)' 순양함의 제작 가능성까지 모색하기도 했다. 그러나 중순양함의 절반만이 태평양 및 노르망디 앞바다에서 실질적으로 활동하며 탑재된 대공포로 항공모함을 보호했고, 적의 해변으로 포격하는 데 유용하게 쓰였다. 히로시마로 원자폭탄이 떨어졌을 때, 미국 조선소에서는 온갖 크기의 50척의 순양함이 제작 중에 있거나 주문 상태에 있었지만, 한꺼번에 취소됐다.[13]

미국 전함의 함급별 제작 상황을 살펴보면 미국의 압도적이고 그야말로 궤멸적인 공업력을 실감하지 않을 수 없지만, 전함 건조 계획은 미국 해군의 쌍두마차이던 플리트 항공모함과 호위 구축함의 건조 계획만큼 인상적이지는 않았다. 전체적으로, 미국 해군이 제2차 세계대전에 활용한 군함 명부에는 554척의 구축함 이름이 올라가 있다. 이 숫자는 175척의 기본형 구축함, 즉 믿을 만한 플레처급[덕분에 더 작은 함급에 속한 해상 군함과 잠수함을 가리키기에 적합한 이름을 생각해내는 게 힘든 과제가 됐다('플레처'란 화살에 단 깃털을 뜻한다-옮긴이)]이 포함된 것이다.[14] 1940년부터는 의회에서 할당한 자금이 기존 조선소를 확장하거나, 동부와 서부 해안 및 멕시코만 해안 지역에 완전히 새로운 조선소를 짓는 데 투입됐다. 예컨대 시애틀-타코마 조선소(Seattle-Tacoma Shipbuilding Corporation)는 900만 달러의 정부 보조금으로, 구축함만을 건조하는 완전히 새로운 조선소를 세웠고, 곧이어 1만 7,000명을 고용했으며 40척의 구축함을 함대에 인도하며, 미국에서 세 번째 큰 구축함 조선소가 됐다. 메인주의 배스 아이언 조선소(Bath Iron Works)는 83척의 구축함을 믿기 어려운 속도로 건조해내며 구축함당 건조 시간을 300일 이상에서 대략 190일로 줄였다. 전시의 조선소를 찍은 한 사진을 보면, 무려 14척의 기어리급 구축함이 동시에 제작되고 있었다. 그 거대한 조선소는 기어리급만이 아니라 다른 여러 함급의 군함을 무척 능률적으로 제작함으로써 훗날 한 역사학자는 배스 아이언 조선소가 "17.5일마다 새로운 함대를 하나씩 만들어내고 있다"라고 계산했다.[15] 그야말로 불가항력에 가까운 속도였다.

미국의 산업 생산력이 급증하던 1942~1944년에 잠수함을 어디에 놓아야 하는지 결정하기는 쉽지 않다. 9~10장에서 살펴보겠지만, 일본의 힘을 꺾는 데 역할을 한 잠수함의 시간표는 다르기 때문이다. 잠수함이 일본 상선단을 유린하고, 많은 일본 군함을 격침한 이야기는 나중에 시작된다. 그 이유는 잠수함이 전쟁 초기에는 마크 14 어뢰의 치명적인 약점과 씨름해야 했기 때문이다. 그 문제는 1943년 9월에야 해결됐다. 하지만 전체적인 '생산' 이야기는 해상 군함의 이야기와 거의 똑같았다. 전쟁이 시작됐을 때 잠수함 함대에는 111척의 잠수함이 있었지만, 대다수가 구식이었고, 주로 태평양에 기지를 두었다. 해군 예산에는 더 큰 그기[1,500톤 이상의 게이토급과 발라오급 잠수함(더 유명하고 더 민첩한 독일 7형 유보트는 750톤에 불과했다)]로 수백 척의 잠수함을 더 건조하는 계획이 이미 반영돼 있었다. 물론 진주만 공습 이후에 신형 잠수함의 주문과 생산이 급증했고, 유일한 제약은 수요를 맞추는 데 필요한 조선소의 생산능력 이었다. 코네티컷의 그로턴에 있던 유명한 일렉트릭 보트 컴퍼니(Electric Boat Company)가 잠수함 제작에서 주된 역할을 맡았다. 해군으로부터 1,300만 달러의 초기 보조금을 받아 일렉트릭 보트는 작업장을 조금씩 확대하며 74척의 잠수함을 제작했고, 한 달에 한 척씩 만들어내던 속도 가 1944년 초에는 2척으로 올라갔다. 1944년 말까지 미국 해군은 260 척의 잠수함을 태평양 무대에 투입한 뒤에 그 이후의 계약을 취소하기 시작했다. 생산 전쟁은 그렇게 끝났다.[16]

다양한 함급을 갖춘 강력한 해군으로 새롭게 변신했지만, 태평양은 극단적으로 넓은 바다인 까닭에 연료와 군수품을 제때에 보급받지 못 하거나 필요한 경우에 수리를 받지 못하면, 그런 해군도 효율성이 크 게 떨어지기 마련이었다. 영국 해군이 대서양에 버뮤다, 플리머스, 지 브롤터, 프리타운 등에 마련한 주요 함대 기지들이 태평양에는 아직 없었다. 따라서 미국 해군의 병참 전략가들은 중대한 피해를 입은 경 우는 제외하더라도 작전하는 함대를 지원하고 그들의 모든 요구에 부 응하려면 이동하며 그런 역할을 해낼 많은 군함이 필요하다는 결론에 이르렀다. 고속 항공모함 기동부대에는 '서브론 10(Sevron 10, Service Squadron 10)'이라 일컬어지던 전용 지원 부대가 있었다. 그런 지원 부 대는 천재적인 조직화를 보여주는 또 다른 증거였다. 길버트제도를 점 령하기 위한 작전이 있은 뒤로 TF58을 동행한 고속 유조선들에는 각각 8만 배럴의 연료유, 1만 8,000배럴의 항공유, 6,800톤의 디젤유가 담 겨 있었다. 그리하여 미국 해군은 태평양의 유명한 '거리의 폭정'을 정복할 수 있었다. 미국 태평양 함대에는 정비함과 예인함, 소해함과 바지선, 탄약선과 병원선도 포함됐다. 나중에는 부선거(浮船渠, floating dry dock), 눈에 띄는 그림이 그려진 폭격기, 해상 기중기, 심지어 숙박함까지 더해졌고, 마셜제도를 점령한 뒤로 그 선박들은 마주로환초에 주로 정박했다.[17]

미국 육군, 특히 미국 공군에는 태평양 전쟁에서 다른 것이 필요했다. 즉, 다음 공격을 시작하기 전에 병사들을 거주하며 훈련할 수 있는 커다란 군사 기지만이 아니라, 전투기와 잠수함 초계기 등 온갖 유형의 항공기 편대, 특히 일본의 산업 중심지와 도시에 전략적 폭격을 퍼붓는 데 사용될 초장거리 폭격기 부대가 주둔할 공군기지를 특정한 섬들에 연쇄적으로 마련해야 했다. 여기에서도 미국 민간 기업들의 조직력과 산업 생산력이 해군 건설대[Navy Construction Battalions: '싸우는 바닷벌(Fighting Seabee)'로 불렸다]라는 또 하나의 경이로운 부대를 매개로 군사적 역량으로 전환됐다. '바닷벌'은 타고난 엔지니어였던 벤 모릴(Ben Moreell, 1892~1978년) 제독의 작품이었고, 모릴이 1941년 12월에 그 아이디어에 대한 지원을 루스벨트로부터 얻어낸 이후로 그 조직은 신속하게 설립됐다.

이듬해에는 60곳 이상의 전문 분야에서 수만 명의 숙련된 건설 노동자가 해군 요원으로 모집됐고, 무기와 연장을 동시에 쥔 채 전쟁터로 보내졌다. 그리하여 최초의 공병대와 그들의 불도저가 과달카날을 점령하기 위해 치열하게 전투가 벌어지는 현장의 한복판에 내려졌다. 바닷벌들은 카빈총과 멍키 스패너를 움켜잡고서 타라와환초부터 오키나와까지, 또 안치오와 노르망디까지 옮겨 다녔다. 해군 건설대는 대단히 훌륭한 조직이었다. 전쟁이 끝났을 때, 바닷벌로 입대한 사람이 32만

5,000명이었는데, 111곳의 주요 활주로를 비롯해 100억 달러 이상의 기반 시설을 건설했다.[18]

끝으로는 병사를 육지 해안으로 신속하게 데려갈 상륙정만이 아니라 바다에서부터 육지까지 소형 선박, 트럭과 탱크 등 전쟁 물자를 운반할 특수선(예컨대 전차용 상륙정)에 대한 긴급한 요구가 있었다. 세 파시스트 국가를 꺾기 위한 영미의 대략적인 전략에서 연합군에게 이보다 더 중요한 도구는 없었다. 독일과 이탈리아와 일본은 전쟁 초기에 승승장구하며 대서양과 북아프리카 및 인도 국경까지, 또 솔로몬제도와 뉴기니까지 외곽으로 뻗어나가는 데 성공을 거두었다. 그러나 전쟁의 흐름이 바뀌었고,[19] 서구 연합군의 전략은 병력을 대서양 너머의 지중해로 보낸 뒤 나중에는 프랑스 해변까지 장악하는 동시에 태평양의 사슬처럼 이어진 섬들을 차례대로 장악해서 적군을 분쇄하는 것이었다. 강력한 방어 시설을 갖춘 항만들, 예컨대 디에프와 알제, 라바울 등을 공격할 때 엄청난 희생이 뒤따랐기 때문에 연합군 전략가들은 훤히 트인 해안 지대, 바위가 곳곳에 있고 간만의 차이가 있는 해변, 습지와 산호초에 병력을 상륙시키는 방향을 모색해야 했다. 이런 곳에 상륙하려면 바닥이 평평한 상륙정이 수만까지는 아니어도 수천 척이 필요했고, 그들과 장비를 운반할 수백 척의 수송선도 필요했다. 1943년, 실제로 버뮤다부터 시칠리아까지 현장 지휘관들은 한목소리로 더 많은 상륙정을 요구했다. 그때부터 연합군은 여러 진격 경로에 상륙정을 공급하는 것을 우선순위에 두기로 결정하기 시작했다.[20]

다행히 그 문제의 해결책은 눈앞에 있었다. 그 해결책도 평화 시의 교통수단을 단순하지만 가장 중요한 승리의 도구로 신속하게 전환할 수 있는 미국 산업 생산력과 융통성에 있었다. 바닥이 평평한 히긴스

상륙정은 본래 앤드루 잭슨 히긴스(Andrew Jackson Higgins, 1886~1952
년)의 소규모 회사가 잡초와 습지로 뒤덮인 루이지애나 하구에 석유 산
업 구조물을 운반하려고 제작한 보급선이었다.[21] 약 11미터 길이의 보
급선을 개조해 앞쪽에 해병대원들이 타고 내릴 수 있는 경사로를 만들
었고, 군용 지프와 트럭을 운반하는 상륙정 및 근접 공격을 위한 바주
카포와 화염방사기를 설치한 상륙정까지 온갖 용도의 상륙정을 설계
했다. 그 결과로 연합군은 기존의 항구를 점령하는 수고를 거치지 않
고, 병력과 차량을 해안까지 데려가주는 상륙정(Landing Craft, Vehicle,
Personnel, LCVP)을 갖추게 됐다. 아이젠하워는 물론이고 처칠까지 전쟁
에 도움을 주었다고 히긴스 상륙정에 찬사를 보냈다. 해병대가 원하는
형태의 상륙정을 보여준 때부터 생산된 때까지의 기록도 놀라웠다.[22]
히긴스 유형의 상륙정이 지닌 이점이라면 거의 어느 곳에나 대량으로
건조할 수 있다는 것이었지만, 히긴스 평저선이 본래 제작되던 뉴올리
언스의 조선소가 다른 협력 회사들이 건조해낸 총량보다 더 많은 상륙
정을 제작했다. 히긴스 야드 조선소의 직원은 1938년에 75명에 불과했
으나, 1943년에는 3만 명을 넘어섰다. 약 2만 척의 히긴스 상륙정이 전
쟁 기간에 인도됐다.

　이쯤에서 전쟁 전의 생산량과 전쟁 후의 생산량을 비교하려는 우리
이야기가 완벽히 반영된 한 자료를 길게 인용할 필요가 있을 듯하다.
"1943년 7월쯤 히긴스는 상륙정과 관련된 모든 기존 생산 기록을 깨뜨
렸다. 히긴스는 미국 내 모든 조선소가 생산해낸 총량보다 많은 상륙정
을 만들어냈다. 1943년 9월, 즉 미국 육군이 이탈리아 살레르노에 상륙
하던 때, 또 더글러스 맥아더 장군의 군대가 뉴기니에 상륙하던 때 미
군이 보유한 상륙정은 1만 4,072척이었다. 그중 1만 2,964척, 즉 92퍼

센트가 히긴스가 설계한 것이었고, 거의 9,000척이 뉴올리언스의 히긴스 조선소에서 제작한 것이었다. 1년 뒤, 역사상 가장 큰 함대가 유럽의 노르망디를 침공했을 때 병사와 탱크와 장비를 해변까지 실어 나른 상륙정은 뱃머리에 출입 경사로가 설치된 히긴스 상륙정이었다."[23]

끝으로, 해군 대원 수의 급증은 다른 모든 요인과 밀접한 관계가 있었고, 그럴 수밖에 없었다. 예컨대 구축함에 병력을 배치하려면 한 척에 약 300명이 필요했고, 550척의 구축함이 운영된 까닭에 16만 5,000명 이상의 승조원이 필요했다. 에식스급 항공모함이 항해하려면 (870명의 항공병을 포함해서) 3,000명 이상의 승조원이 필요했다. 한편 프린스턴호 같은 경항공모함에도 1,570명의 승조원이 승선했다. 이런 모든 군함과 해안 시설에 인원을 배치하기 위해 미국 해군은 자원입대(약 5만 명의 여성도 해군에 입대)에만 의존하지 않고, 나중에는 징집이라는 수단까지 동원했다. 이 때문에 1941년 12월에는 장교가 3만 5,700명, 사병이 30만 1,000명이었지만, 전쟁이 끝날 무렵에는 장교가 대략 39만 명, 사병은 해병대를 포함해 380만 명에 달했다.[24] 이렇게 해군 대원이 12배나 증가한 현상은 다른 어떤 국가의 해군에도 없었다. 〈표 9〉에서 확인되듯이, 이런 수적인 증가는 1942년 이후에 두드러진다.

태평양을 비롯해 여러 전선에서 전개된 작전들을 미국 국내에서 동원된 인력과 산업에 연결해보면, 단 1년 만에 근본적으로 어떤 변화가 있었는지 깔끔하게 설명된다. 7장에서 말했듯이, 해군 군사작전을 기준으로 할 때 1943년 6월 초에 중앙 태평양에는 주목할 만한 사건이 없었다. 그때는 에식스호가 진주만에 입항하기 전이었다. 정확히 1년 뒤, 1944년 6월 9일에는 완전한 진용을 갖춘 미군 함대가 군사적으로 매우 중요한 마셜제도의 정복에 나섰다. 3개 해병 사단과 1개 육군 사

대해전, 최강국의 탄생

1939	1940	1941	1942	1943	1944	1945
125,200	161,000	284,400	640,600	1,741,800	2,981,400	3,380,800

〈표 9〉 미국 해군 대원(해병대 제외), 1939~1945년(100단위 반올림)

자료 출처: Data from "Research Starters: US Military by the Numbers," National WWII Museum, New Orleans, 2020년 2월 18일 접속. https://www.nationalww2museum.org/students-teachers/student-resources/research-starters/research-starters-us-military-numbers.

단(총 13만 명) 뒤에는 12척의 호위 항공모함, 5척의 전함, 11척의 순양함으로 구성된 폭격 부대와 포격 부대가 있었다. 더 중요한 것은, 멀리에서 지원하는 병력, 즉 배질 리델 하트가 이 전쟁을 간결하게 설명한 글에서 "마크 밋처 제독이 지휘하는 4개의 항공모함 전단(15척의 항공모함과 956대의 항공기)과 함께하는 7척의 전함, 21척의 순양함, 69척의 구축함"으로 이루어진 "세계에서 가장 강력한 함대"라고 표현한 함대였다.[25] 그러나 존 엘리스가 "미국 조선소가 최상으로 돌아가기 시작하자, 그 격차가 현격하게 벌어졌다. 미국은 적들보다 전함을 5배, 항공모함을 10배, 순양함을 6배, 구축함을 6배나 많이 제작했다"라고 지적했듯이, 바다에 그렇게 많은 군함이 떠 있었다고 놀랄 이유가 있겠는가? 이런 격차를 고려할 때 엘리스가 결정적으로 말했듯이 "미국의 지도부가 태평양에서 보여주었던 것보다 능력이 현저히 낮았더라도 미국이 그 무대에서 전쟁에 패한다는 것은 생각할 수조차 없었다".[26]

이런 강력한 무기 체계들(플리트 항공모함과 경항공모함, 고속 전함, 중순양함과 경순양함, 구축함, 고속 군수 지원함)을 바탕으로 미국 해군은 드넓은 태평양에서 벌어진 전투에서 우위를 차지했다. 한편 미국 조선업은 대서양에서 벌어지는 전쟁의 요구에도 부응해야 했다. 특히 카를 되니츠의 유보트를 무찌르는 데 도움이 되는 두 종류의 군함을 대량으로 제작해 달라는 요구를 받았다. 하나는 수송 선단을 보호하려는 영국의 노력에 부응하기 위한 호위 항공모함이었다. 다른 하나는 유보트의 공격에 침몰한 상선을 보충하기 위한 상선이었고, 많은 상선이 규격화된 리버티함의 형태로 제작됐다. 위에서 언급했듯이, 미국에서 제작된 상당수의 호위 항공모함은 태평양에도 보내졌고, 그곳에서 호위 항공모함은 다양한 역할, 특히 해변에 상륙하는 부대를 공중 엄호하는 역할을 수행했다. 대서양 전쟁에서, 호위 항공모함에 적재된 항공기의 역할은 지극히 간단해서 유보트가 수송 선단을 파괴하지 못하도록 막는 것이었다. 유보트를 최대한 격침하는 데 그치지 않고, 수송 선단을 하늘에서 덮치는 포케-불프 콘도르를 격추하거나 적어도 쫓아낸다면 더욱더 좋았다. 영국에서 제작한 호위 항공모함 오대서티호는 독일 잠수함과 항공기와 격렬하게 맞붙었던 1941년 12월에 그런 본연의 역할을 성공적으로 해냈다. 이런 모습은 1943년 중반 이후로 연합군 수송 선단 이야기에서 흔한 것이 됐다. 항공모함에서 발진한 항공기가 반격하면, 유보트는 속절없이 침몰할 수밖에 없었고, 포케-불프는 달아나기에 바빴다.

1944년에 들어, 영국과 캐나다는 대서양 바다에서 25척이 넘는 호위 항공모함을 운영했고, 대서양에서도 호위 항공모함들이 군수품을 공급하는 해상 교통로를 순찰하며 되니츠의 유보트들을 남쪽 바다로 몰아냈다. 게다가 1944년에 영국 호위 항공모함들은 인도양에서도 공동으로 작전하며 독일 잠수함들을 추적했고, 일부는 프랑스 남부에서 전개된 상륙을 엄호했다. 1944년 4월에는 영국 본토로부터 멀리 떨어지지 않는 곳에서, 미국이 제작한 4척의 어태커급 호위 항공모함이 독일 전함 티르피츠호에 피해를 주는 데 성공한 공중 공격도 한몫을 차지했다.[27] 미국의 조선소가 전쟁 동안 발휘한 생산력이 대서양과 태평양에서 벌어진 전투 현장에 간접적인 영향을 끼친 셈이었다. 요컨대 미시시피 해안의 잉걸스 조선소나 시애틀-타코마 조선소가 무기 대여법의 지원을 받아 제작한 호위 항공모함들이 1944년쯤에는 북극해, 지중해, 인도양에서 항공모함 항공대를 뒷받침하고 있었다.

끝으로, 유보트로 인해 대서양 수송 선단에 닥친 연합국 상선의 위기에 대응해 미국은 놀라울 정도의 산업 생산력을 입증해 보였다. 처칠이 청취자들에게 끊임없이 떠올려주었듯이, 수송 선단을 보호하는 전투는 반드시 이겨야 할 전투였다. 그 전투에서 승리하지 못하면 영국이 유럽 수복을 위한 도약대가 될 수 없었고, 독일을 전략적으로 폭격하기 위한 거대한 항공모함 역할을 지속할 수 없었기 때문이다. 그 전투에서 패하면, 되니츠의 계획대로 영국은 수입물의 고갈에 고통받을 것이 자명했다. 동부전선과 전략 폭격처럼 끝도 없이 계속된 다른 전투가 그랬듯이, 수송 선단의 안전을 지키기 위한 전투도 결국에는 수(數)의 싸움이었고, 양면적인 문제이기도 했다. 하나는 어떻게 해야 유보트를 가까이 접근하지 못하도록 저지할 수 있느냐는 중요한 작전의 문제였고, 다른 하나는 연합국의 조선업이 상실한 선박을 보충하는 수준을 넘어 두 바다에서 활동량을 점점 늘려가는 군대들에게 공급하기에 충분한 정도로 군함을 제작할 수 있느냐는 중대한 문제였다.

대영제국은 수의 싸움에 크게 기여했다. 1939년 당시 영국은 온갖 유형의 상선(유조선, 군인 수송선으로 개조할 수 있는 여객선, 일반적인 화물선, 부정기 화물선)을 엄청나게 많이 보유하고 있었고, 여기에 독일에 정복된 연합국들(예컨대 노르웨이)의 근대화된 대형 상선들까지 더해졌다. 그러나 그렇잖아도 전혀 여력이 없던 영국의 조선업계가 호위 항공모함과 항공모함을 제작하고, 군함을 수리하는 방향으로 급히 선회한 것 때문에 더 많은 상선을 요구하는 연합국의 수용에 부응할 수 있는 국가

〈그림 41〉 **3척의 항공모함, 1945년, 울리시환초.** 태평양 전쟁의 막바지에, 미국의 거대한 항공모함 함대(TF58)에는 12척의 플리트 항공모함을 비롯해 그보다 작은 호위 항공모함이 많아서 작전 중에도 일부 전대를 울리시환초 주변에 보내 휴식을 취하게 할 수 있었다.

대해전, 최강국의 탄생

는 미국이 유일했다. 1940년에 이미 영국 구매팀은 석탄을 연료로 사용하는 오션급 화물선 60척을 미국에 주문했지만, 미국 해사 위원회(US Maritime Commission)가 260척을 주문하면서 영국의 주문을 여기에 포함하며, 한층 개선된 증기기관에 석유를 연료로 사용하는 1만 4,200톤의 표준형 화물선으로 설계했다. 1만 톤의 화물을 실을 수 있고, 선원은 40명이면 충분한 화물선이었다. 홍보 효과를 위해 '리버티함'이라 이름이 붙여졌고, 루스벨트에게는 민주주의를 구하는 데 도움이 되는 계획이란 찬사를 받았다. 진주만이 공격을 받았을 때는 기업가 헨리 카이저가 정부에 더 많은 리버티함을 더 신속하게 건조하려는 계획을 제안한 뒤였기 때문에 리버티함의 생산은 이미 확대되고 있었다.

카이저는 그 이전에도 샌프란시스코와 오클랜드를 잇는 베이 브리지와 후버 댐을 짓는 데 일익을 담당했을 정도로, 기업가 정신과 야심으로 가득한 사람이었다. 그는 선박 부품을 규격화해서 선박을 대량 생산하는 방법을 생각해냈다. 그러고는 선박 부품들을 7곳의 조선소(모두 서부 해안에 소재)에 보내 용접하게 했다. 따라서 더 많은 화물선을 더 빨리 제작해 인도할 수 있었다. 일반화해서 말하면, 그의 조선소들은 리버티함을 제작하는 다른 조선소들보다 더 빨리 더 값싸게 만들었다. 예컨대 로버트 E. 피어리호는 4일 하고 15시간 만에 조립되는 놀라운 기록을 작성했다. 전체적인 통계자료는 더욱더 놀랍다. 미국이 제2차 세계대전 동안 건조한 2,751척의 리버티함 중 1,552척이 카이저 조선소에서 제작됐다. 캘리포니아 리치먼드에 모여 있던 네 곳의 카이저 조선소 작업장에서만 무려 747척이 생산됐다! 설계와 생산 방법이 단순했기 때문에 리버티함 프로그램은 전함보다 훨씬 빠른 속도로 제작될 수 있어, 1943년쯤에는 하루에 3척의 리버티함이 인계됐다.[28] 리버티함은

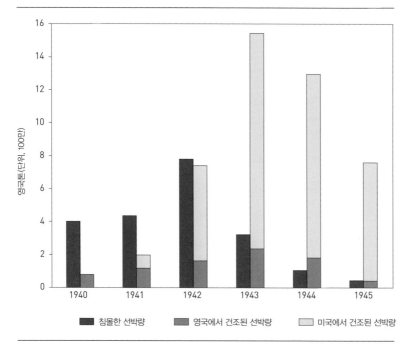

〈도표 6〉 미국과 영국에서 건조되고 침몰한 상선의 총톤수, 1940~1945년

자료 출처: Ellis, Brute Force, 157.

단순하지만 많은 화물을 실을 수 있었는데, 지프는 2,800대, 셔먼 탱크는 440대까지 실을 수 있었다.

1943~1944년 미국이 기록한 놀라운 상선 건조량을 보고, 학자들은 순전히 그런 폭발적 생산량 증가만으로도 대서양 전투가 연합군에게 유리한 방향으로 전개될 수밖에 없었고, 미국의 생산량이 극대화된 순간부터 대서양의 해상 교통로를 차단하려던 되니츠의 계획은 성공할 가능성이 없었다고 제안하기에 이르렀다.[29] 하지만 당시 영국 해군부의 의견은 달랐고, 필자의 생각도 다르다. 7장에서 이미 다루었듯이, 문제는 그보다 훨씬 단순했다. 다만 미국의 선박 생산량이 1942년 이후

로 그야말로 적절한 때, 구체적으로 말하면 유보트 공격이 꾸준히 격퇴되고, 그 결과로 연합군 상선 손실량이 위험할 정도로 높았던 수준에서 크게 떨어지던 시기에 크게 증가한 것만은 분명하다.

궁극적으로 전쟁의 승패가 결정되려면, 한쪽의 전투원들이 상대편 전투원들을 이겨야 한다. 하지만 수의 전투에서 유리한 쪽이 전쟁에서 승리할 확률이 높다. 선박 프로그램을 감독하던 연방 기관, 미국 해사 위원회는 총 7,000척의 선박을 주문했다. 그중 약 5,500척이 인도됐고, 추축국에 대한 연합군의 승리가 확실해진 뒤에는 나머지 주문이 취소됐다. 그래도 최종적인 수치는 가장 낙관적이던 추정치를 넘어섰다. 1942년부터 1945년까지 미국은 무려 5,400만 영국톤의 상선을 제작해 진수한 반면, 일본 조선소들이 진수한 선박량은 330만 영국톤, 즉 16분의 1에 불과한 양이었다.[30]

미국 공군력의 폭발적 성장

제2차 세계대전 동안 전투력을 결정한 가장 중요한 수단은 지상전과 해전 모두에서 절대적인 위력을 발휘한 공군력이었다.[31] 앞에서 이미 보았듯이, 공군력에서 미국은 일찍부터 많은 이점을 누렸다. 하지만 육군 항공대는 평화기에 작은 규모를 벗어나지 못했다. 그런 금욕의 시기에도 미국은 장거리 운항과 비행의 개척자라는 위치를 놓치지 않았고, 더욱 중요한 것은 록히드, 보잉, 그러면 등 다수의 항공기 제작회사들을 보유했다는 것이었다. 따라서 미국이 재무장을 본격적으로 시작했을 때 그 기업들은 신속한 확장을 위해 조직을 개편하는 탄력성을 보여주었다. 프랭클린 루스벨트는 세계의 어떤 지도자보다 공군력의 중요성을 인식하

대해전, 최강국의 탄생

1939	1940	1941	1942	1943	1944	1945
5,900	12,800	26,300	47,800	85,900	96,300	49,800

〈표 10〉미국 항공기 생산력, 1939~1945년(100단위 반올림)

자료 출처: Kennedy, Rise and Fall of the Great Powers, 354. 미국에서 생산된 항공기만을 계산한 것이다.
1945년에 생산량이 떨어진 게 눈에 띈다.

며, 미국의 안전을 보장하는 데 필요한 항공기를 거의 불가능한 수치까지 제작하는 것을 허락해달라고 요구했다(루스벨트는 1938년에 "연간 2만 대!"를 요구했고, 나중에는 총 9만 대를 요구했다).[32] 모든 재료, 즉 항공기 제작 회사, 공작기계, 알루미늄과 구리와 고무의 확실한 공급, 전기와 숙련된 노동자, 대공황의 여파에 여전히 일자리를 구하지 못한 많은 실업자까지 갖추어지자, 불가능해 보였던 목표가 성취할 수 있는 목표가 됐지만, 수년 간의 준비 기간이 필요하기는 했다.

〈표 10〉에서 확인되는 놀라운 사실은, 1942년과 1943년 사이, 결정적인 변혁의 시기에 미국 항공기 생산이 당시에도 인상적이던 총 4만 7,000대에서 더는 올라갈 수 없는 8만 5,000대로 비약적으로 증가했다는 것이다. 기존 공장들도 크게 확장했지만 새로운 공장이 위치토에서 텍사스까지 전국에 세워진 덕분이었다. 초기 증기기관의 시대부터 오늘날까지 산업화의 전 역사 과정에서 생산성이 그때처럼 빠른 속도로 광범위하게 증가한 때를 생각해내기는 힘들다. 〈도표 7〉에서 보듯이 막대그래프로 표현하면, 생산성 증가가 훨씬 더 확연히 눈에 들어온다.

'절대적인' 생산량이 충격적으로 증가했지만, 그런 증가가 전쟁에 미친 영향을 제대로 이해하려면 전쟁에 참전한 모든 강대국의 항공기 생산량과 비교해볼 필요가 있다. 파시스트 국가들은 물론, 소련까지도 민주 국가들보다 더 일찍 공군력은 가능하면 커야 한다는 것을 인식했

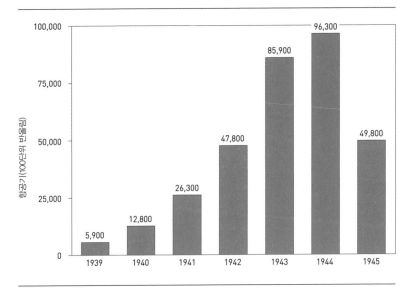

〈도표 7〉 미국 항공기 생산, 1939~1945년

자료 출처: Kennedy, Rise and Fall of the Great Powers, 354.

기 때문이다. 특히 제2차 세계대전이 후반기에 들어서자, 전쟁터에서 떨어져 나간 프랑스와 이탈리아를 제외하고 나머지 다섯 주요 교전국은 다른 무기보다 항공기를 집중적으로 생산하기 시작했다. 독일은 원자재 부족에 시달렸고, 연합군의 폭격에도 불구하고 알베르트 슈페어(Albert Speer, 1905~1981년)의 지휘하에 독일은 괄목할 만한 성과를 이루어냈다. 그렇더라도 미국의 생산량은 압도적이었다. 1943년, 미국은 독일보다 3.5배, 일본보다는 5배가 넘는 항공기[독일과 일본은 대량으로 생산할 엄두조차 내지 못했던 중(重)폭격기 포함]를 제작하는 성과를 거두며 전쟁의 승패를 거의 결정했다. 당연한 말이겠지만, 그전까지는 아니어도 1943년부터 미국 생산력의 힘이 뚜렷이 드러나기 시작했다. 역사학자 존 엘리스가 그 이후의 태평양에서 전개된 공중전을 일방적인 싸움이

대해전, 최강국의 탄생

	1939	1940	1941	1942	1943	1944	1945
미국	5,900	12,800	26,300	47,800	85,900	96,300	49,800
소련	10,400	10,600	15,700	25,400	34,900	40,300	20,900
영국	7,900	15,000	20,100	23,700	26,300	26,500	12,100
연연방	300	1,100	2,600	4,600	4,700s	4,600	2,100
연합국 합계	약 24,200	39,500	64,700	101,500	151,800	167,700	약 84,800
독일	8,300	10,200	11,800	15,400	24,800	39,800	7,500
일본	4,500	4,800	5,100	8,900	16,700	28,200	11,100
이탈리아	1,800	1,800	2,400	2,400	1,600	—	—
추축국 합계	14,600	16,800	19,300	26,700	43,100	68,000	18,600

〈표 11〉 강대국들의 항공기 생산력, 1939~1945년(100단위 반올림)

자료 출처: Kennedy, Rise and Fall of the Great Powers, 354. 합계는 반올림에 따른 어림수 때문에 정확하지 않을 수 있다.

었다고 묘사하며, 일본 지휘관들 중에서 현실적인 장교들은 향후에 일본이 단 한 번의 교전에서도 승리할 가능성이 희박하다는 것을 깨달았을 거라고 주장한 것은 조금도 놀랍지 않다.[33]

거듭 말하지만, 그렇게 제작된 항공기가 최전방 기지나 항공모함을 기점으로 작전하는 고도로 훈련된 효율적인 비행편대로 금세 발전하지는 않았다. 윌로 크리크(보잉)나 롱아일랜드의 베스페이지(그러먼)에 있던 거대한 공장 밖에 줄지어 세워진 번쩍이는 항공기들의 사진이 널리 유통된다고, 즉각적인 공중전의 승리를 뜻하지는 않았다. 1943년이 깊어지자, 남서 태평양 사령부에, 특히 대서양 전투에서 장거리 폭격기와 대잠수함용 항공기가 절실히 필요해졌다. 하지만 1943년 후반기쯤과 1944년에 들어서는 전투기와 폭격기와 수송기가 미국 심장부에서 태평양과 지중해와 북서 유럽의 최전선 기지까지, 더 나아가 상대적으로 덜 중요한 무대인 인도와 버마까지 끊임없이 전해졌다. 전쟁의 흐름이 어디에서 연합군에게 유리한 방향으로 변했든 간에 가장 먼저 변한 곳은 하늘이었다.

물론 이런 폭발적 증가를 위해서는 항공 엔진 산업의 규모와 생산성도 동반해서 폭발적으로 성장해야 했다. 실제로 미국 항공 엔진 산업은 전쟁이 끝날 때까지, 단발 엔진이던 무스탕부터 4발 엔진의 초대형 B-29 슈퍼포트리스(B-29 Superfortress)까지 모든 항공기에 장착된 70만 개가 넘는 엔진을 제작했다. 거대한 공장들이 미국 전역에서, 심지어 1940년 전에는 항공 산업이 무엇인지 전혀 몰랐던 지역들에서도 우후죽순처럼 생겨났다. 과거에 트랙터와 트럭과 자동차를 만들던 제조업체들도 기존 항공기 엔진 제작 회사와 하청 계약을 맺고 항공기 엔진 제작에 나섰다. 예컨대 프랫 앤 휘트니(Pratt & Whitney) 같은 기존 기업은 포드와 뷰익, 쉐보레 같은 민간 자동차 제조회사들에 하청을 주어 위탁 생산하지 않고는 미국 정부의 막대한 신규 주문을 충족할 수 없었다.

더구나 전시에 자동차 구매가 크게 줄어든 까닭에, 자동차 제조회사들은 일거리가 절실히 필요하기도 했다. 따라서 일리노이의 멜로즈 파크라는 조그마한 도시에 정부가 세운 거대한 공장에서, 뷰익 자동차 회사가 프랫 앤 휘트니의 유명한 방사상 항공기 엔진으로 1,200마력을 자랑하는 R-1830을 제작했다. 정확히 말하면, 4발 엔진의 B-24 리버레이터 폭격기에 장착된 엔진을 비롯해 7만 4,000개 이상의 R-1830을 제작했다. 또 나중에야 밝혀진 바에 따르면, 1943년 대서양에 투입돼 유보트와의 전투에서 암흑 구역을 지워버린 연안 방위대의 초장거리 리버레이터 폭격기는 시카고 서쪽 외곽의 공터에 세워진 뷰익 공장에서 조립됐던 것으로 여겨진다.[34] 수송 선단 위를 비행하던 리버레이터

편대를 운영한 비용은 그 폭격기를 조종한 영국 공군이나 캐나다 공군만이 아니라, 무기 대여법을 근거로 그들에게 제공된 기금, 즉 미국 납세자가 감당했다. 이 경우의 피드백 고리는 거의 완벽했던 셈이다.

하지만 프랫 앤 휘트니가 전시에 만들어낸 가장 유명한 항공 엔진은 2,000마력의 강력한 출력을 지닌 믿음직한 P&W R2800였을 것이다. 이 출중한 엔진은 코세어 전투기, 육군 항공대의 선더볼트, 특히 해군이 선택한 항공모함 함재기이던 그러먼 F6F 헬캣 전투기의 엔진에 장착됐다. F4F 와일드캣의 후속기로 개발됐고, 나포한 일본 미쓰비시 제로 전투기를 면밀히 연구해서 얻은 장점을 적용한 헬캣 전투기에는 이 새로운 엔진이 장착됐을 뿐만 아니라, 연료통과 조종석을 보호 장치로 완전히 감쌌고 6문의 50밀리 기관포까지 설치했다. 1942년 내내 그러먼의 설계자들과 공학자들은 엔진과 항공기 자체의 개선을 위해 끈질기게 노력했고, 그런 노력의 첫 결실이 1943년 2월 에식스호의 함재기로 인도됐다. 그 이후는 역사가 돼 군이 언급할 필요가 없을 것이다.

같은 해 11월, 길버트제도의 타라와환초 상공에서 일본 제로 전투기와 벌인 첫 교전에서, 헬캣은 30대를 격추하고 한 대밖에 잃지 않았다. 헬캣은 이렇게 막강한 전투력을 자랑하며, 최종적으로 5,200대가 넘는 적기를 격추했다. 연합군의 어떤 전투기보다 많은 숫자였다. 실제로 미국 해군이 태평양 전쟁에서 승리한 모든 공중전의 75퍼센트가 헬캣이 거둔 성과였다. 일방적으로 끝난 까닭에 '대대적인 마리아나 칠면조 사냥'으로도 불리는 필리핀해 해전(9장 참조)은 그야말로 헬캣 전투기의 칠면조 사냥이었다. 이런 일방적인 결과가 빚어진 데는 다른 요인들도 있었다. 예컨대 일본 작전 지휘부가 무능했고, 이즈음에 일본 조종사들의 능력노 크게 부족했다. 그러나 주된 요인은 미국이 훨씬 우수한 비

행기를, 그것도 훨씬 많이 보유했기 때문이었다.[35]

자원과 군수산업

순양함과 고속 전함, 전투기와 폭격기 등 무엇에 관련된 것이든 위에서 언급된 무기 통계는 전쟁에 참전한 일곱 강대국 중 미국 군수산업의 힘을 완벽하게 보여준다. 중요한 원자재의 투입량을 측정하든 진수된 군함의 생산량을 측정하든 간에 군비를 생산하는 과정의 모든 단계에서, 미국이 앞섰다는 것은 의문의 여지가 없었다. 특히 원자재의 보유나 확보에서, 세계 패권을 두고 갈등하던 양측의 불균형은 현격했다. 특히 대영제국 전체(광물이 풍부한 캐나다와 남아프리카공화국)의 자원에 미국의 자원까지 더하면 그 차이는 더욱더 벌어졌다. 제2차 세계대전이 자원을 지닌 강대국과 그렇지 못한 강대국 간의 실존적인 전쟁으로 묘사되는 데는 충분한 이유가 있었던 셈이다. 실질적으로 모든 부문에서 연합국이 유리했다.

리델 하트는 고전적인 저서 《제2차 세계대전의 역사》 서문에서 "전쟁에는 기본적으로 반드시 필요한 20가지 원자재가 있다. 전반적인 생산을 위한 석탄, 동력을 얻기 위한 석유, 폭발물을 만드는 데 필요한 면직물이 있어야 한다. 또 털실과 철, 운송에 필요한 고무, 전반적인 무기와 모든 전기 설비에 쓰이는 구리가 필요하다. 강철과 탄약을 제작하는 데는 니켈, 탄약에 들어간 납……"이라고 썼다. 또 하트는 "모든 강대국 중 가장 유리한 위치에 있는 국가는 세계 석유 공급량의 3분의 2를 차지하고, 목화는 약 절반, 구리도 거의 절반을 생산하는 미국이었다"라며, 반면에 "이탈리아는 모든 원자재, 심지어 석탄까지 필요량의 대

대해전, 최강국의 탄생

부분을 수입해야 했다. 일본은 거의 해외 자원에 의존했고, 독일의 경우에는 목화와 고무, 주석과 백금, 보크사이트와 수은, 운모가 국내에서 전혀 생산되지 않았다"라고 덧붙였다.[36] 이런 격차를 고려할 때 돌이켜 생각하면, 제3제국이 의외로 전쟁을 잘 끌어간 게 놀랍기만 하다. 하지만 독일군의 뛰어난 전투 효율성도 결국에는 물자의 차이를 극복하지 못했다.

물론 미국도 보유한 막대한 자원에서 이득을 보려면, 그 자원을 전투용으로 바꿔야 했다. 그러나 제2차 세계대전의 후반기에는 자원을 어디에 어떻게 활용해야 하는가를 파악하기가 쉬웠다. 예컨대 알루미늄은 원자재를 채굴하는 과정부터 공장의 설계와 생산까지, 더 나아가 연합군의 승리까지 흥미로운 이야기를 만들어냈다. 1944년부터 일본의 많은 항공기를 격추한 F6F 헬캣 전투기는 프로펠러가 알루미늄이었고, 엔진 부품으로도 가벼운 알루미늄이 적잖게 사용됐다. 그 밖에도 많은 핵심적인 부품들이 그러면 헬캣 전투를 조립하던 하청 업체들의 공장에 제공됐다. 하청 업체들은 알코아 제련 공장에서 알루미늄판을 받았고, 알코아는 남아메리카의 여러 지역(수리남, 영국령 기아나, 트리니다드)에서 보크사이트를 꾸준히 공급받았으며, 남아메리카에서 채굴된 보크사이트는 연합군 수송 선단을 통해 안전하게 운송됐다.[37] 여기에서도 상승효과가 작용했다. 알루미늄이란 중요한 광물을 확보하자, 선두 기업이던 알코아는 제련 공장의 규모를 자체적으로 확대했다. 그리고 1942년쯤 미국은 항공 엔진과 항공기의 급격한 생산 증대를 뒷받침할 돈을 군수산업체에 지원했고, 그렇게 급증한 항공기들이 하늘에서 승리를 거두었다. 결론적으로 미국이 넉넉히 보유한 것을 상대국은 많이 갖지 못했다. 미국 알루미늄 생산량은 1942년의 75만 톤에서 1943

〈그림 42〉 미국 항공모함 엔터프라이즈호에 실린 더글러스 데버스테이터 뇌격기. 이언 마셜의 그림에서도 일본 가미카제 공격을 견뎌내는 미국 항공모함 함대의 축적된 화력이 잘 드러난다.

대해전, 최강국의 탄생

년에는 125만 1,000톤으로 급증한 반면, 일본의 증가량과 총량은 10분의 1에 불과했다.[38]

　고무부터 철광석까지, 또 구리부터 목화까지도 일방적인 이야기가 되풀이될 뿐이다. 미국이 전투에서 거둔 모든 승리 뒤에는 이런 자원의 막대한 이점이 있었다. 따라서 원자재 하나하나에 대해 어떤 차이가 있었는지 구체적으로 나열할 필요가 없을 것이다. 다만 그 엄청난 차이가 가장 중요한 정제 물질, 즉 석유도 예외가 아니었다는 것을 지적해두고 싶다. 1943년 독일의 원유 생산(수입 포함)은 900만 톤에 겨우 접근한 반면에 미국의 총생산량은 2억 톤에 달했다. 독일 산업계가 개발한 합성 연료로도 그 격차를 메울 수 없었고, 나중에는 연합군의 집중 포격으로 합성 연료를 만들던 공장들이 크게 줄어들었다.[39] 북아프리카 사막 지역부터 벨기에의 아르덴 숲까지 독일 기갑부대들은 연료 부족으로 멈추는 경우가 적지 않았다. 일본의 경우에는 석유 부족 현상이 더 심했다. 미국 잠수함들이 일본 유조선 함대를 추적해 격파하기 전에도

	1940	1941	1943
영국	3.5	6.5	11.1
소련	(5.0)	8.5	13.9
미국	(1.5)	4.5	37.5
연합군 합계	3.5	19.5	62.5
독일	6.0	6.0	13.8
일본	(1.0)	2.0	4.5
이탈리아	0.75	1.0	
추축국 합계	6.75	9.0	18.3

〈표 12〉 **강대국들의 군비 생산량, 1940～1943년(1944년 달러를 기준으로 10억 달러)**

자료 출처: Kennedy, Rise and Fall of the Great Powers, 355. 괄호 속의 수치는 전쟁에 아직 참여하지 않은 국가를 뜻한다.

대해전, 최강국의 탄생

일본 해군과 공군은 부적절한 연료 공급에 크게 시달렸다. 제2차 세계대전에서 자원을 갖지 못한 국가들은 본질적인 곤경에서 벗어나지 못했다. 전쟁 물자의 부족이 1942년 이후로는 점차 무기와 연료 부족으로 나타나기 시작했다.

제2차 세계대전 당시 상대적 무기 생산량에 대해 우리 눈을 사로잡는 기본적인 통계표가 있다(〈표 12〉 참조). 이 표에서 보듯이, 미국의 총 군비 생산량이 1940년에는 15억 달러에 불과했지만, 이듬해(1941년)에 45억 달러로, 전쟁의 승패를 결정한 1943년에는 무려 375억 달러로 급증했다. 이런 급증을 다른 식으로 표현하면 "1940년에는 미국 무기 생산이 나치 독일의 4분의 1에 불과했지만, 겨우 3년 뒤인 1943년에는 3배나 앞섰다"라는 뜻이다. 물론 미국의 방대한 생산량에 다시 두 동맹, 영국과 소련의 생산량을 더해야 역사학자들은 문제의 핵심에 이를 수 있다. 전쟁이 중반에 들어섰을 때, 추축국들은 연합국들의 경제력에 이미 무너지고 있었다는 것이다.

전쟁과 재정 지원

하지만 산업을 지원할 돈이 없었다면, 미국의 엄청난 산업 생산도 가능하지 않았을 것이다. 루스벨트가 반(反)파시스트 동맹을 위해 기꺼이 자처한 '민주주의의 병기창(Arsenal of Democracy)'은 세금과 신용을 통해 막대한 자금을 조달해서 그러먼과 보잉, 뉴포트 뉴스 조선소와 카이저 조선소처럼 생산적인 기업들을 지원함으로써 민주주의의 재무관(paymaster of democracy) 역할까지 해냈다. 그곳들에서 제작된 많은 항공기와 군함이 세계 전쟁의 흐름을 바꾸는 역할을 해냈다. 물론 무기 대여법을 근거로 미국의 많은 동맹에 공급된 군수품과 원자재의 비용도 그 자금으로 충당됐다. 역사적으로 모든 전쟁이 그랬듯이, 제2차 세계대전은 어떻게 보더라도 돈의 전쟁이었다.

제2차 세계대전 이전에 돈과 전쟁의 상관관계를 보여준 사례를 꼽는다면, 1.5세기 전에 영국이 프랑스 혁명 정부와 나폴레옹 정부에 맞서 23년 동안 싸운 전쟁만큼 적절한 예는 없을 것이다. 이때 영국은 대규모 함대와 육군을 유지하고, 동맹국들에 군수품만이 아니라 재정적인 지원까지 제공하기 위해 엄청난 돈을 반복해서 거두어들였다. 당시 영국은 세 경로를 통해 그 돈을 마련했다. 첫째로는 국민에게 세금과 관세를 기록적인 수준까지 무겁게 부과했고, 둘째로는 높은 신용도를 바탕으로 전시 공채를 발행해 내국인에게 판매했으며, 셋째로 외국 투자자들에게는 재무부 발행 채권을 팔았다.[40] 제2차 세계대전에서 달랐던 것은 실질적으로 모든 자금이 미국을 통해 유입됐다는 것이다. 역시 크게 높아진 세금 및 전쟁 채권을 통해 마련한 돈이었다.

한편 지출하는 것은 상대적으로 쉬웠다. 프랑스가 항복한 이후로 경각심을 갖게 된 미국 정부가 실질적으로 모든 것에 돈을 쓰기 시작했기 때문이었다. 1940년 미국이 군비 확충에 지출한 총액은 21억 달러에 불과했고, 그중 4억 달러만이 항공기에 투자됐고, 4억 달러는 군함에, 2억 달러는 전투 차량과 운송 도구를 구입하는 데 쓰였다. 하지만 1943년에는 군비가 크게 증가해 524억 달러가 됐다. 그중 항공기와 군함을 구입하는 데 각각 125억 달러, 군용 차량을 도입하는 데 59억 달러가 지출됐다.[41] 에식스급 항공모함의 값은 1942년에 6,800만~7,800만 달러였다(2020년의 화폐 가치로는 대략 120억 달러). 아이오와급 전함은 건조된 당시의 가치로 대략 1억 달러(현재 가치로 16억 달러)였다. 보잉 B-17 폭격기

는 24만 달러에 불과했고, 리버티함은 150만~200만 달러였다.[42]

전쟁 동안 생산된 품목들의 수, 예컨대 항공모함은 24척, 전함은 10척, B-17 폭격기는 1만 2,000대, 리버티함은 2,700척에 각 품목의 값을 곱하면, 처음에는 믿기지 않을 정도로 많게 보였던 미국 정부의 지출 총액에 그럴 수밖에 없었겠다며 고개가 끄덕여진다. 예컨대 미국 공장에서 생산된 항공기의 수가 1939년에는 6,000대 수준이었지만 1943년에는 8만 5,900대로 급증했다면, 당연히 통계자료에도 군비 지출이 크게, 10배나 12배로 증가한 것으로 나타나기 마련이다. 여하튼 1939년에는 군비가 GNP(gross national product: 국민총생산)의 1.4퍼센트에 불과했지만 1943년에는 43퍼센트 이상 지출됐다. 군비 지출이 국민총생산에서 차지하는 몫이 계속 증가하는 동안 그 모든 돈이 재화와 용역 및 실질 임금으로 지급됐기 때문에 국민총생산 자체도 크게 증가했다.

연도	명목 GNP	명목 군사비	GNP 비율
1938	84.7	1.0	1.2
1939	90.5	1.2	1.3
1940	99.7	2.2	2.2
1941	124.5	13.8	11.1
1942	157.9	49.4	31.3
1943	191.6	79.7	41.6
1944	210.1	87.4	41.6
1945	211.9	73.5	34.7
1946	208.5	14.7	7.1
1947	231.3	9.1	3.9
1948	257.1	10.7	4.2

〈표 13〉 미국 GNP와 군사비 지출, 1938~1948년(단위: 10억 달러)

자료 출처: Harrison, Economics of World War II, 83. 특히 이 책의 3장 H. Rockoff, The United States: From Ploughshares to Swords"에 수록된 풍부한 통계자료도 소중한 자료다.

마크 해리슨(Mark Harrison)이 1938년부터 1948년까지 군사비와 국민총생산 및 군사비가 국민총생산에서 차지한 비율을 깔끔하게 계산한 표에서도 뚜렷한 상관관계가 드러난다(〈표 13〉 참조).

옛 제국의 정치인들이 이런 상관관계를 보았다면 시샘하며 한숨을 내쉬었을 것이다. 전쟁에서 승리한 원동력이었지만 엄청난 군사비 지출에도 불구하고, 운 좋게도 미국은 전쟁을 시작했을 때보다 전쟁이 끝났을 때 국민총생산이 4분의 3이나 더 성장했다. 이 전쟁에서 동맹이었든 적이었든 간에 다른 강대국에는 꿈나라 같은 결과였다.[43]

미국은 초인플레이션만이 아니라 국가 부도와 붕괴를 피하면서 어떻게 군비 지출을 감당했을까? 대통령과 의회가 비용과 상관없이 승리가 절대적으로 필요하므로 국민들에게 진정한 희생을 요구하겠다는 것을 명확히 했지만, 미국 정부의 경제 기획관들은 그 정책이 위험하다는 것을 처음부터 알았다. 새롭게 부과하는 세금만으로는 치솟는 전쟁 비용을 즉시 감당할 수 없었다. 미국은 1940년에 무척 부유했지만 막대한 빚을 짊어져야만 했다. 그렇더라도 당시 미국이 호황기였기에 해외로부터 차관을 얻거나 해외에 의존하지 않고도 상당한 정도의 국내 부채를 감당할 수 있었다고 말한다면, 이 문제가 어느 정도 이해된다. 다른 분야의 변화와 마찬가지로, 연방 정부의 빚도 처음에는 서서히 증가했다. 1940년 6월에 430억 달러이던 빚이 1941년 6월에는 490억 달러로 약간 증가했으나, 1942년 6월에는 720억 달러로 크게 증가했다. 그러나 그 이후로는 12개월 만에 2배로 급증했고(1943년 6월에는 1,370억 달러), 이듬해에도 연방 정부의 군사비 지출이 앙등했기 때문에 똑같은 정도의 빚이 더해져 2,010억 달러가 됐다. 전쟁이 끝났을 때 국가 부채는 4년 전보다 5배쯤 증가해 있었다.[44] 미국인들이 전례 없이 많은 국채를 매입했기 때문이었고, 전쟁 채권도 다를 것이 없었다.

전쟁 비용은 직접세와 간접세의 세율을 인상하는 방법으로도 부분적으로 해결됐고, 그럴 수밖에 없었다.[45] 세율 인상은 결국 부유한 사람들이 가장 많은 세금을 부담하겠지만 어떤 식으로든 모두가 국가적 노력에 조금씩 기여하게 된다는 뜻이었다. 진주만의 충격이 그만큼 컸던 까닭에, 미국이 위협을 받고 있다는 국민감정 자체가 경제적 희생이 절대적으로 필요하다는 확신으로 이어졌다. 1941년에는 최고 과세 등급(81퍼센트)이 '초부자(the impossibly rich: 연 소득이 500만 달러 이상)'에게만 적용됐지만, 1942년에는 20만 달러 이상의 모든 소득에 부과됐다. 따라서 최고 과세 등급을 적용받는 미국인이 훨씬 더 많아졌다. 1944년에는 최고 과세 등급이 94퍼센트로 인상됐다(1940년에는 4.4퍼센트에 불과하던 가장 낮은 등급의 연방 소득세율도 당시에는 23퍼센트까지 올라갔다.[46] 동시에 간접세도 전반적인 상품과 용역에서, 특히 휘발유처럼 중요한 품목에서 인상됐다. 하지만 정부의 목표는 소득을 끌어올리는 만큼 소비자의 돈이 제한된 품목에 집중되지 않도록 인플레이션을 억제하는 데 있었다. 세금만으로 소비를 억제할 수 없는 분야에는 이런저런 규제가 도입됐다. 예컨대 자가용 자동차의 생산이 1942년에 중단됐고, 소비를 절약할 목적에서 자동차의 장거리 운행이 억제됐다. 또 나일론이 스타킹보다 낙하산을 만드는 데 우선 투입됐다. 알루미늄은 냉장고보다 비행기를 제작하는 데 사용됐다).

실업 문제를 해결하는 데는 전쟁 자체가 과거의 뉴딜 정책보다 효과가 있었다. 1938년에도 실업률은 여전히 아찔할 정도로 높아 19퍼센트였으나, 1943에는 1퍼센트로 역사적으로 낮았다.[47] 1억 명이 일하며 임금을 받아 미국인의 주머니는 두둑해졌지만, 얄궂게도 구입할 만한 물건이 별로 없었다. 따라서 재정 확보를 위해서도 교묘하게 꾸며진 홍보 활동이 중요했다(태평양 전쟁에서 돌아오는 병사들이 환호하는 군중들에게 "당장 전쟁 채권을 구입해주십시오!"라고 부탁하는 홍보). 전쟁 채권을 구입함으로써 국민은 미국의 강점을 강화하고, 전쟁이란 막대한 부담을 견뎌낼 수 있는 역량을 키워가는 선순환 구조를 떠받쳤다. 효과적인 재정 관리와 결합된 낙수효과 경제, 즉 대체로 이 분야의 교과서에만 존재하던 경제 모형이 구체적으로 입증된 셈이었다. 군비 지출과 관련된 정부 정책으로 일자리가 증가하고, 임금이 상승했다면, 전쟁 채권을 매입하라는 홍보 활동으로는 노동자의 상승한 임금 중 일부를 흡수했다.

예컨대 그러면 베스페이지 공장에 고용된 3만 명의 남녀, 대체로 부부였던 노동자들은 저금리 채권을 매입하는 데 소득의 상당 부분을 투자하라는 권유를 반복해서 들었다. 직접세가 높은 데다 구입할 만한 물건도 많지 않아, 노동자들은 적어도 전쟁이 끝날 때까지는 그런 권유를 받아들이는 것이 이익이었다. 요컨대 한쪽에서는 전쟁이 거대한 풀무처럼 작용하며 엄청난 양의 산업 생산을 자극했지만, 반대편에서는 정부가 과세와 가격 통제 및 차입 정책을 적절히 결합함으로써 미국 노동자들에게 지급하는 막대한 임금으로부터 비롯될 수 있는 초인플레이션을 억제했다. 항공기 기술자와 용접 기사는 점점 부자가 됐고, 국가도 부유해졌지만, 합스부르크 시대처럼 미친 듯한 가격 상승은 없었고, 심각한 계급 갈등도 없었다. 물론 제1차 세계대전 동안처럼 전쟁으로 부당 이득을 취한 사람들에 대한 논란도 없었다.[48]

다른 강대국들은 어떻게 전쟁을 치렀는지를 살펴보면, 미국의 경우가 특별했다는 것이 다시 확인된다. 미국은 어떤 교전국보다 전쟁에 많은 돈을 썼다. 그 엄청난 지출은 생산된 무기의 숫자(연간 9만 6,000대의 항공기 등)에서는 물론이고, 개별 무기에 들어간 설비에서도 확인된다.

대해전, 최강국의 탄생

잠수함의 널찍한 실내 공간, 대형 폭격기에 설치된 공기 순환 장치, 항공모함에 설치된 제빙기가 대표적인 예다. 미국이 절대적으로 많은 액수의 돈을 전쟁에 쏟아부었지만, 원자재와 산업적 역량, 첨단 기술력과 자본력, 훈련할 수 있는 인력 등에서 상대적으로 유리한 위치에 있었기에 전쟁에 많은 돈을 쓰기도 비교적 쉬웠다. 미국은 가장 무거운 짐을 짊어져야 했던 만큼, 어깨도 가장 넓었다. 다른 강대국들로서는 전쟁이란 짐이 점점 더 부담스러워졌고, 따라서 그들에게 요구되는 희생도 더욱더 힘겹게 느껴졌을 것이다.

강대국들이 부담한 군비를 비교해 측정해보면, 1943년에 영국은 국민소득의 55퍼센트를 군사비에 지출했고, 소련은 60퍼센트 이상, 나치 독일은 동서 양쪽의 이웃 국가들로부터 엄청난 자원을 약탈했는데도 70퍼센트를 지출했다. 미국은 다른 모든 강대국보다 훨씬 많은 돈을 전쟁에 쏟아부었지만, 군사비가 국민소득에서 차지한 비율은 42퍼센트에 불과했다.[49] 어떤 분야에서나 똑같지만, 예컨대 영양 섭취에 대한 전쟁의 경제·사회적인 비용을 조사해보면, 다른 강대국은 혹독한 비용을 치른 반면에 미국은 그렇지 않았다는 증거가 뚜렷하다. 독일은 식량 배급량이 줄었으나 미국인들은 배불리 먹었다. 따라서 하루 칼로리 섭취량, 비타민 C, 단백질 소비량, 육류 소비량이 1938년보다 1944년에 더 많았다.[50] 화가 노먼 록웰(Norman Rockwell, 1894~1978년)의 상징적인 그림에서 보듯이, 리벳공 로지는 영양 공급을 잘 받아 통통한 리벳공이었다.

끝으로, 무기 대여법(1941년 3월 11일 제정)을 근거로 연합국에 엄청난 양의 군수품이 제공됐다. 무기 대여법은 소련과 영국이 전쟁에서 승리하는 데 선략적으로 무척 중요했다. 미국이 전쟁에 지출한 총비용의 약

17퍼센트(당시 가치로는 500억 달러, 현재 가치로는 7,840억 달러)가 1941년부터 그 법이 폐기된 1945년 9월까지 이전됐다.[51] 소련은 석탄과 철광석 같은 천연자원이 풍부했지만, 공산품이 부족했다. 따라서 닷지와 스튜드베이커 등에서 제작한 42만 7,000대의 트럭, 1만 2,000대의 장갑 차량(4,000대의 셔먼 탱크 포함), 1만 1,000대의 항공기, 2,000대의 기관차, 정제된 고옥탄가의 항공유, 400만 톤 이상의 식량 등이 소련에 전해졌다.[52] 물론 제해권의 확보가 큰 도움이 됐다. 적군(赤軍)의 무수한 사단이 궁극적으로 베어마흐트에게 큰 타격을 주었겠지만, 연합군 해군이 미국의 전쟁 물자와 3,000대의 허리케인 전투기를 포함한 영국의 전쟁 물자를 싣고 무르만스크와 페르시아 철로로 향하던 수송 선단을 보호할 수 있었던 게 무엇보다 큰 몫을 했다. 그렇게 영군 해군의 호위를 받은 상선들에 실려 러시아-독일의 전선까지 전해졌던 수천 대의 2.5톤 스튜드베이커 트럭을 타고, 게오르기 주코프 사단이 베를린을 향해 진격하던 모습만큼 처칠의 대동맹을 상징적으로 잘 보여주는 장면은 없을 것이다.

무기 대여법을 근거로 1941년부터 1945년까지 영국에 공급된 군수품은 유형과 규모와 가치에서 훨씬 더 커서 314억 달러(현재 가치로는 4,920억 달러)에 달했고, 미국 군비 생산 전체의 10퍼센트 이상을 차지했으며, 전략적으로도 무척 중요했다. 영국이 전쟁 기간에 강대국으로서 완전한 역할을 계속 해낼 때 기대되는 '부가가치' 때문이었다. 영국은 전쟁 초기에 이미 상당한 정도의 전쟁 비용을 치렀고, 특히 카탈리나 비행정과 허드슨 폭격기를 구입하는 데 막대한 자금을 투입한 까닭에 무기 대여법이 발효됐을 무렵에는 보유하던 달러 자산과 황금이 거의 고갈된 상태였다. 따라서 1941년 이후로 이른바 중립국으로부터 대거 유입된 '대여'된 군수품과 그 밖의 물품은 뜻밖의 선물이었다. 수송기(특히 낙하산 부대원과 윌리엄 슬림의 버마 군단을 수송), 장거리 초계기, 전투기 편대, 호위 항공모함, 상선, 강판과 알루미늄판, 기본적인 식량(밀과 밀가루), 온갖 종류의 중요한 연료가 미국 항구로부터 영국까지 비행기나 선박으로 끝없이 전해졌다. 여하튼 이런 흐름을 유지하는 것은 대서양 전투의 모든 것이었다![53]

랭커스터 폭격기는 미국에서 정제한 항공유를 연료로 사용했고, 스피트파이어 전투기를 제작하려면 미국산 알루미늄판이 필요했으며, 히긴스 상륙정이 영국 상륙 대대를 싣고 해변으로 치달았고, 미국 패커드가 대량 제작한 롤스로이스 멀린 항공기 엔진이 영국 공군 항공기에 장착됐다. 루스벨트 정부의 중립적이지 않은 정책 중 가장 비(非)중립적인 조치는 크게 손상된 영국 군함(전함과 순양함과 항공모함)이 미국 조선소에서 수리를 받고 장비를 개선하는 것을 허용했을 뿐만 아니라, 그 비용을 무기 대여법의 한 항목으로 상쇄한 결정이었다. 특히 1941년과 1942년에 만신창이가 됐던 영국 해군에게는 크나큰 혜택이었다.[54]

소중한 동맹을 이렇게 지원함으로써 미국은 추축국들과의 전쟁에서 거의 같은 규모의 전투력을 지닌 국가를 동맹으로 갖는 전략적 보상을 얻었다(과거에는 영국이 나폴레옹을 공동의 적으로 삼던 프로이센과 오스트리아에 물자를 계속 지원한 사례가 있었다). 미군과 영연방군은 북아프리카와 시칠리아를 추축국으로부터 탈환하려고 협력해 싸웠고, 이탈리아반도를 침공해 거슬러 올라갈 때도 어깨를 나란히 했다. 또 미국과 영국과 캐나다의 병사들은 노르망디에 상륙해 제3제국을 향해 진격할 때도 함께했다(당시 병력 규모는 2 대 2 대 1). 야간에는 1,000대의 영국 중폭격기가 독일을 폭격했고, 1,500대의 미국 폭격기도 독일을 폭격하는 것을 매일 반복했다. 미국 해군의 '두 바다 전쟁(Two-Ocean War: 역사학자 새뮤얼 모리슨의 책 제목)'은 그 명칭에 걸맞지 않게 두 바다에 똑같은 정도로 무게가 주어지지 않았다. 일본과 다툰 태평양 전쟁은 1944~1945년까지 미국이 혼자 감당했지만, 크릭스마리네와 루프트바페와 맞선 대서양의 하늘과 바다에서는 영국과 캐나다가 훨씬 더 큰 몫을 해냈다.

미국이 전쟁에 총력전을 펼친 1944년의 경제력을 보면 다른 모든 국가가 왜소해진다. 이것이 이 장에서 말하려는 논점이기도 하다. 물론 영국의 사촌 미국에 대한 경제적 의존이 점점 커지며 강대국으로서 장기적인 위상이 크게 추락한 것은 사실이지만, 이때 영국이 어떤 다른 선택을 할 수 있었는지는 의문이다.[55] 오히려 여기에서 보아야 할 중요한 논점은, 무기 대여법을 근거로 어마어마한 군수물자를 미국의 넉넉한 군비 창고에서 소련과 영국(규모는 작았지만 중국과 프랑스)으로 이전함으로써 미국이 일종의 '전력 승수효과(force-multiplier effect)'를 낳았고, 그것은 연합군의 전력이 한층 강화돼 궁극적으로는 추축국들의 모든 희망을 뒤엎는 결과로 이어졌다(〈도표 8〉 참조).

크게 보면, 미국이 연합국들을 위해 군수품을 비롯해 강철과 고무 같은 전략 물자에 지출한 정책을 '전쟁 케인스주의(War Keynesianism)'의 한 형태로 생각할 수 있을지도 모르겠다. 소련에 보낼 스튜드베이커 트럭을 생산하고, 영국 전함을 수리해주는 데 자본을 투입하면, 결국 미국 기업에 더 많이 투자하고, 미국 노동자에게 더 많은 임금을 주며, 무기의 생산 단가를 낮출 수 있어, 결국에는 생산성이 향상되며 미국 자체가 더 부유해지는 효과를 기대할 수 있기 때문이었다.

학자들은 역사의 흐름을 끌어가며 역사를 만들어가는 심원한 변화와 매일 또는 매년 반복되는 사건 사이의 연결 고리를 보여주는 데 간

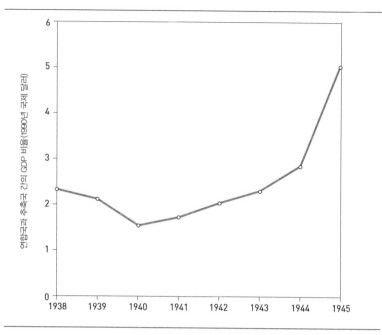

〈도표 8〉 연합국과 추축국 간의 GDP 비율, 1938~1945년

자료 출처: "Military Production during World War II," Wikipedia, 2020년 4월 7일 최종 수정, https://en.wikipedia.org/wiki/Military_production_during_World_War_II#/media/File:WorldWarII-GDP-Relations-Allies-Axis-simple.svg에서 인용한 것이다.

혹 어려움을 겪는다. 매번 반복되지만 그중에도 극적이고 웅장하며 빠르게 진행되는 사건이 있기 때문이다. 그러나 제2차 세계대전, 특히 태평양과 대서양에서 벌어진 해전과 공중전을 연구하는 역사학자는 연결 고리를 증명하는 문제로 골치를 썩지는 않는다. 특히 전쟁의 승패를 결정했던 1943년의 전투를 다룰 때는 더더욱 그렇다. 1943년, 적어도 1943년 후반기에 미국의 압도적인 산업 생산력이 전에는 상상할 수도 없던 정도까지 발휘됐기 때문이다. 그 결과로 북대서양 수송 선단이 유보트의 공격으로부터 더 안전하게 보호됐고, 마침내 미국 항공모함을 비롯한 다양한 유형의 군함이 태평양에 진입하기 시작했으며, 영국과 미국의 중폭격기들이 제3제국의 군수 산업체를 폭격해 파괴하기 시작하면서 전행의 흐름이 완전히 뒤바뀌었다. 6개월 전에 연합군이 '시작의 끝'을 마침내 통과했다는 영국 육군 원수, 앨런브룩의 발언이 충분히 입증된 듯했다.

1941년 12월 8일 저녁, 처칠이 영국과 미국이 태평양에 소유한 섬을 일본이 공격했다는 소식을 듣고 깊은 생각에 잠긴 끝에 보인 정서적 반응이 옳았고 통찰력 있었다는 것도 다시 확인됐다. 당시 처칠의 상상력을 활발히 자극한 것은 끝없이 밀려오는 나쁜 소식들(마닐라 폭격, 진주만 공격, 홍콩 포위)이 아니었다. 오히려 미국이 마침내 전쟁에 참전하게 됐다는 최고의 사실이었다. 처칠은 "우리가 어쨌든 승리할 거다. 히틀러의 운명도 이제 끝났어!"라고 반색하며 "일본은 결국 가루가 되겠지"라고 덧붙였다. 길고 힘겨운 싸움을 한 뒤에야 승리가 마침내 눈앞에 다가왔지만, 처칠이 확언했듯이 그 이유는 미국의 독보적이고 압도적인 힘이 작용한 덕분이었다. 처칠의 화려한 언변이 낳은 또 하나의 표현, 미국 경제라는 '거대한 보일러(giant boiler)'에 마침내 불이 붙었고, 그 용량에는 거의 한계가 없었다. 처칠이 확신했듯이, 그 이후로도 힘든 전투가 많겠지만 최종적인 승리는 연합군의 것이 분명했다. "남은 문제는 그 압도적인 힘을 적절히 사용하는 것이었다."[56] 결국 향후의 모든 전투 뒤에는 새로운 강대국이 보장하는 승리가 있었다. 미국이 만들어가는 신질서가 보장하는 승리였다.

자연스러운 역사적 추세의 정점?

1941~1945년 사이에 군비 생산량이 크게 증가하고 경제가 거의 2배로

성장한 결과가 미국이 전면적인 현대전에 뛰어든 자연스러운 결과로 이해해야 할까? 강철 생산은 5배가 증가했고, 생활 수준은 60퍼센트가 향상됐다. 뿐만 아니라 모든 통계적 결과가 인상적이었지만 충분히 이해된다. 그럼 충분히 이용되지 않은 자원들이 많은 산업화된 경제권에 대대적인 재정이 투입되며 자극이 주어지면 얼마든지 가능한 현상일까? 미국인들은 엄청난 천연자원, 특히 석유와 광석을 깔고 앉아 있었다는 점에서 운이 좋았다. 게다가 충분히 이용되지 않은 인간 자원처럼, 적절한 자본이 투입되자 그 천연자원들도 더욱더 생산적으로 변했다. 이 모든 것에서 미국은 이탈리아나 프랑스보다 훨씬 더 운이 좋았다. 따라서 연방 정부가 구입한 재화와 용역의 총액이 360억 달러(1940년)에서 1,640억 달러(1944년)[57]로 급증했을 때 총 군비 생산도 40억 달러에서 420억 달러로 상승했다. 예컨대 제작된 항공기의 수는 연간 6,000대에서 9만 6,000대로 증가했고, 35척의 항공모함과 122척의 호위 항공모함이 새로 건조돼 전선으로 보내졌다. 그리고 전쟁에서 승리했다!

물론 일본의 무모한 진주만 공격이 없었다면, 미국 정치계는 이런 정도의 정부 지출, 전례가 없던 수준의 소득세율, 믿을 수 없는 적자와 부채를 한순간도 허용하지 않았을 것이다. 진주만 공격이란 충격이 없었다면, 1945년과 20세기 중반의 세계에서 미국이 차지하는 위상은 무척 달랐을 게 분명하다. 루스벨트 정부가 뉴딜 정책으로 경기 부양에 나섰더라도 미국은 여전히 경제적으로 빈사 상태에 허덕이고, 정치적으로도 상당히 고립된 위치에 있었을지도 모른다. 제2차 세계대전이 없었더라면, 미국이 1945년쯤에 세계 최강국으로 도약해 있지는 않았을지도 모른다.

이 모든 게 사실이다. 물론 이런 변화에는 전쟁이 필요했고, 이런 이유에서 전쟁은 레닌의 표현대로 "역사의 기관차"였다. 물론 제2차 세계대전 자체가 파시스트 국가들의 침략을 둔화하고 철저히 분쇄했고, 영국을 비롯한 유럽 식민 제국들의 힘을 회복할 수 없을 정도로 꺾어놓았으며, 더 나아가 1945년 이후에는 미국과 약간 불안하더라도 소련만을 대국으로 남겨놓은 것은 사실이다.

하지만 제2차 세계대전에는 그 이상의 것이 있다. 제2차 세계대전 동안 폭발적으로 성장한 미국의 힘을 다른 관점에서 해석하는 방법이 있다. 그렇다고 미국의 힘이 커졌다는 것을 부정한 관점은 아니다. 구체적으로 말하면, 미국의 힘이 폭발적으로 성장한 결과를 "거의 반세기쯤 지연됐지만, 아메리카 대륙이 산업화된 순간부터 세계의 균형추가 자연스레 이동한 정점"으로 해석하는 방법이다. 다시 말하면, 미국은 언젠가 세계 절반의 운명을 좌우하게 될 거라는 알렉시 드 토크빌 (Alexis de Tocqueville, 1805~1859년)의 예언이 실현된 것으로 해석하는 방법이다.[58]

이런 관점을 올바로 판단하려면, 고작 5년에 불과한 전쟁 기간에 미국이 기록한 경이로운 생산량에서 눈을 떼고, 경제와 인구 변동에 관련한 장기적인 통계자료를 분석해야 할 것이다. 실제로 미국의 본격적인 성장은 19세기의 마지막 20년까지 거슬러 올라간다. 이때 철도와 전신이 개발되고, 내부적으로 거대한 인구 이동이 시작되며, 중서부와 서부가 차례로 열리며 상공업이 크게 도약했다. 상공업의 도약은 인구의 대대적인 증가와 맞물려 시작됐을 가능성이 컸다. 토머스 맬서스(Thomas Malthus, 1766~1834년)가 인구 증가와 관련해 제시한 비관적인 모형과 달리, 인구 증가는 생산량의 증가와 상관관계가 있고, 인구 증가는 부를 창출하는 거대한 경제 폭발을 자극하는 촉매 역할을 하기 때문이다.

대해전, 최강국의 탄생

1870	1890	1910	1930
39,000,000	63,000,000	92,000,000	123,000,000

〈표 14〉 미국 인구, 1870~1930년(100만 단위 반올림)

자료 출처: "Population Distribution over Time," United States Census Bureau, 2020년 2월 20일 접속, https://www2.census.gov/library/publications/decennial/1930/population-volume-1/03815512v1ch02.pdf.

그렇게 증가한 인구가 미국에서는 일인당 실질 GDP를 둔화하는 거대한 농노 계급(러시아)이나 도시 빈민(인도와 중국)으로 전락하지 않고, 점점 생산성을 높여가는 노동자 계급이 됐다. 이런 인구 폭발은 미국이 결국 세계적인 강대국으로 변신하는 데 주로 두 가지 면에서 영향을 끼쳤다. 첫째는 다소 단순한 영향이었다. 1870년대에 미국 인구는 과거에 인구가 더 많았던 유럽 국가들과 동등한 수준으로 올라섰고, 그로부터 한 생애가 지나지 않아 유럽의 어떤 국가, 심지어 독일제국보다 인구수가 훨씬 많아졌다(〈표 14〉 참조).

둘째로, 1929년의 월스트리트 붕괴로 많은 미국인이 급작스레 직장을 잃고 빈곤을 겪게 됐다. 그런 현실은 분명히 커다란 후퇴였지만, 그 사건의 전후로 수십 년 동안 전체 인구는 자연스레 크게 증가했다. 예컨대 1900년대에는 1,600만, 1910년대에는 1,300만, 1920년대에는 1,700만, 1930년대에는 1,800만 명이 증가했다. 이런 인구 증가는 국력의 약화가 아니라 강화로 이어졌다.[59] 이 노동인구는 미국 산업계에 고용됐고, 제1차 세계대전 전에도 다른 국가들과 비교할 때 미국은 경제 대국이었다. 이 점이 중요하다. 강대국들의 에너지 소비나 총산업 잠재력 등 어떤 분야의 수치를 선택하더라도 똑같은 결론에 이른다. 미국은 다른 유형의 강대국이었다. 달리 말하면, 경제적으로는 거인이었지만 군사적으로는 난쟁이였다. 예컨대 1913년 강철 생산(3,180만 톤)은 독일

(1,760만 톤)과 영국(770만 톤)과 프랑스(460만 톤)의 생산량을 합한 것보다 많았다. 더 폭넓게 말하면 1913년 미국은 세계 전체 제조업 생산량의 32퍼센트를 차지한 반면, 독일은 14.8퍼센트, 영국은 13.6퍼센트, 러시아는 8.2퍼센트였다.[60]

제1차 세계대전으로 러시아 경제는 크게 휘청였고, 독일과 프랑스와 영국의 경제는 크게 약화됐지만 미국은 오히려 40퍼센트까지 가파르게 상승했다. 한 국가가 그런 비율을 차지한 경우는 세계사에서 전례가 없었지만, 어떤 부문을 보아도 미국의 생산력과 부유함이 증명될 뿐이었다. "1929년을 예로 들면, 미국은 450만 대의 자동차를 생산했다. 프랑스는 21만 1,000대, 영국은 18만 2,000대, 독일은 11만 7,000대를 생산했다."[61] 하지만 훨씬 더 눈에 띄는 현상은 미국의 정책 결정자들이 군사력을 최소한으로 유지하며 대부분의 세계사에 관여하지 않는 정책을 계속 고집했다는 것이다. 따라서 두 세계대전 사이에도 미국의 군사력은 최대 군사 강국의 12분의 1에 불과했다. 과거의 최대 군사 강국은 이런 적이 없었다.

그리고는 대공황과 훨씬 더 파괴적인 사건, 즉 정치인들이 미국 경제가 가장 경쟁력이 있을 때 보호주의 무역을 선택하는 어리석은 결정이 뒤따랐다. 비교해서 말하면, 미국이 세계 무역에서 차지하는 몫이 1930년대 동안 가장 크게 떨어졌고, 상품 가격도 75퍼센트까지 나락으로 떨어졌다. 직장을 잃은 노동자가 대략 1,500만 명으로 미국 역사상 가장 많았고, GNP도 가장 많이 줄었다.[62] 따라서 제2차 세계대전이 시작됐을 때 미국의 '실질' 군사적 능력을 평가하려던 단계로 되돌아가면, 미국의 잠재력이 다른 어떤 국가보다 우위에 있었지만 대부분이 억눌린 상태에 있어 쉽게 과소평가된 게 분명한 듯하다. 하나의 예만 들

대해전, 최강국의 탄생

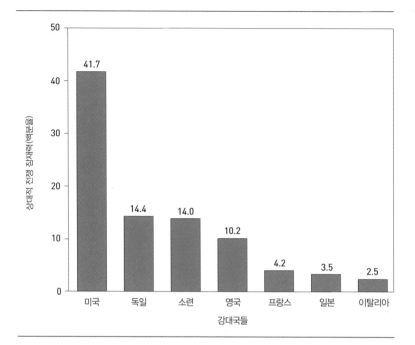

〈도표 9〉 강대국들의 상대적인 전쟁 잠재력, 1937년

자료 출처: Kennedy, Rise and Fall of the Great Powers, 332. 원출처: Hillman, "Comparative Strength of the Great Powers". 여기에서 언급되지 않는 국가들이 총 9.5퍼센트를 차지한다.

어보면, 1938년에도 미국은 독일이나 소련, 일본보다 강철을 더 많이 생산했다. 그들은 철강 공장을 최대한으로 가동한 반면, 미국은 용광로의 3분의 2가 닫힌 상태였다. 여기에서도 처칠이 누구보다 정확히 미국의 엄청난 전쟁 잠재력을 꿰뚫어 보며 사용한 표현들, 예컨대 '잠자는 거인'이나 '거대한 보일러'가 정확했다는 것이 확인된다. 이 모든 것이 최종적으로 제시하는 통계표가 〈도표 9〉에 압축돼 있다.

여기에서 결론은 자명하다. 전쟁 잠재력이 실제 전투력으로 전환될 정도로 전투가 오랫동안 지속된 전쟁에서 미국을 적으로 삼은 것은 어리석은 결정을 내린 것과 같았다. 간단히 말해서, 미국은 다른 범주에 속했다. 1945년 추축국들의 산업 역량이 초토화됐을 때 미국이 세계 총생산량에서 차지한 비율이 50퍼센트까지, 어쩌면 그 이상으로 올라간 이유를 알아내는 것은 그다지 어렵지 않다. 역사상 처음이자 끝으로, 적어도 생산량을 측정하는 현재의 방식으로는 한 국가가 세계 GDP의 절반을 차지했다. 따라서 미국이 그때까지 존재하지 않았던 최대의 해군을 구축할 수 있었다는 것은 조금도 놀랍지 않다.

———

이제 항공모함이란 주제로 돌아가, 1943년 이후에 해전이 어떻게 변했는가를 살펴보기로 하자. 미국 항공모함 에식스호가 6월 1일 진주만에 입항했다는 사실은, 지금까지 살펴본 것처럼 하나의 군함이 배치된 단순한 사건에 그치지 않고, 더 많은 것을 의미했다. 요컨대 마침내 미국이 진정한 잠재력을 드러내기 시작했다는 것을 뜻하기도 했다. 비유해서 말하면, 마침내 포장이 벗겨진 셈이었다. 항공모함은 이런 더 큰 변화의 한 단면에 불과했지만, 항공모함이란 현대화된 군함은 미국 생산력의 모든 차원이 실질적으로 집결된 결정체였기 때문에 그런 변화를 반영해주는 더할 나위 없이 좋은 예이기도 했다. 에식스호가 진주만에 입항한 직후에 다른 모든 군함들, 즉 경항공모함과 호위 항공모함도 무수히 뒤따라 들어왔다. 체스터 니미츠 제독이라면 당연히 그랬겠지만 그 역사적인 아침에 그가 항구 건너편을 바라보고 있었더라면 커다란 안도감을 느꼈을 것이다.

태평양 전쟁의 분수령이 됐던 해가 끝나갈 무렵, 에식스호는 다시 진주만으로 귀환해 잠시 휴식을 취했다. 에식스호는 기지를 처음으로 떠나 출격한 이후로, 일본이 점령한 섬들과 방공 기지를 탈환하기 위한 작전에 다른 항공모함들과 끊임없이 투입된 터였다. 1943년 8월에는 마커스섬(일본명으로는 미나미토리섬)과 웨이크섬, 10월에는 라바울, 11월에는 길버트제도, 12월에는 콰잘레인섬을 공격하며, 미국 해군이 고속 항공모함 전단에 상당히 기대했던 작전 개념을 완벽하게 수행했다. 1944년 새해가 하와이를 밝혔을 때 에식스호는 다른 항공모함들과 함께 새롭게 구성된 항공모함 기동부대, TF58에 배치돼, 그 이후로 1년 동안 치열하게 전개되며 태평양 전쟁의 판도를 철저히 바꿔놓은 상륙 작전과 공습 작전을 준비하기 시작했다.

VICTORY AT SEA

4부

대해전,
1944~1945년

〈그림 43〉 그러먼 F6F 헬캣 전투기와 미국 항공모함 본험 리처드호, 1945년. '승리의 조합'–본 험 리처드호는 에식스급으로 제작된 14번째 항공모함이었고, F6F 헬캣은 태평양 전쟁을 지배한 전투기였다. 일본 항공기의 75퍼센트가 이 전투기에 의해 격추되었다.

—— 대해전, 최강국의 탄생

9장

연합군 해군력의 승리
1944년

군사(軍事)의 역사를 연구하는 학자들에게 1944년을 주도한 전투들에서 놀라운 것은 전투의 순전한 규모였다. 하늘과 바다와 육지, 모든 곳에서 벌어진 전투가 역사상 존재했던 어떤 전투보다 규모가 컸다. 간단히 말하면, 1940년부터 1943년까지 강대국들의 군비 총생산량을 개략적으로 나타낸 수치에서 보듯이(8장 〈표 12〉 참조), 무기와 병력 등 모든 면에서 대동맹의 군사비 지출이 독일과 일본을 압도하는 게 확인된다.[1] 역사는 실제로도 대군(大軍)의 편이었다. 하늘에서는 수천 대의 영미 중폭격기가 제3제국의 도시들과 산업체를 찢어버렸다.

1944년의 바다에서는 두 번의 큰 상륙작전이 전개됐다. 1만 5,000 킬로미터 떨어진 두 곳에서 연합군은 각자 독자적으로 엄청난 규모로 작전한 까닭에 더욱더 인상적이었다. 태평양에서 체스터 W. 니미츠의 함대는 하와이에서 출발하고, 더글러스 맥아더 장군의 부대는 뉴기니를 기점으로 출발해 필리핀으로 향하며, 중간에 위치한 섬들을 점령한 일본군들을 밀어냈다. 대서양에서는 영미 연합군이 마침내 6월에 시도할 노르망디 상륙을 준비하며, 상륙을 지원할 공군과 해군 및 지상군을 갖추어가고 있었다. 동부전선에서는 더 좋아진 장비를 갖춘 수백만의 소련 병사들이 서쪽으로 밀고 나가기 시작했고, 6~8월의 바그라티온 작전은 서진을 위한 많은 공격 중 가장 큰 공세에 불과했다. 따라서 1944년은 추축국들이 후퇴한 해였다. 그들은 연합군에 맞서 격렬히 싸웠지만 계속 뒤로 밀렸고, 결국에는 본국에 갇혀 포위되는 신세가 됐다.

전략 역사학자 배질 리델 하트는 마지막 저서 《제2차 세계대전의 역사》를 어떤 현상에 비유하려 애쓴 끝에 그 6년간의 거대한 충돌을 밀물과 썰물로 묘사했다. 처음에는 독일군이 멈춰 세울 수 없는 거대한 파도처럼 서유럽 전역을 뒤덮었고, 발칸 반도와 지중해로 쏟아져 내려갔으며, 나중에는 수천 킬로미터에 달하는 우크라이나를 지나 러시아 남부까지 치달았다. 1941년 이후에 보여준 일본군의 쇄도는 훨씬 더 극적이어서, 알류샨열도부터 인도 경계까지 모든 곳에서 연합군을 압도했다. 그러나 추축국의 정복을 돕던 파도의 방향이 1943년 동안에 크게 뒤바뀌었다. 따라서 리델 하트의 책에서 1944년의 전투들을 다룬 장들에는 조수의 규칙성과 예측 가능성이 함축된 제목, 이를테면 '러시아에서 썰물처럼 빠지는 독일군', '태평양에서 썰물처럼 밀려나는 일본군' 등이 붙었다.[2] 추축국의 지도부는 그 도도히 밀려오는 물결을 멎게 할 가능성을 찾지 못하는 듯했다. 이렇게 밀물과 썰물에 비유한 까닭에 연합국과 추축국의 충돌을 다룬 이야기가 불가피했던 것으로 들릴 수 있겠지만, 1944년에 중앙 태평양을 가로지르고 영국해협을 지배한 연합군의 순전한 규모를 역사학자들이 자세히 나열하고 설명한 글을 읽으면 그 비유에 고개가 끄덕여진다.

1944년의 태평양을 휩쓴 거대한 물결

미국이 길버트제도를 완전히 장악하며 1943년 동안 중앙 태평양에서 벌어진 전투는 성공적으로 마무리됐지만, 전반적으로 1943년은 조용한 해였다. 그러나 1944년은 전혀 그렇지 않았다. 오히려 1944년은 세 번의 치명적인 타격이 일본 해양력에 가해진 해였다. 첫째는 6월의 필리핀해 해전이었다. 이때 일본 해군 항공대는 미드웨이에서 패한 때보다, 또 미군이 1944년 2월 추크환초를 급습하며 전략적으로 중요한 마리아나제도를 침공할 수 있도록 길을 열어준 때보다도 훨씬 더 결정적인 타격을 입었다. 둘째는 10월에 레이테만에서 벌어진 격전이었다. 이때 일본은 주력 전투 함대가 괴멸했고, 남아 있던 항공모함의 대부분이 침몰했다. 셋째는 감지하기 힘든 점진적인 타격이었다. 태평양에서 활동하던 미국 잠수함의 파괴력이 크게 향상되며 마침내 일본 전시 경제에 심대한 타격을 주기 시작한 것이다. 게다가 레이테만 해전의 승리로, 맥아더는 아무런 저항을 받지 않고 필리핀에 상륙할 수 있었다. 그 작전을 통해, 1942년부터 두 방향으로 진격하며 태평양을 가로지르던 미군들이 마침내 하나로 합해질 수 있었다. 12개월 만에, 정확히 말하면 1944년 6월부터 11월 사이에 일본은 중앙 태평양에서 쫓겨났고, 본국의 주변 해역이 위험에 처했다.

맥아더 장군의 남서 태평양 사령부가 관할하던 지역, 즉 뉴기니의 북부 해안과 그 너머의 크고 작은 섬들 주변에서는 무척 오랫동안 결정적인 전진이 없었고, 기억할 만한 전투도 없었다. 맥아더의 미국 육군 사령부가 소수의 미군과 오스트레일리아군으로 구성된 피난만으로 1942년 초에 전투를 시작했을 때, 그들만이 일본의 진격을 저지하던 유일한 부대였다. 그 부대는 파푸아(포트모르즈비)를 고수하며, 일본군을 서서히 밀어냈다. 일본군은 병참과 화력에서 많은 약점을 지닌 반면에 미군의 제공권은 점차 강화된 덕분에 그런 승리가 가능할 수 있었다. 정글이란 환경에서 전투하는 것은 지독히 힘들었다. 게다가 남서 태평양 사령부는 태평양 전체를 대각선으로 가로지르며, 긴 보급로의 끝에 위치한 까닭에 병참 문제를 해결하는 게 쉽지 않았다. 하지만 니미츠의 중앙 태평양 부대는 이 부분에서 한결 수월한 편이었다. 그들의 표적, 즉 길버트제도와 마셜제도가 작은 섬들인 데다 그 섬들을 지키는 일본 수비대들이 서로 고립된 환경에 있다는 사실에서도 이득을 보았다. 또한 엄청난 규모의 항공모함 기동부대가 전투에서 발휘한 위력과 융통성으로도 큰 이득을 보았다.

반면에 맥아더 사령부는 자체적으로 항공모함을 보유하지 않았지만 (이 점이 맥아더에게는 아픈 약점이었다), 윌리엄 홀시 제독과 새러토가호가 1943년에 오랫동안 그 관할 지역에 머물렀고, 큰 작전이 전개될 때는 간혹 진주만에서 파견된 항공모함 전단이 일시적으로 함께했다. 예컨대 1944년 초, 레이먼드 스프루언스의 TF58은 4분의 3의 병력을 동원해 애드미럴티제도를 차지한 일본군 기지의 영공에 들어가, 그곳의 방어 시설을 초토화했다. 이때 미국은 이런 공격으로 일본 연합함대의 출격을 자극할 수 있기를 기대하며, 얼마 전에 진수한 6척의 고속 전함과 9척의 중순양함이 동행했다. 해군이 3~4년 전에 시작한 대대적인 군함 건조 계획이 마침내 결실을 보았다는 증거였다.

일본 함대는 반응하지 않았지만, 미국의 대형 군함들은 근처 섬들 (사타완환초와 포나페섬)에 설치된 작은 군사 시설을 폭격하며 포병들에게 지루함에서 벗어나는 '반가운 변화'를 제공할 기회를 얻었다.[3] 그

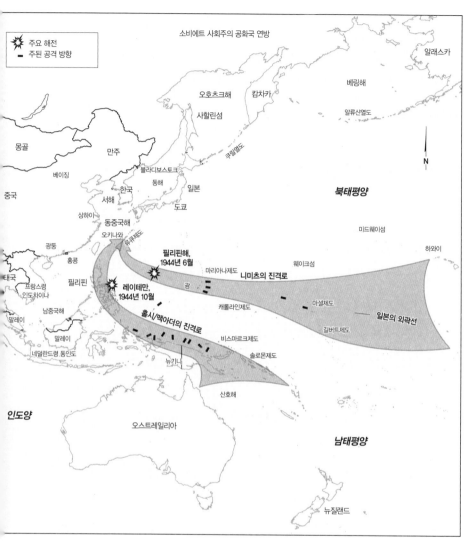

〈지도 13〉 두 방향으로 태평양을 가로질러 진격한 미군, 1943~1944년

후에 미국 해군 '빅 보이'들은 다시 북쪽으로 올라가며 마리아나제도 를 대대적으로 공격할 준비를 갖추었다. 하지만 그들이 남겨둔 호위 항공모함과 경순양함과 구축함은 미국과 오스트레일리아의 지상군이

그 지역에서 전개한 상륙작전들을 공중에서 근접해 지원하며 성공으로 이끌었다. 그 군함들은 TF58과 밀접한 관계가 없는 것으로 보일 수 있었지만, 그 지역의 작은 상륙작전을 지원하는 데는 더할 나위 없이 좋았다.

맥아더의 지상에 주둔한 폭격기와 전투기 편대들(즉, 육군 항공대)도 다행히 1944년에는 규모가 확대돼 거리가 지나치게 멀리 떨어져 있지 않은 경우에는 일본군의 기지와 상선단을 폭격할 수 있었다. 게다가 남서 태평양을 가로지르는 진격이 더 느렸지만, 그 존재 자체가 일본군의 평정심을 무너뜨리는 데 도움이 됐다. 예컨대 니미츠의 함대가 대담하게 일본 본토를 향해 직접 진격하는 것을 견제하려고, 일본은 연합함대를 항상 남쪽에 두지만은 못했다. 또 맥아더 부대가 서쪽으로 깊숙이 들어가 남쪽에서 올라오는 유조선을 방해하지 못하게 하려고, 오키나와에 주둔한 해군을 과감히 빼내지도 못했다. 따라서 남쪽에서의 이런 작전들이 일본제국을 무찌르는 데 무척 중요하다는 맥아더의 주장이 어니스트 J. 킹 해군 원수에게는 타당하게 들리지 않았겠지만, 적잖은 역사학자에게 전적으로 타당했다는 평가를 받는 듯하다.[4]

1944년 초 이전까지 맥아더는 느릿하게라도 꾸준히 진격하는 지휘관이었다. 비교하자면, 북아프리카 해변과 이탈리아반도를 느릿하게 진격했던 버나드 몽고메리만큼이나 꼼꼼하고 신중하며 독선적인 장군이었다. 달리 말하면, 두 장군은 상대가 무너지고 후퇴하고 있다는 것을 몰랐고, 해군의 도움을 받아 더 야심 차게 상륙작전을 전개해야 할 때라는 것도 몰랐다. 하지만 느릿한 진격은 동뉴기니에서 끝났다. 그 이후로 맥아더는 신속한 진격을 명령하기 시작했다. 중앙 태평양 사령부가 더 빨리 진격하면, 남서 태평양 사령부의 관할 지역이 전략적 중요성에서 떨

대해전, 최강국의 탄생

어질 수 있고, 필리핀의 수복도 중요하지 않은 과제로 전락할 수 있다는 염려에 사로잡혔기 때문이었다. 맥아더에게는 다행스럽게도, 1944년 2월 오타와에서 모인 연합군 수뇌부들과 미군 참모총장들이 대만에 상륙하거나 일본으로 방향을 돌리기 전에 필리핀을 점령하는 쪽을 선택했고, 맥아더에게 그런 군사작전의 지휘권을 주기로 합의했지만, 니미츠의 항공모함 함대는 해군의 지휘하에 두었다.[5] 하지만 상세한 침공 계획이 세워지기 전에 서쪽을 향한 몇 단계의 진격이 먼저 전개돼야 했다. 어쨌거나 가능하면 일본군의 부대를 만나 분쇄해야 했다.

이미 미드웨이에서 목격했듯이, 그 이후의 전투는 완전히 새로운 유형의 전투였다. 하기야 과거에는 비슷한 무기와 장비가 전혀 존재하지 않기도 했다. 드넓은 태평양에 투입된 항공모함 기동부대는 신속히 이동할 수 있을 뿐만 아니라 필적할 것이 없는 화력을 갖추었고, 고속 군수 지원함도 곁에 있어, 미국 전략가들은 과거보다 훨씬 탄력적으로 작전을 운영할 수 있었다. 예컨대 어떤 섬은 일단 점령되면 전략적으로 중요하지 않은 단순한 징검돌로만 여겨질 수 있었다. 따라서 솔로몬제도에서 북쪽에 위치한 섬들과 길버트제도는 점령된 즉시 방치됐다.

반면에 1944년 5월에 완전히 점령한 애드미럴티제도의 마누스섬은 재급유 및 수리를 위한 기지, 또 잠수함 부대의 기지로 기능하며 여전히 중요성을 인정받았다. 티니언섬과 사이판섬은 일본 본토를 공격할 폭격기들의 전략적 기지로 활용하기에 충분할 정도로 땅이 평평했다. 따라서 두 섬이 포함된 마리아나제도는 계속 핵심적인 목표로 남겨졌다. 버마나 우크라이나를 정복하라는 임무를 맡은 육군 장군은 누리지 못한 자율권, 즉 어떤 섬을 전략적 요충지로 고르고 선택하는 자율권이 해군 제독에게는 수어졌다. 따라서 일본군이 점령해서 과거에는 중요한 목표로 여겨졌던 섬들을 공격한 뒤에는 전략가의 판단에 따라 내버려두고 그냥 지나갔다. 예컨대 홀시의 항공모함과 지상에서 출격한 폭격기들이 약 1만 명의 일본군이 주둔한 라바울의 시설들을 파괴했지만, 완전히 마무리 짓지 않고 그대로 방치해두었다. 또 1944년 2월 미국 상륙부대가 마셜제도를 공격하기 시작했으나 타라와에서 치른 혹독한 희생을 교훈으로 삼아, 강력한 수비대를 갖춘 세 환초는 그대로 내버려두고, 길버트제도를 점령할 때보다 더 강력한 포격을 퍼부은 뒤에 상대적으로 수비대가 허술한 세 환초, 마주로, 콰잘레인, 에네웨타크를 공격 대상으로 선택했다.[6]

그 이후로도 미국 해군 지도부는 거대한 태평양 전투에서 특정한 섬의 물리적 보유가 어떤 적이 바다와 그 위의 하늘을 장악하느냐보다 훨씬 덜 중요하다는 것을 조금씩 깨달아가기 시작했다. 이런 평가의 변화를 보여준 가장 확실한 예가 캐롤라인제도 한복판에 위치한 널찍한 정박지로, 연합군에게는 이상하게도 중앙 태평양의 '지브롤터'로 지칭됐고, 때때로 일본 연합함대의 기지로 사용된 추크환초였다. 1944년 2월 17~18일, 스프루언스의 거대한 기동부대 TF58이 추크환초를 향해 접근하자, 일본 해군은 신중하게 그 환초를 버리고 후퇴했다. 사실상 미국 해군은 그곳에 상륙할 의도가 전혀 없었다. 그 이후로 전쟁이 끝날 때까지 다시는 사용하지 못하도록 수비대와 항만 시설을 포격하는 게 목적이었을 뿐이다. 그에 걸맞게 '헤일스톤 작전(Operation Hailstone: 헤일스톤은 '우박'이라는 뜻-옮긴이)'이라고 명명된 그 일련의 포격은 초기의 과달카날 전투 이후로 많은 것이 달라졌다는 증거였다. 당시 스프루언스의 항공모함 기동부대는 세계에서 단연코 가장 큰 함대(15척의 항공모함, 7척의 전함, 10척의 순양함, 28척의 구축함 및 560대가 넘는 항공기)였고, 장비도 절대적으로 우월했다. 공중전을 벌인 첫날, 헬캣 전투기는 출격해온 80대의 제로 전투기 중 30대를 격추했고, 4대를 잃었다. 전체적으로 환초의 기지는 초토화됐고, 소수의 작은 군함은 크게 파손됐으며, 20만 톤이 넘는 소중한 상선이 침몰했다. 추크환초는 완전히 폐허로 변한 까닭에, 나중에 미국 육군 항공대가 태평양에 갓 부임한 B-29 항공병들을 위한 폭격 훈련장으로 사용됐다.[7]

일본 해군의 전함들과 플리트 항공모함들은 맥아더가 뉴기니의 해안을 따라 홀란디아(지금의 자야푸라)까지 진격할 때도 저지하려고 나서지 않았다. 라바울을 지키려고도 하지 않았고, 추크환초를 지키려고 싸우지도 않았다. 마셜제도가 점령되는 과정도 멀리에서 지켜볼 뿐이었다. 그러나 1944년 6월쯤 마리아나 침공이 눈앞까지 닥치고, 그 이후로 필리핀까지 위협받을 처지에 놓이자, 오자와 지사부로(小澤治三郎, 1886~1966년) 제독의 플리트 항공모함 전단이 선봉에 섰고 연합함대가 움직이기 시작했다. 하지만 해전은 지상에 공군기지와 공군 편대가 곳곳에 있어, 일본이 해군 함재기의 부족을 메울 수 있는 지역, 즉 필리핀해에서 벌어졌다. 그 결과는 제2차 세계대전에서 가장 큰 규모로 벌어진 항공모함 전투였다. 미국 해군에서는 15척 정도의 플리트 항공모함과 경항공모함이 참전했고, 일본은 9척의 항공모함이 맞섰다. 게다가 단일 전투의 규모로 가장 컸던 공중전도 태평양 상공에서 벌어졌다. 무려 900대의 미국 함재기가 450대의 일본 함재기와 지상에서 출격한 300대의 전투기에 맞서 치열한 격전을 벌였다.[8]

1944년 6월 19~20일, 이틀 만에 필리핀해 해전은 끝났다. 그 해전의 핵심은 쉽게 요약된다. 첫째로, 미드웨이 해전이 그랬듯이 이 해전도 서로 밀짜삼지 떨어진 항공모함 간의 경쟁이었다. 일본 거함들(5척의 전함과 11척의 중순양함)과 미국 거함들(7척의 전함과 8척의 중순양함)이 최후의 결전을 벌인 공간은 없었다. 양측의 전함은 상대 항공기의 공격에 약한 피해를 입었지만 그것이 전부였다. 야마토호 같은 일본의 거대한 전함들과 전투를 갈망하던 아이오와급 고속 전함들은 하늘에서 벌어지는 전투를 지켜보는 관찰자에 불과했다.

처음에는 서로 엇비슷하게 보이던 두 해군 간의 경쟁이던 필리핀해 해전의 결과는 지금도 여전히 놀랍기만 하다. 특히 양측 해군 항공대가 첫날 벌인 공중전 결과는 비정상적일 정도로 일방적이었다. 영국 본토 항공전에서 1940년 9월에 있었던 '독수리의 날(Adlertag)' 이후로 하루에 그처럼 공중전이 대규모로 전개된 적이 없었을 것이다. 따라서 이곳에서도 항공기가 지나간 흔적과 폭발, 화염에 싸인 항공기 등으로 하늘이 가득 채워진 똑같은 광경이 펼쳐졌다. 독수리의 날에 영국 공군이 그랬듯이, 미군도 정교한 레이더와 전투 항공 제어 시스템으로 편대를 지휘할 수 있는 이점을 누렸다. 오자와의 명령에 먼저 출력한 일본 함재기들은 헬캣 전투기의 저지를 받았고, 결국 25대(그 후에는 다시 16대)가 격추됐지만 미군의 손실은 1대에 불과했다. 두 번째로는 총 107대가 출격하며 더 강력한 위용을 보였지만, 이번에도 미군 전투기들에 일방적으로 밀린 끝에 97대가 추락하는 참변을 당했다. 세 번째로는 47개의 항공기가 출격했지만 이번에는 한층 신중하게 공격에 나섰던지, 7대만이 격추됐다. 또 49대가 무리를 지어 괌으로 피신을 시도했으나 그중 30대가 격추됐다.

모든 이야기를 종합하면, 헬캣 전투기의 성능은 놀라웠고, 속도와 화력에서 엄청난 파괴력을 자랑했으며, 격추하기가 매우 어려웠다. 미쓰비시의 제로 전투기가 (안쪽으로 급격히 회전하는 능력을 제외하면) 구식 전투기로 보일 지경이었다. 물론 속도가 느린 일본 뇌격기와 급강하 폭격기도 무척 취약했다. 따라서 이때의 공중전을 두고 '대대적인 마리아나 칠면조 사냥'이라 칭해졌다고 해도 놀라울 게 없었다. 미국은 첫날 30대의 항공기만을 잃었고, 일본은 거의 350대를 잃었다. 하지만 일본 해군 항공대에 닥친 다른 재앙, 즉 6척의 항공모함 중 3척이 침몰한 까닭에 그 숫자를 계산하는 것이 다소 복잡해진다.

다음 단계의 교전은 훨씬 더 어지럽게 전개됐다. 그렇다고 일본에 유리하게 변한 것은 아니었다. 오자와는 육지에 기지를 둔 비행편대에 출격을 명령했지만, 그들도 역시 큰 손실을 입었다. 미국도 마찬가지였다. 마크 밋처의 항공모함 전단이 지나치게 욕심을 부리며, 500파운드의 폭탄을 적재한 헬캣 전투기를 포함해 폭격기들에게, 아득히 멀리까지 달아난 적 함대를 뒤늦게 추적해 공격하려는 명령을 내렸다. 이런 판단 착오로 약 80대의 항공기가 돌아오는 길에 바다에 불시착하는 대가를 치러야 했다.

하지만 그런 사고도 일본 해군에게 아무런 즐거움을 주지 못했다. 그들의 항공모함들이 그즈음 한층 강력해진 미국 잠수함들을 맞닥뜨렸고, 결국 3발의 어뢰에 2척의 항공모함, 즉 오자와의 기함이던 다이호(大鳳)호와 진주만 공습에도 참전했던 쇼카쿠호가 산산조각 났기 때문이었다. 얼마 뒤에는 TF58에서 출격한 항공기들이 일본의 경항공모함 히요호를 찾아내 격침했을 뿐만 아니라, 남은 3척에도 큰 피해를 주었다. 그 이틀 동안 격추된 일본 함재기의 엄청난 수(계산 방법에 따라 다르지만 대략 550~645대)와 침몰한 3척의 항공모함까지 고려하면, 미드웨이 해전만큼이나 큰 패배였다. 미드웨이 해전에서는 하와이를 향해 동진하던 일본 해군이 패했다면, 필리핀 해전은 미군의 서진을 저지하려던 일본 해군의 시도가 실패한 전투였다. 결국 그즈음 일본은 9척의 항공모함과 해군 항공대의 90퍼센트를 잃은 뒤였고, 그들을 대체할 가능성은 없었다. 전함과 중순양함을 공중 엄호도 없이 전투에 내보내는 것은 무의미한 짓이었기 때문에, 결국 그 전투를 포기하라는 명령이 내려졌다.

물론 그 결과로 괌과 티니언과 사이판을 침공하려던 미국의 중요한 계획은 별다른 저항을 받지 않고 계속 진행될 수 있었지만, 그 이후의 지상전까지 힘들지 않았던 것은 아니다. 여하튼 7만 1,000명의 병력이 참가하는 대규모 상륙작전의 안전이 니미츠의 주된 전략적 관심사였다. 따라서 항공모함 함재기 옹호론자들이 스프루언스가 TF58을 지나치게 멀리 배치해 일본 주력 부대를 격침할 수 없었다고 비판했을 때 스프루언스를 적극적으로 변호하고 나섰다.[9] 하지만 그 옹호론자들의 지적이 옳았을 수 있다. 항공모함 기동부대가 창설되며 완전히 새로운 형태의 해전이 시작됐지만, 고위급 제독들은 그런 변화를 전격적으로 받아들이기에는 너무 신중했다. 그러나 당시에나 향후에도 일본의 속임수와 유인책과 덫을 경계하는 것은 여전히 현명한 판단일 수 있었다. 그로부터 4개월이 지나지 않아, 레이테만에서 그런 우려는 충분히 정당화됐다.

필리핀을 수복하려던 계획이 결실을 맺는 과정에서, 미국 해군이 세 부대로 나뉘어 있다는 것이 명확히 드러났다. 첫째는 전통적인 전함으로 구성된 해군이었다. 당시 전함 부대는 새로 건조된 사우스다코타급 전함과 아이오와급 전함이 보강되며 한층 강해졌다. 둘째는 항공모함을 중심에 둔 해군으로, 성공의 파도를 타고 있다는 것을 군이 증명할 필요가 없을 정도였지만 새로 건조된 항공모함들로 계속 강화됐다. 마지막으로 셋째는 덜 화려하지만 무척 중요한 해군, 즉 상륙을 지원하는 부대였다. 워싱턴의 전략가들에게는 세 부대를 모두 보유하는 게 합리적이었으나, 항공모함과 전함은 서로 자신의 중요성을 더 강력하게 주장하는 경향을 띠었다. 항공모함 옹호자들은 니미츠의 항공모함 기동부대에 실린 함재기들의 강력한 공격력을 근거로 제시하며, 필리핀해 해전 이후에 해군이 북쪽으로 진격해 이오시마와 오키나와를 점령한 뒤에 일본 본토를 전격적으로 침공하는 전략이 실현 가능해졌다고 주장했다. 하지만 단순한 '해군력'을 넘어 넓은 범위에서 독자적으로 작전하는 '해군 항공대의 힘'을 적극적으로 옹호하는 사람은 당시 해군에서도 여전히 소수였다.[10]

여하튼 필리핀 수복 작전을 중단했다면, 필리핀 사람들에게 "반드시 돌아오겠다"던 약속을 지키려고 당시 뉴기니 북부 해안을 따라 힘겹게 올라오던 맥아더가 가장 격렬히 반대했을 것이다(중요한 거점이던 홀란디아와 비악섬은 1944년 5월에야 점령했다). 게다가 필리핀을 수복하면 중국 해안 지역을 공격할 가능성이 열렸다. 또 필리핀을 침공하는 것만으로도 당시 일본의 한정된 연료 공급원에서 가깝던 남부(보르네오)에 대부분이 주둔해 있던 일본 전투 함대를 몰아낼 수 있었다. 따라서 일본 전함 제독들도 짐작했겠지만, 미국 전함 제독들은 필리핀을 공격해 전면적인 교전을 도발할 가능성을 엿보기 시작했다. 마침내 여러 이유에서 1944년 10월의 침공 계획이 진행됐고, 첫 상륙이 레이테만 인근의 동쪽 해변을 따라 전개된 뒤에 곧이어 마닐라를 향해 진격했다.[11] 결국 일본 전략가들도 전쟁을 끝내가려면 필리핀을 계속 점령하는 게 필수적이라 생각한 까닭에, 미국이 그런 식으로 침공할 것이라고 당연히 추정했을 곳이다.

〈그림 44〉 **일본 초대형 전함 야마토호와 무사시호, 1944년, 브루나이만.** 얄궂게도 세계에서 가장 큰 전함 2척이 이언 마셜의 그림에서는 거대한 해적선처럼 보인다. 그러나 두 전함은 연료를 적절히 공급받지 못해 제대로 작전에 투입되지 못했다. 무사시호는 레이테만에서 미국 함재기의 공격을 받아 격침되었고, 야마토호는 1945년 4월 자살과 다름없는 오키나와 전투에 참전하려고 이동하던 중에 침몰했다.

하지만 이런 배경이 태평양 전쟁 전체에서 두 해군이 가장 크게 맞붙은 해전이 됐던 여러 얼굴의 레이테만 전투에 대한 일본의 정교한 계획(SHO-GO 1로 지칭)을 설명하는 데는 아무런 도움이 되지 않는다. 레이테만 전투와 자주 비교되는 해전, 트라팔가르 해전에서 프랑스-스페인 연합함대와 싸울 때 넬슨의 계획은 함대의 모든 전력을 쏟아 적에게 맞서는 것이었다. 일본의 도고 제독도 1905년 대마도에서 러시아 해군을 격파할 때 상황을 단순화해서 일본 소함대들에 적을 발견하는 즉시 공격하라는 명령을 내렸다. 그러나 제2차 세계대전 동안, 일본 해군 전략가들은 전투원들에게 복잡한 움직임을 지시하는 것을 좋아하는 듯했다. 그런 지시가 1941년 12월에 진주만, 홍콩, 마닐라, 말레이반도와 태국 해안에서 거의 동시에 진행된 작전에서는 눈부신 성공을 거두었지만, 미드웨이에서는 효과가 없었고, 필리핀해 해전에서는 처참하게 실패했다.

미국이 잠수함 순찰대와 장거리 항공기 및 무선 신호기를 활용하던 새로운 전투 상황을 고려하면, 일본 해군이 복잡한 전략을 세우고도 발각되지 않을 거라고 가정했다면 위험을 자초하는 것과 다를 바가 없었다. 예컨대 경항공모함들과 즈이카쿠호(오자와 제독의 기함)는 일본을 출발해 남쪽으로 내려가는 척하며 미국의 주력 항공모함 함대를 북쪽으로 유인해 레이테만 상륙작전에 참가하지 못하게 하려 했다. 그 속임수가 바람대로 성공을 거두자, 구리타 다케오(栗田健男, 1889~1977년) 제독은 2척의 초대형 전함 야마토호와 무사시호를 포함해 전함들과 순양함들로 구성된 함대를 이끌고 남서쪽에서부터 올라가 시부얀해의 섬들을 통과한 뒤 레이테만에서 상륙작전을 전개하는 미군들을 찾아내 공격할 예정이었다. 한편 니시무라 쇼지(西村祥治, 1889~1944년) 제독은 구형 전함들로 이루어진 함대를 이끌고, 수리가오해협을 통과한 뒤에 남쪽으로 더 내려와 그 방향에서 미군 상륙부대를 공격할 예정이었다. 게다가 일본군들은 무선 연락을 엄격히 금지하며 교신하지 않았다. 미군을 기습하려는 의도였다면 그런 조치가 충분히 이해되지만, 서로 연락마저 끊었다는 점에서는 위험한 선택이었다.[12]

일본 전략가들은 이런 정교한 계획을 통해 미국 중앙 태평양 함대에 대한 여러 약점을 메우려고 했을 것이다. 그즈음 구리타와 동료 전함 제독들은 전쟁의 흐름이 일본에 불리하게 변했다는 것을 충분히 알고 있었던 듯하다. 일본 해군 항공대는 이제 껍데기밖에 남지 않아 오자와의 항공모함 함대에는 약 100대의 항공기가 전부였고, 훈련된 항공병 수는 더 적었다. 그렇지만 일본 제독들은 오자와 함대가 큰 피해를 입더라도 홀시의 강력한 기동부대 TF58을 레이테만에서 멀리 떼어놓을 수 있다면 그런 위험을 감수할 만한 가치가 있다고 생각했다. 게다가 추크환초와 필리핀해에서 큰 피해를 입었지만 일본에는 여전히 지상에 기지를 둔 비행편대가 상당히 많아서 남쪽의 전투 함대를 엄호하고 미국 상륙부대를 폭격할 수 있을 것이라 기대했다.

그 위험한 미국 플리트 항공모함들이 레이테만에서 사라졌다면, 상륙부대를 분쇄할 기회만이 아니라, 미국의 신형 전함들과 일본의 초대형 전함이 맞붙을 기회가 진짜로 있었을지도 모른다. 이 모든 계획이 지나치게 낙관적이었을 수 있지만, 당시 대부분의 일본 제독은 미군의 상륙정이 해안에 닿는 즉시 모든 것을 쏟아붓는 수밖에 다른 선택지가 없다고 생각했을 게 분명하다. 요컨대 미국이 다수의 플리트 항공모함을 보유한 이점을 고려할 때 오자와의 전략과 같은 것이 절대적으로 필요했다. 게다가 미군이 실수를 저지를 수 있었고, 그럴 경우에는 막바지에 이른 단계에서도 일본이 행운을 거머쥘 수 있었다.

특히 홀시 제독이 충동적으로 행동하며 미국은 적잖은 실수를 저질 렀다. 예컨대 10월 23일부터 26일까지 치열한 전투가 벌어진 나흘 동 안, 일본이 강력한 타격을 가한 기회가 거의 성공할 뻔했던 경우가 여 러 번 있었다. 유인 전략이 적어도 한동안 무척 잘 먹혀들었고, 그 결과 로 비교적 소규모였지만 호위 항공모함들이 레이테만을 떠나, 빠른 속 도로 북상하던 구리타의 전함들에 가까이 다가갔다. 게다가 일본의 반 격이 느닷없이 시작됐을 때, TF58을 구성하던 4개의 항공모함 전단 중 2개가 재보급을 받으려고 울리시환초로 돌아간 뒤여서 명백해 보이던 수적인 우위도 크게 줄어들었다. 따라서 두 항공모함 전단은 뒤늦게야 전투에 개입할 수밖에 없었다. 그러나 기습할 때마다 일본이 성공한 것 은 아니었다. 소형 군함들의 진취적인 대응에 일본의 계획된 매복이 좌 절되기도 했다. 예컨대 2척의 미국 잠수함 다터호와 데이스호의 공격 에 구리타의 함대에서 3척의 중순양함이 크게 파손됐고, 사마르섬 앞 바다에서는 호위 항공모함들이 구리타의 구축함들을 용맹무쌍하게 막 아냈다. 니시무라가 이끌던 보조 전함 부대가 남쪽의 섬들을 은밀히 통 과해서 수리가오해협에서 불쑥 나타나려던 계획도 제시 올덴도프 소 장의 전함 전단에 가로막혀 좌절되고 말았다.

진주만 공습에 피해를 입고 재건조된 전함들로 구성된 올덴도프의 전단은 'T자 전법'으로 앞길을 차단하며, 혼란에 빠져 취약해진 일본 군함들에 전면적인 포격을 가했다. 하지만 정교하게 구성된 몇몇 속임 수는 제대로 효과를 발휘했고, 홀시는 완전히 속임수에 넘어가, TF58 함대를 이끌고 오자와 부대를 계속 추적하며 중요한 상륙 지점으로부 터 멀어졌다. 결국에는 어쩔 수 없이 남쪽으로 항로를 돌릴 수밖에 없었지만, 그 때문에 홀시는 레이테만 전투에서 아무런 역할도 해내지 못했다. 그 이후로 해군 학교들에서 레이테만 해전을 여러 형태로 가정하며 전쟁 게임을 빈번하게 실시하는 것은 조금도 놀랍지 않다.[13]

이 광범위하고 복합적인 전투에서 하나의 교훈을 끌어내려 한다면, 미국 항공모함 함재기의 엄청난 파괴력에 모든 적함, 심지어 가장 크고 무장이 잘된 전함도 무척 취약해진다는 것이다. 1944년 10월 24일, 18인치 함포로 무장한 초대형 전함 무사시호에 닥친 운명에서, 3년 전 영국 전함 프린스 오브 웨일스호의 침몰 이후로 점차 명백해진 사실이 재확인됐다. 강력한 대공 방어 체계를 자체적으로 갖추지 못한 해상 군함은 공중에서 대대적으로 퍼붓는 공격을 견뎌낼 가능성이 전혀, 또는 거의 없었다. 7만 2,000톤에 달하던 일본 괴물 전함을 항공기의 공중 공격으로부터 보호하려고, 전함 설계자들은 6인치와 5인치 함포 이외에 더 작은 구경의 무기까지 보조적으로 장착했지만, 1944년에 다시 개조할 때 130문의 25밀리 대공포를 추가했다. 따라서 무사시호는 '강철로 지은 성(castle of steel)'처럼 보였고, 2,400명의 승조원이 필요한 게 당연하게 여겨졌다. 게다가 무사시호에는 16인치 미군 포탄도 견딜 수 있도록 두꺼운 보호 장치가 갖추어진 까닭에 어뢰나 폭탄에도 끄떡없을 거라고 추정됐다.

그러나 한 척이 집중적으로 공격받고, 곳곳에 화재가 발생해 확산되는 것은 다른 차원의 문제였다. 구리타의 전투부대가 내해를 통과하고 있다는 게 발각되자 무사시호가 4척의 미국 항공모함 에식스호, 프랭클린호, 인트레피드호, 엔터프라이즈호에서 출격한 헬다이버 급강하 폭격기와 어벤저 뇌격기에 집중적인 공격을 받았다. 259대의 항공기에서 발사한 19발의 어뢰와 17발의 포탄에 맞아 무사시호는 꼼짝하지 못했다. 미국 측이 찍은 항공 사진에서 보듯이, 시부얀해에 멈춰 선 무사시호는 종말을 맞기 직전에 연기 기둥과 번쩍이는 빛에 둘러싸인 모습이다. 같은 날 오후 5시 30분, 형체를 알아볼 수 없을 정도로 갈기갈기 찢어진 세계 최대 전함은 파도 아래로 미끄러져 들어가 수중에서 폭발했다.[14] 한편 멀리 남쪽에서는 구형 전함 후소호와 야마시로호가 미군이 수리가오해협에 설치한 덫을 향해 다가왔고, 결국 침몰했다.

레이테만 전투에서 사라진 또 한 척의 일본 군함은 플리트 항공모함 즈이카쿠호였다. 이 항공모함은 진주만을 공격했던 6척의 항공모함 중 마지막까지 생존했고, 산호해 해전(1942년 5월)과 필리핀해 해전(1944년 6월) 같은 서사적 전투에서 주역으로 활약하면서도 살아남은 유일한 항공모함이었다는 점에서 추모할 만한 가치가 있는 듯하다. 전투력이 최고조에 올랐고, 세계에서 가장 잘 훈련된 해군 항공병들과 함께할때 즈이카쿠호는 바다에서 어떤 적이라도 지워버릴 수 있었다. 예컨대 1942년 4월 인도양에 들어가서는 함재기들이 영국 항공모함 헤르메스호를 격침했고, 그해 말에는 미국 항공모함 호닛호에 치명적인 타격을 가했다.

그러나 필리핀을 방어하려는 일본의 복잡한 계획에서, 즈이카쿠호는 적절한 비행편대를 갖추지 못했지만 일본의 유일한 플리트 항공모함이었던 까닭에 소형 항공모함들과 함께, 강력한 전력을 갖춘 TF58을 레이테만에서 끌어내기 위한 일종의 희생양, 즉 값비싼 미끼가 됐다. 즈이카쿠호는 결국 발각돼 미국 함재기의 공격을 받았고, 7발의 어뢰와 9발의 포탄에 맞아 순식간에 침몰하고 말았다.[15] 즈이카쿠호가 침몰하기 직전, 오자와 제독은 다른 3척의 소형 항공모함도 모두 침몰한 까닭에 그 항공모함을 떠나며 4개월 만에 다시 그의 깃발을 경순양함으

대해전, 최강국의 탄생

로 옮겨야 했다. 제2차 세계대전에 활약한 일본의 위대한 전투함이 기발한 작전의 일환으로 위험을 무릅쓰고 투입됐지만, 계획 전체가 실패함에 따라 헛되이 희생되고 말았다.

레이테만 전투는 태평양에서 일본의 입지에 돌이킬 수 없는 타격을 주었다. 달리 말하면, 미국의 필리핀 수복 작전이 계속될 수 있었을 뿐만 아니라, 일본 해군 자체의 붕괴로 이어졌다는 뜻이었다. 레이테만에서 벌어진 모든 전투와 부수적인 작전으로 일본이 입은 총손실은 4척의 항공모함(즈이카쿠호 포함), 3척의 전함(무사시호 포함), 8척의 중순양함과 4척의 경순양함, 그리고 구축함 9척이었다. 반면에 미국의 손실은 무시할 수 있는 수준이었고, 경항공모함 프린스턴호의 침몰이 가장 큰 피해였다. 장비를 새롭게 갖춘 무사시호의 손실에 전함 함대가 특히 위축되며 이런 의문에 사로잡혔다. 무사시호에 장착된 대공포로도 적의 항공기를 처리할 수 없다면, 어떤 군함이 함재기의 공격을 견딜 수 있겠는가?

한때 세계 최대 규모를 자랑하던 일본의 중순양함 함대는 그렇게 쪼그라들었고, 무엇보다 항공모함 함대가 끝장나고 말았다. 그 막강하던 해군이 로크루아 전투 이후의 스페인 보병대나 스당 전투 이후의 프랑스군처럼 이제 산산조각 나고 말았다. 연합함대에서 패잔군으로 군함들은 남쪽으로 싱가포르나 일본의 모항으로 느릿하게 돌아갔다. 몇몇 손상된 군함은 수리조차 되지 않은 채 방치됐고, 일부 멀쩡한 군함들은 나중에 미국과 영국의 폭격에 항구에서 찢겨 나갔으며, 연료 부족으로 꼼짝하지 못한 군함도 적지 않았다. 레이테만 전투 이후로 일본 해군에는 더 이상 함대가 없어 다시 작전에 나서지 못했다.

따라서 이즈음 미국 군함과 침공함에 의도적으로 충돌하는 자살 폭격기, 즉 가미카제(神風)가 처음 조직됐다는 것은 악화되는 해군 및 군사 상황에 대한 일본 전쟁 전략가들의 절박함을 보여주는 증거였다. 이런 극단적인 형태로 전투 상황이 변한 이유는 군사적으로 쉽게 설명된다. 폭발물을 실은 항공기를 직접 조종해 상대 군함의 갑판으로 날아가면, 고고도 폭격기나 급강하 폭격기와 뇌격기가 떨어뜨리는 포탄보다 표적을 명중시킬 가능성이 훨씬 더 높았기 때문이다.

또 일본에는 최고 수준은 아니었지만 그 임무를 수행할 수 있는 수천 대의 항공기와 자살 공격을 감행할 젊고 이상주의적인 조종사들이 있었다. 대공포에 피해를 입은 항공기라도 목표물을 향해 돌진할 수 있었다. 예컨대 10월 25일 사마르섬 앞바다에서 미국 호위 항공모함 세인트 로호에 충돌한 제로 전투기처럼, 한 대의 항공기가 항공모함을 끝장내는 폭발을 일으킬 수 있었다. 그 충돌은 일종의 조기 경보 신호였다. 그 자살 비행기는 그런 임무를 위해 처음으로 조직된 '시키시마 공격 부대'라는 특수 부대에 속한 항공기였다. 따라서 카이저 조선소에서 불과 1년 전에 건조됐던 세인트 로호는 그런 식으로 침몰한 최초의 미국 대형 군함이라는 불명예를 안게 됐다. 하지만 당시 미국의 작전을 저지하기에는 가미카제의 수가 너무 적었다. 그래도 미국 해군은 레이테만에서 작전을 전개하던 전체 기간에 가미카제의 자살 공격으로 인해 7척의 다른 호위 항공모함과 많은 소형 군함에 크고 작은 피해를 입었다.[16]

이 모든 현상은 일본의 절박함을 보여주는 증거였다. 한때 태평양 하늘을 힘들지 않게 지배하던 해군 항공대 내에 가미카제 편대[첫 공격에서 전사한 아리마 마사후미(有馬正文, 1895~1944년) 해군 소장의 아이디어]가 처음으로 조직됐을 때, 또 당시 월등히 뛰어난 헬캣 전투기와 코세어 전투기 앞에서 무용지물로 전락한 미쓰비시 제로 전투기가 자살 비행기로 가장 많이 사용된다는 것을 알았을 때 적잖은 일본 해군 장교들이 씁쓰레한 기분을 떨치지 못했을 것이다. 하지만 자살 특공대는 미군이 일본 본토에 더욱더 가까이 접근했을 때 마주해야 할 저항의 전조에 불과했다. 따라서 효과적인 방어 체계가 마련되지 않는다면 막강한 태평양 함대도, 특히 항공모함이 큰 피해를 입을 수 있었다.

미드웨이 해전과 더불어 레이테만 전투는 미국과 일본의 해군이 제해권을 장악하기 위해 경쟁하던 전투 함대들이 머핸의 이론에 가장 가깝게 격전을 치른 전투였다. 전장에 투입된 양측 함대의 총톤수는 실로 엄청나서, 그때까지 벌어진 어떤 해전보다 많았다. 미국 측 전함 제독들과 역사학자들은 올덴도프가 이끌던 함대의 함포에 적의 해상 군함들이 침몰한 것을 자랑스레 생각했지만, 위에서 지적했듯이 홀시의 잘못된 판단에 최신형 고속 전함들은 함포를 발사할 기회를 전혀 갖지 못했다.[17] 따라서 진주만에서 호되게 당한 뒤에 수리를 받고 장비까지 개선한 웨스트버지니아호와 테네시호가 전함 대 전함의 전투에 참전한 마지막 드레드노트급 전함이 되는 명예를 차지했다. 레이테만과 그보다 조금 전에 필리핀해에서 벌어진 전체적인 교전을 고려할 때, 거대한 함포를 갖춘 군함들이 장대한 교전을 벌이며 충돌할 가능성이 점점 줄어들고 있는 것은 분명한 듯했다. 하지만 새로운 고속 전함들이 목표물에 근접했을 때 터지는 포탄(proximity fuzed bomb)을 발사하는 대공포를 탑재하면, 가미카제와 전투해야 할 상황에서 항공모함을 근접 호위하는 역할은 잘 해낼 수 있을 것 같았다. 전함 함장들이 좋아할 만한 역할은 아니었지만, 상당히 논리적인 생각이었다.

반면에 미국 해군에 소속된 또 다른 부대, 잠수함 사령부는 1944년

이 실질적인 타격 부대로 거듭나겠다는 약속을 마침내 실현해낸 해였다. 어뢰의 결함으로 어쩔 수 없이 뒤늦게야 전쟁에 뛰어들었지만, 많은 잠재된 장점을 마음껏 발휘할 수 있기를 바랐다. 무엇보다 잠수함 부대에는 전쟁 초기부터 태평양에서 임무를 수행한 중견급 함장과 승조원이 적지 않았다. 게다가 잠수함 부대원들은 한층 넓찍해지고 신뢰감이 더해진 잠수함의 출현을 한목소리로 반겼다. 예컨대 게이토급 잠수함은 배수량이 1,700톤(만재 상태에서는 그 이상)이었고, 어뢰 발사관을 앞쪽에 6개, 뒤쪽에 4개씩 갖추고 있었으며 항속거리도 무척 길었다. 일부는 하와이에, 일부는 프리맨틀 같은 오스트레일리아 항구들에 기지를 둔 잠수함들은 그럴싸한 표적을 찾아 몇 주 동안의 순항에 나설 수 있었다. 시간이 지남에 따라, 잠수함은 경계 임무, 비밀 임무를 수행하려는 사절단이나 부대의 운송, 바다에 불시착한 항공병의 구조에 사용되기도 했다. 때로는 일본 함대의 초기 움직임을 니미츠 사령부에 알리는 귀중한 역할을 하기도 했다. 무엇보다도 잠수함은 서태평양과 동남아시아 해역에서 적군의 군함만이 아니라 상선에도 위험한 존재로 부각됐다.[18]

미국의 신형 잠수함은 1944년 내내 태평양에 봇물처럼 쏟아져 들어왔다. 그 현상은 8장에서 말했듯이 1943년 이후에 선박 건조량이 폭발적으로 증가했다는 증거였다. 잠수함의 경우에는 미국 대륙 전체에 분포된 여러 곳의 조선소에서 최고조에 이른 생산성을 과시했고, 몇몇 조선소의 성과는 놀라울 정도였다. 미국 해군의 200척이 넘는 신형 잠수함 중 28척 이상이 위스콘신(!)의 매니터웍 조선소에서 건조됐다. 그곳에서 건조된 잠수함이 전쟁에서 어떤 활동을 했는지에 대한 이야기는 처음부터 끝까지 추적하는 게 가능하다.

예컨대 하드헤드호는 상당히 큰 발라오급 잠수함(잠수했을 때 2,400톤)
으로 1943년 12월에 매니터웍에서 진수됐고, 미시간호에서 훈련을 실
시한 뒤에 커다란 바지선에 실려 수문과 운하를 지나 미시시피강까지
인계됐고, 마침내 1944년 4월 멕시코만에서 취역했다. 그러고는 그해
6월에 진주만으로 보내졌다. 1944년 8월, 첫 순찰에 나선 하드헤드호
는 샌버너디노해협에서 일본 경순양함 나토리호를 격침했고, 제2차 세
계대전이 끝날 때까지 순찰에 나설 때마다 주로 상선을 상대로 계속
성공을 거두었지만, 전쟁이 끝나기 수개월 전부터는 표적이 고갈됐다
는 것을 눈치챘다.[19] 훈련이 부족했던 일본 구축함들은 잠수함의 기습
공격에 폭뢰를 미친 듯이 투하하는 식으로 대응하는 경우가 많았다. 그
러나 미국 잠수함은 독일과 영국의 잠수함에 비해 몸집이 컸지만, 물속
으로 깊이 신속히 이동해 오랫동안 머물러 있을 수 있었다. 따라서 총
52척의 잠수함, 즉 전쟁 기간에 배치된 잠수함의 약 5분의 1만이 이런
저런 이유로 사라졌다.[20]

함대가 중요한 작전을 전개하는 동안 미국 잠수함은 해상 군함들과
협력하며, 다른 해군 강국들의 잠수함보다 더 성공적으로 임무를 완수
해냈다. 필리핀해 해전에서 일본 플리트 항공모함 2척, 다이호호와 쇼
카쿠호를 제거한 주역은 2척의 게이토급 잠수함(대폭 확장된 그로턴 조선
소에서 건조), 앨버코어호와 커발라호였지, 하늘을 지배하던 전투기가 아
니었다. 또 그 직후에도 그로턴 조선소가 건조한 다른 2척의 게이토급
잠수함, 다터호와 데이스호가 2척의 일본 중순양함을 격침한 뒤 또 한
척에 큰 피해를 입히며 레이테만 전투의 서막을 알렸고, 그 피해는 구
리타 제독이 더 큰 피해를 입게 되리라는 진조이기도 했다. 레이더를
비롯해 그 밖의 다양한 탐지 장치 및 6발의 어뢰를 발사할 수 있는 '주

대해전, 최강국의 탄생

〈그림 45〉 **일본 초대형 항공모함 시나노호에 은밀히 접근하는 미국 잠수함 아처피시호, 1944년, 혼슈 앞바다.** 미군 해군사에서 흔한 전형적인 장면이다. 거의 보이지 않는 발라오급 잠수함이 7만 2,000톤의 거대한 항공모함에 은밀히 접근해 단번에 6발의 어뢰를 발사했다. 그로부터 몇 시간이 지나지 않아 시나노호는 뒤집혔다. 가장 큰 군함이 한 척의 잠수함 솜씨를 받이 침몰한 사건이었다.

먹'을 장착하고, 수면에서 빠르게 움직이는 미국 잠수함은 때때로 작은 무리를 지어 일본의 주요 해상 교통로와 해상 항로를 오르내리며 군함 같은 값나가는 표적을 찾으려 했지만 유조선 한두 척을 침몰시키는 데 만족해야 했다.

1944년 11월 말, 아처피시호는 다섯 번째 순찰을 나갔고, 순찰 임무가 거의 끝나갈 즈음, 초대형 전함에서 항공모함으로 변신한 시나노(信濃)호가 앞에 있다는 것을 알아냈다. 호위함이라고는 3척의 구축함이 전부였다. 아처피시호는 시나노호의 측면을 겨냥해 4발의 어뢰를 퍼부었다. 그 타격은 치명적이었고, 시나노호는 눈 깜박할 사이에 가라앉았다. 전쟁의 초기였다면 가장 큰 항공모함의 침몰은 일본 해군에 엄청난 충격이었을 것이다. 하지만 한때 일본의 자랑이던 해군 항공대가 당시에는 신입 가미카제 조종사들을 훈련하는 데 집중했기 때문에 전투에 참가한 적도 없는 시나노호가 갑자기 사라졌다고 큰 의미가 부여되지는 않았다. 시나노호의 격침은 관 뚜껑을 덮는 마지막 못과 다를 것이 없었다.[21]

그러나 태평양 전쟁 동안 미국 잠수함이 일본 군함을 격침한 기록도 놀랍지만, 전략적인 면에서 가장 중요한 업적은 일본 해외무역망을 파괴한 것이었다. 간단히 말하면, 카를 되니츠의 유보트 부대는 영국 무역로를 방해하고 영국 전시 경제를 마비시키려고 6년 동안 노력했지만 별다른 결실을 거두지 못한 반면에 미국은 일본의 해외무역망을 옥죄는 데 성공했다. 앞에서 이미 말했듯이, 일본 해군은 해상 수송로를 보호해야 한다는 중요한 쟁점에 대해 이상하게도 무관심했다. 전쟁 초기에 영국 해군처럼 일본 해군도 잠수함 탐지기(ASDIC)가 잠수함을 탐지해내는 문제를 해결해줄 것이라 믿었던 까닭에 수송 선단을 보호하는

대해전, 최강국의 탄생

문제를 전혀 연구하지 않았다.

게다가 미국 어뢰에 결함이 많아 빗나가기 일쑤였던 까닭에 그런 약점이 그다지 중요하게 여겨지지도 않았다. 하지만 1943년 말쯤 어뢰의 그런 결함이 해결되자, 미국 잠수함들은 위력을 발휘하기 시작했고, 일본 상선의 피해가 치솟기 시작했다. 특히 남쪽에서 올라오는 대형 화물선과 유조선이 주된 표적으로 큰 피해를 입었다. 손실 통계에서도 증명된다. 1942년에는 미국 잠수함의 공격에 침몰한 일본 상선이 60만 톤에 불과했다. 달리 말하면, 일본 조선업이 힘들이지 않고 대체할 수 있는 수준이었다. 하지만 1944년에는 그 수치가 4배로 급증해서 약 240만 중량톤의 상선이 침몰했다. 따라서 수입이 급감했고, 일본의 핵심 산업이 위기에 빠졌다. 예컨대 에너지가 공급되지 않으면 전시 경제가 어떻게 기능할 수 있겠는가?

잠수함의 어뢰에 유조선이 차례로 격침되자, 에너지 수입이 급격히 줄어들었다. 해양사학자 크레이그 시먼즈의 설명에 따르면,[22] 1943년과 1944년 사이에 석유 수입은 48퍼센트, 석탄 수입은 약 66퍼센트나 감소했다. 하지만 일본이 처음부터 전쟁을 무모하게 일으킨 이유는 석유를 안정적으로 확보하려는 데 있었다. 1944년 전반기에도 일본이 남쪽(네덜란드령 동인도제도, 보르네오, 인도차이나)에서 수입하는 상황이 좋지 않았지만, 미국이 필리핀을 수복하려는 작전이 시작된 10월 이후에는 더욱더 악화됐다.

전체적으로 보면, 필리핀해 해전과 레이테만 전투에서 일본 해군은 엄청난 손실을 입었다. 앞에서 보았듯이, 항공모함만 7척을 잃어, 함재기와 항공병을 비롯해 항공모함 항공대 전체를 실질적으로 잃은 것과 다를 바가 없었다. 게다가 미국의 경우와 달리, 그 손실량을 메우려고 태평양 전쟁에 새롭게 투입되는 일본 군함도 없었다. 당시 크릭스마리네가 그랬듯이, 일본 해군의 경우에도 대형 군함을 잃으면 대체되지 않고 빈자리로 남겨졌다.

이런 상황에서 미국은 필리핀의 주요 섬들을 점령하며, 일본과 남쪽을 잇는 해상 교통로를 차단했다. 그 뒤에는 마리아나제도를 점령했고, 일본의 여러 도시와 조선소를 폭격하기 시작했으며, 잠수함을 이용한 봉쇄도 강화했다. 따라서 종전이 눈앞에 다가왔다는 결론이 내려질 수밖에 없었다. 도쿄에 항복하라고 설득하는 외교적 방법을 모색할 가능성도 있었지만, 일본이 계속 싸우기로 결정한다면 미국은 이오시마와 오키나와, 결국에는 일본 본토에 상륙하는 다음 단계를 취할 것이고, 그렇게 되면 일본 자체의 붕괴로 이어질 게 분명했다. 그런 과정에서 미군의 상륙을 저지하려고 나와 싸울 만한 일본 해군은 없었다. 따라서 1944년이 막을 내릴 무렵, 일본이 붕괴하기 전까지 태평양 전쟁의 다음 단계가 긴박하고 힘든 시간이 될 거라고 예견한 사람은 많지 않았다.

해신(海神) 넵튠, 뭍에 오르다: 노르망디 상륙작전과 연합군의 해군력

당시 영국의 전략가들에게 1944년 6월 6일에 계획된 연합군의 프랑스 침공은 무척 만족스럽게 느껴졌을 게 분명하다. 그날은 됭케르크에서 마지막으로 철수한 날의 다음 날로부터 거의 4년이 지난 때였다. 하지만 영국의 퇴각과 영미 연합군의 귀환이란 두 사건은 밀접히 연결돼 있었다. 1940년 중반경 베어마흐트의 승리로 영국이 전쟁판에서 밀려난 것은 아니었고, 오히려 3개월 뒤에 루프트바페의 대규모 공중 작전은 둔화

대해전, 최강국의 탄생

〈그림 46〉 **디데이 침공을 앞두고 스피트헤드에 모인 함대, 1944년 6월.** 1944년 6월 6일, 상륙정과 보급선 및 호위함이 남잉글랜드와 서웨일스의 여러 항구를 대거 빠져나가 영국 해협을 건넜다. 앞쪽에 그려진 군함은 대공 임무에 특화된 영국 경순양함 다나에호다.

됐다. 게다가 영국 본토의 침공은 불가능해졌다. 그러나 처칠이 줄곧 확신했듯이, 세 가지 전략적 전제 조건이 충족되지 않으면 독일이 지배하던 서유럽을 되찾기 위한 침공도 불가능했다.

첫째는 영국 본토가 유럽을 침공하기 위한 연합군 기지 역할을 할 것이기 때문에 영국 본토에 연결되는 해상 교통로를 완벽하게 보호하는 것이었다. 그러나 그런 안전 보장을 위해서는 유보트의 위협이 제거돼야 했고, 1943년 여름에야 유보트의 위협은 실질적으로 사라졌다. 둘째는 프랑스 상공만이 아니라 제3제국의 상공까지 제공권을 장악하는 것이었다. 흥미롭게도 1944년 초에는 그런 제공권까지도 충분히 장악됐다.[23] 셋째가 가장 중요한 전제 조건이었다. 미국이 전쟁에 참전하고, 미국 정부가 독일을 전략적으로 최우선시하는 것이었다. 미국의 방대한 생산력이 뒷받침돼야만 연합군이 프랑스로 진격할 수 있을 정도로 강해질 수 있었기 때문이다. 동쪽으로 멀리 떨어져 있었지만, 연합군의 서유럽 침공에 영향을 끼칠 만한 중요한 요인이 있었다. 구체적으로 말하면, 제3제국의 자원을 크게 갉아먹으며 1944년에 독일 육군 사단의 대부분을 옭아매고 있던 나치와 소련 간의 대규모 전투였다. 6월 5일, 아이젠하워가 이튿날에 시작될 오버로드 작전(Operation Overload) 명령을 내렸을 때, 연합군은 제해권과 제공권 및 막강한 지상군까지 모든 이점을 확보한 상태였다. 반면에 연합군의 상대는 동부전선에서 대대적으로 전개되던 전투에 전력이 크게 분산돼 약해진 상태였다.

'해상 교통로 전투'에서 연합군의 승리는 1943년 5월에 연이어 전개된 중요한 수송 선단 전투에서 독일 유보트 울프팩을 무찌르고, 그 이후로 6개월 동안에는 북아프리카와 지브롤터에서 벌어진 수송 선단 전투에서 다시 유보트를 응징한 결과로 얻은 결실이었다.[24] 따라서 1944년 전반기에 대서양 전투에는 눈에 띄는 교전이 없었다. 되니츠는 유보트에 더 많은 탐지 장치를 설치했지만, 전자 신호로 작동되는 장치는 연합군 항공기와 군함에 포착될 가능성이 높았다. 잠수함이 잠수를 선택하든 수면에서 전투를 선택하든 간에 적은 잠수함을 추적할 수 있었다. 전파나 음파 따위를 감지하여 자동으로 추적하는 호밍 어뢰(homing torpedo)는 유보트가 방향을 틀고 바꾸더라도 추적할 수 있었다.

또 비행정은 수면에서 맞붙으려는 잠수함을 만나면, 로켓을 발사하는 보파이터 다목적 항공기나 해군 호위함에 도움을 구할 수 있었다. 되니츠도 수송 선단 호위함을 찾아내 격침할 목적으로 잠수함 함대에 무시무시한 차운쾨니히(Zaunkoenig) 호밍 어뢰를 장착했지만, 곧바로 영국은 '폭서(Foxer)'라고 적절히 명명한 소음 발생 장치로 효과적으로 대응했다. 유보트는 연안 해역에서는 개별적으로 상선을 격침하는 데 성공했지만, 대서양과 지브롤터에서는 수송 선단에 접근하기가 점차 힘들어졌다. 따라서 1944년에 들어서는 수송 선단 규모가 점점 커졌다. 1944년 후반기에 대서양에서 침몰한 상선은 6척에 불과했으나 잠수함의 손실은 침몰한 상선 수보다 훨씬 많았다. 1944년 한 해 동안 234척의 유보트가 침몰했는데, 암울했던 1943년보다 몇 척 적은 정도에 불과했다.[25]

통계적으로 보면, 상당히 이상한 현상이었다. 1944년 11월은 연합군의 전략적 폭격이 중단됐기 때문이었는지 유보트 생산량이 전쟁 기간에서 가장 많았던 달이었다. 따라서 11월에는 어느 날에나 100척이 넘는 잠수함이 바다에 배치됐지만, 수송 선단에 접근하지 않았고 울프 팩으로 무리지어 공격하지도 않았다. 결국 대부분이 다른 곳에서 침몰했다는 뜻이었다. 귄터 프린과 오토 크레치머 같은 유보트 정예 지휘관들이 방어가 허술한 연합국 수송 선단에 파고들어 헤집고 다니던 때가 그다지 오래전은 아니었지만, 양측 모두에게 먼 기억이 돼가고 있었다.

1944년에는 제대로 호위를 받는 수송 선단 체계가 갖추어졌다. 따라서 1942년에 비하면 상선의 손실이 대략 10퍼센트에 불과했고, 게다가 미국의 조선 생산량까지 크게 증가했다. 결국 수만 명에 달하던 선원들이 더 안전해졌고, 나치 독일을 물리치려던 연합군의 대전략이 승리했다는 뜻이다. 핼리팩스에서 리버풀로 향하던 대서양 수송 선단 HX-300의 이야기가 이런 변화를 완벽하게 보여주는 일화일 수 있다. HX-300은 1944년 7월 말 영국으로 항해를 시작했다. 166척의 상선에 호위함이 32척으로 이루어진 가장 큰 수송 선단이었고, 공중 순찰도 계속됐다. 뉴욕, 핼리팩스, 시드니, 노바스코샤 등 여러 항구에서부터 모여든 이 거대한 선단은 19개의 무리로 나뉘어 나란히 항해해서 선단 전체의 폭은 대략 14.5킬로미터, 길이는 6.5킬로미터에 달했다. 단 한 명의 사상자도 없었다! 그 이유는 당연히 어떤 공격도 없었기 때문이다.

그린란드 암흑 구역에 유보트가 더는 없었다. 장거리를 운항하는 초계기들 덕분에 '암흑 구역'이 사라졌기 때문이었다. 수송 선단을 지원하며 잠수함을 사냥하던 군함들, 이른바 '헌터 킬러(Hunter Killer)'들이 더 넓은 지역을 순찰했지만, 유보트를 맞닥뜨리는 일은 점점 줄어들었다. 루프트바페도 3월 이후에는 대서양 수송 선단의 공격을 중단했다. 계획대로 대부분의 상선이 영국 항구들에 화물을 내려놓았지만, 9척은 북극해 수송 선단이 돼 북러시아까지 계속 항해했고, 46척은 영국 섬을 돌아 프랑스와 벨기에의 항구까지 들어가, 얼마 전에 상륙한 연합군에 식량과 연료와 탄약 등 중요한 군수품을 전달했다. 물론 영국과 캐나다 사단들이 제3제국을 향해 진격을 계속할 수 있도록 지원해줄 "트럭과 반(半)트럭, 지프와 기관차"도 전해졌다.[26] 수천 대의 트럭과 반트럭은 멀리 미시간에서 생산된 것이었을 가능성이 크지만, 디데이가 있고 두 달쯤이 지났을 때 이미 뫼즈강을 건너고 있었다. 그 차량들은 공장을 출발해서, 실질적으로 유보트가 사라진 널찍한 북대서양을 건너

최전선까지 거대한 탯줄처럼 끊김 없이 이어졌다. 실로 저항할 수 없는 힘이었다.

HX-300은 그 이름에서 짐작할 수 있듯이, 1939~1940년에 군수품을 실은 상선을 보호하는 체계가 조직화된 이후로 핼리팩스를 출발해 대서양을 가로질러 항해한 300번째 연합국 수송 선단이었다. 1944년 초, 즉 노르망디 상륙작전이 시작되기 전에도 상당한 규모로 대서양을 건넌 HX 수송 선단이 여섯 번이나 있었다. 더 많은 상선이 남쪽에서부터 프리타운 수송 선단이나 라틴아메리카/카리브해 수송 선단의 형태로 올라왔다. 화물선과 유조선, 광석 운반선으로 구성된 선단을 조직적으로 보호한 초기의 목적은, 유럽 전체가 함락된 뒤에도 포위된 채로 나치 독일에 맞서 싸우던 영국 본토를 지원하는 데 있었다. 그러나 "우리는 끝까지 버틴다"라는 초기의 영웅적인 전쟁 구호는 사라진 뒤였다. 1942년 이후로 수송 선단의 목적은 영국을 역사상 가장 큰 침공 전의 '전진기지', 다시 말하면 수백만 명에 이르는 미국과 영연방 등 연합군 병사들이 영국해협을 건널 때를 기다리는 기지로 탈바꿈하는 데 있었다.[27] 영국해협을 건너는 작전은 새로 건설한 200곳의 비행장에 주둔한 수천 대의 항공기로부터 보호받으며 진행될 예정이었다. 따라서 잉글랜드의 동부와 남부는 하나의 거대한 활주로로 변한 것처럼 보였을 것이 분명하다.[28]

모든 것이 착착 맞아떨어졌지만, 영국 해군부 및 영국 항만과 철도 당국의 계획자들만은 그 모든 것이 무척 긴밀하게 작동하고 있다는 것을 알았을 것이다. 수십만 명의 미군 병사는 거대한 여객선 퀸 엘리자베스호를 타고 북대서양을 빠른 속도로 긴니와서는 그리누이나 리버풀 부둣가와 철도 승강장에 내려졌고, 수많은 신형 항공기(B-17과 B-24,

〈그림 47〉 **영국 군함 스탈링호, 1943년, 리버풀.** 슬루프함 스탈링호는 유명한 조니 워커 함장의 기함이었고, 제2차 세계대전 중에 가장 많은 유보트(14척)를 격침한 파괴자였다. 작은 코르벳함 핑크호(〈그림 8〉 참조)에 비교할 때 스탈링호의 전투력과 속도는 더할 나위 없이 명확했다. 1942년 이후에 4~6척의 슬루프함으로 구성된 '헌터 킬러'는 주요 수송 선단을 보호하며, 유보트의 공격을 불가능하게 만들었다.

대해전, 최강국의 탄생

머스탱과 라이트닝 및 중형 폭격기)는 연합군 수송 사령부에 소속된 남녀 조종사들의 조심스러운 손에 맡겨져 뉴펀들랜드 기지를 경유해 매달 대서양 상공을 날아왔다.[29] 그러나 잉글랜드 남부의 야영지에서 침공 명령이 떨어지기를 기다리던 300만 병사에게도 식량과 군비와 연료만이 아니라 탱크와 트럭이 필요했고, 영국의 여러 기지에 분산돼 배치된 3,000대의 폭격기도 지속적으로 연료를 주입받아야 하늘을 날 수 있었다. 유보트의 정예 함장들이 대서양 한복판에서 연합국의 유조선들을 폭파하던 암흑기가 다행스럽게도 되풀이되지 않는다면, 영국과 미국의 공군이 독일을 폭격하는 게 연료 부족으로 방해받지는 않을 거라는 뜻이었다. 반면에 추축국들은 석유 의존에서 벗어나려고 전쟁을 도발했지만, 그 전쟁이 막바지 단계에 접어들자 육군과 해군과 공군을 막론하고 모든 군대가 만성적인 연료 부족에 시달리는 경우가 잦아졌다.

1944년 6월 초에 시작된 오버로드 작전의 시기와 위치를 분석하고 설명한 문헌이 방대한 것을 고려하면, 그 작전을 요약한다는 게 무리일 수 있다. 1941년 처칠과 루스벨트는 나치 독일이 군사 기술에서 훨씬 앞선 까닭에 무척 위험한 적이므로 최우선 순위로 척결해야 한다는 데 합의했지만, 유럽을 '언제 어디로' 침공하느냐는 문제를 두고는 영미 간에 오랫동안 불화가 이어졌다. 미국 국민에게 어떤 진전이 있다는 것을 보여주기 위해 영국은 1942년 말에 북아프리카를 점령하기로 결정했고, 더 나아가 1943년 이후로는 기존의 항공기와 육군 병력과 상륙정을 활용해 시칠리아와 이탈리아에 상륙하기로 결정했다. 하지만 처칠과 영국 장군들은 1944년쯤 서프랑스에 제2의 전선을 구축하라는 미국과 소련의 압력을 견뎌내지 못했다. 따라서 유일하게 남은 쟁점은 그 장엄한 상륙작전을 '언제' 시작하느냐는 것이었다.

물론 해상 교통로의 안전을 보장해야 했지만, 연합군이 보기에 그 문제는 1943년 말, 즉 수송 선단을 둘러싼 9월의 연이은 대해전으로 유보트의 위협이 실질적으로 진압된 뒤에야 명확히 해결됐다. 그 이후에는 앞에서 말했듯이 6개월 동안 병력과 군수품이 끝없이 영국으로 이동했다. 재무장한 루프트바페를 제압하는 데는 시간이 더 걸렸다. 장거리 P-51 머스탱 전투기가 투입되고, 독일 항공대에 큰 타격을 입힌 뒤, 1944년 초에야 연합군 전략가들은 하늘까지 완전히 장악했다고 확신했다. (이런 이유에서 1943년에 영국해협을 건너 작전을 전개하자고 고집했던 조지 C. 마셜 장군의 판단은 잘못된 것이었다.) 이즈음, 그러나 아이젠하워가 다급히 요구한 뒤에야, 무엇보다 중요한 상륙정이 필요한 수만큼 상륙부대에 전해졌다. 정보는 훌륭했고 기만책도 나무랄 데가 없었다. 영국해협 반대편의 까다로운 조류와 싸워야 하는 상륙의 어려움을 조금이라도 덜려면, 비교적 잔잔한 날씨를 찾는 것이 남은 과제였다. 마침 전날 무척 늦게, 1944년 6월 6일 아침에는 기상 조건이 충분히 좋아질 것이라는 예보가 있었다.[30] 그리고 침공이 시작됐다!

그 거대한 상륙작전을 전개할 장소는 전날 늦게까지도 구체적으로 결정되지 않았지만, 그 문제는 비교적 더 쉽게 해결됐다. 가장 짧은 거리로 영국해협을 건너는 계획이 솔깃하게 들리기는 했으나 파드칼레(Pas-de-Calais)로 침공해야 한다는 뜻이었다. 하지만 그 지역은 바다 쪽에서 지나치게 좁아, 독일군을 물리치려고 출정하는 물리적으로 거대한 병력이 상륙하기에는 적합하지 않았다. 따라서 상륙 지역은 노르망디 해안을 따라 더 서쪽으로 옮겨져야 했다. 그렇게 상륙 지점이 이동하면 잉글랜드 서부와 웨일스 남부에서부터 해협을 건너는 상륙부대원들에게는 거리가 더 짧아졌고, 대서양을 횡단하며 군수품을 직접 공

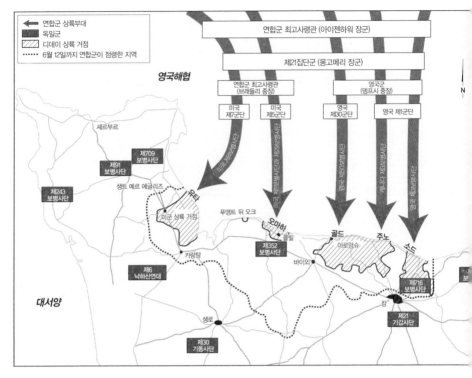

〈지도 14〉 노르망디를 침공한 다섯 방향의 접근로

급하는 것도 더 편해졌다. 또한 미국군(두 부대)은 가장 서쪽의 해변에, 완전히 새롭게 편성된 캐나다군은 중간 지역에, 영국군(두 부대)은 영국해협 위쪽으로 각각 다른 해변에 상륙하는 게 더 쉬워질 수 있었다. 노르망디 상륙작전은 태평양 전투처럼 섬을 하나씩 점령해가는 형식은 아니었지만, 전투 경험이 많은 영미 연합군 사단들, 특히 버트럼 램지 제독과 그의 합동 전략팀에게 노르망디는 북아프리카와 시칠리아와 살레르노에 이어 네 번째이자 가장 중요한 상륙작전이었다.

6월 6일 이후로 연합군이 노르망디와 그 밖의 지역에서 실시한 많은 상륙작전과 부수적인 조치들은 엄청나게 복잡했다. 그렇다고 대규모 상륙부대에게 큰 문젯거리를 야기하지는 않았다. 호위함과 상륙정 및 포격 부대가 접근하고 퇴각하는 다섯 방향을 그려놓은 지도는 지금 보아도 감탄사가 저절로 나온다.

물론 1942년 북아프리카에 상륙한 이후로 줄곧 연합군은 유럽 전쟁에 종지부를 찍을 상륙작전을 계획하고 반복해 연습했을 뿐만 아니라, 오버로드 작전에 많은 노력과 자원을 투자한 까닭에 잘못될 가능성이 거의 없었다고 말할 수 있다. 그러나 아이젠하워와 그의 전략가들은 그렇게 생각하지 않았다. 1943년 9월 살레르노에 상륙할 때 호되게 당한 까닭에 그들은 무척 신중하게 행동했다. 악명 높은 대서양 방벽(Atlantikwal)은 토치카와 대전차 장애물, 해안 장애물과 해안 지뢰밭 등이 치밀하게 설치돼, 초기의 상륙부대가 과거에 맞닥뜨렸던 환경과 사뭇 달랐다. 북아프리카 해변에 상륙할 때는 아무런 저항이 없었고, 이탈리아 해안 마을에 상륙했을 때는 지역민들이 내려와 미군이 상륙정에서 내리는 것을 도왔을 정도였다. 대서양 방벽을 지키는 부대는 모두 독일군이었고, 그들 중 다수가 동부전선에서 넘어온 고참병이었다. 중무장한 바펜-슈츠슈타펠(Waffen-SS: 무장 친위대)의 기갑 사단이 들이닥치면, 아이젠하워 부대가 안전하게 진지를 확보하기도 전에 연합군의 상륙 거점들 사이를 헤집고 다니며 연합군을 혼란에 빠뜨리고 궤멸시킬 수 있었다.

게다가 더 큰 문제로 날씨가 불순하고 폭풍까지 몰아친다면 영국해협을 건너기가 더 힘들어질 게 뻔했고, 낮은 구름이 연합군의 압도적인 제공권까지 방해할 수 있었다. 하지만 해군이 지원하는 전함과 순양함은 독일군의 가장 두꺼운 해안포 진지 덮개도 날려버릴 수 있었고, 병사들이 오마하 해변(Omaha Beach: 노르망디 작전에서 상륙 목표이던 5개 해변

중 한 곳에 붙은 암호명-옮긴이)에 상륙해 꼼짝하지 못한다면 구축함이 해변까지 최대한 가까이 접근해 그들을 지원할 수 있었다. 그러나 상륙 이후에는 대부분의 전투가 지상전으로 승패가 결정되기 마련이었다. 만만찮은 베어마흐트 사단들에게 노르망디 들숲에 강력한 방어 진지를 구축할 여유를 허락한다면 끝없는 교착 상태가 이어지고, 심지어 후퇴까지 고려해야 할 상황이 닥칠 수도 있었다. (아이젠하워가 상륙 전날 밤 책상 앞에 앉아 작전이 실패할 경우 그 책임을 온전히 받아들이겠다며 루스벨트와 처칠에게 가정적인 사임 편지를 쓸 때 이런 가능성을 생각했던 것일까?)[31]

1944년 6월, 연합군은 영리하게 행동한 데다 운도 좋았다. 독선적인 히틀러만이 아니라 알프레트 요들(Alfred Jodl, 1890~1946년)을 비롯해 공손한 부관들이 연합군의 주력 공격 부대가 파드칼레로 들어올 것이라 확신한 데다, 패튼의 집단군처럼 꾸민 영국군이 그 방향으로 해협을 건너는 것처럼 독일의 레이더 화면을 가득 채운 까닭에, 정작 연합군 병력과 차량이 대거 노르망디 해변에 쏟아져 들어오기 시작했을 때 베어마흐트의 주력 기갑부대는 엉뚱한 곳에 배치돼 있었다. 하지만 연합군이 공군을 이용해, 파리 서쪽으로 이어지는 다리들과 철로 교차점들을 파괴함으로써 멀리까지 계속되는 반격 가능성을 무력화하려던 세밀한 전술 계획은 제대로 진행되지 않았다. 여하튼 연합군의 화력은 모든 면에서 우세했던 까닭에 독일군을 궁지에 몰아넣었고, 10개가 넘는 기갑 사단들의 정확한 위치를 찾아냈다.

예컨대 탱크 대대를 브르타뉴에서 스헬더강 하구까지 해변 전역 곳곳에 분산해두었다면, 하늘과 해안 주변의 내륙을 날아다니던 정찰기의 도움을 받은 연합군 전함의 15인치 포탄에 산산조각이 났을 것이다. 하지만 독일 예비군이 연합군의 진격을 저지하는 데 그치지 않고 연합

대해전, 최강국의 탄생

군에게 타격을 가하라는 명령까지 받았다면, 오히려 수천 대의 연합군 폭격기에 호된 반격을 당했을 것이다. 상륙부대를 다시 바다로 밀어내려는 독일군의 반격과 노력은 연합군 해군의 포격과 비행편대의 공격에 번번이 좌절됐다. 어떤 식으로든 위협받은 다섯 상륙 지역 중 한 곳에 불과했지만, 잠시 위험한 상황에 빠졌던 오마하 해변도 첫날이 끝나기 전에 안정되며, 거대한 상륙작전의 성공이 거의 확정됐다. 그 이후에 지상에서 힘든 전투가 있었고, 연말쯤에 독일군의 기습적인 반격(벌지 전투)이 있었으나, 영미 해군의 우세한 해군력은 본연의 임무를 완벽하게 수행했다.

하지만 그 장대한 상륙작전으로 '해군력이 역사에 미친 영향'이 의심할 여지없이 입증됐더라도 이때 어떤 유형의 해군이 필요했는지 추적해보는 것도 재밌을 듯하다. 물론 많은 상륙정이 필요했을 것이고, 다섯 상륙 지점 모두에 포격으로 지원할 군함이 있었다. 그 모든 지원은 유틀란트와 진주만을 경험한 오래된 전함들이 맡았고, 조지 5세급과 아이오와급의 신형 주력함들은 태평양에서 벌어지던 전투에 파견됐거나 파견될 예정이었다. 거의 같은 시기에 태평양에서 사이판을 에워쌌던 항공모함 기동부대 TF58과 대조적으로, 오버로드 상륙작전에는 플리트 항공모함도 필요하지 않았다. 따라서 이때는 영국의 일러스트리어스급 항공모함 3척이 이미 동쪽으로 보내진 뒤였고, 다른 한 척도 곧 뒤따라 태평양에 파견될 예정이었다.

그러므로 "왜 디데이에 항공모함이 없었느냐?"라는 날카로운 질문에는, 잉글랜드 남부 해안을 따라 만들어진 수십 곳의 공군기지는 거대한 항공모함과 다를 바가 없었다고 대답할 수 있다. 그곳에서 노르망디까지 20분이면 날아갈 수 있었고, '공군 전투 사령부(Combat Air

Control)'가 이미 정교한 구조로 갖추어져 있었기 때문이다.[32] 게다가 만능으로 여겨지던 소형 호위 항공모함도 오버로드 작전에는 필요하지 않았다. 영국 공군과 미국 육군 항공대가 까맣게 뒤덮은 하늘에는 암흑 구역이 전혀 없었기 때문이다.

하지만 해군력이 역사에 미친 영향은 디데이 전에도 명확히 입증된 적이 있었다. 유럽을 정복하려던 히틀러의 야심을 꺾는 데 서방 해양국들이 가장 크게 공헌한 부분은, 1940~1941년의 암흑기 동안 외부 세계와 영국 본토를 잇는 해상 교통로를 유지했고, 1943년 3월부터 6월까지 대서양의 수송 선단에 위기가 닥친 기간에도 제해권을 계속 장악한 것이었다. 그 때문에 영국은 전쟁의 막바지에 연합군 폭격기와 육군이 제3제국에 대거 쏟아져 들어가는 거대한 도약판이 될 수 있었다. 여기에서 나치라는 적을 괴멸하는 데 더 크게 역할한 주역이 러시아 육군이냐 영미 공군력이냐를 두고 논쟁할 필요는 없다.[33] 독일이 1940년 프랑스로부터 항복을 받아낸 뒤에 대서양 세계를 장악하려고 엄청난 노력을 기울였지만 이듬해에는 영국이란 문지기에게 견제를 받았고, 그 이후에는 과학기술에서나 병력에서 우세한 서방 국가들이 바다와 하늘과 지상에서 계속 밀려났다는 것은 엄연한 사실이다. 회의적이고 종종 비관적이었던 앨런브룩 육군 원수가 1944년 7월 초 영국해협의 프랑스 쪽 산비탈에 서서 아래의 광경을 놀란 표정으로 바라보며 고개를 절레절레 흔들었던 것은 당연했을 수 있다. 원대한 오버로드 작전은 그렇게 성공을 거두었다.[34]

지중해와 북극해, 양 측면을 마무리 짓다

오버로드 작전은 제3제국이 장악한 프랑스 서부 지역에 대한 직접적인
대규모 공격으로 미국의 의도가 반영된 군사작전이었다. 그러나 1944
년 동안 그 지역의 바다에서 일어난 사건들을 지도에 표기하면 두 방향
에서의 진격이 눈에 띈다. 하나는 유럽 대륙의 북쪽을 에워싼 공격이었
고, 다른 하나는 훨씬 더 큰 규모로 남쪽에서 전개된 상륙작전이었다. 북
쪽 바다에서 연합군의 해군과 공군은 (한여름철을 제외하고) 러시아로 중요
한 군수품을 계속 운반하는 북극해 수송 선단을 보호했고, 1944년 말에
는 그 수송로를 위협하던 최후의 해상 전함, 즉 티르피츠호마저 제거했
으며, 노르웨이 해안을 따라 운항되던 독일의 수송 선단과 근접 교전을
벌이기도 했다. 물론 남쪽에서 전개된 상륙작전들은 상당한 규모의 해군
력을 보유한 이탈리아가 항복한 뒤에 있었지만 '제2차 세계대전의 지중
해 전략'의 연장선이었다.[35]

예컨대 안치오 해변에 처음에는 성공적으로 상륙했지만, 그 뒤의 위
태로운 상황을 해결하기 위해서는 병력과 군비를 대규모로 지원해야
했다. 지중해에서는 여전히 위협적이던 독일 유보트와 계속 교전을 벌
여야 했고, 나중에는 '앤빌 작전(Operation Anvil)'이라는 이름으로 미국
해군이 프랑스 남부에서 대대적인 상륙작전을 전개하기도 했다. 물론
지상에서 후퇴하며 안치오에서 잠시 타격을 입었지만 이 모든 군사 행
위들은 넓은 의미에서 서방 연합군이 바다를 기점으로 독일이란 적을
포위하려는 진격이었다. 반면에 동부전선을 따라서는 적군(赤軍)이 가
차 없이 베를린을 향해 다가가고 있었다. 그런 참담한 상황에서 베어마
흐트가 할 수 있는 최선의 방책은 그런 진전의 속도를 잠시라도 늦추

〈그림 48〉 **노르망디 해안에 포격을 퍼붓는 영국 군함 로버츠호, 1944년.** 수심이 얕은 해안까지 접근해 포격한 로버츠호는 19세기에 활약한 모니터함을 떠올리게 했다. 안정된 포좌에 거대한 15인치 함포를 장착한 로버츠호는 횃불 작전, 살레르노 상륙작전, 그리고 이곳 소드 해변 앞바다 등에 배치되어 적의 진지에 포격을 퍼부었다.

대해전, 최강국의 탄생

는 것이었다.

연합군이 우세한 상황은 북쪽에서도 마찬가지였다. 전함 티르피츠호가 러시아로 향하던 수송 선단에 여전히 위협적이었다는 언급은 전체적인 맥락에서 해석해야 한다. 얄궂게도 티르피츠호의 존재 자체를 통해, 연합군이 북대서양이란 전쟁 무대에 쏟아부을 수 있는 해군력의 순전한 규모를 짐작할 수 있었고, 여하튼 북대서양은 영국 본국 함대의 핵심 지역이었다. 따라서 1944년 3월 말에 스코틀랜드를 출발한 북극해 수송 선단 JW-58을 보호할 목적에서 60척의 상선으로 구성된 영국 해군부는 3척의 구축함과 3척의 코르벳함을 근접 호위함으로 할당했고, 2척의 호위 항공모함도 추가로 배치했다. 게다가 기함인 순양함과 17척의 구축함이 수송 선단에서 약간 멀리 떨어져 호위했고, 본국 함대 자체도 멀리에서 지원에 나섰다.

이때 본국 함대에는 2척의 전함 듀크 오브 요크호와 앤슨호, 플리트 항공모함 빅토리어스호, 순양함 벨파스트호, 여러 척의 호위 구축함이 동원됐다. 그것으로 충분하지 않았는지 영국 해군부는 제2차 세계대전에서 유보트를 상대로 가장 성공적인 전과를 올린 조니 워커 함장의 제2지원단, 즉 특수 훈련을 받은 5척의 슬루프함까지 파견했다. 당시 트리피츠호는 소형 잠수형의 공격에 큰 피해를 입어 출항할 수 없었고, 루프트바페는 이때 다른 곳에 보내져 전혀 지원할 수 없어, 모든 공격이 전적으로 유보트에 맡겨졌다. 18척의 유보트는 세 줄로 배치됐지만, 북대서양에서 그랬듯이 하늘과 바다에서 수송 선단을 보호하는 연합군 호위 부대와 싸우는 것이 그즈음에는 어디에서나 불가능하다는 것을 처절하게 경험하며, 시작 단계에서 3척을 잃고 말았다(독일 항공기는 6대가 추락했다).[36] 독일이 같은 바다에서 수송 선단 PQ-17에 큰 비극을 안겨주고, 2년이 채 지나지 않은 때였다.

영국 해군부가 온갖 수단을 동원해서 트리피츠호를 영원히 수장시키려 했던 이유는 이 전함이 출항할 때마다 영국 함대의 상당 부분이 그 전함을 견제하는 데 투입되는 것을 못마땅하게 생각했기 때문이었다. 공군력이 더해지며 영국과 독일 해군 간의 전투 양상이 어떻게 달라졌는지 다시 살펴보는 것도 흥미롭다. 물론 교착 상태가 계속되던 1914~1918년 전쟁과는 뚜렷이 대비된다. 1941년 이후에 서유럽 상공을 지배하는 공군력에 중대한 변화가 일어나며, 영국 본토가 수륙양면의 공격으로부터 더욱 안전해졌고, 취약해진 쪽은 오히려 크릭스마리네였다. 샤른호르스트호와 그나이제나우호를 1942년 초에 프랑스 브레스트 항에서 쫓아낸 것은 시작에 불과했고, 그나이제나우호는 그 뒤에 영국 공군의 집중 폭격을 받아 영원히 퇴역하고 말았다.

1944년쯤 트리피츠호는 독일 해군에 유일하게 남겨진 전함이었는데, 영국 공군력은 더욱 강화됐다. 따라서 트리피츠호의 종말은 거의 운명 지워진 것과 다를 바가 없었다. "독일 전함 트리피츠호에 가해진 연합군의 공격 목록"을 보면, 그 전함을 무력화하려는 시도가 3년 동안 26회나 있었다.[37] 소형 잠수함들이 치밀하게 공격해 부분적인 성공을 거둔 사례가 있었고, 항공모함 항공대가 두 번에 걸쳐 대대적인 공중 공격을 벌였지만, 한 번은 그럭저럭 성공을 거둔 반면에 한 번은 참담한 실패를 맛보아야 했다. 특히 항공모함 항공대의 작전에서 전체적인 균형추가 어떻게 달라졌는지 여실히 드러났다. 그즈음 영국 해군 항공모함 기동부대가 노르웨이 해안을 들락거렸지만, 1940년 4월에는 감히 시도하지 못하던 군사 행위였다. 여하튼 마침내 영국 공군 폭격기 사령부의 랭커스터 폭격기가 처음에는 치명적인 타격을 주었고, 결국

1944년 11월 12일 6톤의 포탄을 퍼부어 그 전함을 바닷속에 완전히 묻어버렸다.[38]

그즈음 영국 해군부는 모든 플리트 항공모함과 조지 5세 전함을 영국 태평양 함대에 파견할 계획을 화급히 준비하고 있었다. 따라서 히틀러는 그 가능성을 집요하게 의심했으나 연합군의 노르웨이 침공은 없었다. 화이트홀이 전쟁 전에 세운 '싱가포르 전략', 즉 주력 함대를 싱가포르에 주둔시킨다는 전략이 마침내 현실화되고 있었지만, 북유럽 바다는 다시 한적한 바다로 되돌아갔고, 독일 연안 수송 선단을 두고 가끔 가벼운 교전이 벌어질 뿐이었다. 한편 러시아로 향하던 연합국 수송 선단은 유보트와 공중 공격으로부터 거의 완벽하게 보호를 받아서 아무런 걱정 없이 본연의 임무를 계속 수행할 수 있었다. 더구나 당시에는 중무장한 대형 군함이 엄호도 필요 없을 정도였다. 우연의 일치였던지 추축국의 거대한 세 전함, 즉 무사시호(1944년 10월 24일, 항공모함 함재기의 공격), 티르피츠호(11월 12일, 중폭격기의 공격), 시나노호(11월 29일, 잠수함의 공격)가 같은 시기에 침몰하기도 했다. 하기야 그즈음 그 전함들에는 숨을 곳이 없었다. 남은 전함은 야마토호가 유일했다.

남쪽으로 2,400킬로미터 떨어진 지중해는 한층 안정적으로 변했고, 1944년에만 연합군 군함들은 두 번의 중요한 기회를 맞아 엄청난 위력을 과시했다. 그 두 번의 기회는 모두 전략적 이점을 확보하기 위한 상륙작전이 동반된 공격이었다. 이탈리아 서부 해안의 안치오를 공략한 첫 번째 공격에 대해서는 무척 논란이 많지만, 나중에 밝혀졌듯이 그곳은 상륙하기가 무척 어려운 곳이었다. 로마의 남쪽에 위치하고, 독일군 방어선이던 '구스타프 방어선(Gustav Line)'의 뒤에 있어 베어마흐트가 악착같이 방어했기 때문이었다.

대해전, 최강국의 탄생

'싱글 작전(Operation Shingle)'이라는 공식적인 명칭하에 1944년 1월부터 3월까지 전개된 안치오 전투에 대해서는 이 전투를 다룬 과거의 문헌에서 반복해 언급되지 않은 게 없을 정도여서 여기에서 굳이 말할 것은 거의 없다.[39] 사령부의 해럴드 알렉산더(Harold Alexander, 1891~1969년)와 마크 클라크부터 상륙부대를 현장에서 지휘한 존 루커스(John Lucas, 1890~1949)까지 군 지도부는 그 작전에 대해 처음부터 시큰둥했다. 더구나 주력 부대의 상륙이 시작된 뒤에도 루커스는 지나치게 조심스레 행동하며, 알베르트 케셀링(Albert Kesselring, 1885~1960년)의 지휘하에 공격적이고 노련한 독일군에게 반격할 기회를 안겨주고 말았다.

이 이야기에서 연합군 측의 영웅들은 부상병을 나폴리로 이송하고는 안치오에 돌아갈 때면 새로운 병력과 군수품을 싣고 기진맥진할 때까지 왕래한 상륙정 승조원들이었다. 영미 연합군의 해군력은 겉보기에 훨씬 커졌지만, 해안 포격과 다른 곳으로 시선을 돌리기 위한 포격은 경순양함과 구축함에 전적으로 의존했고, 지역적인 공중 엄호는 호위 항공모함들에 맡겨졌다. 하지만 지중해에서는 여전히 루프트바페가 번질나게 나타나 공격했고, 다수가 레이더로 조정되는 포탄까지 사용한 까닭에 상당수의 연합군 군함이 침몰하고 큰 피해를 입었다. 그런데도 살레르노에서 그랬던 것처럼 전함을 동원해 독일 지상군을 포격해달라는 요청이 없었다.

마침내 흐린 날씨가 맑게 개자, 연합군은 막강한 공군력을 활용하기 시작했고, 새로운 상륙부대가 안치오 해안 거점에 쏟아져 들어와 케셀링의 대담한 공격을 분쇄하고 밀어냈다. 해군의 지원이 특별히 줄어든 게 아니었던 까닭에, 독일군을 이탈리아에서 밀어내는 게 쉽지 않을 거라는 게 확인된 셈이었다. 그로부터 두 달 뒤, 1944년 6월 5일에 로마가 함락됐다. 그러나 영국군보다 미국군이 먼저 입성해야 한다는 클라크 장군의 격정적이었지만 무모한 노력에 로마 함락이라는 성과는 하루 뒤에 성공한 오버로드 작전 때문에 빛을 잃었고, 이듬해까지도 이탈리아를 지키려는 독일군의 격렬한 저항에도 별다른 영향을 끼치지 못했다.[40]

또 하나의 주요한 상륙작전은 미국과 프랑스 연합군이 남프랑스에서 1944년 7월에 실시한 '앤빌 작전(나중에는 드래군 작전)'이었다. 여느 때와 마찬가지로 병참 문제(상륙정 공급)로, 오버로드 작전보다 한 달 뒤에 시행됐다. 하지만 론강 골짜기를 따라 병력이 이동하면 독일로 쉽게 올라갈 수 있었고, 베어마흐트의 시선을 분산하는 동시에 더 많은 프랑스 지역을 해방시킬 수 있어 전략적으로 필요한 상륙이란 판단이 내려졌다. 따라서 앤빌 작전에 투입된 총병력은 미국과 프랑스 연합군 병사 17만 1,000명에, 약 7만 명의 프랑스 레지스탕스 전사가 더해졌다. 하지만 이 작전에 최종적으로 투입된 병력은 57만 3,000명까지 늘어나 수적으로 독일 수비대를 압도했다. 연합군 공군력도 엄청나서, 항공기만도 약 3,500대였다.

반면에 루프트바페는 그때 제3제국을 방어해야 한다는 이유로 여러 편대를 본국에 돌려보내, 그 지역에는 200대밖에 남아 있지 않았다. 그 항공기들마저 활공 폭탄을 몇 번 발사하고는 공중전에 적극적으로 나서지 않았다. 바다에서는 4척의 미국 전함과 한 척의 낡은 영국 전함(1913년에 진수한 라미예호)이 툴롱 주변의 해안 지역에 설치된 독일군 요새를 향해 하루도 빠짐없이 끝없는 포격을 퍼부었다. 결국 베어마흐트는 저항을 포기하고 론강 계곡을 따라 후퇴하기 시작했다. 따라서 앤

대해전, 최강국의 탄생

빌 작전에 엄청난 병력이 투입됐지만 작전 자체는 명백한 성공이었고, 독일 영토를 침공하는 데 필요한 보급로를 크게 열어놓는 효과를 거두었다.[41]

남프랑스의 수복은 그 단계에서 작은 성공에 불과했으나, 지중해 전쟁에 상당한 규모의 유보트를 투입하려던 히틀러의 야심을 끝장내는 결과로 이어졌다(5장 참조). 1943년쯤에는 독일 잠수함들이 작전하는 조건이 훨씬 더 어려워진 것은 분명했다. 이탈리아가 항복한 이후로 독일 잠수함 부대는 기지를 라스페치아에서 프랑스의 툴롱으로 옮겼지만, 침몰한 프랑스 함대의 잔해가 바로 옆에 있는 항구 시설을 사용해야 했다. 1944년쯤에는 몇몇 유보트가 지브롤터 순찰대의 감시를 뚫고 지중해라는 혼잡한 바다에 숨어들었다. 연합국의 상선 수가 많지 않은 데다 해군과 공군이 광범위한 지역을 끊임없이 감시하며 잠수함을 추적한 까닭에, 그 당시의 기록을 보면 "유보트는 모습을 드러내는 즉시, 탈진할 지경까지 사냥을 당했다".[42] 바럼호와 아크 로열호를 격침하고, 몰타 수송 선단을 성공적으로 유린하던 1941~1942년이 유보트에는 전성기였지만, 1944년 9월쯤 마지막으로 작전하던 잠수함들마저 침몰하자, 승조원들은 육로를 통해 제3제국으로 돌아갔다.

요컨대 전쟁이 시작되고 이즈음에는 연합군이 하늘과 바다를 완전히 장악했고, 특히 해군력은 모든 부문에서 우세했다는 증거가 거듭 확인된다. 연합군은 1944년 3월에는 이탈리아 해안에 상륙한 많은 사단 병력을 지원하고, 6월에는 노르망디에 상륙한 훨씬 많은 병력을 뒷받침(같은 달에 지구 반대편에서는 상당한 규모의 병력이 사이판을 침공)했으며, 7월에는 남프랑스에서 대대적인 상륙작전을 벌일 성도로 강해졌다. 리델 하트의 '썰물'이라는 표현은 정말 추축국들에나 어울리는 것 같았다. 한편 대동맹의 거대한 물결은 추축국이 장악한 모든 해변에 거세게 밀려들었고, 섬들을 하나씩 차례로 뒤덮었다.

———

실제로 모든 것이 맞아떨어졌다. 1942년만 해도, 연합군은 북아프리카와 스탈린그라드, 과달카날과 뉴기니에서 적의 이동을 견제하는 정도가 전부였다. 1943년이 되자 연합군은 조심스레 전진하기 시작했지만, 그렇게 전진할 만큼의 자원이 있는 곳에 국한됐다. 1944년에 연합군이 물자에서 완전한 우위에 올라서자, 승리가 뒤따라 계속해 이어졌다. 디데이에 노르망디 해변과 영국해협의 상공을 휘저은 1만 1,000대 이상의 항공기는 그때까지는 상상조차 할 수 없던 생산력과 조직력이 가능하다는 것을 알려주는 지표였다. 아이젠하워와 맥아더의 병사들을 적진 해안까지 데려간 수천 척의 히긴스 상륙정은 마침내 두 바다에서 동시에 전쟁을 치를 수 있는 강대국이 등장했다는 놀라운 증거였다. 충격적인 화력으로 상륙부대를 지원하는 수십 척의 전함과 중순양함은 해군의 제해권이 어디에 있는가를 보여주는 증거였다.

연합군이 효율적으로 사용한 많은 다목적 무기의 이면에는 훨씬 큰이야깃거리가 담겨 있었다. 알루미늄에 기반한 항공 부품들, 예컨대헬캣 전투기와 선더볼트 전투기에 하늘을 가르는 동력을 제공한 프랫앤 휘트니 P-2800 엔진에 들어간 부품들과 프로펠러는 5년 전만 해도 항공 공학에서 존재하지 않았던 첨단 기술력을 상징하는 것이었다. 대량 생산된 리버티함처럼 대량 생산된 호위 항공모함도 엄청나게 진수대를 내려왔지만 1944년에 들어서는 건조 속도가 늦추어졌다. 4개의 엔진을 장착한 초장거리 중폭격기로 대서양의 암흑 구역을 지워버린 B-24 리버레이터는 전제 조건으로 필요한 과학기술이 충족된 덕분에 존재할 수 있었다. 요컨대 노르망디 상륙작전, 마리아나제도 전투, 레이테만 전투의 뒤에는 추축국들이 아무리 발버둥 쳐도 결코 이길 수 없는 거대한 힘이 있었다.

〈그림 49〉 **미국 전함 미주리호가 선두에 선 연합군 함대, 1945년 도쿄만.** 1945년 9월 도쿄만에서 위용을 과시하는 영미 해군의 전형적이고 상징적인 모습. 전면을 장식한 전함 미주리호 뒤로 후지산이 보인다. 영국 전함 듀크 오브 요크호는 오른쪽에 그려졌다.

대해전, 최강국의 탄생

10장

바다에서도 승리한 연합군
1945년

연합군 해군이 1943년과 1944년에 연이어 대해전을 치르고 전략적 승리를 거둔 뒤에 이어진 해군사는 유럽 바다에서는 당연했고, 태평양에서도 다소 불가피해서 그다지 화려한 이야기는 아니었다. 어쩌면 오랜 전쟁의 끝이어서 그럴 수밖에 없었을 수 있다. 영국과 미국의 함대는 바다에서 적의 해군을 차근차근 소탕하며, 영국과 미국이 대전략에서 항상 염두에 두었듯이 적국의 문턱을 향해 접근해 나아갔다. 1945년에 들어섰을 때는 지상과 하늘과 바다 모두에 연합군의 전력이 압도적이었지만, 제3제국이나 일본제국은 선뜻 전쟁을 포기하지 않았고 연합국에 평화협상을 구걸하지도 않았다. 그즈음 일본의 계획은 미군의 전진 속도와 희생의 정도에 실질적인 영향을 받았다. 따라서 뒤에서 자세히 살펴보겠지만, 이오시마와 오키나와, 필리핀 작전에서 미군이 입은 누적 손실에서 1945년은 일본 본토에 침공하기 전까지 태평양 무대에서 가장 많은 희생을 치른 해가 됐다.

유럽과 대서양 무대에서는 영국과 캐나다 군대가 독일 북서부의 항구들로 이동하고, 발트해 항만들은 연합군의 폭격이나 소련군의 진격으로 폐쇄된 상황이었지만 카를 되니츠의 크리스마리네는 계속 싸웠다. 이즈음 독일의 모든 대형 해상 군함은 침몰했거나 크게 부서진 상황이었지만 독일 조선소들은 여전히 유보트를 열심히 생산했고, 많은 잠수함이 바다에 투입됐다. 독일이 북대서양 항로를 더는 위협하지 않는 게 연합국에는 천만다행일 뿐이었다. 당시 독일이 생산하는 일부 신형 잠수함은 전쟁 기간에 생산된 여느 잠수함보다 뛰어나고 위험했기 때문이다.

유보트의 마지막 불꽃과 제한된 위협

이즈음에 연합국 수송 선단을 향한 독일 유보트의 공격이나 연합국 해군과 공군의 유보트를 향한 반격은 상당히 이상하고 무척 모순된 모습을 보였다. 새로 건조되는 유보트의 수는 무서울 정도로 많았고, 최신형 유보트는 2년 전의 것보다 훨씬 정교해지고 탐지하기도 어려웠지만, 북대서양에는 독일 잠수함이 거의 없었기 때문인지 상선의 손실은 적었다. 연합국 상선들에 가장 위험한 지역은 1939년 9월로 되돌아간 것처럼 영국 연안 해역이었다. 이 모든 현상이 상당히 이상하게 여겨졌다.[1]

연합군의 폭격 작전에도 불구하고, 독일의 유보트 생산은 1945년에도 상당한 속도로 계속됐다. 따라서 1945년 4월 말에도 되니츠는 434대를 보유한 상황에서 166대를 운영하고 있어, 역사학자이자 평론가 조너선 딤블비(Jonathan Dimbleby)가 지적하듯이 "디데이 이후보다 22척이 적었을 뿐이었다".[2] 게다가 새로 건조되는 잠수함 중에는 듬직하고 인상적인 XXI형 잠수함(1,600톤)만이 아니라, 극소수에 불과했지만 혁명적

대해전, 최강국의 탄생

인 최신형 잠수함, 즉 스노클 호흡 장치를 사용해서 탐지하기 어려운 잠수함도 있었다. 마침내 태어난 진정한 잠수함이었던 XXI형은 전기를 동력원으로 사용해서 훨씬 더 위협적이었고, 무척 빨랐고, 영국 해군의 전통적인 호위함들이 처치하기에는 까다롭기 그지없는 잠수함이었다. 이미 1945년 초에 소수의 신형 잠수함이 영국 영해를 들락거렸지만 전혀 탐지되지 않았다. 이 때문에 앤드루 커닝엄 제1해군경은 불안했던지 참모장 위원회에 참석해, 연합군의 제해권에 잠수함이 중대한 위협을 제기한다며 봄이 되면 상선 손실이 1939년보다 더 악화할 될 가능성이 크다고 주장했다(하지만 불필요한 우려를 자아낸 주장이었다). 각 군의 참모총장들은 그렇게 으스스한 주장을 받아들이지 않았지만, 극동에 파견하려던 구축함과 프리깃함을 한동안 영국 기지에 두고, 다른 대책들을 취하는 데도 동의했다. 히틀러가 종종 주장하며, V-1 로켓과 V-2 로켓과 더불어 전쟁의 양상을 바꿀 것이라 기대했던 던 '분더바페(Wunderwaffe: 경이로운 무기)'가 마침내 모습을 드러낸 듯했다.[3]

하지만 연합군의 제해권은 유보트의 부활에도 지리적이고 군사적인 여러 이유에서 크게 위협받지는 않았다. 노르망디 상륙작전 이후에는 1939년의 상황으로 돌아간 것이나 다를 바가 없어, 독일 해군이 프랑스 쪽 대서양 기지를 모두 상실한 게 가장 큰 이유였을 수 있다. 크릭스마리네의 잠수함들은 지롱드, 로리앙, 브레스트 등을 기점으로 작전할 수 없게 되자, 더 넓은 바다로 나가려면 옛날처럼 스코틀랜드와 페로제도를 지나야 했다. 게다가 되니츠의 사령부, 무선국과 정보국도 모두 철수해야 했다. 서프랑스에 주둔하던 포케-불프 비행대대들도 해체되거나 본국으로 돌아갔다. 그 때문에 빌헬름스바펜과 킬이 다시 중요해졌고, 같은 이유에서 영국 공군 폭격기의 공격을 더욱 심하게 받아야 했다. 물론 노르웨이의 유보트 기지도 더 중요해졌고, 그에 대응해서 영국 해군과 해안 사령부는 그 지역에 병력을 강화했다. 독일은 여전히 맹렬히 싸웠지만, 훨씬 제한된 공간에서 다른 방식으로 싸워야 했다. 뉴펀들랜드 앞바다에서 유보트 사령부로부터 무선으로 지휘를 받던 울프팩은 더 이상 존재할 수 없었다. 또 이미 1944년 내내 그랬던 것처럼, 대서양 수송 선단은 호위함과 항공기에 몇 겹으로 에워싸여 잠수함이 단독으로 공격한다는 것은 죽음을 자초하는 무모한 짓이었다. 게다가 전쟁의 전반기에 활약하던 위대한 유보트 정예 함장들은 모두 전투 중에 이미 전사했거나 포로가 된 상태였다. 새로 부임한 함장들과 승조원들은 경험이 부족했다. 연합군 항공기가 발트해에 집중적으로 투하한 기뢰들도 훈련을 방해했고, 많은 유보트를 침몰시켰다.

요컨대 일방적이고 제한된 전투가 됐다. 독일 잠수함이 증가했다고, 연합국이 잃은 상선 수가 늘어나지는 않았다. 디데이부터 전쟁이 끝난 때까지 11개월 동안, 북대서양 해상 교통로에서 침몰한 상선은 13척에 불과했다. 그 기간에 다른 곳에서, 예컨대 인도양과 남대서양, 심지어 세인트로렌스강에서 유보트의 공격을 받아 침몰한 상선이 더 많았다. 그러나 상선이 침몰하는 곳이 무척 분산된 데다, 당시 세계 전역에서 운항하던 연합국 상선의 규모는 대단했기 때문에 유보트의 작전은 전략적이었다는 평가를 받기가 어렵다.

독일 항공기와 잠수함이 북대서양 해상 교통로에서 크게 방해되지 않자, 마침내 영국 해군부는 그곳을 운항하는 수송 선단의 호위를 줄여도 괜찮겠다는 결론에 도달했다. 100척이 넘는 상선으로 구성된 마지막 대규모 수송 선단이 1945년 1월에 뉴욕을 출발해 리버풀로 향했다. 그즈음에는 수송 경로 자체가 바뀌어서, 뉴욕을 출발하는 선박들에

　　　　　　　　　　　　　　　　대해전, 최강국의 탄생

1939년 이후에는 처음으로 아일랜드 '남쪽'으로 항해해서 사우샘프턴을 비롯한 남잉글랜드 항구들로 직행하는 게 허용됐다. 유럽에서 작전하는 미국 군대를 지원할 군수품과 군인을 싣고 브레스트와 셰르부르를 향해 대서양을 가로지르는 선단을 보호하는 호위함의 필요성이 점점 줄어들었고, 결국에는 수송 선단도 차츰 사라졌다. 수송 선단을 자주 이끌던 선장들이나 오래전부터 상선에서 일하던 영국과 노르웨이, 폴란드와 그리스 선원들은 나란히 항해하던 선박이 화염에 휩싸이고, 포탄이 터지고 대공 포화가 우드득거리는 소리에 너무도 익숙해진 탓에 조용한 바다가 오히려 섬뜩하고 부자연스럽게 느껴졌을 것이다. 글래스고 같은 항구도시들에 살던 사람들은 가로등에 불이 들어오고, 등화관제용 커튼을 걷었을 때, 또 모래주머니를 걷었을 때 거의 같은 기분을 느꼈을 것이다. 전쟁이 완전히 끝난 것은 아니었지만 일부 지역에서는 이미 끝난 뒤였다.

전쟁 기간 내내 숙적이던 유보트 때문에 전쟁은 나중에야 끝났지만 수개월 뒤에 불과했다. 위에서 언급한 이유로, 유보트와의 교전은 익숙한 바다에서 국지적인 전투가 됐다. 영국 동부 해안, 노르웨이 항만 앞바다, 발트해로 들어가는 입구 등에서 벌어지던 전투가 느닷없이 한꺼번에 끝났다. 유럽에서 해전이 끝났을 때, 독일 해군의 자존심을 세워준 것은 놀랍게도 중순양함 '프린츠 오이겐'과 상당한 규모의 잠수함 함대였다. 히틀러가 되니츠 제독을 자신의 후임으로 지명했기 때문이었는지, 모든 군함을 자침한다는 초기의 계획(무지개 작전)이 철회된 뒤에 유보트 부대와 그 밖의 부속 부대가 항복 조건을 충실히 따랐다. 당시 독일 해군에는 여전히 470척의 잠수함이 있었고, 그중 170척이 노르웨이 항구들에 주둔해 '전선'에서 활동했다. 다수가 항구에 정박한

〈그림 50〉 **북아일랜드 리사할리에 투항한 유보트들, 1945년.** 독일이 항복한 이후에 영국의 많은 항구에서 반복해 목격된 장면이다. 그러나 영국 해군부가 투항하는 유보트를 모두 바다에 수장시키라는 명령을 내린 탓에 이런 장면은 오래 지속되지 않았다.

대해전, 최강국의 탄생

채 운행되지 않았고, 적잖은 승조원이 잠수함을 영국에 넘겨주지 않으려고 앞바다에서 자침을 선택했지만, 나머지는 험버강을 비롯한 영국 항구들에 입항해 정박한 뒤에 잠수함을 넘겨주라는 명령을 기꺼이 따르는 듯했다. 한편 킬이나 빌헬름스하펜, 또는 노르웨이 항구에 잠수함을 그대로 남겨둔 채 고향으로 돌아간 승조원들도 적지 않았으나, 상당수의 운 좋은 승조원은 멀리 떨어진 남아메리카의 중립항에 들어가 자수하는 길을 선택했다. 전체적으로 약 156척의 유보트가 연합군에 투항했고, 그 잠수함들은 나중에 큰 바다로 견인돼 수장됐다. 하지만 수십 척의 유보트가 영국이나 노르웨이 항구에 투항해서 한꺼번에 묶인 모습은 한동안 특별한 볼거리였다(〈그림 50〉 참조).

일본 항공모함이 그랬듯이, 독일 유보트도 한때 추축국 해군 무기 체계에서 가장 겁나는 것이었다. 연합국(특히 영국) 상선단의 규모에 연합국(특히 미국) 조선소의 생산성이 더해지며 침몰되는 상선의 손실을 상쇄했고 나중에는 앞섰지만, 상선의 절대적인 손실량은 실로 엄청났다. 독일과 이탈리아와 일본의 잠수함이 격침한 연합국 상선을 모두 합하면 1,500만 톤에 달했고, 유보트가 가장 많은 몫을 차지했다. 게다가 유보트는 175척의 연합군, 주로 영국 전함과 항공모함, 순양함과 구축함을 침몰시키기도 했다. 이런 성과는 5.5년이란 전쟁 기간에 1,157척의 잠수함을 건조해내는 제3제국의 놀라운 산업력을 과시하는 증거였다. 그중 700척이 주로 영국 군함과 항공기의 공격에 침몰했다. 따라서 나중에 캐나다 해군과 미국 해군이 대단한 규모로 참전했지만, 여전히 주된 전투는 영국과 독일 간의 해전이었다.[4] 전쟁이 막바지 단계에 다가갈 때 잠수함 승조원의 손실은 막대해서 1943년에만 1만 명의 승조원을 잃었다. 유보트 부대는 총승조원의 75퍼센트를 잃었다. 베어마흐

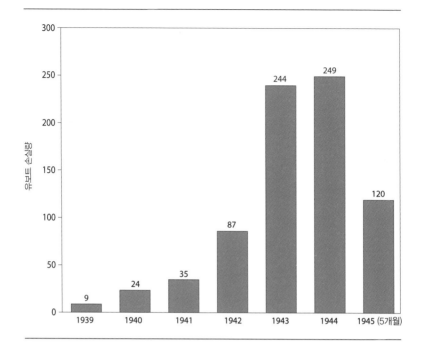

〈도표 10〉 **유보트의 연간 손실량, 1939~1945년**

자료 출처: Helgason, "Losses by Cause," 2020년 2월 6일 접속, https://uboat.net/fates/losses/.

트의 어떤 군대에서도 사상률이 이렇게 높지는 않았다. 그럼에도 유보트 부대는 제2차 세계대전에서 가장 오랫동안 해전을 끌어가면서도 무척 잘 싸웠다. 공식적인 기록에 따르면, 되니츠 제독의 유보트가 입은 손실은 〈도표 10〉과 같다.

유럽에서 전쟁이 끝나기 전에도 영국 해군의 상황은 하루가 다르게 변하고 있었다. 태평양에 파견할 대규모 함대가 조성돼 있었지만, 해군 자체, 특히 대서양에 주둔한 대잠수함 부대의 규모는 줄어들고 있었다. 물론 전체적으로 보면, 해군의 규모는 여전히 엄청나게 커 보였다. 병력만도 장교와 수병이 94만 명으로 1939년 이후로 4배 이상 증가했고, 전시에도 많은 손실을 상쇄할 정도로 선박 건조량을 유지했기 때문이었다. 구체적으로 말하면, 당시 영국 해군은 12척의 전함(5척만이 신형 전함), 52척의 항공모함(다수가 호위 항공모함), 62척의 순양함, 257척의 구축함을 보유했다. 항공모함 항공대와 공군 해안 사령부도 몸집이 무척 커졌다.[5] 하지만 실제 규모와 구성은 1941년의 상황, 심지어 1944년 초의 상황과도 무척 달랐다. 영해에서 계속되는 유보트의 위협에 대한 우려에도 불구하고, 맥스 호턴(Max Horton, 1883~1951년)이 대서양 전투에서 사용했던 프리깃함과 슬루프함과 코르벳함이 빠른 속도로 줄어들고 있었다. 게다가 오래되고 느린 '작은 배'들은 대다수가 북아일랜드의 러프 스윌리나 머지강에 묶여 있었고, 군인으로 복무 중인 승조원들은 극동에 파견되는 최신 고속 구축함과 경순양함에 배치됐다.

R-급 구형 느린 전함도 거의 비슷한 방식으로 처리되고 있었다. 예컨대 리벤지호와 레졸루션호는 1944년에 훈련선으로만 쓰였고, 같은 함급에서는 퀸 엘리자베스호만이 1945년 봄까지 작전에 투입돼 선봉대 역할을 했다. 1930년대까지도 중국 함대의 주력선으로 군림하며 역사적인 중요한 족적을 남긴 카운티급 중순양함들도 현실적인 기준에 따라 신속하게 대거 퇴역하고 폐기되는 데 10년이란 시간이 채 걸리지 않았다.[6] 그 중순양함들은 태평양 전쟁에서나, 이미 긴축 재정에 돌입한 해군에서 끼어들 여지가 없었다. 당시 영국 해군이 운영하던 수십척의 호위 항공모함은 2년 전만 해도 무척 소중한 무기였지만, (무기 대여법의 조항에 따라) 미국 해군에 반환되거나, 상대적으로 해군력이 약한 국가들에 양도됐다. 게다가 경항공모함의 주문도 대거 취소됐다.

따라서 영국 해군의 자랑거리는 브루스 프레이저(Bruce Fraser,

1888~1981년) 제독의 지휘하에 동쪽 바다에 파견된 영국 태평양 함대였다. 그 함대는 당시 유일하게 상당한 규모이던 영국 함대이자 1945년 봄을 기준으로 할 때 미국 해군을 제외하고 세계에서 유일하게 유의미한 해군 함대이기도 했다. 처칠과 해군부는 일본의 최종적인 항복을 받아내기 위한 주요 전투에 참가하기로 결정을 내린 뒤에, 군사력을 동쪽에 배정하는 데 아무것도 아끼지 않았다. 전시에 영국이 건조한 거의 모든 군함이 서서히 동쪽으로 이동했다. 4척의 조지 5세급 전함, 5척의 일러스트리어스급 플리트 항공모함, 최신형 순양함들과 수십 척의 고속 구축함과 프리깃함이 동쪽으로 향했다. 6년간의 총력전이 끝나갈 무렵 재정 압박에 시달리던 국가가 해군력을 노골적으로 과시했다는 점에서, 이 함대는 영국 해군의 여전히 제한적이던 공급 체계에 대한 시험대이기도 했다.[7]

하지만 프레이저의 함대는 태평양에 들어서기 전, 필립 비언(Philip Vian, 1894~1968년) 해군 소장이 지휘한 소함대, 즉 상당한 규모로 호위를 받은 플리트 항공모함들, 빅토리어스호와 인도미터블호, 일러스트리어스호와 인디패티거블호를 앞세워, 일본이 점령한 수마트라 팔렘방의 거대한 정유 시설을 두 차례 공격했다(제1차와 제2차 머리디언 작전).[8] 이 공격은 체스터 W. 니미츠의 요청에 따른 것이었다. 수개월 전, 실론에 기지를 둔 B-29를 동원한 공습이 완전히 실패했기 때문이었다. 그 정유 시설에서 일본이 사용하는 항공유의 75퍼센트를 정제했을 정도로, 그 시설은 무척 중요한 목표였다. 따라서 영국 해군은 미국 해군에 못지않게 현대화되고 광활한 지역에서 작전할 수 있는 항공모함 함대를 보유하게 됐다는 것을 입증하기 위해서도 그 기회를 살려야 할 많은 이유가 있었다.

1945년 1월 24일과 29일, 두 번에 걸쳐 시도한 공격에서 영국 해군은 만족할 만한 결과를 얻었다. 첫날에는 바다의 날씨도 도움을 주지 않았고, 일본군도 강력한 대공포로 저항했지만, 43대의 어벤저 폭격기는 내륙으로 160킬로미터 이상을 들어가 두 곳의 정유 시설을 폭격했고, 그 결과로 플라주 정유 공장의 생산량이 절반으로 떨어졌다. 이때 항공모함 항공대에 소속된 80대의 폭격기가 처음부터 엄호에 나섰고, 그 전투기들은 공중전을 벌인 끝에 많은 일본 전투기를 적기에 격추했다. 한편 제2차 공습에는 46대의 어벤저 폭격기가 플라주 근처의 순가이 그롱 정유 공장을 폭격했고, 그 공장은 6개월 동안 생산을 중단해야 했다. 항공모함에서부터 먼 거리를 비행해야 했기 때문에 작전적으로 상당한 결함이 드러났다. 상당한 구역에서 비행이 순탄하지 않았고, 영국에서 제작한 항공기의 착륙 장치가 약해 많은 항공기가 작전에서 배제되며 비언 제독의 분노를 자아냈다. 하지만 전체적으로 머리디언 작전(Operation Meridian)은 상당한 성공작이었다. 오키나와 앞바다에서 노련한 미국 함대와 함께 작전할 때 그런 결함을 드러내는 것보다, 그런 문제점을 미리 인지하고 바로잡는 편이 훨씬 더 나았다.

물론 부족한 연료 공급은 전쟁의 초기부터 일본의 중대한 약점이었고, 도쿄가 전쟁을 결정한 주된 원인이기도 했다. 일본은 1942년에 엄청난 영토를 획득했지만, 바라던 경제적 안보까지 확보하지는 못했다. 1944년 말에는 연료 부족이 극심한 지경에 이른 까닭에, 남은 함대의 작전까지 크게 제한해야 했다. 따라서 영국 해군의 팔렘방 정유 시설 공격은 도쿄의 줄어드는 연료 재고에 가하는 삼중 압박 중 하나였고, 나머지 둘은 유조선을 겨냥한 미국 잠수함의 공격(가장 큰 피해를 주었다) 및 B-29와 함재기를 이용한 일본 본토의 공습이었다. 여기에도 커다

대해전, 최강국의 탄생

란 아이러니가 있었다. 1941년 일본 군부는 동인도제도에서 안전한 에너지 공급원을 확보하지 못하면 서방 세계에 의존할 수밖에 없어 항상 무릎을 꿇고 지내야 할 것이라고 주장했다. 그러나 태평양 전쟁에서 패함에 따라 연료 공급이 크게 줄어들었고, 그 결과로 무릎을 꿇어야 할 처지에 내몰렸지만 도쿄는 계속 저항하는 쪽을 선택했다.

팔렘방 작전을 끝낸 뒤, 영국 태평양 함대는 재정비를 위해 시드니로 향했고, 재정비를 끝낸 뒤에는 마누스섬을 지나 캐롤라인제도의 울리시환초까지 올라갔다. 프레이저 제독이 영국 태평양 함대를 니미츠 제독에게 정식으로 소개하고, 제5함대에 새롭게 소속된 기동부대 TF57의 자격으로 일본 본토를 향해 진격을 시작한 때는 3월 23일 아침이었다.[9] 그즈음 이오시마에서 전투가 사그라들고 있었고, 영국 함대는 일본에 해전을 벌일 만한 해상 군함이 실질적으로 없다는 것을 알게 됐다. 영국 해군은 1941년 Z-부대가 격침된 참극을 복수할 기회를 원했고, 그때 침몰한 프린스 오브 웨일스호의 자매함 4척(조지 5세호, 듀크 오브 요크호, 앤슨호, 하우호)이 때마침 모두 모여들며 복수의 기회를 기다렸다. 이즈음 전함을 이용한 전투는 완전히 끝난 뒤였지만, 프레이저 소함대가 해야 할 역할은 여전히 많았다. 당시 연합군 군함을 표적으로 삼은 가미카제의 공격이 크게 강화됐고, 연합군은 오키나와를 공격할 준비를 끝내가고 있었기 때문이다. 따라서 영국 해군은 이 마지막 교전에서 적절한 역할을 해내는 동시에, 미군이 일본군을 궤멸하는 모습을 최전선에서 지켜보는 관찰자가 될 수 있었다.

일본을 궤멸하다, 1945년 1월부터 7월까지

태평양 전쟁을 마무리 짓는 해에 미국과 일본은 실질적으로 세 종류의 교전을 치렀다. 각 교전은 규모도 달랐지만 전투가 전개된 속도도 달랐다. 첫 번째 교전은 이오시마와 오키나와 및 궁극적으로 일본 본토를 침공하기 위한 준비와 관련된 세 번의 해군 작전이었다. 두 번째 교전은 일본 경제를 옥죄기 위한 목적에서 미국 잠수함이 일본 상선 활동을 방해하고, 마리아나제도에서 출격한 제20공군의 전략적 폭격이란 다른 형태의 경제 전쟁이었다. 그러나 세 번째 형태의 교전은 상당히 비도덕적인 충돌이었다. 상륙하는 미군을 보호하는 군함이나 미군이 상륙한 지역에 대한 일본 가미카제 특공대의 공격은 상당한 규모로 무척 오랫동안 계속되며, 양쪽 모두가 커다란 피해를 안아야 했던 군사작전이었다.

동부전선에서 독일군이 역공으로 잠시나마 성공했더라도 소련군의 진격을 멈추지 못했듯이, 가미카제의 반격도 간혹 부분적인 타격을 주는 데 눈에 띄는 성과를 거두었지만 미군의 진격을 막아내지는 못했다. 그 자살 특공대가 무리지어 공격한 듯한 날에도, 그들이 거둔 성과라고는 서태평양을 항해하는 거대한 미국 함대에 작은 생채기를 남긴 것에 불과했다. 게다가 그런 공격을 단행할 때마다 일본은 엄청난 수의 항공기를 잃어야 했다. 결국에는 미국이 승리한 이야기였지만, 상당한 시간 동안 미국 제독들에게 좌절을 안겨준 이야기이기도 했다. 일본군이 앞의 두 교전 결과를 합리적으로 분석해 군사력의 압도적 차이를 인정하지 않기도 했지만, 가미카제의 반격에 따른 희생이 무척 컸고 점차 더욱더 커질 가능성이 농후했기 때문이었다. 미국의 승리를 눈앞에 둔 전

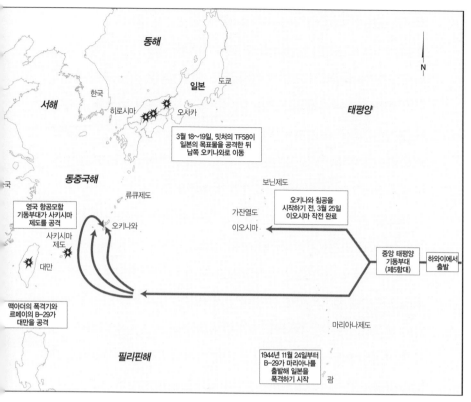

동해

일본

도쿄

한국

히로시마

오사카

서해

3월 18~19일, 밋처의 TF58이
일본의 목표물을 공격한 뒤
남쪽 오키나와로 이동

동중국해

류큐제도

보닌제도

가잔열도

이오시마

오키나와 침공을
시작하기 전, 3월 25일
이오시마 작전 완료

태평양

영국 항공모함
기동부대가 사키시마
제도를 공격

사키시마
제도

오키나와

대만

중앙 태평양
기동부대
(제5함대)

하와이에서
출발

N

맥아더의 폭격기와
르메이의 B-29가
대만을 공격

마리아나제도

필리핀해

1944년 11월 24일부터
B-29가 마리아나를
출발해 일본을
폭격하기 시작

괌

〈지도 15〉 태평양 전쟁에서 미군의 작전, 1945년

투는 쉽게 끝나야 마땅했으나, 오히려 승리를 끌어내기가 더 힘들었고, 그 결과로 역사를 분석해 기록하는 작업도 약간이나마 더 힘들어졌다.[10]

니미츠의 지휘부는 1945년 초에도 그런 어려움을 의식하지 못했지만, 그 직후 2월부터 4월까지 계속된 이오시마 전투가 전개되는 동안에 그 어려움이 명확히 드러났다. 이오시마 점령이란 목표는 하와이의 해군 전략가들에게 그다지 어려운 과제로 보이지 않았다. 서쪽으로 멀리 위치한 오키나와처럼, 이오시마도 비교적 일본 본토와 가깝고 전략

적으로 중요한 비행장(피해를 입은 폭격기를 위한 비상용 활주로, 엄호용 전투기가 이륙하고 착륙할 기지)을 제공할 수 있어 승리를 향해 가는 징검돌로 여겨졌다. 게다가 엄폐물도 없이 길게 중국 해안 지역을 침공하는 경우와 달리, 이오시마와 오카나와 같은 목표는 쉽게 포위하고 봉쇄할 수 있었다. 또 드러내서 말하기는 어려웠지만 이오시마와 오키나와는 해군의 관할하에 들어가고, 대만 등 아시아 본토를 향한 작전은 더글러스 맥아더가 지휘하는 미국 육군에게 맡겨질 예정이었다.

이오시마 자체는 무척 작은 섬으로, 크기가 6.5킬로미터에 불과했다. 그렇지만 연합군에게 넘겨주더라도 혹독한 비용을 치르게 하리라는 것, 다시 말하면 연합군이 일본 본토를 침공하기 전에 평화 협상을 고려할 수밖에 없도록 만드는 것이 일본 대본영의 명확한 의도였던 까닭에 점령하기 쉽지는 않았다. 따라서 도쿄는 1945년 초에도 이오시마의 수비대를 2만 5,000명까지 증원하며, 그곳의 사령관 구리바야시 다다미치(栗林忠道, 1891~1945년)에게 일본제국을 위해 싸우다가 죽으라는 지시를 내렸다. 전투 초기에는 미군이 큰 피해를 입었다. 게다가 처음에 이오시마를 침공한 병력은 3개 사단의 해병대에 불과했다. 일본군이 곳곳에 참호와 은폐호를 짓고 죽을 때까지 저항하기로 결정했다는 사실을 고려하면, 미군의 승리 가능성이 압도적으로 높지는 않았다.

따라서 이오시마 전투는 며칠, 또는 한 주 만에 끝나지는 않았다. 해병대가 이오시마 해안으로 처음 진격한 날은 1945년 2월 19일 이른 아침이었다. 미국 성조기가 스리바치산의 정상에 게양된 때는 나흘 뒤인 2월 23일이었지만, 그 작전은 3월 말에야 정식으로 종료됐다. 이 작은 섬을 점령하려고 미국은 해병대에서 6,800명의 전사자와 1만 9,200명의 부상자를 대가로 치러야 했고, 일본 수비대는 그야말로 전원이 옥쇄

대해전, 최강국의 탄생

했다. 종합적으로 계산하면, 이 전투에서 해병대의 사상률은 30퍼센트를 넘었다. 처음에 투입된 24명의 해병대 대대장 중 19명이 죽거나 다쳤다. 이오시마 전투에서 죽거나 다친 병사를 모두 합하면, 태평양 전쟁에서 공격대가 수비대보다 많은 피해를 입은 최초의 전투였다. 따라서 더 큰 목표이던 오키나와를 점령하고, 궁극적으로 일본 본토를 침공할 때 예상되는 사상자를 계산하면 겁날 지경이었다.[11]

죽을 때까지 싸운 수비대의 굳은 의지를 제외할 때, 미군이 이렇게 큰 피해를 입은 가장 큰 이유는 지독히 어려운 전투 지형이었다. 이오시마 전투는 지상에서는 도랑과 급경사면에서, 지하에서는 거미줄처럼 연결된 깊은 굴에서 전개된 싸움이었다. 근접 교전이 많아 화력에서 월등한 미군은 많은 이점을 상실할 수밖에 없었고, 일본군이 "만세!"라고 외치면서 자살 돌격을 결정하며 미군에게 그들을 쓸어버릴 기회를 주는 경우가 아니면 양쪽의 피해가 엇비슷했다. 따라서 해병대의 많은 피해와 더딘 진격은 당연한 듯했다. 하지만 미군이 상륙한 직후에 며칠 동안 입은 피해가 그렇게 높았을 수밖에 없었느냐는 의문이 제기되기도 한다. 상륙작전이 전개된 첫날만이 아니라, 그 이후의 보고에서도 해병대는 해군의 부적절한 지원 포격에 대해 불만을 터트렸다. 달리 말하면, 해군의 포격에 거의 피해를 입지 않아 여전히 강력한 일본군 진지로부터 무지막지하게 쏟아지는 총격에 해병대는 불만을 쏟아냈다.

나중에야 밝혀졌지만, 미국 군함들의 포탄이나 지상과 항공모함에서 출격한 폭격기들의 폭격은 일본군의 깊게 판 굴과 참호에 별다른 피해를 주지 못했다. 연합군 해군이 지원 사격이 유럽 무대에서는 큰 성공을 거두었지만, 이곳에서는 상황이 완전히 달랐다. 해군의 공식적인 역사학자 새뮤얼 모리슨 교수가 담담하게 말하듯이, 이런 물리적 어려움을 고려할 때 구리바야시 장군의 은폐호 작전을 상대해서는 3배 정도의 포탄을 퍼부었어야 눈에 띄는 차이를 만들어냈을 것이다.[12] 하지만 해군의 포격과 공중 폭격을 통해 수비대를 약화하겠다는 생각은 지나치게 짧은 생각이었던 게 분명하다. 따라서 상륙 지점을 곧바로 내려다보는 일본군 진지를 향한 포격이 2~3일 동안 더 진행됐더라면, 첫 공격 부대가 상륙을 시도하던 때에도 사상자를 상당히 줄일 수 있었을지도 모른다. 여하튼 해병대의 불만을 줄일 수 있었던 것은 확실하다.[13]

이오시마 앞바다에서 포격과 공중 지원에 시간을 덜 할당한 이유는, TF58의 사령관이던 레이먼드 스프루언스 제독이 이때 항공모함 부대를 활용해 도쿄와 주변의 산업 시설을 대대적으로 공중 폭격하고 싶어 했기 때문이다. 그렇게 하면 일본 공군이 도쿄와 공군기지를 방어하려고 출격할 것이기에 이오시마의 하늘을 지키는 데 소홀해질 수밖에 없으리라는 것이 스프루언스의 주장이었다. 게다가 그의 의중에는, 항공모함에서 출력하는 폭격기들은 낮은 고도에서 표적을 겨냥하기 때문에, 3만 피트 상공을 비행하며 폭격하는 육군 항공대의 B-29보다 일본 공장들에 훨씬 큰 피해를 안길 수 있다는 것을 입증하고 싶은 욕심도 있었다.[14]

스프루언스는 이런 야심을 품고, 2월 23~26일 도쿄를 폭격하려고 마크 밋처 해군 소장의 항공모함 부대와 고속 전함들을 호위함으로 파견했다. 안타깝게도 높은 파도가 함재기의 이륙을 방해했고, 대부분의 목표 지점도 짙은 구름에 감추어져 있었다. 하지만 이런 날씨는 한 해의 그때쯤에는 흔한 현상이었다.[15] 어쨌든 함재기에 떨어뜨린 250파운드의 포탄들은 일본 중공업 단지에 상당한 피해를 주었겠지만, 일본 비행장 활주로에는 그만큼의 피해를 주지 못했을 것이다. (영국 본토 항공전과 몰타 공방전 및 독일 항공 기지의 폭격에서 입증됐듯이) 정상적인 경우라면 활주로는 금세 수선되기 때문이다. 해안에 정박해 있던 몇몇 선박이 그 공습에 침몰했고, 적잖은 항구가 피해를 입었다. TF58에서 출격한 전투기들은 보름 동안의 작전에서 84대의 일본 항공기를 격추했지만, 이오시마 주변에서 작전했더라도 그 정도의 일본 항공기를 너끈히 격추할 수 있었을 것이다. 또 항공모함을 호위한 전함들이 상륙부대를 지원하는 초계 임무에 충실했더라면 해변의 상륙 지점에 더 많은 포격을 퍼부을 수 있었을 것이다. 결국 해군력을 효과적으로 보여주지 못한 셈이었다.

따라서 이때의 '도쿄 공습'은 일부 미국 제독들이 실망과 야망을 동시에 드러낸 사건이었다. 샤른호르스트호의 침몰 이후에 영국 해군의 본국 함대가 일찍이 경험했듯이, 미국 태평양 함대도 레이테만 전투 이후로는 대적할 만한 일본의 해상 군함을 만나지 못했다. 미국의 고속 전함들은 드넓은 바다에서 일본 전함에 맞서 싸우도록 설계된 까닭에 적격한 적을 더는 맞닥뜨리지 못했다. 따라서 항공모함을 호위하며 가미카제 공격을 차단하고, 해안의 표적을 포격하는 역할을 떠맡아야 했다. 한편 위압적인 에식스급 플리트 항공모함은 미드웨이와 캐롤라인해에서 그랬던 것처럼 전에는 함장의 뜻에 따라 광활한 바다를 헤집고 다녔지만, 이제는 상륙부대를 보호하고 지원하는 역할에 만족해야 했다. 윌리엄 홀시 제독이 중국 해안 지역이나 일본을 공격하라는 명령이 떨어질 때마디 항공모함 선단을 이끌며 열심히 달려갔고, 스프루언스가 3월에라도 항공모함 전단에 북쪽으로 달려가 도쿄를 공격하라는 명령을 내리고 싶어 했던 이유가 조금도 놀랍지 않다.

해군력은 많은 경우에 경이로운 형태로 과시됐지만, 전통적인 교과서에 쓰인 방식대로 전투가 벌어진 것은 아니었다. 전쟁이 시작된 이후로, 일본 해군은 바다에서 세 차례, 즉 미드웨이, 마리아나 칠면조 사냥, 레이테만에서 크게 패했다. 그러나 레이테만 해전에서도 양측의 전함 제독들이 기대하던, 전함들이 맞붙은 치열한 교전은 없었다. 나중에는 일본 상선들이 미국 잠수함의 공격을 받아 파손됐고, 미국 공군이 일본 항만들에 떨어뜨려 놓은 수천 개의 기뢰에 부딪혀 침몰했다. 그리하여 식량과 연료가 바닥까지 떨어졌지만, 일본 수비대와 국민들은 항복하느니 풀을 뜯어 먹고 사는 쪽을 선택했다. 미국 해군은 태평양을 가로지르며 B-29 폭격기의 기지로 삼을 만한 섬들을 확보했지만, 고공 폭격은 군사적으로 대단한 효과를 기대하기 어렵다는 것이 사실이었다. 예컨대 이오시마의 지상 포대를 겨냥해 수천 발의 대형 포탄을 떨어뜨렸지만, 지하 15미터에 숨은 적들에게는 아무런 효과를 거두지 못했다. 해군력은 적을 포위할 수 있었으나, 항복을 거부하는 적에게 항복을 받아낼 수는 없었다.

하지만 미국과 일본이 맞붙은 전쟁의 마지막 해였던 것을 고려하면, 이오시마 점령은 '올바른 방향', 즉 도쿄로 향해 가는 중요한 단계였다. 역사학자들이 지적하듯이, 당시에도 훨씬 큰 규모의 전투가 필리핀의 중부와 남부에서 벌어지고 있었다. 맥아더의 지휘하에 있는 병력의 대부분이 그곳에 투입됐고, 그 전투는 전략과는 거의 아무런 상관이 없었다. 필리핀 국민에게 "반드시 돌아오겠다"라는 맥아더의 개인적인 약속, 그리고 훗날의 평론가들이 의심하듯이 가능한 범위 내에서 많은 미국 사단을 직접 지휘하며 오키나와 전투에 재배치하지 않으려는 욕심과 밀접한 관계가 있었다. 예컨대 1945년 초에 벌어진 루손 전투에서, 맥아더는 10개 보병 사단과 5개 독립 연대를 투입했다. 그 때문에 루손 전투는 태평양 전쟁에서 가장 큰 전투가 됐을 뿐만 아니라, 단일 규모로는 북아프리카, 이탈리아, 남프랑스에서 벌어진 어떤 전투보다도 컸다.[16]

루손 전투는 미국이 태평양 전쟁에 배치한 병력의 규모에 대해 많은 것을 말해준다. 루손 전투는 무척 느릿하게 전개된 까닭에 엄청난 수의 육군 사단과 육지에 기지를 둔 전투기와 폭격기, 더 나아가 토머스 C. 킨케이드(Thomas Cassin Kinkaid, 1888~1972년) 제독의 제7함대까지 필리핀이란 무대에 할당될 정도였다(한 계산에 따르면, 23회의 상륙작전이 시도되기도 했다). 결국 마닐라는 1945년 3월 4일까지도 완전히 수복되지 않았다. 거대한 군도(群島)의 남단에서는 전쟁이 끝나는 날까지 전투가 계속됐다. 전체적으로 보면, 1944~1945년의 필리핀 전투에서 미국 육군은 전사자가 1만 6,300명, 부상자가 5만 5,500명이었다. 필리핀은 영국이 동지중해에서 소탕하려 했지만 쉽지 않았던 독일 점령 지역들과 유사했다. 필리핀 전투는 전략적으로 잘못된 선택이었다. 따라서 미국 해군은 필리핀 전투에 지극히 지엽적으로만 관여한 것에 안도했을 게 분명하다.

이때 마리아나제도에서 출격한 B-29나 함재기로, 중국에 주둔한 일본군 진지나 대만을 빈번하게 폭격한 작전은 전략적으로 합당한 선택이었다. 그곳에서 출격한 일본 항공대가 이오시마와 오키나와에 상륙한 부대를 주기적으로 공격할 가능성과 가미카제식 반격을 차단하는 효과를 기대할 수 있었기 때문이다. 한편 미국 잠수함 부대는 대만해협을 오가는 연안 무역선과 어선의 항해를 방해하며, 일본 경제를 옥죄는 작전을 계속했다. 때때로 미국 잠수함은 일본으로 향하는 유조선이나 광석선을 격침했고, 이런 손실은 일본 경제에 항상 훨씬 더 큰 타격을 주었다. 일본 대본영이 루손과 오키나와 및 일본 본토의 수비대를 강화하려고 중국과 만주에 주둔한 사단들에 뒤늦게야 복귀 명령을 내렸다. 이때 완전히 성공하지는 못했지만 그 사단들의 복귀를 차단하려던 미군의 시도가 전략적으로 가장 중요한 작전이었을 수 있다.

미군의 전반적인 전략적 장악력은 1945년 초에 강화됐기 때문에, 오키나와로 진격하기 전에 이오시마를 점령하는 작전은 상당히 합리적인 선택이었다. 이오시마 전투로 미국은 태평양에서 주요한 공격을 마무리짓게 되지만, 이오시마는 니미츠 함대가 일본 본토를 향해 북진하기 전에 신경 써야 할 서쪽 끝의 섬이기도 했다. 이오시마에 새로 건설된 활주로에서 이륙한 장거리 P-51 머스탱 전폭기가 4월 초부터 일본 공습을 지원할 수 있었지만, 이즈음 B-29는 일본 전투기의 저항을 거의 받지 않았다. 이오시마를 기지로 삼은 다른 종류의 항공기들도 중국해를 비행하며 정찰하거나 일본 상선의 항해를 방해했다. 게다가 이오시마 비행장은 상당수의 B-29가 비상 착륙지로 이용했다. 피해를 입어 비상 착륙하는 B-29도 간혹 있었지만 대부분은 연료 부족으로 긴급히 착륙했다. 그 수개월 동안 비상 착륙으로 2만 4,000명의 항공병이 목숨을 건졌다는 주장은 다소 과장된 것이었으나, 이오시마 비행장이 끊임없이 사용됐다는 사실에서 이오시마의 점령은 일본 본토를 향한 진격 계획에서 빠져서는 안 될 단계였다는 것이 확인된 셈이다.[17]

하지만 이오시마를 침공함으로써 미군은 가미카제의 반격에 고스란히 노출되고 말았다. 특히 이오시마 앞바다에 정박한 미국 군함을 겨냥한 공중 공격은 암울하면서도 잔혹하기도 했다. 앞바다에서 호위하던

대해전, 최강국의 탄생

군함들에서 죽거나 다친 미군 사상자가, 지상전에서 고전하며 죽고 다치는 사상자만큼 많은 날도 있었다. 섬뜩한 자살 공격의 규모에 스프루언스를 비롯해 제5함대의 지휘관들은 처음에 깜짝 놀라지 않을 수 없었다. 미군이 온갖 가능성을 고려하며 전쟁을 계획했지만, 일본이 대대적으로 자살 공격을 감행하며 전투의 흐름을 바꾸려 할 것이라고는 전혀 예상하지 못했기 때문이었다. 물론 '특별 공격대(Special Attack Unit)'가 레이테만 전투와 그 이후로 수개월 동안 호위 항공모함과 초계 구축함에 그런 식으로 피해를 주었던 것에서 경계심을 품었어야 한다고 말할 수 있겠지만(9장 참조), 그때까지 미국 해군은 그런 극악한 형태의 공격에 맞설 방법을 깊이 생각해본 적이 없었다.

죽음을 두려워하지 않는 자살 전투기와 기습적인 야간 공격에 맞서 안전을 확실하게 보장할 보호 장치가 무엇이었을까? 그 답은 가미카제의 주된 표적이 됐던 호위 항공모함에서 전투력을 갖춘 공중 정찰기를 더 많이 날려 보내는 것이었다. 그와 동시에 미국 해군은 해안 포격과 기뢰 제거에 열중하던 구축함과 호위 구축함을 해안으로 80~120킬로미터 떨어진 바다까지 끌어내 군사적으로 가장 위험한 임무, 즉 자진해서 표적이 되는 임무를 맡겼다. 따라서 그런 구축함은 해안에 다가오는 가미카제를 가장 먼저 포착해서 격추하는 임무를 수행하는 동시에, 자살 특공대 조종사들이 더 큰 표적을 쫓으라는 명령을 받지 않은 한 가장 먼저 타격을 받는 위험을 떠안아야 했다.

당시 미국 제독들이 이오시마와 오키나와를 점령하는 데 너무 오랜 시간이 걸린다며 불만을 토로했다면(하기야 화산암을 뚫어 만든 굴에 숨은 2만 5,000명을 어떻게 쉽게 찾아낼 수 있있겠는가?), 그 불만은 자신만만하던 군함들이 어떤 이유로든 취약해지며 수많은 표적이 됐다는 분노에서 비롯된 것이었다. 앞에서 언급했듯이, 항공모함은 목표물로 더할 나위 없이 매력적이었고, 항공모함에 어떻게든 타격을 주면 일본에서는 큰 승리로 추앙받았다. 특히 한 대의 가미카제가 어둠을 뚫고 들어가 호위 항공모함 '비스마르크해(海)'에 충돌했던 2월 22일 이후에는 그런 영웅적 행위가 더욱 부추겨졌다. 그때 그 항공모함이 침몰하는 데 그치지 않고, 218명의 수병까지 목숨을 잃었기 때문이었다. 그 전날의 가미카제 공격에도 미군은 거의 비슷한 피해를 입었다. 6개의 가미카제 폭격기가 낮은 구름에서 느닷없이 나타나서는 포탄을 떨어뜨렸고, 결국에는 항공모함 새러토가호의 갑판에 충돌했다. 새러토가호는 거대한 불길에 휩싸였고, 그 여파로 수개월 동안 작전에 투입되지 못했다. 123명의 승조원이 죽고, 192명이 다쳤을 정도로 큰 피해를 입었지만, 수많은 전투를 겪은 항공모함답게 새러토가호는 워싱턴주 퓨젓사운드에 있던 브레먼트 조선소로 천천히 돌아갔다. 그 조선소는 태평양 전쟁에서 피해를 입은 군함들이 수리를 받는 곳이었다. 한 주, 두 주 지나면서 미군의 사상자는 점점 늘어났고, 이오시마에서 전투가 끝났다고 공식적으로 발표된 3월 16일에도 사상자는 끊이지 않았다. 가미카제가 여전히 구름 뒤에서, 또는 어둠을 뚫고 난데없이 나타나서는 정박해 있거나 이동하는 상륙함과 상선에 충돌했기 때문이다.[18]

이즈음 양측은 서로 적을 응징할 새로운 방법을 찾아내려고 고심하는 듯했다. 예컨대 3월 8일, 마리아나에 주둔한 제20공군의 신임 사령관, 커티스 르메이(Curtis LeMay, 1906~1990년)는 고공 폭격의 비효율에 불만을 터뜨리며, B-29 편대들에게 야간에 고도를 약 5,000피트까지 크게 낮추어 도쿄를 공격하고 도시의 기반 시설에 네이팜탄을 집중적으로 투하하라는 명령을 내렸다. 그 결과로 도쿄는 불바다가 됐고, 나고야와 고베 같은 도시들도 네이팜탄 공격으로 쑥대밭이 됐다. 그로 인한 민간인 사망자는 역사상 어떤 폭격보다 많았다. 3월 9~10일의 공습으로 도쿄에서만 10만 명이 사망했고, 그 숫자는 히로시마나 나가사키에 떨어진 원자폭탄으로 인한 사망자 수보다 많은 것이었다. 미국 육군 항공대는 이런 무제한적인 전투 방식을 거북하게 생각했던지 일본 군수업체의 노동자 '숙소'를 폭격했다고 주장했지만, 미국 잠수함 부대가 그런 군수 공장에 공급되는 원자재의 대부분을 차단한 까닭에 당시 군수 공장들은 비어 있었다.[19] 대대적인 공습, 잠수함의 봉쇄, 간헐적인 항공모함 함재기의 공격에 도쿄는 완전히 파괴됐다. 이런 유형의 전쟁에 전통적인 대형 전투 함대가 다시 끼어들 여지는 전혀 없었다.

하지만 하늘과 해저, 바다와 육지에서 전개된 군사작전의 이야기에서 거의 기록되지 않지만, 바다를 통한 엄청난 양의 군수품 수송이 없었다면 미국의 모든 군사 행위는 불가능했을 것이다. 일본을 겨냥한 전략적 폭격을 유지하려면 엄청난 양의 군수품이 필요했다. 예컨대 B-29 폭격기 한 대가 일본이나 대만을 폭격하려고 출격할 때마다 6,900갤런, 즉 20미국톤(1미국톤이 약 907킬로그램)의 연료가 필요했다. 멕시코만을 출발해 파나마운하를 거쳐 사이판까지 연료를 운반하는 유조선 한 척에 실린 1만 톤으로는 폭격기가 250~350번을 출격할 수 있을 뿐이었다. 드넓은 중앙 태평양이 역사상 처음으로 분주해졌다. 상선, 포탄과 어뢰와 폭탄을 실은 탄약선, 유조선, 곡사포와 탱크와 트럭을 실은 리버티함, 해병대와 육군 사단을 태운 병력 수송선이 매주 서쪽에서 동쪽으로 줄지어 항해했다. 한편 피해를 입은 군함들은 수리를 받으려고, 빈 상선은 다시 군수품을 실으려고 미국 쪽으로 천천히 놀아왔다. 여기에서도 양적으로나 질적으로 단연코 우월한 미국의 힘이 확인됐다.

오키나와 전투

이오시마 점령도 전략적으로 필요했지만, 오키나와 점령은 일본 본토를 침공하기 위해서 더욱더 중요한 단계로 항상 여겨졌다. 규슈에서 남서쪽으로 560킬로미터밖에 떨어지지 않은 곳에 위치하고, 중부에 평평한 평원이 있어 오키나와는 미국이 마지막 교전을 치르기 전에 수리 시설을 두고 상륙선과 항공기를 정비하고, 훈련 시설까지 갖추고 병사들을 훈련하며 재점검하기 위한 도약대로 안성맞춤이었다. 양측 모두에게 오키나와 전투는 그때까지 계속된 일련의 드잡이질을 마무리 짓는 무대, 비유해서 말하면 지난 2년 동안 한 장(場)씩 전개된 연극의 마지막 막(幕)이 될 게 분명했다. 대만이 1장, 펠렐리우주와 사이판이 2장과 3장이었다면, 이오시마가 그 뒤를 이었다. 모든 곳에서 일본 수비대는 죽을 각오로 맞섰고, 참혹한 자살로 끝냈다. 따라서 한 전장에서 살아남은 해병대원과 육군 병사는 다음 전장으로 향할 때 긴장할 수밖에 없었다. 섬을 지키던 일본 수비대는 결코 섬을 버리지 않았고, 병력을 보강받으려고도 하지 않았다. 하지만 동부전선의 베어마흐트나 중국에 주둔한 일본군과 달리 피신할 곳이 없었기 때문에 죽을 때까지 싸웠다. 근본적인 면에서 그들도 가미카제와 다를 바가 없었다. 어쩌면 훨씬 의연한 가미카제였다.

오키나와를 에워싼 미국 해군 함대의 규모는 태평양 전쟁 이야기에서 끊임없이 되풀이될 정도로 어마어마했다.[20] 1945년 4월 1일 부활절이던 일요일, 1,200척의 상륙함이 오키나와 중부의 해변을 공격하기 시작했다. 200척의 구축함과 18척의 전함, 40척이 넘는 항공모함이 그들을 엄호했다. 저항하는 일본 함대가 없었는데 이때 18척의 전함과 40척의 항공모함은 정확히 어떤 역할을 했을까?[21] 프랭클린 루스벨

　　대해전, 최강국의 탄생

트의 표현대로 당시 미국 해군은 "세계 최강"이었고, 머핸의 정의에 따르면 여태껏 존재한 세계 최대의 전함 함대로서 대적할 만한 적이 없었다. 하지만 그 미국 함대는 일본 본토로부터 한층 가까워진 거리까지만 날아와, 귀환을 생각하지 않고 그야말로 '비대칭 전쟁(asymmetric warfare)'의 전형을 수행하는 가미카제와 싸워야 했다. 더구나 일본군의 자살 공격은 항공기와 쾌속정, 심지어 잠수함 등 온갖 유형의 크고 작은 운송 수단을 통해 행해졌다.[22] 하지만 가장 컸고 가장 충격적인 자살 공격 돌격대는 전함 야마토호였다.

고대 일본인을 가리키던 명칭에서 명명된 거대한 전함 야마토호는 동급으로 건조된 4척의 강력한 초대형 전함 중 가장 먼저 지어졌다. 야마토급 전함은 40년 전인 1906년 영국 해군 제독 존 피셔(John Fisher, 1841~1920년)의 지휘하에 드레드노트호가 처음 건조되며 시작된 유사한 전함들의 극치였다. 하지만 그 4척의 야마토급 전함들은 어떤 영화를 누리지 못했다. 앞에서 이미 언급했듯이, 야마토호의 자매함 무사시호는 레이테만 전투에서 미국 폭격기들의 공격에 침몰했다. 뒤이어 시나노호는 단 한 척의 미국 잠수함, 아처피시호에 격침됐고, '용골 번호 111'로만 불리던 네 번째 전함은 일찌감치 1942년에 재고로 분류되며 해체됐다. 금속이 다른 목적에 화급히 필요해져서였다.

야마토호도 그 엄청난 몸집을 생각하면 상상하기 힘들었지만 불운하게 끝날 운명이었다. 9문의 18인치 함포를 탑재했고, 7만 톤이 넘는 배수량을 자랑하는 거대한 전함으로 영국 전함 조지 5세호, 프랑스 전함 리슐리외호, 독일 전함 비스마르크호보다 훨씬 컸다. 심지어 미국이 초대형으로 건조한 최신형 아이오와급 전함보다도 컸다. 해군 역사광들은 전함 야마토호와 미국의 고속 전함들이 맞붙었으면 어떻게 됐을까 궁금해하지만, 야마토호가 미국 주력함을 맞닥뜨릴 기회도 전혀 없었으나, 그런 기회가 있었더라면 야마토호는 고유한 장점을 활용해 싸웠을 것이다. 1945년 4월 7일 오후, 일본의 초대형 전함은 해군사에 길이 남을 만한 방법으로 최후를 맞이했다.

4월 6일, 미국 잠수함 스레드핀호의 해상 레이더에는 한밤중에 야마토호가 한 척의 순양함과 여덟 척의 구축함을 호위함으로 거느리고 오키나와로 향하는 것이 포착됐다. 그 일본 함대는 본대로 귀환할 의도가 없이 진격하는 게 분명했다. 그 함대에는 상륙부대에 혼란을 야기하고, 연료가 떨어지거나 심각한 피해를 입어 가동이 불가능해지면 오키나와 해변에 정박해 함포로 수비대를 지원하라는 명령이 전달된 상황이었다. 이런 전술은 전통적인 개념의 해전과는 완전히 동떨어진 개념이었다! 그러나 야마토호는 4월 7일 정오와 오후 3시 사이에 미국 해군의 급강하 폭격기들과 뇌격기들로부터 끝없이 공격을 받아 갈기갈기 찢어진 까닭에 그 역할까지 해내지 못했다. 그때까지 기회를 얻지도 못했던 마크 밋처는 항공모함 함대가 전함이나 육군 항공대보다 잘 해낼 수 있다는 것을 입증하고 싶은 욕심에, 9척의 플리트 항공모함으로부터 280대의 함재기를 출격시켜 공격을 감행했다. 15분 간격으로 비행편대들은 포탄과 어뢰를 가차 없이 떨어뜨렸다. 여섯 번째 공격이 끝났을 때 야마토호는 실질적으로 뒤집어져, 긴 바닥면을 하늘로 드러낸 채 계속 공격을 받았다.

그리고 오후 2시 30분, 거대한 폭발음과 함께 야마토호는 산산조각 났다. 일본 함대는 순양함과 4척의 구축함까지 잃었다. 밋처의 함대는 10대의 함재기를 잃은 것이 손실의 전부였다.[23] 전력의 불균형이 다시 여실히 드러났고, 존 호킨스(John Hawkins, 1532~1595년)의 리벤지호까

대해전, 최강국의 탄생

지 거슬러 올라가는, 400년에 가까운 전함의 역사가 그렇게 막을 내렸다. 빌리 미첼은 항공기만이 바다에서 대형 전함을 침몰시킬 수 있다고 주장하며 논란을 불러일으킨 탓에 20년 전에 파면을 당했지만, 결국 그의 주장이 맞았다는 게 증명된 교전이었다.

가미카제 '항공기'가 오키나와 앞바다에서 전개한 공격은 비교적 성공적이었고, 그 숫자는 대체로 위협적인 수준이었다. 예컨대 4월 12일, 일본 공군은 185대의 가미카제 특공대를 출격시켜 연합군 군함들을 공격했다. 이때 가미카제 항공기가 미국 초계 전투기에 격추되지 않도록 150대의 전투기가 엄호에 나서기도 했다. 게다가 일본 공군은 45대의 뇌격기 및 신형 공대함 미사일을 장착한 8대의 폭격기까지 전장에 내보냈다.[24] 그 정도면 영국 본토 항공전에 투입된 항공기 숫자와 엇비슷했고, 전투 기간과 거의 똑같았다. 이오시마 앞바다에서 가미카제가 그랬듯이 일본의 공격은 밤낮을 가리지 않았고, 앞에서도 말했듯이 오키나와가 일본 본토에 훨씬 더 가까웠기 때문에 공격의 빈도가 더욱더 잦았다. 오키나와 전투에서 미국 해군은 전함과 플리트 항공모함, 중순양함을 한 척도 잃지 않았지만, 아니나 다를까 표적 역할을 떠맡은 소형 군함들에서는 큰 손실이 있었다. 전체적으로 계산하면, 3척의 호위 항공모함과 14척의 구축함이 가미카제의 자살 공격에 침몰했고, 훨씬 더 많은 구축함과 호위 항공모함이 피해를 입었다. 오키나와 앞바다에서 벌어진 전투는 복합적인 성격을 띠었지만, 단일 전투로 계산하는 역사학자들이 보건대 전사한 승조원 4,900명, 부상한 승조원 4,800명은 미드웨이와 레이테만, 심지어 진주만에서 잃은 사상자보다 많아, 미국 해군이 단일 전투에서 잃은 최악의 인명 피해였다.[25]

미국 측에서는 구축함이 가미카제의 공격을 거의 받아들였다. 가미카제의 충돌에 곧장 둘로 쪼개지는 구축함도 적지 않았지만, 반대로 무수한 충돌을 믿기지 않을 정도로 견뎌내는 구축함들도 있었다. 가장 유명한 예가 죽지 않는 군함으로 알려진 전설적인 래피호였다. 1944년 노르망디 앞바다에서 작전을 끝낸 뒤에 태평양으로 무대를 옮긴 래피호는 4월 16일에 표적이 되는 임무를 맡고 먼바다로 나갔다. '발(Val)'이라는 일본 급강하 폭격기 한 대가 다른 항공기들에 합동 공격을 전개하자고 연락을 취했다. 래피호는 무수한 포탄 세례를 받았고, 심지어 가미카제 폭격기가 충돌하기도 했다. 근처에 있던 미국 호위 항공모함들에서 출격한 전투기들은 나중에야 래피호를 보호하려고 나섰다. 여하튼 6발의 포탄이 명중했고 4대의 가미카제가 충돌했지만 래피호는 침몰하지 않아, 제2차 세계대전에서 활약한 미국의 고속 구축함들이 빠른 속도로 대량 생산됐지만 구조적으로 더할 나위 없이 강했다는 증거가 됐다. 게다가 래피호는 수리를 받고 장비를 개선한 뒤에 계속 현역에서 활동할 수 있었다. 예컨대 한국 전쟁에도 참전했고, 1960년대 냉전 기간 중에는 지중해 함대의 일원으로 활동했다![26]

이렇게 표적이 된 군함들의 전투 이력은 무척 흥미진진하지만 상당히 짧게 끝난 경우가 많았다. 예컨대 하딩호는 1943년 5월에 시애틀 타코마 조선소에서 취역한 글리브스급 구축함이었고, 1943년 말에 수송 선단의 호위함으로 북아프리카에 처음 배치됐다. 그때는 유보트와 교전하던 전쟁의 흐름이 바뀌고 있던 때였다.

반년 뒤, 하딩호는 디데이에 푸앵트 뒤 오크에 상륙하는 미국 육군 특수부대 레인저스를 지원한 역사적인 군사작전에 참전했다. 다시 2개월 뒤에는 앤빌 작전에 참가해, 남프랑스 앞바다에서 독일 에스보트들을 상대로 격렬한 야간전투를 벌였고 3척을 침몰시켰다. 취역하고 2년

대해전, 최강국의 탄생

〈그림 51〉 **미국 플레처급 구축함 베니언호, 1944년, 울리시환초.** 태평양 전쟁에서 마리아나제도, 레이테만, 이오시마, 오키나와 등 많은 전투에 참가한 플레처급 구축함, 베니언호가 울리시환초의 미국 해군 전진 기지에서 잠시 휴식을 취하는 모습이다. 미국은 엄청난 선박 건조 능력을 과시하며 전쟁 기간 동안에 175척의 플레처급 구축함을 건조해냈다.

을 넘기기 전에 하딩호는 본국으로 돌아가 기뢰를 제거하는 소해함으로 개조돼, 1945년 3월 24일 오키나와 해역에서 기뢰를 제거하는 임무에 투입됐다. 하지만 그로부터 일주일이 지나지 않아, 하딩호는 먼바다로 나가 가미카제 공격을 차단하는 역할에 급히 재배치됐다. 4월 16일, 하딩호는 4대의 가미카제에 공격을 받았고, 그중 한 대가 하딩호의 함교에 충돌했다. 그 때문에 22명의 승조원이 전사했다. 오키나와 계류장에서 임시로 수리를 받은 뒤에 하딩호는 천천히 진주만으로 돌아갔고, 다시 샌디에이고를 거쳐 버지니아의 노퍽에 귀환했다. 래피호처럼 크게 환영받지는 못한 채 하딩호는 1945년 11월에 퇴역하며 고철로 팔렸다.[27] 하딩호는 2년이란 시간을 바다에서 격렬히 전투하며 흥미진진하게 지냈지만, 당시 한층 현대화된 구축함들이 서태평양으로 줄지어 들어왔기 때문에 전체적인 군사 계획에서 그다지 중요하지 않았던 오키나와 바다를 떠나 고향으로 돌아갔다. 1945년까지 미국 조선소들은 175척의 플레처급 고속 구축함과 96척의 기어링급 고속 구축함을 건조해 구형 글리브스급 구축함을 대체했다(8장 참조).

오키나와 전투가 시작되기 직전, 브루스 프레이저 제독이 지휘하던 영국 태평양 함대에 소속된 4척의 고속 항공모함만이 아니라 2척의 전함, 6척의 순양함 및 여러 척의 호위 구축함들도 TF58에 합류했다. 함재기 수도 적고, 항속거리도 짧은 데다 속도마저 약간 느렸던 까닭에 영국 해군 항공모함은 미국 항공모함에 곧잘 비교됐지만, 두꺼운 강판을 덧댄 갑판 덕분에 가미카제 공격을 너끈히 견뎌내는 효용성을 인정받았다. 하지만 앞에서 언급한 이유처럼 군수품의 공급에 문제가 있어서 프레이저 함대가 완전한 준비 상태를 갖추고 오키나와에 도착하는 데는 약간의 시간이 걸렸다.[28]

그러나 3월 말쯤, 영국 함대는 상당한 규모로 스프루언스의 지휘하에 들어갔고, 기동부대 TF57이란 고유한 함대 명칭까지 부여받은 뒤에 남서쪽 접경에 배치돼, 대만과 중국의 일본 기지에서 출격하는 항공기의 공격을 차단하는 역할을 맡았다. 영국 함대는 재급유와 재정비를 위해 5월에 돌아갔지만, 일본 앞바다에서 시작할 침공 작전을 앞두고 더 많은 함정을 이끌고 다시 합류했다. 유럽 해안의 앞바다에서 벌어질 격렬한 전투를 염두에 두고 설계된 데다 갑판에 두꺼운 강판을 덧댄 덕분에 일본 자살 특공대의 공격을 어렵지 않게 견뎌냈다. 예컨대 5월 4일, 한 대의 가미카제가 영국 항공모함 인도미터블호를 공격했지만 갑판에 충돌해서는 튕겨 나갔다. 그 모습을 보고, 그 항공모함에 타고 있던 미군 연락 장교는 경악을 금치 못했다. 같은 날, 또 한 대의 가미카제가 영국 항공모함 포르미더블호에 충돌해 폭발하며 큰 화염과 연기를 일으켰고, 몇몇 승조원이 다쳤지만, 정작 항공모함 자체는 가볍게 수리를 끝낸 뒤에 그날 늦게 다시 작전에 복귀했다.[29] 새러토가호와 같은 미국 항공모함의 목재 갑판에 가미카제가 충돌했을 때와는 확연히 다르다는 것을 많은 승조원이 목격했다. 특히 당시 전투에 참전했고, 미국 해군 공식 역사 기록자이던 새뮤얼 모리슨은 "철제 갑판을 때린 가미카제는 스크램블드에그처럼 구겨졌다"라고 쓰며 경탄했다.[30]

6월 22일, 미국 육군과 해병대는 오키나와의 일본 수비대를 마침내 완전히 쓸어버렸다. 일본군 거의 모두가 죽을 때까지 저항하며 싸웠기 때문에 양측의 손실은 끔찍했다. 한 기록에 따르면 오키나와에 징집된 일본군 병사가 11만 명이었다. 여하튼 일본 측에서는 7만 7,000명이 공식적으로 인정된 석 달간의 교전에서 전사했고, 그 이후에 전개된 패잔병 소탕 작전에서 약 1만 명이 더 전사했다. 양측의 십자포화로 약 14만 9,000명의 오키나와 원주민이 애꿎게 사망했다. 그러나 맥아더와 니미츠의 전략가들에게는 미군 사상자 수가 더 충격적이었다. 1만 2,000명 이상의 병사가 전사했고, 3만 8,000명이 전투 괴중에서 부상당했다. 한편 정신의학적 질환, 사고 및 탈진으로 3만 2,000명이 피해를 입었다.

오키나와 전투에서는 가미카제의 공격을 받아 목숨을 잃은 해군 전사자 (4,900명)가 육군(4,675명)이나 해병대(2,938명)보다 많았다. 육군 중장 사이먼 버크너(Simon Buckner, 1886~1945년)는 전투가 끝나갈 즈음에 일본군의 포격을 받아 전사했다. 한편 일본군 장군 우시지마 미쓰루(牛島滿, 1887~1945년)는 거의 같은 시기에 자살했다. 오키나와 전투는 음울한 전투였고, 남쪽에서 지루하게 전개되던 필리핀 전투를 제외하면 태평양 전쟁에서 그때까지 최악의 전투였다.[31]

1945년 5월이 되자 워싱턴은 마음이 급해졌다. 특히 조지 C. 마셜을 비롯한 군부 지도자는 최종적인 승리를 눈앞에 두고도 병사들의 전사와 전체적인 사기를 크게 걱정해야 할 처지였다. 독일은 마침내 항복했지만, 유럽 무대에서 멀리 떨어진 태평양에서 미국 육군과 공군 전략가들이 가장 바랐던 것은 피로에 지친 병사들과 항공병들을 다시 태평양으로 데려가는 것이 아니라, 그들을 고향의 가족 품으로 되돌려주는 것이었다. 하지만 현실은 그 전략가들의 바람을 외면했다. 독일군과 일본군을 전쟁터에서 꺾는 데는 합리적인 예측보다 오랜 시간, 훨씬 더 많은 시간이 걸렸다. 태평양에서 미국은 해군력과 공군력에서 절대적인 우위에 있었기 때문에, 두 자산(전함과 순양함을 이용한 해안 포격, 항공모함 함재기의 공습, 잠수함 공격, B-29의 소이탄 폭격)을 최대한 공격적이고 효과적으로 운영하는 것이 무엇보다 중요했다. 믿음직하고 강력한 에식스급 항공모함들과 호위 항공모함들로 구성된 기동부대 TF58은 해군이 원했을 법한 거리보다 수천 킬로미터를 더 쉬지 않고 항해했고, 그 과정에서 연료가 고갈된 구축함에는 거의 일상사처럼 연료를 재급유해야 했다. 홀시가 6월에 TF58에 다시 복귀한 까닭에 스프루언스와 홀시는 일정한 간격을 두고 임무를 교대했지만, 승조원들은 말할 것도 없고 순양함과 구축함 함장들은 교대할 수 없어 피로와 싸워야 했다. 그래도 군함들이 신형이라는 것이 그나마 위안이어서 신속히 전선까지 이동할 수 있었다. 그러나 전투로 피해를 입거나 폭풍에 파선된 군함만이 일단 하와이로, 그 후에 서부 해안의 항구로 귀환하는 게 허용됐다.

오키나와 전투가 끝나고 수주일 동안, 연합군 공군과 해군은 일본을 더욱더 강력히 압박했다. B-29 폭격기를 가로막는 일본 방어력은 점점 약해져서, 고도를 크게 낮추어 비행하며 고성능 폭탄과 소이탄을 투하했다. 이즈음 미국 육군 항공대가 목표로 삼을 만한 중요한 표적은 거의 초토화된 상태였다. 바다에서는 미국 잠수함 부대가 접근해 들어왔고, 잠수함의 표적들도 중요성이 줄어들었다. 장거리를 운항하는 일본 선박들, 특히 석유를 비롯해 전략 물자를 운반하는 선박들은 당시 거의 소멸된 지경이었다. 미국 잠수함들은 동해를 비롯해 영해까지 침투해 연안 운송을 방해했고, 어선에도 총격을 가했다. 1944년에도 일본에는 약 300만 톤의 선박이 운항됐지만 1944년과 1945년에 많은 선박이 크게 피해를 입어서 1945년 7월쯤에는 운항 가능한 선박이 거의 없을 지경까지 추락했다. 게다가 커티스 르메이의 명령으로, B-29 편대가 공중에서 기뢰를 잔뜩 떨어뜨려 놓아, 일본 항구들은 실질적으로 무용지물이 됐다. 드물게 모습을 드러내는 선박은 여지없이 잠수함의 공격을 받아 침몰했다. 그 결과로 식량 수입이 끊기자, 국가 전체가 굶주리기 시작했다.[32]

전쟁이 끝난 뒤, 미국의 전략 폭격 옹호자들과 잠수함 부대는 원자 폭탄을 투하하거나 군사적으로 일본 본토를 침공하지 않았더라도 전략 폭격(strategic bombing)과 잠수함의 봉쇄로 일본은 결국 붕괴할 수밖에 없었을 것이라 주장했다. 하지만 1945년 8월에도 일본 대본영을 지배하던 완강한 의지를 고려하면, 그랬을 것 같지가 않다. 여하튼 전략 폭격이란 첫 번째 시나리오에는 소이탄 폭격으로 수백만 명의 시민이 죽는 경우가 상정됐고, 봉쇄라는 두 번째 시나리오에는 기아로 인한 수백만 명의 사망이 전제됐다. 히로시마와 나가사키에 투하된 원자폭탄은 불필요한 조치였다고 주장하는 사람들은 1945년 중엽 연합군의 다른 무기들도 무척 잔혹하고 고통스러웠지만 압박감을 크게 주지 못했다는 것을 고민할 필요가 있다.[33] 당시 미국 육군은 잠수함 봉쇄나 공군의 전력 폭격에도 큰 관심이 없었다. 미국 육군은 지상전을 통해 일본의 저항을 분쇄할 계획을 세우고 있었다. 이런 점에서도 원자폭탄은 상륙 이후에 전투의 소용돌이에 휘말려 들어갔을 무수한 민간인의 생명을 구한 것일 수 있다.

1945년 6월, 미국과 영국의 해군은 대형 군함들을 동원해 연안항, 제철소와 공장, 도시를 먼바다에서 포격하며, 끈질기게 버티는 일본을 가혹할 정도로 응징했다. 하늘에서는 초계기들의 엄호를 받고, 바다에서는 고속 구축함의 보호를 받으며, 미국 해군의 위스콘신호와 아이오와호(16인치 포탄), 영국 해군의 조지 5세호(14인치 포탄) 같은 전함들이 불운하게도 바닷가 근처에 위치한 목표물들을 향해 함포를 쏘아댔다. 때로는 호위 항공모함과 구축함도 포격에 합류하기도 했다. 예컨대 7월 14일에는 가마이시(釜石)에 있던 제철소가 표적이 됐고, 7월 19일에는 히타치(日立)의 해안가에 늘어선 군수 공장들에 포탄이 쏟아졌다. 하지만 당시에는 이미 많은 공장이 군수물자를 생산하는 데 필요한 재료가 없어 가동을 중단한 상태였다. 두 번째 원자폭탄이 떨어지고, 공식적인 '정전' 명령이 함대에 전달된 뒤에도 이런 포격은 실질적으로 계속됐다. 전쟁의 막바지에 그런 운명과 굴욕은 이탈리아와 독일에서는 없었

　　　　　　　　　　　대해전, 최강국의 탄생

고, 제1차 세계대전에서도 없던 것이었다. 가능한 모든 수단을 동원해서도 패배의 쓴맛을 절실히 느끼게 해줘야 했다. 따라서 지휘부의 제독들이 인정했듯이, 그들은 전함들에 적진의 목표물을 향해 대형 함포를 마지막으로 한 번 더 발사할 기회를 주었다.[34]

해안을 따라 늘어선 전함들의 포격, 하늘을 뒤덮은 B-29 폭격기의 소이탄 폭격, 잠수함의 봉쇄 강화는 모두 일본 본토를 침공하기 전에 일본군의 저항을 약화하기 위한 단계로 여겨졌고, 일본 본토의 침공은 역사상 최대의 상륙 공격이 될 듯했다. 미군 전략가들은 크게 두 단계로 전개될 일본 침공에 '다운폴 작전(Operation Downfall: '몰락' 작전)'이라는 약간 멜로드라마 같은 이름을 붙였다. 첫 단계는 1945년 11월에 비교적 작은 규모로 규슈섬의 남쪽에서 침공할 예정이었으며, '올림픽 작전'이라는 이름을 붙였다. 두 단계 중 더 작은 작전이었지만 바다에서 시작된 예전의 어떤 공격보다 규모가 커서 67만 명의 미군(11개 미군 사단과 3개 해병대 사단), 수천 척의 상륙정, 수천 대의 항공기 등 어마어마한 병력이 동원될 예정이었다. 하지만 해안을 따라 배치될 해상 군함들의 숫자도 해군 역사학자의 상상을 초월하는 것이었다. 근접 해안 포격부터 본토에서 출격한 가미카제의 요격까지 모든 가능성이 망라되며 24척의 연합군 전함과 400척 이상의 호위 구축함이 동원되고, 여기에 42척의 항공모함까지 힘을 보탤 예정이었다.

돌이켜 생각해보면 이런 규모의 병력이 상당히 과도하게 여겨지지만, 미군 전략가들은 당시 오키나와 앞바다에서 가미카제 돌격대의 위력에 깊은 인상을 받은 까닭에 올림픽 작전을 수립할 때는 수천 대의 일본 자살 돌격대가 원시적인 항공기까지 농원해 저항할 것이라 예상할 수밖에 없었다. 엄청난 규모의 함대를 배치함으로써 그런 자살 공격

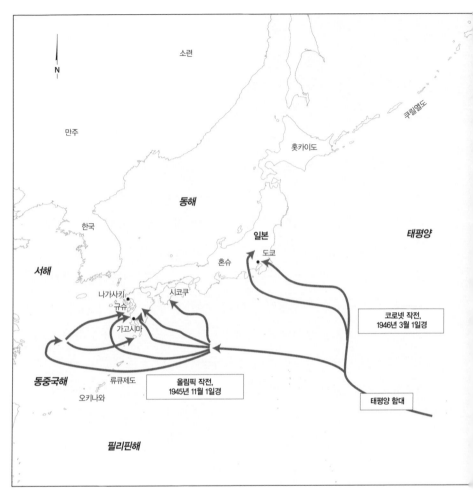

〈지도 16〉 **다운폴 작전: 일본 본토 침공 계획, 1945~1946년**

을 물리치고, 지상군을 투입해 본토를 점령해야만, 일본의 최종적인 항
복을 받아낼 수 있을 것 같았다. 그러나 오키나와 전투보다 훨씬 더 큰
전투가 될 것이기 때문에 그 결과도 달갑지 않을 게 분명했고, 예상되
는 연합군 사상자는 최대한 낮게 계산하더라도 관련자들에게는 가히
충격적이었다.[35]

이즈음 미국 전략가들은 워싱턴의 독촉에, 미국의 동맹들이 일본을 최종적으로 타도하는 데 어떤 기여를 할 수 있는지 평가하기 시작했다. 영국 해군이 오키나와에서 보여준 성과는 작은 게 아니었고, 영국과 영연방 해군의 군함들이 연합군 함대에 더 많이 합류하고 있었다. 게다가 일본을 침공하는 최후의 군사작전을 함께하려는 동맹들, 즉 오스트레일리아와 캐나다, 뉴질랜드와 네덜란드, 특히 영국의 열의가 대단했다. 1946년 3월로 계획된 코로넷 작전, 즉 혼슈를 침공하는 작전이 실제로 진행됐다면, 대규모 영연방군이 그 작전의 한 축을 차지했을 것이다. 그랬더라도 영연방군은 전체적인 규모에서 미군의 4분의 1에 불과했을 것이다(영연방군은 100만, 미군은 무려 400만). 영국 태평함 함대도 상당한 규모로 보강했지만 태평양 전쟁에 투입된 거대한 미국 해군의 5분의 1을 넘어서지 못했다.[36] 1945년 7월, 미국 태평양 함대에만 400척이 넘는 주요 군함이 있었지만, 그달에 더 많은 군함이 합류할 예정이었다. (태평양의 잦은 폭풍이 함대에 안긴 손실은 제외하더라도 연합군 군함들이 서로 충돌한 횟수도 놀라울 정도로 많았다.) 이 모든 것이 미국 신형 항공모함 에식스호가 처음 진주만에 입항하고 2년 만에 이루어낸 성과였다. 당시 수리를 끝내고 하와이로 복귀해 함재기 조종사의 훈련용 항공모함 역할을 하던 새러토가호의 노련한 승조원들이 태평양 함대의 엄청난 규모를 '함대 소식'에서 읽었다면, 그다지 먼 과거도 아니지만 그 드넓은 바다에서 유일한 항공모함으로 작전하던 때를 기억하며 깜짝 놀랐을 것이다.

1945년 8월 6일 히로시마에 첫 원자폭탄이 투하됐고, 사흘 뒤에는 나가사키에 두 번째 원자폭탄이 떨어졌다. 또 소련이 서둘러 참전하고, 일본이 결국 항복하며 다운폴 작전은 문서의 역사에만 남게 됐다. 그 이후로 며칠 동안, 미국 수상함과 잠수함이 일본 연안을 순찰했고, 전투기들은 느닷없이 나타나는 일본 항공기(가미카제 포함)와 교전을 벌였다. 또 앞에서도 언급했듯이, 양측 부대가 종전을 지시하는 전문을 받고 군사적 행위를 중단하기 시작할 때까지 해안 시설에 대한 포격은 계속됐다. 그러고는 미군 연락단이 일본 항구들에 들어가 차근차근 통제 시설을 인계받기 시작했다. 또한 어떤 연합군 부대가 시드니와 진주만으로 복귀해 휴식을 취하고, 어떤 부대가 남아 도쿄만에서 진행될 항복 조인식에 참석할 것인가에 대한 결정도 내려졌다.

물론 원자폭탄의 제조와 투하는 해군력과 거의 관계가 없었고, 새로운 단계에 들어선 미국의 과학 기술력 및 경제력과 밀접한 관계가 있었다. 한 대의 비행기에서 투하하는 한 발의 폭탄이 단숨에 도시 전체를 쑥대밭으로 만들 수 있고, 그런 폭탄을 몇 발만 사용하면 한 나라를 초토화할 수 있다는 개념은 해전과 수송 선단, 끝없이 계속되는 봉쇄, 고속 구축함 작전 등이 지배하던 전통적인 세계에는 끼어들 여지가 없었다. 핵전쟁은 완전히 다른 영역에 있었다. 파괴력도 완전히 달랐고, 투자되는 자원도 달랐다. 맨해튼 프로젝트(Manhattan Project)에는 상상을 초월하는 20억 달러라는 돈이 그때까지 투자된 것으로 추정됐고(에식스급 항공모함의 건조 비용은 약 7,500만 달러), 어떤 교전국도 그 정도의 투자를 감당할 여력이 없었다. 하지만 맨해튼 프로젝트가 제2차 세계대전에서 가장 값비싼 무기 개발 프로젝트는 아니었다. B-29 슈퍼포트리스(B-29 Superfortress)를 개발하는 프로젝트에는 무려 30억 달러가 투입된 것으로 추정된다.[37] 그러나 재무적 비용만이 여기에서 중요한 것은 아니었다.

1945년 8월 초, 어느 화창한 날 아침, 화물기가 떨어뜨린 원자폭탄으로 세계는 새로운 군사 시대에 끌려 들어갔다. 새로운 무기가 마침내 모든 적대 행위에 종지부를 찍었다는 소식에, 태평양 전장에서 땀 흘려 싸우던 모든 미군 병사가 안도의 한숨을 크게 내쉬었다. 뒤에서 다시 살펴보겠지만, 제독들에게는 궁금증과 우려를 동시에 안겨주는 소식이었다.

태평양 전쟁은 연합군, 특히 미국 해군력의 승리라는 것을 상징하는 많은 현상들로 끝을 맺었다. 몇몇 전례가 있었지만 부분적인 현상이었을 뿐이다. 1914~1918년 전쟁, 즉 제1차 세계대전에서 해전은 휴전으로 끝을 맺었고, 그로부터 8개월 만에 독일제국의 대양 함대는 스캐파 플로에서 항복했다. 이런 현상은 이탈리아 전투 함대가 1943년 9월 몰타로 자진해 입항하며 부분적으로 재현됐지만, 1945년 초에 독일 수상함은 없는 것이나 마찬가지였다. 따라서 유보트만이 만나 항복하거나 해외 항구에 억류됐다. 요컨대 제3제국과 드잡이하던 6년간의 해전은 흐지부지하게 끝났다.

반면에 일본의 패배는 승리한 연합군이 도쿄만에 의기양양하게 등장하며 의도적으로 부각됐다. 게다가 1945년 9월 2일 아침에 엄숙하게 진행된 항복 조인식에서 맥아더가 일본 최고사령부의 공식적이고 무조건적인 항복을 받아들였다. 이 조인식은 미국 해군 전략가들의 치밀한 계산에 따라, 미국 신형 전함 미주리호의 선상에서 진행됐다(미주리는 미국 대통령 트루먼의 출신 주이기도 했다). 400대 이상의 항공기가 저공 비행하며 승전국의 힘을 과시했다. 하지만 그 항복 조인식이 천박한 승리주의자의 행사로만 끝나지는 않았다. 맥아더와 니미츠는 각자 발표한 성명에서 화해를 강조했고, 마침내 전쟁이 끝났으므로 평화와 정의가 지배하는 새로운 세계 질서를 역설했다. 승전국의 태도는 단호했지만 품위가 있었다. 일본 대표단은 항복 문서에 조용히 서명한 뒤에 떠났다. 그 뒤로 여러 군함에서 다행한 형태의 자축 행사가 벌어졌고, 안도감과 자부심을 감추지 않았다. 그 역사적인 날이 저물어갈 무렵, 영국 전함 조지 5세호의 선상에서 영국 해병 군악대는 위대한 해군 전사, 윌리엄 홀시 제독을 앞에 두고 영국 성공회의 찬송가, '주님이 주신 날이 끝났습니다'를 연주했다. 전체적인 분위기와 딱 맞아떨어지는 송가였다.[38]

그날 이후로 수주일 동안, 미국 항공모함들, 전함들과 순양함들은 도쿄만에 정박한 채 흔들거리며 시간을 보냈고, 근처에는 영국 태평양 함대에 소속된 군함들도 적잖게 있었다. 매일 태평양에서 떠오른 뜨거운 태양은 정박한 함대 위를 가로지른 뒤에 서쪽으로 여러 나지막한 산들을 지났고, 마지막에는 후지산 너머로 가라앉았다. 일본제국의 종말을 그보다 더 적절하게 나타내는 상징은 상상하기 힘들었다.

VICTORY AT SEA

5부

후유증과
반성

〈그림 52〉 **영국 전투 순양함 리나운호와 미국 중순양함 오거스타호, 1945년, 플리머스.** 두 대형 군함은 유럽 방문을 끝내고 미국으로 돌아가는 해리 트루먼 대통령을 환송하는 행사를 함께 치렀다. 항해에 적합한 모습으로 깔끔하게 묘사된 미국 중순양함뿐 아니라, 영국 해군의 역사와 함께한 전투 순양함의 길쭉한 옆모습이 잘 묘사된 그림이다. 이 행사가 리나운호의 마지막 임무였다.

대해전, 최강국의 탄생

11장

제2차 세계대전에서의
해군 강대국들
결산

1945년 8월 초, 영국 군함 후드호와 바럼호가 몰타의 그랜드 하버에 나란히 정박한 때(〈그림 1〉 참조)부터 7년이 지난 그때, 다른 2척의 대형 군함이 잉글랜드 남서부의 플리머스에 있는 유명한 강어귀 해모즈에 정박해 있었다. 건너편에는 역사적인 영국 해군기지 데번포트가 있었지만, 해양사에서 항구로서 플리머스는 훨씬 더 멀리 프랜시스 드레이크(Francis Drake, 1540~1596년)와 존 호킨스(John Hawkins, 1532~1595년)의 시대까지, 즉 영국의 해군력이 강력해지기 시작한 때까지 거슬러 올라간다. 따라서 〈그림 52〉에서 회색을 띤 대형 군함 중 한 척으로, 무수한 전투를 치른 전투 순양함 리나운호를 선택한 것은 적절한 것이었다. 리나운호는 영국 해군에서 그 이름을 단 일곱 번째 군함이었고, 제2차 세계대전 내내 진정한 영국 해군다운 전투력을 보여준 군함이기도 했다. 날카로운 눈매를 지닌 관찰자였다면, 그 전투 순양함의 상부 구조가 다양한 형태의 깃빨로 장식됐지만 몇몇 포탑에 오류가 있다는 것을 눈치챘을지도 모르겠다. 하지만 두 번째 군함, 즉 리나운호에 못지않게 흥미로운 미국 중순양함으로, 미국 대통령이 승선한 오거스타호에는 잘못 묘사된 것이 전혀 없었다.

이 행사는 역사적인 포츠담 회담(7월 17일~8월 2일)을 끝내고 미국으로 돌아가는 해리 트루먼을 위해 마련된 것이었다. 트루먼은 비행기로 베를린에서 영국에 들어온 뒤에 기차로 플리머스 항구로 이동했다. 당시 이 항구에는 대통령이 승선할 지휘함 오거스타호가 정박하고 있었다. 오거스타호는 구축함들의 호위를 받으며, 신속하게 워싱턴으로 항해할 예정이었다. 이 짧은 시간의 대통령 방문에는 많은 상징적 의미가 담겨 있었을 뿐만 아니라, 두 군함 자체에도 오랜 역사가 있었다. 두 군함이 선택된 것은 작은 우연이 아니었다. 두 군함은 제2차 세계대전에서 적잖은 대해전에 참전했을 뿐만 아니라, 자국의 지도자를 태우고 중대한 행사에 참석하는 임무를 반복해서 맡았다. 어쩌면 미국 중순양함의 승조원들 중에는 1941년 루스벨트 대통령을 태우고 뉴펀들랜드의 아젠처에 갔던 때를 기억하는 승조원도 적잖게 있었을 것이다. 그때 그곳에서 루스벨트 대통령은 처칠 총리를 만나 대서양 헌장(Atlantic Charter)을 선포했다.

또 오거스타호가 북아프리카와 노르망디 상륙작전에서 사령선 역할을 했고, 그 후로 1945년 초에는 루스벨트와 그의 참모들을 태우고 얄타 회담에서 돌아오던 때를 기억하는 승조원들도 있을 것이다. 한편 리나운호는 존 피셔 제독이 지휘하던 전투 순양함 중 마지막까지 남은 군함으로, 전쟁 시작부터 끝날 때까지 유럽 바다에서 벌어진 해전에서 주된 역할을 맡았다. 예컨대 지브롤터에 기지를 둔 H-부대의 기함, 몰타 수송 선단에는 든든한 호위함, 비스마르크호를 추격한 추적선으로 활약했을 뿐만 아니라 처칠을 태우고 퀘벡 회담과 카이로 회담에 참석하는 영광도 누렸다.[1] 그야말로 오거스타호와 리나운호는 그 자체로 역사였다.

그런데 이제 플리머스 항구에서 트루먼 대통령은 영국을 떠나기에 앞서, 영국 전투 순양함에 올라 조지 6세를 만나 경의를 표했다. 영국 왕은 함대 함장의 제복으로 차려입고 트루먼 대통령을 맞이했다. 그리고 하루 뒤, 1945년 8월 4일에는 영국 왕이 오거스타호에 초대를 받아 함장과 승조원의 사열을 받았다. 이 사열식에는 1945년 7월에 실시된 총선거에서 처칠의 후임으로 총리에 오른 클레멘트 애틀리(Clement Attlee, 1883~1967년)도 참석했다. (루스벨트는 세상을 떠났고, 처칠은 고향으로 은퇴한 뒤여서, 대동맹을 이끈 전쟁 지도자들은 그 자리에 없었던 것도 상징적이었다.)

그날 늦게 오거스타호는 자유세계의 지도자를 태우고 닻을 올린 뒤에 콘월의 땅끝을 지나 대서양으로 향했다. 트루먼은 하선하면 곧장 의사당으로 달려가 상하 양원 합동 회의에서 연설하며, 자신들에게 새롭게 맡겨진 중대한 책임에 대해 대략적으로 밝힐 계획이었다. 높은 하늘에서 선회하는 갈매기나 물수리의 관점에서 보면, 오거스타호는 대서양의 넘실대는 파도를 뚫고 나아가는 잿빛을 띤 작은 금속 선박 중 하나로 보일 뿐이었다. 하지만 구세계를 떠나 신세계로 항해하던 오거스타호는 400년 전에 이탈리아의 리보르노와 제노바 등 지중해 항구를 떠나 서쪽으로 향해하던 갤리언선처럼 세계사의 흐름을 뒤바꾼 분수령을 상징하는 것이 분명했다.

그러나 그 이상의 것, 즉 미국이 여태껏 세계에서 본 적이 없던 가장 강력한 국가로 완전히 등장했다는 사실보다 더 많은 것이 있었다. 오거스타호가 출창하고 이틀째 뇌넌 날, 달리 말하면 워싱턴 항구에 도착하기 전에, 트루먼은 히로시마에 원자폭탄을 투하하는 것을 최종적으로 승인했다. 그로부터 이틀이 지나지 않아 지구의 반대편에서는 '이놀라 게이(Enola Gay)'로 불리던 B-29 슈퍼포트리스 폭격기가 원자폭탄을 떨어뜨렸고, 그 결과로 국제 정세에 변화가 생겼으며, 해군력의 순위도 달라졌다. 그로부터 75년이 지난 지금까지도, 전쟁이 시작된 이후로 혁신적으로 발달한 과학기술은 말할 것도 없고, 원자폭탄의 투하와 관련된 모든 역사적 의미를 파악하는 것은 여전히 어렵다. 또한 아일랜드 서쪽의 어딘가를 향해하던 군함에서 한 개인이 결정을 내렸다는 사실도 여전히 쉽게 이해되지 않는다.

여하튼 그 명령은 무선으로 워싱턴 DC, 샌디에이고, 진주만을 거쳐, 지구 반대편에 있는 마리아나제도의 티니언섬에 얼마 전에 건설된 미군 폭격기 기지까지 전달됐다. 그러고는 거대한 B-29 폭격기가 이륙했고, 굉음을 울리며 6시간 동안 북쪽으로 날아가 하나의 폭탄을 떨어뜨렸고, 그 폭탄은 도시 전체를 파괴했다. 그 소식이 전해졌을 때, 원자폭탄 개발 프로젝트를 총괄한 로버트 오펜하이머(Robert Oppenheimer, 1904~1967년)는 고대 힌두교 경전을 기억에 떠올리며 "나는 이제 죽음이 됐고 …… 세상의 파괴자가 됐다"라고 중얼거렸다.[2] 전쟁으로 피폐해졌지만 쉽게 이해되는 기존의 세계 질서, 즉 순양함과 전함이 중요한 위치를 차지하던 세계 질서가 이제 바뀐 듯했다.

이제 슬픈 운명이 늙은 전투 순양함 리나운호를 기다리고 있었다. 1945년 5월에 이미 리나운호는 해군부로부터 퇴역 명령을 받은 터였고, 얼마 뒤에는 부포의 포탑이 제거됐다. 그러나 해체 작업이 갑자기 중단됐고, 트루먼의 방문 행사에 영국 해군을 대표하는 군함으로 사용됐다. (당시 최신형 조지 5세급 전함은 모두 태평양 함대와 함께하고 있었다.) 그 행사가 끝난 뒤로는 그 유명한 군함에 기대하는 더 이상의 역할은 없

대해전, 최강국의 탄생

었다. 리나운호는 북쪽으로, 정확히 40년 전에 진수됐던 곳, 클라이드 조선소까지 이동하라는 명령을 받았다. 그곳에서 부분적으로 해체된 상태로 리나운호는 오랜 시간을 기다렸고, 마침내 1948년 여름에 완전히 해체됐다. 다른 많은 늙은 군함들도 그즈음 해체됐지만, 그들의 퇴장에 주목하는 눈길은 거의 없었다. '시크 트란시트 글로리아(Sic transit gloria: 그렇게 영광은 지나갔다)'.

─────

오거스타호와 리나운호가 힘껏 잘 싸웠던 전쟁은 길고 힘든 전쟁이었다. 바다에서의 전쟁은 특히 힘들었다. 그러나 여하튼 드넓은 대양과 좁은 해협에서 벌어지던 모든 전투가 끝났고, 과거를 되짚어보는 분석이 가능해졌다. 역사학자라면 "1939년부터 1945년까지 바다에서 전개된 전투가 해군 전략 이론에 얼마나 일치했는가?"라는 의문을 가질 수 있다. 어쩌면 그 질문의 방향을 바꿔서, "해군 전략에 대한 여러 학설의 주장들이 제2차 세계대전의 해전에서 얼마나 입증됐는가?"라고 묻는 게 더 나을지도 모르겠다(3장 참조). 1939년 9월 아일랜드 앞바다에서 영국 항공모함 커레이저스호가 어뢰를 맞고 침몰한 때부터 1945년 6월 연합군이 일본 해안을 향해 포격한 때까지 6년 동안 해전이 다양한 형태로 무수히 전개됐다는 사실을 고려할 때 이 질문에 정말 정확히 대답할 수 있을까?

이 질문에 대한 답은 질문 자체에 함축돼 있다. 거의 세계 전역에서 해전이 다양한 형태로 전개됐기 때문에 하나의 이론으로는 전체가 설명될 수 없다는 것이다. 앞에서도 기듭 말했듯이, 제2차 세계대전의 해전은 세 가지로 구분되고 부분적으로만 관련되는 다년간의 전투로 이루어진다고 이해하는 편이 더 합리적이다. 첫째는 태평양의 지배권을 두고 1941년 말부터 1945년 중반까지 치열하게 계속된 전투이고, 둘째는 1940년 6월부터 1944년 7월 남프랑스를 침공할 때까지 기간은 약간 짧지만 전투의 강도는 격렬했던 지중해 전투이며, 셋째는 유럽에서 전쟁이 계속되던 내내 대서양 해상 교통로를 두고 벌인 전투로, 기간으로는 가장 길었던 해전이다. 제2차 세계대전이 진행되는 동안, 극히 소수의 군함만이 세 무대에서 전투하는 기회를 가졌다.[3] 따라서 그 군함들만이 세 바다에서 다른 형태의 전투를 경험함으로써 제2차 세계대전 해전의 다면적 특성을 목격하지 않았을까 싶다. 세 지역에서 전투한 경험을 통해서만 그 군함들은 지리적 환경에 따라 전투의 형태가 달라진다는 것을 깨달았을 것이다. 비좁은 지중해와 광활한 태평양, 그리고 그린란드와 아이슬란드 남쪽으로 형성된 북대서양의 중요한 수송 선단 항로에서 보았듯이, 거리와 물리적 환경에 따라 해전의 형태가 달랐다.

세 지역에서 벌어진 해전이 해군 전략과 관련된 여러 학설에 얼마나 들어맞느냐를 비교한다면, 태평양에서 벌어진 해전이 가장 쉽게 요약될 수 있는 듯하다. 태평양 전투는 일본이 진주만에 주둔한 미국 전투 함대를 공격하며 시작됐기 때문에 머핸식 전투와 무척 흡사했다. 실제로 일본의 진주만 공격은 1904년 중국 여순항에 주둔해 있던 러시아 함대를 선제공격한 것과 많은 점에서 비슷했다. 당시 일본 해군은 대마도 해전(1905년 5월)에서 그랬던 것처럼 미국이 수상함으로 교전할 전력을 갖추지 못할 정도로 많은 전함에 피해를 주었다. 내친김에 1942년의 일본 제독들은 교묘히 피해 다니는 미국 항공모함을 찾아내려 애썼고, 자체의 항공모함까지 동원해서 기습 공격을 마무리하려 했다. 그리하여 일본 해군은 미드웨이 해전에 공을 들였지만, 오히려 많은 플리트 항공모함을 상실하는 재앙을 맞았다. 그때부터, 즉 1942년 중반부터 기울어지기 시작한 일본과 미국의 균형추가 1943년 말까지 이어졌다. 일본 해군은 많은 전함을 보유했지만, 항공모함과 함재기가 턱없이 부족해 과감히 진격하지 못했다. 반면에 당시 미국 태평양 함대에는 전함이 전혀 없었고, 소수의 항공모함만을 보유한 상태였다.

1944년 초, 미국 해군이 완전히 탈바꿈한 모습으로 등장하며 그 모든 상황이 달라졌다. 1944년 10월에 일본 해군은 레이테만에서 전함들을 다양한 형태로 조직해 다시 정교한 유인책을 시도했지만, 미국 해군의 끝없는 타격에 시달려야 했다. 미국 항공모함에서 출격한 함재기들이 일본 전투 함대를 갈기갈기 찢어버렸고, 미국 잠수함들은 일본 대형 군함들을 격침했다. 일본 해군은 수리가오해협의 전투에서도 전통적인 함포 공격에 큰 피해를 입었다. 레이테만 전투는 전체적으로 보면, 트라팔가르 해전이나 유틀란트 해전처럼 전함 간의 전투가 아니었으나 그래도 머핸 이론의 승리라 할 수 있다. 그 이후로 일본 해군에게 주력 함대는 존재하지 않았고, 형세가 완전히 역전됐다. 미국 해군은 일본 본토를 침공할 계획을 세울 때 20척이 넘는 전함을 배치할 수 있었지만, 일본에는 그런 침공을 견제할 만한 전함이 없었다.

따라서 미국 전함의 함포는 일본 해안에 분포한 목표물과 가미카제만을 겨냥하면 충분했다. 게다가 그즈음에는 일본 상선도 미국 잠수함 부대의 공격에 마비된 상태였다. 따라서 일본의 전체적인 패전 이유를 설명하려면 코벳 이론도 약간이나마 인용해야 하지만, 전쟁이 끝날 때쯤에 코벳 이론은 거의 무의미했다. 교전국 중 하나가 나머지 국가들보다 6~8배나 강력했기 때문에 태평양 전쟁의 결과는 의심할 여지가 없었다.

반면에 대서양 전투는 코벳 이론에 따라 전개된 해전에 가까웠다는 것이 역사학자들의 공통된 의견이다. 제2차 세계대전이 발발한 때부터, 아니면 조금 늦추어서 프랑스가 항복한 이후로, 전략적 기준은 양측 모두의 것이 명백했다. 추축국이 영국으로 향하는 해상 교통로를 차단할 수 있느냐는 것이었다. 추축국이 어떻게든 그렇게 해낸다면 영국의 미래는 암담할 수밖에 없었다. 따라서 대서양 전투는 전투 함대 간의 전쟁이 아니었다. 그라프 슈페호, 샤른호르스트호와 그나이제나우호, 비스마르크호 같은 독일의 대형 해상 군함의 급습은 실질적으로 연합국의 수송 선단을 방해하려는 통상 파괴 시도였지, 제해권을 장악하려는 도발이 아니었다. 무르만스크까지 노르웨이 북부 해안을 따라 노르카프와 바렌츠해에서 벌어진 격렬한 교전도 상대적으로 약한 통상 파괴함과 연합국 수송 선단을 보호하는 호위함 간의 전투에 불과했다. 크릭스마리네의 해상 전력 규모는 빈약했기 때문에 적국의 상선을 나포하거나 파괴하는 '통상 파괴(guerre de course)' 전략을 마지못해 채택할 수밖에 없었다.

하지만 카를 되니츠의 유보트 부대는 연합국의 교역 자체를 상대로 전쟁을 벌이며 그 암울한 6년 동안 그 임무를 너무도 잘 해냈다. 영국 해군부의 기록에 따르면, 1943년 3월경 단 한 번 유보트 부대가 "구세계와 신세계를 갈라놓으려고" 시도했으나, 그 시도는 미국의 막강한 공군력과 해군력에 의해 3개월 만에 물거품이 됐다. 해군의 공식적인 역사학자 스티븐 로스킬이 지적했듯이, 대서양 전투에는 나일 해전처럼 주인공이라 할 만한 함대가 동원된 교전이 없었다는 게 전반적인 특징이다.[4] 대신에 대서양 전투에서 승패는 점진적으로 누적된 계산,

즉 침몰된 상선의 용적 톤수, 격침된 유보트, 영국에 전달돼 영국인의 식량으로 제공됐을 뿐만 아니라 유럽으로 전달될 군수품을 생산하는 데 사용된 물자의 총톤수에 대한 통계자료로 측정됐다.

한편 지중해라는 좁은 바다에서 3년 동안 낮 시간(때로는 야간)에 격렬히 벌어진 전투에는 제해권을 장악하기 위한 수상함들의 유의미한 교전만이 아니라, 수송 선단을 보호하고 해상 교통로를 유지하기 위한 지속적인 다툼도 있었다. 여하튼 지중해에서 무력 충돌은 영국 해군이 메르스 엘 케비르에 정박한 프랑스 함대를 무자비하게 공격하며 시작됐다. 1801년 코펜하겐에 정박한 중립국 덴마크 해군을 넬슨이 선제공격한 사건과 비교되는 그 공격이 있은 직후에는 칼라브리아 해전이 있었다. 승패를 명확히 가리지 못한 이 해전은, 영국 전투 함대와 이탈리아 전투 함대가 그 이후에 어떤 식으로 교전했는가를 미리 보여준 듯했다. 때때로 이탈리아 함대는 연합국 수송 선단을 차단하려고 바다로 진격했지만 앤드루 커닝엄 제독의 지중해 함대가 나타나기 전에 수송 선단을 따라잡기를 바랐고, 영국 해군의 일부만을 상대로 교전하는 유리한 환경을 확보할 수 있기를 바랐다.

하지만 이탈리아 제독들은 영국 해군의 더 강력한 함포와 항공모함을 경계하며, 영국 함대가 가까이 접근하기 전에 출격을 미리 취소하는 경우가 많았다. 특히 마타판곶 앞바다에서 벌어진 야간전투에서 레이더를 장착한 영국 전함들에 참패한 결과는 이탈리아 해군으로서는 큰 충격이었다. 어쩌면 레지아 마리나가 지중해에서 해상 제해권을 장악할 최고의 기회는 1941년 말, 즉 영국 해군의 대형 군함들이 대거 침몰하거나 피해를 입은 때였다. 그러나 이때 추축국은 몰타 점령을 비롯해 공격적인 전략을 시도하지 않았다. 1942년에는 처칠과 더들리 파운드 제1해군경이 페디스털 작전이라는 이름으로 지중해에 해군 자산을 크게 투입하기로 결정한 까닭에 그때 공격적 전략을 구사하기에는 너무 늦었다. 또 영미 연합군은 북아프리카를 점령하고 폭격기 편대를 강화한 반면, 이탈리아 해상 함대는 연료 부족에 시달렸다. 따라서 연합군 전함은 상륙을 지원하는 역할을 제외하면 지중해에서 특별히 떠맡아야 할 역할이 없다시피 했다. 1943년 9월, 항복하는 이탈리아 함대에 루프트바페가 가한 공격은 해군력의 균형추에 영향을 주려는 행위보다 복수심에서 비롯된 반발이었다. 프랑스 해군은 이미 10개월 전에 툴롱에서 자침을 선택한 뒤였다. 따라서 이때부터 지중해에는 앨프리드 세이어 머핸의 이론이 옳은지 그른지를 증명할 만한 적대적 함대가 없었다.

추축국들은 지중해에서 전투를 끈질기게 끌어가며, 북아프리카에 주둔한 롬멜의 부대와 로돌포 그라치아니(Rodolfo Graziani, 1882~1955년) 군대에 물품을 보급하는 중요한 통로를 확보하려고 애썼다. 반면에 영국 해군은 양방향으로 수송 선단을 운영하며 몰타 기지를 강화하는 데 공들였고, 전쟁이 중대한 시기에 들어섰을 때도 이집트에 주둔한 영국 제8군에게 군수품을 지원하기 위해 수송 선단을 어떻게든 운영하려고 애썼다. 해군 역사학자 리처드 우드먼(Richard Woodman)의 계산이 맞는다면, 1940~1942년에 영국 해군이 몰타까지 실시한 대규모 수송 작전만도 35회 이상이었다(호위 항공기를 띄운 항공모함, 잠수함과 고속 기뢰 부설함이 함께한 경우는 이 계산에 포함되지 않았다). 이때 대부분의 수송 선단이 큰 손실을 입었고, 적잖은 선단은 방향을 되돌리기도 했다.[5] 줄리언 코벳이 자신의 글에서 자주 말했듯이, 수송 선단이 적에게 어떤 방해도 받지 않고 목적지에 도착한다면 해군 전략이 성공적으로 실현된 것이다. 제해권을 두고 치열하게 다투던 지중해에서 그런 호사는 전혀 가능하지 않았다. 대다수의 수송 선단이 아무 탈 없이 목적지에 도달했던 북대서양에서와 달리, 1940년부터 1942년 사이에 지중해를 지나면서도 별다른 손실을 입지 않은 수송 선단은 많지 않았다.

1939~1945년의 전쟁 기간에 세계 전역의 바다에서는 해상 함대들이 해상 교통로를 장악하기 위한 전투만이 아니라 완전히 다른 형태의 해전도 있었다. 승리를 향한 연합군의 행진에서 점점 큰 역할을 맡게 된 형태의 전투, 즉 해군과 육군이 함께하는 상륙작전(amphibious warfare)이었다. 상륙작전은 영미 연합군의 해군력을 명확히 입증해주는 형태의 전투였고, 대서양과 태평양과 지중해 등 모든 전장에 시도된 형태의 전투였으며, 연합군에게 궁극적인 승리를 안겨준 열쇠이기도 했다. 대동맹이 추축국에 무조건 항복을 요구했다는 사실에는 항복하지 않으면 엄청난 규모의 침략군이 추축국들의 주요 도시에 조만간 들이닥칠 것이란 협박이 담겨 있었다. 달리 말하면, 추축국의 본토로 이어지는 모든 지역은 말할 것도 없고 본토까지 점령하기 위한 상륙작전이 전개될 것이라는 뜻이었다.

바다를 기점으로 시작되는 연합군의 상륙전이 처음에는 노르웨이와 크레타에서 실패했지만, 과달카날과 북아프리카에서는 처음으로 눈에 띄는 진전을 이루었고, 남태평양과 중앙 태평양 및 중앙 지중해에서는 잇달아 성공을 거두었다. 그런 성공은 노르망디와 앤빌, 이오시마와 오키나와로 이어졌다. 원자폭탄이 투하되자, 일본 본토를 겨냥한 사상 최대의 상륙작전 계획은 중단됐다. 다운폴 작전이란 명칭 그대로 '다운폴(몰락)'됐다. 해군의 성공이 지상군의 승리로 바뀌려면 군대는 해군이 적국의 해안을 향해 발사하는 거대한 발사체로 여겨져야 한다는 존 피셔 제독의 오랜 꿈이 마침내 실현된 셈이었다. 상륙전에 사용된 많은 작은 도구들이 1945년 이후에 폐기됐지만, 작전의 노하우(knowhow)와 지휘 체계는 유지됐고, 인천과 수에즈에서 유용하게 재사용됐다.

그럼 이런 의문이 생길 수 있다. 바다에서의 전쟁은 정확히 언제 '승리'가 확정됐을까? 물론 공식적으로는 1945년 5월 초 유보트가 대거 항복한 때, 그리고 3개월 뒤에 일본이 항복한 때였다. 그러나 그 이전에 한쪽은 패배를 직면하고 상대는 승리를 기대할 수 있는 분명한 어떤 단계가 있었다. 전체적인 흐름으로 볼 때 태평양 전쟁에서는 이 단계가 상당히 늦은 편이었다. 1942년 6월의 미드웨이 해전을 전쟁의 결정적인 전환점이라 규정하기에는 너무 이르다. 오히려 훨씬 나중에, 구체적으로는 체스터 W. 니미츠의 함대가 위용을 과시하며 길버트제도로 진격했던 1943년 말쯤에 전쟁의 분기점을 넘었다고 가정하는 편이 더 타당하다. 대서양에서도 영국 해군부는 1943년 5~6월 유보트의 손실 규모를 파악하고, 되니츠의 철수 명령을 확인할 때까지 종전이 눈앞에 다가왔다고 확신할 엄두를 내지 못했다. 지중해와 북아프리카에서는 전투가 훨씬 더 비좁은 구역에서 벌어졌기 때문에 1943년 초부터 '시작의 끝'을 인식하기가 더 쉬웠다. 물론 군비적 관점에서 보면, 승리의 추는 일찌감치 1941년 12월에 한쪽으로 기울기 시작했다. 미국의 참전과 소련의 생존은 세계 군사력과 경제력의 4분의 3을 움켜쥔 쪽이 전체의 4분의 1밖에 갖지 못한 추축국을 상대로 싸운다는 뜻이었다. 하지만 8장에서 살펴보았듯이, 이런 깊은 차원에서도 군비 생산의 균형추가 크게 이동하기 시작한 것은 1943년 초였다.

제2차 세계대전에서 해전이 벌어진 세 바다, 즉 동아시아를 포함하는 태평양, 지중해와 근동, 서유럽을 포함하는 대서양은 역사학자들에게 일반적으로 독립적인 무대로 다루어지지만 실제로는 항상 서로 밀접한 관계가 있었다. 해군력과 공군력이 언제라도 한쪽에서 다른 쪽으로 이동할 수 있었기 때문이다. 1943년에는 세 바다 모두에서 상당한 규모로 해전이 벌어졌지만, 해군 역사학자는 그 충돌이 세계적인 전쟁이었고, 세 가지 유형의 다른 대규모 군사 행위(동부전선의 지상전, 연합군의 전략 폭격, 중국을 점령하려는 일본 육군의 대규모 전투)가 동시에 전개되고 있었다는 것을 기억해야 한다. 제2차 세계대전과 관련된 여섯 곳의 전쟁터는 모두 서로 상관관계가 있었다(그렇지만 마지막에 언급된 전쟁터는 나머지 다섯 곳만큼 그 관계가 밀접하지는 않았다). 따라서 나치와 소련의 충돌이 독일의 인력과 산업 자원을 동쪽으로 크게 끌어가며 되니츠의 해군으로부터 떼어놓은 반면, 선박으로 운송된 무기들(항공기와 트럭)은 소련의 전투력을 크게 보강해주었다. 영미 연합군이 바다에서 거둔 승리가 소련이 동부전선에서 승리하는 데 큰 도움을 주었듯이, 소련군이 베어마흐트를 분쇄함으로써 해전의 승리에 도움을 주었다. 어느 쪽이 더 큰 역할을 했느냐를 분석하는 작업은 그다지 유익한 작업이 아니다.[6] 하지만 분명한 것은 전투가 벌어진 대부분의 지역에서 추축국의 위치가 1943년 말쯤에는 불리해지고 있었다는 것이다. 해군력이 그런 변화를 끌어냈다는 데는 반박의 여지가 없었다. 결국 해군력이 역사에 영향을 끼쳤다는 뜻이다.

————

역사학자 코넬리 바넷이 설득력 있게 주장했듯이, 대규모 무력 충돌은 모든 것을 점검하는 '감사관(auditor)'이다. 큰 전쟁을 맞아 국가를 형성하는 모든 사회가 동원되는 경우에야 전체를 이루는 모든 부분, 예컨대 국가가 지향하는 방향, 전략적인 의사 결정, 생산 자원, 과학기술 역량, 군사력과 무기 체계 등이 시험대에 오르기 때문이다.[7] 이런 관점에서 보면, 제2차 세계대전은 2장에 언급된 6대 해군 강국 전부를 시험대에 올렸을 뿐만 아니라, 각국이 보유한 주요 군함의 유형에 대한 최종 평가를 내놓았다. 결론적으로 말하면, 군함이 어떻게 구성됐느냐에 따라, 1939년 9월 이후에 전개된 새로운 전투 환경에 대응하는 역량에서 차이를 보였다. 유럽에서는 영국 해군부가 또 한 번의 대대적인 해전을 앞두고 적절한 준비를 갖추기 전에 유보트가 영국 항공모함과 전함을 격침하며 본격적인 해전이 시작된 반면, 태평양에서는 기습적인 공습으로 전쟁이 시작됐다는 차이는 상징적 의미 이상의 것이 있는 듯하다.

많은 유형의 군함 중 전함은 제2차 세계대전 이전에는 모든 해군의 핵심 전력이었다. 그러나 전함은 새로운 형태로 전개된 대규모 해전에 제대로 적응하지 못했고, 그 이유는 6대 해군이 저마다 달랐다. 전함이 그렇게 짧은 시간, 즉 5~6년 만에 잉여 자원으로 전락할 거라고는 1939년에 누구도 예측하지 못했다. 가장 영민하다던 해군 장교들도 마찬가지였다. 전쟁 초기에는 6대 해군 강국 모두가 최신형 전함을 최대한 신속하게 바다에 내놓으려고 애썼다. 이탈리아는 리토리오급 전함, 영국은 조지 5세급 전함, 프랑스는 리슐리외급 전함, 미국은 노스캐롤라이나급 전함, 독일은 비스마르크급 전함, 일본은 무사시급 전함을 건조하는 데 박차를 가했다. 다른 국가들도 전함을 건조하고 있었다는 사실은, 각국의 해군부가 더 많은 전함을 건조해야 했다는 뜻이었다.

그러나 비스마르크호, 샤른호르스트호, 티르피츠호 등 소수의 대형 군함이 하나씩 사라지자 크릭스마리네의 해상 해군은 힘을 잃었다. 이

대해전, 최강국의 탄생

탈리아 전함은 폭격기들의 공격을 받아 꼼짝 못 했고, 결국 1943년에 항복하라는 요구를 받았다. 영국 해군의 드레드노트급 전함들은 전장을 옮겨 다니며 중대한 손실과 크고 작은 피해를 입었지만 전반적으로 본연의 역할을 잘 해냈다. 그러나 신형 조지 4세급 전함 4척이 태평양으로 파견됐던 1944년쯤에는 대형 함포를 탑재한 전함의 시대가 끝나가고 있었다. 아마도 일본 해군이 진주만 공습으로 미국 전투 함대를 철저히 제거함으로써 전함의 종말을 앞당긴 가장 큰 주역이 아닌가 싶다. 니미츠는 전함을 대체할 군함들이 도착하자, 그 군함들로 항공모함 기동부대를 꾸렸고, 그때부터 항공모함 기동부대가 태평양에서 모든 해전을 인계받아, 대부분의 일본 해군을 궤멸했다. 따라서 1945년이 시작됐을 때 영국과 미국의 전함들은 두 가지 의무만을 갖게 됐다. 하나는 항공모함에 대한 가미카제의 공격을 차단하는 대공포대로 기능하는 것이었고, 다른 하나는 적진의 해안 시설을 포격하는 역할이었다. 난바다에서 함대들이 벌이던 교전의 시대는 끝나고 없었다. 게다가 제2차 세계대전에서는 그런 교전 자체가 없었다.

반면에 새로운 형태의 해전은 각 군의 순양함이 전쟁 기간 내내 거의 모든 부문에서 반드시 필요한 존재로 부각된 해전이었다. 예컨대 순양함은 전투 함대를 위해 정찰함 역할을 해냈고, 위험한 해역에서는 수송 선단을 호위했으며, 함포 사격으로 상륙부대를 지원했다. 게다가 때로는 적군의 순양함 전대(戰隊)와 포격전을 벌이기도 했다(마타판곶 해전, 2차 시르테 해전, 남서 태평양 해전이 대표적인 예). 영국 순양함 셰필드호는 노르웨이 앞바다를 정찰했고, H-부대의 일원이었으며 비스마르크호를 추적했고, 몰타 수송 선단을 엄호하기노 했다. 순양함의 이런 작전 범위는 특별한 게 아니었던 까닭에, 순양함들은 그런 잦은 배치에 따른

호된 대가를 치러야 했다. 따라서 제2차 세계대전 동안 대부분의 국가에서, 다른 유형의 군함보다 순양함의 손실 비율이 상당히 높았다.

이탈리아 해군의 순양함도 절반가량이 침몰했다. 독일의 히퍼급 중순양함들과 뉘른베르크급 경순양함들이 포탄과 폭탄에 많은 피해를 입었고 바닷속에 가라앉았다. 일본의 중순양함 함대는 레이테만 해전이 끝난 뒤에 규모가 크게 줄어들었고, 영국 해군은 전쟁 기간에 28척의 순양함, 즉 총보유량의 약 36퍼센트를 잃었다. 전쟁이 끝났을 때, 오스트레일리아와 네덜란드, 영국과 프랑스 등 거의 모든 국가의 해군이 8인치 함포를 탑재한 중순양함을 포기했다(미국 해군만이 계속 유지했다). 그러나 그 이후에도 다양한 목적에서 상당한 규모의 해상 군함이 필요했던 까닭에 새로운 함급의 경순양함과 대공 순양함(나중에는 미사일 방어용 이지스급 순양함)이 그 국가들의 함대에 들어갔다.[8]

하지만 제2차 세계대전의 해전은 어떤 유형의 군함보다 함대 구축함과 그보다 약간 작은 호위 구축함이 두각을 나타낸 해전이었다. 구축함은 전쟁 기간 내내 '함대의 일꾼'이란 별명으로 불렸다. 고속 함대 구축함은 군사작전에 빠짐없이 파견됐고, 그 때문에 많은 희생을 치를 수밖에 없었다. 크릭스마리네가 나르비크협만에서 10척의 구축함을 모두 상실한 경우는 극단적인 사례였지만, 그 직후에 영국 해군은 됭케르크에서 20척이 넘는 구축함이 침몰하거나 크게 파선되는 피해를 입었다. 지중해 전투가 시작된 이후로는 영국과 이탈리아와 독일 (유보트) 전단(戰團)이 수송 선단을 둘러싸고 반복해 교전을 벌였다. 그 때문에 특히 몰타와 시칠리아 사이의 해협과 크레타 앞바다에서 많은 군함이 침몰했다. 지금도 지중해의 밑바닥에는 을씨년스러운 공동묘지처럼 보이는 곳이 적지 않다.

대해전, 최강국의 탄생

6년 동안 계속된 대서양 전투에서는 주로 코르벳함과 슬루프, 프리깃함과 (미국 해군) 호위 구축함이 교전을 벌였지만, 영국 해군과 연합군의 구축함도 상당히 많이 침몰했다. 일본과 미국은 솔로몬제도와 비스마르크제도에서 벌인 전투에서 많은 구축함을 잃었다. 또 미국 구축함은 가미카제를 유인해 임무를 수행하는 과정에서 큰 손실이 있었고, 일본은 미국 함재기의 폭격과 잠수함의 공격에 구축함을 비롯해 여러 유형의 군함을 잃었다. 기록에 따르면, 미국 해군은 제2차 세계대전에서 70척이 넘은 구축함을 잃었지만 그보다 6배가 많은 구축함을 건조했다. 일본 해군은 전쟁이 끝날 때까지 무려 135척의 군함을 잃었고, 구축함 함대는 거의 사라졌다. 크릭스마리네는 27척의 구축함을 잃었고, 27척은 독일이 보유하던 구축함의 거의 전부였다. 한편 이탈리아는 항복하기 전까지 43척의 구축함을 잃었다. 영국 해군의 구축함 함대는 전쟁 시작부터 끝까지 활약하며 153척을 잃었고, 이 숫자는 전체의 3분의 1을 넘었다(순양함도 마찬가지였다).

해전이 벌어진 모든 전장에서 구축함과 호위 구축함은 항공기와 연합해 적국 잠수함을 격침하는 데 많은 힘을 쏟았고, 그 임무를 무척 잘 해냈다는 사실을 고려하면 1939~1945년의 충돌이 잠수함에도 '좋은 전쟁'이었다는 주장은 약간 놀랍게 들릴지도 모르겠다. 여하튼 전쟁이 끝났을 때 세 추축국의 잠수함 함대는 완전히 박살 나고 괴멸되고 버려진 상태였다. 레지아 마리나는 85척의 잠수함을 잃었고, 거의 전부가 3년이란 짧은 시간에 잃은 것이었다. 일본 해군은 약 127척의 잠수함을 잃었고, 그중 53척이 1944년에 침몰했다. 한편 독일 해군의 잠수함 부대는 전쟁 기간에 무려 780척을 잃었고, 대부분이 대서양 전투에서 사라졌다. 하지만 해상 교통로를 장악하기 위한 다툼에서 잠수함의 위력은 충분히 입증됐다. 게다가 연합국의 상선이 무수히 격침한 무기도 독일 유보트였다. 1942~1943년도 무척 짧은 기간이었지만, 유보트에는 영국과 미국의 승전 계획을 좌절시킬 기회가 있었다. 종전을 수개월 앞두고 독일 해군은 혁명적인 최신형 잠수함, 즉 스노클식 호흡 장치를 갖추고 물속에서 재충전하며 엄청나게 빠른 속도로 운항할 수 있는 잠수함을 개발해냈다. 달리 말하면, 서방 연합국의 해군들이 다시 바다에서 치열한 격전을 치러야 했을지도 모를 상황을 간신히 모면했다는 뜻이다. (나치의 다른 '경이로운 무기'들에 대해서도 그랬듯이, 전쟁이 끝난 뒤에 미국과 영국이 잠수함과 관련된 그 새로운 기술을 먼저 차지하려고 경쟁을 벌였던 것 역시 조금도 놀랍지 않다.)

극소수에게만 알려진 사실이지만, 영국 해군의 잠수함 부대(Silent Service)에 제2차 세계대전은 만족스러운 전쟁이었다. 영국 해군은 전쟁 기간에 총 76척의 잠수함(32퍼센트)을 잃었고, 상대적으로 비좁은 바다이던 지중해에서 가장 많이 잃었다. 흥미롭게도 지중해에서 영국 잠수함은 독일군(24척)보다 이탈리아군(37척)에 더 많이 침몰됐다. 상대적으로 크기가 작은 영국 잠수함들은 북해에서, 또 발트해 입구에서 크릭스마리네를 상대로 효과적으로 싸웠다. 그러나 크기가 상대적으로 큰 잠수함들은 동쪽으로 보내져서 일본 상선들의 항해를 방해했고, 때로는 일본 대형 군함을 공격하기도 했다. 전쟁이 끝나자 잠재적인 적이 눈앞에서 사라졌기 때문에 영국 해군에서 잠수함 부대의 규모는 운명적으로 줄어들 수밖에 없었다.

반면에 미국 해군의 잠수함 부대는 훨씬 더 많은 주목을 받았다. 느릿하게 시작했지만, 본격적인 궤도에 들어서자 미국 잠수함들은 일본 상선들의 활동을 거의 괴멸시켰을 뿐만 아니라, 일본 전함과 항공모함,

대해전, 최강국의 탄생

중순양함 등 많은 군함을 공격해 큰 손실을 안겼다. 전쟁의 결산에서도 미국 잠수함은 합격점을 받았다. 1945년 이후로, 잠수함 옹호론자들은 잠수함의 압박만으로도 일본을 물리칠 수 있었을 것이라 주장했다. 원자폭탄의 투하가 전쟁을 완전히 끝낸 것은 아니라는 주장이기도 했다. 전후에 미국 잠수함 부대는 가장 흥미진진한 부대가 됐다. 하이먼 리코버(Hyman Rickover, 1899~1986년) 제독이 핵 추진 잠수함을 도입하고, 나중에는 핵잠수함에 탄도 미사일 발사 장치까지 설치함으로써, 미국 잠수함 부대는 과학기술적으로 더욱 앞선 동시에 가장 전략적인 부대가 됐다.

순양함과 구축함 및 (미국) 잠수함처럼 강력하고 값비싼 무기는 1945년 이후에도 확실한 미래가 보장된 듯했지만, 다른 유형의 군함들은 본래의 유용성을 상실하고 연합군 함대에서 위상을 걷잡을 새 없이 잃었다. 상대적으로 작은 호위 항공모함은 대서양 전투에서 뛰어난 유용성을 과시했고 태평양 전쟁에서는 상륙작전을 지원했지만, 거의 모두가 폐기되거나 상선으로 개조됐고 작은 국가의 해군에 양도되거나 매각됐다. 수천 척의 상륙함도 해체되거나 상업용으로 팔려 나갔다. 하기야 일본이 항복한 뒤에 그렇게 많은 상륙함, 즉 '바닷벌'이 어떤 적 때문에 필요했겠는가? 이렇게 대대적인 매각에 나선 연합군 군함 중 가장 충격적인 '야드 세일(yard sale)'은 전쟁 기간 내내 대서양에서 수송 선단을 호위하는 중요한 역할을 도맡았던 수백 척의 슬루프함과 코르벳함과 호위 구축함이었다.

1953년까지 영국 해군은 그 유명한 플라워급 코르벳함을 한 척도 빼놓지 않고 해체하거나 매각했나. 그중 294척이 전쟁 기간 중에 서둘러 건조돼 뛰어난 활약을 펼쳤던 군함이었다. 그 때문에 영국 해군은 그해 제작된 유명한 영화 〈잔인한 바다〉에서 코르벳함 컴패스 로즈호의 역할을 맡을 군함을 전혀 제공할 수 없었다! (영화에 출연한 코르벳함은 그리스 해군에게서 찾아내 빌린 것이었지만, 그 군함도 수년 뒤에 해체됐다.)⁹ 국가에 봉사한 대가가 무엇인지에 대해서는 이쯤 해두자. 연합군에게 군수품을 긴급하게 운반할 목적에서 건조된 수천 척의 리버티함처럼, 온갖 유형의 군함들도 현실적인 이유에서 건조되고 전투에 투입된 것은 사실이다. 그런데 전쟁에서 승리를 거두었고, 그 목적이 사라졌다. 전쟁을 결산하자면 그럴 수밖에 없었다.

끝으로 제2차 세계대전은 항공모함이 본래의 역량을 확실히 발휘한 전쟁이었다. 항공모함은 미국 해군력에 압도적 우위를 안겨주었고, 영국 해군은 뒤늦게 항공모함 함대의 규모와 역량을 키웠지만 미국 해군에 비하면 상당히 뒤처졌다. 물론 해군력에서 상대적으로 열세였던 세 국가는 처음부터 항공모함을 보유하지 않았던 까닭에 장거리 해군 항공 부대를 원천적으로 운영할 수 없었다. 독일 공군에는 군함을 상대하는 특화된 역할을 맡은 '플리거코어 X(Fliegerkorps X: 제10비행군단)'가 있었지만, 이를테면 에리히 레더나 카를 되니츠가 항공모함 함대를 운영하는 경우와 같을 수는 없었다. 제2차 세계대전에서 일본 해군 항공 부대는 그야말로 극단적인 사례를 보여주었다. 태평양 전쟁이 시작되고 처음 6개월 동안 일본 해군은 세계에서 가장 효율적이고 인상적인 항공모함 부대를 보유했다. 하지만 산호해 해전에서 실수를 범했고, 미드웨이에서 4척의 플리트 항공모함과 많은 항공병을 잃는 엄청난 피해를 입었다. 그때 일본 항공모함 부대는 끝난 것과 다를 바가 없었다.

1942년 6월 이후로 일본 항공모함이 어떤 군사작전을 잘해내거나 어떤 목표를 성취한 사례를 찾아낼 수 있는가? 당시 윌리엄 홀시 제독

대해전, 최강국의 탄생

에게는 새러토가호밖에 없었지만, 일본 해군에게는 여전히 2척의 플리프 항공모함과 4척의 괜찮은 경항공모함이 있어 군함이 부족한 것처럼 보이지는 않았다. 그러나 일본에는 뛰어난 항공모함 제독이 남아 있지 않았다. 무엇보다, 미국 조종사의 능력에 필적할 만한 훈련된 항공병을 충분히 키워내지 못했다. '마리아나 칠면조 사냥'에서 입증됐듯이, P-38 라이트닝 전투기와 (특히) 헬캣 전투기가 등장하며 그 간격이 더욱 커졌다. 레이테만 전투에서 일본은 5척의 남은 항공모함(거의 모두에 함재기가 없었다)을 미끼(실제로는 희생물)로 내놓으며 미국의 주력 전투 함대를 북쪽으로 유인하고, 다른 군함들로 남쪽을 기습 공격할 계획이었다. 도무지 이해가 되지 않는 계획이었다. 여하튼 일본의 계획대로 진행된 것은 전혀 없었다. 그리고 마지막 항공모함, 즉 전함에서 항공모함으로 개조된 시나노호가 1944년 11월 미국 잠수함 아처피시호에 의해 격침됐다. 당시 시나노호는 출격할 준비가 되지 않은 상태였고, 한 대의 항공기도 싣지 않고 있었다.

그즈음 영국 해군은 항공모함 기동부대를 꾸려 동인도제도를 습격했고, 그 기동부대는 나중에 영국 태평양 함대의 핵심 조직이 됐다. 그렇다고 영국 해군이 그 이전에 항공모함을 전투에 투입한 적이 없었던 것은 아니다. 그러나 페디스털 작전, 횃불 작전, 티르피츠호에 대한 공격 등을 위해 한 번에 두세 척 이상의 항공모함을 파견할 여력이 없었다. 마크 밋처가 지휘한 12척의 항공모함이 보여주었던 것처럼, 영국 해군에는 장거리 항공기들로 구성된 독자적인 항공 부대가 없었기 때문이다. 영국 해군부는 1945년 중반경 극동으로 최신형 경항공모함들을 서둘러 파견했지만, 엄격히 말하면 너무 늦은 대응이었다. 당시 일본은 이미 패망한 국가였고, 원자폭탄이 곧 투하될 예정이었다. 전쟁이 끝나고 있는 데다 엄청난 재정 위기에 직면한 까닭에, 새롭게 들어선 노동당 정부는 대부분의 군함 건조 계획을 대폭 삭감했고, 대형 항공모함을 건조하려던 계획도 이 삭감의 칼날을 피해 갈 수 없었다. 이류급 경제가 최신형 항공모함을 보유할 여력이 있을 수 없었다.

따라서 제2차 세계대전은 해상 공군력이 최대로 과시된 전쟁이었고, 항공모함이 전함을 밀어내고 함대의 중심이란 위치를 차지한 전쟁이었다고 해군의 역사에 기록된다면, 태평양에서 활약한 미국 항공모함 기동부대의 이야기가 그 정의에 딱 들어맞는다. 고속 항공모함 전대(戰隊)가 1943년 말 이후로 해안 기지를 포격하고, 적의 전함들을 격파하며 거둔 지속적인 성공은 지금도 이야기된다(9~10장 참조). 항공모함에서 출격한 300대의 함재기가 덮치면, 무사시호와 야마토호처럼 7만 톤에 달하던 거대한 괴물도 무력한 표적이 되는 수밖에 없었다. 제2차 세계대전이 끝나갈 무렵 미국 군사력이 어느 정도였는지 측정한 방법은 많지만, 일본 해안의 앞바다에 포진했던 항공모함의 수가 가장 적절한 지표일 수 있다. 아니면 1945년 9월 2일 미국 전함 미주리호의 선상에서 일본이 항복 문서에 서명할 때 미국과 영국의 전함 위를 비행한 약 450대의 해군 항공기일 수도 있다. 그렇지만 미국 육군 항공대가 자신이 전쟁에서 실질적으로 승리한 주역임을 주장하고 싶었던지, 몇 분이 지난 뒤에는 거대한 B-29 슈퍼포트리스가 도쿄만 위를 줄지어 비행한 모습에서도 미국 군사력을 짐작할 수 있었다. 물론 그때 미국의 모든 군대는 세계에서 필적할 만한 군사적 상대가 없다는 것을 앞다퉈 보여주고 있었다.

그즈음에는 6대 해군 강국이 군림하던 1939년 이전의 세계도 끝나고 없었다. 수세대 동안 익숙하던 다극적 해상 풍경이 몇 년이란 서사적인 시간 만에 사라졌다. 해군력이 상대적으로 약하던 국가들이 자체적으로 전쟁을 결산조차 못 한 이유는 정밀하게 분석할 필요조차 없었다. 프랑스의 경우, 국권을 상실한 책임이 해군에 있지는 않았다. 제3공화국이 1940년 5월에 독일 공군과 육군의 전격적인 공격을 받고 수주 만에 항복하고 말았고, 독립적인 국권도 상실했다. 프랑스 제독들이 함께 힘을 합해 싸우자는 처칠의 제안을 받아들였다면, 전쟁의 전반기는 다른 양상으로 전개됐을 것이고, 프랑스 전투 함대가 최종적으로 맞은 운명도 무척 달랐을 것이다. 프랑스 군함의 설계 자체에는 물론이고, 두 세계대전 사이에 프랑스 해군부가 건조할 군함의 유형에 대해 내린 선택에도 잘못된 것은 없었다. 제3제국에 비해 프랑스의 군사력이 약하다고 인정하며 개선책을 강구할 만한 대책이 군부 내에서 취해지지 않았을 뿐이다. 당시 프랑스는 20세기를 덮친 불경기와 씨름하고 있던 때여서 해군의 위상도 억눌린 상황이었다. 하지만 미래를 걱정하면서도 함대를 비시 정권에 넘기기로 결정한 제독들도 프랑스 해군을 궤멸 상태로 몰아갈 궁극적인 타격이 메르스 엘 케비르와 툴롱에서 벌어질 거라고는 상상조차 할 수 없었을 것이다.

독일이 북유럽의 작은 국가들을 삼켜버리고 있던 그때, 또 나치와 소련이 불가침 조약을 맺으며 동유럽의 중간에 위치한 국가들을 분할해 소유하는 작업을 끝내가고 있었다. 따라서 프랑스가 전쟁에서 어쩔 수 없이 밀려날 수밖에 없었을 때 이탈리아가 전쟁에 참전했어야 했다는 주장은 그야말로 허튼소리에 가깝다. 무자비한 강대국들 사이의 패권 다툼에서, 스페인과 튀르키예와 스웨덴이 입증해 보였듯이 (선택의 여지가 있다면) 중간급 국가의 최선의 전략은 중립을 지키는 것이었기 때문이다. 중립을 지켜야 할 때 전쟁에 참전함으로써 무솔리니의 이탈리아는, 영국이 계속 싸울 수 있다는 것을 어떻게든 입증해 보이려던 처칠의 영국에 맞서 최전선에 뛰어들게 됐다. 달리 말하면, 지중해 전역에서 이탈리아는 영국의 전함과 순양함, 잠수함과 항공기에 맞서 치열하게 싸워야 했다. 제2차 세계대전에서 이탈리아 해군에 대해 영어로 쓰인 이야기는 북아프리카에 주둔했던 이탈리아 육군 이야기에 못지않게 압도적으로 부정적이고 경멸적이기도 하다. 타란토 해전과 마타판곶 해전부터 시작해서, 몰타를 중립지대로 만들려는 시도와 이탈리아 수송 선단을 안전하게 지키려는 노력이 실패한 사례까지 대부분의 기록이 우울하다. 몰타를 점령하려고 시도하지 않았다고 비판할 수 있겠지만, 영국이 기록하고 있듯이 이탈리아가 몰타 침공을 시도했다면 치열한 전투를 피할 수 없었을 것이고, 그런 침공은 십중팔구 실패했을 것이다.

그러나 이탈리아의 전략 지도부 자체가 엉망진창이었다고, 이탈리아 해군에 대한 평가가 완전히 부정적일 것이라는 뜻은 아니다. 앞에서도 말했듯이 이탈리아 군함들은 강력하고 인상적이었으며 빨랐지만, 1940~1942년의 억눌린 작전 상황에서 본래의 능력을 좀처럼 보여줄 수 없었다. 이탈리아 해군의 대잠수함 초계 능력은 영국 해군의 잠수함 부대에 상당한 피해를 주었고, 반면에 이탈리아 소형 잠수함들은 알렉산드리아에 주둔한 커닝엄의 전투 함대를 공격해 큰 성과를 거두기도 했다. 하지만 커닝엄의 함대를 공격했다는 사실에서 이탈리아의 전략적 판단이 잘못됐다는 것을 엿볼 수 있다. 다시 말하면, 당시 전쟁은 세계 전역에서 벌어지던 전쟁이었던 까닭에 커닝엄의 함대를 공격한다고 해전 자체에서 승리하기는커녕, 영국의 지중해 이익에 위협을 가한 행위로 해석되며 대서양 해역과 수에즈 동쪽에서 활동하던 영국 전대들을 지중해로 끌어들이는 역효과를 낳았다. 따라서 레지아 마리나가 1943년 9월에 지휘권을 넘겼을 때 대동맹의 병력에 보탬이 된 것은 전혀 없었다. 그저 연합군의 병력을 분산시키던 세력이 제거되고, 런던에 가하던 압박감이 사라진 것에 불과했다. 하지만 전체적으로 보면, 진짜 강대국들이 지닌 '상대적 전쟁 잠재력'의 2.5퍼센트만을 보유한 국가, 다시 말하면 일본보다 약하고, 프랑스보다 약한 국가, 진짜 강대국보다 턱없이 약했던 국가의 해군이 지중해에서 그 이상의 것을 해낼 수 있었을지도 의심스럽다.

독일 해군이 제2차 세계대전에 남긴 기록을 결산하기는 이탈리아만큼 간단하지 않다. 독일은 전략적으로 작은 조각은 아니었지만, 어느 면으로 보아도 독일 함대가 이탈리아 함대만큼 크지는 않았다. (최상층부의 결함, 즉 세계 지배를 추구하던 히틀러의 편집증을 제외하면) 제3제국은 거의 모든 면의 군사적 효율성에서는 진지하고 무자비하고 잘 조직된 군대였다. 독일의 군함들은 한결같이 튼튼하게 건조됐고, 함포의 성능도 탁월했다. 하지만 그들의 커다란 구축함과 중순양함은 북극해 얼음이나 대서양의 폭풍과 싸우며 항해하기에는 그다지 적합하지 않았다. 독일 해군의 정보력도 상당히 좋은 편이었다. 이탈리아처럼 항공모함이 없었던 까닭에 독일 제독들은 상당히 불안해했다. 히틀러의 집착과 간섭 때문에 해군 제독들은 많은 경우에 행동의 제약을 받은 반면, 영국 공군 폭격기 사령부는 독일의 대형 군함들에 반복해서 크고 작은 피해를 주었다. 1939년 9월에 성급히 전쟁을 시작한 까닭에 크릭스마리네는 항상 군함 수의 부족에 시달렸고, 대담한 노르웨이 침공이 성공하기는 했지만 해군은 상당한 손실을 입어, 그렇잖아도 군함이 부족하던 상황이 더욱 악화됐다.

따라서 독일 해군의 전함들, 예컨대 그라프 슈페호, 샤른호르스트호와 그나이제나우호, 아트리말 셰어호와 비스마르크호는 대서양에서 론 레인저(Lone Ranger)처럼 단독으로 작전해야 했고, 처참하게 실패하는 경우가 적지 않았다. 1942년 초 이후로, 독일의 모든 대형 수상함은 발트해나 노르웨이 북구 해역에 갇힌 신세가 됐다. 에리히 레더라면 독일 GNP의 4분의 1밖에 되지 않는 국가, 일본 해군 규모의 전투 함대라도 보유하기를 꿈꾸었을 것이 분명하다. 그래서 독일에 이 10척의 전함과 40척의 순양함으로 이루어진 함대가 있었다면, 영국 해군과 미국 해군 모두에게 끔찍한 악몽이었을까? 그러나 그때는 1940년이었지, 1914년이 아니었다.

독일의 유보트 부대에는 다른 형태의 결산이 필요하다. 특히 대서양 전투와 관련해서는 그렇다. 전쟁 시작부터 끝까지 독일 유보트, 즉 잠수함은 항상 상대에게 위협적인 존재였고, 유보트가 연합군에게 안긴 피해는 3,500척의 상선(1,450만 중량톤)부터 끝없이 나열할 수 있는 영국 해군의 전함과 항공모함, 많은 순양함과 수십 척의 구축함까지 엄청났다. 되니츠의 유보트 부대에서 가장 인상적인 부문은 탁월한 조직력, 특히 울프팩과 집요함에 있었다. 대서양 교통로를 장악하기 위한 치열한 다툼에서 유보트 부대는 오랫동안 좀처럼 포기하지 않았다. 1943년 5~6월 연합군 수송 선단 호위 부대가 승리를 거둔 뒤에도 되니츠는 호밍 어뢰, 개량된 탐지 레이더 및 잠수함을 동원해 반격할 방법을 즉각

대해전, 최강국의 탄생

적으로 찾아내려 애썼다. 1945년의 21형 유보트는 실로 겁나는 잠수함이었지만, 되니츠의 바람은 연합군 해군의 공격이 아니라, 그 잠수함을 생산하는 시설을 폭격하는 공격에 의해 물거품이 됐다. 대서양 해상 교통로에 대한 유보트의 도발만이 연합군에게 가해지는 유일한 공격이었지만 정말 위협적이었다.

따라서 1943년 봄의 전투에서 울프팩을 괴멸하지 못했더라도 유보트의 공격에 침몰되는 상선보다 더 많은 상선을 건조해서 더 많은 수송 선단을 보내면 유보트의 도발을 얼마든지 극복해낼 수 있었을 것이란 주장은 설득력이 없다. 대서양 전투는 연합군의 '무지막지한 힘(brute force)'이 승리를 거둔 중요한 전투 중 하나였다고 해서,[10] 미국의 리버티함 생산능력이 급증했다는 것만으로 승리가 설명된다는 뜻은 아니다. 영국과 미국의 산업 생산력과 과학 기술력이 대대적으로 동원됐고, 그 결과로 연이어 개발된 놀라운 신무기들이 울프팩을 괴멸하며 궁극적인 승리로 이어졌다는 뜻이다. 독일 유보트 부대는 결국 지쳐 쓰러졌지만, 처칠이 유보트 부대가 자신을 정말로 겁먹게 만들었던 유일한 군 조직이었다고 말했던 것은 조금도 놀랍지 않다.

병력의 현격한 차이에도 불구하고, 독일 해군은 일관되고 인상적인 기록을 남겼다. 반면에 일본 해군은 태평양 전쟁에서 완전히 한쪽으로 치우친 기록을 남겼다. 이런 결과는 75년이 지나고 수천 권의 책과 논문에서 이 전쟁을 다루었지만 여전히 수수께끼로 남겨져 있을 정도로 이상하다. 충돌이 시작되고 처음 5개월 동안 일본 해군의 여러 부대는 거의 나무랄 데 없는 성적을 거두었다. 다시 말하면, 하루아침에 미국 전투 함대를 괴멸했고, 바다에서 빠르게 이동하며 작전하던 2척의 영국 주력함을 몇 시간에 찢어버렸으며, 자바해 해전에서 구축함과 순양함으로 구성된 연합군 함대를 완파했다. 또 영국 해군부는 수에즈운하를 걱정하고, 미국 정부는 캘리포니아를 염려하는 동안 일본 항공모함전대는 긴 항속거리를 자랑하며 인도양을 헤집고 다니며 대담하게 공격해 위협적인 승리를 연이어 거두었다. 그 짧은 반년 동안, 일본은 알렉산더 대왕 이후로 어떤 정복자보다 넓은 공간을 획득했다. 일본 항공모함 기동부대는 탁월한 작전 능력을 과시했다. 순양함과 거대한 구축함도 동일한 함급 간의 경쟁에서는 무적인 것 같았다. 급강하 폭격기는 위협적이었고, 제로 전투기를 대적할 상대가 없었다. 군함이나 항공기에서 발사하는 어뢰는 필적할 것이 없었다. 역사학자가 1942년 4월까지 일본 해군이 거둔 성과를 결산한다면, 실질적으로 모든 단위부대가 천하무적으로 보였기 때문에 그 결산에도 하나의 흠결이 없었을 것이다.

그 이후에 일본 해군은 실수하며 비틀거리기 시작했다. 실수는 산호해 해전에서 시작됐다. 곧이어 미드웨이에서 항공모함과 함재기를 크게 잃으며, 한때 우쭐하던 해군 항공대는 과거의 영화를 회복하지 못했다. 일본 해군은 과달카날에서도 미군의 힘을 과소평가하는 잘못을 저질렀고, 그 결과로 그곳에서도 주도권을 장악하지 못했다. 알류산열도의 침공은 부적절하고 무의미했다. 잠수함 함대도 제대로 활용하지 못했다. 레이더가 없는데도 야간 함포전을 반복하는 실수를 저질렀다. 물론 때때로, 하지만 지극히 때때로, 예컨대 솔로몬제도의 사보섬 앞바다에서 하룻밤에 4척의 연합군 중순양함을 격침하며 일본 해상 군함들이 무섭도록 치명적일 수 있다는 것을 보여주었지만, 전체적으로 보면, 구체적인 수치로 말하자면 태평양 전쟁의 4분의 3에 해당하는 기간에 일본 해군의 성적은 형편없었다.

그렇지만 일본 육군은 잘 싸웠다. 1944년까지도 중국 본토에서 공격적으로 싸우며, 그해 봄에는 제15군이 버마와 아삼 경계까지 진군했다. 그러나 해군은 뒤뚱거리며 필리핀해와 레이테만에서 크게 패했다. 당시 미국이 암호를 해독했을 가능성도 있었지만, 미국 잠수함과 공중 초계기의 광범위한 작전 범위가 일본 해군에 충분한 경고가 됐을 게 분명한데도 일본 해군 참모부는 무슨 생각으로 두 전투를 계획했다. 이른바 '협공 작전'과 유인 작전으로 함대를 파견했던 것일까? 일본 제독들이 요행을 바라고 어둠 속에서 주먹질한 것이란 생각밖에 들지 않는다. 야마모토 이소로쿠 제독이 전사한 이후로 일본에는 통찰력과 추진력 및 지략을 지닌 해군 지도자가 없었던 게 분명한 듯했다.

그게 전부였을까? 해군이 성공하려면 로버트 블레이크(Robert Blake, 1598~1657년), 조지 앤슨(George Anson, 1697~1762년), 허레이쇼 넬슨, 라인하르트 셰어(Reinhard Scheer, 1863~1928년), 체스터 니미츠, 윌리엄 홀시, 앤드루 커닝엄, 또는 도조 히데키 같은 지도자가 필요한 것일까? 바다에는 위대한 전투 제독, 육지에는 위대한 행정가가 없으면 어떤 해군도 성공할 가능성이 희미해지는 걸까? 여하튼 제2차 세계대전과 태평양 전쟁 이야기들은 거침없이 전개되던 군대들의 이야기인 동시에, 개개인의 잘못된 판단과 많은 복합적인 실수 이야기이기도 하다.

나구모 주이치의 항공모함들이 재결집해서 1941년 12월 8~9일에 진주만을 '재차' 공격해서 연료 저장고와 수리 조선소 및 잠수함 기지를 파괴했으면 어떻게 됐을까? 또 얼마 뒤에, 일본군이 남태평양을 공략하던 사단의 일부를 상륙부대로 데려와 하와이를 점령했다면 어떻게 됐을까? 일본이 잠수함 부대를 석극적으로 훈련시켜, 연합군의 주된 해상 교통로를 조직적으로 공격했으면 어떻게 됐을까? 영국 해군이 자국의 상선을 보호했듯이, 일본 해군이 자국의 상선을 적극적으로 보호했다면 어떻게 됐을까? 왜 일본 해군은 전쟁의 후반기에 전함들을 실질적으로 운용조차 할 수 없을 지경이 될 때까지 동인도제도에서 시작되는 유조선의 항로를 방치해두었다가 뒤늦게야 보호하고 나섰을까? 1943년 1월 일본군이 과달카날에서 철수한 이후로, 홀시의 항공모함이 태평양 바다에 한 척밖에 없던 그 오랜 시간을 활용하지 않고 연합함대가 '동면' 상태에 들어간 이유는 무엇이었을까? 미국이 10배나 많은 항공병을 훈련하는 동안, 일본 해군은 새로운 항공병을 충분히 양성하지 못한 이유는 또 무엇이었을까?

물론 마지막 질문에 대한 직접적인 대답으로는 미국 인구가 일본 인구보다 훨씬 더 많았고, 미국 전역의 공군기지에서 실시한 조종사 훈련 프로그램이 1943년경에는 일본이 제공할 수 있는 수준을 압도했기 때문이라고 말할 수 있다. 더구나 분기탱천한 미국은 항공병 수에서만이 아니라, 군사 능력을 함양하기 위한 모든 대책에서 훨씬 앞서 나아갔다. 일본 해군과 그 밖의 군대가 아무리 영리하게 싸웠더라도, 1942년부터 1943년까지 1년 만에 항공기 생산을 4만 7,000대에서 8만 5,000대까지 2배로 늘릴 수 있었던 분노한 강대국, 미국을 상대로 승리할 가능성이 정말 있었을까? 일본이 처음 6개월 동안 폭주할 수 있었지만, 그 이후로 미국이 적극적으로 평화 협상에 나서지 않는다면 전쟁의 흐름이 바뀔 거라고 야마모토 자신이 그렇게 말하지 않았던가? 정확한 지적이었다. '생산력(Produktivkräfte: 마르크스의 용어. 생산과정에서 인간이 사용하게 되는 모든 힘-옮긴이)'이란 근본적인 요인이 예부터 미국에 크게 유리하게 기울어져 있었기 때문이다. 그렇지 않았더라면 일본 해군과 공군이 태평양에서 방어 전쟁을 실제보다 더 효과적으로 치러낼 수 있

대해전, 최강국의 탄생

었을 것이라는 결론이 어렵지 않게 내려진다.

일본에 대한 결산을 이쯤에서 끝내고, 제2차 세계대전 동안 영국 해군의 성적을 평가해보면, 얄궂을 정도로 이율배반적인 결과가 드러난다. 영국은 전쟁 기간 내내 인상적으로 싸웠지만 상대적인 몰락을 간신히 모면한 국가였고, 유럽(Victory in Europe Day, V-E Day, 유럽 전승 기념일)과 태평양(Victory over Japan Day, V-J Day, 대일 전승 기념일) 모두에서 승리를 맛본 국가이기도 했다. 전쟁 기간에 영국은 함대의 규모가 확장됐지만, 1939년 9월에 누렸던 위상으로 돌아가지는 못했다.

영국 해군이 1939~1945년 동안 거둔 기록을 하나의 개념어나 멋진 문장으로 요약하기는 어렵다. 영국 해군이 무척 다양한 형태로 전투를 치르기도 했지만 많은 곳에서 전투를 치렀기 때문이다. 따라서 영국 해군의 승리와 실패를 결산하는 작업에서는 영국이 제2차 세계대전 동안 여러 곳에서 완전히 다른 유형의 적들, 또 다양한 방식으로 조합된 적을 상대로 싸웠다는 사실이 고려돼야 한다. 영국의 그랬던 상황을 정확히 이해하려면, 영국의 전투 과정을 6막으로 이루어진 연극에 비유해보는 것이 최선일 수 있다.

1막은 영국과 프랑스가 손잡고 독일, 즉 하나의 강대국과 싸우는 전쟁이었다. 이 단계에서 크릭스마리네와 루프트바페는 영국 항공모함 커레이저스호와 아크 로열호를 차례로 격침하고, 노르웨이 앞바다와 됭케르크에서 위협적인 역량을 거듭해서 과시했다. 한편으로는 이 기간에 그라프 슈페호의 위협이 제기됐고, 독일 구축함 함대도 크게 축소됐으며, 독일 해군에 남은 수상함들도 대부분이 큰 피해를 입었다. 이런 상황이 그 이후에도 계속됐다면, 영국 해군의 제해권은 전혀 위험하지 않았을 것이다.

2막은 1940년 6월부터 1941년 12월까지로, 영국 해군이 동맹이던 프랑스를 잃어 실질적인 어려움에 당면한 시기였다. 2 대 1의 우위를 누리던 상황에서, 이탈리아-독일 동맹군을 상대로, 즉 두 국가의 해군을 상대로 혼자 바다를 안전하게 지키려고 안간힘을 다해야 하는 상황으로 뒤바뀐 시기였다. 1940년 6월, 영국의 전략적 상황에 가해진 두 타격 중에는 프랑스라는 동맹을 잃은 게 더 큰 타격이었다. 프랑스가 항복하지 않았다면, 이탈리아를 확실히 지중해에 가둬둘 수 있었을 것이고, 유보트도 중앙 대서양과 북대서양에 접근하기에 원활하지 않았을 것이기 때문이다. 5장에서 보았듯이, 독일과 충돌하며 영국 해군은 최악의 시간을 맞았고, 이때 영국 해군의 피해는 급속히 증가했다. 1941년 말까지 크레타섬을 잃었고, 후드호와 아크 로열호를 잃었으며, 바럼호 도 침몰했다. 커닝엄의 함대는 꼼짝하지 못했다. 영국 해군은 극동에서 나쁜 소식들이 들려오기 전에도 궁지에 몰린 듯한 기분이었다. 대서양 무대에서만 상대적으로 좋은 소식이 들려올 뿐이었다. 비스마르크호가 침몰했고, 독일의 다른 대형 군함들도 큰 피해를 입었다. 게다가 유보트의 공격에도 대서양 해상 교통로는 굳건히 유지됐고, 미국 해군이 마침내 중립을 포기하고 더 많은 원조를 제공하기 시작했다. 영국 본토가 침략을 받을 것이라는 두려움도 사라졌다. 히틀러가 동쪽에 제2전선을 드넓게 펼치는 군사적 실수를 범한 덕분이었다. 그때부터 베어마흐트가 하나 이상의 적과 싸워야 할 처지가 됐다.

3막은 대략 1942년 1월부터 11월까지로, 영국이 전략적으로 최저점을 겪은 뒤에 서서히 회복하기 전까지의 시기였다. 또한 6막으로 구분한 제2차 세계대전에서, 영국 해군이 실질적으로 세 국가와 싸워야 했던 유일한 시기이기도 했다. 전략가들이 1937년경에 우려했듯이, 영국 해군은 세 적을 동시에 상대할 수 없었다. 미국이란 새로운 동맹까지 계속 두들겨 맞으며 극동에서 밀려나고 있었다. 영국 수비대도 극동을 지켜내지 못했다. 결국 홍콩과 싱가포르, 보르네오, 심지어 버마까지 일본에 넘겨주었다. 일본군이 인도와 오스트레일리아 경계까지 접근했다. 두 곳의 수비대는 보잘것없었고, 해군력도 빈약했다. 그때 미드웨이 해전(6월), 페디스털 작전(8월), 횃불 작전(11월) 등 세 사건이 연이어 일어나며 상황이 뒤바뀌었다. 특히 1942년 11월쯤에는 모든 것이 연합군에 훨씬 더 편안해진 것처럼 보였다. 엘 알라메인 전투 이후로 더는 몰타의 위기가 없었다. 독일의 남은 해상 군함은 노르웨이에만 머물렀고, 유보트만이 대서양에 나가 싸웠다. 무기 대여법의 지속적인 지원으로 영국의 전시 생산은 꾸준히 증가했다.

4막은 횃불 작전부터 이탈리아가 항복한 때까지였다(1942년 11월~1943년 9월). 시칠리아와 살레르노에서 상륙작전이 전개되며, 치열하던 지중해 전투가 실질적으로 막을 내렸다. 그리고 대부분의 연합군 사령관은 고향으로 돌아가 디데이를 준비했다. 대서양에서는 핵심적인 수송 선단 호위 부대들이 유보트를 실질적으로 견제했다(1943년 3~6월). 영국 해군은 이때도 이탈리아와 독일, 두 강대국을 상대로 싸워야 했기 때문에 일본을 견제하기 위한 함대를 상당한 규모로 극동에 보낼 수 없었다. 이 기간에 북아프리카(횃불 작전), 시칠리아, 살레르노에서 전개된 대규모 상륙작전에는 미국 해군의 강력한 지원이 있었다.

5막은 1943년 10월부터 1944년 11월까지로, 영국 해군에게는 다소 흥미로운 시기였다. 여러 곳에서 여러 형태로 전투가 있었지만, 다시 베어마흐트만을 상대로 싸운 시기였기 때문이다. 달리 말하면, 대서양 전투는 지루하게 계속됐고, 이탈리아 안치오 앞바다에서 치열한 전투가 벌어졌으며, 노르웨이에서 샤른호르스트호와 티르피츠호가 침몰했다. 그러나 노르망디에서 스헬더강 하구까지, 주로 유럽 북서부 해안 지역에서 다양한 작전이 벌어졌다. 하지만 영국은 태평양에 파견해 일본과 교전을 벌일 함대를 아직 준비하지 못한 상황이었다. 그런데 영국 해군이 미국 해군보다 디데이에 더 많은 병력을 투입한 이유는, 미국이 중앙 태평양에 함대를 엄청난 규모로 결집시키고 있었기 때문이다.

영국 해군이 주인공인 연극의 마지막 6막에서는 오랫동안 기다리던 동쪽으로 무대가 마침내 옮겨진다. 팔렘방 공습부터 오키나와 전투를 거쳐 해안 포격까지 일본에 대한 공격이 점차 강화됐다. 하나밖에 남지 않은 추축국과의 전쟁이었지만, 일본을 대적하는 데 미국의 역할이 두드러졌다는 것을 고려하면, 영국과 일본의 전쟁이었다고 말할 수는 없었다. 물론 영국 태평양 함대의 규모도 상당했지만, 보조적인 역할이라는 것을 부인할 수 없었다. 대서양 바다에서 독일의 신형 유보트에 대한 불안감이 마지막 파문을 일으켰지만 그야말로 파문으로 끝났다.

그럼 영국 해군이 제2차 세계대전에 보인 성과를 최종적으로 어떻게 평가해야 할까? 무엇보다, 길이에서 다섯 강대국은 비교조차 되지 않는 엄청난 전투 기록이다. 1막과 6막이 영국 해군에게 가장 쉬운 상황이었다면, 2막과 3막은 가장 힘들고 긴장된 시기여서 전투력을 극한까지 끌어올려야 했다. 4막이 끝난 뒤, 즉 1943년 말 이탈리아가 전장에서 밀려나고, 유보트가 마침내 격퇴된 뒤에야 영국 해군은 진정으로 안도할 수 있었다. 2막과 3막과 4막이 진행되는 동안 영국은 이탈리아와 싸웠고, 3막부터 6막까지는 일본과도 싸워야 했지만 일본과의 치열한 전투는 1942년과 마지막 단계, 즉 1945년에만 있었다. 독일 해군의 규모가 세 추축국 해군 중 가장 작았지만, 독일이란 끔찍한 전쟁 기계

대해전, 최강국의 탄생

와의 전투 기간은 6년까지는 아니어도 5년 이상 지속됐다. (대부분의 영국인이 제2차 세계대전을 '독일과의 전쟁'이라고 생각하는 데는 충분한 이유가 있는 셈이다.)

따라서 3막과 4막(1941년 12월~1943년 9월)에서만 영국이 세 추축국 모두와 싸웠다는 데 주목할 필요가 있다. 영국 해군은 그 지루한 전쟁 기간에 극히 드물기는 했지만 그나마 상대적으로 편안한 상황에서도, 구체적으로 말하면 타란토에서 이탈리아 함대에 큰 패배를 안겨준 이후에도 두 해군 강국을 상대할 수 있는 수준의 해군에 불과했지, 그 이상의 수준이 되지 못한 것은 명백한 사실이다. 영국 해군은 항상 용맹무쌍하게 때로는 감동적으로 싸웠지만 세 추축국 중 두 국가가 주된 적이었다. 이런 점에서 제2차 세계대전이란 시험대에서 영국의 한계가 여실히 드러났다.[11] 빅토리아 시대 이후로 영국 정부가 규모에서 2위와 3위의 해군력을 합한 것에 버금가는 해군력을 유지하겠다는 '2강국 기준(two-power standard)'을 세운 이후로 반세기가 지난 때였기 때문에 이런 결과는 조금도 놀라운 게 아니었다.

역사학자는 전쟁이 끝난 1945년 중반경의 영국 해군이 어떤 위상이었는지 찬찬히 뜯어보면 만감이 교차할 것이다. 6년간의 전쟁에서 영국 해군은 많은 군함(5척의 전함과 전투 순양함, 8척의 항공모함, 28척의 순양함, 132척의 구축함)을 잃었지만, 수적으로 영국 해군에게는 여전히 많은 군함이 남아 있었다. 약 12척의 전함이 남겨졌으나, 4척의 조지 5세급 전함과 신형 뱅가드호를 제외하고는 모두 해체되고 있었다. 인빈서블급 플리트 항공모함들은 한동안 더 유지할 계획이었고, 콜로서스급 경항공모함들도 그대로 유지하지만 호위 항공모함들은 무기 대여법의 규정에 따라 반환해야 할 것들을 제외하고는 전체적으로 매각될 예정이었다. 해군부의 긴축 예산에 따라, 오래된 구형 순양함의 운명도 비슷하게 예측됐다. 요컨대 신형 경순양함 함대가 빈자리를 채우며 구형 순양함들은 하루가 다르게 고철 해체장으로 옮겨졌다.

한편 6인치 함포가 탑재된 군함들은 남겨졌다. 신형 구축함과 프리깃함은 보존돼 서인도제도부터 홍콩까지 평화 시의 거점들에 배치된 반면, 상대적으로 작고 오래된 군함들은 대거 해체되거나 매각돼, 예비 함대로 분류돼 어딘가에 정박됐지만 결국 수년 뒤에는 처분됐다. 물론 1815년 전후로, 또 1919~1921년 뒤에도 영국 해군부는 전시의 병력 규모를 의도적으로 축소한 적이 있었지만, 이번에는 달랐다. 해군의 규모가 다시는 커지지 못했다.

물론 이런 변화도 역사의 거대한 역설이었다. 미국 해군이 어떤 이유로든 존재하지 않았다면, 영국 해군은 항공모함 항공대를 강화함으로써 역사상 가장 강력한 해군이 됐을 것이다. 하지만 그런 가정적 조건은 1945년에 존재하지 않았다. 미국의 강력한 힘은 모든 부문에서 명백했다. 미국을 제외하면 영국 해군은 세계 어느 나라의 해군보다 강했고, 그것도 훨씬 더 강했다. 따라서 만신창이가 된 프랑스 해군은 한참 뒤떨어진 3위 국가였고, 오스트레일리아나 캐나다가 4위에 올라섰다.[12] 그러나 미국은 2위인 영국을 훨씬 앞선 1위 국가였다.

많은 군함을 폐기하고, 새로 들어선 노동당 정부(1945~1951년)하에서도 경제 상황이 호전되지는 않았지만 영국 해군이 정신없이 빠른 속도로 축소되지는 않았다. 러시아에 경쟁국으로 부상하며 조성된 냉전 초의 불안과 한국 전쟁에 따른 위기적 상황에 대처하고, 인도양의 안정을 위해 영국은 상당한 규모의 함대를 거의 20년 동안 더 유지해야 했다. 따라서 1950년에도 영국 해군은 12척의 항공모함과 29척의 순양함을

대해전, 최강국의 탄생

보유했다.《제인의 해군 연감》에 따르면, 영국 해군은 1952년에도 무척 상당한 규모였다. 1956년 수에즈 위기(또는 제2차 중동 전쟁)와 1957년 국방 정책의 혁명적 변화가 있은 뒤에야 해군도 과감한 축소 조치를 취했다. 그 결과로 1970년 영국 해군의 해상 군함으로는 3척의 항공모함과 3척의 순양함밖에 남지 않았다.[13] 소련과 미국이 열핵폭탄, 즉 수소폭탄을 경쟁적으로 개발하며 위기로 치닫던 시대에 2위를 두고 경쟁하던 해군들이 끼어들 여지는 많지 않았다. 군함을 폐기하며 새로운 해군 정책이 꾸준히 추진된 결과로, 오랜 시간이 지나지 않아 영국 해군에는 대서양 전투에서 활약한 군함이 한 척도 남지 않게 됐다. 제2차 세계대전의 영광은 이제 먼 옛날의 일이 됐다. 역사가 끊임없이 앞으로 전진한 결과였다.

미국 해군이 제2차 세계대전에서 거둔 성과에 대한 결산도 단계적으로 전개된 이야기에 가깝다. 4년이 채 되지 않는 대하극의 대부분은 엄청나게 넓지만 하나의 무대, 즉 태평양의 중앙과 남서부에서 전개됐다. 미국 해군에 속하는 모든 부문, 예컨대 대부분의 항공모함과 함재기 및 전함, 무수히 많은 순양함과 구축함, 모든 잠수함, 실질적으로 해병대 전체가 일본과의 전쟁에 투입됐다. 따라서 결산은 태평양 전쟁에 투입된 병력과 그곳에서 벌어진 전투에 당연히 집중돼야 한다. 권위적이던 해군 원수, 어니스트 J. 킹의 지휘하에서 미국 해군은 태평양 전쟁에 전력을 다할 수밖에 없었다. 더구나 태평양 전쟁은 그가 전적으로 동의한 두 가지 무언의 협약에 따라 전개된 전쟁이기도 했다. 하나는 (나치 독일을 물리치기 위해 엄청난 병력을 모집하고 배치해야 했던) 미국 육군과 공군이 유럽에 집중하고, 해군은 태평양에 대부분의 전력을 쏟는다는 합의였다. 다른 하나는 일본 함대를 분쇄하는 역할을 미국 해군이 맡고, 이탈리아와 독일의 해군을 물리치는 역할은 (주로) 영국에 맡긴다는 무언의 협약이었다. 따라서 제2차 세계대전에서 미국의 해군력이 어느 정도였는지 측정하기 위해서는 일본과의 전투를 결산하면 된다.

미국이 전쟁에 참전하고 처음 6개월(1941년 12월~1942년 5월)은 참담하기 그지없었다. 주력 전투 함대가 거의 괴멸했고, 필리핀을 잃었다. 처음부터 끝까지 실패와 낭패의 연속이었고, 더글러스 맥아더 장군의 허세로 상황은 더욱 악화가 됐다. 미국 동부 앞바다에서 연합국의 많은 상선이 침몰하며 해군이 유보트의 공격에 제대로 대처하지 못한다는 게 드러났다. 그 이후의 6개월은 놀라운 회복의 시간이었다(산호해와 미드웨이에서의 승리, 유보트의 효율적인 진압, 전략적 승리를 거둔 과달카날 전투와 성공적으로 끝난 횃불 작전). 1943년은 미국 해군이 대규모 상륙작전을 전개하며 유럽 바다에 유의미하게 진출한 해였다. 새뮤얼 엘리엇 모리슨은 미국 해군의 작전을 다룬 대작의 제9권에 '시칠리아-살레르노-안치오'라는 제목까지 붙이며 미국 해군의 상륙작전을 집중적으로 다루었다. 또 미국 해군은 호위 항공모함 전단을 동원해 대서양-북아프리카 교통로를 보호하기도 했다. 같은 시기에 남서 태평양 사령부의 관할 지역에서는 중대한 해전이 잇달았고, 그 결과로 미군은 조금씩 북쪽으로 전진했다. 그러나 1943년 말, 길버트제도 주변에서 벌어진 전투는 새로운 미국 함대와 해군 항공대의 도래를 예고했고, 그 규모는 점점 커져갔다.

1944년은 위대한 한 해였다. 유럽에서는 노르망디 상륙이 성공적으로 끝났고, 유보트가 거의 자취를 감추었으며, 연합군은 베를린을 향해 진격할 수 있었다. 태평양에서는 미국 해군이 연이어 대승을 거두었고, 일본은 연패하며 재앙에 직면했다. 1944년이 끝날 때쯤, 일본의 주

대해전, 최강국의 탄생

력 함대는 괴멸됐고 무역로는 차단됐다. 그럼에도 일본은 굴복하지 않고 계속 싸웠다. 전쟁이 1944년 12월에 도쿄가 평화를 호소하며 끝났다면, 태평양 전쟁에 참전한 해군을 비롯해 미군 전체가 승리감에 취해 득의양양했을 것이다. 하지만 미군은 1945년에도 음울한 전쟁을 더 힘겹게 끌고 가야 했다. 가미카제, 이오시마 전투와 오키나와 전투, 더 많은 가미카제와 해안 포격이 이어졌고, 결국 미국 공군은 은총이자 저주이던 원자폭탄을 일본의 두 도시에 떨어뜨려야 했다. 해군 제독들이 맥아더가 주재한 장엄한 항복 문서 조인식장 위를 450대의 함재기가 비행하기를 원했던 것은 조금도 놀랍지 않았다. 승리를 결산하던 당시 학자들, 미국 신문 기자들과 텔레비전 방송국, 미국의 의회에 그 비행이 던지는 메시지는 분명했다. "이번 전쟁은 당신들의 해군이 거둔 승리였다!"

제2차 세계대전 동안 미국 해군은 무척 많은 군함을 잃었지만, 전체적으로 보면 그 손실이 엄청난 것은 아니었다. 2척의 전함 애리조나호와 오클라호마호만이 진주만에서 완전히 침몰됐을 뿐이다. 대부분의 군함은 되살아나, 태평양과 노르망디의 포격에서 주된 역할을 하며 강인함을 증명해 보였다. 전쟁 전부터 활동하던 항공모함들은 모두 침몰하는 큰 피해를 입었다(렉싱턴호와 요크타운호, 호닛호와 와스프호). 따라서 6척의 호위 항공모함과 경항공모함 프린스턴호까지 포함하면 11척의 항공모함이 침몰했다. 그러나 순양함의 경우에는 7척의 중순양함과 3척의 경순양함을 잃은 게 전부였다. 구축함과 호위 구축함은 96척, 잠수함은 53척을 잃었다. 수치로 말하면, 전쟁이 끝난 때 미국 해군이 보유한 함대는 1941년 12월 1일, 즉 전투 명령이 떨어진 때보다 5~6배 더 많았다. 일본과 독일에 대한 장기적인 점령이 시작되고 해군에서 뚜

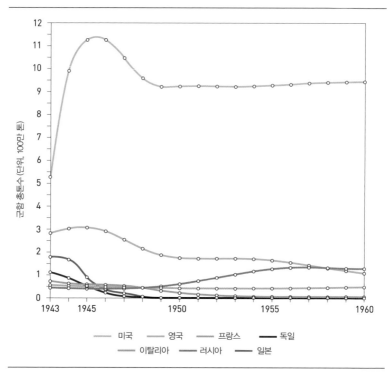

〈도표 11〉 강대국들이 보유한 군함의 총톤수, 1943~1960년

자료 출처: Crisher and Souva, Power at Sea.

렷한 경쟁국이 눈에 띄지 않는 상황에서 22척의 전함, 28척의 항공모 함과 71척의 호위 항공모함, 문자 그대로 수백 척의 순양함 및 구축함 과 호위 구축함, 95척의 잠수함, 요컨대 모두 합해서 1,200척에 달하는 주요 전투함과 4만 대의 항공기, 약 350만 명의 현역병이 이제 무슨 소 용이 있겠는가?[14]

언젠가 배질 리델 하트는 '진정한 승리(real victory)'를 "한 국가가 전 쟁을 치른 뒤에 전쟁 전보다 더 나은 위치에 있게 되는 승리"라고 정의 했다.[15] 1945년 이후의 미국은 분명히 그런 국가였다. 이때 미국은 아

대해전, 최강국의 탄생

무런 상처도 없이 승리를 쟁취한 유일한 강대국이었다. 소련이 승전국으로 부상했지만 엄청난 타격을 받은 대가로 얻은 보상이었다. 미국은 여섯 교전국 중에서 자국이 폭격을 받지 않고, 민간인 사상자도 없는 유일한 국가이기도 했다. 경제적으로는 거대한 생산 기지로서 전쟁 기간에 크게 성장한 까닭에 1945년에는 세계 총GDP의 50퍼센트를 잠깐 차지했을 것이다. 따라서 미국은 이런 위상에 만족하는 데 그쳐야 했다. 전쟁이 끝난 뒤에 모든 유형의 군함에서, 또 군함 전체의 총톤수에서 압도적 선두에 있던 미국 해군도 그런 위치에 만족했어야 했다. 〈도표 11〉이 명확히 보여주듯이, 전후 규모에서 미국 해군은 2위이던 영국 해군보다 컸을 뿐만 아니라, 나머지 모든 국가의 규모를 합한 것보다도 컸다. 인류 역사상 유례가 없던 현상이었다.

앨프리드 세이어 머핸, 헨리 캐벗 로지(Henry Cabot Lodge, 1850~1924년), 시어도어 루스벨트(Theodore Roosevelt, 1858~1919년) 등 1898년의 해군 확장주의자들이 이 도표를 보았더라면 무척 반겼을 것이다. 전쟁이 끝난 뒤, 1945년의 미국 해군은 여기에 만족했어야 했다. 하지만 그렇지 않았다. 여기에 얄궂은 역설이 있었다.

나중에야 확인됐지만, 제2차 세계대전 이후로 미국 해군과 관련된 모든 이야기에서는 업적과 승리보다 연속되는 문제점이 두드러질 뿐이다. 물론 종전 직후부터 존재론적인 문제가 제기되기도 했다. 예컨대 미국 해군사를 다룬 논문들을 모아 편찬한 것으로 널리 알려진 논문집에서, 저명한 해군사학자 딘 C. 앨러드(Dean Conrad Allard, 1933~2018년)는 "제2차 세계대전이 끝난 뒤에 미국 해군은 역사상 가장 어려운 시기를 맞이했다"라고 말하며 논문을 시작했다.[16] 물론 군함과 인력의 대대적인 축소 작업이 있었다. 전쟁이 끝나고 평화가 시작됐기 때문에 국

대해전, 최강국의 탄생

〈그림 53〉 **새로운 시대를 알리는 핵추진 항공모함.** 크기와 초현대적인 모습, 핵추진, 갑판을 이륙하고 착륙하는 많은 전투기에도 불구하고 에식스급 항공모함의 후신이라는 것을 어렵지 않게 알아볼 수 있다. 이처럼 웅장한 항공모함을 보유할 수 있는 나라는 미국을 제외하고는 없다.

가 예산의 균형을 맞추어야 한다는 압박도 있었고, 눈에 띄는 적도 없었다. 따라서 전투원과 낡은 군함을 줄여야 한다는 요구는 당연한 것이었다. 그러나 앨러드를 비롯해 이 시대의 여러 학자는 상당히 다른 의견, 거의 존재 자체를 위협하는 의견을 넌지시 내비쳤다.

1945년 7월 말 해군 군함이 샌디에이고에서부터 티니언섬까지 은밀히 운반한 뒤에는 공군 폭격기가 일본의 두 도시에 떨어뜨린 두 발의 원자폭탄이 일본의 항전 의지를 완전히 꺾어놓으며 태평양 전쟁을 끝냈지만, 그로 인해 미국은 전후의 대전략에 대해 근본적인 문제에 직면하게 됐다. 원자폭탄의 시대를 맞이해 미국은 국방 정책을 어떻게 수립하고, 다양한 군대를 어떻게 운영해야 하는가?

이런 문제를 두고 걱정하던 제독들의 생각에, 해군이 그 짧은 시간에 동시에 직면한 문제는 네 가지였다. 첫째는 워싱턴 조약에 따른 감축이 있은 뒤로 고작 23년밖에 지나지 않은 상황에서, 주력 해상 함대가 과도하게 비합리적으로 축소될 위험성이었다. 둘째는 원자폭탄이란 완전히 새로운 변수와 그 폭탄의 엄청난 파괴력이었다. 셋째는 해군까지 포함하는 국방부를 설립하고 한 명의 국방 장관을 두며, 통합된 펜타곤 건물 내에서 근무하는 합동 참모 본부를 두기 위해 취해지는 단계들이었다. 넷째는 공군이 독자적인 군대로 떨어져나감으로써 국방 예산의 상당한 부분을 요구할 뿐만 아니라 '항공 자산(air asset)'에 대한 관리권을 주장하고 나설 수 있다는 가능성이었다.

전후에 닥친 이런 문제들을 해군이 비교적 성공적으로 해결한 과정은 이 책에서 다룰 문제가 아니다. 여하튼 항공과 우주를 독차지하려는 공군의 욕심을 격렬한 다툼 끝에 물리쳤고, 상륙작전의 미래와 상륙작전에서 해병대가 차지하는 특별한 위치에 대한 논쟁도 뜨거웠다. 해군이야말로 해전을 가장 잘 이해하고 실행할 수 있는 조직이기 때문에 자체적으로 무기를 개발해야 한다는 해군의 주장을 두고, 1940년대 말에는 의회에서 공군과 육군을 상대로 신랄한 공개 토론이 벌어지기도 했다. 해군이 전후에 처음 요구한 항공모함 유나이티드 스테이츠호의 건조 허가를 둘러싼 다툼은, 적대적인 국방 장관만큼이나 해군의 존망을 좌우할 것처럼 보였다. 만약 그 요구가 폐기됐다면 그 이후의 해군은 어떻게 됐을까? 하지만 해상 함대의 규모가 크게 줄어, 1950년 6월에는 중요한 전투용 군함이 237척으로 감축됐더라도 다음 전쟁이 핵무기를 단기간에 전면적으로 주고받는다면 그 군함들이 무슨 소용이 있겠는가?

전쟁이 끝나고 10년이 지났을 즈음, 미국 밖에서 일련의 사건이 터지지 않았다면 해군의 상황이 어디까지 악화됐을지 궁금할 지경이었다. 예컨대 1949년 마오쩌둥 공산당에 중국을 '잃었고', 그 사건은 정치적으로 큰 충격이었다. 스탈린은 동유럽과 남유럽 국가들에 압력을 가했고, 베를린을 봉쇄했다. 반면에 서방에서는 북대서양조약기구(North Atlantic Treaty Organization, NATO)의 설립이 결정되며 이른바 냉전이 진행 중이라는 게 입증됐다. 그 뒤에 북한이 한국을 침략한 전쟁은 많은 점에서 10년 전에 추축국이 서방 세계를 도발한 전쟁을 떠올려주며 범세계적 전쟁이라는 것을 확인해주는 듯했다. 1950년에도 겨우 350척의 잠수함 함대를 보유한 정도였던 소련이 대체 무엇 때문에 북한을 앞세워 전쟁을 도발한 것일까? 따라서 그때는 국방비를 삭감하거나, 누가 신형 전투기나 원자폭탄을 보유하고 군함과 상륙부대를 지휘하느냐를 두고 군대들이 옥신각신할 때가 아니었다. 한국 전쟁이 확대되고, 나토 사령부가 구성되자 미군은 모든 영역에서 규모가 다시 커져갔

다.[17]

미국 해군은 원자폭탄 시대를 맞아 존재론적 위협을 받기는커녕 여러 유형의 군함에서 핵 해군이 됐다. 예컨대 더욱더 커지고 고속화된 항공모함 함대는 한층 강력해진 제트 함재기에 핵 추진 시스템을 갖추어 바다에서 훨씬 오랜 시간을 보낼 수 있게 됐다. 또 SSBN이라 일컬어지는 신형 잠수함도 핵으로 추진되며, 궁극적인 전쟁 억지 무기, 즉 잠수함에서 발사되는 탄도 미사일을 장착하고 있다(SS는 잠수함, B는 탄도 미사일, N은 핵 추진을 뜻한다―옮긴이). 따라서 해군은 해병대라는 거대한 상륙부대, 빠른 공격형 잠수함(SSN), 전략적인 탄도 미사일 잠수함(SSBN), 항공모함 함대까지 모든 것을 보유하게 됐다. 다른 두 군대와 국방부의 막대한 예산을 공유하기로 합의함으로써, 다시 말해 각 군대가 매년 전체 예산의 대략 32~34퍼센트를 나눠 갖기로 타협함으로써 해군의 위기는 짧은 기간 내에 끝났다.

따라서 1960년 이후에도 미국 해군은 세계에서 가장 많은 국방 예산의 지원을 받아, 세계에서 가장 크고 가장 강력한 항공모함 함대로 세계 곳곳의 바다를 항해할 수 있게 됐다. 진주만 공습을 받은 지 20년이 채 지나지 않은 때였다. 엄격히 말하면, 미국 대서양 함대의 자부심이던 텍사스호가 유화정책이 한창이던 때 잉글랜드의 포츠머스를 의례적으로 방문하고 22년이 지난 때였다(2장 앞부분 참조). 당시는 여전히 전함의 시대였지만, 1960년에 텍사스호는 무기를 해체하고 휴스턴 근처에 정박한 채 녹슬어가는 박물관선이었다. 텍사스호는 적어도 영국 해군 전함처럼 해체되는 운명을 피한 셈이었다.

물론 시간이 지남에 따라 종말이란 운명은 어김없이 각국의 해군을 찾아갔다. 오래전에 머핸은, 해군의 무기와 전술, 수단 및 구조 자체가

대해전, 최강국의 탄생

시대에 따라 변하고 때로는 완전히 해체되겠지만, 해군력을 이루는 기본적인 요소와 전략의 근간은 변하지 않을 것이라 역설했다.[18] 이 원칙은 이번에도 맞아떨어졌다. 전쟁이 끝나고 사반세기 만에 제2차 세계대전은 1898년의 미국-스페인 전쟁만큼 먼 과거가 된 듯했다. 미국 해군은 핵미사일을 장착한 잠수함, 거대한 항공모함, 정교한 전자 장치들을 갖춘 새로운 군대가 됐지만, 그 존재 목적은 여전히 제해권을 장악하는 것이었다. 그때부터는 팍스 아메리카나(Pax Americana)의 시대였다.

12장

에필로그
개략적인 역사

1936년에는 6대 해군 강국이 전통적이었지만 불안정하던 유럽 중심의 국제 질서하에서 공존했다. 그로부터 10년 뒤에는 미국 해군이 크게 두드러졌다. 이런 변화의 규모와 속도는 놀라울 정도였다. 제2차 세계대전 전의 특징들[여전히 최강의 해군력을 유지하는 영국 해군, 항속거리와 적재량 문제를 해결하지 못한 항공기들, 위협적 국가로 부상한 일본, 국외자로 존재하려는 미국(2장 참조)]은 금세 끝날 것 같지 않았지만, 그 예상은 여지없이 빗나갔다. 패권 전쟁이 있었고, 그 결과로 최강의 해군국이 새롭게 탄생했다. 지금까지 우리는 그런 변화 과정을 살펴보았고, 그 이유를 설명해보았다. 이제 마지막으로 남은 의문은 "그런 결과는 불가피한 것이었는가?"라는 것이다.

이 의문에 간단히 대답하면, 이런 변화는 결코 예정된 게 아니었다는 것이다. 아돌프 히틀러가 1939년에 유럽 국가들을 전쟁에 끌어들이지 않았다면, 2년 뒤에 일본이 진주만에 정박한 미국 전투 함대를 공격하지 않았다면 이런 변화는 없었을 것이라는 뜻이다. 그러나 히틀러는

1939년에 제2차 세계대전을 시작했고, 나중에는 소련을 침공했으며, 1941년에는 미국을 상대로 전쟁에 돌입했다. 물론 일본은 진주만을 공격했고, 그 결과는 현상을 타파하려는 국가와 현상을 유지하려는 강대국 간의 전면전이었다. 따라서 육지와 하늘만이 아니라, 이 책의 주제인 바다에서도 전쟁이 벌어졌다. 양측이 모두 자원을 동원해서, 문자그대로 '대해전(大海戰)'이 세 바다, 즉 대서양과 지중해와 태평양에서 치열하게 벌어졌다.

프랑스가 곧바로 무너졌고, 러시아 해군은 유럽의 최북단에서만 싸웠다. 따라서 해전은 기본적으로 영국-미국 해군과 이탈리아-독일-일본 해군 간의 다툼이었다. 2장에서 자세히 다루었듯이, 전쟁 전에 양쪽동맹이 보유한 군함 수를 헤아려보는 것만으로도 해군의 균형추가 추축국에 크게 불리했다는 것을 확인할 수 있다. 그때는 넬슨의 시대, 즉 프랑스-스페인 함대가 영국 함대보다 수적으로 우세하던 때가 아니었다. 하지만 군함 수의 우세가 즉각적이고 자동으로 연합군 해군의 승리로 이어지지는 않았다. 영국 해군은 전쟁 초기에 대서양과 지중해에서 승리는커녕 무척 고전했다. 미국 해군이 1941년 12월 이후에 참전했지만, 영국 해군은 상당한 피해를 입은 뒤였다. 회복이 쉽지도 않았다.

그즈음, 정확히 말해서 전쟁이 시작되고 30개월이 지난 1942년 4월경, 한 연구자가 어느 바다에서 연합군 해군이 잘 싸우고 있는지 조사에 나섰다고 해보자. 미국 동부 해안 앞바다였을까? 아니다! 유보트가 '두 번째 해피 타임'을 즐기고 있었다. 인도양이었을까? 천만에! 그곳에서는 일본 항공모함 부대가 좌우로 헤집고 다니며 타격을 가하고 있었다. 일본이 뉴기니 남쪽까지 깊숙이 침공한 네덜란드령 동인도제도였을까? 아니면 주민들이 굶주림에 시달리기 시작한 몰타 주변이었을까? 한마디로, 당시는 연합군 해군에게 암울한 시기였다.

물론 전체적으로 보면, 그때는 연합군의 전열이 가장 약한 때였다. 바로 한 달 뒤에 산호해 전투의 승리가 있었고, 미국 해안을 공격하던 유보트의 공세도 곧 꺾였으며, 몰타에 군수품을 공급하기 위한 페디스털 작전이 뒤따랐다. 하지만 중요한 것은 해상 군함의 명백한 우세에도 불구하고 연합군이 이 대해전에서 쉽게 승리하지 못하고 있었다는 것이다. 그 이유는 정확히 말하면, 전투가 모든 곳에서 너무도 치열했기 때문이었다. 따라서 영국과 미국 해군이 모든 전선에서 받는 피해가 막심했다. 음울한 앨런브룩의 생각처럼 1942년이 끝나갈 무렵 전쟁의 흐름이 뒤바뀌고 있었다면 연합군은 엄청난 대가를 치르고 있는 셈이었다. 실제로 미국 태평양 전투 함대는 전쟁 전에 보여주던 위압적인 모습을 상실한 지 오래였고, 미국 해군에게는 항공모함이 없다시피 했다. 영국 해군이 보유한 주력함, 순양함과 구축함의 규모도 크게 줄었다. 게다가 북대서양에서 유보트를 상대로 벌인 중요한 전투는 연전연패였다.

영국과 미국 함대가 마침내 세 바다 모두에서 승리하기 시작한 시기는 1943년 이후였다. 역사 기록에서 보듯이, 영국과 미국의 해군은 1943년 여름 이후에 실시된 시칠리아와 살레르노 상륙작전에 맞추어 대대적인 병력을 지중해에 투입했고, 미국 항공모함과 전함 함대는 훨씬 큰 규모로 꾸려지며 길버트제도를 에워쌌다. 1943년 말에는 대서양과 비스케이만을 운항하는 수송 선단을 보호하기 위해 호위 항공모함과 근접 함대, 잠수함을 견제하기 위한 '헌터 킬러' 부대, 초장거리 및 중거리 항공기 편대 등 온갖 수단이 동원됐다. 여기까지는 제2차 세계대전의 해전에 대한 전통적인 이야기와 그다지 다르지 않다. 추축국 해군들은 전쟁 준비를 상대적으로 잘했기 때문에 초기에는 무척 잘 싸웠

대해전, 최강국의 탄생

다(노르웨이와 됭케르크, 크레타, 진주만과 싱가포르). 그러나 영국과 미국은 초기의 패전에서 교훈을 얻어 균형을 되찾았고, 잃은 부분들을 대체한 뒤에 반격을 시작했다. 솔로몬제도, 몰타 수송 선단, 대서양 한복판의 암흑 구역, 북아프리카에서 치열한 전투가 있고 나서 균형추가 연합군 쪽에 기울기 시작했다. 여기까지는 레판토 해전, 무적함대 등과 같이 이번에도 역시 사건들의 역사(l'histoire d'événements)였다.

그러나 제2차 세계대전의 이야기에는 그 이상의 것이 있었다. 1943년 중반경 엄청난 생산력이 전쟁에 영향을 끼치며, 지금껏 본 적 없던 어마어마한 규모로 군비와 무기를 끝없이 전쟁터에 보냈다. 그 모든 것이 하나의 국가에서 보내는 것이었다. 그 나라는 1년 만에 항공기 생산량을 2배로 늘리고, 항공모함을 실질적으로 매달 한 척씩 건조해서 태평양 전투 현장에 파견할 수 있다는 것을 입증해 보였다. 이런 점에서 제2차 세계대전의 해전은 단순히 전투 사건의 역사가 아니었다. 더 큰, 훨씬 더 큰 무엇인가의 역사였다. 과거에도 비슷한 사례는 있었다. 1600년경에 무역 중심지가 베네치아에서 안트베르펜으로 옮겨가고, 1815년 이후에 선박 제작이 크게 증가했던 것처럼 강대국의 균형추가 이동했다.

하지만 이번에는 이동 속도가 훨씬 더 빨랐고, 이동의 폭도 컸다. 따라서 전통적인 군 지도자, 처칠의 본능적인 판단이 옳았다. 처칠의 예상대로, 서방 세계의 군대가 추축국들의 맹렬한 초기 공격을 버티고 견뎌내자, 미국이란 '거대한 보일러'가 마침내 참전했고 거침없이 진격했다. 물론 미국이 처음에는 절반쯤만 동원한 까닭에 1942년 초 이후에도 많은 전투를 힘겹게 치러야 했다. 그러나 전쟁의 결과는 더 이상 의심할 여지가 없었다. 히틀러와 무솔리니 및 일본 군부의 운명은 봉인됐고, 가루로 분쇄될 게 분명했다. 처칠의 주장처럼, 압도적인 병력을 어떻게 적절히 적용하느냐만이 남은 과제였다. 그렇게 국제 질서는 변해 가고 있었다.

흥미롭게도, 페르낭 브로델이 1942년 이후에 뤼베크 부근의 독일 포로수용소에 앉아 펠리페 2세 시대의 지중해 세계 구조에 대해 생각하고 있던 그때, 그의 유럽 중심적이던 세계관에 내재된 구조가 세계 전쟁과 엄청난 생산성을 통해 대서양 반대편으로 넘어가고 있었다. 또 프랑스의 그 위대한 역사학자가 먼 과거를 떠올리며 역사의 연속성과 변화를 기록하려고 안간힘을 다할 때, 포로수용소 밖에서 국제 시스템은 완전히 새로운 방향으로 변해가고 있었다. 흔히 작자들이 표현하듯이, 그 모든 것이 '시간의 (역사적인) 흐름(stream of time)'에 불과한 것은 아니었을까? 20세기를 휩쓴 소용돌이와 태풍이 표면적으로 무엇이었든 간에 그 저변에서는 더 큰 물결이 하나의 분명한 방향으로 움직이고 있었다.

하지만 규모를 점점 키워가며 승리를 향해 가차 없이 진격하는 세력, 또는 세계적인 추세나 정교하게 이루어진 인과관계의 사슬이 결국에는 큰 경쟁에서 승리를 거둔다고 생각한다면 중대한 잘못이 아닐 수 없다. 물론 경제의 하부구조와 생산력에서 거대한 변화가 일어난다면, 예컨대 아메리카 대륙 전체가 전쟁에 동원된다면, 그리하여 군함과 항공기와 총포가 봇물처럼 전쟁터에 끝없이 전달된다면, 적군이 괴멸하는 것은 순전히 시간문제일 수 있다. 오히려 그런 경우에 승리가 뒤따르지 않는다면 역사학자는 그 이유를 설명하려고 골머리를 썩여야 할 것이다. 그러나 하부구조가 달라지면 상부구조도 변한다는 식의 결정론적 설명에는 인간이란 변수를 고려하지 않는다는 결함이 있다. 승자의 군함과 항공기와 총포에는 그것들을 다루는 용감한 인력이 필요하다. 또 그것들을 조직화하는 통찰력을 지닌 사람, 그것들을 전쟁터에서

대해전, 최강국의 탄생

효과적으로 운영하는 영리한 사람이 필요하다.

예컨대 대서양 전투에서 전쟁의 흐름이 유보트를 견제하는 방향으로 바뀐 결정적인 이유는 수백 척의 작은 군함들, 예컨대 슬루프와 프리깃함, 또 광석 운반선과 유조선과 화물선에 수만 명의 용맹무쌍한 승조원과 선원(미국인과 영국인, 노르웨이인과 그리스인)이 투입되면서 뉴욕과 리버풀을 오갈 수 있게 되었기 때문이었다. 몰타라는 중요한 전략적 거점을 지킬 수 있었던 이유는 연합군이 수송 선단과 호위함 및 몰타 수비대에 가해지는 엄청난 피해를 기꺼이 감당했기 때문이었고, 그 결과로 궁극적인 승리자가 될 수 있었다. 레이테만 전투의 승리를 (스탈린의 표현대로) 많은 부대가 함께할 수 있었던 이유는 미국 잠수함 함장들이 뛰어난 기량을 지녔고, 미국 함재기 조종사들이 대단히 전문적이었으며, 미국 포병들이 훈련을 기막히게 잘 받은 덕분이었다. 게다가 일본군이 거듭해 실수를 저지른 것도 레이테만 전투에서 승리한 요인 중 하나였다. 물론 1944년 6월의 그날 아침, 노르망디의 해변 다섯 곳에 상륙한 부대는 '비인격적 부대'였을 뿐만 아니라, 20세기에는 그때까지 없었던 잘 훈련되고 잘 조직돼 일사불란하게 움직인 군대이기도 했다. 요컨대 인간이란 요인이 결정적인 역할을 했다.

따라서 미국과 영국의 공식적인 해군사가, 새뮤얼 모리슨과 스티븐 로스킬이 각자 여러 권으로 이루어진 저작을 마무리하며, 포괄적인 내재적 요인보다 인간이란 요인에 초점을 맞추었다는 것은 조금도 놀랍지 않다. 예컨대 14권으로 구성된 모리슨의 《제2차 세계대전에서 미국 해군의 작전사(History of United States Naval Operations in World War II)》는 도쿄만에서 진행된 항복 사건과 관련된 짤막한 일화들과 개인적인 편지들로 끝을 맺는다. 한편 로스킬은 항상 그랬듯이 작은 군함과 그곳의 승조원들에게 경의를 표하며, 해군 장병들의 제대와 군함들의 퇴역에 대해 언급한다. 제독부터 평범한 수병(水兵)까지, 그런 개개인이 없었다면 해전에서 승리하지 못했을 것이다. 하지만 군함과 항공기 및 무기와 첨단 장비가 1943년 초 이후로 끊임없이 유입되며 미국과 영국 해군의 전투력을 증강해주지 않았다면, 그 제독들과 수병들이 2년 뒤에 훨씬 더 어렵게 승리를 쟁취했을 것이다.

역사는 많은 이야깃거리를 만들어내며 여러 형태로 복잡하게 얽혀 있기 때문에 항상 다층적이다. 1936년부터 1946년까지의 역사도 예외가 아니라는 게 입증됐다. 현상을 타파하려는 수정주의 국가들과 현상을 유지하려는 강대국들 간의 갈등이 곳곳의 바다에서 커다란 싸움으로 발전하며 많은 병력 및 군함과 항공기가 투입됐고, 결국에는 끝없는 전투로 이어졌다. 당연한 말이겠지만, 이 서사적 해전을 속속들이 다루려면 수천 권의 책과 수천 편의 논문이 필요하다.

그러나 해전이 전개되자, 두 가지 현상이 두드러지게 나타나기 시작했다. 하나는 과학과 과학기술의 영향에서 비롯된 현상이었다. 한쪽, 특히 연합군이 끊임없이 새로운 무기와 포대 및 탐지 장치를 내놓았고, 추축국은 거기에 상대가 되지 못했다. 이런 현상은 다른 유형의 더 포괄적인 현상, 즉 미국이라는 대륙에 내재한 자원들이 전쟁 물자를 제작하는 거대한 공장으로 바뀌어간 현상 덕분에 가능할 수 있었다. 북대서양 수송 선단의 영국 선원들은 근처의 상선이 유보트의 공격을 받을 때 마음을 졸이며 긴장했을 것이고, 오키나와 앞바다의 위험 구역에서 가미카제의 표적이 됐던 미국 구축함 승조원들은 역사가 그들에게 유리하게 흘러가고 있다는 것을 알았더라도 별다른 위안을 얻지 못했을 것이다. 하지만 역사는 그렇게 전개됐다.

VICTORY AT SEA

부록

1943년: 전쟁의 전환점
– 세 가지 기준에서

어둠속에 침몰한 유보트들
1943년 5월 6일

지루하게 계속되던 대서양 전투에도 티핑 포인트(tipping point)가 있었을까? 있었다면 언제였을까? 티핑 포인트가 있었다고 주장하려면, 그 시점 이후로 연합국 수송 선단에 대한 유보트의 위협이 위험하지 않았고, 침몰되는 상선의 월간 총톤수가 유의미한 수준이 아니었다고 말할 수 있어야 할 것이다. 또 그때 이후로는 울프팩이 상선 교통로에 가하는 피해보다 카를 되니츠의 유보트에 가해지는 피해가 점점 커졌다는 것을 입증할 수 있어야 한다. 요컨대 티핑 포인트는 영국 해군부와 유보트 사령부, 즉 양측의 지휘관들이 정말로 중요한 시점으로 인정하거나 곧 인정하게 되는 때가 된다.

따라서 대서양 전투가 꼬박 6년 동안 계속됐고, 해상 군함들이 난전을 벌이던 전통적인 해전과는 상당히 달랐다는 것을 기억한다면, 그 전투의 티핑 포인트에 대해 묻는 것은 무척 대담한 질문일 수 있다. 하지만 신중하고 냉철한 학자로 영국의 공식 해군사가, 스티븐 로스킬 대령은 여기에서 논의하는 티핑 포인트, 즉 전환점으로 "7일 동안 30척의 유보트에 맞서 싸웠던 그 전투에는 …… 기억에 남겨져야 할 이름이 없다. 그러나 그 전투는 키브롱만 해전이나 나일 해전만큼이나 결정적이었다"라고 말했다. 물론 로스킬만이 아니라, 수송 선단 ONS-5를 다룬 7장에서도 언급했듯이, 다수의 해군 역사학자가 '블랙 메이(Black May: 1943년 5월)'를 되니츠의 유보트 함대에게는 끔찍했던 한 달로, 그 특별한 수송 선단을 보호하기 위한 전투로 말미암아 양측의 상황이 극적으로 뒤바뀌었다고 기억해야 한다고 주장했다. 따라서 이 부록은 깜짝 놀랄 만한 새로운 사실을 폭로하는 게 아니다.

여기에서는 1943년 5월 6일 이른 아침, 래브라도 해안의 앞바다에서 몇 시간 동안 전개된 놀라운 전투, 일각에서 말하듯이 '눈이 튀어나올 만한' 전투를 되살려내고 싶었을 뿐이었다. 이 전투는 느긋하게 핼리팩스로 돌아가던 수송 선단 ONS-5의 엄호함들(구축함과 코르벳함)이 어둠을 틈타 살금살금 접근하는 다수의 유보트를 탐지한 때부터 시작됐다. 엄호함과 유보트가 다양한 형태로 충돌한 실제 시간과 그 결과가 이 전투를 사실에 기반해 일목요연하게 요약한 위키피디아에 자세히 기록됐다.

5월 5일이 어둠에 잠겨갈 때 영국 프리깃함 테이호는 7척의 유보트가 수면에 올라 수송 선단의 항로를 가로막고 있는 것을 탐지했다. 그러나 ONS-5는 따뜻한 멕시코 만류가 차가운 래브라도 해류를 만나는 곳에서 형성된 안개 속으로 들어가고 있었다. …… 가시거리가 22시 02분에는 1마일(1.6킬로미터)로 떨어졌고, 01시 00분에는 100야드(91미터)까지 떨어졌다. 영국이 개발한 센티미터파 레이더 덕분에 호위함들은 유보트를 볼 수 있었지만 유보트는 그렇지 못했다. …… 많은 유보트가 귀환하지 못해 그 상황을 제대로 보고할 수 없었다. 따라서 지금도 역사학자들은 수십 척의 호위함이 5월 5~6일 밤에 24번 이상 시도된 공격에 짤막하게 개입하며 남긴 개별적인 보고서들에서 관련성을 찾아내려 애쓰고 있다.

23시 09분, 영국 구축함 비뎃호의 레이더가 5,100야드(4,700미터) 지점에서 적군을 탐지 …… 700야드(630미터) 앞에서 잠수하는 게 목격된 잠수함에 10발의 폭뢰를 투하했다. 역사학자들의 기록이 맞는다면, 그 [첫] 공격에 U-531이 침몰했다.

00시 30분, 영국 코르벳함 루스스트라이프호의 레이더가 5,200야드(4,800미터) 지점에서 적군을 탐지 …… 루스스트라이프호는 잠수하는 유보트를 따라잡은 뒤에 10발의 폭뢰를 투하했다. 기름과 잔해가 발견됐다는 보고로 보아 U-196이 폭파된 증거로 여겨진다.

04시 06분, 비뎃호의 잠수함 탐지기가 800야드(730미터) 지점에서 적군을 탐지했고, 대잠수함 무기 헤지호그를 발사했다. 두 번의 폭발음이 들렸다. 역사학자들의 기록이 맞는다면, 그 공격에 U-630이 침몰했다.

05시 52분, 영국 슬루프함 펠리컨호의 레이더가 5,300야드(4.8킬로미터) 지점에서 적군을 탐지 …… 10발의 폭뢰를 투하했고 …… 다시 9발의 폭뢰를 투하했다. …… 역사학자들의 기록이 맞는다면, 이 공격에 U-438이 침몰했다.

…… 되니츠는 자신의 실수를 깨닫고, 5월 6일의 공격을 취소하고 울프팩 핀케팀에 철수하라고 명령했다.[1]

영국 해군 구축함 비뎃호는 2척의 유보트(U-531과 U-630)를 침몰시킨 주역이었지만, 본국 함대의 전함을 호위하던 강력한 트라이벌급 고속 구축함도 아니었고, 루이스 마운트배튼 경이 지휘하던 켈리호처럼 더 작지만 늠름하게 생긴 K-급 구축함도 아니었다. 제1차 세계대전이 끝날 무렵에 건조된 V-급과 W-급에 속한 무척 오래된 구축함이었다. 그러나 상당히 빨랐고 튼튼하게 건조된 데다 제2차 세계대전이 시작되기 전 대잠수함전에 맞추어 몇 번이고 개량돼, 잠수함 음파탐지기(ASDIC)를 처음으로 장착한 군함이기도 했다. 1941년에는 지브롤터에서 정비하는 동안 표준형 286M 레이더까지 장착했다. 1942년 말부터 1943년 초까지는 장거리 호위함으로 변신하는 오랜 개조 작업을 받았고, 전체적인 기록은 확실하지 않지만 레이더를 개량된 것으로 교체한 것은 분명한 듯하다. 비뎃호가 수송 선단 ONS-5에 합류했을 즈음에는 레이더병들이 이미 승선해 있었던 것이 분명하다. 한 달 전에는 수송 선단 HX-231과 함께 항해하며 6,000야드(5.4킬로미터)쯤 떨어진 지점에서 유보트를 발견했고, 폭뢰를 투하해 그 유보트를 바닷속으로 몰아냈다. 다음 차례로 ONS-5와 함께 항해할 때는 비뎃호의 뛰어난 전투력이 빛을 발했다. 5월 6일 한밤중에 처음으로 침몰시킨 잠수함(U-531)은 상당히 거리가 떨어졌고, 래브라도 해안의 짙은 안개에 감추어져 있었지만 수면에 떠 있는 것이 레이더에 탐지됐다.

그러나 두 번째로 희생된 잠수함(U-630)은 고작 800야드(730미터) 떨어진 곳에서 전통적인 수중 음파탐지기에 탐지돼 격침됐다. 이 잠수함은 어둠과 안개에 상대가 탐지하지 못할 것이라 믿고, 수면 아래에서부터 수송 선단에 접근하면 기습 공격을 성공할 수 있으리라고 생각했을 것이다. 하기야 당시에 그 방법은 해상의 군함이나 상선을 공격하는 표준적인 방법이었고, 1943년 4~5월 이전에는 유보트가 연합국 수송 선단을 그렇게 공격해 상당한 성과를 거둔 전술이기도 했다. 하지만 위에서 인용한 기록에서 명백해졌듯이, 호위함들에 장착된 센티미터파 레이더 때문에 그날 이후로 수송 선단을 공격하는 것은 유보트에 지극히 위험한 시도가 됐고, 따라서 성공할 가능성도 크게 떨어졌다.

전세가 역전됐다. 이 기록에서 확인되듯이, 한쪽이 상대를 훤히 볼 수 있던 특별한 밤에 전개된 전투였다. 초장거리 초계기의 도래가 예고된 전투이기도 했다. 특히 5월 말부터는 B-24 리버레이터 중폭격기가 대서양 수송 선단을 지원하기 시작했다. 연합군이 규모만 큰 게 아니라 완전히 다른 유형으로 반격하자, 되니츠의 문제는 한층 복잡해지고 악화됐다. 그런 초계기나 폭격기는 대낮에 유보트를 찾아내 공격할 수 있었기 때문이다. 따라서 이 모든 것이 그 이후에 수송 선단의 안전을 보장했다는 것은 조금도 과장된 게 아니다. 게다가 레이더 장치까지 갖춘 연합군 초계기가 늘어나자, 독일 잠수함은 낮에도 해상에 떠 있으려면 위험을 무릅써야 했다. 물론 영국 해군의 구축함과 프리깃함, 코르벳함은 물론이고 슬루프함까지 센티미터파 레이더를 장착함에 따라 유보트가 야간에 수송 선단을 공격하는 것도 지극히 위험한 시도가 됐다. 수개월 만에 사냥꾼이 사냥감으로 전락하고 말았다. 실로 놀라운 변화였다.

영국 구축함 비뎃호는 운이 좋고, 예외적으로 많은 성과를 거둔 잠수함 킬러였다. 비뎃호는 1943년 10월 23일 영국 구축함 덩컨호와 함께 한 수송 선단을 호위하던 중 U-274를 격침했다. 엿새 뒤에는 다시 덩컨호와 코르벳함 선플라워호와 함께 작전해 U-282를 침몰시켰다. 1943년에만 비뎃호는 연합국 수송 선단을 보호하는 임무에 20회 이상 참가했다. 이듬해, 즉 1944년 8월 20일에는 노르망디 해변 앞바다에서 포레스터호, 웬슬리데일호와 함께 순찰을 돌던 중에 (그때까지 수많은 해전을 통해 많은 영국 선박을 침몰시킨) U-413을 발견하고는 협력해서 그 잠수함을 격침하는 데 성공했다. 그 뒤로도 유럽 전쟁이 끝날 때까지 비넷호는 영국해협과 영해를 굳건히 지켰고, 그에 합당한 보상을 받았다. 비넷호는 전쟁 기간에(몰타 수송 선단을 보호하기 위한 전투를 포함해서) 다섯 곳의 전투에 참가한 훈장을 받았고, 앞에서 언급된 5척의 유보트를 격침한 주역으로도 인정을 받았다. 그러나 1947년 4월 비넷호는 해체 조선소에 보내졌고, 그곳에서 레이더 장비가 분해됐고, 선박 자체도 해체됐을 것이다. 비넷호의 전시 기록은 https://en.wikipedia.org/wiki/HMS_Vidette_(D48)에서 확인할 수 있다.

인과관계의 사슬:
수리남의 보크사이트 광산에서부터
서태평양의 승전까지
1943~1944년

어떤 행동이나 조치가 다음 단계로 이어지는 인과관계의 사슬(causation-chain)은 역사에서는 물론이고 경제 현상이나 화학에서도 아주 흔한 현상이다. 특히 기억에 남는 인과관계의 사슬은 어린 시절부터 우리 머릿속에 깊숙이 심겨 있다. "못 하나가 없어 말편자를 잃어버렸네"로 시작하는 노랫말이다. 이 노랫말은 "말편자가 없어 말이 쓰러졌네"라고 이어진다. 그다음에는 말이 쓰러져서 기사를 잃고, 그 중요한 전사가 쓰러지며 "전투에서 패했고," 전투에서 패한 까닭에 왕국이 붕괴됐다. 그러나 아주 중요한 상품의 공급 관리자들이 증언하듯이, 인과관계의 사슬은 긍정적인 방향으로도 진행된다. 복잡한 공산품, 예컨대 자동차와 선박을 제대로 기능하도록 제작하려면 수많은 부품을 빈틈없이 조립해야 한다. 매년 발간되는 《제인의 해군 연감》의 앞부분은 선박의 황동 난간부터 거대한 터빈까지 온갖 제조업체의 광고들로 채워져 있고, 그 광고들이 이 연감을 제작하는 기초 자금이 된다. 하지만 그 기업들은 다시 부품과 원자재를 공급하는 하청 기업들에 의존하고, 원자재도 어딘가에서 제공돼야 한다.

전쟁사 독자들에게는 익숙한 다른 형태의 인과관계 사슬이 있다. 새로이 조직된 사령부나 새로운 정보원(情報源), 특히 신무기가 특정한 전투의 결과에 미친 영향을 조사할 때 가장 명확히 드러나는 인과관계다. 예컨대 철도와 라이플총이 1866년과 1870년의 전쟁에서 헬무트 폰 몰트케 백작(Helmuth von Moltke, 1800~1891년)의 군사작전에 어떤 영향을 끼쳤을까? 또 서방 연합국이 1918년 여름의 전선을 돌파하는 데 개선된 탱크가 어떤 역할을 했을까? 새롭게 고안된 항공모함 기동부대가 태평양 전쟁의 초기 전투에서 일본 해군에게 어떤 이점을 주었는가? 새로운 무기나 개량된 무기가 전투의 흐름을 바꾼다는 것은 정설이다. 따라서 전투와 전쟁의 역사는 "……의 도래로", "……가 출현함에 따라", "……의 등장으로", "새로운 ……으로 보강됨에 따라", "(무엇)이 ……으로 교체되며" 등과 같은 표현으로 시작되는 문장들로 가득하다. 하지만 전투를 설명하는 글에서, 어떤 새로운 무기나 장치가 상당한 효과를 발휘하면 극히 드물지만 그 출처에 관심을 두기도 한다.

따라서 웰링턴 공작의 육군에게 제공되고, 넬슨의 군함들에도 장착된 새로운 대포가 프랑스와 싸운 여러 전투에서 결정적인 역할을 했을 수 있지만, 글래스고의 캐론 제철소가 그 대포를 어떻게 개발했는지에 대한 이야기가 그렇게 중요했을까? 1943~1944년의 개량된 T-34 탱크가 어디에서 제작됐는지가 게오르기 주코프에게 중요했을까? 그렇지 않았을 수 있다. 그러나 나는 이런 의문을 제기할 필요가 있다는 게 평소의 지론이다.

나는 과거에 출간한 《제국을 설계한 사람들》에서 제2차 세계대전의 군사작전에 내재한 핵심적인 인과관계의 사슬을 찾아보려 했다. 달리 말하면, 1943년 이후에 연합군의 상륙부대가 어떤 단계로 진화했는가를 추적해보았다(4장 '양서류에게서 배운 노르망디 상륙전' 참조). 이 책에서 다시 그 질문을 함으로써 더 많은 사례를 연구할 기회가 있었고, 덕분에 거의 알려지지 않았지만 상당히 중요한 사건 하나를 이 부록에서 독자들에게 소개할 수 있게 됐다. 내가 이 사건을 선택한 데는 미국의 전쟁 물자를 다룬 책들은 한층 가벼워진 항공기 뼈대와 항공기 엔진 부품을 제작하는 데 알루미늄이 큰 역할을 했다는 것을 무척 자주 언급하지만, 일반적으로는 그 사실이 거의 언급되지 않는 현상을 주목한 영향이 컸다.

물론 넓은 의미에서 모든 교전국은 알루미늄이란 새로운 금속의 중대성을 알았다. (그러나 스탈린이 프랭클린 루스벨트에게 "저에게 3만 톤의 알루미늄을 주시면 전쟁에 승리할 수 있을 겁니다"라고 말했다는 게 정말일까?) 알루미늄의 전략적 중요성을 인정한다면, 다음의 도표는 네덜란드령 수리남의 몽고에서 발견된 보크사이트 광산에서 캐낸 알루미늄 원광부터 이 이야기의 끝, 즉 마리아나 칠면조 사냥에서 알루미늄으로 제작된 F6F 헬캣 전투기가 일본 전투기 편대를 조직적으로 괴멸한 승리까지, 인과관계의 사슬을 추적한 것이 된다. 물론 이 사슬은 '못 하나가 부족해 생긴 인과관계'를 뒤집어놓은 것으로, 전쟁에서 발견되는 부정적인 인과관계 사슬이 아니라 긍정적인 인과관계 사슬이라 할 수 있다. 나는 이 과정을 10단계의 사슬로 단순화해보았고, 각 단계는 그 과정에서 빼놓을 수 없는 중요한 부분을 가리킨다.

알루미늄이 항공기의 뼈대와 부품에 활용됐다는 이야기는 8장의 여러 곳에서 언급하며, 알코아가 보크사이트를 알루미늄으로 제련하는 공장을 크게 확장했고, 프랫 앤 휘트니의 하트퍼드 공장은 R-2800 더

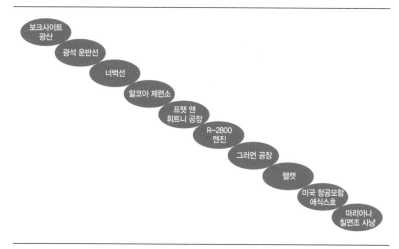

보크사이트 광산

광석 운반선

너벅선

알코아 제련소

프랫 앤 휘트니 공장

R-2800 엔진

그러먼 공장

헬캣

미국 항공모함 에식스호

마리아나 칠면조 사냥

〈도표 12〉 **인과관계의 사슬: 수리남의 보크사이트 광산에서부터 서태평양의 승전까지, 1943~1944년**

블 와스프라는 강력한 항공 엔진을 제작하는 데 필요한 알루미늄 덩어리와 부품을 공급받았다고 말했다. 또 9장에서는 연합군의 일방적 승리로 끝난 이른바 '칠면조 사냥'이 언급됐다. 하지만 10단계로 단순화된 도표는 관련된 이야기 전체를 파악하는 데 도움이 될 것이다. 이 도표는 이야기의 전체 과정에서 중요한 단계들을 대략적으로 연결한 것이지만, 각 단계는 여러 자료로 입증될 수 있다.

네덜란드가 보유한 여러 곳의 **광석 지대(1)**는 인접한 영국령 기아나처럼 1941년 12월 이후에 채굴을 대대적으로 활성화하는 데 적극적인 지원을 아끼지 않았다(이때는 아이슬란드의 경우처럼 미국 군대가 들어와 수비대를 배치하기 전이었다). 특수하게 제작된 광석 운반선은 미국에서 더 크게 건조된 **운반선(2)**까지 더해지며, 수백만 톤의 보크사이트를 남아메리카에서부터 미시시피강 삼각주에 조성된 선착장까지 실어 날랐다. 처음에는 영국 해군이 광석 운반선을 호위했고, 곧이어 미국 해군은 그 역할을 인계받았다. 거대한 **너벅선(3)**이 테네시에 있던 **알코아 알루미늄 제련소(4)**로 광석을 운반했다. 그 뒤에는 알루미늄 조각과 알갱이가 항공기 동체, 프로펠러, 엔진 장착대와 엔진 덮개, 계기판 등을 제작하는 공장들에 전해졌고, 그 공장들은 모든 부품이 조립되는 엔진 완성업체, **프랫 앤 휘트니의 주된 공장(5)**에서 가까운, 코네티컷의 동(東)하트퍼드 주변에 주로 위치했다. 하트퍼드 공장에서 강력한 RM2000과 나중에는 **2800 더블 와스프 엔진(6)**이 설계되고 대량으로 생산된 뒤에, 롱아일랜드해협을 건너 남쪽, 전쟁 전에는 작은 마을에 불과하던 롱아일랜드 베스페이지에 위치한 **그러먼 전투기 공장(7)**으로 운반됐다. 전시 생산이란 이 이야기의 최종 결과는 태평양 전쟁에서 무적의 위용을 과시한 전투기이자 전폭기, **그러먼 F6F 헬캣(8)**이었다. 헬캣의 알루미늄 동체는 철제보다 가벼웠지만, 적군의 기관총탄을 견뎌낼 수 있었다. 베스페이지에서 수천 대가 조립된 헬캣은 미국 대륙을 가로질러 샌디에이고와 롱비치의 해군기지까지 날아갔고, 그곳에서는 새로 건조된 **에식스급 플리트 항공모함들(9)**에 함재기로 실렸다.

그렇게 항공모함에 실린 헬캣 전투기들은 진주만 너머에서 일본을 상대로 공중전을 치렀다. 레이먼드 스프루언스가 지휘한 제5함대에서는 7척의 플리트 항공모함만이 필리핀 전투에 참가했다. 그 항공모함들에서 출격한 250대의 헬캣 전투기는 일본 전투기들에 일방적인 승리를 거두었고, 그 공중전에는 **'마리아나 칠면조 사냥'(10)**이라는 적절한 별칭까지 붙었다. 항공사에서 이처럼 일방적으로 승패가 갈린 전투는 손가락으로 꼽을 정도였다. 〈도표 12〉에서 말하듯이, 그 모든 것이 수목으로 뒤덮인 언덕에서 시작됐다.

최강국으로 올라선 미국: 강대국들의 군함 총톤수
1930~1960년

이 기간에 경쟁한 해군들의 규모를 보유한 군함의 총톤수로 측정한 결과는 본문에서 〈도표 1〉(1930~1939년), 〈도표 5〉(1939~1945년), 〈도표 11〉(1943~1960년)로 나누어 소개했다. 각 도표에서는 고유한 특징을 찾을 수 있다. 예컨대 1930년대의 해군 세계는 대규모 함대를 보유한 세 강대국과 상대적으로 규모가 작은 3개국으로 이루어진 다극 체제였다. 〈도표 5〉에서는 1939~1945년의 해전이 해군력에 미친 영향이 뚜렷하게 반영돼 있으며, 1943년 이후에 4개국은 하강한 반면 미국 해군의 규모는 폭발적으로 커졌다. 끝으로 〈도표 11〉에서는 냉전이 시작되고 처음 15년 동안 미국 해군의 군함 총톤수가 압도적 선두여서, 해군 세계는 실질적으로 단극 체제였다는 것을 확인할 수 있다.

하지만 세 기간을 분리해 측정한 도표들을 하나로 합하면, 제2차 세계대전 전후와 그 기간에 해군력이 어떻게 변했는가를 한눈에 볼 수 있어 유익할 듯하다. 세계의 역사에서 해군의 균형추가 이처럼 신속하게 대폭 변한 적은 없었다.

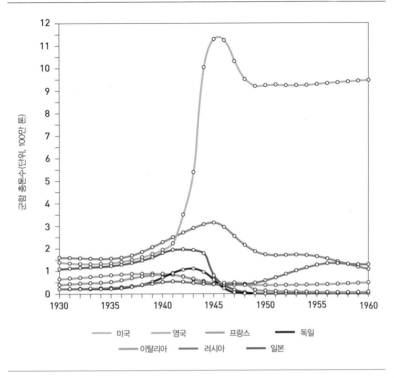

〈도표 13〉 강대국들이 보유한 군함의 총톤수, 1930~1960년

자료 출처: Crisher and Souva, Power at Sea. 이 책의 핵심 주제를 명확히 보여줄 목적으로 1930년대, 전쟁 기간, 전후의 군함 총톤수를 측정한 세 그래프를 합한 것이다.

　　　　　　　　　　　　　　　　　　　　　　　대해전, 최강국의 탄생

감사의 글

이 책을 쓰는 동안 몇 번의 수정을 거쳤고, 그 오랜 과정에서 나는 많은 특별한 사람들에게 도움을 받았다. 무엇보다, 자료 조사를 비롯해 많은 부문에서 도움을 아끼지 않은 예일대학교의 뛰어난 조교들, 알렉스 머턱, 노아 다폰테 스미스, 나트 매클로플린, 엘리자베스 하인스, 브리짓 핀크, 에마 뮬러, 오언 오그덴에게 많은 빛을 졌다. 킹스 칼리지 런던의 아룬 도슨에게도 큰 도움을 받았다. 특히 원고를 마무리하는 과정에서 에마와 브리짓과 아룬이 많은 도움을 주었다. 아룬은 이 책에 인용된 통계 자료를 정리하며 반복해 확인했고, 내가 요구하는 자료를 치밀하게 조사해주었다. 에마는 인용구를 찾고 목차를 정리하는 데 도움을 주었고, 특히 이언 마셜의 그림들을 목록화하고 지도를 본문의 적절한 위치에 배치하는 작업을 맡았다. 브리짓은 이 모든 것을 받아 최종적으로 점검했고, 내 손녀 캐시 케네디는 그렇게 완성된 최종 원고와 각주 및 참고 문헌을 비판적인 눈으로 나시 읽었다.

지도와 도표는 빌 넬슨이 다시 작업하거나 처음 작성한 것으로, 우리가 수없이 수정을 요구했지만 넬슨은 묵묵히 우리 요구를 들어주었다.

이언의 미망인 진 마셜과 딸 제시 사라고사에게도 감사하다는 말을 전하고 싶다. 우리가 이 책에 실린 그림의 원화를 모으고 준비할 때 조언과 지원을 아끼지 않았다.

코로나19로 내 조사 계획이 망그러지기 전까지, 나는 케임브리지 처칠 칼리지의 도서관에 있는 해군사 열람실에서 많은 시간을 보내고 큰 도움을 받았다. 특히 문서 보관 담당자 앨런 팩우드 박사와 그곳의 직원들에게 많은 도움을 받았다. 케임브리지 세인트존스칼리지의 학장과 직원들에게 감사의 뜻을 전하고 싶다. 그들은 한때 그곳의 특별 연구원으로 연구한 내가 몇 번이고 돌아와 학교 시설에서 머물도록 허락해주었다. 내가 영국을 드나들며 자료를 수집하는 데 소요된 비용은 예일대학교 국제안보연구센터의 지원을 받았다. 나에게 두 번의 안식년 휴가를 허락한 예일대학교 학장과 역사학부에도 감사하고 싶다. 예일대학교 국제안보연구센터의 상임 직원이던 엘리자베스 바스태스키와 캐슬린 갈로, 케이틀린 웨슬러는 끊임없는 지원을 아끼지 않았고, 그곳의 부국장을 차례로 지낸 라이언 어윈 박사, 어맨다 뱀 박사, 프리츠 바텔 박사에게도 따뜻한 환영을 받았다. 또 국제안보연구센터의 행정 직원 이고르 비류코프의 지속적인 지원이 없었다면 내가 이 프로젝트를 완결할 수 있었을지 모르겠다. 그에게도 고맙다는 말을 전하고 싶다.

내 저작권 대리인 런던 데이비드 히검 어소시에이츠의 앤드루 고든은 내가 예전의 책을 쓸 때에도 그랬듯이 이 책을 쓰는 동안에도 지원을 아끼지 않았고, 프로젝트의 진행이 늦어질 때마다 나를 독려하며 기운을 북돋워주었다. 특히 코로나19로 런던의 모든 식당이 문을 닫기 직전에 하이 홀번에서 앤드루와 점심 식사를 하며 이 책의 마지막 단

대해전, 최강국의 탄생

계를 논의했던 때를 기억에 떠올리면 지금도 기분이 좋다. 대서양 건너편에서도 이스트앵글리아대학교의 옛 동료 에릭 홈버거가 내 원고를 꼼꼼히 읽고 비판과 조언을 아끼지 않았다. 특히 강대국들의 군함과 해군을 다룬 2장은 에릭에게 많은 조언을 구했다. 물론 최종적인 결과물, 특히 잘못된 부분에 대한 책임은 전적으로 나에게 있다. 내가 미처 발견하지 못한 다른 학자의 연구가 있었다면 이 자리를 빌려 사과하고 싶다. 과거에 쓰인 연구와 저작의 공로를 인정하는 것은 나에게 언제나 즐거운 일이었다. 따라서 위키피디아에 익명으로 쓰인 좋은 글들을 쓴 사람들의 이름을 밝히지 못해 아쉬울 따름이다.

이 책은 학문적인 글과 이언 마셜의 아름답고 다층적인 해양화가 복합적으로 결합된 책이다. 오늘날에도 이런 책을 발간해낼 수 있는 출판사는 소수에 불과할 테고, 예일대학교 출판부만큼 잘 해낼 수 있는 출판사는 더욱더 적을 것이다. 이 책을 이처럼 멋지게 출간하는 데 관계한 모든 직원에게 감사의 말을 전하고 싶다. 특히 격려를 아끼지 않은 존 도나티치, 원고를 읽고 날카롭게 지적한 익명의 독자, 모토출판사의 그레첸 오토에게 감사하고 싶다. 앨리슨 레이니는 신중한 본문 편집을 통해, 조앤 셔피로는 치밀한 찾아보기 작업을 통해 이 책의 완성도를 높여주었다. 예일대학교 출판부의 역사 부문 편집자 애디나 버크에게도 많은 신세를 졌다.

항상 끈기 있게 격려와 사랑을 베풀어준 케네디 가족과 패러 가족에게도 감사하고 또 감사한다. 특히 막내 손자 찰리 케네디에게 반가운 소식을 전해주고 싶다. 찰리는 노스캐롤라이나에서 북쪽을 찾아올 때마다 니에게 책을 쓰는 게 끝났느냐고 상냥하게 물었다. 그래, 이제 끝났다.

무엇보다 내 아내 신시아 패러에게 가장 많은 빚을 졌다. 신시아는 좋은 때에나 나쁜 때에나 항상 내 곁을 지키며 차분한 조언과 따뜻한 지원을 아끼지 않았다. 다시 신시아에게 이 책을 바치는 바다.

감히 말하자면 이언과 나는 이 책을 공동으로 각자의 아내에게 헌정했다. 이언은 그의 아내 진에게, 나는 신시아에게. 저자와 화가가 특별한 여인 두 명에게 이 책을 헌정했음을 밝힌다.

2021년 뉴헤이븐과 브랜퍼드에서

흥미로운 인과관계의 사슬

폴 케네디는 한 친구의 화집에 서문을 주겠다고 제안했고, 그 글을 완성하기 전에 그 친구가 급작스레 사망했다. 그 때문에 기왕에 쓴 글을 확대해 해전을 중심으로 제2차 세계대전의 역사를 쓰기로 마음먹었고, 그 친구가 화집으로 만들려던 멋진 수채화 그림 53점을 삽화로 삼아 한 권의 책을 만들었다. 그 결과가 바로 이 책이다. 서문을 써주겠다는 제안이 이런저런 우여곡절을 거친 끝에 지금의 책이 된 셈이다. 그 과정에서의 단계들 사이에 인과관계가 있었다고 말하기는 힘들겠지만, 전쟁의 시작과 끝 사이에 있는 어떤 인과관계의 사슬을 추적하는 작업은 흥미롭기 마련이다.

1960년대 초에서 1970년대 중반에 태어난 X세대의 역사 전공자에게는 필독서라는 《강대국의 흥망》을 쓴 폴 케네디가 이 책에서는 해전을 주제로 삼아, 제2차 세계대전의 전후와 그 과정에서 강대국의 균형추가 어떻게 이동했는가를 추적했다. 해전이 제2차 세계대전의 승패를 결정했다는 주장에 어리둥절할 수도 있겠지만, "해전의 승리가 연합군의 승리로 이어졌고, 국제 관계에서 세력 분포의 변화로도 이어졌다"라는 것이 역사학자들에게는 정설이다. 따라서 케네디는 해전의 승리가 연합군의 승리로 이어진 단계들을 찾아내고, 그 단계들 사이에 어떤 인과관계가 있는지를 흥미진진하게 추적한다. 특히 부록 B에서 소개되는 연합군 전투기와 폭격기의 발달 과정에서 찾아낸 10단계의 인과관계 사슬은 무척 흥미롭다. 따라서 케네디는 해군의 군사적 작전만이 아니라 교역과 외교, 재정 정책 및 혁신적 과학기술까지 언급하면서, 해군의 승리가 전쟁의 승리로 이어진 이유를 차근차근 설명해나간다.

그러나 〈뉴욕타임스〉에 실린 서평은 노학자의 연구열을 높이 평가하는 동시에 사소한 면에서 약간의 오류가 있다는 것을 지적한다. 또 최근의 연구로 새롭게 확인된 부분들이 미처 반영되지 않았다고 지적하며 아쉬워한다. 하지만 그런 사소한 부분들을 제외하면, 이 책에서 지향한 목표, 즉 적어도 제2차 세계대전에서 해전이 전쟁 전체의 승패에 영향을 주었고, 전쟁이 끝난 뒤에 미국이 유일한 초강대국으로 부상한 이유에 대한 분석은 흥미진진하게 읽힌다.

끝으로, 삽화로 더해진 이언 마셜의 수채화들에 대해 언급해두고 싶은 말이 있다. 수채화 속의 군함들은 정확한 고증을 바탕으로 그려진 것이고, 그 자체로 하나의 이야기를 담고 있는 듯하다. 가끔 홈쇼핑에서 세계 명화를 사진으로 판매하는 것을 보았다. 그 그림들을 사느니, 이 책의 수채화들을 적절히 잘라내 코팅하거나 작은 액자로 꾸며 벽을 장식해도 괜찮을 듯하다.

충주에서
강주헌

대해전, 최강국의 탄생

주
—

서문

1   I. Marshall, Armored Ships: The Ships, Their Settings, and the Ascendancy That They Sustained for 80 Years (Charlottesville, VA: Howell Press, 1990); I. Marshall, Flying Boats: The J-class Yachts of Aviation (Cheltenham, UK: History Press Limited, 2002); I. Marshall, Cruisers and La Guerre de Course (Mystic, CT: Mystic Seaport Museum, 2008); and J. Maxtone-Graham, Passage East, illus. I. Marshall (Cheltenham, UK: History Press, 1998).

2   C. Tilly, ed., The Formation of the National States in Western Europe (Princeton, NJ: Princeton University Press, 1975), 42.

3   F. Braudel, The Mediterranean and the Mediterranean World in the Age of Philip II, 2 vols. (New York: Harper and Row, 1972).

4   이에 대한 고전적인 논문으로는 G. Modelski, "The Long Cycle of Global Politics and the Nation-State," Comparative Studies in Politics and Society 20 (1978)이 있다. 해군에 대해서는 다음 책을 참조하기 바란다. G. Modelski and W. R. Thompson, Sea Power in Global Politics 1494–1993 (Basingstoke, UK: Macmillan, 1988), 여러 곳.

5   P. Kennedy, The Rise of the Anglo-German Antagonism 1860–1914 (London: Allen and Unwin, 1980), vi.

6   P. Kennedy, The Rise and Fall of the Great Powers: Economic Change and Military Conflict from 1500 to 2000 (New York: Random House, 1987); Preparing for the Twenty First Century (New York: Random House, 1993); The Parliament of Man: The Past, Present, and Future of the United Nations (New York: Penguin Random House, 2006).

7   P. Kennedy, Engineers of Victory: The Problem Solvers Who Turned the
    Tide in the Second World War (New York: Random House, 2013), 여러 곳.

1장

1   Braudel, The Mediterranean World만이 아니라 나중에 쓴 Capitalism and
    Material Life, 1400 – 1800 (New York: Harper Colophon, 1975)도 참조하기 바
    란다.
2   P. Padfield, Tide of Empires: Decisive Naval Campaigns in the Rise of the
    West 1481 – 1654: Volume I (London: Routledge & Kegan Paul, 1979); Tide
    of Empires: Decisive Naval Campaigns in the Rise of the West 1654 – 1763:
    Volume II (London: Routledge & Kegan Paul, 1981); Maritime Power and
    the Struggle for Freedom: Naval Campaigns that Shaped the Modern World,
    1788 – 1851 (New York: Abrams Press, 2005) Maritime Dominion and the
    Triumph of the Free World: Naval Campaigns That Shaped the Modern
    World, 1851 – 2001 (London: John Murray, 2009)을 참조하기 바란다.
3   P. M. Kennedy, The Rise and Fall of British Naval Mastery (London: Ashfield
    Press, 1976)에서 제기한 주장.
4   W. Woodruff, Impact of Western Man: A Study of Europe's Role in the World
    Economy, 1750 – 1960 (New York: St. Martin's Press, 1967). W. H. McNeill,
    The Pursuit of Power: Technology, Armed Force, and Society since A.D. 1000
    (Chicago: University of Chicago Press, 1982)도 중요하다.
5   이 자료에 대해서는 K. Pomeranz, The Great Divergence: China, Europe,
    and the Making of the Modern World Economy (Princeton, NJ: Princeton
    University Press, 2000)만이 아니라 "Great Divergence," Wikipedia, 2020년 7
    월 6일 최종 수정, https://en.wikipedia.org/wiki/Great_Divergence도 참조하
    기 바란다. 경제에 중점을 둔 접근법에 대해서는 I. M. Wallerstein, The Modern
    World-System (New York: Academic Press, 1974 – 1989)을 참조하기 바란다.
6   McNeill, Pursuit of Power; and B. Simms, Europe: The Struggle for
    Supremacy, from 1453 to the Present (New York: Basic Books, 2013); and
    G. Parker, The Military Revolution: Military Innovation and the Rise of the
    West, 1500 – 1800 (New York: Cambridge University Press, 1996)을 참조하기
    바란다.
7   McNeill, Pursuit of Power; and E. Hobsbawm, The Age of Empire, 1875 –
    1914 (New York: Pantheon, 1987), 여러 곳.

8   This fact about Europe's share of world population at its highest can be tracked at P. Kennedy, Preparing for the Twenty-First Century; or McNeill, Population and Politics since 1750 (Charlottesville: University Press of Virginia, 1990).

9   A. G. Hopkins, American Empire: A Global History (Princeton, NJ: Princeton University Press, 2018)의 여러 곳에서 무척 자세히 다루었다.

10   C. Baghino, Port of Genoa: History and Informations, trans. D. Canepa, www.guidadigenova.it/en/genoa-history/history-port-genoa/(2020년 6월 24일 접속)은 이탈리아 파시스트 체제하에서 시행된 항구 시설의 확장과 재건 및 무역과 건설과 이주자에 대해 유용한 정보가 많이 담긴 무척 흥미로운 기사다.

11   R. Ropponen, Die Russische Gefahr (Helsinki: Suomen Historiallinen Seura, 1976).

12   M. Beloff, Imperial Sunset (London: Methuen, 1969); P. Kennedy, The Realities Behind Diplomacy: Background Influences on British External Policy, 1865 - 1980 (London: Allen and Unwin, 1981).

13   A. J. P. Taylor, The Struggle for Mastery in Europe, 1848 - 1918 (Oxford: Oxford University Press, 1971)의 결론을 참조할 것.

14   "Japanese Aircraft Carrier Kaga," Wikipedia, 2020년 7월 1일 최종 수정, https://en.wikipedia.org/wiki/Japanese_aircraft_carrier_Kaga.

15   뒤에서 살펴보겠지만, 여기에는 얄궂은 사건이 많다. 가가호는 진주만을 공격한 6척의 항공모함 중 하나였다. 가가호의 폭격기 대대는 2회의 공격을 수행했고, 폭격기 대대원들은 적어도 6척의 미군 전함(네바다호, 캘리포니아호, 오클라호마호, 웨스트버지니아호, 애리조나호, 메릴랜드호)에 타격을 주었다고 주장했다. 가가호는 1942년 초 일본의 남방 작전에도 투입됐다. 하지만 가가호는 미드웨이제도에서 호적수를 맞닥뜨렸다. 그곳에서 가가호와 다른 3척의 일본 중형 항공모함이 미국 항공모함의 공격에 침몰됐지만, 적의 존재를 눈으로 보지도 못했다. 바야흐로 해군력의 새로운 시대가 갑자기 열린 때였다. 또 하나의 얄궂은 사건은 이 장에서 언급된 전함들과 관련된 것이다. 의도적으로 선택한 사건은 아니지만, 그 전함들은 1941~1942년에 전개된 해전에서 무척 짧은 시기에 모두 침몰했다. 자라호와 피우메호는 1941년 마타판곶 해전에서 영국 전함의 야간 포격에 침몰했다. 후드호는 1941년 5월 비스마르크호의 포탄 세례에 침몰했고, 바럼호는 1941년 11월 동지중해에서 독일 유보트 331에서 발사된 네 대의 어뢰를 맞고 산산조각 났다. 가가호는 1942년 6월 초 미드웨이세노에서 침몰했다.

16   C. Barnett, The Collapse of British Power (London: Eyre Methuen, 1972).

17   Z. Steiner, The Lights That Failed: European International History 1919 -

1933 (Oxford: Oxford University Press, 2005), as well as The Triumph of the Dark: European International History 1933 – 1939 (Oxford: Oxford University Press, 2011).

2장

1   A. T. Mahan, The Influence of Sea Power upon History 1660 – 1783 (Boston: Little, Brown, 1890; repr., London, 1965), x, 26 – 29.

2   P. Kennedy and E. Wilson, eds., Navies in Multipolar Worlds: From the Age of Sail to the Present (London: Routledge, 2020), 여러 곳.

3   앞의 책.

4   워싱턴 조약을 둘러싼 외교전을 다룬 문헌은 많다. 그러나 해군과 관련된 자료는 "Washington Naval Treaty," Wikipedia, https://en.wikipedia.org/wiki/Washington_Naval_Treaty(2020년 4월 1일 수정)에서 가장 쉽게 구할 수 있다. 2장에서 제시한 도표도 이 자료를 참조한 것이다.

5   제2차 세계대전 동안 침몰한 28척(!)의 영국 구축함 중 한 척(엑서터호, 자바 해전)만이 적의 군함 포격에 침몰했다. 마찬가지로, 일본의 전설적인 중순양함들도 거의 모두가 항공기와 잠수함의 공격에 침몰했지, 적군의 순양함에 당하지는 않았다.

6   오늘날에도 상황은 다르지 않다. 미국의 값비싼 항공모함이 바다로 항해를 나갈 때는 구축함, 이지스 순양함, 초계기의 보호를 받고, 때로는 공격용 잠수함을 대동하기도 한다.

7   특히 O. Parkes, British Battleships, "Warrior" 1860 to "Vanguard" 1950: A History of Design Construction and Armament (Hamden, CT: Archon Books, 1972); R. Sumall, "The Battleship and Battlecruiser," in R. Gardiner, The Eclipse of the Big Gun: The Warship 1906 – 45 (London: Conway Maritime, 1973); N. Friedman, Naval Weapons of World War One: Guns, Torpedoes, Mines and ASW Weapons of All Nations: An Illustrated Directory (Barnsley, UK: Seaforth, 2011)를 참조하기 바란다.

8   지금까지 알려진 전함 근대화에 대한 자세한 내용은 Jane's Fighting Ships (London: Sampson Low, Marston, 1939 –)의 여러 곳을 참조하기 바란다. 각각 전함에 대해서 대체로 위키피디아에서 비교적 자세히 다루어졌다. "HMS Rodney (29)," Wikipedia, 2019년 12월 29일 최종 수정, https://en.wikipedia.org/wiki/HMS_Rodney_(29). (특히 여기에서 다루어지는 군함 유형과 개별 군함에 대한 설명은 위의 두 출처를 주로 기반으로 한 것이다.)

9   국가별 전투 순양함에 대해서는 다시 Jane's Fighting Ships를 참조하기 바란

다. 전투 순양함을 비교한 탁월한 논문으로는 C. Hawks, "Battlecruisers, Large Cruisers, and Pocket Battleships of World War II," 2016, http://www.chuckhawks.com/battlecruisers.htm이 있다.

10 Parkes, British Battleships; and T. Gibbons, The Complete Encyclopedia of Battleships: A Technical Directory of Capital Ships from 1860 to the Present Day (London: Crescent Books, 1983)의 여러 곳을 참조하기 바란다.

11 L. Marriott, Treaty Cruisers: The First International Warship Building Competition (Barnsley, UK: Pen and Sword Press, 2005); and further details in Jane's Fighting Ships 1939.

12 Jane's Fighting Ships 1939 및 이 책에 실린 그림에 대한 이언 마셜의 설명 글을 참조하기 바란다.

13 야간에 비스마르크호를 추적한 트라이벌급 구축함으로 이루어진 필립 비언 제독의 소함대와 노르웨이 노르드카프의 거친 앞바다에서 샤른호르스트호에 큰 피해를 안긴 S급 구축함이 대표적인 예였다.

14 C. Bekker, The German Navy 1939-1945 (New York: Dial Press, 1974), trans. Grosse Bildbuch der Deutschen Kriegsmarine, 1939-1945, 162-67. 상부가 무거운 구축함 설계에 대해서는 간명하면서도 뛰어난 논문 C. Hawks, "The Best Destroyers of World War II," 2016, http://www.chuckhawks.com/great_destroyers_ww2.htm.을 참조하기 바란다.

15 이에 대해서는 J. Lambert and A. Raven, Warship Perspectives: Flower Class Corvettes in World War Two (Lynbrook, NY: WR Press, 1999)를 참조하기 바란다.

16 잠수함의 총수는 Jane's Fighting Ships 1939, viii의 표를 참조한 것이다. 이탈리아 잠수함의 함급 종류는 내가 직접 계산한 것이다. N. Friedman, British Submarines in Two World Wars (Annapolis, MD: US Naval Institute Press, 2019)도 유용한 자료였다.

17 Kennedy, chaps. 7-9 in British Naval Mastery.

18 랭글리호는 그렇게 사라졌지만, 1939년을 기준으로 《제인의 해군 연감》은 랭글리호를 항공모함이 아니라 기타 군함으로 분류했다. 랭글리호에 대한 자세한 이야기는 "USS Langley (CV-1)," Wikipedia, last modified April 4, 2020, https://en.wikipedia.org/wiki/USS_Langley_(CV-1)을 참조하기 바란다.

19 전함 제독과 항공모함 제독 간의 초기 갈등에 대해서는 C. G. Reynolds, chap. 1 in The Fast Carriers: The Forging of an Air Navy (New York: McGraw-Hill, 1968)를 참조하고, 항공모함의 세부 구조에 대해서는 N. Polmar, Aircraft Carriers: A Graphic History of Carrier Aviation and Its Influence on World Events,

rev. ed., vol. 1, 1909 – 1945 (Washington, DC: Potomac Books, 2006)를 참조하기 바란다.

20   C. G. Reynolds, Fast Carriers와 Polmar, Aircraft Carriers에서는 미국과 영국과 일본의 항공모함과 함재기를 비교했다. 주 36도 아울러 참조하기 바란다.

21   다시 Kennedy and Wilson, Navies in Multipolar Worlds를 참조하기 바란다. 1930년대 말, 프랑스 해군이 직면한 전략적 딜레마는 R. Salerno, Vital Crossroads: Mediterranean Origins of the Second World War, 1935 – 1940 (Ithaca, NY: Cornell University Press, 2002)에서 분석됐다. 프랑스의 경제력 약화에 대해서는 R. Frank, Le Prix du Réarmement Français, 1935 – 1939 (Paris: Publications de la Sorbonne, 1982), passim 여러 곳을 참조하기 바란다.

22   제2차 세계대전 동안과 그 이전의 이탈리아 해군을 유용하게 요약한 두 편의 논문으로는 F. de Ninno, "A Rising Power in the Age of Multipolarity: Italian Naval Policy and Strategy in the Age of Fascism," in Kennedy and Wilson, Navies in Multipolar Worlds, 23 – 32와 C. L. Symonds, chap. 5, "The Regia Marina," in World War II at Sea: A Global History (Oxford: Oxford University Press, 2018)가 있다. 이탈리아 학자가 썼든 영국 학자가 썼든 대부분의 논문은 크게 비판적이지만, J. Sadkovich, The Italian Navy in World War II (Westport, CT: Greenwood Press, 1994), passim은 예외다. 더 많은 정보를 얻고 싶다면 J. Greene and A. Massigniani, The Naval War in the Mediterranean, 1940 – 1943 (London: Chatham, 2002)을 참조하기 바란다.

23   E. Groener, German Warships, 1815 – 1945, vol. 2, U-boats and Mine Warfare Vessels (Annapolis, MD: US Naval Institute Press, 1990)에서는 주력함보다 유보트에 더 많은 비용을 투입했을 때 기대할 수 있는 결과를 계산했다. 비판적이고 냉철한 조사에 대해서는 W. Rahn, "German Navies from 1848 to 2016," Naval War College Review 70, no. 4 (2017): 1 – 47을 참조하기 바란다.

24   자세한 내용에 대해서는 "Erich Raeder during World War II," Wikipedia, 2020년 3월 27일 최종 수정, https://en.wikipedia.org/wiki/Erich_Raeder_during_World_War_II를 참조하기 바란다. 레더는 이런 말을 남겼지만, 전쟁 기간 내내 엄청난 팽창주의적인 야심을 감추지 않았다.

25   영어로 쓰인 최고의 두 저작은 P. Dull, A Battle History of the Imperial Japanese Navy, 1941 – 1945 (Annapolis, MD: US Naval Institute Press, 1978)와 M. Stille, The Imperial Japanese Navy in the Pacific War (London: Osprey, 2014)다.

26   더 깊이 알고 싶다면 D. C. Evans and M. Peattie, Kaigun: Strategy, Tactics, and Technology in the Imperial Japanese Navy 1887 – 1941 (Annapolis, MD: US Naval Institute Press, 1997)을 참조하기 바란다. "Imperial Japanese Navy Air

Service," Wikipedia, 2020년 1월 19일 최종 수정, https://en.wikipedia.org/wiki/Imperial_Japanese_Navy_Air_Service도 무척 잘 쓰여 읽을 만하다.

27 전쟁하는 동안 일본 육군의 지배력에 대해서는 S. C. M. Paine, The Japanese Empire: Grand Strategy from the Meiji Restoration to the Pacific War (Cambridge, UK: Cambridge University Press, 2017)를 참조하기 바란다. C. Boyd, "Japanese Military Effectiveness: The Interwar Period," in Military Effectiveness, ed. A. R. Millett and W. Murray, vol. 2, The Interwar Years (Boston: Allen and Unwin, 1987), 131 – 68은 제목보다 훨씬 포괄적인 문제를 폭넓게 다루었다.

28 개입의 찬반에 대한 미국 내 토론은 J. A. Thompson, chap. 4 in A Sense of Power: The Roots of America's Global Role (Ithaca, NY: Cornell University Press, 2015)을 참조하기 바란다.

29 Jane's Fighting Ships 1939, 476. 1930년대 말의 설계 변경에 대해서는 "North Carolina – class battleship," Wikipedia, 2020년 3월 27일 최종 수정, https://en.wikipedia.org/wiki/North_Carolina–class_battleship을 참조하기 바란다.

30 Jane's Fighting Ships 1939, 476.

31 앞의 책, 487 – 89. 당시 상황과 제독들에 대해서는 C. G. Reynolds, preface and chap. 1 in Fast Carriers를 참조하기 바란다.

32 진주만 공격이 있었을 때 미국 해군에게는 6척의 플리트 항공모함이 있었다. 그때 3척은 버지니아의 노퍽에, 한 척은 샌디에이고에 정박해 있었고, 2척만이 태평양 한 복판에서 각자 다른 임무를 수행하고 있었다.

33 1919년 이후, 대영제국이 정치적으로나 전략적으로 직면한 많은 문제에 대해서는 M. Beloff, Imperial Sunset, vol. 1, Britain's Liberal Empire, 1897 – 1921 (London: Methuen, 1969)과 P. Kennedy, Rise and Fall of the Great Powers, 355ff를 참조하기 바란다.

34 이 전함들의 자세한 내용에 대해서는 Jane's Fighting Ships 1939, 23 – 39를 참조하기 바란다.

35 앞의 책, 44 – 62.

36 영국 해군 함대 항공대와 영국 공군 해안 경비대에 대한 서글픈 이야기는 많은 책에서 소개된다. 그중에서도 특히 G. Till, Air Power and the Royal Navy 1914 – 1945: A Historical Survey (Surrey, UK: Macdonald and Jane's, 1979)가 읽을 만하다. 기술적인 면에 대해서는 T. Hone, N. Friedman, and M. D. Mandeles, American and British Aircraft Carrier Development, 1919 – 1941 (Annapolis, MD: US Naval Institute Press, 1999)을 참조하기 바란다. 간략하게는 "Fleet Air Arm," Wikipedia, 2020년 5월 11일 최종 수정, https://en.wikipedia.org/wiki/

Fleet_Air_Arm; A. Hendrie, The Cinderella Service: RAF Coastland Command 1939-1945 (London: Casemate, 2006)와 "RAF Coastal Command during World War II," Wikipedia, 2019년 11월 19일 최종 수정, https://en.wikipedia. org/wiki/RAF_Coastal_Command_during_World_War_II는 무척 훌륭하게 정리 된 글이다.

37   영국 해군 잠수함에 대한 자세한 내용은 Jane's Fighting Ships 1939, 74-78을 참 조하기 바란다. 위키피디아에서는 영국 잠수함을 S급, T급, U급으로 구분해 따로따 로 설명한다.

38   Kennedy, chaps. 7-8 in British Naval Mastery; and S. W. Roskill, Naval Policy between the Wars, vol. 1, The Period of Anglo-American Antagonism, 1919-1939 (London: Collins, 1978), 앞부분. 최근에 쓰인 저작으로는 C. M. Bell, The Royal Navy, Seapower and Strategy between the Wars (Stanford, CA: Stanford University Press, 2000)가 있다.

39   M. E. Howard, The Continental Commitment: The Dilemma of British Defence Policy in the Era of the Two World Wars (London: Maurice Temple Smith, 1972)의 탁월한 분석을 참조하기 바란다.

40   이런 심각한 딜레마에 대한 해군부의 심정은 A. J. Marder, "The Royal Navy and the Ethiopian Crisis of 1935-36," in American Historical Review 75, no. 5 (June 1971)에서 신중하게 다루어졌다. 영국이 직면한 지나치게 넓은 영토 문제를 더 큰 시각으로 분석한 저작으로는 Barnett, Collapse of British Power를 참조하 기 바란다.

41   1939년의 결정을 다룬 최고의 연구는 L. Pratt, East of Malta, West of Suez: Britain's Mediterranean Crisis, 1936-1939 (Cambridge, UK: Cambridge University Press, 1975), passim이다. 싱가포르 기지 정책에 대한 방대한 문 헌 중에서는 J. Neidpath, The Singapore Naval Base and the Defence of Britain's Eastern Empire, 1919-1941 (New York: Clarendon Press of Oxford University Press, 1981)을 추천하고 싶다.

42   Barnett, Collapse of British Power, passim과 P. Kennedy, chap. 6 in Rise and Fall of the Great Powers를 참조하기 바란다.

43   예를 들면 E. Mawdsley, The War for the Seas: A Maritime History of World War II (London: Yale University Press, 2019), 11과 J. A. Maiolo, "Did the Royal Navy Decline between the Wars?," RUSI Journal 159 (July 2014): 18-24를 참조하기 바란다.

44   A. Clayton, The British Empire as a Superpower, 1919-39 (Basingstoke, UK: Macmillan, 1986), passim. '곤경에 빠진 대영제국'이라는 통설에 반박한 흥미로운

연구다.

45   각 강대국의 '군사적 효율성'에 대한 일련의 연구에 대해서는 Millett and Murray, Military Effectiveness, vol. 2, The Interwar Years를 참조하기 바란다.

3장

1   K. Marx, The Eighteenth Brumaire of Louis Napoleon (London: Electric Book Co., 2001).

2   A. T. Mahan, "Considerations Governing the Dispositions of Navies," in National Review 3 (July 1902): 701 – 19는 Retrospect and Prospect: Studies in International Relations, Naval and Political (Boston: Little, Brown, 1902)에 재수록됐다.

3   P. Kennedy, "The War at Sea," in Cambridge History of the First World War, ed. J. M. Winter, vol. 1 (Cambridge, UK: Cambridge University Press, 2014); and Taylor, epilogue in Struggle for Mastery in Europe.

4   A. Lambert, Seapower States: Maritime Culture, Continental Empires, and the Conflict That Made the Modern World (New Haven, CT: Yale University Press, 2018), passim에서 육지 경계의 제약에 대한 주장은 머핸이 The Influence of Sea Power upon History (Newport, RI: Naval War College Press, 1991)의 서문에 쓴 연구를 많이 참조한 것이다.

5   Mahan, "Disposition of Navies," 710.

6   W. Wegener, Naval Strategy of the World War, trans. H. H. Herwig (Annapolis, MD: US Naval Institute Press, 1989), passim. Originally published as Die Seestrategie des Weltkrieges (Berlin: E. S. Mittler, 1929).

7   앞의 책.

8   Kennedy, British Naval Mastery.

9   P. K. Kemp, ed., The Papers of Admiral Sir John Fisher (London: Navy Records Society, 1960 – 1964), 2:161.

10   P. Kennedy, "Imperial Cable Communications and Strategy, 1870 – 1914," in The English Historical Review 86, no. 341 (October 1971): 728 – 52.

11   Mahan, "Disposition of Navies."

12   "보초가 없는 경비 초소"라는 재밌는 비유는 Barnett, Collapse of British Power 의 결론에서 처음 제시됐지만, 이 책이 3장에서 다루었듯이 리델 하트가 그보다 조금 전에 언급했던 "함대가 없는 기지"와 크게 다르지 않다.

13   본국 함대의 위상과 역할은 3권으로 구성된 S. W. Roskill, The War at Sea, 1939 –

1945 (London: HMSO, 1954-61)에서 집중적으로 다루어졌다. 그러나 J. P. Levy, The Royal Navy's Home Fleet in World War 2 (London: Macmillan, 2003), passim도 참조하기 바란다.

14 대서양 전쟁은 상당히 오랫동안 지속돼 5장의 주 21~22에 언급된 자료를 필두로, 5~10장에서는 중요한 문헌과 위키피디아 설명 글이 자주 언급된다.

15 6장 주 5에서 언급한 북극해 수송 선단을 참조하기 바란다.

16 이탈리아의 입장에 대해서는 de Ninno's clever article "A Rising Power in the Age of Multipolarity: Italian Naval Policy and Strategy in the Age of Fascism," in Kennedy and Wilson, Navies in Multipolar Worlds, 23-32를 참조하기 바란다.

17 짤막하지만 중요한 저작 Pratt, East of Malta, West of Suez, passim을 다시 참조하기 바란다.

18 특히 Neidpath, Singapore Naval Base를 참조하기 바란다.

19 P. P. O'Brien, How the War Was Won: Air-Sea Power and Allied Victory in World War II (Cambridge, UK: Cambridge University Press, 2015)에서는 약간 다르게 표현된다.

20 W. Braisted, The United States Navy in the Pacific (Austin: University of Texas Press, 1958), 2장과 5장에서 언급한 문헌도 참고하기 바란다.

21 실제로 독일을 편든 국가에 대해서는 H. H. Herwig, Politics of Frustration: The United States in German Naval Planning 1889-1941 (Boston: Little, Brown, 1976)을 참조하기 바란다.

22 G. W. Prang, At Dawn We Slept: The Untold Story of Pearl Harbor (New York: McGraw-Hill, 1981), passim의 결론을 참조하기 바란다.

23 E. S. Miller, War Plan Orange: The U.S. Strategy to Defeat Japan, 1897-1945 (Annapolis, MD: US Naval Institute Press, 1991), passim.

24 이 점에 대해서는 태평양 해전에 참전한 일본 해군을 연구한 모든 전문가[Dull, Spector, Symonds, Reynolds (5장 참조)]도 동의하는 듯하다. 일본 항공모함은 전함 제독들로부터 큰 지원을 받지 못했지만 곳곳의 전투에서 본연의 역할을 더할 나위 없이 잘 해냈다.

25 D. Landes, The Unbound Prometheus: Technological Change and Industrial Development in Western Europe from 1750 to the Present (Cambridge, UK: Cambridge University Press, 1969), passim.

26 세계 인구 성장, 생산량, 산업화에 대한 통계는 P. Kennedy, Rise and Fall of the Great Powers, 199ff와 Woodruff, Impact of Western Man을 참조하기 바란다.

27 국가별 차이에 대해서는 Jane's Fighting Ships 1939를 참조하기 바란다. 이전 시

대해전, 최강국의 탄생

대에 대해서는 Q. Wright, A Study of War (Chicago: University of Chicago Press, 1942), 670 – 71에서 표 "Warship Tonnage of the Powers 1880 – 1914"를 참조하기 바란다.

28 두 세계대전 사이의 영국 조선업을 최근에 분석한 연구는 없지만, 개별적인 조선소와 작업장(예: 타인)의 역사를 다룬 연구는 있다. 그러나 Roskill, Naval Policy between the Wars, vol. 2, The Period of Reluctant Rearmament, 1930 – 1939 와 Mawdsley, War for the Seas에서 약간 다루어졌다.

29 Jane's Fighting Ships 1939, 23 – 60과 Mawdsley, War for the Seas, 14 – 17을 참조하기 바란다.

30 Jane's Fighting Ships 1939, 476 – 90.

31 흥미로운 논문 J. B. Parrish, "Iron and Steel in the Balance of World Power," Journal of Political Economy 64, no. 4 (October 1956): 368 – 88과 P. Kennedy, Rise and Fall of the Great Powers, 200에 실린 표 "Iron/Steel Production of the Powers 1890 – 1938"을 참조하기 바란다.

32 다른 강대국들을 앞선 독일과 미국의 공작기계 산업에 대해서는 A. S. Milward, War, Economy and Society, 1939 – 1945 (Berkeley: University of California Press, 1977), 187 – 90 and 333 – 34 및 J. A. Maiolo, Cry Havoc: How the Arms Race Drove the World to War, 1931 – 1941 (New York: Basic Books, 2010), 211ff를 참조하기 바란다.

33 Kennedy, chaps. 7 – 9 in British Naval Mastery.

34 이 수치는 H. Hillman's essay, "Comparative Strength of the Great Powers," in A. J. Toynbee and F. T. Ashton-Gwatkin, eds., The World in March 1939 (London: Oxford University Press, 1952), 446에서 인용한 것이다.

35 Mahan, Influence of Sea Power, 88.

36 앞의 책. Kennedy, British Naval Mastery의 서문에 더 깊은 분석이 있다.

37 경제와 생산량과 국방비가 19세기와 20세기 초에 얼마나 증가했느냐에 대한 통계자료는 Taylor, foreword to Struggle for Mastery in Europe과 P. Kennedy, chap. 5 in Rise and Fall of the Great Powers를 참조하기 바란다.

38 P. Kennedy, British Naval Mastery, 206에서도 확인된다.

39 두 세계대전 사이의 유틀란트를 재점검한 탁월한 저작으로는 G. A. H. Gordon, The Rules of the Game: Jutland and British Naval Command (London: John Murray, 1996)가 있다.

40 Mahan, Influence of Sea Power, 138.

41 물론 머핸도 영국의 성공을 뒷받침한 근원 중 하나로 해상무역의 중요성을 인정했지만, 전투 함대가 대대적인 승리를 거두면 적이 바다에서 사라지리라 추정하

는 경향을 띠었다. 또한 1902년에 발표한 소논문("Dispositions of Navies")에서 는 해군력을 결정하는 지리적 조건이란 변수에 더 많은 관심을 기울인 것도 사실 이다.

42 최고로 손꼽히는 줄리언 코벳의 초기 저작은 England in the Seven Years War: A Study in Combined Strategy (London: Longmans, Green, 1907)이고, 곧이어 고전적인 이론서로 Some Principles of Maritime Strategy (London: Longmans, Green, 1918), passim을 발표했다

43 코벳의 이론적 방향과 공식 역사를 두고 해군부와 충돌한 사건에 대해 더 깊이 알 고 싶다면 G. Till, chap. 4, "Corbett and the Emergence of a British School," in The Development of British Naval Thinking: Essays in Memory of Bryan McLaren Ranft (London: Routledge, 2006), 81을 참조하기 바란다.

4장

1 1939년의 해전 상황은 Roskill, War at Sea, vol. 1의 5~7장과 많은 부록 및 Symonds, World War II at Sea의 앞부분을 참조하기 바란다.

2 P. Auphan and J. Mordal, The French Navy in World War II (Annapolis, MD: US Naval Institute Press, 1959); Roskill, War at Sea, vol. 1.

3 커레이저스호의 침몰에 대해서는 "HMS Courageous (50)," Wikipedia, 2019년 10월 23일 최종 수정 https://en.wikipedia.org/wiki/HMS_Courageous_(50)와 C. Barnett, Engage the Enemy More Closely: The Royal Navy in the Second World War (London: Hodder and Stoughton, 1991), 68 – 69에서 '수색 부대' 전 략에 대한 신랄한 비판을 참조하기 바란다.

4 프린이 로열 오크호를 침몰시킨 사건을 더 자세히 알고 싶다면 C. Blair, Hitler's U-boat War, vol. 1, The Hunters, 1939 – 1942 (New York: Random House, 1996), 104 – 9를 참조하기 바란다.

5 Roskill, War at Sea, 1:115.

6 그라프 슈페호의 동선과 전투와 관련된 동선이 표시된 상세한 지도는 Roskill, War at Sea, 1:118을 참조하기 바란다.

7 "Battle of the River Plate," Wikipedia, 2020년 1월 20일 최종 수정, https://en.wikipedia.org/wiki/Battle_of_the_River_Plate; and a lively narrative in Barnett, Engage the Enemy, 84 – 88.

8 전쟁 전에 약속된 재급유 방식은 이즈음 중단되고 있었다. 중립국 국기를 매달고 은 밀히 움직이던 극소수의 독일 연료 보급선만이 그라프 슈페호 같은 통상 파괴함들 에 한숨을 돌릴 여유를 줄 수 있었다.

대해전, 최강국의 탄생

9 Roskill, War at Sea, vol. 1에서 유보트 수치에 대해서는 부록 Q, 반복되는 어뢰의 불발에 대해서는 Blair, Hitler's U-boat War, vol. 1, passim을 참조하기 바란다. 월별 상선 상실에 대해서는 M. Milner, "The Battle of the Atlantic," Journal of Strategic Studies 13, no. 1 (1990): 45-66, https://doi.org/10.1080/01402399008437400을 참조하기 바란다.

10 1939~1940년 겨울 동안, 더 나아가 6월과 7월까지 서유럽의 군사적이고 정치적인 상황, 즉 양측의 군사력 비교, 가짜 전쟁, 겨울 전쟁과 핀란드 상황, 노르웨이에서 벌어진 영국과 독일의 군사작전, 그리고 프랑스 함락과 됭케르크 철수를 전반적으로 가장 잘 설명한 책은 탁월한 지도까지 더해진 Liddell Hart, History of the Second World War (London: Cassell, 1970)의 4~7장인 듯하다. Symonds, World War II at Sea의 3~4장에도 간결하게 잘 정리됐다.

11 레더가 히틀러에게 보낸 보고서는 Barnett, Engage the Enemy, 104에서 인용한 것이다.

12 독일군의 효율성, 전술과 작전에서 강점, 고위층의 결함 등 독일 군부와 관련된 전반적인 사항에 대해서는 Millett and Murray, Military Effectiveness, 특히 제3권에 수록된 소논문들을 참조하기 바란다.

13 영국 함대 항공대의 약점, 특히 함재기의 약점에 대해서는 Till, Air Power and the Royal Navy, and the many more sources cited in chapter 2, 주 36을 참조하기 바란다.

14 노르웨이 공격을 지원한 루프트바페의 수에 대해서는 Barnett, Engage the Enemy, 103을 참조하기 바란다.

15 이 기간에 처칠이 해군부에서 저지른 끔찍한 역할에 대한 바넷의 기록은 그야말로 눈알이 튀어나올 정도였다. 이에 대해서는 Engage the Enemy와 S. W. Roskill, Churchill and the Admirals (London: Collins, 1977)를 참조하기 바란다. J. Kiszely, Anatomy of a Campaign: The British Fiasco in Norway, 1940 (Cambridge, UK: Cambridge University Press, 2017), passim도 읽어볼 만한 비판이다.

16 Symonds, World War II at Sea의 3장 "Norway"에서는 노르웨이에 파견된 연합군 군함과 군부대에 대한 자세한 설명과 더불어 전투의 전체 과정이 냉정하고 간결하게 설명됐다. Liddell Hart, History of the Second World War는 군사적인 면에서는 훌륭하지만 해전에 대한 설명은 부족한 편이다. 로이드 조지의 발언 등은 House of Commons, May 7th-9th, 1940, debates in "Norway Debate," Wikipedia, 2020년 1월 24일 최종 수정, https://en.wikipedia.org/wiki/Norway_Debate에서 인용한 것이다.

17 "Battles of Narvik," Wikipedia, 2020년 1월 18일 최종 수정, https://

en.wikipedia.org/wiki/Battles_of_Narvik#First_naval_Battle_of_Narvik.

18 주 17에서 언급된 위키피디아의 "Battles of Narvik"은 한 노르웨이 군사 역사학자 가 쓴 것이며, 지상에서 벌어진 전투에 대한 설명도 적지 않다. Barnett, Engage the Enemy의 4장도 읽을 만하다.

19 독일 에스보트와 켈리호, 타인 강변까지의 견인에 대한 이야기를 Mountbatten 이 특유의 냉정하고 차분한 어조로 쓴 글은 "Mountbatten Brings Home HMS Kelly," World War II Today, http://ww2today.com/9th-may-1940-mountbatten-brings-home-hms-kelly. Roskill, War at Sea, 1:145에서 확인할 수 있다. 이때 독일 에스보트가 처음으로 등장했다.

20 이렇게 통합된 노르트라십은 세계에서 가장 큰 해운 회사가 됐고, 선단의 42퍼센트 가 근대 유조선으로 이루어졌다. "Nortraship," Wikipedia, 2020년 2월 1일 접속, https://en.wikipedia.org/wiki/Nortraship.

21 "서유럽의 패배"는 Liddell Hart, History of the Second World War, 7장에서 지 도를 곁들여 다루어진다.

22 앞의 책. 램지 제독이 '다이너모 작전(됭케르크 철수)'을 진행하던 과정에 마주한 위 기에 대해서는 Roskill, chaps. 11-12 in War at Sea, vol. 1 (two large chapters) 을 참조하기 바란다.

23 이런 사건이 반복될지 모른다는 두려움에 그 이후에는 철수하는 병사들이 구조에 나선 작은 선박의 갑판에서 머물려고 고집했다. 하지만 그 경우에는 윗부분이 무거 워져서 오히려 더 위험했다. 갑판 아래에 갇힌다는 두려움은 2017년에 개봉된 영화 〈됭케르크〉에 잘 묘사됐다.

24 "HMS Wakeful (H88)," Wikipedia, 2019년 10월 3일 최종 수정, https://en.wikipedia.org/wiki/HMS_Wakeful_(H88)과 "HMS Grafton (H89)," Wikipedia, 2019년 11월 23일 최종 수정, https://en.wikipedia.org/wiki/HMS_Grafton_(H89).

25 영국 해군 구축함들이 됭케르크 앞바다에서 보여준 용맹무쌍한 행동 및 아이반호를 비롯한 여러 구축함의 운명을 다룬 대중 역사서가 많은 것은 조금도 놀랍지 않지만, "HMS Ivanhoe (D16)," Wikipedia, 2020년 6월 1일 접속, https://en.wikipedia.org/wiki/HMS_Ivanhoe_(D16)가 당시 상황을 냉정하고 객관적으로 설명하고 있 다(위키피디아에서는 관련된 구축함들을 개별적으로 다루었다).

26 "HMS Havant (H32)," Wikipedia, 2020년 1월 25일 최종 수정, https://en.wikipedia.org/wiki/HMS_Havant_(H32).

27 푸드루아양호의 잔해는 오늘날 스쿠버 다이버들이 즐겨 찾는 명소다.

28 글로리어스호의 침몰과 구축함 아카스타호가 샤른호르스트호에 입힌 피해에 대해 서는 Barnett, Engage the Enemy, 136-37의 간결한 요약을 참조하기 바란다.

대해전, 최강국의 탄생

29 (하루하루의 통계와 더불어) 철수한 총병력에 대해서는 "Dunkirk Evacuation," Wikipedia, 2020년 2월 14일 접속, https://en.wikipedia.org/wiki/Dunkirk_ evacuation의 표를 참조하기 바란다.

30 예컨대 B. Cheall, Fighting Through from Dunkirk to Hamburg: A Green Howard's Wartime Memoir (Barnsley, UK: Pen and Sword, 2011)를 참조하기 바란다. "Battle of Dunkirk," Wikipedia, 2020년 2월 8일 최종 수정, https:// en.wikipedia.org/wiki/Battle_of_Dunkirk도 유익한 글이며, 많은 문헌이 소개된다.

31 C. Barnett, Britain and Her Army, 1509~1970: A Military, Political, and Social Survey (Harmondsworth, UK: Penguin Books, 1970)에는 영국이 유럽 대륙에서 벌인 전쟁에 대한 많은 강연도 실려 있다.

32 1940년 본국 함대의 보강, 특히 해군부가 간절히 바라던 조지 5세급 전함의 보강에 대해서는 C. M. Bell, Churchill and Sea Power (Oxford: Oxford University Press, 2013), 200 – 202와 Roskill, War at Sea, 1:262 – 68을 참조하기 바란다.

33 1940년대 중반까지 상실한 되니츠의 유보트에 대한 자세한 기록은 Blair, Hitler's U-Boat War, vol. 1; D. van der Vat, The Atlantic Campaign: World War II's Great Struggle at Sea (New York: Harper and Row, 1988), 126; and Roskill, appendix K in War at Sea, vol. 1을 참조하기 바란다.

34 영국 해군의 대형 군함 앞에서 불발됐던 독일의 엉터리 어뢰에 대해서는 Blair, Hitler's U-Boat War; and van der Vat, Atlantic Campaign을 참조하기 바란다.

35 육군을 "해군이 쏘아 올린 발사체"라고 표현한 장본인이 영국 외무 장관 그레이 경이었지만, 피셔 제독이 그 표현을 즐겨 인용했다. 그의 Memories (London: Hodder and Stoughton, 1919), 18을 참조하기 바란다.

36 리델 하트의 여러 논문, 예컨대 The British Way of Warfare (London: Faber, 1932)의 1장 "The Historical Strategy f Britain" 및 그에 대한 많은 연구와 전기를 참조하기 바란다. "B. H. Liddell Hart," Wikipedia, 2020년 8월 1일 접속, https:// en.wikipedia.org/wiki/B._H._Liddell_Hart, passim도 읽을 만하다.

37 프랑스 공방전에서 루프트바페와 영국 공군이 입은 손실은 R. J. Overy가 수정주의적 관점에서 쓴 "Air Power, Armies, and the War in the West, 1940," in the US-AAF Harmon Memorial Lecture #32 (1989), https://www.usafa.edu/ academic/history/harmon32/에서 잘 분석됐다.

38 프랑스가 함락됐다는 소식에 미국이 보인 반응은 Blair, Hitler's U-boat War, 1:165에 잘 정리돼 있다. 이 책에서는 1940년 중반부터 1941년 12월까지 미국이 영국에 보낸 많은 지원도 다루었다. A. Nagorski, 1941: The Year Germany Lost the War (New York: Simon and Schuster, 2019)에는 더 많은 자료가 있다.

39 "Two-Ocean Navy Act," Wikipedia, 2019년 11월 30일 최종 수정, https://en.wikipedia.org/wiki/Two-Ocean_Navy_Act; and S. E. Morison, History of United States Naval Operations in World War II, vol. 1, The Battle of the Atlantic (Boston: Little, Brown, 1984), 27ff. Symonds, World War II at Sea, 179에서 지적하듯이, 일본 해군의 전체 규모와는 뚜렷이 대비된다.

40 몬태나급 전함에 대한 더 자세한 내용은 6장을 참조하기 바란다.

41 항공모함에 대해서는 2장 주 19~20과 Jane's Fighting Ships 1940, Jane's Fighting Ships 1941을 참조하기 바란다.

42 미국의 생산력 규모에 대한 독일의 인식에 대해서는 Maiolo, Cry Havoc의 16~17장을 참조하기 바란다.

43 Symonds, World War II at Sea, 8장 "The Rising Sun"에서 야마모토의 계산이 정확히 설명된다.

44 Maiolo, Cry Havoc, passim; J. Lukacs, The Last European War: September 1939/December 1941 (New Haven, CT: Yale University Press, 1976); B. C. Stoddard, World in the Balance: The Perilous Months of June–October 1940 (Washington, DC: Potomac Books, 2011). Nagorski, 1941의 앞부분도 참조할 만하다.

45 정확히 옮기면 "신세계가 강력한 힘으로 무장하고"였다. 물론 이 문장은 처칠이 1940년 6월 4일 하원에서 행한 역사적인 "결코 항복하지 않을 것입니다"의 끝부분이다.

46 총리에 취임한 지 한 달이 되지 않아 처칠은 내각 장관들에게 프랑스 함대를 격침하겠다는 결정을 반복해 언급했다. 자세한 내용에 대해서는 Barnett, Engage the Enemy, 171–81을 참조하기 바란다. 한편 Roskill, War at Sea, 1:240–45는 나중에 쓴 글과 비교하면 무척 절제해서 썼다. 현재로서는 D. Brown, The Road to Oran: Anglo-French Naval Relations, September 1939–July 1940 (London: Cass, 2004)이 가장 추천할 만하다.

47 간략한 요약으로는 "Attack on Mers-el-Kébir," Wikipedia, 2019년 6월 23일 접속, https://en.wikipedia.org/wiki/Attack-on-Mers-el-Kebir를 참조하고, 더 깊이 알고 싶다면 A. J. Marder, From the Dardanelles to Oran: Studies of the Royal Navy in War and Peace, 1915–1940 (Oxford: Oxford University Press, 1974)의 5장을 참조하기 바란다.

5장

1   D. Low, "Very Well, Alone," Evening Standard, 1940년 6월 18일.

2 HistoryExtra, "WW2: When Britain Stood (Not Quite) Alone," 2019년 6월 24 일, https://www.historyextra.com/period/second-world-war/britain-stood-alone-ww2-myths-brexit-debate/.

3 프랑스의 항복 이후로 미국이 걱정하기 시작하며 신속하게 마련한 지원책에 대해서는 Morison, US Naval Operations, vol. 1, passim의 앞부분을 참조하기 바란다.

4 Wegener, Naval Strategy of the World War (chap. 3, nn. 6 and 7)를 참조하기 바란다.

5 프랑스가 항복한 이후의 대서양 전투에 대해서는 Roskill, "The Campaign in the North-West Approaches," in War at Sea, 1:343ff를 참조하기 바란다. Barnett, Engage the Enemy, 251ff는 비판적 관점에서 접근한 중요한 연구다. van der Vat, chap. 5 in Atlantic Campaign의 뛰어난 분석도 참조할 만하다.

6 The Halder War Diary, 1939-1942, trans. C. Burdick and H. A. Jacobsen (Novato, CA: Presidio Press, 1988). 영국의 방어 시설에 대해서는 B. Collier, The Defense of the United Kingdom (London: HMSO, 1957), passim과 Levy, Royal Navy's Home Fleet의 5장을 참조하기 바란다.

7 "Fliegerführer Atlantik," Wikipedia, 2019년 3월 1일 접속, https://en.wikipedia.org/wiki/Fliegerführer_Atlantik에서 무척 자세히 다루었다. van der Vat, Atlantic Campaign을 비롯해 해군 중심의 연구서에는 참고 자료가 단편적으로만 언급되지만, 여기에서는 상당히 많은 자료가 소개된다.

8 오대서티호의 이야기는 Roskill, War at Sea, 1:477-79(이 책의 481쪽 맞은편에는 수송 선단과 함께한 오대서티호와 전형적인 전투기 사출선의 사진이 있다)를 참조하기 바란다.

9 루프트바페의 무원칙한 작전 범위에 대해서는 W. Murray, The Luftwaffe, 1933-45: Strategy for Defeat (Washington, DC: Brassey's, 1996)를 참조하기 바란다.

10 이때 활동한 독일의 위장 통상 파괴함에 대해서는 Roskill, War at Sea, vol. 1. 18장을 참조하기 바란다. 그러나 독일 통상 파괴함의 종류(위장함, 유보트, 수상 군함)를 요약한 글로는 Symonds, World War II at Sea의 6장 "The War on Trade"가 읽을 만하다. 아래 주 24도 참조하기 바란다.

12 독일 중순양함이 대양에서 시행한 통상 파괴에 대한 로스킬의 평가는 무척 냉정하다. 로스킬은 통상 파괴를 북대서양 수송 선단에 대한 중대한 위협이었던 것으로 묘사한다.

13 처칠의 명령이었고, 동명의 영화까지 제작된 "비스마르크호를 격침하라!(Sink the Bismarck!)"를 다룬 영국 문헌은 무척 많다. Barnett, Engage the Enemy는 거의 30쪽(284-314)을 할애해 이 이야기를 자세히 다루었고, Roskill, War at Sea, vol. 1에 실린 지도(31-33)는 주목할 만하다.

14 "Channel Dash," Wikipedia, 2019년 3월 23일 접속, https://en.wikipedia.org/wiki/Channel_Dash에서는 이 작전을 시간대로 자세히 다루지만, 이 작전을 가장 정교하게 다룬 지도는 Roskill, War at Sea, 2:153에서 찾을 수 있으며, 영국 해군부의 어려움을 대신 변명해주기도 한다. 하지만 이 책에서 가장 인상적인 부분은 독일 군함들이 발트해에 들어갈 때까지 영국 공군 폭격기가 집요하게 추적하며 폭격했다는 내용이다.

15 미국 전함들은 때때로 스캐파플로에 파견돼 본국 함대와 함께했다. 티르피츠호가 북극해 수송 선단에 여전히 위협이었지만(6~7장 참조), 독일의 마지막 전함이던 티르피츠호는 한 번도 북극해 수송 선단과 맞닥뜨리지 않았다. 오히려 1944년 11월 영국 공군의 폭격에 운명을 다할 때까지 항구에서 항구로 쫓겨 다녔다.

16 유럽 유대인을 말살하고 소련의 무릎을 꿇리려는 히틀러의 집착이 점차 심해지고 있었다는 것을 고려하면 우선순위가 더 낮았을 수 있다. A. Hillgruber, Hitler's Strategie: Politik und Kriegsführung, 1940-1941 (Frankfurt: Bernand and Graefe, 1965)의 설득력 있는 설명을 참조하기 바란다.

17 J. B. Hattendorf, ed., On His Majesty's Service: Observations of the British Home Fleet from the Diary, Reports. 특히 Letters of Joseph H. Welling, Assistant U.S. Naval Attache, London, 1940-41 (Newport, RI: Naval War College Press, 1983)에는 개인적인 생각이 잘 담겨 있다.

18 Morison, US Naval Operations, 1:92-109가 이 사건을 객관적으로 잘 설명하고 있다.

19 무기 대여법에 대해 더 자세히 알고 싶다면 8장을 참조하기 바란다.

20 C. Williamson, "Industrial-Grade Generosity: British Warship Repair and Lend-Lease in 1941," Diplomatic History 39, no. 4 (September 2015): 745-72.

21 "Battle of the Atlantic," Wikipedia, 2020년 3월 9일 최종 수정, https://en.wikipedia.org/wiki/Battle_of_the_Atlantic. 현재 가장 자세한 내용은 Blair의 서사적 역사서 Hitler's U-boat War, passim에서 찾을 수 있지만 설명과 지도와 통계표에서 Roskill, War at Sea, vols. 1 and 2를 능가하지는 못한다.

22 Blair, Hitler's U-boat War, vol. 1은 양측의 손실과 획득을 주기적으로 요약해 보여준다는 점에서 무척 소중한 자료다. 예컨대 418-427에서는 전쟁이 시작된 이후로 28개월 동안(즉 1941년 12월까지)에 대한 '평가'가 눈에 띈다. van der Vat, Atlantic Campaign도 각 장의 끝에 '바다에서의 상실'을 요약해두었다. Liddell Hart, History of the Second World War의 24장 "The Battle of the Atlantic"에도 훌륭한 요약표가 있다. 끝으로는 https://uboat.net/allies/merchants/losses_year를 참조하기 바란다.

23 Blair, Hitler's U-boat War의 3장에서 "The June Slaughter"과 "The October Slaughter"를 참조하기 바란다.

24 바다의 '회색 늑대', 즉 독일의 위장한 통상 파괴함과 보조 순양함(Hilfskreuzer)을 다룬 대중서는 무척 많다. 통상 파괴 역할을 훌륭하게 해낸 보조 순양함들, Kormoran, Thor, Atlantis에 대해서는 위키피디아에서 개별 항목으로 자세히 다루어졌다. 초기에 발간된 견실한 대중서로는 D. Woodward, The Secret Raiders: The Story of German Armed Merchant Raiders in the Second World War (New York: Norton, 1955)가 있다.

25 프린, 크레치머 같은 유보트 정예 사령관들의 죽음과 생포 및 수송 선단 HX-112 주변의 해전에 대한 간략한 설명으로는 Symonds, World War II at Sea, 6장 "The War on Trade," 129를 참조하고, 더 자세히 알고 싶다면 Blair, Hitler's U-boat War, 4장, 248ff를 참조하기 바란다.

26 북극해 수송 선단에 대해서는 B. B. Schofield, The Russian Convoys: Heroes of the Murmansk Run—Allied Seamen Who Fought Stukas, Nazi Subs and Frozen Arctic Seas in WWII (London: Batsford, 1966)를 참조하기 바란다. 이 책을 쓴 Schofield 제독은 수송 선단에 참여한 당사자이기도 했다. Roskill, War at Sea의 "Home Waters and the Arctic"에는 자세한 설명 이외에 사진과 지도까지 곁들였고, Barnett, Engage the Enemy에서 북극해 수송 선단을 다룬 23장 부분은 해군부의 보고서를 근거로 삼았으며 뛰어난 헌사가 담겨 있다.

27 기본적인 출처는 "Operation Dervish (1941)," Wikipedia, 2019년 3월 25일 접속, https://en.wikipedia.org/wiki/Operation_Dervish_(1941), 영어와 독일어로 쓰인 참고 문헌도 소개된다.

28 주 22에서 언급했듯이 상선과 유보트의 상실을 주기적으로 집계한 결과에 대해서는 van der Vat와 Blair를 참조하기 바란다. 하지만 Roskill, War at Sea와 Barnett, Engage the Enemy에서도 주기적인 요약을 찾아볼 수 있다.

29 M. Simpson, "Force H and British Strategy in the Western Mediterranean 1939-1942," Mariner's Mirror 83, no. 1 (1997): 62-75; and Q. Hughes, Britain in the Mediterranean and the Defence of Her Naval Stations (Liverpool, UK: Penpaled, 1981).

30 B. R. Sullivan, A Thirst for Glory: Mussolini, the Italian Military and the Fascist Regime, 1922-1936 (Ann Arbor, MI: University Microfilms International, 1984); M. Knox, Mussolini Unleashed, 1939-1941: Politics and Strategy in Fascist Italy's Last War (Cambridge, UK: Cambridge University Press, 1982); D. Mack Smith, Mussolini's Roman Empire (New York: Viking Press, 1976).

31   R. Hammond, "An Enduring Influence on Imperial Defence and Grand
     Strategy: British Perceptions of the Italian Navy, 1935－1943," International
     History Review 39, no. 5 (2017): 810－35, https://doi.org/10.1080/07075332.2
     017.1280520.

32   H-부대가 제노바, 리보르노, 라스페치아를 공격한 포격에 대해서는 Roskill, War at
     Sea, 1:425를 참조하기 바란다.

33   "Battle of Calabria," Wikipedia, 2019년 9월 12일 최종 수정, https://
     en.wikipedia.org/wiki/Battle_of_Calabria, though scarcely covered in Roskill,
     War at Sea, vol. 1.

34   타란토 기습 공격을 다룬 영국 문헌이나 이 기습을 진주만 공격의 원조로 보았던 논
     쟁에 대해서는 "Battle of Taranto," Wikipedia, 2019년 3월 15일 접속, https://
     en.wikipedia.org/wiki/Battle_of_Taranto. 여기에 이탈리아와 미국의 자료로 소
     개된다. 이 사건이 Roskil, War at Sea, 1:300－301에서는 놀랍도록 피상적으로 언
     급될 뿐이다.

35   스파르티벤토곶 전투는 Roskill, War at Sea, 302－4에서 다루어졌고, 처칠이 해군
     제독들에게 잔소리하는 것이 탐탁하지 않았다는 개인적인 의견도 분명히 제시한다.

36   J. Holland, Fortress Malta: An Island under Siege 1940－1943 (London:
     Orion, 2003).

37   '과잉 작전'에 대해서는 "Operation Excess," 2020년 6월 1일 접속, https://www.
     armouredcarriers.com/illustrious-malta-operation-excess-january-10-1941
     을 참조하기 바란다. 커닝엄 제독의 말은 Barnett, Engage the Enemy, 321에서 인
     용한 것이다.

38   Barnett, Engage the Enemy, 321. 몰타 이야기는 Holland, Fortress Malta, 일러
     스트리어스호와 지중해 함대에 대해서는 Barnett, Engage the Enemy, 322를 참
     조하기 바란다.

39   그렇게 개량된 일러스트리어스호는 북극해 수송 선단에 배치됐고, 나중에는 지중
     해로 돌아가 1943년 시칠리아 상륙을 지원했다. 역할이 멋지게 뒤바뀐 셈이었다.
     1945년 6월에는 일본 앞바다에서 영국 태평양 함대와 합동 작전을 전개했다. 1940
     년 7월부터 전쟁이 끝날 때까지 어떤 플리트 항공모함보다 많은 시간을 전장에 있
     었다. 미국 항공모함 새러토가호가 그 시간에 근접하기는 했다.

40   "Battle of Cape Matapan," Wikipedia, 2020년 1월 17일 최종 수정, https://
     en.wikipedia.org/wiki/Battle_of_Cape_Matapan.

41   태평양에서 미국 해군도 비슷하게 전함 간의 교전은 두 번밖에 겪지 않았다. 하나는
     워싱턴호가 기리시마호를 격침한 것이었고, 다른 하나는 레이테만에서 벌어진 수리
     가오해협의 전투 자체였다. 전함 간의 전투는 대형 군함이 빛날 수 있는 전쟁이 아

대해전, 최강국의 탄생

니었다.

42 Roskill, War at Sea, 1:440–49도 영국 해군이 크레타 앞바다에서 벌인 전투를 분석하고 있지만, 크레타 전투에 대해 더 자세히 알고 싶다면 C. A. MacDonald, The Lost Battle—Crete, 1941 (London: Macmillan, 1993)을 참조하기 바란다. 괴링과 히틀러가 1940년부터 1943년까지 지중해에서 벌어진 전투에 투입한 뒤에 철수시킨 제10항공군단과 그 밖의 루프트바페 항공대에 대해서는 Murray, Luftwaffe, passim을 참조하기 바란다.

43 켈리호를 비롯해 많은 영국 군함의 손실에 대해서는 Barnett, Engage the Enemy의 12장 "Catastrophe in the Mediterranean, 1941"에 실린 도표를 참조하기 바란다.

44 Wikipedia, "Battle of Crete"에서 인용. Wikipedia, 2020년 6월 접속, https://en.wikipedia.org/wiki/Battle_of_Crete.

45 Nagorski, 1941, passim.

46 이 시기에 영국 해군이 지중해에서 벌인 여러 전투와 수송 선단에 대해서는 Roskill, chap. 24, "The African Campaigns," in War at Sea, vol. 1을 참조하기 바란다. 그 중 하나 Operation Substance에 대해서는 Wikipedia, 2019년 12월 23일 최종 수정, https://en.wikipedia.org/wiki/Operation_Substance를 참조하기 바란다

47 "Battle of Cape Bon (1941)," Wikipedia, 2019년 9월 28일 최종 수정, https://en.wikipedia.org/wiki/Battle_of_Cape_Bon_(1941).

48 지중해 함대의 '가장 낮은 썰물(Lowest Ebb)'에 대해서는 Roskill, War at Sea, 1:538ff와 Barnett, Engage the Enemy, 370–77을 참조하기 바란다.

49 1941년의 극동 상황에 대해서는 Morison, US Naval Operations, vol. 3, The Rising Sun, parts 1–2를 참조하기 바란다. 여기에서는 태평양 전쟁도 다룬다.

50 루스벨트의 석유 금수 조치와 일본의 석유 의존에 대해서는 Liddell Hart, History of the Second World War, 206ff를 참조하기 바란다.

51 Liddell Hart, chap. 17, "Japan's Tide of Conquest," in History of the Second World War를 참조하기 바란다.

52 일본의 남진 정책에 대해서는 앞의 책과 Symonds, chaps. 10–11 in World War II at Sea를 참조하기 바란다.

53 물론 진주만 공격을 다룬 문헌은 헤아릴 수 없고, 무척 자세히 다룬 저작도 많다. 예컨대 Prang, At Dawn We Slept는 무려 918쪽에 달하며, 이 주제를 다룬 저자의 마지막 책인 것도 아니다. J. Toland, chap. 8 in The Rising Sun: The Decline and Fall of the Japanese Empire, 1936–1945 (London: Cassell, 1971)는 약간 오래됐지만 일본 자료까지 참조한 훌륭한 연구서이고, R. H. Spector, Eagle against the Sun: The American War with Japan (New York: Free Press, 1985) 1–100도

참조할 만하다. Morison, US Naval Operations, 3:80 – 127에서는 진주만 공격이 상당히 간략히 정리됐다.

54   C. G. Reynolds, Fast Carriers. 그러나 '전함 대 항공모함'이라는 문제는 Spector, Eagle against the Sun와 Symonds, World War II at Sea에서도 다루었다. 항공모함들이 고스란히 남았기 때문에 Morison은 US Naval Operations, 1:213에서 "12월 8일의 상황은 당시 겉으로 보이던 것보다 훨씬 덜 심각했다"라고 썼다.

55   진주만까지 점령했더라면 무척 큰 군사작전이 됐을 것이란 역사학자들의 지적은 옳다. 일본 대본영이 진주만에 자원을 집중했다면, 필리핀과 말레이반도, 싱가포르와 네덜란드령 동인도 전체의 정복보다 훨씬 더 이익이었을까? 미얀마 정복보다 더 야심 찬 군사작전이었을까?

56   가장 자세한 연구는 M. Middlebrook and P. Mahoney, Battleship: The Sinking of the Prince of Wales and Repulse (New York: Scribner's, 1976)이고, 영국 해군부의 자료에 기반해 최근에 발표된 저작으로는 Barnett, chap. 13 in Engage the Enemy와 Roskill, chap. 26, "Disaster in the Pacific, December 1941," in War at Sea, vol. 1이 있다.

57   앞의 책, 565쪽 맞은편에 지도가 있다. Symonds, World War II at Sea; Liddell Hart, History of the Second World War에서 11장 "Rampage", 226도 참조하기 바란다.

58   Barnett, Engage the Enemy에서는 영국 해군부가 1941~1942년에 번민하며 선택한 결정들을 무척 비판적이면서도 인상적으로 다룬다.

6장

1   이하는 5장에서 대서양 전투와 관련해 언급한 자료들을 바탕으로 쓴 것이다. Roskill, War at Sea, vol. 2(특히 1942년 이후)를 중심 자료로 삼았다. 두 권으로 구성된 Blair, Hitler's U-boat War도 놀라울 정도로 철저하게 대서양 전투를 다루었다.

2   여전히 독자적으로 항해하는 상선도 많았다. 대체로 남반부 바다를 이용하거나 항해 속도가 무척 빨라 수송 선단을 기다릴 필요가 없는 상선들이었다.

3   수송 선단을 전반적인 관점에서 추적한 요즘의 연구서로는 J. Winton, Convoy: The Defence of Sea Trade, 1890 – 1990 (London: M. Joseph, 1983)이 있다. 수송 선단에 대한 줄리언 코벳의 생각은 이 책의 3장에 간략하게 다루었다. Morison, US Naval Operations, 1:19 – 26에서도 수송 선단을 간략히 다루었다.

4   케르베루스 작전은 The Channel Dash is told, with grudging appreciation, in Roskill, War at Sea, 2:149 – 61과 지도 15에서는 마지못해 좋게 평가하고, Barnett,

Engage the Enemy, 443 – 55에서는 비판적으로 다룬다.

5   Schofield, Russian Convoys, passim과 repeatedly, Roskill, War at Sea, vols. 2 and 3.

6   Barnett, Engage the Enemy, 707-10의 설명은 간략한 편이다. 하지만 "Convoy PQ 16," Wikipedia, 2017년 8월 7일 접속, https://en.wikipedia.org/wiki/Convoy_PQ_16, passim은 상당히 충실히 쓰였다.

7   수송 선단 PQ-17의 재앙은 많은 관심과 논쟁의 대상이었다. 수정주의 견해를 지닌 D. Irving, The Destruction of Convoy PQ 17 (London: Cassell, 1968)에서 가장 논쟁적으로 다루었고, Roskill, War at Sea, 2:134 – 46에서는 온정적으로, Barnett, Engage the Enemy, 711 – 22에서는 상당히 비판적으로 다루었다. 독일 측과 관련해서는 Blair, Hitler's U-boat War, 1:638 – 45를 참조하기 바란다.

8   본국 함대에 소속된 구축함과 순양함과 전함은 8월에 몰타 수송 선단의 페디스털 작전을 지원하려고 스캐파플로를 출항했고, 9월에 돌아와 북극해 수송 선단 PQ-18의 호위에 나섰으며, 11월에는 다시 남쪽으로 내려가 횃불 상륙작전을 지원했다.

9   더 깊이 알고 싶다면 "Convoy PQ 18," Wikipedia, 2017년 8월 11일 접속, https://en.wikipedia.org/wiki/Convoy_PQ_18을 참조하기 바란다. 이 수송 선단의 구성에 대해서는 "June – September 1942, Including DEFENCE of CONVOY PQ18," 2011년 7월 18일 최종 수정, https://naval-history.net/Cr03-54-00PQ18.htm에 무척 자세히 분석됐다.

10 바렌츠해 해전도 학자들에게 많은 관심을 끈 연구 과제였다. D. Pope, 73 North: The Battle of the Barents Sea (London: Wyman, 1958)가 최초의 연구였다면, Roskill, War at Sea, 2:291 – 98은 간략하면서 절제된 어조로 다루었다. "Battle of the Barents Sea," Wikipedia, 2017년 8월 13일 접속, https://en.wikipedia.org/wiki/Battle_of_the_Barents_Sea(참고 문헌)에도 간결하게 잘 정리됐다.

11 대서양 앞바다에서 전개한 유보트 작전에 대한 냉정한 설명으로는 Morison, US Naval Operations, 1:114 – 57을 참조하기 바란다. 영국 자료들은 한결같이 킹을 비판하는 데 반해 Blair, Hitler's U-boat War, vol. 1은 킹을 강력히 변호하고 있다.

12 Roskill, War at Sea, 2:102ff를 참조하기 바란다. 더 자세히 알고 싶다면 Morison, US Naval Operations, vol. 1의 6장과 9장을 참조하기 바란다.

13 E. Grove, "The West and the War at Sea," in The Oxford Illustrated History of World War II, ed. R. J. Overy (Oxford: Oxford University Press, 2015), 144, 150 – 52는 1942년의 이야기를 긍정적인 논조로 끝낸다. 반면에 van der Vat, Atlantic Campaign, 308 – 9에서는 임박한 온갖 위협을 나열한다.

14 "Ship Losses by Month," 2020년 3월 24일 접속, https://uboat.net/allies/merchants/losses_year.html.

15 "병력을 최후로 끌어모으다(one last surge)"라는 표현을 쓴 이유는 스탈린그라드의 서사적인 전투 및 (함부르크 공습 등) 밤낮을 가리지 않고 서유럽을 공습하는 영국 공군을 막아야 할 필요성을 고려할 때, 1942년 가을 이후에 히틀러가 롬멜의 카이로 진격을 지원하려고 상당한 규모의 군부대를 기꺼이 파견하려 했을 것으로 생각하기는 어렵기 때문이다. 나중에, 즉 1943년 초에 히틀러는 잠시 생각을 바꾸며 튀니스에 증원군을 파견했지만, 그때는 이미 이집트와 몰타를 점령하려던 전투에서 패한 뒤였다.

16 5장에서 소개한 참고 문헌을 참조하기 바란다. 여기에서 나는 Barnett, Engage the Enemy; Roskill, War at Sea, vol. 2와 Liddell Hart, History of the Second World War를 비롯해 지중해 전투를 다룬 여러 연구서를 참조했다.

17 가장 최근에 발표된 연구서로는 M. Hastings, Operation Pedestal: The Fleet That Battled to Malta, 1942 (London: HarperCollins, 2021)가 있다. Barnett, chap. 16 in Engage The Enemy도 읽을 만하고, Symonds, World War II at Sea, 313-20에서도 페디스털 작전이 잘 요약돼 있다.

18 Barnett, Engage the Enemy에서 8장과 12장, 특히 16장을 참조하기 바란다.

19 미국 항공모함 새러토가호와 워스파이트호에 대해서도 그렇듯이, 와스프호에 대한 기록도 많지 않다. 그러나 1942년 와스프호가 지중해에서 해낸 역할은 Morison, US Naval Operations, 1:194-97과 "Malta Convoys", Wikipedia, 2017년 8월 14일 접속, https://en.wikipedia.org/wiki/USS_Wasp_(CV-7) 중 "USS Wasp (CV-7)"라는 항목에서 간략히 다루고 있다.

20 횃불 작전은 중요한 만큼 모리슨이 1947년에 처음 발표한 US Naval Operations와 vol. 2, Operations in North African Waters를 필두로 관련된 역사서가 많다. 초기 연구서로는 공인된 영국 군사 역사서인 I. S. O. Playfair, The Mediterranean and Middle East: The Destruction of the Axis Forces in Africa, vol. 4 (London: HMSO, 1954)가 있다. "Operation Torch," Wikipedia, 2018년 8월 3일 접속, https://en.wikpedia.org/wiki/Operation_Torch는 외교 문제까지 곁들여 횃불 작전을 훌륭하게 요약해놓았다. 제시된 지도들도 훌륭하다.

21 여기에 전함 듀크 오브 요크호와 로드니호 및 전투 순양함 리나운호가 지원했다. 모로코에서 전개된 상륙에는 3척의 미국 전함 텍사스호, 뉴욕호, 최신형 매사추세츠호가 지원하며, 닻을 내린 프랑스 전함 장 바르호와 치열한 교전을 벌였다. 이 교전은 미국과 영국의 해군 전함이 바다에서 적의 대형 군함과 싸우는 핵심 자원이란 역할로부터 미래의 모든 상륙작전을 함포로 지원하는 역할로 바뀐 초기의 사례였다.

22 프랑스 툴롱 함대의 자침은 놀랍게도 거의 모든 영미권 책에서 지극히 간략하게만 다루어진다. Morison, US Naval Operations, 2:240; Roskill, War at Sea, 2:338 과 주석, Symonds, World War II at Sea, 362-63도 예외가 아니다. Barnett,

Engage the Enemy에는 놀랍겠지만 언급조차 하지 않았다. 얄궂게도 "Scuttling of the French Fleet at Toulon," Wikipedia, 2020년 10월 1일 접속, https://en.wikipedia.org/wiki/Scuttling_of_the_French_fleet_at_Toulon에서 가장 자세히 다루고 있지만 참고 문헌이 소개되지는 않는다.

23 Liddell Hart, History of the Second World War, 224와 17장은 1942년 일본의 필리핀 정복을 다루며 다시 공군력을 언급한다. 싱가포르 점령을 다룬 연구서는 끝이 없을 정도다. "Battle of Singapore," Wikipedia, 2018년 8월 7일 접속, https://en.wikipedia.org/wiki/Battle_of_Singapore(지도 첨부)에 방대한 참고 문헌이 소개된다.

24 1942년 2월과 5월 사이에 인도네시아 앞바다에서 벌어진 자바해 전투를 비롯해 ABDA(연합군 해군)가 패배한 해전들은 필리핀, 싱가포르와 말레이반도, 산호해 등이 점령되는 더 큰 사건으로 덮였다. 따라서 모리슨과 시먼즈의 표준적인 저작에서는 자바해 전투를 간략히 다루고 넘어간다.

25 인도양에서 활동한 일본 해군은 Symonds, World War II at Sea, 335ff에서 간결하게 잘 다루고 있다. 한편 Mawdsley, War for the Seas, 192-93에서는 영국 공군력의 치명적인 약점을 강조한다.

26 A. Boyd, The Royal Navy in Eastern Waters: Linchpin of Victory, 1935-1942 (Barnsley, UK: Seaforth, 2017)의 8장에서 3장의 지도와 함께 가장 자세히 설명하고 있다.

27 하지만 영국이 이곳에서 비시 프랑스 군대로부터 최종적인 항복을 받아내는 데는 몇 개월이 더 걸렸다. 자세한 설명은 "Battle of Madagascar," Wikipedia, 2020년 11월 5일 접속, https://en.wikipedia.org/wiki/Battle_of_Madagascar를 참조하기 바란다. 이상하게도 Boyd, Royal Navy in Eastern Waters는 394쪽에서 마다가스카르 전쟁을 짤막하게 언급할 뿐이다.

28 산호해 해전과 미드웨이 해전에서 항공모함의 활동을 가장 적절하게 묘사한 연구서는 Morison, US Naval Operations, vol. 4, Coral Sea, Midway, and Submarine Actions, May 1942-August 1942이다.

29 Liddell Hart, History of the Second World War, 353-62에서는 미드웨이 해전이 간결하지만 멋들어지게 설명된다(지도 첨부). 반면에 Toland, Rising Sun, 345ff에서는 비판적이면서도 생생하게 소개된다. 1942년 미드웨이 해전은 E. S. Creasy's Victorian classic, Fifteen Decisive Battles of the World: From Marathon to Waterloo, 초판(New York: S. W. Green's Son, 1882)과 증보판에서도 어김없이 포함되고, J. R. Mitchell, ed., Twenty Decisive Battles of the World (New York: Macmillan, 1964)에는 같은 시대에 일어난 스탈린그라드 전투와 함께 짝 지어 설명된다.

30 이런 이유에서 Spector가 Eagle against the Sun, 176에서 "미국은 여전히 배워야 할 것이 많았다"라고 말했다. 이 말은 미드웨이 해전의 초기 역사 기록에 대한 반박일 수 있다[미드웨이 해전의 초기에 미국 언론은 남서 태평양 사령부의 미국 육군 항공대에 소속된 중(重)폭격기들이 일본 항공모함들을 격침했다고 보도했다].

31 해전과 관련해서는 몰타 공방전과 횃불 작전, 과달카날 해전을 하나로 엮어 설명한 Symonds, World War II at Sea, chaps. 14-16과 뉴기니와 과달카날을 연계해 설명해보려는 Spector, chaps. 8-10 in Eagle against the Sun을 참조하기 바란다. Morison, US Naval Operations, volume 5, The Struggle for Guadalcanal, 370은 과달카날 전투만을 전적으로 다룬다.

7장

1 영미 연합군의 전략적 의사 결정 구조에 대해서는 공인된 역사서가 적지 않다. M. Matloff and E. M. Snell, Strategic Planning for Coalition Warfare, 1941-1942 (Washington, DC: Department of the Army, 1953)과 Matloff가 단독으로 쓴 Strategic Planning for Coalition Warfare, 1943-1944 (Washington, DC: Department of the Army, 1959); M. E. Howard, "Grand Strategy," in History of the Second World War, vol. 4, August 1942-September 1943 (London: HMSO, 1970)을 특히 추천할 만하다. 이 회담에 참석한 핵심적인 인물에 대해서는 A. Danchev, Very Special Relationship: Field Marshall Sir John Dill and the Anglo-American Alliance, 1941-44 (London: Brassey's Defence, 1986)를 참조하기 바란다.

2 1943년의 지중해 무대에 대해서는 2종의 공인된 해군사 Roskill, War at Sea, vol. 3, part 1의 6장 "Sicily"와 7장 "Italy" 및 Morison, US Naval Operations, vol. 9, esp. 3-52 (전쟁이 끝난 직후에 작성된 뛰어난 작전사)를 참조하기 바란다. Liddell Hart, History of the Second World War에서 25~27장도 읽을 만하다. Barnett, Engage the Enemy의 20장과 22장에서는 1943년의 지중해 전체의 상황을 비판적인 시각으로 다루었다.

3 그 결과로, 튀니지 전투가 끝났을 때 약 10만 명의 독일군과 13만 명의 이탈리아군이 항복했다. "Tunisia Campaign," Wikipedia, 2020년 1월 26일 최종 수정, https://en.wikipedia.org/wiki/Tunisia_Campaign에 잘 요약돼 있다. 더 깊이 알고 싶다면 영국의 공인 역사서 Playfair, Mediterranean and Middle East, passim; R. Atkinson, An Army at Dawn: The War in North Africa, 1942-1943 (New York: Henry Holt, 2002); Liddell Hart, History of the Second에서 25장을 참조하기 바란다. J. Ellis, Brute Force: Allied Strategy and Tactics in the Second

World War (New York: Viking, 1990)의 6장, "Tunisia and Italy"에서도 연합군의 육군과 해군과 공군이 모두 튀니지 전투에서 우세했다는 것이 확인된다.

4 연합군의 시칠리아 침공에 대해 더 깊이 알고 싶다면 Barnett, Engage the Enemy의 21장과 Ellis, Brute Force, 306 - 19를 참조하기 바란다.

5 시칠리아 전투는 Liddell Hart,History of the Second World War의 26장에 간결하게 정리돼 있다. 더 자세히 알고 싶다면 R. Atkinson, The Day of Battle: The War in Sicily and Italy, 1943 - 1944, vol. 2 (New York: Henry Holt, 2007)과 C. D'Este, Bitter Victory: The Battle for Sicily, 1943 (New York: E. P. Dutton, 1988), passim을 참조하기 바란다. Symonds, World War II at Sea의 19~20장에서는 상륙전을 비교적 자세히 다루었다.

6 1943년 이탈리아 해군에 대해 약간 다른 추정치에 대해서는 Barnett, Engage the Enemy, 636과 Morison, US Naval Operations, 9:37 - 39를 참조하기 바란다. 주요 이탈리아 함대 기지들은 미국과 영국의 중폭격기들로부터 잦은 포격을 받아 상당수의 군함이 피해를 입었기 때문에 모리슨의 수치가 더 현실적이다(예컨대 6월 5일과 25일의 폭격에 전함 로마호가 운항하지 못할 정도로 피해를 입었다).

7 시칠리아 침공에 참가한 영국 해군의 대형 군함들에 대해서는 Barnett, Engage the Enemy, 638; and Roskill, War at Sea, vol. 3, part 1, 165를 참조하기 바란다.

8 여름철에는 러시아 수송 선단을 운영하지 않기로 결정이 내려진 뒤였다(아래 참조). Barnett, in Engage the Enemy, 662는 영국 해군력의 이런 결집에 대해 불필요할 정도로 냉소적이다. "사기와 군사적 역량이 크게 떨어진 이탈리아 해군을 상대하겠다고 영국 지중해 함대에만 6척의 주력함, 2척의 플리트 항공모함, 5척의 경항공모함, 10척의 순양함, 6척의 대공 순양함, 27척의 고속 구축함, 44척의 온갖 호위함, 24척의 잠수함, 2척의 사령선, 12척의 (보병용) 상륙함, 그리고 소해함과 예인선부터 수리선과 병참선까지 300척이 넘는 보조함이 있었다."

9 연합군의 이탈리아 침공과 그 이후에 대해서는 Atkinson (The Day of Battle)과 Liddell Hart (History of the Second World War) 이외에, "Allied Invasion of Italy,"Wikipedia, 2020년 1월 4일 최종 수정, https://en.wikipedia.org/wiki/Allied_invasion_of_Italy(참고 문헌이 훌륭하다)를 참조하기 바란다.

10 이탈리아 함대의 항복에 대해서는 Barnett, Engage the Enemy, 669 - 70; Morison, US Naval Operations; and Roskill, War at Sea, vol. 3, part 1, 166 - 70을 참조하고, 커닝엄 제독이 해군부에 보낸 전문은 Barnett, 670에서 인용한 것이다.

11 Liddell Hart, "The Invasion of Italy—Capitulation and Check," chap. 27 in History of the Second World War, 473의 설명은 간결하면서도 탁월하고, 448 - 49쪽의 지도는 대단히 훌륭하다. 상륙작전과 위기를 맞은 상륙 거점에 대응한 해군의 포격에 대해서는 Roskill, War at Sea와 Morison, US Naval Operations를 참

조하기 바란다.

12   워스파이트호에 가해진 피해와 루프트바페의 공격에 대해서는 Morison, US Naval
     Operations에서 13~14장과 296쪽을 참조하고, Barnett, Engage the Enemy,
     676-77도 참조하기 바란다.

13   지상 목표물을 겨냥한 연합군 해군 함포의 중요성과 치명적 위력에 대해서는
     Morison, US Naval Operations, xi-xii를 참조하기 바란다. 연합군 해군 포격
     의 위력에 대한 Vietinghoff의 보고서에 대해서는 Liddell Hart, History of the
     Second World War, 464를 참조하기 바란다.

14   뒤에서 살펴보겠지만 유럽 전쟁이 끝날 때까지 독일 유보트 부대가 위협적인 존재
     로 군림했지만 이 표현이 적절한 듯하다.

15   대서양 전투에 대한 일반적인 설명으로는 4~6장에서 소개된 참고 문헌을 참조하
     기 바란다. 무척 초기에, 즉 울트라가 개발되기 전에 쓰였지만, 영국과 미국의 공
     인된 해군사에서도 지브롤터 통과, 비스케이만과 북극해 수송 선단까지 포함해
     1943년에 유보트와 치렀던 모든 교전이 상세히 다루어진다. Morison, US Naval
     Operations, vol. 10, The Atlantic Battle Won, passim과 Roskill, War at Sea,
     vols. 2 and 3, part 1을 참조하기 바란다.

16   Roskill, War at Sea, 2:367에서 인용.

17   "Convoys HX 229/SC 122," Wikipedia, 2020년 1월 25일 최종 수정,
     en.wikipedia.org/wiki/Convoys_HX_229/SC_122는 독일 측 프로파간다까지 인
     용하며 이 충돌을 아주 훌륭히 요약했다. M. Middlebrook, Convoy: The Battle
     for Convoys SC.122 and HX.229 (London: Allen Lane, 1976); P. Kennedy,
     Engineers of Victory, 24-34; Winton, Convoy, 265-71 (with a map on 269); J.
     Rohwer, The Critical Convoy Battles of March 1943: The Battle for HX.229/
     SC122, trans. Derek Masters (Annapolis MD: US Naval Institute Press, 1977)
     도 추천할 만하다.

18   Rohwer, Critical Convoy Battles에서는 침몰한 상선들에 적재된 화물이 자세히
     다루어졌다.

19   P. Kennedy, Engineers of Victory, 34.

20   처칠의 발언은 Barnett, Engage the Enemy, 600에서 인용한 것이다. '대서양 전투
     의 대위기'에 대한 처칠의 일반적인 인식은 595-608쪽을 참조하기 바란다. 파운드
     의 발언은 P. Kennedy, Engineers of Victory, 34에서 인용했다.

21   "Convoy ONS 5," Wikipedia, 2019년 10월 17일 최종 수정, https://en.wiki
     pedia.org/wiki/Convoy_ONS_5는 전투 상황을 시간 단위로 인상적으로 추적했
     고, 도표와 참고 문헌까지 덧붙였다. 이 자료가 지금 이 책의 말미에 더한 부록 A
     의 주된 자료로 쓰였다. 가장 오래된 고전은 R. Seth, The Fiercest Battle: The

Story of North Atlantic Convoy ONS 5, 22nd April-7th May 1943 (New York: Norton, 1961)이다. 호위함 함장의 회고는 P. Gretton, Convoy Escort Commander (London: Cassell, 1964)에서 읽을 수 있다. D. Syrett, The Defeat of the German U-boats: The Battle of the Atlantic (Columbia: University of South Carolina Press, 1994) 3장에서 다루어진 내용도 탁월하다.

22 핑크호의 영웅담은 P. Kennedy, Engineers of Victory, 46-47과 Syrett, Defeat of the German U-boats, 82-83에서 다루어졌다.

23 5월 5~6일 밤, 짙은 안개 속에서 탐지됐다. 되니츠는 그 이유를 곧 알아차렸지만, 반격하기에 마땅한 대응 수단이 없었다. 자세한 내용은 "Convoy ONS 5," Wikipedia, 2019년 10월 17일 최종 수정, https://en.wikipedia.org/wiki/Convoy_ONS_5를 참조하기 바란다.

24 Roskill, War at Sea, 2:375.

25 아이슬란드에 기지를 두었던 영국 공군 해안 사령부의 120편대는 1943년에 한동안 초장거리 폭격기 리버레이터를 보유한 유일한 편대였다. 따라서 가장 뛰어난 성적을 거둔 편대였던 것은 조금도 놀랍지 않다. 전설적이지만 미심쩍은 '1,000대의 폭격기'가 제3제국을 공습하던 때 해안 사령부에 리버레이터로 6개 편대가 할당됐다면 대서양 전투의 방향이 훨씬 더 일찍 바뀌었을지도 모른다.

26 수송 선단 SC-130과 ON-184에 대해 자세히 알고 싶다면 "World War 2 at Sea: Service Histories of 1,000 Royal and Dominion Navy Warships," National Museum Royal Navy, 2013년 5월 3일 최종 수정, http://www.naval-history.net/xGM-aContents.htm; Roskill, War at Sea, vol. 2와 Syrett, Defeat of the German U-boats, esp. 122-33와 141-44를 참조하기 바란다.

27 1943년 5월에 있었던 유보트 패배에 대해서는 K. Doenitz, Memoirs: Ten Years and Twenty Days, trans. R. H. Stevens and D. Woodward (Annapolis, MD: US Naval Institute Press, 1990) 341을 참조하기 바란다. T. Hughes and J. Costello, The Battle of the Atlantic (New York: Dial Press, 1977), 281; and M. Gannon, Black May (New York: HarperCollins, 1998)도 읽을 만하다.

28 해군 전쟁 일지와 되니츠를 인용한 구절들은 Ellis, Brute Force, 155-56; P. Kennedy, Engineers of Victory, 51; Barnett, Engage the Enemy, 611에서 쉽게 확인된다. 세 역사학자 모두, 솔직하게 써내려간 일지에 감동했다고 말한다.

29 Fritz Halder 장군이 1941년 동부전선에서 냉정하게 작성한 전쟁 일지가 되니츠의 해군 일지에 가장 가깝다. Alanbrooke 영국 장군의 개인 일기에서도 간혹 냉철한 평가가 눈에 띈다. 소련 상군은 누구도 이런 솔직한 평가를 감히 글로 남기지 못했을 것이다. 다시 말하면, 적군의 강점과 자신의 약점에 대해 숨김없이 말하지 못했을 것이다. 미국 쪽에는 이렇게 냉철하게 평가한 장군이나 제독이 있었을까?

30 E. Mawdsley, "The Sea as a Decisive Factor in the Second World War" in The Sea in History, ed. Christian Buchet, vol. 4, The Modern World, ed. N. A. M. Rodger (Woodbridge, UK: Boydell Press, 2017), 538 – 39는 다른 면에서 무척 신중한 연구서다. A. J. Levine, "Was World War II a Near-Run Thing?," in World War II, ed. L. E. Lee (Westport, CT: Greenwood Press, 1999)에서는 1943년 3월 위기를 '일시적인 경종'이라 칭한다. 이때의 전투를 자세히 추적한 Syrett, Defeat of the German U-boats는 편견없이 객관적인 관점에서 접근한 연구서다.

31 Ellis, Brute Force, 161; Blair, Hitler's U-boat War, vol. 2.

32 Roskill, War at Sea, 2:379는 상선의 침몰과 생산을 나타낸 도표를 덧붙이며 다른 식으로 표현한다. "이런 생산의 승리가 없었더라면, 호위함과 항공기 및 선원의 희생이 모두 허사가 됐을 것이다."

33 1943년 10월 미국 제8공군 폭격기 편대의 '지속할 수 없는 손실'에 대해서는 P. Kennedy, Engineers of Victory, 113 – 18을 참조하기 바란다.

34 E. Tufte, The Visual Display of Quantitative Information (Cheshire, CT: Graphics Press, 1983), passim.

35 1943년 후반기에 수송 선단을 둘러싼 전투[대공포를 제대로 활용하지 못한 유보트와 GNAT(독일어로는 Zaunkoenig)의 무력화]에 대해서는 Roskill, War at Sea의 2장; Syrett, Defeat of the German U-boats의 6장; Winton, Convoy의 19장을 참조하기 바란다.

36 이 전투는 Morison, US Naval Operations, vol. 10의 8장과 10장에서 다루어졌다(버지니아 노퍽부터 카사블랑카까지 항해한 수송 선단 UGS-10을 공중에서 계속 엄호한 과정이 지도로 표시됐다). Syrett, Defeat of the German U-boats의 5장에서도 인상적으로 다루어졌다. 다소 승리주의자인 J. G. Barlow, "The Navy's Escort Carrier Offensive," Naval History Magazine, November 2013, https://www.usni.org/magazines/naval-history-magazine/2013/november/navys-escort-carrier-offensive도 참조하기 바란다.

37 D. Baker, "American Escort Carrier Development: The Atlantic CVEs," 2020년 2월 7일 접속, http://uboat.net/allies/ships/cve_development.htm. 이 논문에서는 "중앙 대서양을 횡단하는 수송 선단을 보호하려고, 항공모함을 동원해 항공기로 근접 호위한 것은 시간 낭비였다"라는 Ingersoll 제독의 주장이 소개된다. 하지만 북대서양이나 지브롤터 항로에서 치열하게 전투해본 영국 해군 함장이라면 누구도 이 주장에 동의하지 않았을 것이다. Morison은 US Naval Operations, 10:111과 117에서 Ingersoll의 '자유 항해(free roaming)'를 언급하지만, 개인적인 판단을 더하지는 않았다.

38 "UG Convoys," Wikipedia, 2019년 10월 14일 최종 수정, https://en.wikipedia. org/wiki/UG_convoys#Slow_eastbound_convoys_designated_UGS를 참조하기 바란다. Syrett, Defeat of the German U-boats, 179에서는 8척의 급유 잠수함이 침몰했다고 말한다. 그 이후로 유보트 부대가 남대서양까지 작전 범위를 넓히는 것을 크게 제한했고, 유보트가 10~11월에 북대서양에서 전투하는 동안 연료를 공급받으려고 남쪽으로 내려가는 것도 제한했다는 것은 굳이 언급할 필요도 없었을 것이다.

39 Syrett가 Defeat of the German U-boats, 265에서 내린 결론이다. 똑같은 결론이 Morison, "General Conclusions about 1943," in US Naval Operations, 10:144 - 48에서도 발견된다.

40 영국-지브롤터 항로에서 벌어진 전투에 대해서는 Roskill, War at Sea의 2장을 참조하고, 자세한 내용에 대해서는 Syrett, Defeat of the German U-boats의 7장 "The Gibraltar Routes"를 참조하기 바란다.

41 "Battle of the Bay of Biscay," Wikipedia, 2020년 1월 2일 최종 수정, https://en.wikipedia.org/wiki/Battle_of_the_Bay_of_Biscay, passim; Roskill, War at Sea, 2:74 - 75; and V. P. O'Hara, The German Fleet at War, 1939 - 1945 (Annapolis, MD: US Naval Institute Press, 2004), 277 - 82.

42 "Russian Convoys 1941 - 45," 2011년 9월 7일 최종 수정, http://www.naval-history.net/WW2CampaignsRussianConvoys.htm과 R. Woodman, The Arctic Convoys, 1941 - 1945 (London: John Murray, 1994). 두 책은 1943년 수송 선단에 대해서는 거의 언급하지 않고, 당시 수송 선단이 크게 줄어들고 별다른 사건이 없었던 이유를 일반론적으로 설명한다. Roskill, War at Sea, vols. 2와 vol. 3, part 1은 "Home Waters and the Arctic"과 관련된 장들에서 자세히 설명한다.

43 서구에서 소련에 공급한 군수품의 50퍼센트가 시베리아를 통해, 27퍼센트는 이란을 거치는 '페르시아 철로'를 통해, 나머지 23퍼센트만 북극해 수송 선단을 통해 전해진 것으로 추정된다. 물론 그 과정의 일부는 해상 수송으로 이루어졌기 때문에 연합군의 해군력에 의존할 수밖에 없었다. 러시아에 대한 무기 대여, 페르시아와 시베리아를 통한 수송에 대해서는 "Lend-Lease," Wikipedia, 2020년 1월 26일 최종 수정, https://en.wikipedia.org/wiki/Lend-Lease를 참조하기 바란다.

44 이와 관련해서는 "Battle of the North Cape," Wikipedia, 2020년 1월 7일 최종 수정, https://en.wikipedia.org/wiki/Battle_of_the_North_Cape를 제외하더라도, A. Konstam, The Battle of the North Cape: The Death Ride of the Scharnhorst, 1943 (London: Pen and Sword, 2011); A. J. Watts, The Loss of the Scharnhorst (Shepperton, UK: Allan, 1970); Roskill, War at Sea, vol. 3, part 1, 80 - 89 (작전 지도 포함)를 비롯해 많은 자료가 있다.

45 1943년의 태평양 전쟁에 대해 더 자세히 할고 싶다면, Morison의 공인된 역사서, US Naval Operations, vol. 6, Breaking the Bismarck's Barrier와 vol. 7, Aleutians, Gilberts, and Marshalls를 참조하기 바란다. Spector, Eagle against the Sun의 11~12장, C. G. Reynolds, Fast Carriers의 5~6장의 설명은 간명하면서 효과적이다. 최근의 연구로는 Symonds, World War II at Sea의 21~22장이 있다.

46 Liddell Hart, History of the Second World War, 498-99와 P. Kennedy, Engineers of Victory, 292의 요약글을 참조하기 바란다.

47 코만도르스키예제도 해전에 대해서는 Morison, US Naval Operations, 7:22 - 36을 참조하기 바란다.

48 더 자세히 알고 싶다면 Morison, US Naval Operations, vol. 7, part 1을 참조하기 바란다. '약간 우스꽝스러운 짓'이란 표현은 60쪽에 나온다. Symonds, World War II at Sea는 이 전투에 단 한 페이지만을 할애한다(p. 471).

49 1942년부터 1944년까지 지속된 정책적인 논쟁 및 개인적인 다툼에 대해서는 C. G. Reynolds, Fast Carriers의 4-6장을 참조하기 바란다. (Reynolds는 이 문제에서 항공모함 찬성론자인 것을 감추지 않는다.) 맥아더의 반대와 필리핀으로 진격해야 한다는 확신에 대해서는 Symonds, World War II at Sea, 472를 참조하기 바란다.

50 C. G. Reynolds, Fast Carriers, 59.

51 이 소규모 작전들은 C. G. Reynolds, Fast Carriers, 80 - 86과 Morison, US Naval Operations, 7:92 - 95에서 다루어졌다.

52 해병대가 타라와환초에서 겪은 고난은 많은 책에서 다루어졌지만, 가장 최초의 것은 Morison, US Naval Operations, 7:146 - 86이며, 많은 통계자료와 주목할 만한 사진도 곁들여졌다. J. A. Isley and P. A. Crowl, The U.S. Marines and Amphibious War: Its Theory, and Its Practice in the Pacific (Princeton, NJ: Princeton University Press, 1951)에서 적잖은 양을 할애했지만, 가장 자세한 내용은 P. A. Crowl and E. G. Love, Seizure of the Gilberts and Marshalls (Washington, DC: Department of the Army, 1955)에 나온다. Spector, Eagle against the Sun도 참조하기 바란다.

53 미국의 이런 항공모함 함대에 대해 자세히 알고 싶다면 P. Kennedy, Engineers of Victory, 318 - 19와 Morison, S Naval Operations, vol. 7의 부록을 참조하기 바란다. 길버트제도를 점령하기 위한 작전에 동원된 미 해군의 병력이 Ellis, Brute Force에서 특별히 다루어지지는 않았지만, 10장은 점점 강해지는 미국 해군력을 집중적으로 다루었다.

54 C. G. Reynolds, Fast Carriers, 103, 119. 흥미롭게도 Morison의 책에서는 이런 내부 갈등에 대해 전혀 언급이 없다.

55 Morison, US Naval Operations, vol. 6, parts 2 - 4; "Operation Cartwheel,"

Wikipedia, 2019년 12월 16일 최종 수정, https://en.wikipedia.org/wiki/ Operation_Cartwheel에서는 13가지의 보조 작전이 자세히 나열된다. 미국 공식 육군사, J. Miller, Cartwheel: The Reduction of Rabaul (Washington, DC: Department of the Army, 1959)에서 더 자세히 다루어졌다.

56 홀시와 니미츠와 루스벨트의 신속한 승인도 큰 역할을 했다.

57 '비스마르크해 해전'에 대해서는 Morison, US Naval Operations, 6:54-65, '야마모토의 마지막 공세'에 대해서는 6:117-29를 참조하기 바란다. 야마모토 제독의 죽음을 연구한 전문가도 많지만, 그 주제를 다룬 대중 서적과 영화도 많은 편이다. 야마모토에게 죽음을 안겨준 작전에는 '복수 작전'이라는 공식 명칭이 붙었다.

58 빅토리어스호의 무선 호출 신호는 USS Robin이었다. 1943년 태평양에서 그 이름으로 작전한 그 미스터리한 미국 항공모함에 대해서는 많은 글이 있다. "USS Robin," Armoured Carriers, 2017년 8월 21일 접속, www.armouredcarriers. com/uss-robin-hms-victorious와 Roskill, War at Sea, 2:415-16을 참조하기 바란다.

59 1943년 11월에 실시된 라바울 공격은 C. G. Reynolds, Fast Carriers, 104와 Morison, US Naval Operations, 6:323-36에서 다루었다.

60 마지막 구축함 전투에 대해서는 E. B. Potter, ed., Sea Power: A Naval History, 2nd ed. (Annapolis, MD: US Naval Institute Press, 1981), 314 및 Morison, US Naval Operations, vol. 6, part 3을 참조하기 바란다.

61 일본을 상대한 미국 잠수함의 실효성이 지연된 이유에 대해서는 Potter, Sea Power 의 chap. 29, "Submarines in the Pacific War"에 잘 요약돼 있다. 초기의 문제점에 대해 더 자세히 알고 싶다면 Morison, US Naval Operations, 6:66-85를 참조하기 바란다(1944년 1월 당시의 연료 보유량에 대해서는 84쪽 참조). Symonds, World War II at Sea, 590에서는 1944년 이후의 잠수함 작전만이 분석된다.

62 길버트제도를 점령하기 위한 작전 동안, 일본 잠수함이 거둔 성공에 대해서는 일본 학자가 쓴 M. Hashimoto, Sunk: The Story of the Japanese Submarine Fleet, 1941-1945 (New York: Henry Holt, 1954)도 읽을 만하지만, Morison, US Naval Operations, 7:138도 참조하기 바란다.

8장

1 여섯 번째 항공모함 엔터프라이즈호는 1943년 내내 대대적인 수리를 받고, 장비를 현대화하는 과정에 있었다. 정확히 따지면 일곱 번째 항공모함이던 레인저호는 태평양에서 작전하기에는 너무 작은 것으로 판단돼, 대서양과 북아프리카 작전에 투입됐다.

2   지금도 표준 교과서 역할을 하는 C. G. Reynolds, Fast Carriers를 참조하기 바
      란다. "Essex-Class Aircraft Carrier," Wikipedia, 2020년 1월 16일 최종 수정,
      https://en.wikipedia.org/wiki/Essex-class_aircraft_carrier에도 잘 정리돼 있다.
      N. Friedman, U.S. Aircraft Carriers: An Illustrated Design History (Annapolis,
      MD: US Naval Institute Press, 1983)도 추천할 만하다.

3   인디펜던스급 경항공모함에 대한 자세한 내용은 Jane's Fighting Ships와
      Friedman, U.S. Aircraft Carriers를 비롯해 많은 책에서 다루어졌다. 여기에서 언
      급되는 함급들에 대한 통계자료는 "US Navy in Late 1941," WW2 Weapons,
      December 5, 2019, https://ww2-weapons.com/us-navy-in-late-1941에서 확
      인할 수 있다.

4   "Escort Carrier," Wikipedia, 2020년 1월 6일 최종 수정, https://en.wikipedia.
      org/wiki/Escort_carrier. A. Adcock, Escort Carriers in Action (Carrollton, TX:
      Squadron/Signal, 1996)도 재밌게 읽을 만하다.

5   이에 대한 표준적인 연구서로는 Dull, Battle History of the Imperial Japanese
      Navy와 Stille, Imperial Japanese Navy가 있다. 일본이 미드웨이 패전 이후에 항
      공모함을 건조하거나 기존 군함을 항공모함으로 개조하려 했지만, 큰 성과를 거두
      지 못한 이유에 대해서는 Ellis, Brute Force, 463과 많은 표를 참조하기 바란다.

6   이 불가해한 지체는 일본 항공모함에만 영향을 끼친 것이 아니었다. 호위 구축함
      (DDE)에도 큰 영향을 끼쳤다. 영국 해군에 비교할 때, 전쟁이 끝날 때까지 일본은
      극소수의 호위 구축함만을 건조했다. 주된 이유는 원자재가 고갈됐기 때문이었다.

7   C. G. Reynolds, Fast Carriers, 2-4와 9장에서는 항공모함 항공대의 역할을 흥미
      롭게 평가하고 있다. 그러나 1945년쯤 미국 해군은 57척의 항공모함(주로 호위 항
      공모함)과 7만 2,000명의 승조원, 3,400대의 함재기를 보유했다. 카사블랑카급 호
      위 항공모함은 거의 모두가 워싱턴주 밴쿠버의 카이저 조선소에서 건조됐다. 자세
      한 내용은 "Casablanca-Class Escort Carrier," Wikipedia, 2020년 1월 21일 최종
      수정, https://en.wikipedia.org/wiki/Casablanca-class_escort_carrier를 참조하
      기 바란다.

8   미국 전함에 대한 간략한 언급으로는 "List of Battleships of the United States,"
      Wikipedia, 2018년 8월 17일 접속, https://en.wikipedia.org/wiki/List_of_
      battleships_of_the_United_States와 Jane's Fighting Ships에 관련 자료가 있다.

9   몬태나급 전함에는 12문의 16인치 함포가 장착되고, 속도를 33노트에서 다시 28노
      트로 떨어뜨리지 않으면서도 더 두꺼운 강판으로 보호 장치를 더할 계획이었다. 하
      지만 계획안에 따르면, 폭이 너무 넓어 파나마운하를 통과할 수 없었다. 따라서 실
      효성이 없는 계획이었다.

10   "Montana-Class Battleships," Wikipedia, 2020년 1월 15일 최종 수정, https://

대해전, 최강국의 탄생

en.wikipedia.org/wiki/Montana-class_battleship. 미국 해군의 주력함이 전함에서 항공모함으로 교체되는 과정에 대해서는 C. G. Reynolds, Fast Carriers, 39와 passim을 참조하기 바란다.

11 제1차 세계대전에도 활약한 3척의 '올드 레이디(old lady)', 즉 네바다호, 뉴욕호, 아칸소호로 서반구 해군 기동부대에서 핵심적인 역할을 맡았고, 디데이에도 미국 상륙부대를 지원했다.

12 1945년 일본을 향한 포격에 대해서는 Morison, US Naval Operations, vol. 14의 10장 "The War in the Pacific"을 참조하기 바란다.

13 "Cruiser Descriptions," WW2Pacific, 2008년 1월 4일 최종 수정, http://ww2pacific.com/ships2.html#ca. 알래스카급 초대형 순양함은 배수량이 2만 7,500톤이었고, 9문의 12인치 함포가 탑재됐다.

14 군함을 주로 취급한 출판사에서 출간한 책의 형태를 띠거나 전자 텍스트로 쓰였거나, 이 장에서 다루는 구축함과 항공기 및 공장에 대한 출처에는 애호가를 위해 전문적인 자료가 덧붙여지는 경우가 많다. 그러나 제2차 세계대전에서 수적으로 가장 많았고 가장 성공한 구축함 함급에 대해서는 "Fletcher Class," Destroyer History Foundation, 2020년 2월 7일 접속, https://destroyerhistory.org/fletcherclass 등 많은 자료가 유용하다.

15 "Builders: Seattle-Tacoma," Destroyer History Foundation, 2020년 2월 7일 접속, https://destroyerhistory.org/destroyers/seatac; and "Builders: Bath Iron Works," Destroyer History Foundation, 2020년 2월 7일 접속, https://destroyerhistory.org/destroyers/bath.

16 "Allied Submarines in the Pacific War," Wikipedia, 2019년 11월 11일, https://en.wikipedia.org/wiki/Allied_submarines_in_the_Pacific_War에는 훌륭한 통계자료가 반영됐다.

17 C. G. Reynolds, Fast Carriers, 128-30.

18 바닷벌의 기원과 공적에 대해서는 P. Kennedy, Engineers of Victory, 328-33을 참조하기 바란다.

19 전쟁의 흐름이 바뀐 뒤의 양상에 대해서는 Liddell Hart, History of the Second World War를 참조하기 바란다. 물론 Alanbrooke의 전쟁 일지, The Turn of the Tide (London: Reprint Society, 1957)의 첫 권도 읽을 만하다.

20 "LCVP (United States)," Wikipedia, 2019년 12월 29일 최종 수정, https://en.wikipedia.org/wiki/LCVP_(United_States)에서는 기본적인 통계자료를 확인할 수 있다. LCVP는 Landing Craft(상륙정), Vehicle(차량), Personnel(병사)을 가리킨다.

21 히긴스 상륙정에 대한 이야기는 J. E. Strahan, Andrew Jackson Higgins and

the Boats That Won World War II (Baton Rouge: Louisiana State University Press, 1994)를 참조하고, 그 사양에 대해서는 "Research Starters: Higgins Boats," National WWII Museum, New Orleans, 2020년 2월 7일 접속, http:// www.nationalww2museum.org/students-teachers/student-resources/ research-starters/research-starters-higgins-boats를 참조하기 바란다.

22 얄궂게도, 미국 해병대 관계자들에게 이런 상륙정이 필요하다는 아이디어와 기본적 인 설계를 알려준 것은, 일본이 1937년 중국과 강변에서 전투할 때 사용한 민첩한 평저선이었다.

23 R. Coram, "The Bridge to the Beach," November-December 2010, https:// www.historynet.com/the-bridge-to-the-beach.htm에서 인용.

24 "US Navy Personnel in World War II: Service and Casualty Statistics," Naval History and Heritage Command, 2017년 2월 21일 최종 수정, https:// www.history.navy.mil/research/library/online-reading-room/title-list-alphabetically/u/us-navy-personnel-in-world-war-ii-service-and-casualty-statistics.html.

25 수치와 글은 Liddell Hart, History of the Second World War, 618에서 인용한 것 이다.

26 Ellis, Brute Force, 479ff. Ellis의 저서는 여기에서 특별히 다시 언급할 만한 가치가 있다. 그의 주장에 따르면, 연합군은 모든 면에서 불합리할 정도로 압도적인 전력을 과시한 덕분에 승리할 수 있었다. 이런 열정적 주장은 Ellis, Cassino, the Hollow Victory: The Battle for Rome, January-June 1944 (New York: McGraw Hill, 1984)에 뿌리를 두고 있다. Ellis는 Brute Force에 방대한 통계자료, 특히 전시의 생산량과 원자재 및 병력 규모, 비율 등에 대한 자료를 제시하며 자신의 논점을 입증 한다. 특히 본문에 쓰인 63개의 표와 부록에 더해진 통계자료는 이 장을 쓰는 데 많 은 도움을 주었다.

27 "Escort Carrier," Wikipedia, 2020년 1월 6일 최종 수정, https://en.wikipedia. org/wiki/Escort_carrier에는 미국이 전쟁 동안 건조한 151척의 기본적인 사양이 소개되고, 그중 122척은 미국 해군이 사용했다.

28 K. Hickman, "World War II: The Liberty Ship Program," 2019년 7월 21일 최 종 수정, http://www.thoughtco.com/the-liberty-ship-program-2361030. "Kaiser Shipyards," Wikipedia, 2019년 10월 26일 최종 수정, https:// en.wikipedia.org/wiki/Kaiser_Shipyards도 참조하기 바란다. A. Herman, Freedom's Forge: How American Business Produced the Victory in World War II (New York: Random House, 2012)는 많은 미국 기업가를 칭찬하지만 특 히 헨리 카이저를 극찬한다.

29 상륙정 할당에 대해 영국과 미국이 1943년 벌인 논쟁(즉 앞으로 어느 바다의 작전에 우선권을 두어야 하느냐는 논쟁)에 대해서는 Liddell Hart, History of the Second World War를 참조하기 바란다.

30 미국 해사 위원회의 임무와 성취에 대해서는 F. C. Lane, Ships for Victory: A History of Shipbuilding under the U.S. Maritime Commission in World War II (Baltimore: Johns Hopkins University Press, 1950), "United States Maritime Commission," Wikipedia, January 2, 2020년 1월 2일, https://en.wikipedia.org/wiki/United_States_Maritime_Commission, passim을 참조하기 바란다. Ellis, Brute Force, 161, 468-73은 일본과 비교했다.

31 제2차 세계대전에서 공군력과 관련해 일반론을 탁월하게 다룬 연구서는 없다. 그러나 R. J. Overy, The Air War, 1939-1945 (New York: Stein and Day, 1980)는 매우 유용한 정보와 통계표를 갖춘 귀중한 책이다.

32 J. S. Underwood, The Wings of Democracy: The Influence of Air Power on the Roosevelt Administration, 1933-1941 (College Station: Texas A&M University Press, 1991)와 M. Sherry, The Rise of American Air Power: The Creation of Armageddon (New Haven, CT: Yale University Press, 1987)을 참조하기 바란다.

33 Ellis, Brute Force, 477은 맥빠진 듯한 어투로, 1943년 이후로 양측 공군력의 현격한 차이에 대해 언급한다.

34 자세한 내용에 대해서는 N. Goyer, "Pratt & Whitney, the Engine That Won World War II," Aircraft MarketPlace, July 30, 2009, http://www.acmp.com/blog/pratt-whitney-the-engine-that-won-world-war-ii.html을 참조하기 바란다.

35 "Grumman F6F Hellcat," Wikipedia, 2020년 1월 13일 최종 수정, https://en.wikipedia.org/wiki/Grumman_F6F_Hellcat에 잘 요약됐고, 덧붙여진 참고 문헌도 훌륭하다. Ellis, Brute Force, 489에는 전쟁의 후반기에 들어 일본에 닥친 항공병의 부족이 다루어졌다.

36 Liddell Hart, History of the Second World War, 23.

37 부록 B에서는 알루미늄의 변화 과정을 추적했다. "Alcoa, Tennessee," Wikipedia, 2020년 1월 25일 최종 수정, en.wikipedia.org/wiki/Alcoa_Tennessee에 따르면, 전쟁 기간에 알루미늄의 생산량이 600퍼센트 증가했다. 알코아 홍보 사진에도 줄지어 늘어선 B-29 폭격기가 등장한다. 부록 B는 '알루미늄 산에서 마리아나 칠면조 사냥까지' 알코아가 어떤 역할을 했는지를 다루었다.

38 Ellis, Brute Force, table 49.

39 앞의 책. tables 44과 46.

40 P. Kennedy, Rise and Fall of the Great Powers, 129. 일반론에 대해서는 J. M. Sherwig, Guineas and Gunpowder: British Foreign Aid in the Wars with France, 1793 – 1815(Cambridge, MA: Harvard University Press, 1969)를 참고하기 바란다.

41 A. S. Milward, "Estimated Value of United States War Programme by Major Categories, 1940 – 1945," in War, Economy, and Society, 64.

42 B-24 리버레이터는 약간 더 비싸, 30만 달러였다. 전쟁 과정에서 생산 공장이 증가하며, 전함을 제외하고 대다수 품목의 값이 떨어졌다.

43 미국만큼은 아니었지만 이웃 국가, 캐나다도 꽤 성장했다. 미국과 마찬가지로 전쟁의 피해로부터 벗어난 상태였고, 대대적인 정부 지출과 새롭게 창업한 군수 산업계가 경제 성장에 유리하게 작용한 것이 분명하다.

44 "Historical Debt Outstanding—Annual 1900 – 1949," Treasury Direct, 2013년 5월 5일 최종 수정, https://www.treasurydirect.gov/govt/reports/pd/histdebt/histdebt_histo3.htm.

45 "그럴 수밖에 없었던 데"는 두 가지 주된 이유가 있었다. 첫째로는 달러로 받는 세금이 정부에 필요했기 때문이었고, 둘째로는 과거에 프랑스의 부르봉 왕조가 그랬듯이 전쟁을 위해 달러를 찍어낸다는 인상을 주지 않기 위한 조치였다.

46 R. A. Wilson, "Personal Exemptions and Individual Income Tax Rates 1913 – 2002," Internal Revenue Service, 2020년 2월 20일 접속, https://www.irs.gov/pub/irs-soi/02inpetr.pdf.

47 미국 실업률 하락에 대해서는 P. Jenkins, A History of the United States, 4th ed. (New York: Palgrave Macmillan, 2012), 208을 참조하기 바란다.

48 미국의 재정 정책에 대해서는 Rockoff, "From Ploughshares to Swords", 일반적인 정치 형상에 대해서는 J. M. Blum, V Was for Victory: Politics and American Culture During World War II (New York: Harcourt Brace Jovanovich, 1976)를 참조하기 바란다.

49 M. Harrison, The Economics of World War II: Six Great Powers in International Comparison (Cambridge, UK: Cambridge University Press, 1998), 21.

50 Harrison, Economics of World War II, 155와 93의 표를 참조하기 바란다.

51 무려 18쪽에 이르는 "Lend-Lease," Wikipedia, 2020년 1월 26일 최종 수정, https://en.wikipedia.org/wiki/Lend-Lease를 참조하기 바란다. 광범위한 참고 문헌도 덧붙였다. 무기 대여법이 영국과 소련에 어떻게 적용됐는지에 대한 연구량에 비해, 전반적인 정책으로서의 무기 대여법에 대한 연구는 많지 않은 편이다. 주 52와 주 53에 언급된 저서에서는 캐나다가 연합국에 제공한 원조가 다루어졌다.

52 A. L. Weeks, Russia's Life-Saver: Lend-Lease Aid to the U.S.S.R. in World War II (Lanham, MD: Lexington Books, 2004). 냉전 초기의 외교와 소련군이 무기 대여법으로 받은 이익을 다룬 연구도 많은 편이다.

53 A. P. Dobson, U.S. Wartime Aid to Britain, 1940–1946 (London: Croom Helm, 1986), passim. 영국과 미국 사이에 이동한 힘의 균형추를 다룬 문헌이 많다. 대표적인 연구로는 R. B. Woods, A Changing of the Guard: Anglo-American Relations, 1941–1946 (Chapel Hill: University of North Carolina Press, 1990) 이 있지만, 대여된 군수품의 용도와 적용성에 대해 다룬 연구는 그다지 많지 않다.

54 이 책에서 가끔 언급했듯이, 영국 주력함들, 즉 워스파이트호, 빅토리어스호, 퀸 엘리자베스호는 때때로 미국 조선소에 들어가 수리되고 장비를 개선했다. Williamson, 5장 "Industrial-Grade Generosity" 주 9를 참조하기 바란다.

55 코렐리 바넷 같은 우상파괴주의자는 영국이 더는 진정한 독립된 강대국으로 전쟁을 치르지 않았다고 주장했다. 미국이란 계산적인 사촌이 제공하는 '생명 유지 장치'에 의존하고 있었다는 게 그렇게 주장한 이유였다. C. Barnett, The Audit of War: The Illusion and Reality of Britain as a Great Nation (London: Macmillan, 1986) 은 The Collapse of British Power의 결론을 확장해 쓴 책이다. 현재 저자는 그런 논쟁보다, 영국이 1943년 중반의 대서양 전투에서 승리하는 데 어느 정도의 도움을 받았는지를 추적하는 데 관심을 두고 있다. 해군 호위함은 제1차 세계대전에 사용하던 미 해군의 낡은 구축함이 아닌 경우에는 거의 모두가 영국이나 캐나다 군함이었다. 그러나 해안 사령부의 항공기(B-24, 카탈리나, 허드슨, 미첼)는 대다수가 미국의 것이었고, 6척을 제외하고 거의 모든 호위 항공모함은 미국에서 건조됐다. 소형 레이더(자전관)는 영국이 유보트와 효율적으로 전투하려고 개발한 많은 발명품 중 하나로 대부분이 벨 연구소에서 제작됐다. 모든 리버티함은 카이저 조선소를 비롯해 미국의 조선소에서 건조됐지만, 영국에서도 많은 다른 상선이 건조됐다. 그런 상선에 실린 화물들, 예컨대 밀가루와 목재, 석유와 트럭은 모두 미국에서 재배되고 생산된 것이었고, 1941년 이후에는 무기 대여법에 따라 제공됐다. 미국의 경제적 지원과 그 영향을 가볍게 설명하기는 쉽지 않다.

56 처칠의 말은 그의 회고록에서 인용한 것이다. 재인용한 출처로는 P. Kennedy, Rise and Fall of the Great Powers, 347을 참조하기 바란다.

57 Harrison, Economics of World War II, 88에서 표3을 참조하기 바란다.

58 A. de Tocqueville, Democracy in America, ed. J. P. Mayer, trans. G. Lawrence (Garden City, NY: Anchor Books, 1969).

59 참고 자료로는 "Demographic History of the United States," Wikipedia, 2020년 1월 16일 최종 수정, https://en.wikipedia.org/wiki/Demographic_history_of_the_United_States에서 제시되는 첫 도표를 참조하기 바란다.

60 P. Kennedy, Rise and Fall of the Great Powers, 200쪽과 202쪽의 표 15와 18을 해석한 것이다.

61 W. W. Rostow, The World Economy: History & Prospect (Austin: University of Texas Press, 1978), 210.

62 P. Kennedy, Rise and Fall of the Great Powers, 327 – 31에서 나는 미국 자체가 (잘못된 정책으로) 1930년대의 대공황으로 큰 상처를 입었다는 주장을 펼친 바가 있다. 여기에서도 이 점을 다시 강조해두고 싶다. 제2차 세계대전을 다룬 많은 역사서에서, 당시 미국 경제가 자기 역량을 제대로 발휘하지 못하고 있었다는 조건을 고려하지 않는 경향을 띠기 때문이다.

9장

1 P. Kennedy, Rise and Fall of the Great Powers, 355에서 표 35를 참조하기 바란다. Ellis, Brute Force의 전반적인 주장도 다를 것이 없다.

2   Liddell Hart, History of the Second World War에서 28장("The German Ebb in Russia")과 29장("The Japanese Ebb in the Pacific")을 참조하기 바란다.

3 Morison, US Naval Operations, vol. 8, New Guinea and the Marianas, March 1944 – August 1944, 40 – 41. 아쉽게도 Symonds, World War II at Sea에서는 1944년에 남서 태평양에서 벌어진 이런 사건들을 전혀 다루지 않는다.

4 어니스트 킹의 적대감에 대해서는 G. E. Baer, One Hundred Years of Sea Power: The U.S. Navy, 1890 – 1990 (Stanford, CA: Stanford University Press, 1994), 243을 참조하기 바란다. Morison은 US Naval Operations, vol. 8, part 3에서 맥아더를 우호적으로 평가한다.

5 짧고 오래되기는 했지만 Morison, Strategy and Compromise (Boston: Little, Brown, 1958), 83은 여전히 좋은 책이다. Liddell Hart, History of the Second World War의 29장도 읽을 내용이 많다.

6 마셜제도 침공은 Morison, US Naval Operations, vol. 7, Aleutians, Gilberts and Marshalls, June 1942 – April 1944, part 3에서 다루어졌고, Symonds, World War II at Sea, 509 – 13에서도 간략하게 언급됐다.

7 추크환초에 대한 공격에 대해서는 많은 작전 보고서를 활용해 작성된 "Operation Hailstone," Wikipedia, 2020년 1월 27일 최종 수정, https://en.wikipedia.org/wiki/Operation_Hailstone을 참조하기 바란다. Morison, US Naval Operations, 7:315에서는 항공모함의 함재기가 일반론적으로 다루어졌다. (이 장에서는 Morison의 공식적인 해군사와 Wikipedia의 관련 항목이 기초 자료로 자주 인용된다.)

8 필리핀해 해전은 Symonds, World War II at Sea, 543(지도 포함)과 Morison, chaps. 14–16 in US Naval Operations, vol. 8에 잘 정리돼 있다.

9 이와 관련해서는 많은 대중 역사서가 있다. D. H. Lippmann, "The Great Marianas Turkey Shoot," Warfare History Network, 2016년 11월 16일, http:// warfarehistorynetwork.com/2016/11/16/the-great-marianas-turkey-shoot 와 Morison, US Naval Operations, vol. 8의 15장을 읽어보기 바란다. Symonds, World War II at Sea, 543–53에 실린 지도도 흥미롭다.

10 스프루언스의 항공모함 전단에 대한 비판으로는 C. G. Reynolds, Fast Carriers, 190을 참조하기 바란다.

11 C. G. Reynolds, Fast Carriers. 더 자세한 내용에 대해서는 Symonds, World War II at Sea, 552를 참조하기 바란다.

12 Morison's US Naval Operations, vol. 12, Leyte, June 1944-January 1945는 이때의 상황을 무척 철저하게 다루었다. "Battle of Leyte Gulf," Wikipedia, 2020년 2월 6일 최종 수정, https://en.wikipedia.org/wiki/Battle_of_Leyte_Gulf도 무척 깔끔하게 잘 정리했다.

13 Morison, US Naval Operations, vol. 12에는 일본 측 인터뷰가 있어 무척 흥미롭다. M. N. Vego, The Battle for Leyte, 1944: Allied and Japanese Plans, Preparations, and Execution (Annapolis, MD: US Naval Institute Press, 2006).

14 레이테만 전투는 J. F. C. Fuller, The Decisive Battles of the Western World and Their Influence upon History, vol. 2 (London: Eyre and Spottiswoode, 1965) 의 개정판에서 다루어졌다.

15 자세한 설명은 A. Yoshimura, Battleship Musashi: The Making and Sinking of the World's Biggest Battleship (Tokyo: Kodansha International, 1999)을 참조하기 바란다. "Japanese Battleship Musashi," 잘 요약된 Wikipedia, 2020년 1월 23일 최종 수정, https://en.wikipedia.org/wiki/Japanese_battleship_Musashi를 참조해도 충분하다.

16 "Japanese Aircraft Carrier Zuikaku," Wikipedia, 2020년 1월 22일 최종 수정, https://en.wikipedia.org/wiki/Japanese_aircraft_carrier_Zuikaku(일본 해군 항공대에 대한 일반적인 참고 문헌 포함).

17 레이테만 전투에서 가미카제의 첫 공격에 대해서는 Morison, US Naval Operations, 12:300을 참조하기 바란다.

18 예컨대 올덴도프의 '완벽한 덫'에 대해서는 Potter, Sea Power, 344–45를 참조하기 바란다.

19 하드헤드호는 새로운 장비를 계속 갖추며, 쿠바 미사일 위기에도 현장에 투입됐다. 나중에 그리스 해군이 구입해 이용하다가 1993년에야 최종적으로 폐기했다. 진

수되고 꼬박 50년을 해군에 봉사한 셈이었다. 자세한 내용에 대해서는 Potter, Sea Power, 335와 C. Blair, Silent Victory: The U.S. Submarine War against Japan, vol. 2 (Philadelphia: Lippincott, 1975)를 참조하기 바란다.

20   "USS Hardhead (SS-365)," Wikipedia, 2019년 5월 16일 최종 수정, https://en.wikipedia.org/wiki/USS_Hardhead_(SS-365)를 참조하기 바란다. 미시간 호반에 위치한 매니터웍 조선소는 나중에 상륙작전에 투입할 상륙정을 건조하는 조선소로 바뀌었고, 계약보다 훨씬 빠른 기간 내에 더 저렴한 비용으로 잠수함을 건조해내며 해군을 놀라게 했다.

21   이 부분을 자세히 알고 싶다면 Blair, Silent Victory, passim 및 Spector, Eagle against the Sun, 485를 참조하기 바란다. "Allied Submarines in the Pacific War," Wikipedia(2018년 8월 22일 접속)에는 통계표도 있어 유용한 글이다.

22   Symonds, World War II at Sea, 597 – 600에서 시나노호의 침몰에 대한 실감나는 설명은 무척 흥미롭다. 더 자세한 내용은 "Japanese Aircraft Carrier Shinano," Wikipedia, 2019년 12월 23일 최종 수정, https://en.wikipedia.org/wiki/Japanese_aircraft_carrier_Shinano를 참조하기 바란다.

23   이 통계자료에 대해서는 Symonds, World War II at Sea, 594를 참조하기 바란다.

24   P. Kennedy, Engineers of Victory에서 2장 "How to Win Command of the Air"를 참조하기 바란다.

25   10장을 참조하기 바란다.

26   "U-boat Losses by Cause," 2002년 2월 6일 최종 수정, https://uboat.net/fates/losses/cause.htm, provides a brief list.

27   Morison, US Naval Operations, 11:51에 따르면, 잉글랜드에 들어간 미군 병사가 1943년 7월에는 23만 8,000명, 1944년 1월에는 93만 7,000명, 1944년 5월에는 152만 6,000명이었다.

28   자세한 내용에 대해서는 "Convoy HX 300," Wikipedia, 2019년 2월 25일 최종 수정, https://en.wikipedia.org/wiki/Convoy_HX_300. Winton, Convoy, 307에서도 간략하게 다루어졌지만, 흥미롭게도 Roskill, War at Sea에서는 전혀 언급되지 않는다. 노르망디 상륙작전이 끝난 뒤로는 미군이 셰르부르와 브레스트를 통해 직접 유럽에 투입됐다.

29   철저히 제도적 관점에서 쓰인 역사는 W. F. Craven and J. L. Cate, The Army Air Forces in World War II, vol. 7, Services around the World (Washington, DC: Office of Air Force History, 1983)를 참조하기 바란다.

30   전쟁 동안 영국에 들어간 미국 공군에 대한 문헌은 흥미로운 게 무척 많다. 특히 P. Kaplan and R. A. Smith, One Last Look: A Sentimental Journey to the Eighth Air Force Heavy Bomber Bases of World War II in England (New York:

대해전, 최강국의 탄생

Abbeville Press, 1983)에서는 남녀 조종사와 항공병이 얼마나 많았는가를 다루었고, Craven and Cate, Army Air Force는 여러 권으로 이루어진 만큼 내용도 훨씬 자세하고 알차다.

31 아이젠하워의 손자가 쓴 David Eisenhower, Eisenhower at War 1943 – 1945 (New York: Random House, 1986), 252에서 밝혀진 아이젠하워의 편지.

32 연합군에게 항공모함이 없었던 것이냐, 아니면 필요가 없었던 것이냐는 문제를 두고 이메일로 뜨거운 논쟁이 있었고, 이에 대해서는 T. Benbow, "Absent Friends? British Naval Aviation at D-Day," Defence-in-Depth, September 29, 2017, http://defenceindepth.co/2017/09/29/absent-friends-british-naval-aviation-and-d-day/에 잘 요약됐다.

33 O'Brien, How the War Was Won. 이와 관련된 논쟁에 대해서는 "Did the Soviet Union Win the War?," History Extra, 2008년 8월 9일 최종 수정, www.historyextra.com/second-world-war/did-the-soviet-union-win-the-war를 참조하기 바란다.

34 A. Bryant, Triumph in the West: A History of the War Years Based on the Diaries of Field-Marshal Lord Alanbrooke, Chief of the Imperial General Staff (Garden City, NY: Doubleday, 1959).

35 M. E. Howard, The Mediterranean Strategy in the Second World War (New York: Praeger, 1968)을 참조하기 바란다.

36 자세한 내용에 대해서는 "Convoy JW 58," Wikipedia, 2018년 3월 19일 최종 수정, https://en.wikipedia.org/wiki/Convoy_JW_58을 참조하기 바란다. Roskill, War at Sea, vol. 3, part 1, 272 – 73에서는 연합군의 환희를 엿볼 수 있다.

37 "List of Allied Attacks on the German Battleship Tirpitz," Wikipedia, 2019년 10월 28일 최종 수정, https://en.wikipedia.org/wiki/List_of_Allied_attacks_on_the_German_battleship_Tirpitz. 1940년 빌헬름스하펜에서 건조되고 있던 때부터 공격이 시작됐다. Roskill, War at Sea, 3:170 – 71. 텅스텐 작전에서 항공모함 항공대의 성공적인 공격이 있었고(1944년 4월), 1944년 8월에도 그린우드 작전이란 이름으로 3번의 공격이 시도됐지만 별다른 성과를 거두지 못하자, 결국 트리피츠호를 격침하는 임무가 영국 공군 폭격기 사령부에 넘어갔다.

38 이와 관련된 방대한 문헌 중에서 P. Bishop, Target Tirpitz: X-craft, Agents, Dambusters; The Epic Quest to Destroy Hitler's Mightiest Warship (London: Harper Press, 2012); J. Sweetman, Tirpitz: Hunting the Beast; Air Attacks on the German Battleship 1940 – 44 (Annapolis, MD: US Naval Institute Press, 2000); L. Kennedy, The Death of the Tirpitz (Boston: Little, Brown, 1979); P. M. Kennedy, "Sinking of the Tirpitz," Purnell's History of the Second World War

5, no. 15를 추천하고 싶다.

39 L. Clark's Anzio: Italy and the Battle for Rome, 1944 (New York: Atlantic Monthly Press, 2006)를 참조하기 바란다. "Battle of Anzio," Wikipedia, 2020년 1월 28일 최종 수정, https://en.wikipedia.org/wiki/Battle_of_Anzio(지도 첨부)와 Morison, US Naval Operations, vol. 9, Sicily, Salerno, Anzio, January 1943 – June 1944, part 4에서도 충실하게 다루어졌다. Roskill, chap. 12 in The War at Sea, vol. 3, part 1에서는 간략히 언급됐고, Barnett, Engage the Enemy, 686은 이 작전을 그다지 중요하게 생각하지 않았는지 별다른 지면을 할애하지 않았다.

40 안치오 전투와 독일의 반격에 대해서는 Morison, US Naval Operations, 9:354와 Liddell Hart, History of the Second World War, 523 – 31을 참조하기 바란다. 클라크를 비롯해 연합군과 독일군의 장군들에 대해서는 Atkinson의 3부작 중 제2권인 The Day of Battle을 참조하기 바란다.

41 Morison, US Naval Operations, vol. 11, part 2, "The Invasion of France". 그러나 앤빌 작전은 "Operation Harpoon (1942)," Wikipedia, 2019년 11월 1일 최종 수정, https://en.wikipedia.org/wiki/Operation_Harpoon_(1942)(지도와 참고 문헌 포함)에도 요약됐다.

42 "Mediterranean U-boat Campaign (World War II)," Wikipedia, 2019년 11월 13일 최종 수정, https://en.wikipedia.org/wiki/Mediterranean_U-boat_Campaign_(World_War_II)과 Blair, Hitler's U-boat War, vol. 2는 모든 대양에서 독일 잠수함의 위협이 사그라든 일반적 현상을 다루었다.

10장

1 그 이후의 일반적인 현상에 대해서는 Roskill, War at Sea, vol. 3, part 2를 참조하기 바란다. Winton, Convoy는 1943~1944년 이후를 대충 얼버무리지만 그래도 읽을 만하다. Barnett, Engage the Enemy에서는 24~27장을 반드시 읽어야 한다.

2 J. Dimbleby, The Battle of the Atlantic: How the Allies Won the War (New York: Oxford University Press, 2016), 449.

3 1945년 1월, 영국 해군부의 경고는 Roskill, War at Sea, 3:289 – 90에서 자세히 다루어졌다. 특히 290~302쪽에서는 유보트 부대가 전쟁이 끝날 때까지 영국 해역과 캐나다 해역에서 펼친 군사작전을 자세히 다루었지만, 유보트의 공격은 커닝엄의 염려만큼 파괴적이지 않았다.

4 전쟁이 끝났을 때까지 남아 투항한 유보트, 침몰한 유보트, 연합국이 상선과 군함에서 입은 손실 등에 대한 통계는 Roskill, War at Sea, 3:304 – 6과 Liddell Hart, History of the Second World War, 394를 참조한 것이다.

5   1945년 영국 해군의 규모에 대한 통계는 들쑥날쑥하다. 새로 건조되는 군함은 함대에 당연히 포함됐지만, 오래된 군함은 예비역으로 돌려지거나 폐기됐기 때문이다. Roskill, War at Sea에서 부록으로 더해진 "Strength of the Navies of the British Commonwealth on the 8th of May, 1945"가 가장 정확한 듯하다.

6   전쟁이 끝난 뒤에 영국 해군이 크게 축소된 이유들에 대해서는 11장에서 다루어진다. 물론 가장 크게 축소된 부문은 대형 함포를 탑재한 구형 전함이었다. 하지만 전쟁이 끝날 때까지 살아남은 카운티급 순양함(노픽호, 서픽호, 컴벌랜드호 등) 중 한 척도 박물관선으로 보존되지 않은 것이 놀라울 따름이다. 영국 해군이 제2차 세계대전에서 해전을 시작할 때 보유했던 경순양함 중에는 벨파스트호만이 살아남았다.

7   영국 태평양 함대에 대해서는 이런저런 이야기가 많기 때문에 그 함대의 중요성과 성취를 평가하기는 쉽지 않다. 따라서 공식적인 면을 띠더라도 절제된 역사서인 Roskill, War at Sea, vol. 3, part 2로 시작하는 게 최선일 수 있다. 자세한 내용은 D. Hobbs, The British Pacific Fleet: The Royal Navy's Most Powerful Strike Force (Annapolis, MD: US Naval Institute Press, 2011), passim을 참조하기 바란다. 그러나 D. Hobbs와 그의 동료 해군 장교로 역사학자이던 Boyd (Royal Navy in Eastern Waters)는 영국 태평양 함대의 성취를 긍정적인 관점에서 이야기하려고 애쓰는 편이다. 반면에 Barnett, Engage the Enemy, 878-94는 영국 해군의 쇠락에 분노와 실망을 노골적으로 드러내고, (미국 TF58과 비교하며) 영국 태평양 함대의 성취보다는 한계와 약점에 초점을 맞추는 경향을 띤다.

8   자세한 내용과 지도는 Hobbs, British Pacific Fleet의 제4장에 나온다.

9   Barnett, Engage the Enemy, 882. 프레이저의 보고를 바탕으로 스프루언스 제독은 영국 해군 항공모함 부대에게 대만, 즉 서쪽에서부터 공격하는 임무를 부여했다. Symonds, World War II at Sea, 630-31은 스프루언스 제독을 약간 낮게 평가하는 반면에, Morison, US Naval Operations, vol. 14는 사실에 충실하고 상당히 우호적이다. 이때 미국 태평양 함대는 단독으로 모든 작전을 수행할 수 있을 정도로 강력했지만 동맹의 참전을 기꺼이 환영하는 모습을 보여주었다.

10   미군의 전과에 대한 초기의 공식적인 역사는 주로 무비판적이고, 성공담을 전하는 데 급급하다. 대표적인 예가 Potter, Sea Power의 28~30장이다. 하지만 훗날 학자들의 연구에서는 미군의 성취, 예컨대 이오시마의 점령 필요성 및 도쿄 폭격의 효과와 도덕성을 비판할 뿐만 아니라, 맥아더의 많은 결함은 말할 것도 없고 홀시의 불안정한 성격, 매케인의 무능력, 스프루언스와 밋처의 편협성까지 거침없이 고발한다. 따라서 C. G. Reynolds, Fast Carriers는 태평양 전쟁을 이끈 많은 지도자들을 매섭게 비판하고, Spector, Eagle against the Sun도 군사 지도자들의 특정한 면들을 무척 솔직하게 비판한다.

11   "Battle of Iwo Jima," Wikipedia, 2020년 2월 11일 최종 수정, https://

en.wikipedia.org/wiki/Battle_of_Iwo_Jima. 이오시마에 대해서는 Spector, Eagle against the Sun, 497–503을 참조하기 바란다. 최근에 출간된 Symonds, World War II at Sea, 603–12가 당시 미군의 전투를 여러 측면(해군의 이오시마에 대한 부적절하고 불필요했던 포격, 전략적 폭격 계획의 결함, 도쿄에 대한 소이탄 폭격, 일본의 항전 의지를 꺾는 데 아무런 영향도 미치지 못한 무역로 봉쇄)에서 비판적으로 평가했다는 점은 흥미롭다.

12 Morison, US Naval Operations, 14:71–72. 종합적으로 보면, 모리슨은 가까운 곳에서 직접 목격한 오키나와 전투에 대해서는 무척 자세하고 열정적으로 다루었지만(200쪽 이상), 이오시마 전투는 간결하게 할 말만 하는 식으로 기록했다(75쪽).

13 Spector, Eagle against the Sun, 499에서 그렇게 주장한다. Spector 교수는 학계에 입문하기 전에 해병대원으로 베트남에 파병된 적이 있었다.

14 Spector, Eagle against the Sun은 스프루언스의 이런 야심을 신랄하게 비판한다. 항공모함 제독들이 항공모함의 위력을 입증하고 싶어 하던 욕심에 대해서는 C. G. Reynolds, Fast Carriers와 Symonds (World War II at Sea)를 참조하기 바란다.

15 Morison, US Naval Operations, 14:57–59.

16 맥아더 군대는 태평양 전쟁 기간에 가장 컸고, 북서 유럽에 투입된 미군의 규모에 버금갈 정도였다. 그럼에도, 필리핀 침공 이후에는 규모가 더욱더 커졌다. 이 전투에 대해 Morison은 US Naval Operations, vol. 13, The Liberation of the Philippines를 통째로 할애했다. Spector, Eagle against the Sun의 12장은 이 전략적 이탈을 비판적인 안목에서 다루었고, J. M. Scott, Rampage: MacArthur, Yamashita and the Battle of Manila (Norton: New York, 2018)는 마닐라를 수복하던 힘든 과정을 숨김없이 다루었다.

17 Morison, US Naval Operations, vol. 13, The Liberation of the Philippines에서는 더 긍정적으로 평가된다. Symonds, World War II at Sea, 610–11과 Spector, Eagle against the Sun에서는 긍정적으로만 평가되지는 않는다.

18 오키나와 해전을 가장 자세히 다룬 저작은 Morison, US Naval Operations, vol. 14이다.

19 Symonds, World War II at Sea, 611.

20 자세한 내용에 대해서는 Morison, appendix in US Naval Operations, vol. 14를 참조하기 바란다. 상륙 지역을 공중에서 엄호한 많은 호위 항공모함들만이 아니라, TF58을 구성한 함정들까지도 구체적으로 소개된다. TF58은 3~5개의 소함대(예: TF 58.2)로 나뉘었지만, 야마토호가 접근하면 능숙하게 하나로 모여 대응했다. 여하튼 TF58을 구성하는 함정들의 명단은 끝없이 이어진다.

21 Spector, Eagle against the Sun, 532.

22 R. L. Rielly, Kamikaze Attacks of World War II: A Complete History of

Japanese Suicide Strikes on American Ships, by Aircraft and Other Means (Jefferson, NC: McFarland, 2010).

23 야마토호에 대한 이야기는 책과 영화 및 전쟁 게임에서 수없이 다루어졌고, 위키피디아에서도 소개된다. Morison, US Naval Operations, 14:199-209에는 지도와 목격담까지 더해졌다.

24 앞의 책, 14:221ff에서는 일본 공군의 공격에 자세히 소개된다.

25 자세한 내용은 "Kamikaze," Wikipedia, https://en.wikipedia.org/wiki/Kamikaze, 2020년 10월 10일 접속. 많은 참고 문헌까지 소개돼 있다.

26 래피호는 고철로 분해되지도 않았다. 현재 구축함 래피호는 박물관선(船)으로 개조돼 사우스캐롤라이나 찰스턴의 '패트리어트 포인트(Patriots Point)'에 항공모함 요크타운호의 옆에 정박해 있다. 래피호와 관련한 이야기는 Symonds, World War II at Sea(도해 포함)를 비롯해 여러 곳에 소개돼 있다.

27 "USS Harding (DD-625)," Wikipedia, 2017년 5월 28일 최종 수정, https://en.wikipedia.org/wiki/USS_Harding_(DD-625).

28 Roskill, War at Sea, vol. 3, part 2, 329. Morison, US Naval Operations, 14:102, 147, 211은 대략적으로 다룬 반면, Hobbs, British Pacific Fleet에서는 무척 자세히 다루었다. Barnett, Engage the Enemy, 891에도 영국에 우호적인 사건이 간략히 소개된다.

29 Roskill, War at Sea, vol. 3, part 2, 352.

30 Morison, US Naval Operations, 14:265.

31 자세한 내용을 알고 싶다면 Symonds, World War II at Sea, 632와 "Battle of Okinawa," Wikipedia, 2020년 10월 19일 접속, https://en.wikipedia.org/wiki/Battle_of_Okinawa를 참조하기 바란다.

32 Roskill, War at Sea, vol. 3, part 2, 367은 일본이 잃은 선박량을 표로 제시하며, 일본이 "완전히 패했다"라고 말한다.

33 Morison, US Naval Operations, 14:352-53에서 이 미묘한 문제를 무척 명쾌하게 다루었다.

34 일본 해안 도시를 향한 포격에 대해 해군의 두 공식 역사서는 간략하면서도 절제된 언어로 설명한다. Roskill, War at Sea, vol. 3, part 2, 373과 Morison, US Naval Operations, 14:307ff. (물론 일본 본토를 목표로 한 작전을 다른 관점에서 접근한 설명도 많다. Hobbs, British Pacific Fleet, passim이 대표적인 예다. 그러나 공식적인 역사서를 사용하는 것이 권위서를 가장 경제적으로 참조하는 방법이기 때문에, 여기에서 나는 로스킬과 모리슨을 가장 자주 참조했다.)

35 일본을 침공하려던 미국의 계획을 다룬 문헌은 많다. 그중에서 D. M. Giangreco, Hell to Pay: Operation Downfall and the Invasion of Japan, 1945-1947

(Annapolis, MD: US Naval Institute Press, 2009), J. R. Skates, The Invasion of Japan: Alternative to the Bomb (Columbia: University of South Carolina Press, 1995)을 참조했다. 최고의 연구서로는 R. B. Frank, Downfall: The End of the Imperial Japanese Empire (New York: Random House, 1999)가 손꼽힌다.

36 Barnett, Engage the Enemy는 끝부분에서 이런 차이를 언급했다. 1946년 봄의 제2차 침공 계획에 대해서는 주 35를 참조하기 바란다.

37 비용 비교에 대해서는 "Design and Development," in "Boeing B-29 Superfortress," Wikipedia, 2020년 10월 19일, https://en.wikipedia.org/wiki/Boeing_B-29_Superfortress.

38 US Naval Operations, 14:361-70. 마지막 권의 끝부분은 항복 조인식을 다루고 있어, 품위 있고 감동적이며 서글프기도 해서 천천히 음미하며 읽을 만하다.

11장

1 두 군함이 제2차 세계대전에서 어떤 활약을 했는지 가장 간단히 추적하는 방법은 "USS Augusta (CA-31)," Wikipedia, 2020년 5월 25일 최종 수정, https://en.wikipedia.org/wiki/USS_Augusta_(CA-31)과 "HMS Renown (1916)," Wikipedia, 2020년 7월 7일 최종 수정, https://en.wikipedia.org/wiki/HMS_Renown_(1916)에 있다.

2 오펜하이머는 원자폭탄이 세상을 바꿔놓을 것이라 생각했다. 그 생각의 변화 과정에 대해서는 R. Rhodes, The Making of the Atomic Bomb (New York: Simon and Schuster, 1986)과 K. Bird and M. Sherwin, American Prometheus: The Triumph and Tragedy of J. Robert Oppenheimer (New York: Alfred A. Knopf, 2005)의 전기를 참조하기 바란다.

3 예컨대 항공모함 빅토리어스호는 비스마르크호 추적부터 시작해 페디스털 작전(몰타)을 거쳐, 나중에는 영국 태평양 함대의 일원으로 활약했다. 미국 구축함 하딩호도 대서양에서는 수송 선단의 호위함으로, 지중해와 남프랑스 및 노르망디에서는 상륙부대의 지원함으로 활약했고, 오키나와에서는 가미카제를 유인하는 표적 역할을 훌륭히 해냈다.

4 이런 비유는 7장에서 인용된 로스킬의 글에서도 사용됐다.

5 R. Woodman, Malta Convoys, 1940-1943 (London: John Murray, 2000).

6 O'Brien, How the War Was Won이 2014년에 출간됐을 때 많은 독자에게 깊은 인상을 주었을 만큼 중요한 평가를 담고 있지만, 내 생각에는 지나치게 한쪽으로 편향된 주장인 듯하다.

7 코렐리 바넷은 여러 저서에서 제2차 세계대전 전후와 그 기간에 보여준 영국 해군

의 역량을 평가했지만, 그중에서도 Audit of War가 가장 영향력 있는 저서다.

8   오늘날에도 해군 전략가들은 순양함이 필요하다고 생각하는 까닭에, 2022년 4월 현 재 세계 해군이 보유한 구축함의 총톤수는 1만 톤을 넘는다.

9   "Flower-class Corvette," Wikipedia, 2020년 7월 4일 최종 수정, https:// en.wikipedia.org/wiki/Flower-class_corvette.

10 Ellis, Brute Force에서 관련된 장을 참조하기 바란다.

11 그 한계는 Barnett, Audit of War에서 다루어졌고, 약간 어조를 완화한 Barnett, Engage the Enemy와 비교해보는 것도 재밌을 것이다.

12 Jane's Fighting Ships 1945년 판과 1946년 판에서 명확히 확인할 수 있다.

13 E. J. Grove, From Vanguard to Trident: British Naval Policy since World War Two (Annapolis, MD: US Naval Institute Press, 1987)가 가장 자세히 쓰였고, 특히 1장에는 많은 통계자료가 제시된다. J. R. Hill, ed., The Oxford Illustrated History of the Royal Navy (Oxford: Oxford University Press, 1995)에는 전후 의 해군 상황이 간략하게 잘 정리됐다.

14 당시 주문 중에 있던 군함까지 포함해서, 1945년 미국 해군이 보유한 군함에 대한 자세한 내용은 Jane's Fighting Ships (특히 주 12); D. Allard, chap. 15, "An Era of Transition, 1945 - 1953," in In Peace and War: Interpretations of American Naval History, 1776 - 1978, ed. K. J. Hogan (Westport, CT: Greenwood Press, 1978), 292를 참조하기 바란다.

15 위대한 전략가이던 리델 하트가 고전적인 저서 Liddell Hart, Strategy (New York: Meridian, 1991), passim에서 설득력 있게 반복해서 주장한 정의다.

16 Allard, "Era of Transition," 290.

17 Potter, Sea Power에서 31~33장을 참조하고, 402 - 3쪽도 덧붙여 읽기를 바란다.

18 Mahan의 핵심적인 주장으로, Influence of Sea Power, 88에서 다시 언급했다.

부록 A

1   https://en.wikipedia.org/wiki/Convoy_ONS_5#Night_of_5-6_May(2020년 8월 17일 접속)에서 참조.

1. HMS *Hood* and HMS *Barham*, Malta, 1938
2. Italian heavy cruiser *Zara* and its sister ships *Fiume* and *Pola*, Naples, 1938
3. Japanese aircraft carrier *Kaga* at Kure Naval Base
4. USS *Texas* visiting Portsmouth, England, 1938
5. HMS *Rodney* passing under the Firth of Forth bridge, 1942
6. HMS *Queen Elizabeth*, Grand Harbour, Malta, 1936
7. HMS *Dorsetshire*, Simonstown Bay, South Africa
8. *Flower*-class Corvette HMS *Pink* in heavy seas, 1943
9. USS *Langley*, Hampton Roads, 1924
10. USSs *Saratoga* and *Lexington*, Puget Sound, 1936
11. HMS *Ark Royal*, Grand Harbour, Malta, 1938
12. *Luetzow* and *Scharnhorst*, Narvik fjord, 1943
13. Battleships USS *Oklahoma* and *Nevada*, Charlestown Navy Yard, 1935
14. HMS *Warspite* in action, Narvik fjord, April 1940
15. Damaged *Graf Spee* off ontevideo, 1939
16. HMS *Kelly* limping into the Tyne, 1940
17. British destroyer disembarking troops at Dover after Dunkirk
18. Bombardment of the French battleship *Richelieu*, Dakar, 1941
19. HMS *Sheffield* off Gibraltar, 1941
20. The *Bismarck* under attack from Fairey Swordfish torpedo-bombers, 1941
21. American four-stacker escort destroyers, Halifax, 1941
22. HMS *Warspite* under repair at Bremerton yards, 1941
23. Italian battleships *Littorio* and *Giulio Cesare*, 1940
24. Pen sketch of HMS *Illustrious* and its Swordfish torpedo-bomber
25. *Zara* and sister ships, Cape Matapan, 1941
26. HMSs *Prince of Wales* and *Repulse*, Singapore, 1941
27. SS *Ohio* limps into Malta following Operation Pedestal, August 1942
28. HMS *Anson* in the Tyne, 1942
29. USS *Hambleton*, Pentland Firth, Scotland, 1942
30. Submarine HMS *Upholder* departing into the Mediterranean Sea, 1941

31. "Spitfires for Malta" USS *Wasp* at Greenock, April 1942
32. Japanese carrier *Shokaku* at the Battle of the Coral Sea, 1942
33. USS *Hornet*, San Francisco
34. U-boat under attack by RAF Sunderland flying boat, 1943
35. Italian battleship *Vittorio Veneto*, La Spezia, 1943
36. Liberty ships at sea, 1943
37. Convoy with HMS *Campania* tossing in the Arctic spray, 1944
38. USS *Salt Lake City* at the Battle of the Komandorski Islands, 1943
39. USS *Saratoga* and HMS *Victorious*, Nouméa, May 1943
40. *Essex*-class carrier USS *Intrepid*
41. Three aircraft arriers at Ulithi Atoll, 1945
42. Douglas Devastators on the flight deck of USS *Enterprise*
43. Grumman F6F Hellcat and USS *Bonhomme Richard*, 1945
44. Japanese super-battleships *Yamato* and *Musashi* lurking in Brunei Bay, 1944
45. USS *Archerfish* stalking the Japanese super-carrier Shinano, Honshu, 1944
46. D-Day invasion fleet assembled at Spithead, June 1944
47. HMS *Starling*, Liverpool, 1943
48. HMS *Roberts* shelling the Normandy shore, 1944
49. Allied fleet led by USS *Missouri*, Tokyo Bay, 1945
50. U-boats surrendered at Lisahally, Northern Ireland, 1945
51. *Fletcher*-class destroyer USS *Bennion*, Ulithi, 1944
52. HMS *Renown* and USS *Augusta*, Plymouth, 1945
53. A nuclear-powered US aircraft carrier of the new age

제2차 세계대전의 운명을 가른 해양패권 흥망사

대해전, 최강국의 탄생

제1판 1쇄 발행 | 2023년 10월 30일
제1판 3쇄 발행 | 2024년 2월 23일

지은이 | 폴 케네디
삽　화 | 이언 마셜
옮긴이 | 강주헌
펴낸이 | 김수언
펴낸곳 | 한국경제신문 한경BP
책임편집 | 이혜영
저작권 | 백상아
홍　보 | 서은실·이여진·박도현
마케팅 | 김규형·정우연
디자인 | 권석중
본문디자인 | 디자인 현

주　소 | 서울특별시 중구 청파로 463
기획출판팀 | 02-3604-590, 584
영업마케팅팀 | 02-3604-595, 562　FAX | 02-3604-599
H | http://bp.hankyung.com　E | bp@hankyung.com
F | www.facebook.com/hankyungbp
등　록 | 제 2-315(1967. 5. 15)

ISBN 978-89-475-4922-6　03900